N.R.F. *Biographies*

OLIVIER TODD

ANDRÉ MALRAUX

UNE VIE

GALLIMARD

Dessins d'André Malraux en fin de chapitres :
collections particulières, tous droits réservés,
à l'exception du premier : fonds Colette Durand-Pia.

Pour Anne-Orange Poilpré,
Helmut Sorge,
et John Weightman

L'EAU DU CŒUR

Cartes sur table : Malraux compta pour moi. J'ai rencontré son *personnage en guerrier. J'avais huit ans. Près du verger au grand Luxembourg, ma mère, alors communiste, me présenta un ami américain, roux, jovial — un menhir : « Tom, m'expliqua- t-elle, rejoint les Brigades internationales en Espagne. » Assis sur des fauteuils de fer beige, maman et Tom bavardaient. J'entendais : « Madrid... Comrads... Barcelona. » Tom nous quitta. Ma mère me parla d'un écrivain combattant en Espagne : ce Malraux commandait une escadrille. Je regardais sa photo dans* L'Humanité. *Quelques semaines plus tard, ma mère m'annonça la mort de Tom.*

Je rencontrai l'essentiel, l'écrivain André Malraux, en 1943, sous l'occupation allemande, toujours au Luxembourg. J'entamais L'Espoir, *livre interdit. Je ne le savais pas. Des soldats de la Luftwaffe, en uniforme rêche, bleu-gris, montaient la garde devant l'entrée du jardin, face à la rue Vavin.*

J'ai quatorze ans. Les premiers paragraphes du roman carillonnent dans ma tête. Le style m'entraîne et m'émeut : « Un chahut de camions chargés de fusils couvrait Madrid tendue dans la nuit d'été... » Des dialogues crépitent entre les gares tenues par les gouvernementaux et celles aux mains des franquistes. Les répliques m'enchantent :

— Allô Sepulveda ? Ici Madrid-Nord, comité ouvrier.

— Votre train est passé, andouilles. Vous êtes tous des cons, et nous irons cette semaine vous les couper.

— Physiologiquement contradictoire. *Salud !...*

En 1943, au Luxembourg, les franquistes de Sepulveda devenaient, pour moi, les alliés des soldats allemands. La devise « Gott mit uns » sur la boucle argentée de leur ceinturon répondait au slogan des troupes de Franco : « Vive le Christ-Roi ! » La guerre d'Espagne s'éternisera dans nos mémoires avec simplicité et manichéisme. À l'époque, je faisais l'impasse sur certaines questions évoquées à Bruxelles en 1997 par Paul Nothomb, modèle du personnage d'Attignies, commissaire politique de l'escadrille dans L'Espoir. *Le franquisme fut ignoble mais, même aux pires moments, il ne se transforma pas en nazisme. Osons nous interroger même si nous sympathisons d'abord avec la République espagnole : si les communistes avaient pris le pouvoir en Espagne, de quoi la victoire républicaine aurait-elle accouché ? D'une « démocratie populaire » et d'un goulag ?*

Plusieurs générations de Français se sont faufilés dans des guerres par procuration. Des lecteurs passionnés ou embarrassés ont décrypté leurs propres expériences au prisme des œuvres de Malraux et de sa vie. Longtemps, j'ai imaginé qu'on ne pouvait mieux vivre et mourir qu'avec les membres d'une brigade internationale. Comme le disait Aragon, apologiste du mentir-vrai — pathétique tarte à la crème de notre époque —, il faut regarder alors avec les yeux d'alors. Avant la Seconde Guerre mondiale, période aujourd'hui préhistorique pour tant de jeunes lecteurs, quelques équations s'imposaient dans une contagieuse naïveté. On cultivait des formules schématiques : franquistes = fascistes = nazis = le Mal. Et, en pendant, sur la même cheminée idéologique : communistes = antifascistes = démocrates = le Bien. L'histoire dans sa complexité émerge avec lenteur. Comment enquêter aujourd'hui avec lucidité et bonne foi sur André Malraux sans renier certaines notions et émotions généreuses charriées par ses œuvres dans un tintamarre enivrant ? Autre redoutable question pour quiconque part à la recherche de Malraux : le mensonge importe-t-il ? Avec hésitation et souvent dans l'incertitude, un biographe cherche les vérités factuelles de la vie d'un sujet, même si celui-ci, glissant sur tel épisode, présente des excuses atténuantes au nom des droits ou des devoirs de l'imagination. « Pour l'essentiel », affirmait Malraux, « l'homme est ce qu'il cache ». Non : il est aussi ce qu'il montre et ce qu'il fait. Admettons-le : Malraux a passionnément agi.

André Malraux, protéiforme et orgueilleux Lazare, ressuscita pour quelques semaines le 23 novembre 1996 : Jacques Chirac, cinquième président de la Ve République, le panthéonisa. Pourquoi ?

Chaleureux, Chirac me reçoit dans son palais de l'Élysée désert, un samedi. Le Président dénouera-t-il, au moral, sa cravate ? Il s'ébroue, embrasse Christine Albanel, alors conseillère pour l'Éducation nationale et la Culture. Elle a soutenu les partisans de la panthéonisation d'André Malraux et tramé le discours de Chirac au Panthéon.

— Vos auteurs modernes français préférés, Monsieur le Président ?

La réponse de Chirac vient d'une coulée :

— Saint-John Perse, Aragon...

Chirac ne se présente ni en contempteur ni en cagot du romancier :

— *Pour moi, Malraux n'est pas un grand écrivain, mais un grand homme.*

Là, le Président s'accorde avec André Gide, ami attentif et perplexe de Malraux. Pourquoi donc Chirac accepta-t-il le « transfert des cendres » de l'écrivain, à la suggestion de Pierre Messmer, président de l'Institut Charles-de-Gaulle ?

— *Il fallait,* explique Chirac, *célébrer en 1996 le vingtième anniversaire de sa mort. Compagnon du Général, Malraux inventa le ministère de la Culture... Il avait du panache...*

Le Président a récemment relu L'Espoir *:*

— *Son meilleur roman peut-être...*

Chirac, me semble-t-il, lui accorderait un 13 sur 20. Il voit néanmoins dans ce livre « une intensité rare, une formidable ampleur, une quête métaphysique... ». Selon lui, Malraux incarne une « nostalgie française, avant tout celle de la volonté et de la fraternité ».

Les rapports entre Chirac et Malraux furent limités. Dans les années soixante, au conseil des ministres, en bout de table, le secrétaire d'État Chirac, de l'avenir plein les dents, regardait la gloire, le ministre d'État Malraux, siégeant à la droite du Président de Gaulle, la majesté.

— *Malraux dormait avec une certaine distinction,* dit Chirac; *il grimaçait, enfonçait son menton dans une main nerveuse... Il avait une forte capacité à se faire écouter et à faire semblant de sommeiller.*

Lorsque Malraux prenait la parole, Chirac discernait dans les yeux du Général une « certaine tendresse ». Parfois, le secrétaire d'État se rendait au ministère de la Culture :

— *Dans son bureau, Malraux me fascinait et m'irritait... En mars 1967, une de nos discussions se passa mal. Malraux avait ses fulgurances. Si on le contestait, il se mettait en colère. Pour l'art, il n'avait pas de hiérarchie. Il voyait des Michel-Ange partout.*

Je prends des notes. Chirac feint, je crois, l'inquiétude :

— *Vous n'allez pas mettre ça ?*

— *Pourquoi pas ?*

Le Président et sa conseillère sourient. Chirac n'apprécie guère les livres d'art de Malraux :

— *Ils manquent de rigueur scientifique. Mais personne n'a parlé mieux que lui des fétiches.*

Malraux voyait dans les fétiches « une des formes extrêmes du génie africain [1] *. » Chirac vibre davantage en évoquant le Malraux grand prêtre gaulliste et militant d'un Rassemblement du peuple français. Échappant aux poncifs sur l'écrivain, il manifeste une verve d'Ancien Combattant, se rappelant une réunion électorale en Seine-Saint-Denis, banlieue rouge :*

— J'étais assis derrière Malraux. Envahie par les communistes, la salle se déchaînait. Les chaises volaient. On huait Malraux, assis à la tribune. Il profita d'un silence, et, comédien extraordinaire, s'adressa aux militants et sympathisants du P.C.F. : « J'étais sur le Guadalquivir. Je vous ai attendus. Je ne vous ai pas vus venir... »

Nous revenons au Général. Chirac hasarde :

— Dans toutes les civilisations, les chefs ont des fous. Cela les détend...

Aux échecs, le fou se place à côté du roi en début de partie. Malraux demeura auprès du Général jusqu'au dernier jeu, l'abdication inutile et bouleversante de Charles de Gaulle, en 1969.

— La personnalité de Malraux, dit le Président, suscite l'émotion, pas nécessairement de l'admiration. L'eau du cœur monte aux yeux.

Il fallait entendre sa voix familière ou chamanique. Un prêtre se justifie par la foi, Malraux s'imposait souvent par sa voix. À vingt, trente ou cinquante ans, la voix rauque, la beauté ténébreuse, il maniait une arme : son magnétisme allié à l'autorité. Imaginez Malraux prophétique, gouailleur à l'occasion, éternuant, secoué de tics, et répétant : « c'est complexe », « soyons sérieux », « question énorme », « point capital ». Dans toutes les circonstances, un doigt sur une dent ou le menton, marchant dans un salon, un bureau ministériel ou sur un champ de bataille, il se réservait le premier rôle, sauf face à Charles de Gaulle. Trépidant ou impavide, qu'il s'adressât à une employée de maison ou à un dictateur, aux gardiens d'un musée ou à son conservateur, Malraux ponctuait ses propos avec un ton irréfutable : « Passons... deusio... À Borobodur, que vous connaissez mieux que moi... Staline, c'est la statistique... » Selon Sartre, orateur moyen, conteur vif, il fallait se méfier des écrivains qui parlent trop bien. La généralisation était-elle abusive ?

Chirac, dans son discours au Panthéon, a déshydraté les mésaventures de Malraux au Cambodge. Ce dernier, déclara le Président, avait « l'intention de prélever des bas-reliefs » sur un temple. Pourquoi cet euphémisme ? Les thèses de doctorat fran-

---

* Les notes sont regroupées en fin d'ouvrage, p. 619 *sq.*

çaises contournent la biographie de Malraux. *Heureux ou malheureux, les doctorants traitent le* je, *l'esthétique, la transformation des civilisations,* les *inspirations orientalistes de l'écrivain*[2]. *Satisfactions et malaises tournoient autour de cette existence frénétique, laissant l'homme insaisissable et souvent hiératisé. Malraux paraît pur intellect, dépouillé de ses traits les plus vivants. Le statufiant, on oublie sa stature. Pourtant,* « sa biographie est au fond sa grande affaire », *écrivait François Mauriac, suave censeur. Malraux joua avec, la livrant et la maquillant :* « Les biographies qui vont de l'âge de cinq ans à l'âge de cinquante ans, *avançait-il,* sont de fausses confidences. Ce sont les expériences qui situent l'homme. » *Ou encore, une dizaine d'années avant sa mort :* « La sincérité n'est pas un problème qui m'intéresse beaucoup... La grande valeur de la sincérité me paraît être morte avec la psychanalyse. »

S'attaquer à la biographie d'un écrivain ne signifie pas attaquer sa vie ou ses œuvres. Un spécialiste fiable de Malraux, Robert S. Thornberry, remarque très justement : « Il y a une lamentable tendance à laisser sa sympathie ou son aversion pour l'homme [Malraux] et sa légende obscurcir la faculté critique[3]. » *Dans chaque biographe, se débat un policier amoureux, parfois jaloux, parfois comblé, émerveillé, abasourdi — pris, dépris, repris par ses incertitudes. Avec scepticisme, sans cynisme, il faut soulever toutes les questions. Son enfance, qu'il disait détester, fut-elle malheureuse ? Malraux fut-il révolutionnaire ? En quoi ? Interlocuteur des puissants de la planète ? Comment ? Amical ou indifférent en privé ? Pionnier ou pasticheur ? Résistant et gaulliste avec passion ou par calcul ? Ministre efficace ou rêveur ? Drogué, souffrant d'une maladie ou d'un syndrome ? Érudit ? Je demandai à Raymond Aron, en 1978, ce qu'il pensait des propos les plus sibyllins de son ami Malraux. Souriant, Aron répondit :* « Un tiers génial, un tiers faux, un tiers incompréhensible. » *Dans son dernier livre, Malraux cite Valéry classant* « avec raison la littérature parmi les professions délirantes ». *Jusqu'à quel point Malraux délira-t-il ?*

Bientôt, les contemporains de Malraux encore en vie seront centenaires. J'ai fait appel, pour ce travail, à des témoins et à des documents, des lettres, des fragments de journaux ou d'un roman ébauché, aux archives publiques ou privées inexploitées, à Moscou, Londres, Paris, Aix, au Quai d'Orsay, dans les dépendances de l'Élysée et de Matignon, aux Archives nationales. J'ai suivi les parcours de Malraux de Bondy (Seine-Saint-Denis) à Banteay Srei (Cambodge) en passant par Barcelone, Moscou, Delhi et Haïti... Les archives prennent des revanches sur certaines légendes pour les ramener à l'histoire. Je me suis aussi appuyé sur les travaux de mes prédécesseurs, Robert Payne, Jean Lacouture, Curtis Cate, Axel Malsen et d'autres, dont un ouvrage jamais publié, souvent sans être d'accord avec l'un d'eux quant aux faits ou aux interprétations.

    Comme un peintre mélange pigments et liants pour obtenir ses couleurs, dans ses fictions, dans tous ses écrits, Malraux mêla les réalités de sa vie et de son imagination. Le biographe doit séparer pigments et liants, appréciant et respectant leurs rapports. « On entre dans la vie d'un mort comme dans un moulin », affirmait Sartre. Allons donc !

1

Héros et confiseuses

La *Jeune-Caroline*, armée à Dunkerque, quatre-vingt-treize tonneaux, était un dogre, bâtiment ponté à trois mâts, trapu, lourd mais fragile par mauvais temps. D'une écriture appliquée et penchée, le rôle d'équipage de la *Jeanne-Caroline* raconte le naufrage dans lequel disparut Jean-Louis Malraux, marin, ancêtre d'André Malraux : « Aujourd'hui, le 25 du mois d'avril de l'an 1836, à trois heures du soir, étant par 63° latitude 11° longitude ouest à la pêche de la morue à Islande... », un matelot de troisième classe a « été appelé à remplacer pendant la tempête dans l'ordre du service le capitaine maître de pêche, tombé à la mer, disparu, et présumé y avoir péri ». Les témoignages d'un tonnelier novice et d'un mousse convergent : sept hommes ont disparu dont Malraux Jean-Louis, trente-deux ans [1]. Le père de ce Jean-Louis mourut aussi en mer.

Quatre ans avant le décès du matelot Jean-Louis, sa femme Françoise, « légumière », vendeuse de primeurs, avait accouché d'un fils, Émile-Alphonse, grand-père paternel d'André Malraux.

Parmi les ascendants de Jean-Louis, on relève un plombier, un maître cordonnier, un vigneron, un tonnelier, un déchargeur, un charpentier de navire et une fille mère ; parmi ceux de Françoise, un employé de l'octroi, un concierge d'hôtel parisien et un chef de bataillon nimbé de campagnes en Amérique et en Espagne.

Chez ces Malraux, les pères mouraient jeunes. Sur toutes les côtes, la mer et l'océan tuaient, comme à l'est de Dunkerque, vers Lille et Valenciennes, le grisou des mines. Les deuils précoces, répétés, gorgent chez les orphelins et les veuves un terreau de souffrances et d'interrogations, perçues ou enfouies.

Émile-Alphonse, fils de Jean-Louis et ancêtre d'André, naît le 14 juillet 1832. Rompant avec la tradition, il embarque peu.

Assez pour basculer, de jour, dans une mer agitée : un peu sourd, il parle haut et fort. Il sait lire, écrire et fort bien compter. Laissant choir « Émile », il conserve « Alphonse » comme prénom. Ambitieux, il se fait fabricant de futailles, taste-vin, vendeur d'alcool, maître tonnelier, puis devient armateur : la municipalité nomme ce notable expert maritime. Alphonse possède du papier à en-tête et des maisons dans de beaux quartiers de Dunkerque, rue du Jeu-de-Paume, rue Jean-Bart. Il vit au centre-ville, à quatre cents mètres du port.

Énergique, autoritaire, il gère une flotte de dix navires. Il embarque de temps à autre, par plaisir ou pour surveiller commandants et équipages. Bien que de taille moyenne, il en impose à ses parents comme à ses employés auxquels il s'adresse en français ou en flamand. À trente-cinq ans, la calvitie en route, moustaches superbes, il épouse sans passion Isabelle Mathilde Antoine et lui fait huit enfants en quinze ans [2]. Le cinquième, Mathias-Numa, n'est pas doté d'un prénom chrétien : son père, mauvais coucheur, nargue le curé [3].

Deux bonnes et une lingère entretiennent les demeures bourgeoises d'Alphonse : mobilier cossu, rideaux à glands, fauteuils capitonnés, plantes en pots, bibelots et marines. « Bon Papa » Alphonse collectionne les maquettes de bateaux. Elles amusent ses enfants et petits-enfants. Plus Alphonse achète de modèles réduits, moins il possède de navires : mal assurée, sa flotte subit la concurrence britannique ou norvégienne. Par un revers de fortune, en 1898, Alphonse ne commandite plus que deux navires.

Raide avec ses employés, rude avec ses enfants — il consigne deux de ses fils deux jours dans ses caves, l'un avec les vins, l'autre entre les fromages —, Alphonse, barbichette et haut-de-forme bien calé, passe souvent pour un dandy et parfois pour un original. La mairie refuse un lieu public à des juifs ? Alphonse les invite chez lui. Le conseil municipal n'accorde pas un terrain vague à des saltimbanques ? Rebelle récidiviste, Alphonse héberge le cirque. Ce notable a mauvais caractère et *du* caractère. La tribu Malraux a ses fantasques farfelus : celui-ci boit du vin dans un calice, d'autres mènent une « vie de patachon », négligeant leurs enfants.

Veuf en 1890, Alphonse dort avec son chien, un terre-neuve ressemblant à un gros ourson. Alphonse tance sa fille Marie parce qu'elle pleure. Son perroquet, Jacquot, commente « Pleure Mimi, pleure Mimi ».

Les fils d'Alphonse aspirent à fuir Dunkerque. Pas Alphonse qui aime sa ville, la mer du Nord, ses dunes mélancoliques, les maisons blanchies au lait de chaux, leurs murs de briques roses et brunes, les toits de tuiles, les paysages flottant entre douceur et tristesse sous des nuages gris et mauves en hiver. À Dunkerque, Alphonse tient son rang, épanouit son égoïsme, brasse des affaires, élève ses enfants, contemple avec une bienveillance circonspecte matelots, dockers et commerçants autour des darses du port ou du bassin Freycinet.

Le deuxième fils, quatrième enfant d'Alphonse, baptisé Fernand-Jean, porte les mêmes prénoms que le premier fils, mort à quatre ans. Ce Fernand-Jean *bis*, « enfant de remplacement » disent les psychiatres, efface et rappelle en même temps la mort du premier[4]. On l'appelle simplement « Fernand », abandonnant le second prénom : l'habitude familiale s'installe. Fernand perd sa mère à quinze ans. Il ne poursuit pas ses études au-delà de la troisième. À dix-huit ans, yeux gris-bleu, front moyen, un mètre soixante-dix, il s'engage pour quatre ans dans l'armée de terre afin de s'éloigner de Dunkerque et se dégager de l'ascendant paternel. Les autorités militaires notent que Fernand « n'a rien au-delà » de bribes d'instruction secondaire malgré des « rudiments d'espagnol ». Cet engagé « fait du cheval », on l'incorpore donc au 21e régiment de dragons. Il passera brigadier, brigadier-fourrier, maréchal des logis.

Libéré comme sous-officier, Fernand occupe des emplois dans de petites banques parisiennes. Alphonse, son père, a fait fortune. Pourquoi pas lui ? Le tropisme de la Bourse le pousse. À nous les Panama, les Suez ! À moi les aciéries Longwy ! Fernand se dit courtier. Il n'est que remisier, modeste intermédiaire entre l'agent de change et les clients. Bon pied bon œil, démarche fringante, pour toucher sa commission, il appâte avec des actions, brode sur les opérations du capitalisme pansu et du colonialisme triomphant. Naviguant entre obligations et bons du trésor, le Cuba 5 % ou les Chargeurs réunis, Fernand est à l'aise dans un univers qui attire jusqu'aux amateurs. Les Français traversent une période de boursicotage.

Fernand imagine des brevets à prendre, ampoules incassables, pneus increvables, pompes automotrices. Avec un optimisme qui semble inébranlable, il cherche le mouvement perpétuel, cultive des projets extravagants, mais ne dépose aucun brevet. Mirifique, ondoyant, bel homme, crocs de moustache huilés, se proclamant tantôt courtier, tantôt banquier, tantôt ingénieur, Fernand sait parler aux femmes, mieux encore qu'à ses clients. Son père Alphonse, impatient de le caser, lui trouve une héritière raisonnable et assez bien dotée. Mais à Malo-les-Bains, Fernand s'éprend de Berthe-Félicie Lamy, fille d'un boulanger du Jura, mort lorsqu'elle avait quatorze ans. D'origine italienne, la mère de Berthe, Adrienne née Romania, est couturière. Sa famille compte surtout des artisans et des entrepreneurs, un sculpteur, un militaire.

Le 24 mars 1900, alors que Sarah Bernhardt triomphe dans *L'Aiglon*, Berthe Lamy, dix-neuf ans, et Fernand Malraux, vingt-quatre, se marient à la mairie du XVIIIe arrondissement de Paris, malgré la grogne d'Alphonse Malraux. Ils s'installent au 53 rue Damrémont, à l'ouest du XVIIIe. Fernand loue un appartement de cinq pièces dans un immeuble construit depuis peu par l'architecte Émile Blais dont les maisons bourgeoises champignonnent près du cimetière Montmartre. Dans ce quartier, affirme-t-on au tournant du siècle, on rencontre « plus de rupins et moins de rapins ». Les jeunes mariés visitent l'Exposition universelle et la première ligne Maillot-Vincennes du métropolitain, inauguré cette année-là.

À quatre heures de l'après-midi, le dimanche 3 novembre 1901, naît Georges-André Malraux. Heureux présage ou pénible héritage, son anniversaire coïncide avec celui de sa mère. « Georges » est un prénom à la mode. Les Malraux l'abandonnent vite : ce sera donc *André*. Fernand ne déclare pas lui-même son fils à la mairie. Madame veuve Lamy, grand-mère maternelle, se charge de la formalité avec l'oncle Maurice Malraux, voyageur de commerce. Conformément aux affirmations de Mme Lamy, l'administration enregistre le père comme « employé de commerce ». D'un document à l'autre, Fernand métamorphose sa profession.

Le jour de Noël 1902, Berthe Malraux, mère d'André, met au monde Raymond-Fernand. L'enfant vit trois mois. Berthe s'entend mal avec son mari. Fernand se rassure ou se distrait en multipliant les aventures, sans discrétion. À défaut de brevets, il s'auréole de conquêtes. À quatre ans, André Malraux menace d'appeler le garde champêtre si ses parents se chamaillent encore. Berthe hurle : elle en a « assez d'accoucher d'enfants morts », allusion à une fausse couche. Fernand Malraux repart, revient puis s'envole.

Pour la mère d'André, ce départ est un troisième déchirement, après la mort de son père et celle d'un fils. Berthe ne gémit pas mais elle est meurtrie. À présent, dévote, elle dépend de Dieu et de sa mère, chef de la tribu. Adrienne a vendu la boulangerie et acheté un fonds d'épicerie en dehors de Paris, à Bondy. Elle le transforme en confiserie et s'y installe avec sa fille Marie, tante célibataire aimée d'André. Berthe et son fils vont vivre avec les deux femmes à Bondy. André est marqué mais sauvé par la séparation de ses parents.

Banlieue et bourgade au nord-est de Paris, Bondy héberge cinq milliers d'habitants. Malgré ses scieries, ses forges, sa chaudronnerie sur les berges du canal de l'Ourcq, Bondy ne bascule pas dans l'industrialisme, n'est ni populaire comme Livry-Gargan, ni chic comme Saint-Germain-en-Laye. Fonctionnaires, petits-bourgeois, paysans et ouvriers se côtoient sur les pavés des rues bruyantes. Halés par des chevaux ou des mulets, chargés à ras bord de charbon, de plâtre, de fourrages et de planches, des bateaux plats remontent le canal. Autour, la plaine, des fermes, les bois, une forêt filent vers l'Alsace-Lorraine et, plus loin, vers l'Allemagne, l'ennemi héréditaire. À l'automne, dans cette région de l'Aulnois, le paysage se voile de brume ou se couvre de brouillard. L'été, la chaleur devient parfois étouffante.

La maison d'Adrienne est située au 16 rue de la Gare, au cœur du quartier commerçant. Au rez-de-chaussée, la confiserie avec rayons, sacs et bocaux dans une lourde mais riche odeur de café et de chocolat, de gingembre et de thé, d'épices et de cassonade. On entrepose à la cave conserves et alcools. Les chambres sont à l'étage. André a la sienne. Seul garçon de cette cellule familiale reconstituée, il ne participe jamais aux travaux ménagers. Les femmes ne lui demandent rien, pas même, quand il en a l'âge, de servir au magasin. Elles acceptent ou s'imposent l'idée qu'il n'a pas le sens pratique. Au flanc de la maison, une voûte mène à une cour intérieure. La porte de bois cache un puits et sa margelle. Dans la même rue, le père Gouisard vend des primeurs. On aperçoit un serrurier, un glacier, la mercerie Dumet, le bistrot Les Vins de France, l'épicerie-buvette Au Rendez-Vous des Archers. Face à la confiserie d'Adrienne se dresse un grand café prospère, Au Rendez-Vous du Marché, Maison Girerd. Charmilles et musiciens de Girerd attirent les foules en fin de semaine. Près de la mairie, une écurie sent la paille et le crottin. Un coiffeur précède la quincaillerie Cartier et le troquet de Mme Chandel. Plus loin, l'imprimeur-relieur, les entrepôts et les remises.

André sursaute, grimace, renifle, éternue, étouffe, grogne, cligne des yeux. Il a le syndrome de Gilles de la Tourette (S.G.T.), affection mal connue [5] et peu étudiée, ne touchant qu'un nombre réduit de personnes, le plus souvent de sexe masculin. Des médecins affirment que ces tics passeront à l'adolescence. Le S.G.T. d'André se manifeste par des salves de mouvements musculaires et vocaux séparées de longues périodes de rémission. Hyperactif, regard vif et velouté, sérieux et goguenard, ce petit garçon exerce malgré tout son ascendant sur ses copains. Certains obtiennent le droit de devenir ses amis. André fréquente quelques petits cours privés [6], dont l'Institution Dugand qui chaperonne une vingtaine d'élèves. Là, André rencontre en 1907 le fils d'un épicier, Louis Chevasson, gamin rondouillard et placide, d'un an son aîné. Louis se mue en confident. L'assurance, l'aisance et la mémoire de ce Malraux l'épatent. Louis est l'un des rares enfants du voisinage à être accepté par les dames Lamy. Henry Robert, autre camarade, fréquente l'école communale. André Malraux, remarque-t-il, « un petit monsieur » confié à l'enseignement privé et payant, n'a pas le droit de jouer dans la rue ou sur les placettes de Bondy. André ne « traîne » pas.

Fernand Malraux voit son fils, en principe, une fois par semaine; il l'invite au restaurant et lui raconte ses coups en Bourse. Pour les vacances de Pâques et d'été, il expédie André à Dunkerque chez son grand-père; la ville, la mer, la campagne, la personnalité d'Alphonse, surtout, charment l'enfant. Chez son grand-père, André vit dans le monde d'un homme solide et puissant. Alphonse se montre plus affectueux avec ses petits-enfants qu'avec ses fils ou ses filles. Les réunions familiales rameutant tantes, oncles et cousins le transforment en patriarche. Le rôle lui convient, pour quelques heures.

Ces échappées à Dunkerque sont des moments délicieux pour le petit garçon. Quelques jours après son huitième anniversaire, le 20 novembre 1909, son grand-père, aimé et respecté, meurt à l'Hôpital civil de Dunkerque. Le journal local, *Le Nord-Maritime*, titre : « Mort tragique d'un vieillard ». « Hier soir, Alphonse Malraux, 76 ans, rentier... a fait une chute dans le grenier en portant des outils. Il se blessa grièvement à la tête et le docteur le fit transporter à l'hôpital. Le malheureux à trois heures du matin succombait d'une apoplexie cérébrale. » Au cimetière, une pierre-menhir surmontera la tombe d'Alphonse Malraux [7]. Certains marmonnent que Bon Papa avait trop bu.

André peint, sur des cartons, des toiles ou des assiettes en porcelaine. Un an après la mort de son grand-père, il esquisse et colorie trois barques à voiles noires sur un fond plombé [8]. Derrière ces bateaux, on distingue en filigrane une tête de femme — la mère d'André? Maîtrisée, mélancolique par ses couleurs, l'œuvrette manifeste un talent précoce. Comme la tête de chien vue de profil peinte par André à la même époque [9] — le saint-bernard de « Bon Papa » ?

À présent, Fernand demeure le seul homme de l'univers d'André : un père imposant mais absent, perturbateur. La triade des femmes de Bondy cerne l'enfant sans l'étouffer. Cependant, André a un nœud, dirait Laing : sa mère, alanguie par ses peines, formée et déformée par sa foi chrétienne rudimentaire, câline peu ou mal son fils. Une composante sensuelle fait défaut. Elle lui aurait reproché sa laideur.

Bien éduqué, André se tient bien, enfant modèle sur des clichés noir et blanc ou sépia : col jabot à trois ans, tablier gris avec croix d'honneur et moue sceptique à sept, tenue de marin à la Jean Bart ou déguisé en mousquetaire à huit, col dur et veste noire à dix, et, peu après, en premier communiant, brassard au bras. Peu de photos avec un rire ou un sourire de ce petit garçon pomponné et admiré. Il renifle, s'ébroue, chasse parfois femmes ou copains par des gestes brusques : l'enfant tiqueur avec son S.G.T. paraît vouloir écarter ceux qui l'entourent.

André semble avoir été un assez bon élève, excepté en calcul. Il obtient le certificat d'études en mai 1913. Avec Louis Chevasson, il déguste des journaux illustrés. *L'Épatant* ou *L'Intrépide*, comme *La Semaine de Suzette*, ont des tirages juteux. André adhère à la troupe scoute de l'école Jules-Ferry, dirigée par M. Suzanne, instituteur. Le scoutisme, fondé en 1909, sent le militarisme de Baden-Powell. Le scout n'a qu'une parole, il est « loyal et chevaleresque » ; il mêle les vertus chrétiennes et l'habileté manuelle, étrangère à André. La troupe se balade à Enghien, fait des jeux de piste dans les bois de Marly le jeudi, campe autour du feu pendant les vacances. André porte un uniforme, un foulard, une gourde. Poussant le cri de guerre scout, « Toujours prêt ! », il colle le fanion bleu et blanc de sa troupe sur la bicyclette orange offerte par son père. André ne sera jamais chef de patrouille. Il se lasse du scoutisme.

Il reçoit ses amis chez lui. Il chante *Manon*, *Werther*, des goualantes. Plus portée que ses filles sur la lecture, sa grand-mère l'expédie vers la bibliothèque populaire du quartier. Abonné, André s'y rend souvent. Le bibliothécaire remarque son appétit de lecture.

La Grande Guerre survient, bien prévue et mal préparée. L'armée française devait occuper Berlin en quelques jours. Les Bondinois entendent les roulements gras des canons « boches » avant la bataille de la Marne. De nuit, certains habitants voient des taxis chargés de soldats montant au front en pantalons garance. Puis, plus inattendus encore, arrivent de Reims et de Meaux, à pied ou en charrette, des réfugiés hébétés de détresse.

Pour André, la guerre s'incarne, comme la gloire, dans son père mobilisé. L'armée manque de sous-officiers supérieurs :

Fernand Malraux passe adjudant dès novembre 1914. Sept mois après, l'état-major se découvre à court d'officiers. Fernand, nommé sous-lieutenant, rejoint le 13ᵉ régiment d'artillerie. Sous un képi ou un béret, en bottes ou leggins, canne à la main, sanglé d'un baudrier, Fernand a de l'allure. Il plastronne en militaire comme le « banquier » Fernand Malraux en civil, se disant volontiers capitaine et, pourquoi pas, commandant. Ces mots ronflants titillent les femmes qui ne déchiffrent pas les grades : un ou trois galons, quelle importance ? Fernand impressionne son fils. Il pourrait émerger des récits patriotiques de *La Croix d'honneur*, illustré du dimanche. Il rejoint les héros de l'hebdomadaire patriotard *Les Trois Couleurs* qui chante la bravoure des populations dans les territoires occupés et révèle la sauvagerie de l'ennemi. En permission, Fernand Malraux fait comprendre à André qu'il tient une place méritée et valeureuse : lieutenant en 1917, il est affecté en mai 1918 à l'état-major du 12ᵉ bataillon de chars légers. André imagine son père dans un tank, cet engin extraordinaire, masse vrombissante de métal, puant l'huile et la poudre. Lorsque le lieutenant passe à Paris, Malraux père et fils posent pour les photographes. Ils paraissent contents l'un de l'autre. Raie droite au milieu du crâne, André a l'air plus sérieux que Fernand, souriant et édifiant guerrier.

Le lieutenant Fernand Malraux se vante beaucoup. Ses supérieurs reconnaissent sa « bonne volonté » mais constatent un « manque de savoir-faire [10] ». En 1915, il « donne toute satisfaction ». 1916 : on le dit « très consciencieux ». 1917 : il « commande avec autorité sa section » mais a « des connaissances plutôt théoriques que pratiques ». Officier technicien de groupe en 1918 : « il n'a pas très bien réussi dans cette fonction... officier de complément moyen ». Pour le chef d'escadron de Forsang, ce lieutenant Malraux « a fait presque toute la campagne dans des formations non combattantes ». Après tant de morts, de gueules cassées, de croix de guerre, de Légions d'honneur décernées au feu ou à titre posthume, le livret militaire du lieutenant Malraux fait pauvre : « Blessures : néant. Citations : néant. Décorations : néant. » Seules mentions originales dans le dossier : quatre jours d'arrêt pour « réclamation non fondée » ; « démobilisé... sans titre à l'avancement... aucune aptitude au commandement ».

Dans la vie civile, Fernand reste le même, ondoyant et culotté. Depuis l'avant-guerre, il vit avec Marie-Louise Godard, Lilette pour ses proches, les dents du bonheur, gaie, le contraire de Berthe. En 1912, de cette union officieuse est né un fils, Roland-*Fernand-Georges*, premier demi-frère d'André. Selon les lois de l'époque, Fernand, toujours marié à Berthe, ne peut reconnaître l'enfant. Il apparaît comme témoin sur l'acte de naissance, avec une nouvelle profession : « industriel ». En 1915, ne pouvant se soumettre à l'idée que son fils ne porte pas son nom, il reconnaît illégalement Roland en se déclarant célibataire.

La même année, André, quatorze ans, descend à Paris. Grâce aux leçons particulières prises avec Mlle Paulette Thouvenin, il est admis à l'école primaire supérieure de la rue Turbigo, près des Halles. Il prend le train avec Louis Chevasson qui suit des cours de comptabilité et de commerce dans un autre établissement parisien. En fin d'après-midi, les garçons se rejoignent près de la gare, à La Chope de l'Est. Ils montent dans un wagon de troisième classe. Après le passage des contrôleurs, ils sautent de marchepied en marchepied pour se prélasser en première.

En dehors des heures de cours, Paris est à eux. Ils entament leur exploration culturelle. Après ses razzias à la bibliothèque, André retrouve Louis au théâtre : ils assistent à *Andromaque*, au *Cid*, au *Médecin malgré lui*. Chevasson remarque la concentration de Malraux, ramassé sur lui-même, puis tendu vers les mots crépitant sur la scène. Un nouveau copain de l'école Turbigo, Marcel Brandin, se joint à eux. Tous trois s'enflamment pour le cinéma. Ils découvrent les grandes cuvées de Chaplin, Charlot dans tous ses rôles, mais aussi une autre image de la guerre, à travers le nationalisme chauvin du cinéma. Dans toute la France, les chapiteaux présentent *L'Angélus de la victoire* (1915), *Des canons, des munitions* (1916), *L'Alsace attendait* (1917), *L'Angélus du front* (1918). André Malraux a un peu plus de seize ans en 1918 et Louis Chevasson dix-sept. Les livres et le cinéma leur parlent davantage que la réalité. Pour leur génération, le cinéma devient une source d'informations condensées et d'émotions durables, une nouvelle technique pour percevoir, décrire, écrire le monde. Les images de la guerre, dans les journaux ou dans les films, ébranlent autant ces jeunes gens qu'une visite des champs de bataille de la Marne [11]. Les trois amis fréquentent aussi le Louvre ou le musée Guimet. Mais, faute de charbon, ceux-ci ferment sans prévenir les visiteurs, comme les salles de concert où les copains se rendaient avec un nouveau camarade, Georges Van Parys.

André se confie à Chevasson et Brandin : il aimerait écrire. Il soumet à Louis une nouvelle qu'il aurait déchirée, la jugeant mauvaise [12]. Ni prix d'excellence ni cancre, André poursuit une scolarité normale [13]. Mais il se forme, seul, une culture. Ne bénéficiant pas d'une éducation classique, il fabrique *ses* classiques, en marge des programmes scolaires. Avec passion, il lit. Chevasson note la facilité avec laquelle André va et vient de Froissart à Leconte de Lisle, de Balzac et Flaubert à Malherbe et Montaigne. Jeune lecteur, André Malraux chevauche les siècles.

À dix-sept ans, il se forge sa propre trilogie d'auteurs, lyrique, épique et romantique : Hugo, Dumas et Michelet le possèdent. Hugo tout d'abord, homme-œuvre, mythe-symbole, qui fut royaliste, républicain, pair du royaume, exilé. Il triompha dans le roman et plusieurs genres poétiques, se déploya dans des essais, des pamphlets, des reportages, le théâtre. Tant de vies en une seule, de talents en un seul homme.

Ces trois auteurs préférés de Malraux mordent dans l'histoire. Ils aiguisent son goût pour les héros. Dans la *Jeanne d'Arc* de Michelet, héroïne singulière, paysanne, guerrière illuminée, pieds sur terre, tête aux cieux, l'adolescent croise « le bon sens dans l'exaltation [14] ». S'enfonçant dans Dumas, il s'arrête sur *Georges* dont le héros métis lutte contre un gouverneur colonial anglais. Il s'ancre dans Hugo. Lisant *Quatrevingt-Treize*, il rencontre le sanglant Saint-Just, pâle, triste, étrange. Plus que Robespierre ou Danton, Saint-Just hypnotise Malraux qui le retrouve chez Michelet. Hugo, Michelet et Malraux communient dans la Révolution. L'adolescent en garde une image de la France transfigurée.

Ce rapport singulier à l'Histoire est justifié par Hugo : « L'histoire a sa vérité, la légende la sienne. La vérité légendaire, c'est l'invention ayant pour résultat la réalité. Le reste, l'histoire et la légende, ont le même but, peindre, sous l'homme momentané, l'homme éternel. » Comme Michelet, qui offre des interprétations synthétiques des faits historiques, Hugo brosse un tableau mystique de la Révolution : « Ce que la Révolution fait en ce moment est mystérieux. Derrière l'œuvre visible, il y a l'œuvre invisible. » Les frontières entre le réel et l'imaginaire, entre l'histoire et la légende s'estompent ; André Malraux développe en lui cette tendance esthétique, une quasi-morale.

Dans la vie quotidienne, la cellule familiale Lamy-Malraux ressent quelques effets de la guerre sans en subir les atrocités. L'inflation entame les économies, les prix grimpent, le sucre manque et la confiserie en pâtit. Adrienne a quelques connaissances à la campagne qui lui procurent de la farine blanche et des poulets au lieu du pain gris des boulangeries et de la viande frigorifiée, sans goût, des boucheries.

Crise du carton et du papier : les éditeurs vendent surtout des livres brochés. André Malraux, sondant les boîtes des bouquinistes sur les quais de la Seine, remarque certains ouvrages recherchés, donc chers. Il commence à réfléchir aux prix des livres.

Juste avant la fin de la guerre, en 1918, André est refusé par le lycée Condorcet. Pourquoi? Niveau jugé insuffisant? André Malraux décide de ne pas poursuivre sa scolarité. Il se racle la gorge, l'éclaircit, paraît vite emballé. Son S.G.T. ne s'accommode pas d'un univers scolaire encadré. Pour immobiliser sa tête, réduire ses tics, il appuie souvent son menton sur ses mains. Ses amis, pourtant, oublient ces symptômes récurrents. Même lorsque son débit s'accélère, la voix rauque et nerveuse s'impose[15]. Cas rare, Malraux n'est pas freiné mais comme poussé par son S.G.T. Son hyperactivité et une concentration extrême — ou une fièvre — diminuent ou suppriment temporairement les symptômes. André fait son autothérapie[16].

Autour de lui, les femmes s'inquiètent. Son père accepte qu'il arrête sa scolarité. Ce n'est pas une démission. Fernand n'a jamais décroché le bac, pas plus que le grand-père Alphonse qui se fit pourtant une « belle situation ». Fernand et Adrienne aideront André. Cette rupture avec le lycée, donc avec l'université, présente quelques avantages : curieux, inventif, autodidacte, André Malraux s'instruit ou se cultive en dehors des institutions et des circuits traditionnels, acquérant une indépendance d'esprit précieuse. Inconvénient : il ne se soumet à aucune discipline, aucune logique.

André enterre vite son enfance, ni noire ni rose[17]. Il échappe en douceur aux trois femmes de Bondy, surprises par un adolescent entêté, imprévisible. Berthe, dure réalité, a sa vie de femme derrière elle. Fernand, le père, est un fabulateur raté. Comment l'adolescent peut-il réagir aux énormes mensonges paternels? Il ne sait pas ou ne veut pas savoir. Au-delà de son père, Malraux s'accroche avec plaisir et reconnaissance à l'image chaleureuse et majestueuse d'Alphonse, grand-père totémique.

Dyable des coquillages

2

Adolescence d'un chef

Malraux, entre seize et vingt ans, adolescent précoce mais jeune homme immature, cherche sa voie en errant dans Paris. Son énergie et sa curiosité, son entregent, une mémoire visuelle rare favorisent une capacité à se mouvoir aux confins de la littérature et des arts plastiques. Il sait plaire en irritant. Il dit beaucoup de bien de lui-même, très peu de mal des autres. Il ne s'encombre ni de l'actualité politique nationale ou internationale, ni de la religion, oubliée depuis ses cadeaux de première communion. Il croit avoir perdu Dieu vers douze ou quatorze ans, comme il aurait égaré un porte-monnaie vide. Depuis l'âge de seize ans, il souhaite devenir écrivain ; ce n'est pas tout à fait vouloir écrire des livres. Il a confié cette vocation à Louis, pas à ses parents. Bon Papa Alphonse, prétendait Fernand, se plaignait de ne pas avoir un fils auteur. André Malraux pourrait satisfaire le bienveillant fantôme de l'ambitieux grand-père qui ne lisait guère. L'ignorance et l'inculture n'empêchent pas d'admirer les hommes de lettres. Écrivain, on se révolte, on remodèle le monde et, de plus, on décroche la célébrité grâce à l'aura de la profession.

Malraux se voudrait poète, maudit mais génial [1]. Au-delà de Hugo, il se verrait en Baudelaire, Verlaine ou Rimbaud. La poésie ne permet pas de gagner sa vie mais, exquise et douloureuse merveille, plus que le roman, elle pousse à jouer avec les mots. Elle autorise aussi le narcissisme. Malraux écrit :

> *Ô mon âme sensible et malade, ô mon âme,*
> *Vois revenir le jour encore plus vide, vois*
> *Près de la lampe éteinte et du foyer sans flammes*
> *Revenir le jour pâle et triste comme toi*
>
> *Ne cherche le sommeil ni le songe... Regarde,*
> *Indifférente, l'aube où rien ne bouge plus,*

> *Et, malgré les désirs où ton espoir s'attarde,*
> *Sois immobile enfin, puisque tu l'as voulu.*

Et quelques vers assez valéryens :

> *Hélas, amie, hélas! Tu te trahis toi-même!*
> *Comme le sable au vent ton courage s'enfuit,*
> *Fais de ton lourd dédain d'inutiles poèmes,*
> *Tu vas vivre de force, ô mon âme, aujourd'hui* [2] *!*

Les alexandrins roulent. L'auteur parle de son âme, sujet rebattu. Dans d'autres poèmes, apparaît le chat baudelairien [3]. Le débutant se cherche. Il travaille aussi un texte en prose, alambiqué, où l'imaginaire dévore le réel. La première scène s'ouvre sur une « lune rieuse dont les notes aiguës tombent comme des dents », des Pierrots lunaires surgissent de ballons-fleurs, un génie du Lac se pend, certains « péchés » meurent. L'Orgueil lâche une réplique qui pourrait s'appliquer à tout le texte : « Je crains, hélas! que ces institutions ne soient point suffisamment précises. » Le petit ouvrage cafouilleux, intitulé *Lunes en papier*, se liquéfie en allégories. Les influences de Rimbaud, Laforgue, Max Jacob et même Lautréamont se superposent. Malraux travaille ce texte au moins pendant trois ans, barattant des thèmes adolescents : angoisse devant l'incohérence de l'existence, tentation du suicide, lutte contre la mort. Même le brave et admiratif Louis Chevasson émet des réserves. À compte d'auteur, de nombreux écrivains publient des écrits semblables, d'une incohérence lassante.

Comment disposer d'argent et conserver sa liberté? Malraux a découvert le plaisir intoxiquant d'être propriétaire de son temps et de Paris. Il refuse d'instinct les horaires de bureau ou de boutique, les obligations triviales. De Montmartre à Montparnasse, de Passy à la Bastille, autour du Louvre et de l'Institut de France, chez les libraires et les bouquinistes, Malraux repère des ouvrages inconnus du XVIIe au XXe siècle, se renseigne sur le prix des reliures et du papier. Avec son ami Louis, il chine, flaire des livres d'occasion à lire ou revendre. André connaît les fluctuations de l'offre et de la demande. Il sait évaluer la qualité d'un papier, la beauté d'un ex-libris, des atlas, les volumes pleine peau ou des œuvres dédicacées par Anna de Noailles, Stendhal ou Voltaire. Celui-ci est un faux? Mais si beau! La valeur d'un objet, comme la beauté, se trouve dans les yeux de celui qui regarde. Marchandise sacrée, le livre attire autant de filous que les meubles. Les bouquinistes, grelottant l'hiver devant leurs boîtes vertes sur les quais de la Seine, estiment moins bien la valeur d'un livre que les libraires installés, souvent plus cultivés. André, lui, a tous les paramètres en tête Assuré et séduisant, il épate les marchands, parlant vergé, faux-titres, filets tremblés, typographie, gravures, lithos.

D'abord, il se fait de l'argent de poche avec des bouquins courants. Puis, il gagne sa vie grâce aux livres rares. Il s'orga-nise avec Louis, traite avec René-Louis Doyon, libraire-éditeur, écrivain mineur, bibliophile tenant un cabinet de lecture au' 9, galerie de la Madeleine. Jeune courtier, Malraux suit les fi-lières. Le matin, il remonte la rue des Saints-Pères, flâne dans les ruelles, enfile la rue Bonaparte, redescend le boulevard Saint-Michel. Alors, il finit sa collecte. Quittant la rive gauche avant midi, il franchit la Seine armé de listes d'éditions origi-nales dépistées. Doyon passe commande. Ils s'entendent et se complètent. Malraux dépasse de loin son rôle de chiffonnier en bouquins astucieux et Doyon celui de marchand d'occasions expansif. André n'a pas dix-huit ans et Doyon sollicite ses conseils. Du haut de son mètre soixante-dix-neuf, le novice sug-gère à l'ancien des titres, une traduction française du poète romantique Clément Brentano, *La Passion de Notre Seigneur Jésus-Christ*, ou *La Mystique divine, naturelle, diabolique*, de Görres [4].

Malraux se veut éditeur et présentateur : ne s'embarrassant pas de précisions universitaires, il bâcle une édition en mêlant des fragments littéraires de Jules Laforgue. L'exactitude ? Quelle importance ! Dans ses travaux, Malraux veut aller vite. Les spécialistes éreintent son édition. Malraux n'aime pas les experts. Ce jeune autodidacte passerait pour outrecuidant s'il n'était si savant.

Malraux se veut critique littéraire. Doyon lance un mensuel à deux francs, *La Connaissance, revue de lettres et d'idées*. Les directeurs reçoivent au bureau de la rédaction, les mardis et samedis. En janvier 1920, paraît sur cinq pages un article d'André Malraux, dix-huit ans et deux mois, « Des origines de la poésie cubiste ». Dans une synthèse fracassante, le débutant survole Guillaume Apollinaire, Max Jacob, Pierre Reverdy et Blaise Cendrars. L'attaque, sabre au clair, constitue la meilleure parade : « Lorsque le symbolisme, devenu un mouvement litté-raire sénile, barbota dans le clapotement précurseur de sa défi-nitive dissolution, écrit Malraux d'une plume sirupeuse, les jeunes gens peu désireux de publier des poèmes flasques (mais couronnables), fanfreluches de gloses mirobolantes, partirent à pied à la recherche d'un artiste capable de produire une œuvre dont une esthétique nouvelle pût s'extirper sans plagiat. » Apol-linaire, selon Malraux, aurait imité Heine. Comme pris d'un remords, Malraux lui accorde les titres de « fantaisiste » et de « moderniste », sans définir les termes. Avec son ironie « fluette » et ses images carnavalesques, Max Jacob mérite des félicitations, comme Pierre Reverdy pour son « dépouillement chirurgical » ou Blaise Cendrars rendant lucidement « l'expression paroxyste de la vie moderne ». Un premier article passe souvent inaperçu. Pas celui-ci. Dans l'hebdomadaire *Comœdia*, un Valmy-Baysse prend l'impudent imprudent à partie. Malraux suggère que le symbolisme a été « sénile » ? Malraux remonte en ligne et expédie une lettre que *Comœdia* publie : on l'aurait mal compris, il ne voulait pas s'en prendre au symbolisme, il l'admire.

Son second et dernier article dans *Connaissance*, moins remarqué, traite de trois livres de Laurent Tailhade. Moquant le bourgeois ou admirant Vaillant l'anarchiste, Tailhade amuse Malraux. Le jeune critique cherche un ton. Son article sent le pensum étiré : « Depuis le jour où Stéphane Mallarmé remplaça par une pâle soie la crasse ordinaire des revues féminines, nul, comme Laurent Tailhade, ne montra combien de beauté peut s'inclure en le seul style. » Malraux polémique : « Naguère, M. Thérive, professeur rétrospectif, proposa de punir Laurent Tailhade pour ignorance... mais ce distributeur de mauvais points jugea superfétatoire de comprendre la noblesse de cet artiste qui, pendant quarante ans, enjoliva méthodiquement de gifles les ouistitis contemporains dont l'âme, incapable même de comprendre le veau d'or, révère un petit Pécuchet en titre fixe. »

Malraux se rapproche d'*Action*, revue artistique et littéraire dirigée par Florent Fels. Ce dernier s'intéresse à la condition ouvrière, la répression des mutineries, Bernard Shaw, aux dimensions sociale et politique de la création, à l'anarchisme individualiste. Il rêve d'un monde sans tutelle gouvernementale et veut se consacrer à l'« expérience », but final de l'existence selon lui. Il insiste sur *expérience*. Il emploie souvent le mot *camarade* qui plaît à Malraux, comme *expérience*. Fels, avant-gardiste en littérature, modéré par ailleurs, est attiré par une certaine forme d'ordre où les monuments du passé ont leur place. À la première manifestation dada, devant les sympathisants Max Jacob et Blaise Cendrars, les partisans André Breton ou Francis Picabia, Fels marque son opposition. Tzara lit le texte d'un discours de Léon Daudet à la Chambre des députés. En coulisses, Breton et Aragon agitent des sonnettes. Florent Fels, dans l'auditoire, hurlant, s'en prend à Tzara :

— À Zurich, au poteau !

Fels ouvre une séance de contre-manifestation avec une

causerie sur les Classiques de l'Esprit nouveau : « Si l'Art n'est point sans un certain sérieux, il meurt de l'ennui. » Chez les « Messieurs du Dada », il décèle des plagiaires du Futurisme italien autant que des briseurs d'idoles. Il rejette l'irrationnel dadaïste et le négativisme décadent. Malraux est d'accord avec les propos de Fels, pas toujours avec les textes qu'il publie. Il ne suit pas non plus les surréalistes, trop amateurs de psychanalyse. Malraux vogue dans le vent mais, touche originale, à contre-courant : soixante ans après la publication des *Chants de Maldoror*, Isidore Ducasse, comte de Lautréamont, est révéré par les dadaïstes militants et les futurs surréalistes. André Breton, Paul Éluard, Louis Aragon, Philippe Soupault placent Lautréamont à côté de Rimbaud. Malraux, lui, dénonce ses procédés. Ducasse, note le jeune critique, substitue en toute simplicité le nom de Dieu à celui de Satan. Malraux adore étaler son érudition, même défaillante, et traite hors mode un auteur à la mode. Pour lui, les supercheries de Lautréamont se révèlent lorsque l'on compare les textes des *Chants* de 1868 et de 1874. Bon, admet Malraux, ce comte reste un fou visionnaire. Mais on doit s'interroger : « Même lorsqu'il donne des résultats aussi curieux, quelle est la valeur littéraire d'un procédé ? » *Action* publie d'autres études de Malraux, sur André Salmon ou André Gide ; la dernière, fine, lui vaut une lettre du Grand Écrivain qui s'intéresse à ce jeune homme avec étonnement. Malraux hésite, puis donne aussi à *Action* des poèmes en prose [5]. Sans fil narratif ni métaphores originales, ils passent inaperçus. L'auteur s'en servira dans *Lunes en papier*.

Critique inégal, jeune courtier avisé, Malraux ces années-là vit sur des finances fluctuantes. Sans couper toutes les amarres avec Bondy, il loue au départ un deux-pièces meublé avenue Rachel, à Montmartre, où il héberge le bon Louis Chevasson. Quand un des amis invite une jeune femme, l'autre retourne chez sa mère. Puis, avant de prendre une garçonnière près de l'Étoile, le courtier confirmé s'installe au Lutétia, boulevard Raspail, dans une chambre aux étages supérieurs. Il aime le quartier et apprécie le service de la vie d'hôtel, restauration à la demande et blanchisserie. Dressé par les dames de Bondy, Malraux soigne ses vêtements, goûte aux tailleurs du quartier de l'Opéra, passe des chemises en coton ou popeline de soie, s'offre des accessoires : écharpes, foulards, cannes, gants de peau, perles, souvent fausses, pour ses cravates. Il adore les manteaux épais jetés sur ses épaules comme des capes, façon officier de l'Empire. Ses pieds, dit-il, sont délicats, il fréquente les bons bottiers. Cet élégant devient dandy, comme Fernand ou Alphonse Malraux, mais à la mode parisienne.

La bibliophilie, passion, le sort du négativisme de l'adolescence. André souhaite vivre heureux et d'une manière palpitante. Dans un texte publié quelques années plus tard, il se fera à la fois bibliophile et chat, son animal-symbole [6]. Malraux-le-Chat dit : « Si tu ouvres *Les Fleurs du Mal* plus souvent que *La Légende des siècles*, ce n'est pas seulement en raison de ta prédilection pour Baudelaire. Le livre que doit rechercher, avant tout autre, le bibliophile lucide, et qui sait discerner la nature de son plaisir, c'est celui dont chaque page se défend par elle-même. Rénovons la bibliophilie. » Malraux-bibliophile explique ses pulsions : « La recherche des éditions originales et l'organisation d'un dîner Balzac ou Marcel Proust témoignent d'un même sentiment, je crois ; mais que ce qui a signifié modernité signifie archaïsme, qu'importe ? C'est aussi vrai de l'œuvre même. Ce que je défends, c'est la qualité de mon plaisir. J'entends bien qu'une seconde édition de Racine, de Balzac même, est chargée d'autant de puissance d'évocation, de temps si j'ose dire, qu'une première. Mais toute passion ne fait que créer un besoin que satisfait seule l'illusion de perfection. » D'accord, Malraux-le-Chat répond : « Voilà d'excellentes raisons de devenir faussaire. Quelle différence entre un bon faux et un mauvais original ? La mystification est éminemment créatrice. »

Armé de cette philosophie, Malraux cherche dans l'édition des personnages plus originaux ou entreprenants que Doyon, rencontre des galeristes, de petits éditeurs imaginatifs, des découvreurs et des crapules. Un récent ami, Pascal Pia, pseudonyme de Pierre Durand, le conseille. Plus jeune de deux ans, boulimique de lectures, assoiffé de perfection littéraire, poète à ses heures, Pia, orphelin de père, a quitté sa mère. Autodidacte comme Malraux, mais d'un goût plus affirmé pour la précision, il a été barman, employé d'une compagnie de navigation et d'assurances. Grand connaisseur de l'Enfer à la Bibliothèque nationale [7], il a travaillé chez Frédéric Lachèvre, ancien boursier et spécialiste des auteurs libertins. Pia met Malraux sur la piste de Théophile de Viau, Cyrano de Bergerac, des *Lettres à la Présidente* ou de *Lesbia, maîtresse d'école*. Pour Durand-Pia, prodigieux pasticheur, le faux devient un jeu et un attrape-pédant. De même pour Malraux.

Quand l'argent rentre, le trio Malraux-Pia-Chevasson dîne chez Larue en évitant les bouillons à prix fixes. Les amis fréquentent le Moulin-Rouge ou le Lapin Agile, les bars homosexuels ou les boîtes hétéro. Ils lancent des canulars. Ils sont parisiens, badauds, curieux. Après des journées chargées, ils s'accordent des verres au Chat Noir ou dans des bordels.

Pendant ce temps, Malraux fait sa cour littéraire, affinant sa tactique épistolaire. En 1920, il envoie de Bondy une lettre à Paul Éluard, son aîné de six ans, dont les *Poèmes pour la paix* furent remarqués en 1918 : « Je désire faire votre connaissance parce que vous êtes pour moi l'un des poètes les plus intéressants de Dada. » Malraux ne dit pas qu'il aime Dada. « Je désire surtout ne pas vous importuner... », poursuit-il, mais il note qu'il préférerait être reçu un matin ou un après-midi [8]. Toujours de Bondy, à André Breton : « Tous mes compliments pour vos *Exemples* qui sont encore plus réussis imprimés que lus ou calligraphiés... De la littérature telle que le silence des journaux à son égard est fort agréable car on n'aime pas voir les bêtes se promener sur les choses aimées [9]. » Encore en 1920, Malraux écrit à Jean de Gourmont à la recherche de précisions sur la vie sexuelle de George Sand. Dans les *Journaux intimes* de Baudelaire, explique Malraux, figure une phrase sur les capacités amoureuses de l'écrivain. L'épistolier verse dans l'amphigourique : « Vous devez trouver cette épître dégoûtante et son auteur hispide [10] et gribouilleur, vous qui écrivez si admirablement ! Mais comme ce papier a à mon égard de mauvaises intentions... je plonge mes doigts dans la fourrure de votre chat "puissant" mais non doux (plutôt griffu) pour conjurer le mauvais sort. »

Sur ses lettres comme dans les marges de ses manuscrits, Malraux dessine souvent des chats, parfois des hippocampes ou des « dyables » — « mélomanes », « monogrammes » ou « pas d'accord », précise-t-il. Dans *Royaume farfelu*, ouvrage auquel il travaille, il lancera : « Prenez garde, Diables frisés, de pâles images se forment sur la mer en silence. » Ces dessins de Malraux aux sourires ironiques traduisent-ils un regret : celui de ne pas être un dessinateur doué, comme Blake ou Hugo [11] ?

À la différence de son père et de son grand-père, ce jeune homme dispose d'un sixième sens pour la littérature, d'un septième pour la peinture. Il explore de plus en plus les musées, surtout les nouvelles salles du Louvre et les galeries autour de la place Beauvau ou la Madeleine. Il connaît bien les œuvres de certains peintres Braque, Matisse, Picasso, Derain, Vlaminck, Juan Gris. Malraux se fraie un chemin dans le monde des artistes, circulant entre de petites sociétés d'admiration mutuelle. Dans les ateliers des peintres ou des sculpteurs, écoutant les artistes, il se forme l'œil. Il apprend, confronte, analyse idées et techniques.

Pour promouvoir le graveur Démetrios Galanis auquel il est lié, il le compare aux primitifs italiens de la première Renaissance. Pour l'imposer, il exagère : « On peut rapprocher de Galanis beaucoup de maîtres... on ne peut le soumettre à aucun. » Malraux fait ainsi quelques pas dans la critique d'art, s'en tenant le plus souvent à des généralités : « Nous ne pouvons sentir que par comparaison, écrit-il ; quiconque connaît *Andromaque* ou *Phèdre* sentira mieux ce qu'est le génie français en lisant *Le Songe d'une nuit d'été* qu'en lisant toutes les autres tragédies de Racine. Le génie grec sera mieux compris par l'opposition d'une statue grecque à une statue égyptienne ou asiatique, que par la connaissance de cent statues grecques. » Comparaison, génie, opposition, connaissance, mots clés du jeune et impérieux André Malraux.

Pendant deux ans, on le voit aussi avec le poète Georges Gabory, grand connaisseur en bons restaurants et mauvais lieux, expert en champagne et danseuses de french cancan. Les poèmes de Gabory sont maigres :

> *Vers l'azur d'une autre rade*
> *Loin de la terre malade*
> *Du désir et de l'ennui*
> *Et notre cœur s'est enfui*
> *La rose de grenade*
> *S'est ouverte enfin pour lui*

Malraux préfère l'homme à l'œuvre, et la prose de Gabory à sa poésie. Provocateur, Gabory rédige un éloge de Landru digne d'un surréaliste. Les copains traînent avec eux, à Montmartre ou Montparnasse, René Latouche, employé de bureau boiteux qui affiche aussi des ambitions littéraires. Latouche croit découvrir qu'il n'aime pas sa maîtresse puisqu'il l'a trompée. Pas grave ! commentent les camarades. Latouche se suicide. Malraux a éprouvé de la tendresse pour lui.

Gabory le présente à Raymond Radiguet et à Max Jacob dont Malraux sent vite l'importance. Le poète, un quart de siècle de plus, a connu la pauvreté, l'astrologie et la Cabale. Les jeunes qu'il gratifie de son amitié capricieuse lui rendent visite au 7 rue Gabrielle, à Montmartre. Max Jacob a reçu la visite de Dieu. Il L'a reconnu : Dieu « avait une robe de soie jaune et des parements bleus... la face paisible et rayonnante ». Les jeunes gens qui entourent le poète, souvent agnostiques ou athées, acceptent sa foi catholique comme ses foucades, ses palinodies, son homosexualité et ses rires au bord des larmes. Max Jacob trouve André Malraux beau, prétentieux, baudelairien et pédant à l'occasion. Ils partagent un bœuf miroton ou un navarin aux pommes. Max interrompt des conversations sérieuses en imitant des académiciens pompeux ou des étrangers égarés dans Paris. Pourtant susceptible, Malraux accepte les pointes de Max. Il ne les tolérerait pas d'un autre.

Malraux rencontre Marcel Arland et son approche traditionnelle de la littérature. Les deux amis partagent une passion
pour l'histoire de l'art, classique et moderne. Arland a vingt-huit
mois de plus que Malraux ; cela compte à vingt ans. Il fut élevé à
la campagne. Son cœur comme son intelligence retournent
souvent aux champs de la Haute-Marne. Plutôt ascétique,
nourri de Stendhal et de Baudelaire, il attire l'attention de Malraux sur le style de Barrès. Arland a fait des études universitaires, mais la rhétorique sèche de certains sorbonnards lui fait
rejeter les professeurs, « jongleurs d'idées et de langage ». Cela
séduit Malraux qui fascine Arland. Ils parlent de Pascal, de Dostoïevski et de Claudel, s'entretiennent de questions à leurs yeux
essentielles : que faire de sa vie, quelles valeurs défendre après
la guerre et l'éclatement de l'Europe ? Surtout, après la mort de
Dieu annoncée par Nietzsche, le plus grand « événement » des
dernières années selon Malraux, ils veulent arriver au bout des
problèmes posés par la Vie, la Création, l'Art. Le mot *essentiel*
revient en leitmotiv dans leurs conversations. Arland paraît le
premier esprit rigoureux auquel Malraux s'attache.

Malraux ne peut survivre dans la bohème. Il fréquente
l'hôtel Drouot et croise un véritable éditeur, Lucien Kra, que
son père, Simon, initia aux manuscrits et aux autographes.
Simon conseille à Lucien de tâter des éditions de luxe. Lucien
Kra et Malraux deviennent partenaires. Le 23 avril 1920, le
Journal de la Librairie publie une annonce : « Éditions du Sagittaire. Libraire-Éditeur, 6 rue Blanche... Nous commencerons
prochainement la publication d'une série de volumes à tirage
restreint (1 000 exemplaires, luxe compris)... » Le Sagittaire
vise la qualité : « Chaque volume d'un joli format, en douze-
carré... luxueusement imprimé sur papier Hollande van Gelder
Zonen ou papier japon impérial, sera illustré par un des meilleurs artistes contemporains. » Tous les ouvrages de la collection seront des éditions originales, souligne le Sagittaire.
Premier volume, *Le Livret de l'imagier* par Remy de Gourmont.
Le second, *Causeries* de Charles Baudelaire. Malraux choisit
pour ce volume quatorze dessins dont onze inédits de Constan-
tin Guys. Ces éditions ne seront jamais réimprimées. Elles ne
sont pas seulement destinées aux très riches bibliophiles pour
lesquels un livre tiré à plus de deux cents exemplaires n'est pas
un ouvrage rare. Kra et Malraux, joli coup, lancent le demi-luxe
avec des « inédits » de Baudelaire — déjà publiés [12]. Ils ont le
sens du prestige et du profit : l'édition, si elle veut durer, doit
concilier exigence littéraire et bénéfice financier. Moins d'un an
après leur création — le journal *La Librairie* le fait savoir —, les
Éditions du Sagittaire préparent une collection d'œuvres tou-

jours inédites des maîtres de la littérature nouvelle et de jeunes écrivains illustrés par « les artistes les plus réputés ». On y trouvera André Salmon et Max Jacob, ainsi qu'André Malraux, moins connu des bibliophiles. Le Sagittaire insiste : ces ouvrages « deviendront bientôt d'une grande rareté ». Les ambitions de Malraux ne sont pas au-dessus de ses compétences. La perspicacité du grand-père, Alphonse, l'emporte sur la faconde de son père, Fernand. Amitiés et affaires s'entremêlent. Depuis longtemps, Max Jacob connaît Kahnweiler, Allemand ayant passé la guerre en Suisse, revenu à Paris en 1920 où il a repris ses activités de marchand et d'éditeur. Il engage des grands, Braque ou Derain pour illustrer Max Jacob, Raymond Radiguet, Pierre Reverdy. On se réunit chez Kahnweiler autour d'une tasse de thé, de potins — que Malraux et les autres adorent — et de spéculations intellectuelles. Le troisième volume d'une collection de Kahnweiler, illustré par Fernand Léger, sera le premier vrai livre de Malraux. En même temps encyclopédiste marginal et averti, Malraux décèle les potentialités financières de l'érotique et du pornographique. Il surveille la fabrication d'un ouvrage, *Les Amis du crime*, extrait à coups de hache de *La Nouvelle Justine* du Marquis : douze bois gravés, édition limitée à cinq cent cinquante exemplaires, vergé Chesterfield ou vélin blanc. L'original, affirme Malraux, a paru à Paris en 1790 [13]. Il enchaîne sur *Le Bordel de Venise*, montage tiré de l'histoire de Juliette, du Sade encore, première édition tirée à deux cents exemplaires ornés d'« aquarelles scandaleuses de Couperin » — en réalité dues à l'artiste belge Géo A. Drains. Malraux mêle le texte libertin (« Nous soupâmes toutes les trois : leur manie consistait à me sucer la bouche et le con. Elles se relayaient rapidement... ») et les illustrations, sexe dressé, fouets et triades.

Malraux se sépare de Kra dans des conditions étranges. Observateur amusé, aussi perfide que pieux, Max Jacob commente leurs désaccords dans une lettre à Radiguet : « Il faut profiter de ce que ces messieurs ne sont *pas encore désillusionnés* par les éditions des jeunes. Un jour viendra, poursuit-il, où notre ami Malraux ne sera plus là et ces messieurs songeront plus à Anatole France qu'à nous. » Bien vu : Malraux parti, les Kra, justement, annoncent quatre volumes d'Anatole France, à l'antipode de l'avant-garde.

Malraux se met en retrait de l'édition, songeant toujours à devenir écrivain. Évoluant dans un monde clos, préoccupé par un narcissisme propre à l'adolescence, il ne prête aucune attention à la politique. Il doit se mettre en règle avec les autorités militaires, déclare-t-il. Pour obtenir un ajournement,

Malraux argue de ses tics et de quelques maux imaginaires, insomnies, douleurs au ventre. Pour ce qui importe comme pour le train-train quotidien, il élabore une théorie pragmatique de la vérité : le vrai, c'est ce qui m'amuse, me convient, me fait avancer. Trop de jeunes hommes ont perdu leur temps ou la vie entre 1914 et 1918. Pourquoi donc faire son service militaire ?

le Roi des Royaumes Imaginaires

3

L'étrangère

La revue *Action* consacre aux littératures étrangères des études et des traductions d'un niveau convenable. Elle publie Gorki, Alexandre Blok, Victor Serge. Fels emploie des polyglottes dont Yvan Goll, poète et correspondant d'une maison d'édition allemande, ainsi qu'une jeune femme d'origine allemande, Clara Goldschmidt. Effervescente, cosmopolite, un mètre cinquante-trois, yeux gris, cheveux châtain foncé, nez un peu long, bouche assez haute, menton décidé, trois ans de plus qu'André, Clara a une présence électrique. Parlant l'allemand, l'anglais, un brin d'italien, exaltée par la poésie et le roman, elle manifeste aussi des appétits philosophiques. Un de ses grands-pères vit toujours en Allemagne mais se sent européen : pendant la guerre, quelques descendants se sont battus avec les Français, d'autres du côté allemand. Ses deux fils, dont Otto, père de Clara mort en 1912, furent des négociants tanneurs prospères. Avec ses succursales en Amérique et en Asie, la famille reste aisée. Une gouvernante autrichienne et une préceptrice irlandaise veillèrent sur les enfants. Veuve et rentière, servie par une femme de chambre et une cuisinière, la mère de Clara habite une maison à Auteuil avec sa fille et ses deux fils.

Dans cette famille juive, les filles ont les droits des garçons, excepté la liberté sexuelle. Son frère aîné, André, découche, constate Clara. Pourquoi pas elle ? André conseille à sa sœur de se marier et de « faire des bêtises sous un autre nom ». La fille comme les fils, en revanche, ont été incités à se cultiver. Clara a entendu sa mère parler de Hegel. Se disant « aimantée » par des « tensions insupportables », Clara cite Spengler, Hölderlin, Dickens et Tolstoï.

À vingt-trois ans, elle croise André au cours d'un dîner organisé par Fels dans un restaurant du Palais-Royal[1]. Après quelques propos convenus avec Goll, sa femme et Jeanne Mortier, femme d'un peintre, Clara et André gagnent une boîte de nuit, *Le Caveau révolutionnaire*. Ils s'embarquent dans un tango. André Malraux est mauvais danseur.

Le dimanche suivant, il passe chez ses amis Goll qui vivent dans deux pièces meublées en Biedermeier, près de la villa des Goldschmidt. Sous une toile de Robert Delaunay, autour d'un buste d'Alexandre Archipenko, on bavarde en français, en allemand, en anglais. Marc et Bella Chagall viennent volontiers ici. Malraux s'approche de Clara. Elle remarque ses mains superbes, sa pâleur touchante, sa voix parigote, intarissable. Il semble séduit. Elle parle presque autant que lui et avec un même aplomb. Il fait le paon sibyllin ; elle, la coquette savante. Elle cite Novalis, lui le Greco, tous deux Nietzsche. Elle est récemment revenue d'Italie où ses fiançailles avec un médecin ont été rompues.

— Que faites-vous cet été ? lui demande Malraux.

— Je retourne en Italie.

— Bon. Je vous accompagne.

Si non e vero [2]... Clara trouve cet abordage à la hussarde romanesque. Encline aux émotions théâtrales, la jeune femme, chez elle, lance à sa mère :

— C'est agréable d'être intelligente : on plaît aux hommes intelligents.

Clara déploie aussi peu de modestie qu'André. Il lui téléphone le lendemain. Elle a une belle voix, lui déclare-t-il, gambit amoureux banal. Il vient la prendre chez les Goldschmidt. Visite au musée Gustave-Moreau, promenades en barque sur le lac du bois de Boulogne : André rame aussi mal qu'il danse. Artiste, et brillant, juge Clara. Elle sent chez ce jeune homme une ambition, mais sans contours nets. Elle devine qu'il voudrait écrire. Il dément sans la convaincre.

— Vous connaissez la théorie chinoise, dit-il : l'amateur de jardin est supérieur à celui qui fait le jardin.

Sentencieux, il ajoute :

— L'homme capable de jouir de l'œuvre d'art est supérieur au créateur.

Peu convaincue, Clara sent chez André un besoin de reconnaissance et, par moments, perçoit une douleur. Son père est banquier, affirme Malraux. Tôt, Clara sait que c'est faux. André souffrirait-il de ses origines, trop modestes ? Bondy n'a pas le chic d'Auteuil. Et alors ? Clara n'est pas snob. Aussi bavarde que Malraux, elle paraît plus mûre. André a eu des passades, de brèves liaisons, dont « une petite poule de dancing », selon Georges Gabory. Pour la première fois, André paraît amoureux. Flatteur perspicace, il n'économise pas ses compliments :

— Je ne connais qu'une personne aussi intelligente que vous, Max Jacob.

André et Clara parcourent les expositions, fréquentent les théâtres. Clara lui fait découvrir des écrivains allemands, russes et anglais. Il l'initie au cabaret. Quoi, Clara n'a jamais vu un bal musette ? Ils s'échappent d'un raout littéraire à Palaiseau, entrent dans le cabaret Noël Peters, puis se rendent dans un bal musette, rue Broca, près des Gobelins. Ils boivent. Malraux pousse Clara à accepter l'invitation d'un danseur. À la sortie du bal, des hommes les bousculent. André sort un revolver de sa poche [3]. Un coup de feu claque. André réplique. Il est blessé à la main, légèrement. Ils cherchent un désinfectant chez les Goldschmidt. Madame mère surgit :

— Que fait ton ami, ici, en pleine nuit ?

— Il prend un livre.

Autoritaire, Mme Goldschmidt n'est pas sévère. Malraux a le droit de revenir à la villa. Le 14 juillet, Clara raccompagne André chez lui et ils se laissent aller. Clara a un amant. Malraux prend rendez-vous avec Clara au Ritz. Point d'André. Mineur, il soutirera plus tard à son père, retiré à Orléans, l'autorisation d'épouser Clara, explique-t-il après. Fernand trouve l'idée extravagante :

— Une Allemande ? Et juive !

Fernand est maintenant remarié ; il a deux autres fils légitimes. Au passage, André découvre son plus jeune demi-frère, Claude. Fernand admire la manière dont son fils aîné « se débrouille », gagne de l'argent. Mais ce garçon est trop jeune pour se marier. Pourquoi André a-t-il menti à propos de ce rendez-vous au Ritz ? Il a un besoin de maquiller, de déformer ses actions les plus simples, conclut Clara.

Le départ pour Florence tient du vaudeville. Gare de Lyon, sur le quai, Clara embrasse sa mère. Clara et André montent chacun de leur côté dans le train. Ils passent la nuit ensemble. Un voyageur, ami de la famille Goldschmidt, consulte la liste des passagers. Comment une jeune fille de si bonne famille peut-elle partager un compartiment avec cet inconnu ? Si l'ami parle, l'oncle Goldschmidt, gérant de la fortune familiale, coupera les vivres à sa nièce et madame mère fera des scènes. André surgit dans le compartiment de l'ami. Il lui aurait proposé un duel. Malraux cultive une image de lui-même qui a du panache. L'ami se taira.

— Notre mariage arrangerait-il les choses ? aurait demandé André à Clara.

— Bien sûr.

Fernand Malraux lèvera son veto, André le garantit. Clara

propose de divorcer six mois après. L'amour et le mariage doivent être libres.

Florence, ses palais, ses jardins, ses musées, comme son guide, Clara, impressionnent Malraux. Les connaissances picturales d'André frappent sa compagne. Il retient les moindres détails de coloris ou de composition d'un tableau vu aux Offices ou au palais Pitti. Là, Clara le trouve *extra*ordinaire. Pour l'architecture, elle lui en remontre. Elle lui offre S. S. Annunziata ou l'église San Marco. Étincelant, il disserte sur Giotto ou Paolo Uccello : il compare les trois fragments de la *Bataille de San Romano*, celui du Louvre, celui de Florence et celui de la National Gallery à Londres, qu'il n'a pas vu. Inventant, il laisse son imagination enflammer l'interprétation.

— Regardez ce tableau comme s'il ne contenait pas d'anecdotes, ordonne-t-il.

Ils s'enivrent de phrases. Malraux :

— Comme nous sommes heureux.

Ou encore :

— Si vous deviez mourir, Clara, je me tuerais. Et vous ?

— Maintenant oui. Plus tard, je ne sais pas, répond-elle.

Digne fils de Fernand, André jette : « Il faut dépenser l'argent qu'on n'a pas plus vite que celui qu'on possède. » Ils font un détour par Sienne et reviennent à Florence. Quelqu'un a mouchardé. Clara reçoit un télégramme impérieux de sa mère : « Reviens immédiatement sans ton compagnon. » Ce *compagnon* fleure le mépris. Ils répondent par un télégramme annonçant leurs fiançailles.

Ils partent pour Venise, s'installent à l'hôtel Danieli. Ils sont heureux mais pas toujours d'accord. Elle redéfinit leur contrat : qu'ils passent ou non devant le maire, ils ne se limiteront pas l'un à l'autre. Au fond de lui, Malraux n'accepte pas cette règle. Plus d'argent. Après quelques heures sur la plage du Lido, ils montent dans l'Orient-Express. Gare de Lyon, la tante de Clara, Jeanne Goldschmidt, lui demande si ce mariage est vraiment nécessaire. Plus avisée, attendrie, sa mère s'enquiert de son bonheur. Bourru, le fils aîné de Mme Goldschmidt déclare à sa sœur qu'elle déshonore la famille. Puis, André Goldschmidt se calme, rencontre André Malraux au Fouquet's et informe son futur beau-frère : Clara est forte, intelligente mais folle.

Fernand Malraux accorde son autorisation. Ce projet de mariage n'étonne pas Max Jacob, pieusement établi au presbytère de Saint-Benoît-sur-Loire. Pour André, Max Jacob prévoit une chaire au Collège de France et même un fauteuil à l'Académie française. Il le complimente [4] : « Je vous félicite de votre résolution et de votre choix... Vous aurez pour compagne un excellent esprit, à la fois positif et artiste. » Il ajoute : « J'espère que de douces fiançailles ne nuisent pas à vos travaux et que nous aurons bientôt de leurs fruits succulents. » Avec impatience, il attend de « ce cerveau actif, amer et tendre » des livres.

Le 21 octobre 1921, six mois après leur rencontre, Clara et André se marient à la mairie de l'élégant XVIᵉ arrondissement. Elle a commandé chez Poiret un tailleur en velours noir garni de petit-gris. Ne voulant pas rencontrer Fernand, les trois femmes de Bondy n'assistent pas à la cérémonie. Le père est indispensable pour autoriser le mariage. Fernand fait bonne impression. À Clara, la tante Jeanne suggère qu'elle aurait dû choisir le père, « beaucoup mieux que le fils ». Clara soudoie un employé de l'état civil, avec trois cents francs : la date de naissance des époux sera murmurée, la différence d'âge ne doit pas trop ressortir.

André, mari de vingt ans, n'est pas disposé à vivre dans une chambre de bonne. Le couple loge au second étage de la villa des Goldschmidt. Clara récupère trois cent mille francs-or et des actions, l'équivalent aujourd'hui d'environ cinq millions. Malraux compte faire fructifier la dot de sa femme. Il gère le portefeuille. Avec la science et les conseils de Fernand, l'avenir est assuré, surtout si l'on investit dans ces actions de mines mexicaines qui grimpent. André a averti Clara :

— Je ne vais tout de même pas travailler.

Pas question d'un emploi dans une entreprise, une banque, un ministère, malgré l'admirable Mallarmé : Malraux ne se voit pas en surnuméraire chez un receveur de l'Enregistrement. Les Goldschmidt, négociants, eux, travaillent beaucoup.

Malraux fait sensation, donne à chacun l'impression d'*être* quelqu'un. Mais qui ? Il *est* écrivain avant de publier. Il remplit des feuilles, rature, peine à trouver un sujet, un genre, un style. Il balance entre prose et poésie.

Il craint la pauvreté, plus que Clara. Il a le goût des meilleurs restaurants. Malgré les conseils familiaux, aussi généreuse qu'emportée, Clara n'a pas exigé un contrat de mariage qui eût été simple : elle apportait tout et André ne possédait rien. Quelques jours, Malraux songe à devenir conservateur de musée. Il renonce vite : la profession requiert à l'époque des revenus indépendants et tout de même quelques journées de présence par semaine.

Avant tout, comme Clara, André veut voyager. Le voyage

reste une conquête, un superbe alibi pour engranger, peut-être, des matériaux littéraires ou pour échapper à la discipline de la rédaction d'un livre. Le monde est à eux, tentant, à explorer. Ils atteignent Prague en avion. Pourquoi se refuser ce luxe ? Dans ce pays, on parle aussi allemand, ce qui convient à Clara. André a besoin d'interlocuteurs comprenant le français. Ils se rendent ensuite à Vienne, engluée dans une crise financière. Cette ville dégage un parfum rance de capitale d'un empire qui n'existe plus. Des files d'attente sinistres s'alignent devant les soupes populaires. Face au franc, le schilling et le mark s'effondrent. Les Malraux vivent dans le luxe. Selon Clara, certains peuples, pour appauvrir les riches, font une révolution. Reste à démontrer qu'une révolution améliorerait le sort des pauvres. André, moins politisé qu'elle, remarque :

— Vous êtes de celles qui veulent tuer tout le monde pour le bien de quelques-uns.

De retour en France, ils visitent Chartres ou Tournus, partent pour la Belgique, reviennent à Paris, repartent pour l'Alsace ou la Bretagne, vagabondent autant qu'ils voyagent. Malraux a la *voyagite*, exquise maladie des collectionneurs d'émotions et de sensations. À Paris, il suit — mal — les cours de la Bourse, pendant que Clara lui résume Spengler ou Freud. Le couple retrouve ses anciens amis, dont Brandin et le brave Chevasson que Clara juge décidément lent, fade, pas assez artiste. Pour Gabory, l'envahissante Clara glisse une « corde au cou » de Malraux. De plus, « un ami marié n'est plus qu'une moitié d'ami ». Gabory se marie également. À son tour, Malraux s'en détache.

En décembre 1921, le couple rend visite au grand-père et aux oncles de Clara à Magdebourg. Attentif, courtois, Malraux séduit et amuse, d'autant plus que ses interlocuteurs ne le comprennent pas. Le couple se promène de la Souabe à la Bavière. Sous l'influence de Clara, André explore le baroque. Berlin, ses musées et ses cabarets à travestis l'intéressent. Prodigieux Berlin, où le couple découvre les cinéastes, les peintres et les poètes expressionnistes, l'ouvrage de Carl Einstein sur les « arts nègres » et celui du psychiatre Hanz Prinzhorn sur l'art des fous. Paris n'est peut-être pas la seule capitale culturelle de l'Europe.

Les Malraux ne perçoivent pas les fêlures sociales ou politiques de la république de Weimar. Le grand-père allemand signale de mauvaises perspectives économiques, Malraux l'écoute : il n'investira pas la dot de Clara en Allemagne. Le cinématographe, voilà une petite industrie prometteuse. Malraux s'imagine vendant aux Français des films de Murnau, *Caligari* ou *Nosferatu le vampire* [5]. Au cours des rencontres avec les producteurs, Clara traduit et André signe des précontrats. En France, les autorisations d'importation sont refusées.

À Bruxelles, en compagnie de Clara et du couple Arland, Malraux décide de présenter ses hommages respectueux à James Ensor. Il est reçu à Ostende où il apprécie les Masques du peintre qui se disputent un pendu ou affrontent la mort. Ces Masques renvoient-ils André, Flamand d'honneur par son grand-père, aux souvenirs du carnaval de Dunkerque ? Autour du *Docteur Caligari*, de *L'Ange bleu* ou des toiles d'Ensor, André et Clara brodent sur la fatalité et le destin.

Pour le printemps 1922, André et Clara, cherchant le soleil et la mer, projettent des excursions tunisiennes et siciliennes. Au fait, ne devaient-ils pas divorcer six mois après leur mariage ? L'argent de la procédure sera mieux employé à Djerba et Catane. Dans les hôtels ou chez lui, Malraux continue de scribouiller, de préférence le matin. Il produit des fragments, voudrait en tirer un livre. Accouchements laborieux. Après « Les hérissons apprivoisés » et « Journal d'un pompier du jeu de massacre », publiés l'année précédente, suivent « Écrit pour un ours en peluche », « Lapins pneumatiques dans un jardin français », et d'autres textes artificiels qu'il rassemblera dans son *Écrit pour une idole à trompe*. En théorie, il se distancie des surréalistes mais ne parvient pas à se soustraire à leur influence. Il crée une atmosphère où le bric-à-brac d'un irrationnel confus — qui n'égale pas celui de Breton ou Tzara — se mêle à une féerie d'une ingéniosité forcée. En Angleterre, Ronald Firbank réussit ce cocktail.

Dans ces écrits, Malraux manque d'esprit et d'humour, noir ou rose. Son style pesant rebute les éditeurs. Malgré l'amicale insistance d'Arland qui a ses entrées à la *Nouvelle Revue française*, Jacques Rivière directeur refuse de s'intéresser à ces textes, des babioles. Malraux se contente d'*Action*, qui l'accueille toujours, ou même de *Signaux de France et de Belgique*. Son « Journal d'un pompier », la moins opaque de ses tentatives, présente un Malraux s'inspirant de Maeterlinck, d'Hoffmann ou de Pierre Mac Orlan — sans leurs envolées [6]. Malraux s'enferme encore dans un univers fantastique, farfelu, dit-il. Les arbres deviennent des mains menaçantes, sont remplacés par une toupie transformée en bouche. Le peintre Victor Brauner semble aussi influencer l'écrivain. Ici et là une jolie phrase : « Le soleil est tombé dans la mer, qui, immédiatement, est devenue un lac d'écailles. Il en est sorti une toupie blanche si grande qu'on ne peut la voir tout entière qui gire. Une des taches fauves de l'écaille saute... »

Contrairement à *Lunes en papier*, ces textes amorcent la

description d'un personnage, Malraux lui-même, avec sa sensibilité et ses tentations. L'écrivain use de transitions brutales, nettes comme les coupes d'un film. Son « Journal d'un pompier » raconte des événements à Bhouzylle, décalque libre du Bondy de son enfance. Paraît un étranger, le « charlatan » avec son ami, le Petit-Salé. Catastrophes ou incidents virent au dessin animé : « Tous les boutons dorés de ma veste tombèrent au sol et devinrent des yeux de chat. » Les extravagances s'accumulent. Une voix demande : « Pourquoi tout s'en va ? » Le Pompier, alias le narrateur Malraux, répond : « En vérité, Monsieur, je ne le sais point. Je vais vous l'apprendre... tout s'en va parce qu'il n'y a plus de morale. » Dans *Le Figaro*, bien-pensant, on évoque le déclin des valeurs morales, la décadence, le désordre.

Malraux a une position sociale mais pas un statut. Fels voit en lui un érudit bénévole et un philosophe sceptique. Il salue Malraux voyageur, poète, homme de culture et d'écriture qui n'a pas fait ses preuves. François Mauriac, auquel Malraux rend une visite respectueuse, décèle en lui un « rapace » prometteur. Malraux ne sait où il va mais il se sait en route. Les autres aussi le sentent, Clara la première. Dans son article sur Gide, « le plus grand écrivain français vivant », Malraux a écrit : « S'efforcer vers un but imprécis, en considérant la valeur que l'on possède et la possibilité où l'on est de l'augmenter, c'est la manifestation de toute intelligence et de toute véritable foi [7]. » Barrès rôde.

Malraux élargit le cercle de ses connaissances. L'aimable Florent Fels le recommande à Charles Maurras. Comme ce dernier, le temps d'une idée, il hésite entre ordre et anarchie. Pour lui, insistant plus sur la sensibilité que sur la raison, un être humain « échange un sentiment contre un autre sentiment, et non contre une idée ». Il apprécie le goût de Maurras pour la nation opposée à l'anarchie. Malraux a vingt et un ans, Maurras, cinquante-six. Le jeune écrivain paraît un peu nationaliste, jamais chauvin.

Pour être connu, sinon reconnu, il faut publier dans la *N.R.F.*, revue intronisante. Malraux insiste, suggère des critiques à Paulhan, propose ses textes à Jacques Rivière. Ce dernier le trouve agressif et refuse ses pages en lui conseillant encore de dépasser le farfelu, le fantaisiste et le fatras. Malraux réussit néanmoins à s'imposer comme collaborateur critique régulier de la *N.R.F.* En 1922, il signe une première étude contrainte sur *L'Abbaye de Typhaines*, fadasse roman de Gobineau. Le mois suivant, il donne un compte rendu élogieux consacré à *L'Art poétique* de son délicieux Max Jacob. Puis il examinera gentiment *Malice* de Pierre Mac Orlan. Il ne gagne pas sa vie avec ces notes mais il se fait une carte de visite littéraire et une réputation, sans avoir encore publié un livre de poids.

Les Malraux continuent de voyager. Ils partent pour la Grèce où André veut contempler les grands sites, ouvrant de plus en plus sa curiosité à l'architecture et à la sculpture sous l'influence de sa jeune femme. En quelques mois, Clara lui a fait découvrir des mondes étonnants, des civilisations étrangères, des pans entiers de culture, du roman russe à l'architecture, de la sculpture à une certaine philosophie allemande. À Clara plus qu'à tout autre, il doit d'être sorti de son parisianisme.

Grâce à elle encore, le couple se rapproche de Fernand Malraux et de Lilette, ex-Godard. Lilette devient pour Clara sa véritable belle-mère. Fernand amuse sa belle-fille. Ancien combattant, à peine patriotard, Fernand oublie les origines allemandes de Clara :

— Pour une juive, dit-il, Clara s'habille bien.

Clara, comme André, délaisse les femmes de Bondy, jusqu'à ce qu'elle apprenne à connaître la tante Marie, dont la gentillesse émeut André et sa femme. Plus question de divorce entre Clara et André. Les actions mexicaines ne montent plus. Inquiétant. Elles baissent. Ennuyeux. Quoi, elles ne valent plus rien ? André et Clara Malraux sont ruinés.

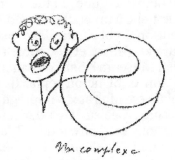

Un complexe.

4

Faux voleurs ?

Plein d'ambition et d'un savoir éclectique, Malraux a un projet : écrire une histoire de l'Art. À vingt-trois ans, il se sent quand même un peu jeune. Aucun éditeur ne se lancera avec lui comme seul rédacteur ou maître d'œuvre. L'intrépide Malraux insiste sur la nécessité d'une illustration abondante qui manque dans les ouvrages en librairie, comme ceux d'Élie Faure [1]. Il ne se satisfait pas de reproductions en noir et blanc.

Il recherche la compagnie et les conseils d'érudits, de préférence aventureux. Il rencontre un des premiers comparatistes en arts plastiques, Alfred Salmony, conservateur adjoint du musée de Cologne, spécialiste de la sculpture siamoise mais s'intéressant à toute l'Asie. Le savant trouve ce jeune homme sympathique. Il l'initie à l'art thaï. Salmony pose des questions qui éperonnent : pourquoi une statue romane française du XIIᵉ siècle ressemble-t-elle à un bodhisattva du VIᵉ siècle chinois ? Quels rapports peut-on établir entre les masques africains que collectionnent Tzara ou Breton et des porcelaines japonaises ou chinoises au British Museum ? Salmony montre à Malraux des photographies en noir et blanc ou sépia. Ils notent rapprochements et dissemblances. Malraux s'imprègne des arts de tous les continents : il s'interroge sur l'Art derrière les arts, premier signe de sa tentation métaphysique. Il a picoré quelques ouvrages de philosophie et devient hégélien presque sans le savoir. Pour Malraux, dirait Hegel, l'art devient « l'intérêt suprême de l'esprit ». Mais le jeune écrivain n'a pas, face aux arts non européens, la condescendance du philosophe allemand.

Il fréquente l'archéologue Joseph Hackin, autre spécialiste de l'Asie [2]. Sans cesse, il songe à quitter la France. La colonisation de l'Indochine fait des Français les chercheurs de pointe au Cambodge, au Tonkin, en Annam et au Laos. Les officiers de marine ont découvert d'innombrables monuments. En 1902, un *Inventaire descriptif des monuments du Cambodge* en recensait deux cent quatre-vingt-dix. Deux ans après, les fonctionnaires comptabilisaient neuf cent dix monuments, temples, bassins, ponts.

Dans le *Bulletin de l'École française d'Extrême-Orient* (E.F.E.O.), Malraux lit un article d'une centaine de pages d'Henri Parmentier, expert en art khmer. Intitulé « L'Art d'Indravarman », illustré de photographies et des croquis de l'auteur, l'article souligne l'originalité des créations du règne du roi Indravarman en distinguant la période préclassique du VIIe siècle de celle d'Angkor au IXe. Le minuscule temple de Banteay Srei [3] fournit toujours un superbe exemple d'art khmer au nord-est du groupe d'Angkor. Découvert par le lieutenant Marek, du service géographique, à l'écart des principaux monuments de l'immense et prodigieux ensemble d'Angkor, ce temple fut inspecté par d'autres archéologues et par l'architecte Demasure. En 1916, Parmentier constata son mauvais état. Malraux rêve, sur le mode réaliste. Il existe, explique-t-il à Clara, des sanctuaires, de la Flandre à Saint-Jacques-de-Compostelle, avec des chapelles et des églises. Au Cambodge, sur l'ancienne Voie royale d'Angkor remontant vers le Siam, doivent se dresser des temples essaimés et isolés. Clara et André s'y rendraient avec Chevasson.

Paul Cassirer donne des fourchettes de prix : à Londres et New York, une statuette de vingt-cinq centimètres se vend trente mille francs ; une sculpture de déesse dansante, une apsara, deux cent mille francs. Malraux consulte Daniel-Henry Kahnweiler, le marchand d'art, fournisseur de collectionneurs américains dont John Quinn. Tout Paris le sait, Malraux négocie des tableaux, prend des parts dans des opérations d'envergure, ainsi lorsque Kahnweiler a acheté un Le Nain. Intermédiaire dans la transaction, Malraux a exigé ses 18 000 francs en billets [4]. Avec quelques semaines d'expédition en Asie, les Malraux s'assureraient de quoi vivre au moins plusieurs mois. La formule paraît magique : art + aventure = rentes. Le tout est de trouver un filon et des filières. Clara s'enchante à l'idée de ce voyage, bien que Chevasson, qu'elle baptise « l'incolore », les accompagne.

Pour baliser le terrain, Malraux se présente au ministère des Colonies avec une recommandation d'un conservateur du respectable musée Guimet. Il se réclame également de Claude Maître, ancien directeur de l'École française d'Extrême-Orient, et fait état de cours qu'il suit — dit-il — à l'École des Langues orientales. André a eu l'*intention* de suivre ces cours.

Le 25 décembre 1923, une commission de sept membres

siège au ministère des Colonies sous la présidence d'un conseiller d'État, directeur des Affaires politiques. Ce conclave comprend plusieurs gouverneurs des colonies, en activité ou honoraires, et un inspecteur général du service de Santé. Le dossier Malraux passe en premier. Le jeune homme demande « une mission gratuite en Indochine pour aller au Cambodge poursuivre des études d'archéologie khmère en collaboration avec l'E.F.E.O. ». Il offre en retour à l'École française d'Extrême-Orient « une somme importante qui variera suivant la difficulté matérielle des fouilles, mais qu'il estime dès maintenant devoir s'élever de cent à deux cent mille francs ». Mécène, Malraux vend d'avance les statuettes qu'il ne possède pas. Pour lui, le possible, forcément probable, est déjà certitude. Il s'engage à laisser la direction des fouilles à l'E.F.E.O. et ne prétendra à aucun droit de propriété personnelle sur les objets découverts. Vaste projet, il envisage d'effectuer sur les monuments autres que ceux d'Angkor des moulages qu'il rapportera au musée Guimet.

Après un court échange d'observations, la mission est accordée à l'unanimité, « sous réserve de l'assentiment de Monsieur le Gouverneur de l'Indochine ». La commission se couvre et laisse « aux services compétents, le soin de se renseigner plus exactement sur la personnalité de M. Malraux ». Ce jour-là, deux candidats seront moins heureux ; la mission de Mme Bellot est « réservée », comme celle de M. Péan. La séance a expédié trois affaires en quarante-cinq minutes[5].

Grâce à la légèreté des instances administratives de la IIIe République, Malraux peut s'élancer. Quinze jours après[6], ayant emprunté dix mille francs à Fernand Malraux et réalisé les dernières actions du portefeuille de Clara, le couple s'embarque sur l'Angkor à Marseille. En première classe, André tient son rang à la table du commandant. Pendant les trois semaines de navigation, il gribouille.

À l'escale de Djibouti, les Malraux visitent les souks et les bordels. Le couple arrive à Saigon le 4 novembre 1923. Les services du gouverneur général et la direction de l'École française d'Extrême-Orient siègent à Hanoi, à mille sept cent quatre-vingt-neuf kilomètres de Saigon. Malraux se présente devant le directeur intérimaire de l'E.F.E.O., Léonard Aurousseau, professeur de chinois. Le spécialiste n'apprécie guère cet amateur. Il signale à Malraux que la zone au nord d'Angkor est « insoumise », donc dangereuse. Les « indigènes » ont tué là-bas deux chargés de mission de l'E.F.E.O. Les objets découverts au cours des fouilles, le mobilier archéologique, insiste le perspicace Aurousseau, doivent rester sur place, in situ. Un arrêté de 1901 du gouverneur général le précise : « Les objets classés et faisant partie du domaine national sont inaliénables et imprescriptibles. » Article 20, titre IV : « Aucun monument historique ne pourra être exporté, en tout ou en partie, du territoire de l'Indochine, sans l'autorisation du gouverneur général. » Dans les faits, les hauts fonctionnaires coloniaux possèdent de nombreux objets d'art « indigène » qu'ils emportent lors de leur retour en France.

Après avoir admiré le petit lac et le délicieux Temple de la littérature à Hanoi, André et Clara repartent pour Saigon où Chevasson les attend depuis le 15 novembre. Ils font la connaissance d'Henri Parmentier qui vante l'influence de l'Inde sur l'art khmer et la beauté des apsaras. Parmentier se moque de Pierre Loti qui prétendait avoir observé des vautours en grappes sur des bananiers. Charmé par Clara, il se laisse séduire par Malraux, ce jeune homme si riche, fougueux, tellement désintéressé, employant si bien son temps et sa fortune.

Remontant le Mékong en crue avec un autre savant, Victor Goloubow, la bande arrive le 3 décembre à Phnom Penh. André et Clara retrouvent Chevasson au Grand Hôtel en feignant la surprise. Ciel, mon ami, comment, vous ici ! La galerie Simon expédie de Paris un câble à Malraux : « Impossible de trouver fonds sans détails et photos. Lettre explicative suivra. » Malraux a évoqué une collection complète. Sans engagement d'achats ferme, ne devrait-il pas se limiter à quelques pièces ? Un « correspondant de New York » n'est pas encourageant : le marché américain semble moins bon que prévu. Cela dit, Miss Gertrude Whitling, Américaine, aimerait examiner à Bangkok, en février, la « collection khmère dont parlait M. Malraux ». Elle demande des nouvelles de son « expédition [7] ».

Les Malraux ne sont pas vraiment recommandés par les autorités françaises. Avant leur arrivée à Phnom Penh, le gouverneur général de l'Indochine a alerté le résident supérieur au Cambodge [8] : « Certains renseignements recueillis sur les antécédents de Monsieur Malraux laissent planer quelques doutes sur ses véritables desseins... Qu'il se borne strictement à des activités scientifiques. » Néanmoins, le résident au Cambodge donne des consignes à ses services pour aider les Malraux : qu'on leur retienne des chambres, près d'Angkor, au bungalow de Siem Reap, bourgade proche des temples. Télégrammes chiffrés et non chiffrés volent entre Hanoi, Phnom Penh, Battambang et Siem Reap. Les Malraux sont en expédition surveillée. À côté du bungalow de Siem Reap, dont le gérant les espionne pour la police, se dresse l'annexe de la gendarmerie. Malraux embauche comme homme à tout faire un Annamite,

Nguyen Van Xa, dit Sau, repris de justice connu de M. Cremazy, délégué administratif à Siem Reap. Recruter un Vietnamien au Cambodge, et de plus fiché à la Sûreté ! Cette double gaffe ne passe pas inaperçue.

Dans la microsociété de Siem Reap, où vivent une centaine de fonctionnaires, commerçants et planteurs d'origine européenne, tout se sait. Malraux et Chevasson commencent à alimenter les soupçons en clamant avec trop d'insistance qu'ils se sont retrouvés par hasard. Puis, Chevasson achète au marché ciseaux, cordes, pioches et pelles, matériel un peu lourd pour effectuer des relevés archéologiques. Seule manque la dynamite. Sray Ouk, l'entrepreneur qui loue sampans, chevaux et voitures pour transporter les pièces volées du temple au bungalow, fait ses comptes : Chevasson a dépensé vingt-trois piastres quarante, Malraux, quatre-vingt-dix. Or seule la *mission* des Malraux est gratuite.

Le temple qu'ils examinent, dit de Banteay Srei, près duquel ils campent deux jours, est une merveille mandarinale de petite taille avec trois tours-sanctuaires au décor ciselé dans un grès rose très dur. Les siècles, les pluies et les hommes ont à peine ravagé rinceaux, damiers et frontons. Malraux interdit à ses conducteurs et porteurs de s'approcher du temple pendant qu'il travaille avec Louis. Dans les salles de repos, envahies par la végétation, les deux amis prélèvent sept pièces. Maladroits, ici ils font des entailles, là fendent des blocs de pierre. Les constructeurs khmers n'utilisaient pas le ciment mais encastraient leurs pierres à joint vif. Malraux et Chevasson arrachent plus qu'ils ne détachent. Les pièces prélevées vont de trente-trois à soixante-trois centimètres : des bas-reliefs ou des fragments, un ascète brahmanique assis à la javanaise, un personnage au masque démoniaque, des apsaras, ces danseuses célestes. Parfois abîmées, les œuvres sont néanmoins bien choisies : elles appartiennent à l'art de la fin du Xe siècle. Tout cela, ramené au bungalow, est transféré le 22 décembre à vingt-deux heures trente sur un bateau à vapeur. Les malles sont adressées à la maison « Berthé et Charrière, produits chimiques à SAIGON ». Les Malraux et Chevasson tablent sur un relâchement de la police pendant les journées précédant Noël. Mais dès le 23 décembre, Cremazy apprend le transfert des malles : ces explorateurs, c'est clair, n'ont pas l'intention de regagner Phnom Penh mais de fuir le Cambodge en bateau pour gagner le Siam. Le résident par intérim au Cambodge, L. Helgoualc'h, et la police donnent l'ordre de cueillir les « aventuriers », Chevasson et le « couple Malraux », dans la cabine n° 13.

Chevasson passe d'abord aux yeux des enquêteurs pour un

étudiant en médecine ou un touriste. Les bureaux demandent à Paris des compléments d'information : « M. Chevasson semble, d'après ses déclarations, n'avoir jamais eu de profession bien établie. Il paraît avoir vécu, en France, d'expédients, rédigeant tantôt des articles publiés dans des revues littéraires d'avant-garde, tantôt vivant de représentation de commerce, tantôt de gains réalisés aux jeux, courses de chevaux principalement et, sur ce sujet, M. Chevasson sera particulièrement bien documenté. » À l'évidence, les C.V. d'André, de Louis et d'autres se confondent dans les enquêtes, rapports et fantasmes policiers. Le chef de la Sûreté du Cambodge, M. Poillot, saisit malles et bagages pour déposer les œuvres d'art au musée Albert-Sarraut à Phnom Penh.

Interrogé, Malraux ne se déconcerte pas. Avec Chevasson, il a concocté un plan : Louis prendra tout sur lui, ce qui permettra à Malraux d'organiser sa défense. Clamant sa bonne foi, Malraux accuse ainsi Chevasson d'avoir abusé de leur amitié pour piller le temple. Louis assume les fautes. Néanmoins, à tous les échelons, les autorités sont persuadées que le prévenu Malraux est la tête pensante et Chevasson l'« instrument » de cette affaire. Les témoins le certifient : pendant les jours décisifs, du 18 au 22, les deux amis ne se sont pas quittés. Parti avec des malles vides, Malraux les a rapportées pleines.

À Phnom Penh, le 1ᵉʳ janvier 1924, les charges se précisent. Saisie, la justice inculpe les deux amis de vols et mutilations de monuments publics. De plus, ils ont laissé derrière eux des factures impayées. Ils frôlent aussi l'inculpation pour escroquerie. Les policiers soutirent aisément aux Cambodgiens de l'expédition des témoignages à charge. La justice est coloniale, les trois prévenus blancs ne sont pas emprisonnés, comme l'auraient été des indigènes qui auraient volé des bananes.

Priés de se tenir à la disposition du juge, les Malraux et Chevasson logent au Grand Hôtel sur les bords du fleuve. Le juge d'instruction Bartet mène son affaire en respectant la procédure, tandis que les policiers se répandent avec hargne dans des rapports gonflés, accusateurs. Malraux parle de haut. La police en est certaine, il ne s'agit pas d'un coup d'essai. Photos à l'appui, le rapport de l'archéologue Georges Groslier conclut, à l'inverse, que les pierres ont été arrachées avec une maladresse de novice. Moins provocateur que son ami, Chevasson ressort des comptes rendus officiels en « besogneux », « *tertium quid* », « comparse de l'adroite et hardie combinaison de Malraux ». Paris fait par ailleurs état d'une correspondance de Malraux avec Mme Simon, antiquaire, rue de Provence dans le VIIIᵉ arrondissement. La police veut établir la filière de Malraux vendeur et de ses acheteurs pressentis, surtout aux États-Unis.

Fernand Malraux expédie un mandat télégraphique pour satisfaire l'hôtelier, M. Manolis. Que fait le père du prévenu Malraux? se demande la police. « Travaille à la Société des sablières de Gennevilliers... Gagne douze mille francs par an... semble vivre des libéralités de sa belle-sœur. » Fernand entretient en effet une liaison avec Gaby, sœur de Lilette, sa deuxième épouse. Mais quel rapport avec l'affaire de Banteay Srei? Au fur et à mesure de l'instruction, l'image d'André Malraux s'assombrit, celle de Louis Chevasson s'éclaircit. Louis apparaît comme un petit employé des soieries Lévy, « travailleur, sobre, économe » auquel Malraux aurait remis dix mille francs pour ses frais de voyage. Malraux, lui, paraît plus douteux : « A épousé une israélite d'origine autrichienne. Fréquente un certain Kahnweiler, "expatrié allemand". » Il vit aux crochets de sa belle-mère et se prétend homme de lettres, dans la mouvance des revues dado-bolchevico-anarchistes. Il y a « tout lieu de penser » qu'il traficote avec des marchands revendeurs d'œuvres volées. L'affreux Malraux fait pendant au gentil Chevasson dont le juge d'instruction dans ses réquisitoires signale la « modestie » et la bonne conduite.

Au sommet, à Hanoi, on veut un exemple. On remplace le juge Bartet vraiment bien mollet. Des complications juridiques se profilent dans un imbroglio prometteur pour la défense. L'archéologue Groslier revient sur son premier rapport. Il s'est trompé. Il y aurait *deux* temples nommés Banteay Srei dans la région d'Angkor et sans doute de statuts différents[9], selon Groslier. Dépendent-ils du roi du Cambodge, du gouverneur général ou de l'École française d'Extrême-Orient?

À partir du 5 janvier, les journaux indochinois lancent l'affaire. Le quotidien *L'Impartial*, de Saigon, se déchaîne contre un Malraux imperturbable bien que piégé dans son système de défense. Ni Malraux ni Chevasson n'ont un casier judiciaire. « Enlever » quelques statuettes, est-ce si grave? Le Grand Hôtel aussi exhibe des statues cambodgiennes dont le propriétaire ne connaît pas l'origine. Un des guides, employé par Malraux, offre, en douce, plusieurs statuettes à Clara dans sa chambre du Grand Hôtel, dont une divinité hindoue, un harihara, mi-Shiva, mi-Vishnou, et deux apsaras. La surveillance est lâche.

Justice lente et dolente. Les Malraux et Chevasson attendent, lisent, déclament des poèmes, se promènent, découvrent les modes de vie et l'architecture de Phnom Penh. S'éloignant des villas en pierres et briques des fonctionnaires ou des notables, ils remarquent dans les quartiers populaires la misère du petit peuple cambodgien, la puanteur des ruelles dépouillées d'exotisme. André Malraux observe, s'imbibe de la réalité sociale coloniale. La bonne société de Phnom Penh n'en doute pas, ces « indigènes » sont heureux entre le paludisme, la tuberculose et l'administration française.

Les Malraux se sentent abandonnés mais solidaires dans leur solitude partagée. André Malraux écrit des lettres et analyse ses états d'âme. J'agis, donc je suis. Je n'agis plus, j'écris, donc je suis. Au cher Marcel Arland : « Il ne faut décrire à ses amis que des choses sans importance, car on risque, à écrire et à résumer des choses qui valent d'être dites, de les défigurer et, si on les note avec un soin suffisant, de vivre de travers. Il reste que la vie est triste, comme vous ne l'ignorez point. » Assigné à résidence, Malraux déverse son pittoresque : « Il faut aimer les quartiers chinois. Vous ai-je écrit que les célèbres violons chinois, ces violons en forme de pipe, ne paraissent plus que dans les foires. La Chine n'a plus d'autre instrument de musique que le gramophone. » Il retrouve sa veine farfelue : « Le gramophone se cache dans le ventre des dragons et, lorsqu'ils ont chaud, sort par la bouche ou les yeux des monstres, pour prendre l'air ; et cela donne auxdits monstres l'air de sourds armés d'appareils. » À Hanoi, écrit-il encore, il a fréquenté les vieilles maîtresses de riches Européens. Une Européenne qu'il a connue, assure-t-il, « avait un petit jardin dans une rue indigène ; les arbres y poussaient en forme de phénix. Dans les bassins nageaient des tortues sans écailles car on avait fait dissoudre leur carapace dans des acides compliqués ». La fantasmagorie féerique de Malraux revient : un chien à trois pattes, un nain à quatre genoux, des lézards aveugles. Avec sa connaissance de l'Asie acquise en quelques mois, Malraux prodigue ses conseils : « Ne venez jamais aux Colonies comme universitaire. Je vous l'écris gravement : jamais. Les villes des Colonies ne sont ni d'Afrique ni d'Asie mais de la plus immonde province... » Sibyllin, il termine sur ces mots : « Je ne vous ai rien écrit de ce que j'aurais voulu vous écrire mais je vous le dirai. » La police, il le sait, épluche sa correspondance. La solitude est pénible pour Malraux, privé de son public. Louis l'écoute et l'approuve. Clara paraît moins réceptive aux tirades de son mari qu'en Europe. Elle décolère difficilement car elle a partagé les risques de l'expédition et ce juge d'instruction — quelle insulte ! — ne l'inculpe pas comme Malraux ou Chevasson. Bonne épouse, selon le droit français, Clara n'a fait « que suivre son mari ».

Le 6 février 1924, le résident reçoit ce télégramme : « Deux février numéro cent treize... affaire Malraux étant susceptible prendre très grande proportion et développement imprévu, je vous prie : *primo* demander urgence juge d'instruction expédier télégramme... doyen juges d'instruction Paris donnant *tout pouvoir* perquisition et audition tous témoins... *tertio* : surveiller correspondance et câblogrammes Mme Malraux et prévenu... *Quinto* : prendre mesures exceptionnelles de surveillance sur richesses archéologiques qui seraient recherchées très haut prix par bandes internationales... Ministre. »

À Paris, la famille de Clara se rebelle. Pour Mme Goldschmidt, sa fille doit divorcer. Indulgent, Fernand Malraux télégraphie encore quelques francs. L'instruction piétine. Pour avoir l'autorisation de rentrer en France, Clara simule un suicide. Beaucoup de médicaments sont en vente libre à Phnom Penh. Un tube et demi de Véronal conviendrait, décrète le docteur André. Clara dépasse la dose prescrite. On lui lave l'estomac à l'hôpital. Ce chantage n'impressionne pas le juge. Mme Malraux, qui pèse maintenant quarante kilos, doit rester à la disposition de la justice comme témoin.

Les semaines tièdes et coloniales traînent. Le 13 mai 1924, Malraux envoie une lettre au résident : « L'instruction durait depuis deux mois déjà lorsque ma femme, plus souffrante et venant d'apprendre que ma mère l'était également, décida de rentrer en France. Mon avocat, maître de Parcevaux, ayant, par courtoisie, informé M. le juge d'instruction de ce départ, celui-ci déclara qu'il s'y opposait. Le surlendemain, en effet, ma femme était inculpée. » Malraux, il ne saurait s'en empêcher, hausse le ton : « Le choc produit par cette inculpation... l'impossibilité du retour, sur une constitution déjà affaiblie, et supportant le poids d'une hérédité très lourde [?] fut telle, qu'elle détermina une crise nerveuse de la plus grande violence avec certains caractères de la folie. Elle fut amenée à temps à l'hôpital où elle refusa longtemps toute nourriture. Depuis (il y a de cela plus de deux mois) elle est restée dans un état d'extrême dépression et n'a pas encore recouvré la conscience. » Nature effervescente, un rien hystérique, Clara n'est pas folle. Malraux ajoute en protestant : « On lui avait promis [*à Clara*] l'indulgence et un non-lieu après l'arrivée de son casier judiciaire vierge. » Dans un certificat joint à la lettre de Malraux, Émile Vallet, médecin-chef de l'hôpital mixte de Phnom Penh, certifie que « l'état précaire de santé et l'état mental de cette personne nécessitent un prompt retour en France ». Malraux craint que la guérison de sa femme ne « devienne tout à fait impossible ». Un mois après, le procureur de la République signale que l'affaire sera appelée en juin. Une « mesure de bienveillance pourra être prise en faveur de Mme Malraux en raison surtout de son état de santé très précaire ».

Clara est libre. Pendant son voyage de retour, elle flirte

et couche avec Charles G. [10] et fait la connaissance de Paul Monin, avocat progressiste.

Le procès en correctionnelle de Malraux et Chevasson s'ouvre à sept heures trente, le 16 juillet, à Phnom Penh, dans une chaleur déjà gluante. Les deux amis sont accusés de « bris de monuments » et « détournement de bas-reliefs dérobés ». La stratégie de Malraux s'effondre : il devait jouer le niais et Chevasson le cerveau. Malraux sait tenir beaucoup de rôles, pas celui d'un imbécile. Il étale ses connaissances. Il fait un cours d'archéologie, commente le chroniqueur de l'*Écho du Cambodge*. André évoque un Fernand Malraux directeur d'une grande société pétrolière, « personnalité légendaire de la Bourse », ce que Fernand — comme André ? — aurait souhaité être. Dans ses envolées, Malraux s'adresse à une audience plus large que les juges. Il retrouve un public. Avec un culot désarmant, il informe la presse que toute cette affaire constitue « un malentendu ». En passant, par inadvertance, il aurait prélevé quelques bas-reliefs « déjà tronqués » dans un temple disloqué par la jungle. Au fond, Malraux a *sauvé* ces bas-reliefs. Les témoins le chargent. L'archéologue Henri Parmentier, généreux, exprime son admiration pour Malraux et vante son intelligence. Mais le jeune homme a tout de même abusé de son amitié naissante. Clara, de son côté, pendant le raid sur les ruines du temple, minaudait pour détourner son attention :

— Je ne vais pas accompagner mon mari, lui disait-elle. Montrez-moi des photos. Vous expliquez si bien.

Pour la petite et la grande comédie, Clara égale bien André. Parmentier ne lui en voudra pas de cette pantalonnade [11]. Les deux avocats de la défense pataugent. Pas le procureur Jordiani, chevauchant moralité et légalité. Après trois audiences et quatre jours de réflexion [12], Georges André Malraux écope de trois ans de prison ferme et cinq ans d'interdiction de séjour, Louis Chevasson de dix-huit mois de prison. Les attendus du tribunal de première instance sont féroces, évoquant la fraude, les dégradations volontaires, un acte « non de stérile et de fructueux vandalisme..., mais une véritable opération de cambriolage ». Le jugement en rajoute : « Le vol de ces merveilleuses et volumineuses sculptures aurait causé au patrimoine artistique et archéologique un préjudice particulièrement grave. » *Un préjudice*, sans doute. *Particulièrement grave ?* Des milliers d'emprunteurs sont passés avant Malraux, des dizaines de milliers de pièces ont déjà été dérobées [13]. Malraux serait en relation suivie avec des « commerçants de nationalité d'outre-Rhin, trafiquants de pièces archéologiques ». Pour faire bon poids et transformer Malraux en corrupteur, on l'accuse d'avoir fait des « promesses de libéralité dignes d'un Roland Bonaparte ». Les condamnés font appel, ce qui suspend leurs peines. Ils gagnent Saigon où siège la juridiction d'appel. Ils s'installent à l'hôtel Continental, point de passage obligé des visiteurs de marque. Malraux observe maintenant la société coloniale de Saigon.

À Paris, Clara et Marcel Arland ameutent le monde intellectuel. La famille Goldschmidt, campant sur ses principes, ne fournit ni aide ni protection alors que Fernand Malraux se met au service de sa belle-fille. Clara découvre aussi la compassion et la tendresse de la mère d'André. La grand-mère maternelle a vendu l'épicerie de Bondy et occupe avec ses filles un deux-pièces, boulevard Edgar-Quinet dans le XIVe arrondissement. La tribu Malraux-Lamy serre les rangs autour des accusés.

Une lettre de René-Louis Doyon dans *L'Éclair* du 9 août émeut Clara, parfois abattue par les comptes rendus féroces ou ironiques de la presse parisienne, du *Journal* ou du *Matin*. Doyon, abandonné par Malraux trois ans auparavant pour un autre éditeur, n'est pas rancunier. Il brosse le portrait d'un jeune écrivain qui a « Rimbaud pour modèle » et « un goût forcené de l'esthétique ». Clara se précipite pour embrasser Doyon.

En Indochine, Malraux s'agite. Comment résister à la tentation d'une interview dans *L'Impartial* [14]? Des articles favorables à André sortent en France, des câbles de Clara l'avertissent.

— Je vous annonce, déclare Malraux au journaliste de *L'Impartial*, une campagne rectificative que font deux autres grands quotidiens, *L'Éclair* et *L'Intransigeant*. On s'émeut de mon sort dans les milieux intellectuels français et une pétition vient d'être déposée, portant quarante-huit signatures et demandant la remise pure et simple de ma peine. Vous y relèverez les noms d'Anatole France, Claude Farrère et quelques autres encore, connus des gens d'Indochine.

De fait, aux décades de Pontigny où des écrivains tiennent un colloque annuel, Marcel Arland a obtenu des signatures, mais pas celles d'Anatole France ou de Claude Farrère. André Gide, André Maurois, François Mauriac, Jean Paulhan, entre autres, soutiennent l'archéologue amateur. Dans les *Nouvelles littéraires* du 6 septembre, Breton vante le tempérament héroïque de Malraux. Les apsaras de Banteay Srei? « Qui se soucie réellement de la conservation dans leur pays d'origine de ces œuvres d'art? » écrit Breton. Moisson de noms : Jacques Rivière, Maurice Martin du Gard, Gaston et Raymond Gallimard signeront aussi une lettre de protestation rédigée par Clara, aidée par Breton et Monin. Texte à la curieuse logique :

« Les soussignés, émus par la condamnation qui frappe André Malraux, ont confiance dans les égards que la justice a coutume de témoigner à tous ceux qui contribuent à augmenter le patrimoine intellectuel de notre pays. » Les esprits élevés auraient droit à un traitement juridique de faveur. Les soussignés poursuivent : « Ils tiennent à se porter garants de l'intelligence et de la réelle valeur littéraire de cette personnalité dont la jeunesse et l'œuvre déjà réalisée permettent de très grands espoirs. » Un livre, une dizaine d'articles, une *œuvre* ? Les signataires demandent que ne soit pas appliquée une sanction qui empêcherait André Malraux d'accomplir ce que tous sont « en droit d'attendre de lui ». En contrepoint, une autre campagne de presse, hargneuse, se poursuit en Cochinchine. Si le *Courrier saigonnais* paraît mesuré, *L'Impartial* veut la peau de Malraux. Documents et fuites circulent entre les bureaux de la police, les couloirs de la justice et les salles de rédaction. On fait état de « preuves » grotesques. L'ambassade de France au Siam a eu entre les mains un catalogue de sculptures chinoises du Ve au XIVe siècle expédié à Malraux. L'ambassade le fait parvenir aux autorités judiciaires avec une conclusion, accablante selon le diplomate expéditeur : « Cet envoi contribue donc à classer M. Malraux parmi les spécialistes jouissant d'une certaine notoriété dans les milieux européens qui s'intéressent à ce domaine. » Quelques fonctionnaires veulent imposer un syllogisme, si ridicule soit-il : Malraux a dérobé sept pièces d'un temple. Nous voyons en lui un expert en art asiatique. *Ergo*, c'est un pillard à grande échelle. Malraux se précipite dans les bureaux de *L'Impartial* pour obtenir réparation ou proposer un duel à Henri de Lachevrotière, son directeur.

Le 8 octobre, Malraux et Chevasson comparaissent en appel. Pour le procureur, Malraux et Chevasson sont bien des menteurs et des voleurs qui méritent leur condamnation. Maître Joseph Béziat, plaidant pour Malraux, place l'affaire sur le terrain juridique. Banteay Srei serait un bien sans maître, *res derelicta*. Les décisions visant le patrimoine indochinois ne seraient donc pas applicables. Maître Béziat récuse en outre l'exemplarité de la peine demandée : on aurait dû condamner autrefois des résidents supérieurs qui s'appropriaient des œuvres d'art du domaine public. Comme André Breton, maître Louis Gallois-Montbrun ironise sur l'intérêt soudain de tant de gens pour l'archéologie. Il plaide pour « deux jeunes vies » qui « ne doivent pas être gâchées ».

Le 28 octobre 1924, un nouvel arrêt du juge Gaudin, qui a dirigé le procès en appel avec impartialité, condamne Malraux à un an d'emprisonnement, Chevasson à dix mois, mais tous les deux avec sursis. Les juges ont tenu compte de la note rectificative de l'expert constatant qu'il y avait deux temples du même nom. La justice ne tient pas à s'embourber dans d'interminables contestations. Malraux se comporte et parle comme si on l'avait déclaré innocent.

L'année suivante — coïncidence? — le temple de Banteay Srei sera dégagé pièce par pièce par Parmentier et Goloubow, restauré par anastylose, par Henri Marchal de 1931 à 1936, méthode employée à Java par des archéologues hollandais. Aurait-on prêté autant d'attention à ce temple, « bijou précieux », si Malraux ne l'avait pillé [15]? Ce voleur en un sens sauva-t-il Banteay Srei?

Malraux s'embarque le 1er novembre avec Chevasson sur le *Chantilly*, rapportant avec lui quelques pièces khmères, et les dépose en plusieurs lieux, certaines chez Louis Dideron, sculpteur à Marseille [16]. Le 14 novembre, Georges Groslier adresse une lettre à Louis Finot, directeur de l'E.F.E.O : « Bien entendu, 36 heures après mon arrivée à Paris, je tombais les pieds joints dans la mare aux grenouilles d'où Malraux, jeune et pétillant dauphin, s'était élancé. Ce petit cachottier nous avait celé qu'il était littérateur décadent pour se faire passer à nos yeux archéologue averti. Et *Les Nouvelles littéraires*, très actif journal, avaient embouché les trompettes de la Protestation, annonçant un manifeste et un recueil de lamentations signé par vingt lamantins aux noms tapageurs, Gide en tête surgissant des Caves du Vatican, suivi du Surréaliste Breton, du cocasse Max Jacob etc. etc., y compris le bon et candide Ed. Jaloux qui décidément n'a pas de chance avec les choses d'Extrême-Orient! Tout un monde littéraire bluffé par Malraux (et qui le sera certainement encore) marchait au pas cadencé en levant des torches. Mais enfin j'ai fait comprendre que les choses n'étaient point comme Malraux les avaient communiquées... Je comptais donc à Paris apprendre beaucoup de choses sur Malraux. Pas du tout. Ses intimes ne savent rien de lui. Il était de tous les vernissages et de toutes les coteries d'avant-garde. Chacun le connaissait dans le village tapageur de feu Apollinaire, Salmon, Rosenberg, etc. dissertant d'art nègre, de métaphysique groenlandaise et de littérature d'après-demain — mais sur ses moyens, son passé, sa famille, chacun cherche dans la lune. Ô charme de Paris! Ô mansuétude de ces indigènes! Un veston bien coupé, des yeux profonds, et tout va. »

5

Vrai révolutionnaire ?

Malraux, de retour en France, a tout juste vingt-trois ans. Il est amaigri, exalté, narcissique. Avec sa femme, il s'installe dans un deux-pièces, au 39 boulevard Edgar-Quinet, près du cimetière Montparnasse, dans le même immeuble que sa famille maternelle, Berthe, Marie et Adrienne à la retraite. Pour une fois, il se rapproche de sa mère, catholique dévote mais sans préjugés sociaux.

Malraux a rapporté du chanvre indien de Saigon. Le chanvre active chez Clara un syndrome de l'aveu. Elle raconte son infidélité qui n'amuse pas Malraux. L'orgueil touché, évoquant l'amant de Clara à bord du paquebot, André lance :

— Pensez à ce que ce type pense à présent ! Il a le droit de vous mépriser.

— Je sais qu'il ne me méprise pas, répond Clara.

— Je sais ce qu'un homme pense d'une femme qu'il a eue [1].

Au cours de sa tournée de remerciements, Malraux voit quelques francs-maçons qui ont œuvré pour lui avant que son procès ne vienne en appel. Sans réticence, Breton aussi a aidé Clara. Malraux reproche cette démarche à sa femme mais se rend quand même chez le surréaliste pour le remercier. Le courant ne passe pas entre les deux hommes. Lequel semble à l'autre le plus imbu de sa personne ?

Malraux rebondit : avec Clara et l'avocat, Paul Monin, il projette de publier, rien de moins, un journal en Indochine. À Saigon, Monin, homme de gauche, toujours prêt à défendre un « indigène », plaide souvent sans honoraires. Candidat à la députation, il s'est opposé à Ernest Outrey, soutenu par le pouvoir colonial, qui décrocha 15 049 voix contre 624 à Monin et 1 à un candidat « indigène ». Monin a édité plusieurs journaux éphémères dont *La Vérité*. Il hait Maurice Cognacq, le gouverneur de la Cochinchine. Il déteste aussi, comme Malraux, cet Henri Chavigny de Lachevrotière, directeur de *L'Impartial*, auquel, avant Malraux, il a proposé un duel. Malraux se montre réceptif aux militantes et belliqueuses suggestions de l'avocat. Une presse libre, pense Monin, pourrait agir contre les combines des autorités et la concussion des hommes d'affaires cochinchinois. Certains monopolisent l'industrie naissante en Indochine et les activités juteuses du port de Saigon, transits, expéditions, chargements et déchargements des navires.

Alerté, l'ami Pia se dit prêt à partir pour l'Indochine. Marcel Arland aussi. Le premier apporterait une aide technique, le second une collaboration intellectuelle [2]. Monin voudrait publier deux éditions du même journal, l'une en français, l'autre en vietnamien. Malraux cuve de son côté quelques comptes à régler depuis son affaire de bas-reliefs. Monin lui démontre que, dans cette aventure, lui et Chevasson ont été victimes du colonialisme, ce qui est osé.

Clara et André retrouvent Fernand Malraux à Orléans. Le père admire son fils comme sa bru, « bonne petite femme », dit-il. Il investira cinquante mille francs dans le quotidien *L'Indochine*, titre envisagé. Malraux se rend en pèlerinage à Saint-Benoît-sur-Loire. Il souhaite que Max Jacob l'accompagne en Indochine ; il lui propose quinze mille francs pour une tournée de conférences en Chine et des frais divers. Les deux hommes parlent littérature et philosophie orientales. Malraux revient d'Asie. Max Jacob ne pense pas sans cesse à la politique mais s'étonne : son jeune ami n'évoque ni les famines passées ni les révolutions à venir.

À Paris, Malraux démarche les maisons d'édition — la librairie Arthème Fayard, Payot, les Messageries Hachette — susceptibles de lui fournir des fonds contre de la publicité. Cet argent lui permet d'acheter les droits de reproduction d'articles de journaux comme *Le Canard enchaîné* ou *Le Merle*, *Le Petit Écho de la mode* ou *Le Miroir des sports*. Malraux voit grand, vite et exige des droits de reproduction exclusifs.

Pourquoi veut-il regagner l'Indochine sur-le-champ ? Pourquoi se lance-t-il dans une nouvelle aventure insolite et aussi risquée ? L'exotisme le pousse. Il a peu vu l'Asie. Pendant ses loisirs forcés à Phnom Penh et Saigon, il a vu de près le système colonial. Il souhaite combattre ses injustices avec Monin, agir et faire pour être. Pour lui, les mots sont des armes. Il cherche à se venger de feuilles comme *L'Impartial* et de son directeur Lachevrotière. Clara adhère à l'idée d'un journal de combat. En outre, plus ou moins consciemment, Malraux cherche un décor ou une atmosphère, des modèles de personnages pour des récits à venir. Il envisage toujours un livre publié par un éditeur réputé, un porche ouvert sur le monde de la littérature.

À défaut d'un large public, Malraux dispose d'un utile carnet d'adresses. Trois jours avant de repartir pour l'Indochine, recommandé par François Mauriac, déjà célèbre, il reçoit un pneumatique de l'éditeur Bernard Grasset. Pendant ses procès, le jeune homme a bénéficié d'une publicité accrocheuse. Commerçant habile, peu philanthrope, Grasset sait profiter d'un climat autour d'un auteur. Malraux doit s'engouffrer dans la brèche avec un roman ou un récit, pas avec un de ses textes abscons. L'éditeur offre un contrat, trois mille francs d'à-valoir et sept mille francs à la remise du premier des trois livres promis, tous tirés à dix mille exemplaires. Grasset sait parier sur un écrivain, l'encourager, l'exploiter au besoin.

Les Malraux ont failli se séparer. Réconciliés, ils ont vendu des toiles pour financer leur voyage dont plusieurs faux, deux « Picasso » et deux « Derain ». Le couple quitte Marseille le 14 janvier 1925 — dix semaines seulement après avoir quitté Saigon ! Jusqu'à Singapour, les Malraux voyagent en troisième, en seconde dans le train pour Bangkok puis en première sur le bateau qui les mène à Saigon, où Paul Monin les attend.

Malraux retrouve l'hôtel Continental, son patio, ses chambres spacieuses, les ventilateurs, les rhums-sodas et l'absinthe. De février à mai, il parcourt la Cochinchine. Malraux n'est pas un touriste passif. Il apprécie l'agitation, les rumeurs montantes des matinées et le bruissement des soirées à Saigon, moins les siestes d'usage. Il aime le port, les sampans glissant entre les cargos rouillés, les parfums des sauges poivrées vendues sur les trottoirs par des femmes accroupies sous des chapeaux coniques. Il n'adore pas les villas coloniales aux façades décaties par l'humidité, au milieu des bougainvillées ou des frangipaniers. Explorant villages et hameaux autour de Saigon, Malraux remarque la pauvreté des paysans autour de leurs paillotes ou dans les rizières laquées par le soleil. Leur misère comme celle des habitants des taudis de Saigon, où les rats filent entre les enfants, retient davantage son attention que le pittoresque des pousses et des colporteurs. Il a avalé sa dose d'exotisme au Cambodge. Il voit les désordres de l'injustice à l'ombre de la « mission de la France ». Une dizaine de milliers de fonctionnaires, moins de trente mille *pieds-jaunes* coiffent dix-sept millions d'Indochinois. Malraux prépare la sortie de son quotidien. Assis à la terrasse du Continental, face au théâtre, il touche la réalité et les rites coloniaux : quel que soit son statut social, un Annamite ne peut consommer un verre seul à la terrasse. Un « Blanc » doit lui tenir compagnie. Sous le charme de Saigon, Malraux sent l'humiliation quotidienne des « indigènes ».

Malraux et Monin dirigeront le journal à égalité, sans Arland, ni Max Jacob, ni Pia. Ce sera un journal social et politique portant sur tous les problèmes, sans hypocrisie. Malraux n'affiche pas de conviction idéologique. Il a même préfacé avec enthousiasme *Mademoiselle Monk*, de Charles Maurras, homme de la droite extrême, que Monin exècre. Mais il a un sens de la justice à fleur de peau.

L'équipe rédactionnelle se réunit chez l'avocat, codirecteur, 12 rue Taberd, proche du Continental en remontant la rue Catinat. Monin recrute sept collaborateurs dont Dejean de La Batie, jeune métis entreprenant, comme gérant. L'imprimeur Louis Minh se prépare à tirer cinq mille exemplaires du quotidien. Clara va jusqu'à Singapour prospecter le marché publicitaire, sans succès. Pourquoi des anglophones s'intéresseraient-ils à une obscure publication française d'Indochine ? Clara négocie les droits de reproduction d'articles du *Straits Times*, un des meilleurs quotidiens de l'Asie du Sud-Est. Reçu par un sous-fifre à Hanoi, Malraux s'entend refuser l'édition du journal en vietnamien.

Plusieurs fois repoussé, le premier numéro de *L'Indochine* paraît le 17 juin 1925, six pages sur un papier d'une qualité supérieure à celui de *L'Impartial*. Pendant quatre jours, le journal a été distribué gratuitement. Vendu dix centimes, le numéro un, non daté par accident, arbore un sous-titre : « Journal quotidien du rapprochement franco-annamite. » Les deux codirecteurs définissent le programme d'un « journal libre, ouvert à tous, sans attache avec les banques ou les groupes commerciaux ». La rédaction respectera le tempérament des collaborateurs : « Des polémistes y écriront avec âpreté, les modérés avec modération » — les premiers seront plus nombreux que les seconds. Malraux et Monin ne sont pas doués pour le juste ou l'injuste milieu.

Le premier article, une interview de Paul Painlevé, le nouveau président de la Chambre des députés, porte sur le droit des Annamites. Les « indigènes, explique Painlevé, seront de plus en plus agissants au fur et à mesure qu'ils auront assimilé les mentalités françaises ». Le gouvernement de l'Indochine « doit amener des effets plus appréciables ».

Dès le deuxième numéro, moins flou, Malraux, pastichant Anatole France, s'en prend au gouverneur de la Cochinchine, Maurice Cognacq : « Première lettre de Jacques Tournebroche à Jérôme Coignard. » Coignard, Cognacq. « M. le gouverneur, lui dis-je, le péché est en vous, l'orgueil vous pousse aux plus funestes résolutions. Et vous allez être très embêté. » Le ton est donné. Le numéro quatre assaille M. de La Pomeraye, puissant homme d'affaires : « Vous nous accusez d'être des pêcheurs en eaux troubles. Chacun son goût. » Cet affairiste avait acheté en France du fil à trente francs le mètre pour le revendre dix fois plus cher, en piastres, à l'administration indochinoise.

Dans leur souci de rapprocher les populations française et « indigène », Monin et Malraux lancent une campagne pour aider les Annamites qui le souhaitent à se rendre en France. « Le candidat émigrant ou simplement voyageur, écrit Dejean de La Batie, adresse d'abord une requête... aux autorités communales de son village d'origine. Celles-ci, respectueuses de la hiérarchie, la transmettent, avec leur avis, au chef de canton. Ce dernier l'envoie... au délégué administratif... au chef de la province, jusqu'au gouverneur de la Cochinchine. » Malraux donne aussi des conseils : « Il n'y a pas de techniciens annamites. Il faut qu'ils soient nombreux dans vingt ans. Faites de vos fils des ingénieurs, des chefs de chantier, des médecins... Avant tout, des ingénieurs agronomes... Envoyez-les en France. Si l'on veut vous empêcher, nous verrons. »

Dans le numéro cinq de *L'Indochine*, une brève en première page : « Nous apprenons à l'instant, de sources anglaise et chinoise, que le gouvernement anglais vient d'interdire la sortie de Hongkong de tous les riz chinois entreposés. L'exaspération des Chinois est à son comble. » *L'Indochine* suit de près les événements en Chine, ouvriers occupant des bâtiments ou réclamant le départ des étrangers, policiers des concessions internationales tirant sur les manifestants... Paul Monin, qui signe « conseiller colonial[3] », dénonce l'attitude de la France face aux conflits en Chine : « Chaque fois que dans le monde une importante collectivité d'hommes a entamé le magnifique travail de son unification et de son indépendance, la France, par une sorte de vocation naturelle, lui a fourni secours matériel ou aide morale. »

Monin et Malraux insèrent le problème indochinois dans son contexte asiatique. Monin affine sa vision d'une politique française en Extrême-Orient qui ne coïncide pas avec celle du Quai d'Orsay. Dans le numéro 26 de *L'Indochine*, l'avocat prône « un rapprochement au moins moral mais étroit avec l'Inde de Gandhi et la Chine, peu à peu consciente d'elle-même ». Anglophobe, Monin considère qu'au-delà d'une logique morale un tel rapprochement aurait l'avantage de protéger les intérêts nationaux. Les exportations françaises en Chine, prétend-il, sont plus importantes que les britanniques. Le député qui l'a battu aux élections, Ernest Outrey, et l'infâme Cognacq, soutiennent la Grande-Bretagne. Le conseiller colonial Paul Monin finit sur une belle chute éditoriale : « Si par malheur le conflit économique aigu qui se prolonge entre la France et l'Angleterre se changeait en un conflit armé, la logique exigerait que la carrière politique d'Outrey-pacha, coupable d'avoir cherché à priver son pays de deux alliances puissantes, nécessaires et naturelles, se terminât comme certaines autres dans les fossés de Vincennes. »

Monin et Malraux informent leurs lecteurs que l'administration a lancé une campagne officielle contre *L'Indochine* : « L'administrateur... a convoqué les Annamites coupables de s'être abonnés... et leur a vivement reproché ce geste, sans oublier de dénigrer nos personnes... » Malraux interpelle le gouverneur de la Cochinchine qu'il surnomme *M. Je menotte* : « Vous ne sauriez faire boycotter un journal qui vous déplaît... C'est là un geste de valet de chambre, absolument indigne d'un gouverneur. Aussi ne l'employez-vous pas. » « A. M. » menace de susciter des réactions en France. En a-t-il les moyens ?

Pour sortir d'une inconfortable et dangereuse marginalité, les directeurs du journal encouragent d'autres à dire, même prudemment, ce qu'ils voudraient exprimer. Monin présente une interview du socialiste Marius Moutet, favorable à la représentation des indigènes au Parlement et à leur naturalisation.

— Je ne suis pas l'ennemi même d'une naturalisation très étendue, déclare Moutet avec prudence, car, en fait, il n'y aura jamais qu'une élite qui remplira les conditions d'aptitude à la naturalisation et qui la réclamera... Les naturalisés auront leur cœur et leur esprit tournés vers nous plutôt que vers un nationalisme indigène mais doublement dangereux pour nous et pour eux.

L'Indochine fait aussi appel à Rouelle, maire de Saigon, à la réputation d'intégrité. Monin et Malraux opposent l'administration de la ville à celle de la Cochinchine, les assemblées élues aux hauts fonctionnaires nommés. Comment M. le maire envisage-t-il la question annamite ?

— En tant que maire, je ne puis vous répondre. La municipalité s'interdit toute politique... homme privé, je puis vous dire, sous la réserve de ne rien brusquer, que certaines réformes me sembleraient bienvenues.

Maître Gallois-Montbrun, doyen de l'ordre des avocats de Saigon, déclare dans *L'Indochine* : « Les indigènes ne sont pas contents. Pour s'en rendre compte, il n'est que de lire ceux de leurs journaux qui ne sont pas achetés. L'élite, chez eux, se divise en deux groupes. Les uns, les égotistes, les *immédiatistes*... Au côté du plus fort, leur loyalisme de mauvais aloi ne tarde pas à leur valoir des superbes concessions de terres, des débits d'alcool rémunérateurs, des décorations. Les autres Annamites... (qui pourrait les en blâmer?) nous observent, voient toutes nos fautes. »

Le journal donne aussi la parole aux « indigènes » connus. D'où une interview de Phan Chau Trinh, un nationaliste progressiste condamné à mort, gracié, exilé en France, puis autorisé à revenir en Indochine grâce au socialiste Moutet et à Monin : « Votre opinion sur les Français de la métropole et sur ceux d'ici ? »

— Les Français de France? répond Phan Chau Trinh... Il y en a de bons et de mauvais... Ils sont cependant, en général, meilleurs que la plupart des coloniaux qu'on nous donne comme gouvernants. Ma sympathie est tout acquise aux députés de gauche et aux gens qui pensent comme eux. Je dois une fière chandelle à quelques-uns d'entre eux.

D'autres Annamites utilisent le courrier des lecteurs, anonyme. D'un lecteur de Soc Trang : « Désireux de connaître les nouvelles du monde entier, je veux acheter le journal *L'Indochine*. Seulement, devant les menaces de... M. Le Phu Diem, qui dit que tout acheteur serait en prison par tous les moyens en son pouvoir, je me vois contraint de m'adresser à vous pour obtenir la liberté d'achat... » Certains lecteurs écrivent : « C'est la première fois en Cochinchine qu'un journal de l'importance du vôtre ose attaquer l'administration. »

Dans leurs interventions en effet, Monin et Malraux insistent sur le fait que l'administration est faite pour servir le pays et non l'inverse. Comme Monin qui met au jour le fonctionnement occulte des chambres de commerce et d'agriculture, du conseil municipal, du conseil colonial auquel il appartient, Truong Nguyen, autre collaborateur de *L'Indochine*, dénonce despotisme et favoritisme « sous le gouvernement du docteur Cognacq, radical-socialiste comme il le dit en France, franc-maçon comme on le dit à Rome, bloc-nationaliste convaincu comme on le voit en Cochinchine ». On trouve à travers toute l'Indochine, précise Monin, « ceux qui, par un travail réel, créent quelque chose et ceux qui tiennent à un haut fonctionnaire quelconque le discours suivant : "Mon vieux copain, vous voulez faire un chemin de fer. C'est un bon sentiment et qui part d'un bon cœur. Comptez sur moi. Je suis tout acquis à cette entreprise hautement française qui apportera à ce pays que je suis venu civiliser, et avec mon air un peu jocrisse et la grâce naturelle qui me caractérisent, l'ordre et la prospérité. Vous allez me donner du matériel... de la main-d'œuvre... et... vous souscrirez 90 pour cent des actions, sous forme de subventions..." »

Les rédacteurs du journal ne sont pas opposés à la présence française en Indochine mais au système d'exploitation et de corruption généralisé, couvert par une propagande hypocrite et condescendante envers les « indigènes » : « Les Français ne sont pas venus ici pour civiliser mais pour gagner de l'argent *par leur travail*. Il n'y a là rien qui ne doive être caché... », écrit Malraux. Le « gouvernement peut vous défendre de vous occuper des questions politiques et religieuses mais il n'a pas le droit de vous empêcher d'exprimer librement les légitimes revendications, ni de travailler pour le plus grand bien des deux peuples appelés à vivre en commun », souligne Truong Nguyen à l'intention de ses compatriotes.

Malraux et Monin ne prônent aucune mesure radicale. Sur ce qu'on appelle « la question indigène », ils ne proposent pas une « naturalisation » en masse. Avec du recul, l'universalisme républicain dont se réclament les deux directeurs s'apparente à un réformisme tranquille, gradualiste. N'importe quel Jaune, Noir ou Brun fera en puissance un excellent Français, mais demain. À Paris, comme à Saigon et Hanoi, les esprits libéraux n'envisagent pas l'indépendance des pays colonisés.

En Indochine, où tout progressisme est confondu avec le communisme, cette position réformiste et critique suffit à s'attirer les foudres. La grande presse de Saigon, de *L'Impartial* au *Courrier saigonnais* et au *Saigon républicain*, mitraille Monin et Malraux en traitant *L'Indochine* de journal antifrançais, antipatriotique et malsain. Les rebondissements de l'affaire de Banteay Srei donnent du grain à moudre aux ennemis de Malraux. La Cour de cassation annule l'arrêt du 28 octobre 1924, « renvoie la cause et les parties » devant la même cour et d'autres magistrats. Malraux se comporte comme si l'affaire était classée. Mais, taraudé par *L'Impartial* ou *L'Opinion* qui le présentent comme un aventurier audacieux, pilleur de temple, il a du mal à imposer une image de lui-même honnête et valeureuse. Il répond d'abord avec une certaine ironie : « Je ne suis pas seulement un voleur de bas-reliefs. Je vole aussi de vieux ciseaux, des dentiers hors d'usage, des clous rouillés... sans parler des tours d'Angkor Vat. C'est ce qui m'a valu l'intervention des plus grands écrivains français. » Puis Malraux passe de l'amusement à l'irritation, de la critique politique aux attaques privées.

Monin choisit sa cible de prédilection, le gouverneur, et Malraux la sienne, le directeur de *L'Impartial*. Ils utilisent une typographie frappante pour compromettre ou ridiculiser leurs ennemis. Monin propose à Cognacq une place à *L'Indochine* dans « ses services de propagande... Je vous achèterai une belle

casquette : on y lira comme sur le béret marin des petits garçons endimanchés... les trois mots qui résument votre activité
administrative : Désordre, Inégalité, Anarchie ». Malraux présente Lachevrotière comme un spécialiste « des duels au pistolet avec les myopes et à l'épée avec les manchots ». Il constitue
un solide dossier sur la non-carrière militaire de Lachevrotière.
Ce dernier devient dans *L'Indochine* « Henry dans-l'avant-pour-
l'arrière » dont « le léchage des bottes entretient la santé ». À
partir de là, Monin ajoute volontiers à sa signature : « engagé
volontaire pour la durée de la guerre ». Malraux fouine et repart
à l'attaque : il affirme que le vertueux directeur de *L'Impartial*
aurait tendance à abandonner ses enfants. Sur la terrasse de
l'hôtel Continental, à l'heure du pastis, les Saigonnais s'amusent
des échanges de balles entre *L'Impartial* et *L'Indochine* en tentant de trier ragots, rumeurs et faits.

L'essentiel du journal demeure ses enquêtes sérieuses sur
la vie publique locale. *L'Indochine* publie ainsi un épais dossier
sur un scandale dans la province de Ca Mau, à l'extrême sud de
l'Indochine. Un consortium de colons veut avaler, à bas prix,
des terres que les Annamites ne peuvent s'offrir car il faut
enchérir pour des lots de plus de 500 hectares. Quelques Européens renseignent *L'Indochine*, d'autres le soutiennent sans
s'impliquer. Beaucoup sont fonctionnaires et précautionneux.
Devoir de réserve et sécurité de l'emploi obligent. Néanmoins,
ce combat donne satisfaction. *L'Indochine* titre : « À Ca Mau, à
la suite de notre campagne, 4 876 hectares sont réservés aux
"indigènes" au lieu de 117 hectares. » *L'Indochine* a donc ici
défendu les Annamites avec efficacité. La corruption n'est pas
passée.

À Saigon, nombreux sont ceux qui aimeraient se débarrasser de Monin, cet agité. Les services de renseignements
s'activent sur les cas des deux directeurs de *L'Indochine*. Une
dépêche télégraphique chiffrée des autorités de Hanoi alerte le
ministère des Colonies. « Enquête ne permet pas encore d'établir origine fonds ayant servi création quotidien "Indochine".
Indications votre 542 paraissent toutefois corroborées par anticipation (*sic*) [*sans doute par participation*] à souscription
ouverte... en faveur de Journal "Indochine" de Chinois affiliés
au parti Kuomintang cantonnais dont je vous ai dans diverses
reprises signalé les attaches étroites avec agents bolcheviks.
MALRAUX a relations avec Annamites antifrançais et son codirecteur, ex-avocat MONIN paraît être le Conseiller du Comité
de la Section Cochinchinoise. MONGUILLOT [4]. »

On aimerait inculper Monin. Le procureur général Colonna
refuse de participer à l'opération. Les codirecteurs de *L'Indo-*

chine publient une lettre au procureur : « Malgré les insinua-
tions, allusions, propositions et autres sollicitations, vous vous
refusez à mettre en état d'arrestation le Bolchevik Monin... Des
motifs valables vous ont été donnés : ledit Bolchevik possède
jusqu'à trois revolvers lance-parfum et il correspond avec
l'ombre de Lénine et de Sun Yat-sen au moyen de tables tour-
nantes... Vous êtes un mauvais juge appartenant à l'espèce particulièrement odieuse des magistrats qui s'occupent de savoir si
les accusés sont coupables. »

    L'Indochine annonce la nomination du député socialiste
Alexandre Varenne au poste de gouverneur général de l'Indochine. Malraux et Monin comptent sur lui pour les débarrasser
de Cognacq à Saigon. Avocat et journaliste, comme Monin,
Varenne a collaboré à *La Lanterne* et à *L'Humanité* lorsque ce
journal était socialiste. Monin le décrit comme un « adversaire
des combinaisons des monopoles et de l'arbitraire ». Varenne
paraît un homme de caractère.

    En Cochinchine, on parle beaucoup de *L'Indochine*, mais
on l'achète peu [5]. Les retours sont importants, jusqu'à 2 500
exemplaires sur 5 000 imprimés. Le gouvernement de la
Cochinchine subventionne 4 000 abonnements administratifs.
L'Impartial vend ainsi d'avance 1 600 exemplaires, *L'Opinion*,
1 200, *Le Courrier saigonnais*, 400. *Le Réveil saigonnais*, *Le Progrès annamite*, *La Voix annamite*, se partagent 800 abonnements. Dans tout l'Empire français, des quotidiens « convenables » bénéficient de la même protection financière. Pas
L'Indochine, bien sûr. Les sanctions contre les journaux qui
pensent mal ou dérapent sont nombreuses. On les suspend à
titre provisoire ou définitif. L'adversaire principal de *L'Indochine* reste *L'Impartial* dont le tirage oscille entre 12 000 et
20 000 exemplaires, chiffres officiels du moins, que l'on présente aux sociétés publiant des « réclames ».

    L'Indochine s'appuie sur des ressources publicitaires. Les
firmes démarchées en France par Clara lui restent fidèles malgré sa virulence : les sous-vêtements hygiéniques du Dr Rasurel
(Lyon), les Champignons de Paris de l'établissement Bonnefond
(Issy-les-Moulineaux), le parfumeur Guerlain ou les grands vins
de Bordeaux Latrille & Ginest. Même *L'Exportateur français*,
organe des producteurs et acheteurs, tient à sa publicité dans
L'Indochine.

    Pour s'imposer, le quotidien recherche sans cesse l'origina-
lité. Il se démarque par son ton, les thèmes qu'il aborde et certaines rubriques inhabituelles à Saigon. « La page de l'élite »,
littéraire, publie une chronique des théâtres parisiens qui
entretient les conversations dans quelques dîners saigonnais,

ainsi que des nouvelles d'auteurs connus, Montherlant, Gorki, ou des contes proposés par les lecteurs. L'*Expédition d'Ispahan* de « Maurice Saint-Rose », récit onirique d'une marche à travers l'Asie, tranche sur les autres textes. À la tête d'un régiment de cosaques, le héros médite au cœur de ruines superbes. Il attend la nuit, parcourt avec un compagnon des ruelles bordées de palais délicats aux mosaïques effritées, aux fresques et statues mutilées. Il jeûne quarante-huit heures et perd le sens du temps : « Chaque jour, nous nous sentions plus perdus, puis seuls au milieu des morts illustres et des insectes invisibles. » Maurice Saint-Rose est le nom d'un ami — et un pseudonyme d'André Malraux.

Malraux a eu aussi l'idée d'une pleine page de photographies consacrée à des sujets intéressants mais pas toujours divertissants : sucrerie aux Philippines, aciérie en Mandchourie, voie ferrée au Siam, infrastructure routière au Laos. Monin admire la manière dont Malraux choisit les documents.

Tous deux voudraient enrichir les brèves de la rubrique « Du monde entier » qui, malgré le labeur de Clara, reste superficielle. Ce fourre-tout se veut international, mais le journal ne peut se payer des correspondants à l'étranger. À Hanoi ou Saigon, personne n'envisage d'inviter les directeurs de *L'Indochine* aux déjeuners officiels d'« échange de vue » où la probité glisse au compromis, voire à la compromission, au nom des intérêts supérieurs de la France et des intérêts inférieurs des masses « indigènes ». Les plus honnêtes journalistes locaux sont à la longue phagocytés par la machine coloniale. Monin est trop connu comme opposant, et Malraux n'a pas meilleure réputation.

Les efforts pour relancer le journal, même les présentations de vedettes de cinéma, n'appâtent guère. Les codirecteurs hésitent. Ayant tenté le genre souriant, *L'Indochine* devrait-il être plus sérieux ? Pour des raisons commerciales et par conviction, les codirecteurs mijotent une série d'articles creusant la question coloniale. Ils butent sur le triple problème permanent des journaux d'opinion qui se veulent, justement, sérieux et raisonnables : comment informer sans ennuyer, comment distraire sans concessions, comment présenter des analyses politiques accessibles à un nombre de lecteurs suffisant pour équilibrer les finances ? Comment, surtout à Saigon, en 1925, élargir son audience dans un lectorat conservateur ? Il faudrait avoir derrière soi l'argent d'un parti, mais il aliénerait l'indépendance du journal. Les dons ou les abonnements souscrits par les sympathisants de *L'Indochine* dans les communautés annamites et chinoises ne suffisent jamais. Des lecteurs se lassent aussi des vendettas personnelles de Malraux ou Monin.

Malraux ne baisse pas les bras. Il est pris par l'excitation des soirées de bouclage chez Monin, dans le bruit des machines à écrire. On fume. On mange. On boit. On coupe ou on rallonge les articles. Indispensable, anonyme, Clara agence ses collages à l'aide de journaux étrangers. Pour la première fois, Malraux côtoie des prolétaires. Il aime l'odeur du papier et du plomb à l'imprimerie, les échanges avec les typos annamites qui composent à la main. Certains ne lisent pas le français mais montent leurs lignes sans erreur.

Désastre : les typographes sont en grève et les autorités policières font chanter l'imprimeur Minh et ses employés ; ils pourraient être poursuivis pour participation à la fabrication d'un quotidien « subversif ». Les ouvriers de l'imprimerie cèdent. Malraux envisage de saisir du matériel dans d'autres imprimeries pour publier *L'Indochine* ailleurs. Clara l'entraîne dans une fumerie et tente de le calmer. Monin suggère de créer une imprimerie chez lui et de se procurer des caractères. À Saigon, personne ne veut leur en vendre. Malraux ne sera pas vaincu deux fois en Asie, à Phnom Penh puis à Saigon. D'ailleurs au Cambodge, quoi qu'en disent certains, il l'a emporté, maintient-il. À Saigon aussi il vaincra.

Diable du Journalisme

6

L'adieu aux armes-mots

Clara et André débarquent à Hongkong. Des pères jésuites anglais leur vendent des caisses de caractères mais sans *à, é, è, ê*. Pas un accent. Les ayant expédiées à Saigon, les Malraux se livrent au tourisme quelques jours, autour de Hongkong, dont ils admirent la puissance commerciale. À Macao, ils apprécient l'architecture portugaise et les maisons de jeux [1].

André revient à Saigon, reposé et combatif. Le journal reparaîtra. Mais sur instruction du gouverneur, la douane refuse de livrer les caisses et, quelques jours plus tard, n'en remet que la moitié. Les factures présentées ne seraient pas en règle. Pugnaces, Malraux et Monin donneront une suite à *L'Indochine* : leur bihebdomadaire s'appellera *L'Indochine enchaînée*, « édition provisoire de *L'Indochine* paraissant le mercredi et le samedi, en attendant le jour, certainement lointain, où l'administration consentira à nous rendre les caractères d'imprimerie qui nous appartiennent mais qu'elle a cru nécessaire de confier à sa propre garde ».

Les codirecteurs ne règnent plus sur un journal in-folio, mais sur un bihebdomadaire in-octavo, de petit format, à vingt centimes. On dirait une revue. Un bois gravé, un papillon, orne sa couverture blanche. Les dix-huit parutions composent un long pamphlet à plusieurs voix, exprimant une philosophie politique plus vigoureuse que celle des quarante-neuf numéros de *L'Indochine*. Aucune publicité dans *L'Indochine enchaînée*. Avec régularité, des pavés annoncent que ce « journal-ci » est provisoire. Le vrai renaîtra bientôt. Malraux, l'acheteur et le revendeur de livres rares, ressuscite pour allécher d'hypothétiques clients saigonnais collectionneurs : « En attendant, *L'Indochine* est une rareté... bibliographique car nos caractères sont très incomplets — pour paraître quand même, nous avons remplacé ceux qui nous manquaient par des caractères de bois — comme au XVIe siècle. » Qui sinon Malraux trouverait cet argument piquant ?

Tantôt optimistes, tantôt désespérés, les collaborateurs du jour-nal-revue réfléchissent sur l'information plus qu'ils ne la ven-tilent. Les reportages sont réduits à cent lignes, les tirages faibles, de mille à deux mille exemplaires, et les ventes déce-vantes.

Malraux rédige plusieurs articles par numéro. Il trouve des accents émouvants et prophétiques. Son lyrisme passe au-delà des coquilles : « Je dis à tous les Français cette erreur qui monte de tous les points de la terre d'Hanoi, cette angoisse qui, depuis quelques années, réunit rancune et les haines dispersées, peut devenir, si vous ne prenez garde, le champ d'une terrible mois-son. Je demande à ceux qui me liront, de tenter de savoir ce qui se passe ici, et quand ils le sauront, d'oser dire à un homme qui vient en Indochine, pour demander où est la justice, et, au besoin pour la faire, qu'ils ne sont pas ; qu'ils n'ont jamais été solidaires, de celui qui, pour garder sa place, n'a pu élever au nom de la France et de l'Annam que du double masque du pitre et du valet, du mouchardage et de la trahison. » La torture se pratique dans les commissariats de police et les locaux de la Sûreté. Malraux manie le sarcasme : « L'Agent M... est un agent de police indien auquel la douceur de ses mœurs a valu auprès des Annamites une certaine célébrité. Je ne dis pas que la pro-fession d'agent de police doit être exercée par des jeunes filles. Non. Mais attacher des Annamites aux arbres et les frapper jusqu'à la mort, c'est un traitement dont, sans contester sa haute valeur administrative, je dirai que la nécessité ne se fait pas sentir. Si la France a demandé aux gouverneurs des colo-nies de tout faire pour obtenir l'attachement des populations, elle n'a pas parlé de l'attachement par les pieds, contrairement à ce qu'on croit d'ordinaire au gouvernement de Cochinchine. »

Le sentiment croissant d'échec quant au journal se double d'une déception devant les premières décisions du nouveau gouverneur général. Dans le numéro cinq de *L'Indochine enchaînée* [2] les directeurs semoncent Alexandre Varenne. Ils lui expliquent l'Indochine. Cet homme a été membre de la commis-sion du suffrage universel de la Chambre des députés. Voter en France ou en Cochinchine, voilà à l'évidence deux activités dif-férentes. *L'Indochine enchaînée* démonte le mécanisme électo-ral colonial : « Il y a à Saigon 600 Indiens, citoyens français [3] qui, ne vivant que d'administration ou de secours, apportent dans tous les scrutins, dont le plus important, celui des élec-tions législatives, environ 2 500 voix, 600 voix au candidat patronné par le gouverneur, quel que soit ce candidat. » Monin a vu de près ce meccano administratif. Les deux directeurs veulent éclairer Varenne sans doute naïf ou mal informé.

L'homme a fait bonne impression en arrivant, préférant le complet veston à l'uniforme blanc de gouverneur général. Malraux et Monin veulent le persuader que M. Chavigny de Lachevrotière a été élu président du conseil colonial sur ordre de Cognacq. Qu'il existe au sein de ce conseil, à commencer par Monin, une opposition. Ils accusent encore Lachevrotière d'être délateur, indicateur, agent provocateur, espion, concussionnaire. Ce style choque Varenne pourtant habitué aux excès de presse. Les deux professeurs de sciences politiques s'en prennent aussi au second centre du pouvoir à Saigon, la chambre d'agriculture. Sa présidence, rappellent-ils, a été octroyée à « Monsieur Labaste », toujours sur instruction de Cognacq. Varenne, docteur en droit, devrait être sensible au légalisme : Labaste, souligne *L'Indochine enchaînée*, reste en poste dix-huit mois et demi de plus que ne le prévoient les textes. De plus, il confond la trésorerie de la chambre d'agriculture et sa cassette. Où sont donc les 130 000 piastres qu'il doit à cette chambre d'agriculture ? Selon les codirecteurs de *L'Indochine enchaînée*, toutes les élections et presque toutes les nominations en Cochinchine comportent des injustices et des fraudes. M. de La Pommeraye, président de la chambre de commerce, édifie une fortune à partir de subventions accordées par le gouverneur de la Cochinchine et une commission municipale à ses ordres. De La Pommeraye a organisé une saison théâtrale avec 80 000 piastres de subventions. Offrir du théâtre aux Saigonnais n'est pas répréhensible. Malraux et Monin, ici, exagèrent.

Les directeurs reconnaissent qu'autrefois au moins, un gouverneur général par intérim, Monguillot, protesta contre les abonnements administratifs permettant au pouvoir politique d'obtenir, au minimum, la neutralité bienveillante de la presse. Mais ses services firent preuve d'apathie. Que Varenne imite Monguillot, avec plus d'efficacité, ordonnent les directeurs de *L'Indochine enchaînée*.

Le lieutenant gouverneur Cognacq, dans sa chasse gardée de Cochinchine, veille à ce que *L'Opinion* et *L'Impartial* attaquent *L'Indochine enchaînée*. Comment le faire comprendre à Varenne ? Les deux feuilles conformistes ne s'en prennent pas autant au petit bihebdomadaire qu'à l'ancien quotidien. Moins ils en parleront, moins l'opinion cochinchinoise lui prêtera d'attention. Monin et Malraux supplient Varenne de tenir compte des réactions d'une élite « indigène ». L'entourage de Cognacq l'appelle la « fausse élite ». « Où donc est la vraie, en Cochinchine ? demande Malraux... Parmi les quelques lettrés de la civilisation chinoise qui nous haïssent ? Parmi les boys auxquels il [*Cognacq*] a donné de belles médailles ?... C'est par cette élite universitaire et par elle seule que la France peut constituer en Indochine, à l'heure où les difficultés commencent, un gouvernement stable. Le peuple encore passif ne bouge pas mais nous déteste en tant qu'étrangers. C'est par le mouvement que lui donneront les diplômés et les naturalisés, intermédiaires naturels, qu'il restera dans sa passivité ou se dressera contre les Français. »

En 1925, Monin et Malraux prêchent pour la délégation de pouvoir, l'éducation, la naturalisation des Indochinois. Face à l'histoire, Malraux croit au poids des hommes. Varenne n'est pas un grand homme. À la rubrique « Questions annamites » sous la signature de Le The Vinh, menaçant et sentimental, la conclusion d'un article cogne : « Fils indignes de la belle France républicaine, libératrice des peuples asservis qui avez ici mission de nous protéger, de nous instruire, de nous civiliser, soyez francs, loyaux et honnêtes ou allez-vous-en [4]. »

Dans *L'Indochine enchaînée*, les éditoriaux l'emportent sur l'actualité et les choses vues. Léon Werth, collaborateur de passage, publie des « notes d'Indochine ». Dans plusieurs numéros, il suggère que le système à travers l'Indochine aboutit à l'*esclavage* — mot que Monin et Malraux évitent. Ils préfèrent celui d'exploitation. On parle de miracle français en Asie. Qu'en est-il ? On a réussi en peu de temps, écrit Léon Werth, à faire descendre « jusqu'à l'ignorance épaisse, un niveau intellectuel qui s'est déjà beaucoup abaissé ».

Le système colonial, affirme Werth, précipite « un peuple aux idées démocratiques dans la servitude complète ». Guidé dans ses voyages par Monin, Werth voit partout spoliations, vols et crimes. Jamais les directeurs du journal n'ont été aussi loin. Il se permet d'être plus polémique que ses hôtes, comme l'envoyé spécial d'un journal face aux correspondants sur place. Werth s'en prend aux coloniaux, aux *pieds-rouges*, sur un ton qui heurte la plupart des petits et grands bourgeois de Cochinchine. Certains, qui sympathisaient avec *L'Indochine*, sont plus réservés en lisant *L'Indochine enchaînée*. Le quotidien ménageait modérés et libéraux. Werth s'épanche : « Tous, du gouverneur au gendarme, ayant connu en Europe la contrainte sociale ou la discipline, sont devenus, en Asie, des potentats. » Il hausse la mise : « L'Européen d'ici est semblable au vin qu'il boit et qui ne rappelle le vin que par l'étiquette et le nom. »

Situation curieuse de Monin : membre du conseil colonial, au pouvoir consultatif, l'avocat, juge, partie et partisan, critique ce conseil dans son journal. En métropole, des députés collaborent à des journaux importants. Monin, l'homme politique, explique pourquoi le conseil ne traite pas d'affaires de son ressort et surtout des questions mobilières et immobilières, en particulier de la location des terrains domaniaux.

L'Indochine enchaînée se radicalise. Des émeutes éclatent au Cambodge. Quelques-uns prévoient des troubles en Cochinchine, ou les souhaitent : une répression exemplaire donne aux « indigènes » exaspérés un avertissement qui les ramène à une juste soumission. Malraux et Monin, eux, n'appellent jamais aux armes.

Alexandre Varenne les déçoit beaucoup. À Paris certains souhaiteraient l'exclure de son parti, la S.F.I.O. *L'Indochine enchaînée* s'interroge sur les pouvoirs réels d'un gouverneur général. Impuissance structurelle ? Ce Varenne a sans doute les « meilleures intentions du monde » mais il ne peut innover, surtout sans l'accord d'un gouvernement du Cartel des gauches. L'économie indochinoise se développe, admet *L'Indochine enchaînée*, pas son régime social et politique. Une petite industrie se crée au sud, une grande au nord, mais sans législation sociale. Clara insiste sur cet aspect de la réalité coloniale. Où sont les libertés nouvelles parfois esquissées ? Gouvernants et administrateurs ne connaissent pas les « mœurs des indigènes ». Les fonctionnaires ne séjournent pas longtemps à Saigon, à Hanoi ou dans les provinces.

L'Indochine enchaînée exige que soit créée, à Paris, une commission permanente d'études indochinoises qui proposera, pour l'Indochine, un statut politique conforme à son évolution économique, une charte constitutionnelle l'acheminant vers un statut de *dominion*. Évolutionniste, *L'Indochine enchaînée* semble croire que seul Paris peut imposer des institutions démocratiques. Les « indigènes » — antienne — devraient être représentés à la Chambre. Seulement 2 000 citoyens, dont 1 200 fonctionnaires, élisent les députés de la Cochinchine. La campagne des codirecteurs du journal a quelques retombées : en France, *Paris midi* cite *L'Indochine enchaînée*. Le didactisme paie — de faibles dividendes.

Souvent menacé, Paul Monin a été réveillé par un bruit. Se redressant, il a donné un coup à l'agresseur de petite taille qui se jetait sur lui[5]. On s'en prend à ses domestiques. *L'Indochine enchaînée* rapporte ces faits divers. « Un agent de police zélé pénétra chez moi, frappa l'un de mes boys, sous prétexte que sa femme, marchande publique, n'exhibait point sa patente, réclamée en français, langue qu'elle n'entend pas, arrêta le malheureux et dressa procès-verbal pour rébellion... La haine de certains va jusqu'à s'en prendre à mes boys. Quelle

sinistre lâcheté! P. M. » Quelques Européens et Annamites, d'assez nombreux Chinois, manifestent leur sympathie à
Monin.

Encouragé par Clara, André Malraux fait son éducation
politique, économique et sociale. Il écoute presque autant
qu'il parle et plus qu'il n'écrit. Le Parti communiste français
existe loin de son horizon politique. Malraux travaille moins,
le journal ne « sortant » que deux fois par semaine, et réfléchit plus. Il étudie la mortalité infantile, les statistiques
démographiques. Dans toute l'Indochine, on manque autant
de maîtres que de médecins : « Il n'existe en Cochinchine
aucune œuvre de puériculture. » Malraux découvre que la
description constitue la plus forte des critiques.

Une autre presse protestataire surnage. *La Cloche fêlée*
reparaît avec la collaboration d'anciens rédacteurs de *L'Indo-*
chine comme Nguyen An Ninh. *L'Indochine enchaînée* s'endette, ne peut plus rétribuer ses journalistes et salue ce
nouveau confrère [6]. Malraux, codirecteur, devient gérant ; en
cas d'embrouillaminis judiciaires, il serait le premier poursuivi.

Il s'en prend à Varenne, dans un éditorial concernant la
liberté de la presse : « Le gouverneur général a cru devoir
examiner, avec quelques précisions, la question de la liberté
de la presse annamite. » Ses déclarations sur ce point sont
singulières. « Si cette liberté, dit-il, qui tient tant à cœur aux
Annamites, leur était octroyée immédiatement, et si les journalistes de langue annamite, mal préparés encore à en jouir
sagement, en abusaient et semaient par l'expression outran-
cière de leurs idées des troubles dans leur pays, une vague de
réaction ne tarderait pas à s'élever qui emporterait tout, y
compris le gouverneur général avec ses réformes. » A. M.
prend acte : le progressisme frileux remettant sans cesse
quelques décisions indispensables, libérales et minimalistes,
« paralyse » Varenne. Là, Malraux rejoint des publications
annamites comme *La Libre Cochinchine* ou *La Voix libre*.
Mais ces journaux-là ont des lecteurs.

Les accusations tombent sur Monin et Malraux, ces
communistes, ces bolcheviks. Pourtant, des notables annamites
— tel Nguyen Tan Duoc, conseiller colonial, membre de la
chambre d'agriculture, moins perspicace que Malraux à
terme [7] — clament que « le danger bolchevique n'existe pas
ici, il ne peut pas exister pour quiconque connaît tant soit peu
la mentalité des indigènes, si attachés à leurs coutumes millénaires ». Malraux et Monin se repassent leurs thèmes favoris
comme un ballon. L'avocat publie un cours d'histoire, requiem

pour le système colonial. Il traite alors « Varenne (Alexandre) député socialiste » de « proconsul verbosus, barbatusque ». Le gouverneur général serait « mouillé par l'averse des désillusions annamites. Il n'ouvrira pas même son parapluie ». Varenne, signale Monin, intronise en Indochine les rois du caoutchouc, les frères Michelin s'installant dans des plantations d'hévéas en Cochinchine. « Ils ont bien déjà colonisé l'Auvergne. » Monin reproche aussi à « Varenne (Alexandre) » d'affermer l'alcool et l'opium. Pour alimenter les caisses du gouvernement, la Ferme des jeux devrait contrôler ces produits. Au-delà d'efforts pour comprendre les structures du colonialisme, les critiques de Malraux reprennent souvent un tour personnel. Il revient sur ses démêlés à propos des émeutes au Cambodge et une justice expéditive. Il sait qu'on peut empêcher un prévenu « indigène » de parler, alors qu'il a, lui Malraux, beaucoup parlé pendant ses procès. Il s'arrache à son ego pour retomber sur la justice et la procédure du commissariat : « En prison, tout naturellement, le corps des accusés se couvre de cicatrices... C'est un effet de la nourriture, ont observé tous les savants. »

Pour retrouver leur lectorat, au douzième numéro, les directeurs ramènent le prix de *L'Indochine enchaînée* à dix centimes. Varenne devient le « camarade Varenne », par dérision. Pendant la discussion du budget des colonies, à la tribune de la Chambre, l'adversaire de Monin, le député Ernest Outrey, approuve la nomination de Varenne. L'ami de mon ennemi devient un ennemi : Monin fulmine, Malraux rumine.

Ayant obtenu des fonds de quelques Chinois amicaux, la rédaction annonce que, bientôt, le journal reparaîtra tous les jours. Elle accepte des abonnements pour deux mois.

Maître Gallet, avocat libéral, est victime d'un empoisonnement, par un malfrat ou un indicateur de la Sûreté. L'administration ne réagit pas. Malraux, inspiré comme un potache, après une excursion au Cambodge pour couvrir une affaire policière, propose un code des colonies remanié : « 1° Tout accusé aura la tête tranchée. 2° Il sera ensuite défendu par un avocat. 3° L'avocat aura la tête tranchée. 4° Et ainsi de suite. À quoi l'on pourrait ajouter : 5° Toute sténographe employée par un avocat verra le peu de bien qu'elle a confisqué et son contrat résilié. 6° Si elle a des enfants, elle versera au pauvre M. de La Pommeraye, à titre de dommages et intérêts, la somme de mille piastres par enfant. 7° Son mari aura la tête tranchée. Et nous revenons au n° 1 voir plus haut. »

Monin et Malraux découvrent l'intérêt sociologique du fait divers, surtout dans le domaine social. Là où *L'Inchochine* se contentait de trois lignes, *L'Indochine enchaînée* va plus loin. Il y aurait, écrit Monin, une rubrique « à crier [*joli lapsus du typo-graphe*], NOS BONS PATRONS : "Je viens de rencontrer un infâme salarié (tous les salariés sont plus ou moins infâmes en cela justement qu'ils exigent un salaire alors que les patrons se contentent de bénéfices). Cet infâme salarié travaillait depuis dix-sept ans dans la même maison, sans avoir pris un seul congé pour respirer l'air de France. La moyenne de ses journées de travail ? Au moins douze heures dont la moitié de service de nuit. On vient de le liquider. La maison dont il s'agit est riche à MILLIONS. Savez-vous ce qu'elle a donné, elle, à l'homme qui lui a consacré dix-sept ans de sa vie et qui arrive à l'âge où sonne la retraite ?... Deux mille francs ! Au taux du jour, vous pouvez calculer la retraite dont jouira le bon et loyal serviteur" ».

En Cochinchine, Malraux fait ses universités politiques. Georges-André Malraux signe maintenant Georges Armand Masson, qui s'interroge sur la nature du système colonial, dissèque les implications de la domination. Malraux ne va pas, comme Marx, souligner quelques caractéristiques positives du colonialisme mais il n'en est pas loin. Il pose des problèmes fondamentaux : que valent les doctrines de l'administration en Indochine ? Quel bienfait la colonisation aurait-elle apporté ? De quels crimes est-elle coupable ? La métropole aurait-elle apporté la paix à l'Indochine ? « Bon... Il faut bien reconnaître que nombre d'Annamites... préféreraient, disent-ils, la guerre, même constante, plutôt que la domination des étrangers. »

Pour les champions nuancés du colonialisme, seule l'autorité française maintient l'unité indochinoise, liant Cochinchine, Tonkin, Laos et Cambodge. Malraux conteste cette analyse : « Ce n'est pas tout à fait vrai. La domination française fait l'unité de l'Indochine, mais elle ne serait pas nécessairement divisée. Elle se dissocierait presque essentiellement en une république ou un empire constitutionnel d'Annam comprenant tous les pays de langue annamite et un royaume du Cambodge. Ce serait peut-être un malheur pour la carte d'Asie. L'Indochine fait une tache charmante, mais les Annamites et surtout les Cambodgiens n'y verraient peut-être pas d'inconvénient. » Prescient ici, ce Malraux qui prend goût à la prévision, sans verser dans le prophétisme.

L'Indochine enchaînée, dont la parution le mercredi et le samedi déconcerte les acheteurs potentiels, se vend à Saigon et Cholon. Les abonnements ne rentrent pas. Sollicités, des groupes de Chinois qui aidaient le journal deviennent réticents. Après plusieurs crises de paludisme, Paul Monin se sent épuisé. Dans le numéro 16, un avis aux abonnés annonce que « notre directeur, M. André Malraux, devant rentrer en France pour prononcer une série de discours tendant à faire intervenir un certain nombre de Français pour obtenir du gouvernement la liberté demandée par les Annamites, la direction de *L'Indochine* sera provisoirement assumée par MM. Dejean de La Batie et Le The Vinh ». Malraux publie un éditorial en coup de cymbales : « Il faut que la grande voix populaire s'élève, et vienne demander à ses maîtres, contre toute cette lourde peine... obtiendrons-nous la liberté ? Nous ne pouvons le savoir encore. Du moins obtiendrons-nous quelques libertés. C'est pourquoi je pars en France. »

Monin et Malraux ne sont plus d'accord sur la ligne à suivre : en Indochine, doit-on encourager un mouvement réformiste ou adopter un programme révolutionnaire ? Dans le premier long éditorial suivant l'adieu de Malraux, qui n'est pas un au revoir, un nouveau directeur, Le The Vinh, tranche. Il titre : « Verrons-nous la révolution d'Indochine ? » Ce journaliste annamite part d'un constat : la France ne parvient pas à relever ses finances, poursuit une guerre coloniale au Maroc et réprime la révolte des Druses. Ailleurs, les Chinois « font couler des ruisseaux de leur sang pour la liberté, l'indépendance et l'unité de la Chine ». Le The Vinh s'abrite derrière un pluriel : « Certains se demandent si l'heure n'est pas venue, pour les Annamites, de lever l'étendard de la révolte... et de délivrer leur pays de l'impérialisme occidental qui l'étreint. » Le The Vinh, qui a eu l'intention d'assassiner un haut fonctionnaire, pose deux questions jamais soulevées par les directeurs européens de *L'Indochine* ou de *L'Indochine enchaînée* : « 1. Les Annamites possèdent-ils les armes nécessaires telles que le peuple se décide à se sacrifier pour rendre son pays libre et indépendant ? 2. L'état actuel d'esprit de la masse populaire est-il tel que le peuple se décide à se sacrifier pour rendre son pays libre et indépendant ? » La révolution ne se rapproche pas de l'Indochine, le rapport des « forces matérielles » est inégal. Seuls les « richards », note cet Annamite, ont le droit de posséder des armes.

Malraux n'a pas œuvré en vain. Le 23 décembre, à Hanoi, le gouverneur général signe la grâce complète de Phan Boi Chau revenu à Hué. Avec ses moyens, le journal de Monin et Malraux a fait campagne pour sa réhabilitation. En France, la Chambre des députés va voter un projet de loi présenté par Gaston Doumergue, président de la République, et Édouard Daladier, ministre des Colonies, sur l'accession à la citoyenneté française des « indigènes des Colonies » et des pays de protectorat relevant du ministère des Colonies : un pas en avant, petit, vers une égalité limitée. L'article premier stipule qu'un indigène, pour obtenir la qualité de citoyen français, doit : 1° Renoncer formellement à son statut personnel. 2° Savoir écrire le français, ce qui, en Indochine, élimine 98 % des candidats éventuels. L'indigène annamite ou tonkinois, cambodgien ou laotien ne doit pas avoir été condamné pour crime, délit ou pour acte d'hostilité à la cause française, ou encore pour prédication politique ou religieuse pouvant porter atteinte à la sécurité générale. La Légion d'honneur ou un titre universitaire — avoir été officier ou sous-officier dans l'armée française ou épouser une française — aideront à obtenir la citoyenneté. Il sera plus ou moins obligatoire d'avoir occupé pendant dix ans un emploi administratif « ou avoir rendu aux intérêts français des services importants reconnus par les autorités locales ». On ouvre en théorie la citoyenneté aux « indigènes » pour la fermer à la plupart en pratique.

Dans son numéro 17, *L'Indochine enchaînée* présente ses vœux pour 1926 à ses lecteurs. Un mini-éditorial de Monin accorde « douze sur vingt à l'élève Alexandre Varenne pour sa composition française, peut-être même davantage » si la règle consiste à faire tenir beaucoup d'idées en peu de mots. Désormais, Malraux et Monin participent moins à la conception ou à la rédaction du journal. Trois facteurs s'additionnent pour interrompre sa publication pendant un mois à partir du 2 janvier : problèmes d'argent, pannes de la presse à imprimer installée chez Monin et opposition de Mme Monin. Revenue de voyage, elle est excédée : sa villa est envahie par quelques collaborateurs, beaucoup d'amis, des piles de dossiers, de journaux et des mégots. Cinq numéros sortiront, le 2, le 6, le 10, le 20 et le 24 février 1926. Malraux, journaliste en partie vaincu, plus que Clara encore, se sent découragé par la résistance de la machine coloniale.

Plus fasciné que son collègue par les vents révolutionnaires de Shanghai à Canton, Monin se prépare à quitter la Cochinchine pour la Chine. Tristes fêtes de Noël pour les Malraux. Ils partagent plus de repas avec leurs amis chinois qu'avec des Européens ou même des Annamites. Malraux se proposait de regagner Paris dès octobre 1925. Il a presque terminé un manuscrit. Son livre s'intitulera *La Tentation de l'Occident*. Le 4 octobre, il annonçait à Louis Brun des éditions Grasset que « la moitié a déjà été traduite en chinois et publiée dans différents périodiques et journaux de Shanghai et de Pékin ». Le souhait, chez lui encore, devient réalité. « Il s'agit de lettres échangées entre un jeune Occidental et un jeune Chinois et annotées par un de leurs amis indiens sur l'esprit, l'art et les passions tels que les conçoivent l'Orient et l'Occident. » Malraux se disait aussi « assuré dès maintenant d'une importante

critique étrangère ». Henri Massis devait publier un volume
d'essais dont le thème pouvait recouper sa *Tentation de
l'Occident*. Malraux envisageait de « prendre position en face de
Massis... ». « Les critiques de droite prêteront certainement
beaucoup d'attention à ces deux événements littéraires », prédi-
sait-il. Conscient de la valeur publicitaire de ses activités, Malraux ajoutait : « Sans parler des fantaisies passées, ni de mon
rôle politique actuel de chef du parti Jeune Annam [8]. »

Les Malraux quittent Saigon le 30 décembre, en deuxième
classe. Des Chinois financent leur retour à Paris. Tout le monde
n'est pas dupe des arguments justifiant ce départ, même si certains imaginent que Malraux sera plus efficace à Paris. Il a
aussi promis qu'il argumenterait auprès de personnalités bien
placées pour autoriser la création à Cholon... d'un casino. Sur le
paquebot, il travaille à son manuscrit dans le salon des premières, oubliant la Cochinchine comme le Cambodge. Il laisse
des fonds de tiroirs à son journal moribond. Les nouveaux
directeurs ne lui rendent pas service en les publiant. Une
« interview du gouverneur de la Chinoiserie » sort dans le
numéro 19 de *L'Indochine enchaînée* daté du mardi 2 février
1926. La Chinoiserie, c'est la Cochinchine. Malraux frôle le
mauvais cabaret :

« Pourriez-vous, M. le Gouverneur, nous indiquer les principes directeurs de votre action ?

— Certes. Un homme d'action se doit d'avoir des principes.
La colonisation, vous le savez, peut employer deux auxiliaires :
les textes inspirés par le désir de justice, d'une part ; la trique,
d'autre part. "Avant de se servir de la trique, il convient de
l'envelopper avec soin dans les textes de justice. C'est ainsi, la
justice qui frappe l'Indigène..." »

Peu après, *L'Indochine enchaînée* présente à ses lecteurs
ses vœux pour le nouvel an vietnamien. En février, l'ouverture du journal-revue offre une interview imaginaire du président de la chambre de commerce de Saigon, encore par
André Malraux, parti depuis quelques semaines. Ce papier
traite sur le mode gamin l'abandon par cette chambre des
petits commerçants, surtout « indigènes ». « Il nous a paru
bon, écrit Malraux, de montrer aux Annamites les effets de la
chaleur tropicale sur les institutions françaises. » Cette ultime
contribution ne donne pas la tonalité générale des articles de
Malraux.

À Paris, il ne fait rien touchant à l'Indochine, ce qui irrite
Clara. Il a tourné cette page mais engrangé sensations, émo-
tions, images, idées. Politiquement, il incube. Il s'est détaché de
Monin qui n'a pas salué son codirecteur sur le quai avant le

départ du paquebot[9]. Malraux sait rompre. Lassé d'une aventure personnelle au Cambodge et d'une action politique collective en Cochinchine, il mûrit. Sans référence aux théoriciens, Marx, Lénine ou Kautsky, seul, plus à coups d'intuitions que d'analyses, se fondant sur des expériences vécues de Hanoi à Saigon, de Dalat à Ca Mau, il s'ausculte à propos du communisme, de la révolution, du socialisme, du réformisme. Pour certains, ses convictions restent trop prudentes. À d'autres, elles paraissent sensées et en avance sur certaines options de gauche au cours de ces dangereuses années vingt. Pendant ses séjours en Asie, Malraux a plus vu et senti que lu. Rebelle, révolté, il n'est pas révolutionnaire.

Pour des livres à venir, il cherche encore un sujet et un ton. Il n'a pas pris au sérieux ses condamnations. Avant son départ de Saigon, on l'a assuré que « l'affaire suivait son cours ». Craignait-il un jugement défavorable, d'où son retour en France ? L'affaire viendra en audience publique le 11 mai 1926 en cour d'appel. De Paris, André s'abritera derrière un certificat médical : il ne peut, pour raisons de santé, regagner l'Indochine. Chevasson enverra au procureur général une lettre sollicitant le renvoi pour les mêmes raisons. Le tribunal retiendra les fautes mais attribuera aux prévenus les circonstances atténuantes parce que leurs casiers judiciaires sont vierges. Les dossiers sont « oubliés ».

Malraux fait souvent part à Clara de son admiration pour la personnalité de Gabriele D'Annunzio, non pour ses idées. Comme D'Annunzio, Malraux aime les poses photographiques pensives. Quel point en commun avec l'écrivain italien qui a plus de soixante ans ? Une admiration pour Baudelaire, Dostoïevski, Nietzsche, Barrès. Malraux s'appuie sur la *personnalité* de D'Annunzio qui modèle sa vie en œuvre d'art. Malraux admire le *condottiere*, le *commandante* de l'infanterie et de l'aviation qui occupa Fiume, devançant Britanniques et Français, ce qui enthousiasma Benito Mussolini. Mais Malraux ne ressasse pas une morale et une esthétique érotique du surhomme. Malgré son admiration pour Napoléon, il ne lui construira pas, comme D'Annunzio, une chapelle.

— Je sculpterai ma propre statue, dit néanmoins André à Clara.

Pour le moment il dispose d'un petit piédestal. D'Annunzio a tenu Fiume un temps. Malraux n'a pas pris Saigon. Sa sympathie pour les « indigènes » indochinois, vive, n'est plus agissante. Les mots cessent d'être des armes politiques. Certains échecs pratiques, trop apparents, débouchent sur des réussites intellectuelles.

> *J'ai fait le mouvement dada*
> *Disait le dadaïste*
> *Et en effet,*
> *Il l'avait fait*

plaisantait Aragon. Malraux pourrait dire qu'il a fait une admirable tentative avec *L'Indochine* et *L'Indochine enchaînée*. Il s'octroie une pause dans l'action et s'intéresse plus à la littérature qu'au journalisme, la révolte ou la révolution [10].

Étymologie de Banfeleu

7

Parisien exotique

Lesté d'*expériences*, malheureuses mais toniques au Cambodge, d'abord heureuses puis décevantes en Cochinchine, André Malraux a traversé deux années enrichissantes. À Paris, sa pensée elliptique et ses formules lapidaires frappent. Gestes saccadés, il s'exprime en agitant les bras, ponctue ses phrases de silences, d'éternuements, de *ses* exclamations, *primo... tertio... Plaisanterie ! Bon... Passons... Bon*. Dans une pièce sa présence s'impose. Il semble en bonne forme, paraissant plus âgé qu'il n'est. Ouvert au monde, il se replie sur lui-même pour élaborer une matière première ramenée d'Asie. Mais il n'a pas d'argent. Avec Clara, il s'installe dans une pension quai de Passy. De leur fenêtre, ils aperçoivent le métro aérien et la tour Eiffel. À eux deux, Paris ! Plus pénétrée que son mari des obligations contractées envers leurs Indochinois aimés, Clara revient à la charge, pousse André à intervenir auprès des députés et des sénateurs. Malraux n'en est plus là.

Trois mois après leur retour, ils emménagent dans un trois-pièces 122 boulevard Murat, au bord du XVIe arrondissement, proche du bois de Boulogne. Hasard, les familles Lamy et Goldschmidt — cette dernière désargentée maintenant — habitent le même pâté d'immeubles. Malraux s'étonne : les dames Lamy sont aussi attentives que Fernand Malraux. Mme Goldschmidt mère boude un temps ce gendre scandaleux qu'elle comprend mal.

Le problème immédiat consiste à acheter des meubles et à signer un bail. Avec Louis Chevasson, toujours désintéressé et au service de son ami, André fonde une maison d'édition afin d'exploiter son ancien et rentable filon des livres de luxe. Sa société, À La Sphère, occupe deux pièces, 12 rue de la Grange-Batelière, dans le IXe arrondissement. Malraux fréquente les salles de l'hôtel Drouot à deux pas. Pour ne pas la perdre, il veut gagner sa vie dans une indépendance intelligente et artistique, et garder l'esprit libre. La petite maison d'édition est certes admirable mais pas toujours sensée, d'autant plus que Malraux reste un brillant joueur déraisonnable, comme Fernand fut un spéculateur irréfléchi. Il faut voyager en première classe, sur un paquebot et dans la vie. À La Sphère édite des auteurs connus, François Mauriac, Paul Morand, Albert Samain. Galanis illustre des ouvrages. Le marché n'est plus ce qu'il a été après la guerre pour les collectionneurs et investisseurs.

Voulant décrocher un texte de Valéry, Malraux s'endette à hauteur de 20 000 francs. Il lui faudra des mois pour éponger ce déficit. Ne pouvant régler l'imprimeur, Malraux et Chevasson déposent leur bilan. Malraux crée une autre maison d'édition, Aux Aldes. Son appartement héberge le siège social. Il a retrouvé Pascal Pia qui lui a présenté Eddy Du Perron. Deux ans de moins que Malraux, ce Néerlandais se dit français par atavisme, indonésien par l'éducation, hollandais par la langue et quelques habitudes. Romancier, essayiste, poète, il a, déclare Malraux, « été ruiné par un héritage » géré par une mère insouciante. Un de ses pseudonymes sera Duco *Perkens* [1]. Son père s'est suicidé, comme le fera Fernand Malraux. Du Perron compare volontiers Malraux prenant des risques à Montherlant, footballeur et torero. Pour Du Perron, le réel historique passe après l'art. Eddy décrira André sous le nom d'Héverlé : « On n'a pas grand mal à critiquer Héverlé, dis-je, mais chaque fois qu'on l'a critiqué devant moi, il s'en est trouvé rehaussé un peu plus à mes yeux. Es-tu gêné de ce qu'il ne se laisse jamais aller aux confidences, est-ce pour toi un manquement à l'amitié ? Héverlé ne se confie qu'en terrain impersonnel, sur une sorte de haut plateau où toutes choses flottent aux vents de l'histoire des civilisations et de la philosophie. Mais il ne cesse pas pour autant d'être lui-même, car il est l'un des rares individus qu'un regard superficiel peut faire prendre pour des comédiens, mais qui en réalité sont tendus dans la création de leur propre personnage... Quand on le critique, je sens toujours poindre l'envie de voir ce que son censeur a lui-même à offrir, en fait de... personnage [2]. » Renouant avec son goût du pastiche, Malraux encourage l'ingénieux Pia à publier un prétendu journal intime de Baudelaire, *Années de Bruxelles*. Eddy Du Perron aurait découvert un manuscrit du poète, d'une quarantaine de pages. L'ouvrage, tiré à 150 exemplaires, se vend bien. Malgré son entregent, Clara ne peut guère contribuer aux finances du couple. Pour illustrer ses livres, Malraux utilise aussi le graveur Alexeieff. Bernard Grasset rachètera Les Aldes.

Embellie : chez Grasset, paraît le premier livre construit, original et accessible de Malraux, *La Tentation de l'Occident*.

Ses ouvrages précédents sont restés confidentiels. Ses deux voyages en Asie font de Malraux un Parisien exotique, pas cosmopolite, internationaliste. Dédicace du livre : « À vous, Clara, en souvenir du temple de Banteay Srey. » Clara, qui fut à la peine, est à l'honneur. Malraux ne cherche pas à faire oublier son excursion cambodgienne, au contraire. Oui, il fut cet aventurier.

Malraux, avec superbe, se pose en porte-parole de sa génération, comme Pierre Drieu la Rochelle, rencontré chez Daniel Halévy. Après la guerre, Dieu serait mort en Occident. À travers l'ouvrage, court une idée, plus affirmée que démontrée : ce décès certifié de Dieu, avec un zeste de Nietzsche et une rondelle de Spengler, entraînera la mort spirituelle et intellectuelle de l'homme. Échappant à sa chrysalide farfelue, Malraux, papillon philosophant, opte ici pour un essai épistolaire, mais on discerne un embryon de roman. *A. D.* (*André*), Français de vingt-cinq ans, l'âge d'André Malraux en 1926, voyage en Chine. Son interlocuteur, Ling, Chinois de vingt-trois ans, auteur de douze lettres sur dix-sept, est « atteint par la curieuse culture occidentale dont souffrent nombre de ses compatriotes, culture uniquement livresque ». L'expérience chinoise directe, non livresque de Malraux, se limite à son expédition de Hongkong et à son échappée vers Macao.

Son *Indication liminaire* — ces mots sonnent mieux que *préface* ou *avant-propos* — lance : « Que l'on ne voie point en M. Ling un symbole de l'Extrême-Oriental. » Mais le texte encourage à considérer A. D. comme le représentant de l'extrême occidental. Ces lettres expédiées de Shanghai et Canton pour A. D., de Rome ou Paris pour Ling, affirme l'auteur, furent choisies. Il s'autorise toutes les ruptures de ton et un style aphoristique. Malraux, côté face, s'exprime grâce à Ling et, côté pile, à travers A. D. Le premier s'en prend à l'Occident, trop rationnel, cérébral et sec. Pour le second, les Chinois, les Asiatiques, en général — notion eurocentriste discutable —, ont l'esprit cosmique. Sages et heureux parce que détachés, ils seraient liés entre eux comme aux plantes et aux bêtes. Les Européens — les Malraux après leurs mésaventures ? — sont moins sereins. Dans *La Tentation de l'Occident*, la pensée semble en fusion, comme certains propos d'André Malraux dans ses faramineuses conversations. Cette vision de l'Asie correspond à une idée partielle ou fausse répandue en Europe et aux États-Unis : l'Asie serait le continent de l'acceptation, d'une fatalité. Malraux, qui, dans ses journaux à Saigon, notait avec fièvre les bouleversements agitant la Chine ou l'Indochine, s'éloigne du réel, convaincu qu'il le domine.

Cérémonieux, A. D. et Ling, contournant le charnel, le vécu, se donnent du Cher Monsieur et du Cher Ami. Malraux n'exploite pas ses récents voyages ou peu, pour donner à ce faux récit en duo quelques touches de couleur locale : « Ils entrent dans les ports avec le jour... au-dessus de la baie de laque, la ville tout entière, avec sa couronne de murailles aux fleurons de pagodes, monte dans le soleil levant... » Entre la carte postale et l'estampe chinoise, Malraux se sent, peut-être, encore trop près du Cambodge et de la Cochinchine pour exploiter les images enregistrées là-bas. Malraux, remarque Clara, n'est pas amateur de descriptions réalistes. Plaquées, celles-ci ne soutiennent pas les ambitions post-nietzschéennes de l'auteur souhaitant s'imposer comme penseur. Malraux se rend-il compte qu'il s'insère dans un courant d'exotisme littéraire après Loti, Segalen et Claudel ? Sans doute. Ces auteurs connaissaient la Chine. Le sens profond du livre, promesse toujours remise, se dégage mal du texte. Le Chinois Ling évoque « une attentive inculture du moi ». Malraux, épris de Barrès, est plus son héritier que Drieu ou Aragon et autant que Montherlant. Même « boursouflé », rival de Gide et d'Anatole France, Barrès est pour Malraux « le plus grand écrivain français ». Barrès cherche le peuple, les masses, l'énergie créatrice. Comme Philippe, le héros du *Culte du moi*, Malraux passera du « dilettantisme contemplatif » au « dilettantisme de l'action ». Si les mots sont des armes, et des actions, à Saigon, il a agi avec ses journaux.

Il s'expliquera dans ses interviews. « L'objet de la recherche de la jeunesse occidentale est une notion nouvelle de l'homme... L'Asie peut-elle nous apporter quelque enseignement ? Je ne le crois pas. Plutôt une découverte particulière de ce que nous sommes [3]. » Donnant pour acquise une version chinoise de son livre, Malraux déclare : « Si l'on retraduisait littéralement en français le titre de la traduction chinoise de *La Tentation de l'Occident*, on trouverait : proposition de l'Orient. »

En apparence, Malraux évoque la Chine et l'Europe occidentale. Il parle avant tout de lui : « Toute la passion du xixe siècle, attachée à l'homme, s'épanouit dans l'affirmation véhémente de l'éminence du Moi. Eh bien, cet homme et ce Moi, édifié sur tant de ruines, et qui nous domine encore, que nous le voulions ou non, ne nous *intéresse* pas. » Nous de majesté, mise à distance et dénégation suspectes. « On a dit que nul ne peut agir sans foi, continue Malraux. Je crois que l'absence de toute conviction, comme la conviction même, incite certains hommes à la passivité et d'autres à l'action extrême. » Près d'Angkor et à Saigon, Malraux eut des activités *extrêmes*. Lorsqu'il dit que ce « Moi » ne nous intéresse pas, il se cache. Ce nous et ce Moi sont également Malraux prenant du recul ou feignant un désintérêt altier pour l'introspection.

Ling voit dans l'Europe « une barbarie attentivement ordonnée ». Ce Chinois policé correspond à l'idée que des Occidentaux se font des Asiatiques, toutes nationalités confondues, amorçant les thèmes binaires de la passivité et de l'action, de l'être et de l'agir. Reflet de Malraux, Ling se sépare aussi de lui : il n'est « pas nécessaire d'agir, dit-il, le monde vous transforme bien plus que vous ne le transformez ». En Cochinchine, Malraux a tenté de transformer un monde colonial. Il fut à moitié vaincu — et transformé.

L'écrivain parsème son livre d'images séduisantes ou banales. Pour Ling, gentil Chinois, Rome n'est qu'un « beau jardin d'antiquaire à l'abandon ». Ou encore : « Tout le jeu érotique est là : être soi-même et *l'autre* ; éprouver ses sensations propres et imaginer celles du partenaire. » Certaines formules se veulent métaphysiques : « Au centre de l'homme européen, dominant les grands mouvements de sa vie est une absurdité essentielle. » Malraux ne développe pas le sens du mot « absurde » mais cette notion indéfinie le travaille. Son activité à Saigon fut-elle absurde ou décevante ? Peut-on affirmer que l'esprit oriental « n'accorde aucune valeur à l'homme en lui-même » ? Par ailleurs, il n'est pas faux de prétendre que l'esprit occidental dans les années vingt et depuis la Renaissance « veut dresser un plan de l'univers, en donner une image intelligible, c'est-à-dire établir entre les choses ignorées et les choses connues une suite de rapports susceptibles de faire connaître celles qui étaient jusque-là obscures ». Dans l'ouvrage, on perçoit au second degré l'influence de Chateaubriand et de Barrès. Toujours, la forme l'emporte sur le fond. Un personnage, Wang-Loh, qui vit sa « haine des Blancs » pourrait être la résultante des Annamites radicaux et révolutionnaires rencontrés par Malraux[4]. L'auteur profite des libertés du genre épistolaire pour éventer certains préjugés, regrets ou rancœurs. Ainsi, il laisse à Wang-Loh, abrité dans une lettre d'A. D., le soin de dénoncer les sots intoxiqués des niaiseries universitaires. À Paris, Malraux fait allusion à ses études universitaires aux « langues O » et, en même temps, à des sottises de l'enseignement supérieur.

Il s'abandonne à quelques grandioses truismes : « Il n'y a pas de Chine, écrit Ling, il y a les élites chinoises. L'élite des lettrés n'est plus admirée qu'à la façon d'un monument ancien. La nouvelle élite, celle des hommes qui ont subi la culture occidentale est si différente de la première que nous sommes obligés de penser que la véritable conquête de l'empire par l'Occident commence. »

Loin des plaisanteries journalistiques de *L'Indochine enchaînée*, l'écrivain, dans ses balancements, atteint ou recherche une ampleur tendue du style. Il oublie les faits auxquels le directeur du quotidien ou du bihebdomadaire qu'il fut se consacrait, comme s'il ne pouvait maîtriser en même temps phrases, idées et halètement.

La dernière lettre, expédiée par A. D., tourne à l'envolée lyrique. A. D. ne s'adresse plus à Ling mais à lui-même : « Dieu a été détruit. L'homme ne trouve que la mort. » A. D. glisse sur les notions de patrie, de justice, de grandeur, de vérité. « Il n'est pas d'idéal, écrit-il, auquel nous puissions nous sacrifier, car de tous nous connaissons les mensonges, nous qui ne savons point ce qu'est la vérité. » Malraux ne définit pas plus la vérité que l'absurde. La vie serait absurde, donc la vérité, un des objectifs de l'existence, paraît également absurde. Prenant des risques sérieux en Indochine, ne ménageant pas son temps, Malraux vécut un idéal militant, buta sur des mensonges sociaux et politiques. Il paraît las, mais pas découragé : en attente. Romantiques, romanesques, les lignes finales du livre décrivent les retours d'un homme jeune sur lui-même et sur les dernières années de son existence : « Image mouvante de moi-même, je suis pour toi sans amour. Comme une large *blessure* [*je souligne*] mal fermée tu es ma gloire morte et ma souffrance vivante. Je t'ai tout donné, et pourtant, je sais que je ne t'aimerai jamais. Sans m'incliner, je t'apporterai chaque jour la paix en offrande. *Lucidité* [*je souligne*] avide, je brûle encore devant toi, flamme solitaire et droite, dans cette lourde nuit où le vent jaune crie, comme dans toutes ces nuits étrangères où le vent du large répétait autour de moi l'orgueilleuse clameur de la mer stérile. » N'économisant pas la grandiloquence, Malraux, s'il ne s'admire pas, s'aime parfois beaucoup. Ses deux premiers périples en Asie l'ont *blessé*. Souffre-t-il un peu, beaucoup... ? Il fut plus *lucide* à Saigon que lorsqu'il roulait en camionnette vers Banteay Srei. Les dates placées à la fin du récit, 1921-1925, l'indiquent, Malraux exprime dans son premier livre achevé un résumé sinon intellectuel, du moins affectif de son existence de vingt à vingt-quatre ans [5]. Il ne revient pas sur ses combats politiques. Au détriment de la narration, il fait allusion à un périple culturel en Asie. Il s'inspire peu de ce qu'il a vécu, puise dans ses lectures forcenées ou désordonnées. D'où l'importance de la forme et le côté lâche du contenu, l'abus des abstractions approximatives, des phrases jetées en rafales. Le voyage d'A. D. en Asie et celui de Ling en Europe frappent par leur sécheresse. Pour expliquer l'effritement des anciennes et nouvelles valeurs, l'écrivain oppose l'action au rêve. Ses réflexions philosophiques indécises, fondées sur la rhétorique plus que la raison, ne facilitent pas l'interprétation de ses thèses. Reste, éparpillée à travers le livre, une tentative d'analyse de la crise des valeurs qui s'applique plus à l'Occident connu de Malraux qu'à un Orient imaginé, et moins claire que les pages de Valéry sur la « Crise de l'Esprit[6] ». Malraux tâtonne, surmontant l'idée spenglerienne d'un monde épuisé. Dans ce petit livre — l'écrivain veut s'imposer par lui —, il esquisse un brouillon qu'il s'est hâté de terminer. Les fragments de manuscrits survivants et fiévreux l'attestent. Le _patchwork_ a été rédigé à coups de retouches et de collages sur des blocs de papier à lettres, des feuilles de cahier quadrillées, un livre de comptes dépecé.

Malraux dispose d'une énergie inépuisable malgré de pénibles crises de rhumatisme articulaire. Sollicitant les conseils et l'appui de Jean Paulhan, il met son livre sur orbite avec un choix de trois lettres dans une livraison de la _Nouvelle Revue française_ du 3 avril 1926. Lorsque paraît _La Tentation_, face à son titre, l'auteur annonce non seulement la publication du texte chinois complet (_bis_), à Shanghai et Pékin, mais aussi un essai « sous presse » et un roman au titre déjà choisi, _Puissances_. Pour Malraux, le virtuel conçu se confond avec le réel tangible. Mieux accueilli en province qu'à Paris, _La Tentation de l'Occident_ décolle mal en librairie. Dans la soixantaine d'articles, ne figure aucun papier éclatant d'un hebdomadaire de la capitale. Vexant pour l'amour-propre de l'auteur, qui, orgueilleux mais pas vaniteux, n'en laisse rien paraître. Ramon Fernandez, dans la _Nouvelle Revue française_, publie une critique sucrée et salée du livre, duquel, concède-t-il, s'élève un chant « qui nous charme et nous étourdit ». Les ambitions poétiques de l'auteur « nuisent à la clarté des vues qu'il expose ». Fernandez ne s'interroge pas sur les formules tranchantes de l'écrivain. Malraux fait parler de lui mais son livre ne prend pas. Pourtant, dans Paris, du moins à Saint-Germain-des-Prés et Montparnasse, on parle de lui comme s'il était déjà un auteur à succès. L'homme jeune a plus de poids que son œuvre. L'attitude d'experts en manœuvres publicitaires comme Bernard Grasset confirme l'impression de Malraux : il est un futur-grand-écrivain[7], les pieds calés entre l'avenir sûrement épais et un mince présent.

Il veut voyager, à nouveau, pour posséder le monde et pour écrire. Pas assez reconnu à son gré, il cherche la célébrité. Il ne préfère plus l'amateur de jardins au jardinier. Clara l'encourage. Ensemble, ils croient à son génie, mot aimé de Malraux. Malgré grains et orages, le mariage de ce couple infernal tient. Des querelles devant des amis montrent une Clara agitée, qu'André peut glacer par son sang-froid. Elle trépigne. Il se referme. Sur un point fondamental, ils se retrouvent d'accord : pour créer, Malraux doit nourrir son imagination par des expéditions, des *expériences* renouvelées. L'argent manque ? Ils le trouveront.

Parfois Clara fume de l'opium avec l'homme de lettres Maurice Magre dans sa garçonnière, en haut du même immeuble que celui des Malraux. De beaucoup, André préfère l'alcool [8]. Attendant de repartir, il séduit quelques cercles parisiens. Il remet en place sa stratégie littéraire dans les revues et journaux. À la demande de Paulhan, appuyé par André Gide et Marcel Arland, il donne des notes à la *N.R.F.*, un compte rendu de *Défense de l'Occident* d'Henri Massis, un du *Bouddha vivant* de Paul Morand. Puis il passe à *L'Imposture* de Georges Bernanos et au *Journal de voyage d'un philosophe* de Hermann von Keyserling [9]. Après la publication française de *La Tentation de l'Occident*, Arland compare Malraux à Keyserling. L'un et l'autre exprimeraient les angoisses et aspirations des jeunes Européens. Comparaison abusive : Keyserling voyage autant que Malraux, mais offrira une « philosophie » alliant les valeurs spirituelles, licornes passe-partout, le nationalisme et les beautés dangereuses de l'industrialisation. À vingt-cinq ans, Malraux ne tournicote pas autour du nationalisme et, pour la technologie moderne, il balance.

Il publie également des études ailleurs. Ainsi, à *Formes*, des « notes sur l'expression tragique en peinture » à propos d'œuvres récentes de Rouault. Il rédige aussi un article sur la conception de l'érotisme chez D. H. Lawrence qui servira de préface à la publication française de *L'Amant de lady Chatterley*. Principe des vases communicants, plus il terminera de livres, moins il écrira d'articles. Il donnera une fausse impression de facilité car il ponce ses pages. Lorsqu'un auteur l'allèche au-delà de sa personnalité ou de son prestige, Malraux se montre vigoureux et clair : d'où un compte rendu favorable d'*Hyménée*, roman de Louis Guilloux [10] (pas dans la *N.R.F.*, celui-là, mais dans *Europe*, 15 juin 1932).

Le milieu de la *N.R.F.* accepte ce Malraux avec réticence. Il manque du classicisme et de la correction attendus des collaborateurs. Au mieux, ne serait-il pas un aventurier, plus proche de Raymond Radiguet, de Maurice Sachs que de Jean Cocteau ou d'André Gide ? Ce dernier a un immense faible pour Malraux qui, souvent, l'irrite ou le déconcerte par son assurance. L'auteur de *La Tentation de l'Occident* n'est ni hésitant ni précautionneux. Les défenseurs de Malraux, Arland en premier, expliquent que sa curiosité, sa connaissance des arts plastiques, son amour de la littérature, contrebalancent son arrogance. Malraux souhaiterait que la *N.R.F.* l'engage comme critique littéraire attitré, lui conférant un pouvoir intellectuel. On ne pense pas à lui car il est tout de même vert et la rédaction en chef, dans sa sagesse éclectique, juge que la fonction de chroniqueur littéraire doit être répartie entre plusieurs collaborateurs. Père fondateur des éditions, Gaston Gallimard prétend ne pas avoir assez d'influence sur la revue pour imposer Malraux. Le monde littéraire de la capitale observe ce jeune loup avec une attentive méfiance. Quelques écrivains comme Louis Aragon et André Breton éprouvent pour lui une antipathie avouée. Il refuse de se plier aux exigences et aux rites des sectes dadaïste ou surréaliste qui, malgré leurs dénonciations de l'ordre établi, entretiennent des réseaux mondains et éditoriaux. De plus, contre un courant qui s'affirme, Malraux ne se croit pas obligé de faire ses Pâques et de fêter Noël avec le Parti communiste français. Il a sa conception de l'indépendance. Quelques compromis, encore, sont acceptables, pas les compromissions.

Gaston Gallimard a une indulgence amusée pour Malraux qu'il engage pour son savoir-faire technique, et pour les livres qu'il doit porter en lui. Le petit crocodile, André, et le gros, Gaston, s'observent. L'outrecuidance de Malraux déplaît parfois à Gaston. Mais le bougre semble efficace. Il sait, lui, qu'on ne peut toujours publier à perte. Trop d'auteurs demeurent convaincus qu'on doit traire son éditeur sans contrepartie. Connaisseur, découvreur et filou, Gaston apprécie Malraux, un des rares écrivains en puissance à connaître le prix du papier et le métier d'imprimeur. De temps en temps, Malraux se perd dans des devis, n'a pas toujours un sens commercial équilibré, fait preuve d'une libéralité coûteuse quant aux à-valoir. Mais il s'intéresse à la fabrication d'un livre et à sa vente. Gaston veut bien perdre de l'argent avec un auteur comme Marcel Jouhandeau, mais sa maison d'édition n'est pas une œuvre philanthropique.

La Tentation de l'Occident n'a pas impressionné Gaston qui discerne d'abord en Malraux des promesses à tenir. L'écrivain en lui n'est pas *fait* mais, selon Gaston, il possède des qualités éditoriales. Malraux sera d'abord directeur artistique chez Gallimard car il a un œil pour la typographie et les maquettes. Son œuvre ? On verra, demain ou dans quelques années. N'empêche : Gaston, fidèle à une méthode éprouvée chez les éditeurs, met la main, d'avance, sur les futurs livres de Malraux. Ils se font la cour, même si Malraux reste le premier demandeur.

Dans ses lettres à Gaston, Malraux batifole, n'oubliant pas de dessiner dans ses marges plus d'hippocampes amicaux que de chats mystérieux. Il traite Gaston comme un ambassadeur rencontré au Quai d'Orsay ou dans un salon : « Cher Monsieur et Ami ». Il badine : « Mes hippocampes, de plus en plus affamés, se refusent à écouter, pour prendre patience même le lecteur de la Révolution surréaliste [*la revue*] où, cependant, Benjamin Péret énumère dans l'ordre ses performances amoureuses ce qui est assez folâtre lorsqu'on imagine sa bobine. Sous-alimentés, rebelles à toute littérature, les dix hippocampes se laissent aller à la rêverie qui est, comme vous le savez, le commencement du malheur [11]... » Dans cette correspondance, Malraux est aimable et obséquieux. Les deux hommes parlent livres à éditer et pourcentages. Malraux s'engage sur un *D'Artagnan* déjà proposé à Grasset, si le « lancement est important [12] ». Gaston suggère à André d'entreprendre *Une vie d'Edgar Poe* [13]. Paulhan a informé Gaston Gallimard, ce projet tenterait Malraux. Celui-ci se récuse : « Je pense que Paulhan a confondu. Je n'ai pas le désir d'écrire *Une vie d'Edgar Poe* car je crois que je l'écrirai mal. » Ne serait-ce que parce que Malraux lit mal l'anglais ! « Parmi les existences curieuses, il en est une que j'écrirai peut-être assez bien, dit-il, et c'est *la mienne* [*je souligne*] mais étant donné le titre de votre collection ("La vie des hommes illustres") ce serait peut-être prématuré ! » Gaston Gallimard transmet la lettre à Paulhan qui écrit « oui » en marge [14]. Malraux a des entreprises en tête, un *Tableau des poisons*. Gaston apprécie. Ces deux-là ferraillent : Monsieur Malraux s'engage... Monsieur Gallimard s'engage... 1 000 francs à la signature, 4 000 à la remise du manuscrit, 3 000 à la mise en vente... Malraux se propose pour une préface au *Journal psychanalytique d'une petite fille*, avant-propos de Freud [15]. Clara souhaite le traduire. Puis Malraux se récuse [16]. Parfois, il sent les limites de ses compétences. Il peut se saisir d'un projet original compliqué et le mener à bout. Il prévoit le premier tome d'un *Tableau de la littérature française* (de Rutebeuf au XIXe siècle). Il imagine Georges Bernanos pour *La Satire Menippée*, Gide face à Montaigne, Paulhan couvrant les grands rhétoriqueurs. Maurois ? Malherbe. Romain Rolland traiterait Rabelais, Molière ou Voltaire. Organisateur, Malraux expose l'idée de base, s'adressant aux collaborateurs en puissance, même s'il ne les connaît pas : « Cet ouvrage sera composé d'études d'écrivains vivants sur les grands écrivains du passé. Nous demandons à chacun de nos collaborateurs de traiter en une dizaine de pages de l'écrivain — ou des écrivains — qu'il a choisi, toute intention didactique écartée... Nous faisons appel à tous les écrivains qui, hors de la Sorbonne, *représentent* aujourd'hui des valeurs en France. Notre désir est de parvenir à établir un texte libre de tout souci d'enseignement universitaire. » Scripteur avisé, Malraux manie les mots en italiques à l'anglaise, souvent, ou comme ici, pour faire rayonner *un* mot dans la tête du récipiendaire. Les écrivains ne vivant pas de spiritualité, Malraux précise les honoraires, « de 150 F la page, envoyés dès réception du manuscrit ». Pour la justification, la page sera celle de la revue. Malraux, large compas, comme Gaston Gallimard, fait aussi appel à Pierre Mac Orlan et Edmond Jaloux. Pour son deuxième tome, il souhaiterait que François Mauriac traite de Pascal, Paul Valéry de Montesquieu et Charles Maurras de Chénier. On ne doit pas oublier les érotiques, les mémorialistes singuliers, les grands voyageurs. Malraux verrait Paul Léautaud sur Chamfort [17].

Gastongallimardien, Malraux concilie les extrêmes. Romain Rolland à gauche coexiste avec Charles Maurras à droite. Qu'ils n'apprennent pas qu'on les embarque sur le même navire. Ou qu'ils prétendent ne pas le savoir. La politique de Gaston l'œcuménique consiste à représenter toutes les tendances. Il admire l'adresse de Malraux défendant les intérêts de la maison d'édition avec doigté. Tous les deux, ils ont plutôt le cœur ou la tête à gauche. Les éditions, elles, se doivent d'être partout.

Peu à peu, Malraux se lie avec le mystérieux et précieux Jean Paulhan qui devient son allié critique, réservé mais constant, dans la maison comme à la *Nouvelle Revue française*. Malraux, Paulhan le sait, veut imposer un personnage. Quand Malraux lui déclare, comme à tant d'autres, qu'il a été « commissaire du Kuomintang de la Cochinchine au début de 1925 et pour l'Indochine en juin, puis membre du Comité central de la Propagande du Kuomintang », Paulhan ne le croit pas [18]. Paulhan aime la vérité mais accepte que certains écrivains se bâtissent une légende. Clara, qui n'apprécie guère Paulhan, entendra l'impétueux Malraux répéter que ce qu'il affirme finit par devenir vrai. Paulhan encourage l'écrivain Malraux : il a un style, beaucoup d'idées, une sensibilité. Devant lui, Malraux sort même de son scintillant monologue, accepte de dialoguer : « Peut-être avons-nous tort tous deux, vous d'admirer trop le mythe Sade et moi de débiner trop le marquis. » Avec Paulhan, Malraux n'a presque pas de réserve : « Je lis aussi *Nadja*, prédiction : la prochaine découverte de Breton sera Maeterlinck. » Paulhan se montre franc avec lui, et Malraux s'ouvre à Paulhan : « Lorsque — en vacances — vous vous donnez la peine de défendre Valéry contre Claudel, êtes-vous certain de défendre, en effet, V. contre C. et non une forme de poésie que vous aimez moins, et, en somme, un mythe contre un autre... » Face à Paulhan, Malraux, c'est peu fréquent chez lui, se fait modeste : « Je ne crois nullement avoir raison ; mais je dirai que Valéry me semble, avant tout, un créateur de mythes et que si son mythe ne s'impose pas à moi, je suis incapable d'admirer autre chose que son intelligence [19]. » Malraux se livre au compte-gouttes, ne verse pas volontiers dans l'anecdote personnelle, mais il semble à l'aise pour bavarder avec ce Paulhan qui l'appuie, et, en gros, lui fait confiance. Il lui dit qu'il aime les chats : « Arland m'a confié pour deux jours un chat en forme de lézard gris qui s'appelle le Chat-Boum (ce nom... enfin ! Chatoufu, c'est mieux, comme dit ma femme). Je vous conseille de vous faire prêter ce chat : il murmure de façon très curieuse et, vu son jeune âge, je crois qu'il va bientôt parler. »

Éditeur, Malraux a mené à bien une édition (provisoirement) complète des œuvres de Gide, qu'il admire, et un tirage luxueux de *L'Autre Sommeil*, d'un Julien Green qu'il n'aime guère. Bref, l'éditeur Malraux sait dire : je n'aime pas ce manuscrit, mais nous devons le prendre.

Lorsque Gaston Gallimard voudra contrer *Candide*, journal de droite, créé en 1924 par Fayard, Emmanuel Berl lancera l'hebdomadaire *Marianne* en 1932 et Malraux y collaborera. Fort de ses expériences saigonnaises, il aidera Berl à concevoir la maquette. Berl comptera sur lui pour sélectionner des photographies, imaginer des mises en page claires. Malraux se veut artiste et aussi artisan très doué. À *Marianne*, il n'inventera pas, mais appliquera le principe du photomontage de la « une ». En cinq ans, il publiera cinq articles dans *Marianne*. Sa participation technique sera plus importante que sa collaboration d'auteur.

Revenu en Europe, il a élargi le cercle de ses connaissances, qui, quelquefois, deviennent de solides amis. Aux anciens, Malraux parle maintenant d'égal à égal. Avec Mauriac, il se montre intimiste [20]. Ce dernier lui a envoyé *Dieu et Mammon*. Malraux, parlant du haut de son œuvre à venir, sait toucher son correspondant : « C'est évidemment de tous vos livres, le plus confidentiel, le plus *particulier*; et il me donne constamment l'impression d'une indéniable vérité... En soi, être catholique et écrire des romans ne me paraît ni moins surprenant ni moins conciliable qu'être catholique et vivre dans le siècle. Pourtant, il y a quelque chose de plaintif dans votre livre car il s'agit au fond de bien autre chose, et vous vous défendez, évidemment, beaucoup contre vous-même. » Malraux connaît ce combat, sur plusieurs fronts : tant de Malraux, de Moi, coexistent en lui. Il a vingt-huit ans.

Gide attire plus Malraux qui lui rend visite rue Vaneau dans le VIIᵉ, près de l'hôtel Matignon. Ils travaillent ensemble pour les éditions Gallimard. Gide sort souvent épuisé, las et mortifié, « plutôt accablé qu'exalté », d'une conversation avec son jeune confrère. Gide est un homme complexe, Malraux un personnage compliqué. André et Clara, sans enthousiasme, font aussi leur dévotion à Julien Green et croisent chez lui Morand ou Berl. On y parle même, voyez-vous ça, d'érotisme. Malraux, jamais à court d'une théorie, même banale, avance que l'érotisme a toute sa force dans les pays où existe la notion du péché. Gide s'interroge : de Berl et de Malraux, lequel est le plus éloquent et le plus obscur ? Malraux, aux points.

La France et l'époque l'exigent, reconnu ou inconnu, un homme de lettres doit accorder des interviews sur tous les sujets. Ainsi, certains deviendront célèbres avant d'avoir publié. « Écrivain de naissance », selon Berl, Malraux refuse peu d'entretiens.

La Revue européenne lance un questionnaire sur *Le Cuirassé Potemkine* [21], film d'Eisenstein interdit par les autorités françaises. Sa propagande révolutionnaire serait subversive. Malraux prend position : « Je crois qu'il est souhaitable que non seulement des "professionnels", mais encore tous ceux qui sont soucieux d'art, puissent voir un film dont ils sont curieux. Dans un pays où la censure de presse n'existe pas, la censure de cinéma serait une simple bouffonnerie, si elle n'était un moyen de défense entre les mains de quelques entreprises que vous connaissez sans doute comme moi. »

Le journal *Monde* enquête sur Zola, demande à Louis Guilloux, André Chamson et André Malraux comment ils réagissent à ses conceptions épiques et sociales. L'œuvre de Zola, admet Malraux, ne l'a jamais intéressé. Pourtant, il s'interroge sur l'art et les fonctions du romancier : « Ce qui me touche dans le romancier — comme dans l'artiste quel qu'il soit — n'est pas le monde qu'il peint, mais la transformation particulière qu'il est obligé d'imposer à ce monde pour parvenir à le traduire. L'œuvre de Balzac peint bien moins la Restauration que les efforts que devait faire un Bonaparte, desservi par les circonstances et contraint de demeurer à l'intérieur d'une classe ou d'une profession pour se réaliser à l'intérieur de cette classe ou de cette profession. La montée de Birotteau, la montée de Grandet, peignent des Bonaparte avares, des Bonaparte parfumeurs. Supprimer de la "Comédie Humaine" l'esprit napoléonien, l'œuvre en est transformée. L'accent particulier qu'est chez Balzac cet esprit me semble chez Zola médiocre et sans portée. » « Pourquoi *Monde*, s'intéresse-t-il à Zola ? — Évidemment, se répond Malraux, parce que Zola a peint des ouvriers. Il l'a fait en fonction d'une idée du "peuple" que je crois sans valeur aujourd'hui. En France, une partie des ouvriers se rallie à la bourgeoisie, l'autre constitue le prolétariat qui est tout autre chose que le peuple. » La rhétorique de Malraux use volontiers de formules du type *x n'est pas y, qui est tout autre chose*, sans que Malraux définisse *x* ou *y*. Bon. Cela va sans dire. Cela nous mènerait trop loin...

Malraux participe au séminaire organisé à Pontigny par Paul Desjardins qui réunit dans ses « décades » des intellectuels. La deuxième [22] porte sur la jeunesse française d'après-guerre. Malraux n'est pas le moins bien placé pour parler de ce sujet. La formule des séminaires ou des conférences suivies de discussions, dans lesquelles se dégagent des champions, comme justement Berl contre Malraux, convient au mari de Clara. De temps en temps, elle lui reproche de ne pas toujours se mettre à la portée de ses auditeurs. Avec ses formules hermétiques, ses soubresauts, sa mèche barrant son front en essuie-glace, Malraux déconcerte, étonne, agace, émerveille ses auditeurs. Il improvise, avance avec en tête un plan aussi facile à suivre qu'un labyrinthe. Participent aux décades des sommités comme Roger Martin du Gard, des normaliens de la rue d'Ulm ou des sévriennes inconnus, des hommes politiques, des romanciers et des poètes. À Pontigny, Malraux renforce son amitié avec un jeune agrégé de philosophie, croisé en Allemagne, Raymond Aron, qui fait une communication sur Proust, que Malraux respecte sans le savourer. Aron s'exprime, toujours, avec une clarté didactique qui impressionne Malraux. Il a lu, lui, les auteurs dont il parle, Husserl, Max Weber ou Spengler. Malraux survole les livres. Aron ne lui en veut jamais. Tôt, il a le sentiment que cet écrivain se situe à un niveau imaginatif et artistique que, lui, Aron, ne saurait atteindre. Si Malraux, c'était la poésie, Aron serait la prose. Avec son aura d'exotisme aussi, Malraux éblouit — parfois — Aron, pourtant peu impressionnable.

Suzanne et Raymond Aron, Clara et André Malraux se fréquentent. Même s'il la trouve envahissante, Raymond Aron apprécie l'intelligence de Clara. Trépignant, elle s'efface devant son mari — souvent. Clara, rencontrant Aron en Allemagne, lui disait qu'André « s'était payé pour femme une petite juive ». Des désaccords publics entre Clara et André gênent, puis choquent leurs amis. Clara adore les allusions à l'amour libre, au triolisme. Accusé par elle de puritanisme, Malraux se fige. Clara enchaîne en vantant la prodigieuse intelligence de son mari. Elle n'est pas dupe des légendes qu'il forge. Mais elle lui rend hommage, l'explique et le protège ; il a une excuse : c'est un créateur.

Clara, spécialiste des qualités et défauts de son compagnon, a besoin d'exister, elle aussi. Mais comment, sans se pré-

senter en rivale ? Elle croit André misogyne. Elle a le droit de
parler mais pas trop. Elle aimerait qu'il l'accepte, avec ses divergences et, surtout, avec tendresse. Elle reste loyale et se rebelle.
André parle du prolétariat, du peuple, de la bourgeoisie. Les
connaît-il ? Pas mieux qu'elle. Autour de Malraux se forment
des réseaux d'amitié et de fidélité. Présent, réservé, Louis Chevasson suit son ami d'enfance et de mésaventures. Marcel Brandin et Pascal Pia se manifestent mais ne s'attachent pas comme
Chevasson à la carrière de Malraux. Pia se situe à côté de Malraux, pas dans son sillage. Paris, la France, l'Europe. Comme
Clara, Malraux veut sans cesse s'aérer, quitter la capitale. La
rive gauche, les bureaux de la *N.R.F.*, rue de Grenelle, puis rue
Sébastien-Bottin, les restaurants et les cafés du VIᵉ arrondissement, les imprimeries du quartier des Gobelins, les négociations avec les auteurs, leur compagnie stimulante, parfois
décevante, ne le comblent pas. On peut attendre et obtenir
beaucoup d'une œuvre et peu de son auteur. Les Malraux
souhaitent parcourir le monde. André veut le maîtriser et le
dominer.

Le Démon de l'hippocampe

8

Chemins asiatiques

En septembre 1928, dans l'élégante collection des « Cahiers verts » chez Bernard Grasset, André Malraux publie son premier roman, *Les Conquérants*, à 3 800 exemplaires. En novembre, Gallimard, rival de Grasset, met sur un marché limité 572 exemplaires de ce petit livre enfin achevé par Malraux, *Royaume farfelu*. Deux ans plus tard, en octobre 1930, *La Voie royale*, autre roman, paraît chez Grasset.

Lors de ses samedis mondains, Daniel Halévy, écrivain, biographe de Nietzsche, médite sur la faille entre deux générations séparées par la Grande Guerre. Halévy apprécie André Malraux et a obtenu un long texte de lui, *D'une jeunesse européenne*. De bonne foi, il a présenté l'auteur, « jeune écrivain-philosophe », qui a rédigé ce texte après « son retour de Chine, où il a séjourné deux ans ».

Prolongeant les réflexions de *La Tentation de l'Occident*, Malraux affirme que « la jeunesse européenne est plus touchée par ce que le monde peut être que par ce qu'il est ». Elle ne vit pas à l'ombre de la Grande Guerre et elle cherche des valeurs. Malraux laboure encore le thème de la mort de Dieu, part d'un postulat, « la notion du divin était déjà le caractère essentiel des cultures de la Grèce et de la chrétienté ». L'écharde chrétienne s'enfonce dans les chairs européennes car « notre première faiblesse vient de la nécessité où nous sommes de prendre connaissance du monde grâce à une "grille" chrétienne, nous qui ne sommes plus chrétiens ».

À propos du xixᵉ siècle, l'essayiste parle des *autres*, molle généralité, mais aussi de lui-même. La croyance dans le progrès, assène-t-il, doit être rejetée. Reprenant un refrain anti-positiviste sommaire, il jette : « Notre civilisation, depuis qu'elle a perdu l'espoir de trouver dans les sciences le sens du monde, est privée de tout but spirituel. »

Ce texte de Malraux, exercice de style plus développé que

La Tentation de l'Occident, l'impose comme essayiste. L'année précédente, Pierre Drieu la Rochelle, qui participa à la guerre, écrivait dans son *Jeune Européen* : « Un homme de ce temps... laisse grossir dans son cœur un monologue atroce sur l'étrange beauté et le prestige mortel de cette civilisation pourrissante à quoi se mêle ce qui la tue et peut-être la remplacera. » Pour Drieu, *La Tentation de l'Occident* était une œuvre trop « littéraire », brillante et complaisante. Malraux et Drieu prétendent parler pour une génération. Avec un emploi du temps agité, maîtrisé cependant, Malraux se transforme.

Dans la veine de ses premières œuvrettes, il aurait pu voleter dans la cage littéraire parisienne, petit maître marginal, Max Jacob de second rang. Il se fait reconnaître comme romancier original. Par l'intrigue et les personnages, son roman, *Les Conquérants*, conserve une structure classique souple, au service du romantisme de l'atmosphère. Malraux ne se préoccupe pas d'avant-gardisme. Par le montage des scènes, les procédés du meilleur reportage, *Les Conquérants* s'offre en fiction très moderne. En même temps, Malraux — bonjour Morand, salut Cendrars — table sur l'exotisme asiatique. Mais ce livre est le premier roman engagé de la décennie. Son ton violent porte un sujet neuf. Dans la Chine de 1925, les nationalistes du Kuomintang, un temps alliés des communistes, les affrontent. Ici, fort peu *tentés* l'un par l'autre, l'Occident et l'Orient se retrouvent, bien au-delà des lettres alambiquées de A. D. et Ling. Des chefs européens, au nom de l'Internationale communiste, encadrent les révolutionnaires chinois. Se libérant, la Chine boycotte le commerce anglais et avant tout celui de Hongkong, cancer au flanc du pays. *La Tentation* restait une toile de fond vague, pseudo-philosophique. *Les Conquérants* est un roman avec une épaisseur politique. Le gouvernement chinois devrait interdire aux cargos de mouiller à Hongkong. Les délégués de l'Internationale communiste voudraient imposer un décret dans ce sens et leurs alliés du Kuomintang hésitent. Presque tous masculins, les personnages s'opposent comme autant de symboles, les envoyés de l'Internationale communiste, Garine et Borodine, le terroriste Hong, face à l'humaniste modéré Cheng-Daï, souvent dans un climat de roman policier réussi, avec ruses, espions, poignards et poison. La politique engendre l'Histoire dans l'héroïsme et le sang.

Les *tentations* de Malraux se glissent dans tous les personnages mais d'abord en Garine, révolutionnaire, pessimiste intelligent, contrastant avec Borodine, automate, fonctionnaire de la révolution. Malraux se cerne et se fuit dans le miroir de Garine qui réfracte en les brisant des éléments de la biographie de l'écrivain. Malraux, à la ville, reste son héros préféré, pas toujours dans ses fictions. Il incarne une volonté de puissance appliquée et la communique à ses personnages. Malraux n'est pas né à Genève de parents suisse et russe, comme Garine, la mort de sa mère n'en fit pas un riche héritier, il n'a pas poursuivi des études littéraires à Paris, toujours comme Garine, ni fréquenté des anarchistes en Suisse. Un romancier jouit du privilège de s'attribuer par procuration tous les diplômes. Malraux commence à connaître les maisons d'édition, comme Garine à Zurich. Il n'est pas passé par la légion étrangère, n'a pas conseillé Sun Yat-sen ni fondé en partie l'Académie militaire de Whapoa, ni organisé une grève générale à Canton. Autant de titres de Garine, autant de désirs rentrés chez l'homme Malraux ? À Halévy et d'autres, l'écrivain laisse répéter qu'il joua un rôle important au Kuomintang. Il aurait pu, il a dû... Garine dilapide une fortune, comme Malraux liquida la dot de Clara. Garine et Malraux parlent à un rythme saccadé. Garine est mêlé à une affaire d'avortement, comme le fut Malraux dans son appartement du boulevard Murat [1]. Garine est victime d'un procès qu'il trouve injustifié. Comme Malraux à Phnom Penh et Saigon. Dans la première version des *Conquérants*, Garine s'appelait Stavine : Staline + Stavroguine. Ce premier nom faisait de lui un bolchevik dostoïevskien mâtiné de Saint-Just et de Nietzsche. Puis Garine devint Garine, sans doute à cause de Galen, conseiller à l'Académie militaire de Whapoa en 1925 avec le vrai Borodine.

Malraux pratique la méthode apophatique, procédé théologique ; on définit un être, une chose par ce qu'ils ne sont pas : « Mais Staline ne signifie rien contre Dostoïevski, pas plus que le génie de Moussorgski. » Ce tic malrucien s'accentue. Dans son récit, il succombe parfois aux formules plates : « L'individualisme est une maladie bourgeoise », « Juger c'est, de toute évidence, ne pas comprendre puisque si l'on comprenait, on ne pourrait plus juger ».

Le récit des *Conquérants* s'ouvre sur un plan de cinéma : un câble affiché dans un paquebot, « la grève générale est décrétée à Canton ». L'intrigue se déroule au long d'un temps contracté, ramené à quelques semaines, du 25 juin au 18 août. Pour ses premiers romans, Malraux travaille dans le cadre d'une temporalité restreinte. D'autres câbles, des dates et des heures jetées ici et là, comme des notations sténographiques, ponctuent l'accélération narrative. Le romancier se projette en Garine, « un type de héros en qui s'unissent l'aptitude à l'action, la culture et la lucidité [2] », mais il ne s'exprime pas tout entier à travers lui. Il le tue, bonne façon, pour un romancier, de se préparer à renaître.

Malraux ne prétend pas — enfin, pas trop — disséquer Marx ou Lénine. Porté par l'air du temps, il les admire. Ces deux-là, comme Garine, ont cru à l'énergie. Sur ce chapitre, Malraux est surdoué. Pour lui, à Paris ou à Saigon, comme pour Garine, le marxisme n'est pas un socialisme scientifique : « C'est une méthode d'organisation des passions ouvrières, un moyen de recruter chez les ouvriers des troupes de choc. » Sorti de Cochinchine, Malraux entre en Chine par l'imagination. Il tiendrait alors du bolchevik réformiste et du menchevik révolutionnaire, si ces espèces existaient.

Exécutant laborieux, Borodine, disposé aux compromis avec les nationalistes du Kuomintang, programme la révolution comme il préparerait un plat du jour. Borodine reste stalinien, pas Garine. Dans une classification plus littéraire que politique, Garine serait, selon Malraux, un communiste « conquérant », Borodine du type « romain ». Garine a le goût de la révolution et de l'insurrection, pas celui de l'organisation sociale. Opposé au dogmatisme doctrinal de Borodine, Garine aime certaines abstractions plus que les êtres humains : « Je n'aime pas les hommes, je n'aime pas même les pauvres gens, le peuple, ceux en somme pour qui je vais combattre. » Il rejoint l'homme Malraux. La passion, plus que la compassion, possède Garine. Pourquoi se bat-il donc avec le peuple ? « Uniquement parce qu'ils sont les vaincus. Oui, ils ont dans l'ensemble plus de cœur, plus d'humanité que les autres ; vertu de vaincus. » À travers Garine, Malraux, qui appartient à l'âge des bons pauvres, du prolétariat porteur de l'Histoire, verse dans un sentimentalisme sonore et creux. Face aux exploités et aux misérables, l'attendrissement renvoie Garine-Malraux à Victor Hugo, et le prolétariat rejoint le peuple de Michelet. Mais en fin de compte le scepticisme, voire le cynisme de Garine submerge les bouffées de sentimentalisme.

Moins qu'un Bernard Groethuysen et plus que Malraux, Garine hait la bourgeoisie, concept fourre-tout et fantasme, chéri surtout des bourgeois de gauche. Ami et mentor de Malraux, Groethuysen a entrepris un monumental travail sur les *Origines de l'esprit bourgeois en France*. Groet (prononcé Groute), vingt et un ans de plus que Malraux, né à Berlin, d'origine luxembourgeoise, Socrate barbu, sourcils en brosse, le visage « orageux » et « violent », disait Paulhan, alors que d'autres le trouvaient serein, il fournit à Malraux une antienne : les questions seraient souvent préférables et plus riches que les réponses. (Wittgenstein, lui, affirmait qu'il n'y a pas de problèmes insolubles, uniquement des questions mal posées.) Groet n'a pas derrière lui une œuvre, comme Gide ou Valéry, mais il s'impose à Malraux par une érudition qu'il partage volontiers. La grande lueur venue de Moscou fascine Groet et Alix, sa compagne militante. Ils sont communistes, lui du type romain et savant, elle du genre barbare et niaiseux. Avec eux, le marxisme à doses homéopathiques et le communisme par grosses tranches sont entrés dans la vie de Malraux, homme d'action plus que de théorie. Malraux et Groet débattent : comment résoudre l'énigme du monde ? Pourquoi *est*-il, le monde ? Comment expliquer la mort ? Comment l'Occident a-t-il posé la question de l'individualisme ? Comment définir la bourgeoisie ? La technologie ? La science ? La Révolution française ? Le collectivisme face à l'individu ? Pourquoi Saint-Just serait-il plus exemplaire que Robespierre ? Comment séparer Bonaparte de Napoléon ? Groet a une approche technique des problèmes sociaux et historiques. Parfois, Malraux se lasse de Valéry ou de Gide, jamais de Groet. Pour Aron et Groet, sa considération paraît sans réserves. À leurs yeux, il reste le créateur, le poète en prose de l'action. Aron et Groet ne jouent pas un personnage, à la différence de Malraux. Ce dernier apprécie chez Groet l'élaborateur de mythes sur lesquels l'écrivain peut plaquer ses synthèses apocalyptiques. Groet passe aux pertes et profits les inventions de Malraux, comme sa participation aux instances du Kuomintang. Je sais que tu sais. Et tu sais que je sais. Dans l'amitié comme dans l'amour, la meilleure preuve est le pardon des offenses à la vérité, indispensable. « Le pardon mutuel de chaque faute, voilà les portes du paradis », disait William Blake [3].

La psychologie, l'économie politique et l'histoire de l'art dans les musées ou chez Hegel passionnent Groet. Professeur à Berlin l'été, il consacre ses cours à des penseurs français. Il passe l'hiver et le printemps à Paris. Généreux, offrant son temps et ses idées, il sait écouter Malraux, et, prouesse, se faire entendre de lui. Groet dialogue aussi bien qu'il monologue, ce n'est pas le cas de son bouillant ami. Groet bavarde avec Clara en allemand, irritant Malraux, peu doué pour les langues étrangères. Groet possède aussi une culture gréco-latine, anglaise et russe.

— Et si, vous réveillant de la mort, vous vous trouviez devant le Dieu des chrétiens, demande Malraux à Groet, que lui diriez-vous ?

Mi-figue, mi-raisin, Groet répond :

— Je lui dirais, Seigneur, je ne croyais pas que c'était si bête que ça.

Homme des Lumières et de la philosophie allemande, mélange détonant, Groet évoque Pierre Bayle comme Kafka, saint Augustin ou Pic de La Mirandole. Pour Malraux, il devient un père intellectuel désintéressé. Il prend la psychanalyse au sérieux, lui. Philosophe, il n'hésite pas à faire appel à des écrivains. Shakespeare en apprend plus sur les « émotions » que Descartes et les manuels de psychologie consacrés aux « passions ». Délaissant Spinoza ou Kant, Groet cite poètes et romanciers. Quittant l'Allemagne, il terminera son dernier cours sur un vibrant :

— Intellectuels de tous les pays, unissez-vous.

Il rejoint un mouvement, qui, de la Renaissance aux Encyclopédistes, rêva d'une internationale de l'Esprit, unissant l'Orient et l'Occident.

Admirant la Révolution française de près, et la russe de loin, Malraux-Garine dans *Les Conquérants*, à propos des révolutionnaires, prophétise : « Je sais bien qu'ils deviendraient abjects dès que nous aurions triomphé ensemble. » Il ne dit pas que toutes les révolutions se rendent inacceptables ou totalitaires. Malraux rejette le manichéisme : « Seigneur ! Délivrez-nous des saints. » Il nourrit son lecteur de phrases tournées comme d'excellents, de sublimes slogans publicitaires. « J'ai appris aussi qu'une vie ne vaut rien, mais que rien ne vaut une vie. » Dans *Les Conquérants* encore, Malraux reprend un fil de *La Tentation de l'Occident*, l'absurdité du monde, mais cet absurde devient celui de la société : « Je ne tiens pas la société pour mauvaise ni susceptible d'être améliorée ; je la tiens pour absurde. C'est bien autre chose. » Pour échapper, le temps d'une insurrection, à l'absurde, Garine table sur une fraternité qui lui échappe autant qu'au terroriste Hong. Garine aspire à « une dure et pourtant fraternelle gravité ». Absurdité *et* fraternité : Garine se raccroche à la révolution, dernier espoir : « Tout ce qui n'est pas elle est pire qu'elle, il faut bien le dire, même quand on en est dégoûté. »

Malraux évite le didactisme et le roman à thèse. Lorsque ce livre, qui ne défend jamais une version orthodoxe du communisme, est interdit — dit-on — en U.R.S.S., Bernard Grasset exulte. Sans attendre confirmation de cette information, il entoure l'ouvrage d'une bande-annonce dans les vitrines des libraires : « Interdit en Russie et en Italie. » Malraux serait aussi mal vu par Mussolini que par Staline. Grasset espère un prix Goncourt pour *Les Conquérants*, avant que Malraux l'écrivain ne passe chez Gallimard. L'éditeur respecte un bon contrat : 3 000 francs à la signature, 10 000 francs à la mise en vente et il soigne le service de presse. Pour un débutant, il tourne autour de 150 exemplaires ; pour *Les Conquérants*, 400. Amical salut au suicide, Malraux a dédié le livre à son ami René Latouche qui s'est tué. Il surprend des critiques parisiens. Mais où est l'esthète, le dandy? Malraux a veillé sur des prépublications dans la *N.R.F.* où un des premiers commentateurs du roman sera justement Groet qui met en perspective l'œuvre dans l'histoire et la politique, soulignant les mérites de l'écrivain : « *Les Conquérants* sont un très bon roman, le romancier ayant pris le parti de la vie. » Selon Groet, ce livre d'un genre nouveau montre qu'il n'y a pas, d'avance, conflit entre le romancier et l'historien : « Le roman en lui-même est en lutte contre l'Histoire, puisqu'il prend le parti de l'homme auquel il restitue en quelque sorte sa vie propre. » Malraux accepte l'idée de l'Histoire, hégélienne et groethuysienne, mais pas de l'Histoire surdéterminée économiquement. Pour Groet, historien des idées, ce roman se déploie dans une Chine où se développent « des événements d'une portée mondiale ». Communiste, Groethuysen comprend les exigences de la discipline et du militantisme. Ami de Malraux, il saisit les partis pris du héros préféré : « Si Garine n'avait été qu'un étranger au milieu des hommes de son temps, et de la classe bourgeoise à laquelle il appartenait, il aurait peut-être vécu en solitaire, et se serait fait poète. S'il n'avait connu que la *libido dominandi*, peut-être se serait-il fait banquier. Mais, c'est précisément en combinant les deux qu'il devient ce qu'il est. » On reproche à Malraux des inexactitudes historiques? Groet ne voit pas la nécessité de discours sur la lutte des classes, le matérialisme historique, la dictature du prolétariat et il absout Malraux : « Le roman a des exigences que le Parti ne connaît pas. » La critique, elle, a des exigences que l'ami connaît, l'article de Groet consacre quatre pages à ce roman et vingt-deux lignes au *Royaume farfelu*. Groet se sent obligé de ne pas dire le mal qu'il pense du *Royaume* publié par Gallimard.

Dans *Royaume farfelu*, l'Orient apparaît, ici aussi, peuplé non d'ouvriers et de policiers, mais de dragons et de sirènes. Resurgit l'Ispahan que Maurice Saint-Rose, alias Malraux, peignait dans *L'Indochine*. *Royaume farfelu* ressemble à un hoquet dans la production littéraire de l'auteur. La parution presque simultanée de ces deux livres, *Les Conquérants* et *Royaume farfelu*, pourrait faire croire que l'écrivain hésite entre sa robuste veine néoréaliste, engagée dans son époque, et les mièvreries de sa jeunesse. Autant il trouve un ton et un style avec *Les Conquérants*, autant il bégaye à travers *Royaume farfelu* qui rappelle ses *Lunes en papier*.

L'écrivain doute souvent de son talent, même s'il pose au génie. Il se montre attentif aux critiques. Quel plaisir que les félicitations d'un Roger Martin du Gard. Malraux lui répond vite [4] : « Merci de votre aimable mot. J'attache à votre opinion sur *Les Conquérants* assez d'importance pour ne pas vous tenir quitte. Il vaut mieux écrire *Les Thibault* que parler de mon livre, mais il vaut mieux parler de mon livre que de beaucoup d'autres. » Les deux hommes se sont croisés aux décades de Pontigny : « J'espère aussi avoir le plaisir de vous revoir, ne fût-ce qu'à Pontigny. Vous voulez bien être curieux de la façon dont je vs y ai vu : comme un homme *sûr* dans tous les sens du mot, et croyez que, bien qu'assez jeune, j'ai vécu assez violemment pour en savoir la valeur, tant dans l'ordre intellectuel que dans l'autre. » Malraux assure son correspondant de sa « respectueuse sympathie ». Il précise : « Je ne dis pas : sûr de lui. » Des parrains tels que Martin du Gard rassurent Malraux ainsi que des amis comme Emmanuel Berl qui écrit [5] : « Je considère *Les Conquérants* comme un événement de la plus haute importance dans l'histoire morale contemporaine. Je m'étonne qu'il ait été si mal senti, qu'on ait tant discuté esthétique là où quelque chose est en jeu, qui dépasse de beaucoup l'esthétisme... Pour moi, Garine est un nouveau type d'homme, sa seule existence dénoue beaucoup de problèmes et de difficultés. Elle en pose de nouvelles, aussi. Les bourgeois que séduit l'art de Malraux comprendront, demain, s'ils ne le comprennent pas aujourd'hui, le danger que Malraux leur fait courir, et ils cesseront de chercher dans son livre des renseignements sur la Chine, des tableaux, une chronique ou une psychologie. »

Pour la première fois, la critique est louangeuse et abondante — une centaine d'articles en six semaines. Alors, Grasset croit tenir son Goncourt. Oubliant les frasques indochinoises de Malraux et la publicité ronflante orchestrée par l'éditeur, certains pontifes font preuve de générosité. Albert Thibaudet, dans *Candide*, recommande un livre « curieux, vivant et subtil... touches d'impression présentées en masse ». *L'Opinion* offre trois colonnes d'André Thérive sur un « remarquable écrivain... narrateur hors de pair ». Thérive ajoute : « Un œil qui sait si bien choisir est forcément au service d'un cerveau fort et intelligent. » Paul Morand commence un article dans *Les Nouvelles littéraires* sur Mauriac, Maurois, Montherlant, Giraudoux, Julien Green, et chute — consécration — sur Malraux. Parmi les critiques influents, presque seul, celui du *Temps*, Paul Souday exprime son allergie, dépêchant en un paragraphe borné *Les Conquérants*, « demi-roman ». Souday n'aime pas la politique romancée. *L'Humanité*, quotidien communiste maintenant, dénonce Garine, ce dilettante, et étiquette le roman : « nettement contre-révolutionnaire ». Attention, camarades, danger [6] !

Malraux, écrit Morand, a « payé de sa personne, il peut se

permettre des œuvres dangereuses parce qu'il a vécu dangereusement. Après avoir gagné notre sympathie, il vient, avec *Les Conquérants*, d'attirer sur lui l'attention du grand public d'aujourd'hui, avide de comprendre et d'apprendre, et qui sait trouver autre chose qu'un divertissement dans la nouvelle formule du roman français ».

Malraux ne décroche pas le Goncourt mais son livre se vend bien, permettant au couple de passer d'un appartement de trois à cinq pièces. Remarquant l'absence des *Conquérants* dans les prix qui attirent l'acheteur, Edmond Jaloux regrette cette erreur. Il parle du « plus beau des livres de jeunes paru cette année, le plus audacieux, le plus fort et le plus intelligent ». Malraux s'installe sur la scène littéraire française. On le traduit en Allemagne, en Espagne, en Grande-Bretagne et aux États-Unis. Il laisse dire, il pousse à dire qu'il fut un chef révolutionnaire du côté de Canton.

Tant d'articles favorables, sa personnalité et son œuvre, suscitent un débat public organisé par l'Union pour la vérité [7]. Y participent, entre autres, sous la présidence du bienveillant patriarche philosophique Léon Brunschvicg, Julien Benda, Gabriel Marcel, l'ami Berl, Pierre Hamp, Jean Guéhenno, autre proche de Malraux. Un sacre. Pères et pairs par leur seule présence saluent le débutant. Avec une fière modestie, Malraux le souligne dans son introduction peaufinée au débat, un roman soulève rarement autant de passions. On met en question l'exactitude historique de son livre ? Malraux répond : « Il n'est pas un seul point des *Conquérants* qui ne soit défendable sur le plan historique et réel. » Garine existe, puisqu'il l'a rencontré en le créant. À ceux qui voudraient voir dans son livre un tract de recrutement pour le P.C.F., il réplique : « *Les Conquérants* ne sont pas une apologie de la révolution comme telle, mais décrivent une alliance... Un élément bolchevique représenté par Borodine... Un groupe d'hommes qui ont une conception nette de l'idéal révolutionnaire, liée à une doctrine historique qui est le marxisme ; et ces hommes agissent en fonction d'une idée du parti qu'ils ont été obligés d'infléchir à plusieurs reprises pour pouvoir l'appliquer à la Chine. D'autre part, Garine et les siens. »

Après ses conversations avec Groet et Berl, Malraux définit la bourgeoisie selon ses héros. Réalité historique d'après Borodine, elle doit être dépassée. Pour Garine et Malraux, elle incarne une attitude humaine. Plus que dans son roman, au cours de ce débat, ou plus que dans *L'Indochine enchaînée* — alors il n'était que rebelle — Malraux s'efforce de définir le révolutionnaire : « Pour moi, [il] naît d'une résistance. Qu'un homme prenne conscience de certaines injustices et de certaines inégalités, qu'il prenne conscience d'une souffrance intense, cela ne suffira jamais à faire de lui un révolutionnaire. En face d'une souffrance, il pourra devenir chrétien, il pourra aspirer à la sainteté, découvrir la charité ; il ne deviendra pas un révolutionnaire. Pour cela, il faudra qu'au moment où il voudra intervenir en faveur de cette souffrance, il se heurte à une *résistance*. »

Malraux renvoie à Gandhi qui l'obsède depuis son premier voyage en Asie, et surtout aux révolutionnaires selon Michelet, mêlant étrangement à eux la Tcheka, dont il prévoit, l'imprudent, que les archives seront bientôt publiées en France ! Garine, conclut-il, n'a pas à définir la révolution, mais à la faire. Comme Malraux. « La question fondamentale pour Garine, suggère-t-il, est bien moins de savoir comment on peut participer à une révolution que de savoir comment on peut échapper à ce qu'on appelle l'absurde. » La révolution, chez le jeune écrivain, plus que le désir de transformation d'une société, devient l'arme absolue contre l'angoisse et l'absurdité.

La salle s'ébroue. Suit une discussion cocasse. Devant ce public respectable, les notables en cols durs disséquant les révolutionnaires semblent un rien farfelus. Chrétien en devenir, Gabriel Marcel présente une objection ou plutôt, selon lui, une question :

— Le révolutionnaire, tel que vous le définissez en Garine, en a, en quelque sorte, fini depuis longtemps avec la mythologie du but. Il n'en est vraisemblablement pas de même de ses frères d'armes ?

— Garine, répond Malraux, ne veut pas dire qu'il en a fini avec l'action, mais avec la mythologie du paradis terrestre. Vous croyez qu'il n'en est pas de même de ses frères d'armes ?

Marcel subodore des malentendus dans l'action de Garine. L'essentiel pour son héros, martèle Malraux, n'est pas de savoir quelle sera la fin de l'action révolutionnaire, mais quelle sera sa responsabilité dans cette fin :

— Moi [*Garine-Malraux*], chef responsable vis-à-vis de mes frères d'armes, je dois agir de telle façon, parce que je suis lié à eux.

La fraternité soutient la révolution contre l'absurdité. Le professeur Léon Brunschvicg intervient :

— Quelle est la part du choix personnel dans cette attitude ?

— La part du choix personnel joue surtout dans sa vie antérieure [*celle de Garine*], réplique Malraux. À partir du moment où l'on combat, le choix est donné par l'ennemi.

La discussion s'enlise. Conciliant, Brunschvicg défend l'évolution plutôt que la révolution :

— Juger la révolution russe comme une révolution normale, c'est-à-dire comme la substitution à un régime normal de capitalisme d'un régime normal de socialisme, serait évidemment une injustice...

Vers la fin de la discussion, Malraux prolonge sa réflexion :

— Mais comment imaginer le passage, sans révolution, du monde des tsars à celui des tentatives de vie collective qui est celui des bolcheviks ? En Russie, s'efforce de renaître ce que j'ai appelé un art sacré, un art qui fait appel à tous. De renaître ou de naître... Se maintiendra-t-il ?... La question essentielle me paraît être celle-ci : allons-nous continuer à assister à la vie d'une humanité morcelée où chacun continuera à agir dans un domaine particulier, ou bien, au contraire, allons-nous constater la naissance d'un grand esprit collectif qui balaiera tous les problèmes secondaires et replacera l'humanité dans un domaine de préoccupations tout à fait différent...

Malraux, malgré son pessimisme, donne dans l'utopie. Pour les lecteurs, les échos de ce débat le catapultent dans le camp des révolutionnaires. Le malentendu s'installe. Pour des observateurs « de droite » Malraux serait un bolchevik sulfureux, ce que les communistes orthodoxes contestent.

Écrivain chez Grasset, Malraux, éditeur chez Gallimard, découvreur, correcteur d'œuvres, a lancé une collection, « Mémoires révélateurs », dans laquelle ont été publiés les *Journaux intimes de Byron* et *Une vie de Napoléon*, rétablie par les textes, lettres, proclamations [8]. Tout en travaillant à son roman, Malraux a monté lui-même cette vie de Napoléon. À Sainte-Hélène, Napoléon dira : « Tout de même, quel roman que ma vie. » Si une vie se déroule comme un bon roman, elle se transforme en œuvre d'art. Malraux explore les livres comme une jungle, les dévore et les exploite. Sa mémoire reste tout à fait anormale, capable de retenir des pans de pages, au besoin en inventant quelques phrases. Pour son Napoléon, il a puisé dans le *Mémorial de Sainte-Hélène*, la *Correspondance de Napoléon Ier*, y compris l'inédite, aux archives du ministère de la Guerre. Le chineur retrouve le bibliophile sous l'éditeur et l'auteur qui se veulent savants au-delà de l'érudition universitaire. Délicieux feuilleton, cette fausse autobiographie de Napoléon, construite par Malraux, rebondit sur les incidents et les anecdotes, et sur quelques mots qui riment de page en page : gloire, victoire, grandeur, honneur. Malraux aime Bonaparte et l'Empereur. Le Conquérant de l'Europe, grand homme, surhomme, selon l'écrivain, il façonne le monde plus qu'il ne le martyrise. « Un des premiers principes de la guerre, disait Napoléon, est d'exagérer ses forces et non pas de les diminuer. » Malraux adopte ce principe dans sa vie. Après son excursion quasi touristique à Hongkong et à Macao, il peut la traduire, l'enjoliver, mieux, l'illustrer. Il a rêvé d'être, donc il fut un chef révolutionnaire. Son personnage, Garine, n'*existe*-t-il pas tellement plus que tant de subordonnés vivants et médiocres, disparus dans la nuit révolutionnaire chinoise ?

À partir d'août 1930, la *Revue de Paris*, conservatrice, publie des extraits d'un nouveau roman à paraître d'André Malraux, *La Voie royale* [9]. Avant que Malraux ne visite vraiment Canton, Shanghai et Pékin au printemps et à l'été 1931, les prépublications se poursuivront, jusqu'en octobre. Le livre sortira chez Grasset. Ce sera, annonce encore Malraux, le tome I d'un ensemble, *Les Puissances du désert*, ce volet étant le prologue de ce qui sera une « initiation tragique ».

Progrès foudroyant de l'écrivain, poussé par son talent, ses expériences décantées et le succès, ses personnages ne sont plus des symboles, mais de puissantes personnalités. Souvent symboliques dans *Les Conquérants*, malgré leur forte présence, ils sont singuliers, irréductibles à quelques concepts dans *La Voie royale*. À travers le premier roman, les héros promenaient des idées, bolchevisme, terrorisme, modération. Dans le second, ils portent des histoires, des vies uniques. Écrit à la première personne, *Les Conquérants* exprimaient les points de vue successifs de l'auteur ; *La Voie royale*, à la troisième personne, libère ses héros des abstractions.

La première partie se fonde sur l'expérience de Malraux au Cambodge. L'intrigue noue et dénoue l'aventure d'un homme face à son destin modelé par la tragédie et, bien sûr, l'absurdité de la vie. L'archéologue Claude Vannec se souvient de son grand-père, « vieux Viking », un Alphonse Malraux mythifié par son petit-fils. Ce personnage de la fiction meurt en effet comme Alphonse dans la légende : il se fend le crâne avec une hache. Archéologue diplômé, ce que n'est pas Malraux, Vannec part pour découvrir des temples perdus au Cambodge. Il exprime la curiosité affichée de Malraux et ses angoisses cachées. Sur le paquebot le menant en Asie, Vannec rencontre Perken, aventurier plus apatride qu'internationaliste. Perken émerge casqué, carnavalesque, agrandissement d'expatriés croisés par Malraux à Saigon et Phnom Penh. Perken travaille pour le gouvernement siamois, mais surtout pour lui-même. Comment acheter des mitrailleuses afin de défendre un mini-royaume qu'il s'est taillé en Indochine ? Combien retirerait-il de quelques bas-reliefs de temples ? Impure coïncidence, les sommes évoquées par Perken et Vannec, quelques centaines de milliers de francs, sont précisément celles qu'André agita devant Clara. Les deux hommes se lancent dans une expédition satisfaisant l'esthétisme de Vannec et la cupidité de Perken.

Claude Vannec présente presque toutes les qualités de Malraux sans que Perken n'exhibe tous ses défauts. Ce dernier veut retrouver un copain, enlevé par une tribu des minorités qui peuplent les hauts plateaux d'Indochine. Malraux suit la progression des deux hommes et de leur escorte dans des paysages du Douanier Rousseau, tableau rare chez l'écrivain. Comme malgré lui, il sacrifie à des descriptions prenantes. Des morceaux dont raffolent les examinateurs chargés de choisir des fragments pour une épreuve de thème en faculté. « Au-dessus des arbres, de grands oiseaux s'envolèrent lourdement ; les faucheurs venaient d'atteindre un mur. Il devenait facile de retrouver la porte pour s'orienter ensuite : ils n'avaient pu dériver qu'à gauche ; il suffisait donc de suivre le mur vers la droite. Roseaux et buissons épineux venaient jusqu'à son pied. Claude, d'un rétablissement, se trouva sur lui. » Le soleil brille. Les hommes avancent dans la jungle au triple dais, une lumière noire s'infiltre. L'angoisse devient absurde et l'absurdité angoissante. Le monde suintant autour de Vannec et Perken les englue, plus qu'il ne freina André, Clara et Louis Chevasson. Malraux brode sur ce qu'il vécut. Perken n'est en rien Louis et il n'y a plus de Clara. Celle-ci se vexa, d'ailleurs, de ne pas figurer dans le livre. Malraux semble incapable, pour le moment, d'introduire ou d'imaginer une femme dans une fiction. Il a déjà fort à faire pour les caler dans sa vie. Loyal aveu, conscience candide et provocatrice, le romancier écrit que « tout aventurier est né d'un mythomane ». Le jeune Vannec fait mieux que Malraux : il a publié, lui, des articles sur les arts asiatiques, communications savantes que Malraux s'attribua dans ses interviews pendant ses procès. Moments de lucidité dans la confrontation intime de l'auteur et de sa créature, Vannec, écrit Malraux, a une « pensée obscure à force de concision ». Concision ou imprécision dans de nombreux propos de Malraux ?

Le romancier apure aussi des comptes. Vannec discute avec des fonctionnaires de l'École française d'Extrême-Orient, plus agressif que ne le fut Malraux à Hanoi, justifiant après coup l'expédition à Banteay Srei. « En vingt ans, vos services n'ont pas exploré cette région, dit Vannec. Sans doute avaient-ils mieux à faire ; mais je sais ce que je risque et je souhaite le risquer sans ordres. » Malraux traîne les accusations portées contre lui, mais les risques pris justifient les entorses à la légalité ou à la moralité.

l'écrivain projette son avenir dans le passé de Vannec qui connaît bien les musées ou l'histoire de l'art, et songe encore à bâtir un vaste ouvrage consacré à la peinture et à la sculpture. Il a abandonné l'idée d'une *histoire* de l'art, activité fréquemment saugrenue, selon lui, et pour laquelle son impatience n'est pas équipée. Il a entendu Groet parler d'un cours qu'il donna en Allemagne sur la psychologie de l'art. Malraux-Vannec a des conceptions affinées quant aux lieux où s'exposent les œuvres d'art : « Les musées sont pour moi des lieux où les œuvres du passé, devenues mythes, dorment — vivent d'une vie historique — en attendant que les artistes les rappellent à une existence réelle. Et si elles me touchent directement, c'est parce que l'artiste a ce pouvoir de résurrection. » Cet absolutisme comporte sa part de relativisme : « En profondeur, toute civilisation est impénétrable pour une autre (*spenglerien, ce Vannec*). Les objets restent, nous sommes aveugles devant eux jusqu'à ce que nos mythes s'accordent à eux. » Vannec élabore un programme de travail. Malraux n'en tirera pas pour lui-même, dans l'immédiat, des conséquences pratiques. Il sent à long terme.

Un leitmotiv court dans le roman : « Vous savez aussi bien que moi que la vie n'a aucun sens. La mort est là, comme l'irréfutable preuve de l'absurdité de la vie. » Malraux est convaincu que cette phrase, « la vie n'a aucun sens », a un sens. Et si elle était, sans plus, l'expression de sentiments profonds mais confus ? Et si la vie-en-général n'existait pas ? Et si, en dehors des esprits religieux, le sens de la vie se réduisait au sens que chaque femme ou homme donne à sa vie ? Mais le sens du sens, qu'est-ce ? Les humains ont le droit de se poser toutes les questions qui ne blessent pas les autres. L'entreprise peut paraître vaine ou indispensable. Ici, l'*essentiel* pour Malraux, c'est l'alliance de la mort, de la vie et de l'absurde, du destin et de la fatalité. Il n'y a pas de démonstration contraire possible face à l'irrationnel. Le monde n'est pas absurde en lui-même, pas plus qu'il n'*est* bleu ou sucré : il *est*. La vie a un sens profond pour le croyant appliquant ou violant un code de conduite, l'Évangile, fondé sur la parole du Christ ou les préceptes d'autres religions que le christianisme. Un croyant reste souvent persuadé que de la phrase, « Dieu existe », tout se déduit sur le plan moral. « Dieu existe » n'est pas une phrase signifiante, une proposition, pour certains logiciens. Ou encore : de la description totale du monde, personne ne peut déduire un système logique ou illogique. Certains affirmeraient aussi qu'il n'y a pas *une* seule proposition dont *toutes* les propositions vraies peuvent être déduites [10]. Malraux ne pense pas en positiviste logique. Il picore Nietzsche : « Ce qui importe, ce n'est pas la vie éternelle, c'est l'éternelle vivacité. » Reste que, logicien ou pas, l'être humain peut se dire : ma vie n'a pas, ou plus, de sens. Même ceux qui nient qu'il puisse y avoir « un sens à la vie » formulable s'interrogent.

Dans la première partie de *La Voie royale*, Malraux façonne son aventure au Cambodge, la modèle en fiction entraînante. Il sait transposer ce qu'il a vécu. Dans la seconde partie, l'intrigue bascule vers l'invraisemblable, le théâtral et un absurde abracadabrant. Claude et Perken tombent entre les mains d'une tribu révoltée, retrouvent l'aventurier Grabot, yeux crevés, attaché à une meule. Claude et Perken craignent de devenir, eux aussi, des esclaves comme Grabot. Ils s'échappent. Le roman a quelques scènes grand-guignolesques. Perken se blesse sur une lancette de guerre empoisonnée. Loin d'un médecin compétent et de médicaments efficaces, il va mourir, affrontant sa mort heure par heure, tentant de l'oublier dans l'opium. Son « royaume » a été envahi. Pendant son agonie, il entend des explosions de mines, preuve qu'une ligne de chemin de fer grignote son territoire. Malgré quelques morceaux de bravoure, cette fin de *La Voie royale* tient du mauvais opéra et du Grand-Guignol. Malraux se laisse emporter, il n'emporte pas. Pourquoi ? Parce qu'il n'a rien vécu qui ressemble aux dernières aventures de ses personnages ? En 1930, dans cette seconde partie, le romancier n'a pas l'imagination persuasive. Néanmoins, son livre étonne les lecteurs comme la critique. Cette fois, c'est le Goncourt, pense-t-on aux éditions Grasset. Les journaux teigneux évoquent les mésaventures du « pilleur » de temples. Par le sujet choisi, Malraux défie son public. Son roman dépasse de loin des anecdotes maintenant rances. En privé, il exprime son agacement, ses doutes parfois, non à propos de son œuvre, mais au sujet de ses personnages. René Lalou, professeur d'anglais le jour et critique littéraire la nuit, a commenté *La Voie royale* dans *L'Europe nouvelle*, décelant une œuvre qui montre l'« authentique puissance de l'être humain ». « Je vous aurais répondu plus tôt, lui écrit Malraux, si je n'avais été canulé par des histoires de statues, qui, méchamment, voudraient tomber en poussière, ce à quoi je m'oppose. » Entendez : je maintiendrai et qu'importe mon temple cambodgien. « D'abord, continue Malraux, vous avez fait un compte rendu loyal. Je pense que vous vous en fichez, mais moi, j'y suis sensible : c'est le premier sur une quarantaine d'articles. Puis-je vous parler de choses sérieuses ? Bien entendu, il ne s'agit au fond que de la question du mythe : il y a pourtant une objection que vous ne faites pas, mais que vous me faites faire... Je me demande si le mythe de Perken sera aussi efficace que le mythe de Garine. Je n'ai pas fait Perken sympathique — exprès — c'est peut-être dangereux. » Malraux place ses héros assez haut : « Pourtant, Julien Sorel, Rubempré... J'aimerais savoir quand nous nous verrons, ce que vous pensez de cela. Puis, Nietzsche et Dostoïevski. Amicalement. » Avec René Lalou et d'autres, Malraux correspond comme il converse, usant de raccourcis, pratiquant l'allusion. « Pourtant... la différence fondamentale me semble en ceci, que Nietzsche accepte l'histoire, alors que Perken (audacieuse comparaison) ne parle que pour des gens à jamais séparés du monde. » Comment en vouloir à un auteur qui se compare aux grands mais se dit « audacieux » ? Malraux a la vanité de son orgueil et la politesse de ses excès. À l'écrit comme à l'oral, il enchaîne sur des idées générales et des noms : « Pour Dostoïevski je me rends moins bien compte, car Grandet ne tient compte ni du temps ni du devenir. Quand même, je me méfie. » Malraux songe à la postérité : « D'ailleurs, si ces personnages continuent à vivre, ce sera, hélas ! plus comme Julien Sorel que comme Zarathoustra. Curieuse question, celle des personnages mythiques qui n'expriment pas une philosophie, mais un état de sensibilité (comme chez Stendhal, chez Gide, chez Fromentin, chez Barrès...). Encore ceci. Je m'arrête, car si je continuais, je n'aurais pas fini après vingt pages. Je m'aperçois en vous écrivant que je ne sais guère, vraiment, ce que je pense de moi-même. » Lalou, que Malraux apprécie, hérite sur sa lettre d'un chat gribouillé.

Je ne sais guère vraiment ce que je pense de moi-même : coquetterie ? Coup de sonde en lui-même ? Ou Malraux pense-t-il trop vite pour savoir quel sens donner à ses propos, avant tout lorsqu'il se met en question ? Demi-aveu intrigant ? Malraux serait-il parfois conscient d'une opacité de lui-même face à sa personne et à son personnage ? D'une immaturité de ce dernier, contrepoids à, ou cause de sa maturité créatrice ?

Ce roman trouve une place, respectable, entre Joseph Conrad et Jules Verne. Les amateurs du livre ne distinguent pas toujours sa première partie, du vécu vraisemblable, de la seconde, d'une sauvagerie imaginaire. Dans *Candide*, hebdomadaire de droite, Auguste Bailly épingle une des obsessions de Malraux : « L'idée de la mort et l'attitude de l'homme à l'égard de la mort, voilà la basse continue sur laquelle se développe toute l'orchestration de l'œuvre ; et c'est là ce qui transforme le roman d'aventures en une étude tragique de l'âme d'un aventurier, qui demande aux pères inconnus, bien plus encore que la richesse ou la puissance, la justification de sa présence dans le monde. » Perken n'obtiendra ni la puissance ni la gloire. Vannec possède la gloire en puissance, comme l'artiste qui l'imagina. Il survit pour un deuxième volet qui ne sera pas écrit. Dans *Le Matin*, Joseph Kessel, écrivain baroudeur, voit chaque page « nourrie du suc amer et puissant de l'aventure ».

Pourtant, malgré la prépublication de la *Revue de Paris*, l'absence de référence politique dans *La Voie royale*, la présence tentante du communisme du précédent roman poussent certains critiques, conservateurs ou réactionnaires, à s'en prendre au romancier. *L'Action française* dénonce « un style approximatif ». Quelques-uns s'enfoncent dans une habitude, confondant l'écrivain et l'homme. Rancuniers, des anciens relèvent l'attaque contre l'École française d'Extrême-Orient. D'autres expliquent qu'il n'y a pas, comme le prétend le romancier, de tribu Moï sur la rive droite du Mékong ou signalent avec mépris que les Stiengs ne sont pas des traîtres. Sous la luxuriance de son style, quelques critiques discernent chez Malraux une pénible condescendance [11].

Trois semaines avant l'attribution du Goncourt, André Rousseaux publie un entretien fielleux avec l'auteur de *La Voie royale* [12] : « Est-ce parce que je sais, que, lui, André Malraux est anarchiste, que je m'imagine vérifier son caractère dans sa façon de m'accueillir, précise d'emblée Rousseaux. De même que certains écrivains représentent la poésie pure, on pourrait dire que l'anarchie pure s'exprime par M. Malraux. Nulle foi et très peu d'amour. Que reste-t-il ? » Pour Rousseaux, Malraux, sans tenir un drapeau rouge d'une main et une bombe de l'autre, a « déblayé religion, patrie, morale, société ». Dans le studio où Malraux le reçoit, le pénétrant critique repère « sur des rayons de bois, des têtes sculptées gréco-bouddhiques comme on en voit dans certaines salles du musée Guimet ». Rousseaux voudrait parler avant tout des fouilles de Malraux qui le coupe :

— Que pensez-vous de mon livre ?

— Que c'est un roman d'aventures fort bien fait.

Malraux s'explique :

— J'ai voulu dire la vérité sur l'aventure. D'abord, une vérité qui est simplement de l'exactitude. De même, il a fallu la dernière guerre pour que la littérature révélât que la guerre est une chose sale, au sens le plus matériel du mot : de la boue qui fait floc sous les semelles...

L'écrivain et le criticule-reporter, après avoir parlé des aventuriers désintéressés ou non, du missionnaire et du chercheur d'or, en viennent à l'Amérique [*mot passe-partout pour les États-Unis*] et à la Russie, au capitalisme et au communisme. « M. Malraux, écrit Rousseaux, déclare que si, au soir de leur journée, Ford et Staline se demandaient pourquoi ils ont vécu, ils seraient également incapables de se donner une réponse à eux-mêmes. » Je lui dis :

— Et vous ?

— Moi, je n'en sais rien...

Rousseaux insistant, ils repartent sur les procès de Malraux et sa mésaventure cambodgienne. *La Voie royale* oubliée, Rousseaux revient sur son arrivée et son départ du studio : « Je romps l'entretien, je m'enfuis, je quitte M. Malraux, le cœur lourd d'une déception. J'ai cru, un moment, côtoyer une anarchie pure et j'en admirais, malgré moi, le lucide et ténébreux désespoir, l'horrible et sublime beauté. Je crains maintenant que l'anarchie pure n'existe pas, si ce n'est dans les livres de M. Malraux, mais alors, c'est de la littérature. »

Où est l'anarchisme dans *La Voie royale* ? Plus inquiet qu'exaspéré, Malraux conteste les propos rapportés par Rousseaux. *Candide* publie une partie de sa lettre ; Malraux riposte en donnant trois mois plus tard l'intégralité de sa version des propos tenus à la *Nouvelle Revue française*.

Moins âgé que Groet, mais ayant fait la guerre, Pierre Drieu la Rochelle, huit ans de plus que Malraux, est entré dans la vie de l'auteur des *Conquérants* sous le signe d'une amitié dépassant tous les incidents politiques. Mauvais étudiant à l'école des sciences politiques, Drieu s'est nourri, comme Malraux, de Barrès et de Nietzsche. Blessé, il célébra dans ses poèmes la *fraternité* des héros au-delà des nationalismes et des patries. Plus tenté que Malraux par le surréalisme, il flirta avec le communisme. L'idée d'une décadence de la France l'obsède. Il s'est expliqué dans son essai, *Mesure de la France* [13]. Pour lui, le monde est entré dans l'ère des masses hostiles aux vieilles civilisations. Quand il a rencontré Malraux, il s'intéressait à la politique. Drieu, se voulant visionnaire et témoin, hésitait entre droite et gauche. Il aime aimer les œuvres de ses amis tout en gardant l'esprit critique. Avec « Malraux, l'homme nouveau », il écrit un des meilleurs articles synthétiques sur Malraux, situant l'écrivain sans complaisance. Malraux, dit-il, « est apparu depuis deux ans dans l'horizon européen ». Il serait membre de l'internationale du pittoresque et de l'internationale de l'humain. Comment pose-t-il l'homme nouveau et l'homme éternel dans son humanité ? L'homme a des problèmes constants, « l'action, le sexe, la mort, rajeunis par une nouvelle saison ; action et mort apparaissent sûrement dans l'œuvre de Malraux ». Drieu se contemple plus qu'il ne regarde Malraux. Le sexe ne joue guère de rôle dans les livres de Malraux. Pour *La Voie royale*, les notations sexuelles sont rares : « ... des cérébraux, reprit Perken... il n'y a qu'une seule perversion sexuelle comme disent les imbéciles, c'est le développement de l'imagination, l'inaptitude à l'assouvissement ». Ailleurs : « Un plaisir érotique monté comme tout combat lent... » Pas de quoi prétendre que Malraux traite autant du sexe que de la mort. Ni de déduire quoi que ce soit sur sa sexualité. Drieu a publié *L'Homme couvert de femmes* cinq ans avant *La Voie royale* [14]. « Dans chaque génération, constate Drieu, il y a quelques hommes de cette espèce [*celle de Malraux*] qui vont aux questions fondamentales par les chemins les plus directs et les plus courts. Les oisifs discutent, s'ils sont romantiques ou classiques, s'ils sont romanciers ou s'ils ne le sont pas, s'ils écrivent ou non suivant les règles. Mais les lecteurs qui ont faim, sans tergiverser, se jettent sur eux. » Pour Drieu, Malraux demeure « un écrivain-né, avec le sens du style, avec la griffe — et pourtant il a un énorme défaut, sa concision, qui tourne à l'obscur ». Malraux lui-même, on l'a vu, s'en est pris à la concision de Claude Vannec.

Les rapports entre ces deux écrivains paraissent asymétriques. Ils s'aiment bien ou beaucoup, selon l'année. Drieu admire et, surtout, lit Malraux. Qui lit peu Drieu et ne manifeste nulle part son appréciation de l'œuvre d'un admirateur-ami. « Ses romans, déclare Drieu à propos de Malraux, sont des récits rapides, entraînants, envoûtants, mais ils sont étroits et unilinéaires. » En Malraux, Drieu voit un personnage sincère chez qui « la fonction d'écrivain est subordonnée à son souci d'être avant tout un homme... Malraux cherche et trouve avant tout son équilibre entre le fait qu'il est un homme et le fait qu'il est un écrivain ». Drieu résume mieux que quiconque ces années-là, le parcours de Malraux traversant en météore « la spéculation philosophique et historique, l'Asie, la Révolution ». Pour Drieu, Malraux « rôdera toujours dans ces diverses provinces pour y renouveler son butin, mais il ne fixera son lieu dans aucune d'entre elles. Politique ? Archéologue ? ».

Mieux que d'autres, fréquentant les coulisses de Gallimard et ses annexes, Drieu pose une question à propos de Malraux, « homme d'affaires ? ». Drieu glisse : « Je ne sais pas ce que Malraux a fait en Asie. Je ne sais pas quelle action a été la sienne là-bas, mais je sais qu'il y a tâté de diverses choses. » S'agit-il seulement de quelques statuettes importées en fraude du Cambodge ? Drieu n'est ni dupe ni dénonciateur. Il fait aussi le point sur la mutation littéraire de Malraux. Le dandy et l'esthète disparaissent. Drieu n'apprécie pas *Royaume farfelu*, « recueil de poèmes en prose qui sentent l'opium littéraire ».

L'écrivain en Malraux n'oscille plus. Il parle toujours de Max Jacob avec affection mais a oublié les proses poétiques, blanches, noires, ou roses-fée. Malraux ne semble plus un promeneur et un dilettante de la littérature. Laissant aussi derrière lui les afféteries de *La Tentation de l'Occident*, il a trouvé un style, un ton, plusieurs même et, avec *Les Conquérants* ou *La Voie royale*, une maîtrise. Il laisse sourdre une violence incontestable que Drieu sent. L'obscurité demeure, toujours d'après Drieu, mais l'expérience de Malraux devient « claire et ordonnée ».

Le 2 décembre 1930, Malraux obtient, sans manœuvres, le premier prix Interallié. Cela ne console pas Grasset du Goncourt qui, avec Malraux auteur, en route pour la maison Gallimard, lui échappe.

Moins de trois semaines après, le 20 décembre, le père de Malraux se suicide rue de Lübeck, à Paris. Malraux affirmera qu'aux pieds de Fernand Malraux se trouvait un texte bouddhique, et que, conformément à la volonté de son père, il lui ouvrit les veines pour s'assurer de son décès. Romancier toujours ? Veillant son père, Malraux s'absente — pourquoi pas ? — à la consternation de Clara. Il répétera — erreur ou souhait ? — que son grand-père s'est suicidé. Pourquoi Fernand Malraux, lui, se tua-t-il ? Parce que, sous ses apparences de jovial bonimenteur, il était dépressif ; d'où *sa* mythomanie moins talentueuse que celle de son fils. Ses affaires périclitaient. Sur la lancée de la crise de 1929, il grignotait son capital. Et surtout, il commit une double erreur : il courtisa, avec son succès coutumier, la sœur de sa deuxième femme. Puis il renonça à cette liaison. Délaissée, cette dernière maîtresse menaça de « tout dire ». Elle entretenait une autre liaison avec un haut fonctionnaire de la police parisienne ; délicate en tout point, elle menaça de révéler à la justice que Fernand Malraux, encore marié à Berthe, avait reconnu en toute illégalité les demi-frères d'André, Roland et Claude. Fernand prit peur.

Il avait ouvert le gaz sans penser, distraction tragique, qu'il pouvait faire sauter son immeuble. Fernand Malraux rata presque sa mort comme sa vie. Son suicide amena son fils à respecter tout homme qui décidait de se supprimer.

9

Voyageur marchand

De 1928 à 1932, Malraux a écrit de somptueux romans. Membre adoubé du comité de lecture des éditions de la N.R.F., il en est le benjamin [1] autour de la table ovale, aux côtés de Gaston Gallimard, Robert Aron, Benjamin Crémieux, Ramon Fernandez, Louis-Daniel Hirsch, directeur commercial, Georges Lecoq, Brice Parain, Jean Paulhan, Georges Sadoul. Louis Chevasson, qui travaille chez Gallimard, assiste aux réunions avec voix consultative. André Malraux quittera le comité de lecture en mai 1938.

Directeur artistique, il remplit bien ses fonctions, essuyant les humeurs des auteurs et respectant le bon vouloir de Gaston. Ainsi, Malraux subit les jérémiades de Paul Claudel. Le poète se plaint auprès de Gaston : « M. André Malraux m'avait promis de la manière la plus positive que "Christophe Colomb" serait prêt dans le courant de juin. Nous sommes maintenant en juillet, et je n'entends parler de rien ! Je commence à croire que vous avez définitivement renoncé à toute idée d'éditer le volume. En tout cas, je dois me rendre compte que la N.R.F. est hors d'état d'assurer la publication d'un livre dont je lui avais envoyé les clichés et dont une maison d'édition américaine avait assuré la sortie en quelques semaines [2]. » Gaston rassure Claudel : « Il ne s'est pas passé une semaine que Malraux ou [lui-même] n'aient été en contact avec l'imprimeur. » L'éditeur tente d'anesthésier le poète : « Les clichés que vous nous avez fournis étaient en effet adaptés au texte anglais, ce qui explique que l'édition américaine a pu paraître dans un délai relativement court. Mais la longueur d'un texte anglais ne correspond jamais à celle d'un texte français. Il a donc fallu faire des arrangements typographiques en fonction à la fois du texte et des dessins, ce qui nous a obligés non seulement à une nouvelle mise en pages mais à une série considérable de remaniements... le tirage en trois couleurs exige un repérage très délicat ; le papier à la forme que nous employons tombe en effet très rarement juste sur la machine et l'imprimeur doit examiner attentivement les feuilles une à une car il arrive parfois que le point noir de l'œil des personnages, par exemple, n'étant pas placé exactement à l'endroit indiqué, l'expression des visages est complètement faussée. Or, un travail aussi minutieux ne peut être confié qu'à un ouvrier habile, aussi Massol a-t-il tenu à tirer lui-même l'ouvrage entièrement. » Devant un auteur considérable comme Claudel, le grand éditeur déploie son art de diplomate, se répandant en explications. Malraux, seul, ne ferait sans doute pas encore le poids.

Collaborant à *Marianne*, constamment en charge de plusieurs ouvrages, Malraux se montre toujours bon rabatteur. Il s'adresse à Céline, auteur désormais célèbre du *Voyage au bout de la nuit* [3] : « Je reçois un mot de Berl qui me demande si vous seriez hostile à donner à *Marianne* le texte du discours que vous avez prononcé sur Zola ? D'autre part, je vous envoie *La Jeune Fille en soie artificielle* dont je vous ai parlé lorsque nous nous sommes vus. Accepteriez-vous d'écrire une préface à ce volume ? Je l'aurais fait moi-même s'il n'était traduit par ma femme. Si cela ne vous dit rien, vous me rendriez service en me répondant rapidement [4]. »

Malgré ses attaches parisiennes, Malraux ne peut s'empêcher de voyager. Le 4 avril 1929, il embarque avec Clara sur un cargo à Marseille ; le voyage est moins cher et les importuns curieux improbables. Surtout, Malraux le sait, un long périple lui permet de se concentrer pour écrire. La première étape du voyage devrait être la Perse, après une courte escale à Naples, l'obsédante Perse. Dans son *Royaume farfelu*, Malraux imaginait des dômes et des montagnes d'améthystes. Il se dit hanté par tout le Moyen-Orient. André et Clara ne veulent pas seulement contempler des ruines ou explorer des musées. Ils comptent commercer. Ils n'en parlent guère à Paris. Dans le milieu littéraire, on l'admet, des mécènes comme Doucet ou des écrivains, Tristan Tzara, André Breton, Paul Éluard, Louis Aragon achètent et revendent des pièces, même à l'hôtel Drouot, pour enrichir ou compléter leurs collections, statuettes nègres ou tableaux. Le boursicotage avec des œuvres d'art fait partie de la culture littéraire parisienne [5]. Malraux envisage de réaliser des profits en se rendant aux sources. Clara, pas plus que son mari, ne voit quoi que ce soit de répréhensible dans la commercialisation spéculative d'œuvres d'art après de difficiles recherches. Elle approuve cette expédition, applaudissant rétrospectivement les excursions au Cambodge et en Cochinchine. De plus, Malraux a une revanche à prendre : selon lui, la justice française lui a *volé* ses pièces, pas moins, après la malheureuse expédition cambodgienne. Collectionner constitue une participation à une aventure culturelle. Sans fortune personnelle, une collection s'accroît avec des reventes bénéficiaires. Le Louvre, le British Museum, tous les musées ont assemblé leurs collections en pillant plus ou moins. Ce voyage doit encore permettre à Malraux d'approfondir ses connaissances artistiques. Arland continue de le pousser à rédiger un ouvrage sur la peinture.

Istanbul n'impressionne ni André ni Clara. Le port soviétique de Batoum pue la vodka et le tabac. Les Malraux prennent le train. À Bakou, l'industrie naissante du pétrole suggère une idée de roman ou des décors pour un reportage. Les Malraux traversent la Caspienne, débarquent en Perse, louent une voiture avec chauffeur. Ils ne savent pas conduire et un guide s'impose. Ispahan les charme. Le jour, ils font des excursions touristiques. Le soir, chez les antiquaires, ils cherchent des sculptures. Avec le consul de France, Brasseur, amateur de mystiques soufis, Malraux se lance dans des discussions théologiques. Les Malraux parcourent l'Irak et la Syrie. Ils rembarquent pour la France avec des souvenirs, dans tous les sens du mot : ils mettent en dépôt des « objets d'art ». Un an après, au printemps, pour les mêmes raisons, transitant par la Turquie, Clara et André regagnent Ispahan. Mêmes activités artistiques et commerciales. Elles s'emboîtent.

Les Malraux ont vu l'océan Indien, la mer Rouge, le golfe Persique, et expédié de leurs nouvelles à l'ami Louis Chevasson : « Il n'y a pas de cartes postales à Batoum, ni à Tiflis, ni à Bakou, ni à Téhéran ni à Ispahan... Nous ne sommes pas allés à Trébizonde... À Ispahan, le bazar des teinturiers est plein de chats blancs à la tête jaune, bleue ou rouge... Et les agneaux sont teints en rose, avec des houppettes [6]. »

La même année, Gaston Gallimard crée la Galerie de la N.R.F. Le siège social est établi rue Sébastien-Bottin, comme la maison d'édition, et le principal entrepôt boulevard Haussmann. La Galerie propose une exposition d'art « gothico-bouddhique » avec les pièces ramenées par Malraux. À la disposition du public, une notice sibylline de l'écrivain indique que les quarante-deux têtes exposées, sans corps ou sans torse, proviennent de trois sites du Pamir. Personne, alors, n'a les moyens de vérifier sur place. Les Malraux ne circulèrent pas au Pamir. Comment ont-ils pu se procurer ces pièces ? Les mauvais coucheurs dans les milieux archéologiques estiment que quarante-deux pièces, surtout des têtes, Bouddhas, visages de femmes ou de jeunes hommes, découvertes par *un seul* archéologue amateur, c'est beaucoup. Mais, dirait trois fois Gertrude Stein, Malraux c'est Malraux. Quelques indications, front ou nez restauré, donnent un cachet de sérieux. Dans son fascicule, Malraux commente aussi les œuvres. Entre l'art gothique européen et l'art bouddhique chinois ou japonais, il fait des comparaisons stimulantes mais osées qui laissent les experts dubitatifs et enchantent ou épatent les non-initiés.

Un chroniqueur de *Comœdia*, Gaston Poulain, interroge Malraux sur ses fouilles.

— Je suis parti en juin avec ma femme, explique l'écrivain. Je pensais qu'il y avait quelque chose. J'ai cherché. J'ai trouvé.

Poulain :

— Vous avez fait des études spéciales ?

Malraux, sans hésitation :

— Je lis le sanskrit, j'étudie le persan.

— Vous êtes resté longtemps sur le plateau de Pamir ?

— Trois mois et demi.

— Et vous avez trouvé tout cela ?... Croyez-vous qu'une mission scientifique découvrirait de nombreuses pièces ?

— Pourquoi pas. Mais le pays est terriblement dangereux. À soixante kilomètres de Kaboul, il faudrait être muni de mitrailleuses.

— Mais vous ?

— Pour moi ce n'est pas la même chose, j'étais commissaire du peuple à Canton... les nomades armés du Pamir reconnaissent un homme qui sait manier un revolver ou une mitrailleuse.

Le journaliste insiste. En somme, il voudrait des preuves. Des « indigènes » ont aidé le brillant archéologue Malraux. Poulain s'étonne : les têtes de l'exposition sont sectionnées de la même manière.

— Le vent les a détachées, explique Malraux.

— Mais leur corps est décapité ?

Docte réponse de Malraux :

— Les Huns hephthalites [7] les anéantirent.

Malraux rapporta-t-il des photos de lui sur place ?

— Non, malheureusement, dit l'archéologue flibustier [8].

Dans les milieux universitaires et des journaux auxquels Malraux refuse de fournir des explications, on s'interroge. L'écrivain passe à l'offensive dans un court texte de catalogue : « L'exposition des objets que j'ai rapportés d'Asie centrale a fait monter une série prévue de ludions rageurs. Il y a celui qui s'étonne de tant de têtes sans corps (alors que le Guimet possède moins de corps que nous), celui qui explique l'archéologie avec des fautes d'orthographe des noms des lieux de fouilles. Un M. Hiver, plus connu comme saison que comme critique d'art, qui explique la géographie en se trompant de Pamir. Passons... » Malraux se présente comme un amateur distingué et un artiste reconnu. Il balaie les objections : « Les personnes, que l'état scientifique de la question et les problèmes qu'elle pose intéressent, en trouveront l'exposé dans l'ouvrage de la Délégation française en Afghanistan, des Fouilles de Hadda par J. Barthoux qui les dirigea. » Malraux joue la contre-offensive. « Derrière des fantômes divertissants qui parlent un jour de faux et le suivant d'achat ou de pillage, se préparent des adversaires plus venimeux dont j'attends la venue avec curiosité. Ces objets proviendraient du musée de Kaboul, détruit par la révolution. Or, *les objets de Kaboul ont été photographiés* dans l'ouvrage que je viens de citer. » Bonne technique qu'une allusion érudite et hephthalitique suivie d'un rire. « Je l'ai déjà dit : s'il n'y a que des têtes, c'est parce que je suis en train de fabriquer les pieds, et les lieux où il fallait fouiller m'ont été révélés par une table tournante. Mais l'année prochaine, j'emmènerai un huissier. »

La Galerie de la N.R.F., société anonyme au capital de 1 000 000 en actions de 1 000 francs, a été lancée par cette exposition. Le capital de la maison d'édition Gallimard est alors de 2 500 000 francs. La Galerie ne bricole pas. Parmi les quatorze actionnaires, figurent Gaston, Jacques et Raymond Gallimard avec 80, 60 et 80 actions. La librairie Gallimard en détient 250, André Malraux, 20 [9]. Cette société, ambitieuse, a pour objet « le commerce en tous pays, de tous objets d'art, l'organisation de toutes expositions et ventes publiques », et, dans le prolongement naturel des activités de Gallimard, « l'édition d'estampes ou de reproductions artistiques de tous genres ». Malraux a convaincu Gaston du grand avenir de la reproduction en noir et blanc ou en couleurs. Les statuts de la Galerie prévoient aussi des « opérations immobilières, mobilières et financières ». Malraux devient en pratique le secrétaire rémunéré, un peu le fondé de pouvoir de la Galerie, contresignant grandes et petites factures.

La Galerie avisée stocke un nombre considérable de pièces ramassées, amassées ou commandées par Malraux pendant ses voyages en Asie : esquisses, fresques, peintures persanes, objets mésopotamiens, statues chinoises et même des objets « d'art abstrait extrême-oriental », des aquarelles ou des dessins modernes et des pièces d'« art nègre ». Dans les stocks figurent aussi vingt-neuf esquisses persanes. Des « objets nomades » ont été achetés pour 37 200 francs. On envisage, là, un bénéfice de 500 % seulement. Dans les entrepôts de la Galerie sont aussi réunis deux bracelets impériaux, vingt peintures modernes persanes, un bas-relief assyrien, trois protomés, deux lions hittites et chaldéens, un serpent hittite, dix-sept ex-voto babyloniens, sumériens et chaldéens, un schiste gréco-bouddhique et deux statues Sung en bois. La Galerie attend encore trente fresques persanes et vingt-cinq dessins chinois du XVIIᵉ siècle. Ces dernières commandes ont été payées d'avance à Mossoul. La Galerie investit également dans Fautrier, peintre pour lequel Malraux éprouve de l'affection et de l'admiration, ou encore, à partir de 1934, dans des peintres soviétiques, sans escompter de bénéfices. Ces œuvres servent aux expositions de prestige, désintéressées, de la Galerie. Au 3 décembre 1931, le stock comprend soixante-deux objets « gréco-bouddhiques » et « gothico-bouddhiques » estimés à 920 000 francs. Elle compte sur un bénéfice de 460 000 francs. Mais la crise de 1929 a secoué collectionneurs et marchés. S'il fallait vendre ces objets en vente publique, à Paris ou aux États-Unis, la société ne pourrait en retirer que 200 000 francs de bénéfice.

Pour réaliser des profits substantiels, il faut investir savamment en équilibrant son stock [10] : trois catégories d'objets doivent être distinguées. D'abord ceux d'un prix peu élevé qui peuvent former des ensembles exposés à l'étranger; les pièces de valeurs diverses, exposées puis déposées chez les correspondants étrangers, surtout américains; enfin, les pièces de grande valeur, vendables « seulement à des musées de première importance, ou en vente publique ». Pour des raisons fiscales, la Galerie de la N.R.F. ne doit pas laisser apparaître de bénéfices dans ses comptes, pratique courante surtout dans le commerce des objets d'art. Des commissaires au compte, dont le serviable Louis Chevasson, veillent à « la bonne tenue des écritures » et à la cohérence du bilan. La Société Générale accepte un découvert. Une entreprise patronnée par Gaston Gallimard reste solvable. Les actionnaires de la Galerie ne touchent pas de dividendes. Mais des caisses d'objets apparaissent, disparaissent. Les actionnaires peuvent se payer en nature, en « pièces ». La douane française contrôle mal arrivages et départs. Malraux a le droit, quasiment le devoir, de prélever quelques objets. Il est tout de même la tête chercheuse de la Galerie avec quelques connaissances archéologiques.

La plupart des pièces sont vendues par des correspondants à l'étranger, « le marché français étant trop peu étendu pour être seul envisagé ». Le système est courant et, alors, légal : on surenchérit dans une vente sur quelques objets d'art, faisant monter leur cote, puis on les rachète, et pour la vente réelle ils atteignent ainsi des chiffres intéressants. La Galerie ne réussit pas toujours. Elle doit remettre ses projets d'expositions en Amérique du Sud, reporter une exposition prévue au palais des Beaux-Arts de Bruxelles. Un point reste au beau fixe : les ventes de têtes provenant d'Asie. Les bilans de la Galerie portent longtemps une attention particulière aux pièces gothico-bouddhiques, gréco-bouddhiques et indo-hellénistiques. Sont toujours précisés les tailles des objets, le prix demandé et « le prix d'abandon », celui auquel la Galerie ou ses honorables correspondants peuvent céder les objets. Pour telle tête gothico-bouddhique de vingt centimètres, proposée à 27 000 francs, il est conseillé de la laisser partir, si nécessaire, à 24 000 francs. Cependant, même pour ces valeurs « sûres », les risques existent. Une vente, considère-t-on, devient définitive quand une tête est payée, parfois dix-huit mois après livraison.

Les principaux relais de la Galerie de la N.R.F. à l'étranger sont la Stora Art Gallery avec la Furst aux États-Unis, et la galerie Flechtheim de Berlin en Allemagne. Les circuits financiers sont de routine, honnêtes, très respectables : la Stora passe par la Westminster Forest Bank et la Hanover Bank.

La Stora organise à New York des expositions de prestige dont celle des stuccos afghans de la collection parisienne. Quatre-vingt-dix têtes et quelques statuettes sont présentées. On sollicite l'Autrichien J. Strzygowsky, titulaire de la chaire d'histoire de l'art à l'université de Vienne, pour rédiger la préface du catalogue. Le savant reste prudent dans ses digressions sur le Turkestan chinois, les Grecs, le bouddhisme [11]. Il n'accepte pas d'écrire une préface résolument engagée derrière Malraux. La caution explicite d'un grand historien d'art eût été fort utile. Elle aurait réduit au silence les « fantômes divertissants » qui se permettaient d'avoir des soupçons sur la provenance des têtes exposées. Strzygowsky parle des pièces « trouvées par M. André Malraux ». Sur le plan esthétique, celles que M. Barthoux ramena de Hadda ne les surpassent pas, admet le spécialiste [12]. Strzygowsky donne aussi sa version de la fameuse décapitation. Sans doute ces têtes ont-elles été coupées par « une quelconque tribu... ». Cet expert, se livrant à des analyses descriptives intéressantes, ne s'aligne pas sur la théorie malrucienne du gothico-bouddhique. Dans ces querelles, Malraux se protège bien, mais se défend mal.

À la fin décembre 1931, après une exposition réussie organisée pour Fautrier, Clara et André Malraux ont regagné la Perse et l'Afghanistan. Ils s'arrêtent à Moscou et Tachkent. Partout, ils reçoivent des sommes expédiées par la Galerie. Ils décident de faire un tour du monde, passent par Kaboul, et franchissent la passe de Khyber, chère à Kipling. Ils poursuivent leurs activités artistiques, touristiques et commerciales à Peshawar, Srinagar et Rawalpindi. L'Inde étonne Malraux — le saisit —, Bénarès comme Calcutta, la nouvelle et l'ancienne Delhi. On sort des objets d'art en contournant la douane, avec ou sans bakchichs. Malraux fera aussi des repérages artistiques sinueux en Birmanie et Malaisie. Il retrouve Hongkong et visite, enfin, Canton, Shanghai et Pékin. Fondamental : à l'hôtel des Wagons-Lits, dans la capitale, Malraux travaille à un roman, situé en Chine. Les Malraux reçoivent 30 000 francs de la Galerie, frais de séjour et avance pour leurs vendeurs. Affaires, culture et création vont de pair comme le réalisme et l'abstraction dans les œuvres choisies pendant ce périple.

Les Malraux hésitent. Ils ne se rendront pas en Corée et mettent le cap sur le Japon [13]. Boulimique culturel, Malraux veut voir ce pays pour s'instruire, se distraire et rassembler dessins et peintures d'artistes japonais contemporains. La Galerie envisage une exposition à Paris. Malraux se lie avec le peintre Kondo. Patient pour une fois, l'écrivain avoue qu'il n'a pas d'impression générale ni de thèse omni-explicative sur le Japon. Visitant un temple zen, il déconcerte son guide en demandant si un diable y réside. Malraux s'intéresse au zen, le Tch'an, bouddhisme « très élaboré » selon lui [14]. Son Japon, sa Chine et son Inde, ne sont pas ceux de Segalen, Claudel [15] ou Saint-John Perse. Il le prouvera.

À Paris, l'énergie rare et réconfortante que Malraux déploie pour la Galerie impressionne Gaston Gallimard. Prospecteur et organisateur inlassable, l'écrivain touche des honoraires. Ses voyages impliquent des frais. Entre 1931 et 1934, sans compter les primes, il reçoit chaque mois de 3 000 à 5 000 francs et bénéficie de lettres de crédit jusqu'à des montants de 90 000 francs. Absent de France, il aide sa grand-mère Adrienne en lui faisant expédier un chèque sur le compte de la Galerie.

Les auteurs riches de la N.R.F. sont souvent des rentiers. Malraux reste discret sur ses ressources. Mais il ne voyage plus en deuxième ou troisième classe, ne prend plus le métro ou le bus. Il fréquente les bons restaurants, rive gauche ou rive droite, invite à déjeuner ou à dîner, avec une libéralité royale, des amis ou des écrivains que Gaston lui a suggéré d'attirer chez Gallimard. Parfois, Malraux offre aussi, comme une très grande boîte de chocolats, une petite tête gothico-bouddhique à des intimes.

Amateur plus que collectionneur, Malraux ne tapisse pas les murs de ses appartements. Commodes ou tables chez lui ne se couvrent pas de statuettes. Il aime varier son décor. Quand il emménage 44 rue du Bac, dans le VIIe arrondissement, on voit se succéder aux murs ou ailleurs des objets d'art, surtout en provenance d'Asie du Sud-Est. Deux ou trois pièces de qualité ressortent mieux que des dizaines, alignées et se tuant les unes les autres, comme dans les vitrines surchargées d'un musée.

Son commerce — son trafic ? — d'œuvres d'art permet à Malraux d'éponger ses dettes dont certaines remontent aux deux sociétés d'édition fondées avec Chevasson. Maurice Martin du Gard rapporte ainsi des propos que lui avait tenus Valéry alors qu'il contemplait dans son salon une admirable tête gothico-bouddhique : « Malraux... est un Byzantin de bar. Très curieux et très trouble. Il a été mon éditeur. C'est lui qui m'a fait cette affreuse édition des *Odes* qui s'est d'ailleurs assez mal vendue. Je le crois, du moins, car il n'a jamais pu me la payer. À la fin, sur mes récriminations, il m'a donné cela, un de ses vols en Indochine, je suppose [16]... »

Malraux consacre moins de temps à la Galerie qui devra supprimer ses appointements [17]. Dès que Malraux n'y a plus le rôle moteur, les ventes décroissent. Il songe à une mise en valeur différente de ses compétences artistiques, de nouveau dans l'édition. Il n'a plus ces agaçants problèmes de trésorerie et, avant tout, des occupations littéraires sérieuses le mobilisent.

Le Roi Coq

10

1933

La Chine sur laquelle Malraux greffe le livre auquel il travaille n'est plus celle des années vingt, des premiers combats feutrés ou féroces entre communistes manipulés par Moscou et nationalistes du Kuomintang. En janvier 1932, des navires de guerre japonais menacent le gouvernement chinois. Dans cette Asie, dont Malraux, journaliste — de Saigon — avait perçu le poids, les Japonais progressent, atteignant la Grande Muraille, occupant une partie de Shanghai, martyrisé par eux. La Société des Nations, remarque Malraux, proteste sans effet. Gandhi, admiré par *L'Indochine enchaînée*, a été arrêté en Inde. La non-violence ne paraît pas efficace. Malraux évoque moins ce Gandhi qui se lancera dans une grève de la faim pour protester contre une loi électorale, concoctée à Londres et excluant les intouchables. Chaque fois qu'il revient en France, Malraux le note, l'Europe n'est plus le centre du monde. L'équilibre du continent se modifie : en Allemagne, le Parti national-socialiste — on parle des « nazis » — obtient 37 % des voix et 230 sièges au Reichstag en juillet 1932. Les sociaux-démocrates alignent 133 députés et les communistes 89. Une Europe tripolaire, « fasciste », communiste, démocratique, surgit. D'un côté, les nazis auxquels on amalgame les fascistes italiens. Le mot « fasciste » caractérise une idéologie répugnante mais différente. Le fascisme — italien — sera moins dur que le nazisme [1]. Dans cette Allemagne, créée par le traité de Versailles dont Malraux, comme Keynes ou Bainville, entre autres, voit les méfaits, les socialistes affrontent le Parti communiste. La violence devient la forme courante du dialogue politique. Les communistes s'opposent aux nazis, mais attaquent aussi les socialistes allemands, sociaux-démocrates et démocrates, dénoncés comme « sociaux-traîtres ». En France, sur la même ligne, dictée par Staline, Aragon, communisant enragé, proposera de faire « feu sur Léon Blum » : pour ce dirigeant socialiste, Malraux a de la sympathie. La gauche française contemple l'Allemagne avec une inquiétude vertigineuse. Du coup, cette gauche, myope ou aveugle, ne prête guère attention à l'opposition tentant de se coaliser en U.R.S.S. Malraux a protesté lorsque la presse officielle soviétique insultait le poète Maïakovski. Mais, pas plus que d'autres écrivains français marquants dans la mouvance d'une gauche hétérogène, il ne s'indigne lorsqu'une vingtaine de dignitaires soviétiques, dont deux compagnons de Lénine, G. Zinoviev et L. Kamenev, sont exclus du Parti communiste, puis éliminés par Staline. Moralement et physiquement, l'Allemagne paraît proche de Paris, l'U.R.S.S. lointaine et floue, la première déchiffrable, l'autre énigmatique. Adolf Hitler semble plus dangereux que Joseph Staline. Les intellectuels allemands fuient l'Allemagne. Grâce à son ami Groethuysen, Manès Sperber, autre exilé, et Clara, très sensible aux évolutions politiques, Malraux suit les affaires allemandes de près, surtout après l'incendie du Reichstag, lorsque des communistes sont accusés. Il veut défendre Dimitrov, arrêté par les nazis. Avec Gide, il se rend à Berlin. Tous deux souhaitent voir Hitler. Ils ne seront même pas reçus par le ministre Goebbels. Leur démarche marque plus l'opinion en France que les dirigeants allemands.

En Allemagne, le premier camp de concentration, pas encore un camp d'extermination, ouvre à Dachau [2]. En Prusse seule, les nazis arrêtent 15 000 opposants. Partout, ils boycottent les magasins juifs. Comme tous les touristes étrangers, Malraux, au cours de plusieurs voyages en Allemagne, a vu les affiches : n'achetez pas chez les juifs, *Kauft nicht bei Juden*. Les nazis ont l'obligeance de placarder leurs slogans en plusieurs langues : *Allemands, défendez-vous contre la propagande juive*. Malraux admire Fritz Lang pour ses films et parce que ce cinéaste, malgré les avances d'Hitler, refuse de collaborer avec les nazis. Mettant en place ses Gauleiters, le Führer marche vers la dictature.

En Asie, faible consolation pour Malraux, Gandhi, après un nouveau jeûne, oblige enfin le gouvernement britannique à prendre des mesures en faveur des intouchables. La non-violence obtient donc des résultats dans le sous-continent indien. Pas en Chine ou en Europe où elle se manifeste à travers le pacifisme, porté par les souvenirs de la boucherie de 14-18.

Malraux se sent écrivain à part entière : en Allemagne, au nom de leur « ordre moral », les nazis brûlent des livres sur les places publiques. Bientôt, un parti unique gouvernera à Berlin, choquant l'opinion française surtout au centre et à gauche. On enregistre moins qu'un parti unique gouverne en U.R.S.S.

depuis 1917. L'économie allemande fonctionne et s'organise pour la guerre. L'économie soviétique, structurellement détraquée par le régime, ne peut ni satisfaire les citoyens en temps de paix, ni se préparer efficacement pour un conflit, même si l'industrie militaire, prioritaire, reste favorisée par le pouvoir politique.

En Allemagne, les communistes s'opposent avec violence et souvent courage aux nazis. De nombreux démocrates considèrent donc que les communistes sont, en puissance, les alliés de la démocratie. Malraux, sur la brèche, retrouve la force dans laquelle il puisait à Saigon. Son énergie littéraire le porte aussi. Il a beaucoup travaillé son nouveau roman, *La Condition humaine*, troisième volet de sa trilogie asiatique. Oubliée, la « série » dont *La Voie royale* devait constituer le premier tome. Ou plutôt, le genre de la suite romanesque, façon Georges Duhamel ou Roger Martin du Gard, ne convient pas à Malraux. Il donne ce dernier roman, son plus ambitieux à ce jour, aux éditions Gallimard. Les prépublications paraissent dans la *Nouvelle Revue française* de janvier à juin 1933, assurant à l'ouvrage une montée en puissance.

Malraux parle peu à Clara ou à d'autres de ses deuils récents, celui de son père et de sa mère, morte d'une embolie le 22 mars 1932.

À sa façon, il aime son demi-frère, Roland, qui grâce à lui se transforme en secrétaire-factotum de Gide. Claude ne devient rien. André l'oublie. Malraux s'intéresse, par bouffées, à sa tante Marie Lamy, lui expédiant un chèque. Homme public, voyageur, il n'a guère de temps à consacrer aux « siens ». Il se penche sur l'Humanité en général, moins sur ses proches. Sa vie politique le pousse vers les activités des associations « antifascistes »même s'il répugne à s'encarter. Présider une réunion — on dit alors un *meeting* —, lever le poing fermé, parler d'une voix vibrante, parfois incompréhensible lorsqu'il improvise, devenir une vedette à la salle Pleyel ou à la Mutualité, hauts lieux des rassemblements politiques, fort bien. Se coller une étiquette ? Non. Inclassable, Malraux, individualiste solitaire mais solidaire, accepte de se laisser porter, pas emporter par la vague progressiste. En France, il participe, par étapes et éclipses, aux activités de l'Association des écrivains et artistes révolutionnaires (A.E.A.R.), aux manifestations organisées — Malraux ne le sait pas plus que d'autres — par les envoyés, les noyauteurs de Moscou, l'habile Willy Münzenberg en tête. Ce dernier a organisé un congrès à Amsterdam, d'où le surnom chantant de « Comité Amsterdam-Pleyel », rassemblant onze cents délégués. On fonda dare-dare une

Ligue internationale contre la guerre et le fascisme, comprenant deux figures totémiques du communisme français, Henri Barbusse et le rédacteur en chef de *L'Humanité*, Paul Vaillant-Couturier. L'A.E.A.R. recrute plus de cinq cents adhérents en quelques mois. André Malraux n'en est pas, officiellement [3]. Avec son frère Roland, il persuade Gide de présider le premier grand meeting de l'A.E.A.R. Dans la salle du Grand Orient de France [4], à plus de soixante-trois ans, Gide, qui ne fait pas toujours sa coquette, pèse lourd par sa personne et par son œuvre [5]. Libérateur pour tant de lecteurs, corrupteur pour certains critiques, Gide a eu un parcours politique médité. L'hédoniste des *Nourritures terrestres*, mais aussi l'observateur du *Voyage au Congo* et du *Retour du Tchad*, livres anticolonialistes, pense aux questions politiques et sociales. Dans son *Journal*, il dira qu'il serait prêt à donner sa vie pour l'U.R.S.S. Malraux prononce une allocution « contre l'hitlérisme ». Conscient des « quelques difficultés » que pose un autre totalitarisme, Gide déclare que « même si l'U.R.S.S. aussi [*comme l'Allemagne*] restreint la liberté, c'est pour permettre enfin l'établissement d'une société nouvelle ». Dans l'enthousiasme, Jean Guéhenno affirme que « le devoir de tous les artistes et tous les écrivains est de dire tout de suite de quel côté ils sont ». Il va de soi qu'il n'y a que deux côtés. L'auditoire et un spectateur, le journaliste et romancier soviétique Ilya Ehrenbourg, sont éberlués par la manière théâtrale dont Malraux lève le poing, criant :

— S'il y a la guerre, notre place est dans les rangs de l'Armée rouge.

Le raccourci dramatique de Malraux sous-entend qu'on doit se rapprocher du P.C.F. Malraux a une aptitude confondante pour inventer des formules. Croit-il que les Soviétiques accepteraient des volontaires ? Avec une image incandescente, il communique une émotion à son public converti d'avance. Ses propos paraissent cohérents dans une logique binaire : ou les nazis, les « fascistes », ou nous. Malraux a attaqué dans une veine lyrique :

— Depuis dix ans, le fascisme étend sur la moitié de l'Europe ses grandes ailes noires. Si nous exceptons la France et l'Angleterre, nous pouvons dire qu'il tient presque la totalité du monde, sauf la Russie [6].

Malraux satisfait un fantasme, celui des hommes qui s'imaginent guerriers et en uniforme, et il manifeste son goût de la géopolitique comme de l'anticipation. Mais il ne fait pas l'impasse sur les « difficultés russes », expression assez pâle :

— André Gide a fait allusion tout à l'heure à la comparaison qui peut être faite entre la terreur rouge et la terreur hitlérienne...

Terreur! Parallèle impie chez les communistes, en France et ailleurs. Mais la Terreur de la grande Révolution française adoucit toute terreur « à gauche ».

— Oui! Nous devons agir, poursuit Malraux, et avant qu'il soit longtemps mener une action sang contre sang.

À droite comme à gauche, des intellectuels français auront le sang facile, souvent celui des autres. Dans l'opposition au nazisme, Malraux décèle une volonté de dignité, thème des prépublications en cours de *La Condition humaine*. Puis il propose une curieuse alternative :

— Tout artiste doit choisir entre deux possibilités, c'est d'être de ceux qu'on paye ou de ceux qu'on appelle et ceux qui sont ici ont choisi d'être appelés et non payés...

Malraux dénonçant le « fascisme allemand » prévoit la guerre. Il faut tout faire pour qu'elle n'ait pas lieu. À l'aise dans un univers tragique, comme tant de créateurs, dénonçant la guerre, la craignant, ne la souhaiterait-il pas, inconsciemment? Afin d'écraser le nazisme et parce que, pour des tempéraments à la Malraux, les combats inspirent, plus que la paix. Certains adultes, comme les enfants, prennent la guerre pour un jeu. Combien, en toute bonne mauvaise foi, échangent leurs ennuis et malaises civils, leurs « difficultés personnelles » pour les dangers excitants des combats? Fernand Malraux, soldat, fut heureux. La vie militaire simplifie l'existence de certains mobilisés. Sans ses morts et ses blessés, la guerre serait « jolie » et amusante avec ses « chants » et ses « longs loisirs ».

Avant-Poste, revue confidentielle, enquête sur le danger fasciste en France [7]. Peut-il s'installer ici sous une forme gouvernementale? Quelle est l'attitude de Malraux vis-à-vis des libertés démocratiques et de leur suppression? Quels sont les meilleurs moyens de lutte contre le « fascisme »? Malraux répond au questionnaire par écrit : « Je crois que le capitalisme français préférera la démocratie au fascisme tant qu'il ne sera pas contraint à ce dernier par une menace ouvrière. La démocratie paye davantage, mieux, et représente un danger moins grand. La relative faiblesse présente du prolétariat français me semble donc écarter l'appel au fascisme, et laisser prévoir, par contre, un gouvernement... du type Clemenceau, jacobin ou radical. » Pour Malraux, une composante de la petite bourgeoisie française reste liée à la démocratie. De l'alliance du prolétariat et de cette petite bourgeoisie, Malraux attend « la masse de combat à opposer au fascisme ». L'écrivain sociologue ne se prononce pas sur l'élimination des libertés démocratiques.

Clara attend un enfant.

— J'espère que ce ne sera pas un garçon, dit André. Je ne supporterai pas une caricature de moi-même.

Deux jours après la formation du ministère Albert Sarrault dominé par les radicaux-socialistes, moins d'une semaine avant le succès des partis de droite aux élections législatives espagnoles, Florence Malraux naît le 28 mars 1933. Les Malraux choisissent le prénom en souvenir de leur voyage de fiancés en Italie. « Flo » s'appellera aussi Adrienne et Berthe en l'honneur de ses grand-mères. On lui épargne « Fernande ». Louis Guilloux reçoit un télégramme de Malraux [8] : « Petite fille. Bravo dit Clappique. Amitiés, tout va bien. » Clara a multiplié provocations et tentatives de réconciliation. Elle prône beaucoup et pratique un peu l'amour libre. Au minimum, elle a besoin d'être vue *avec* un autre homme, *contre* Malraux, jeu dangereux, même si l'écrivain ne fait pas des femmes une des grandes affaires de sa vie. Face à la théorie, Malraux hésite, mais il a ses tentations et peut y succomber. Dans ses aventures, Clara ne se détache pas de Malraux. Elle l'accompagne au cours de ses voyages d'affaires en Suisse ou en Belgique, pour une croisière au long des côtes norvégiennes, écossaises, islandaises, et au Spitzberg. Malraux, lui, avec ses incartades, s'éloigne de sa femme.

Un autre questionnaire, lancé par la Ligue internationale pour la lutte contre le racisme et l'antisémitisme dans *Le Droit de vivre* [9], sollicite Henri Barbusse à gauche, et Henri de Kérillis à droite. Le questionnaire s'intéresse aux idées d'autorité, de nation et de race. La première, pour Malraux, « n'implique aucun antisémitisme ». Ce ne serait pas la dictature qui serait antisémite, mais son contenu : « Hitler est antisémite, Lénine ne l'était pas. » « L'antisémitisme en France est toujours une idée subordonnée », estime aussi Malraux. « Ce n'est pas en tant que juifs que les juifs furent attaqués pendant l'affaire Dreyfus, mais dans la mesure où la propagande nationaliste les avait représentés comme ennemis de l'armée. » Le problème aurait été militaire et non racial. Selon Malraux, « la seule façon que les juifs aient de combattre [*le racisme*] est de s'unir loyalement à l'une des deux seules forces qui s'opposent à l'idée raciale : la démocratie et le prolétariat ». Malraux partage une opinion longtemps reçue à gauche selon laquelle les « ouvriers » seraient moins racistes que les bourgeois [10]. Il fait autant crédit au prolétariat porteur de progrès qu'au communisme. Clara conteste ses analyses rapides. Elle saura plaisanter :

— On peut tout dire de Malraux, mais pas qu'il est antisémite. Et, avec moi, il a bien du mérite.

Malraux reçoit chez lui, rue du Bac, où il habite maintenant une vieille maison au grand portail, à deux pas des éditions Gallimard, Claudine Chonez[11] pour une autre interview, commandée par *Le Rempart*. Claudine Chonez remarque les hautes parois des pièces passées à la chaux, contrastant avec le noir du bureau de la bibliothèque. Elle admire « deux ou trois admirables sculptures cambodgiennes ». Malraux marche d'un pas élastique, mèche sur le front, visage pâle, traits mobiles. Il ressemblerait à un « poète romantique » si son regard clair, glacé, « n'allait bien au-delà de lui-même ». Son ton paraît « profond et concentré, sa voix métallique ». Comment réalise-t-il en lui cette « union de la pensée et de l'action » ?

— La pensée ne se nourrit pas d'elle-même, répond-il. Si elle se creuse, elle atteint le vide, le néant bouddhiste. Non, en dehors des systèmes métaphysiques, il n'y a de pensée valable que celle construite solidement sur une matière première... Il s'est trouvé que ma matière première à moi a été l'action, l'aventure. Mais je ne lui accorde aucune prééminence.

Il poursuit :

— Pour les schizophrènes, ce peut être le rêve ; pour un sentimental... une histoire d'amour. Les sources importent peu. Ce qui m'intéresse, c'est ce que chaque homme est capable d'en tirer. Et ce qu'il peut en tirer dépend de la profondeur où il s'est engagé.

Quel « levier » a joué avec le plus de force pour sa « pensée », demande Claudine Chonez.

— La politique, répond Malraux... au sens large, la politique au large de la France. Je ne me vois pas député, défendant dans les couloirs du Palais-Bourbon ma circonscription électorale...

Pas de carte d'un parti, pas de circonscription. Pendant l'entretien, Malraux fait allusion aussi à l'île javanaise que lui a offerte son ami Eddy Du Perron, auquel il a dédié *La Condition humaine*.

L. D. Hirsch, chez Gallimard, secondé par Chevasson, orchestre le lancement du roman. Premier tirage, important : 25 300 exemplaires. Le 10 mai, 8 130 livres sont en place chez les libraires et dépositaires, 1 200 dans les gares, 400 expédiés par le département étranger. Bon signe, en vingt jours[12], les « réassorts » vont de 81 à 276 exemplaires par jour. Gaston Gallimard fait campagne pour le Goncourt, tablant sur Malraux. Gaston courtise savamment les jurés. Il n'économise ni les pneumatiques, ni les appels téléphoniques, ni les déjeuners. Gaston, alors, est le Napoléon des prix, Bernard Grasset le Talleyrand. Gaston publie un livre de recettes de cuisine tout à fait indispensable, de Marie-Claude Finebouche, épouse de Jean Ajalbert, juré du Goncourt. Gaston encourage Dorgelès à tenter une démarche auprès de Léon Hennique, président du jury. Hennique regrette les « tendances communistes de Malraux ».

— Communiste, il ne le sera peut-être pas toujours, coupe Dorgelès, mais grand écrivain, il le sera certainement.

Le jury se réunit le jeudi 7 décembre 1933 chez Drouant, place Gaillon, en l'absence de Hennique et de Descaves qui votent par procuration. Quatre tours de scrutin. Malraux l'emporte par cinq voix, celle des deux Rosny, l'aîné et le jeune, de Jean Ajalbert, de Roland Dorgelès et de Hennique [13]. Trois voix vont à Charles Brébant pour *Le Roi d'or*, une à Paul Nizan pour son *Antoine Bloyé*, une à René Béhaine pour *La Solitude et le silence*. Après les félicitations, après les petits fours, médiocres, après le champagne, excellent, après la ruée des photographes, les interviews éclairs, les « Monsieur Malraux, s'il vous plaît, plus à gauche », après les mondanités chez Drouant, « je le savais », « fatigué, Edmond », et aux éditions Gallimard, « c'était certain », « quelle robe affreuse », Malraux, tendu, grave, prophétique, lit une allocution — filmée :

— Il est d'usage, après tout prix littéraire, d'expliquer pourquoi et comment le livre qu'on a écrit doit plaire à tous. Je désire qu'il n'y ait aucune équivoque sur le mien. J'ai essayé d'exprimer la seule chose qui me tienne à cœur, et de montrer quelques images de la grandeur humaine : *les ayant rencontrés dans ma vie, dans les rangs des communistes chinois,* [*je souligne*] écrasés, assassinés, jetés vivants dans des chaudières [*affirmation malrucienne belle et fausse*] et détruits de toute façon ; c'est pour ces morts que j'écris. Que ceux qui mettent leur passion politique avant le goût de la grandeur, où qu'elle soit, s'écartent d'avance de ce livre qui n'est pas fait pour eux.

Là-dessus, le lauréat de trente-deux ans dédicace des piles d'ouvrages, entourés de la bande traditionnelle, « Prix Goncourt ». Sa déclaration passe aux actualités cinématographiques. Malraux découvre la puissance du cinéma parlant pour illustrer et servir une carrière d'écrivain. Sa silhouette fiévreuse inquiète ; son débit saccadé, son maniement brusque des cigarettes campent un personnage. Renforçant sa réputation d'homme d'action et d'aventurier, il annonce qu'il prépare un « raid » aérien.

Pièce de théâtre — mais ce roman se rapproche plus d'un film — *La Condition humaine* comporterait sept actes : I. À Shanghai, les communistes chinois préparent un soulèvement. — II. Il éclate. — III. Pour ménager Tchang Kaï-chek, Moscou abandonne ces communistes. — IV. Le chef du Kuo-

mintang échappant à un attentat, et il écrase l'insurrection terroriste. — V. Organisation de la répression. — VI. Répression,
tortures, massacres. — VII. Des survivants méditent.

Malraux domine son intrigue, servie par un style dense et
des rebondissements saccadés. La technique cinématographique du récit, transitions rapides d'un lieu à un autre, comme
les successions de plans d'un film, s'accentue, plus efficace et
rapide que les procédés des *Conquérants*. Producteurs et réalisateurs de cinéma le voient : les propositions d'adaptation cinématographique affluent, certaines de Moscou. Des négociations
compliquées commencent avec Eisenstein [14]. Les projets
n'aboutissent pas : le roman contient plus d'éléments psychologiques que ne le reconnaît l'auteur, et le cinéma colle mal à la
psychologie romanesque de cette œuvre.

Malraux réussit dans *La Condition humaine* la synthèse de
la psychologie symbolique des *Conquérants* et d'une psychologie plus individualisée dans *La Voie royale*. Peu de temps
sépare la création de ses trois romans, mais l'écrivain a pris des
années de métier. Ses qualités se sont comme précipitées en lui.
Il a buriné ses personnages qui représentent pourtant des types
politiques, sommaires mais précis. S'imposent les révolutionnaires, dont Kyo, jeune dirigeant communiste vertueux, avec
une touche de puritanisme malrucien, et Gisors — *Gide*, *Groethuysen*, *Paulhan*, et d'autres pères —, ce Gisors esthète désa-
busé, « conscience » et opiomane, conçu après la mort de
Fernand, dans lequel Groute se reconnaissait un peu : « Pour
me rendre crédible, disait-il en souriant, Malraux m'a transporté en Chine et m'a donné l'opium. » Un personnage féminin
s'impose : May, femme de Kyo, doctoresse allemande. Clara,
avec laquelle les rapports deviennent plus qu'orageux, est d'origine allemande. Son côté carré ressort en May, pas son charme.
May annonce à Kyo qu'elle l'a trompé, comme Clara avoua son
infidélité sur le paquebot la ramenant d'Indochine. La scène des
aveux de May hausse le vaudeville au niveau de la tragédie.
Malraux n'aimait pas que l'on parle de ce passage trop bio-
graphique. À Raymond Aron, il écrit : « Pour moi, le meilleur
passage du livre n'est pas la scène entre Kyo et May, c'est Gisors
et May devant le corps de Kyo. » Aron a reproché des imperfec-
tions. Malraux : « "Il manque à ce livre..." Il y manque bien des
choses. Mais un livre se définit par ce qu'il est et non par ce qu'il
n'est pas. » L'inverse de sa méthode apophatique habituelle, un
des tics malruciens étant de définir un être ou une chose par ce
qu'ils ne sont pas. « Après tout, c'est un livre... comme l'œuvre
de Grünewald, comme les Karamazov [15]. »

Les personnages secondaires de *La Condition humaine*

servent bien l'intrigue et, avant tous, Tchen, terroriste opposé à Kyo, et Katov, communiste russe, bureaucrate de la Révolution, frère du Borodine des *Conquérants*. Hemmelrich le Belge déserteur et l'Allemand Kœnig, patron de la police de Tchang Kaïchek, marquent aussi le roman. La germanité de Kœnig paraît conventionnelle. Avec un protagoniste, clown et ludion, Clappique, le noctambule farfelu, Malraux fait preuve d'un humour grinçant et désespéré. Au roman de Malraux, Clappique serait ce que Falstaff est à *Henry IV* et *Henry V* de Shakespeare. Le capitaliste Ferral, sympathique cynique, affiche sa misogynie face à sa maîtresse Valérie, esquisse de femme. Eux, ils accèdent à une existence romanesque un peu boulevardière. La conception du capitalisme véhiculé par *La Condition humaine* à travers Ferral reste simplette, d'époque. Le livre se termine sur une séance au ministère des Finances à Paris : Ferral rend des comptes, cherchant l'appui des grandes banques et du gouvernement français. La morale socio-économique de Malraux demeure ici plus crue que cruelle. Il n'utilise pas un marteaupilon idéologique mais Ferral pourrait figurer dans la démonologie des « deux cents familles » capitalistes en vogue chez les communistes français.

Dans son roman, Malraux admet que « les Européens ne comprennent jamais de la Chine que ce qui leur ressemble ». Il amarre son récit avec quelques cordes historiques et géographiques. Pour sa rédaction, il a utilisé non seulement les dépêches que Clara triait à Saigon, mais aussi des ouvrages d'analyse, entre autres, de Louis Fischer, chroniqueur américain, et du père Léon Wieger, jésuite [16]. Dans *La Condition humaine* ressort une idée fondamentale pour la compréhension de Malraux : « Ce n'était ni vrai ni faux, c'était vécu. » La Chine malrucienne, ni vraie par ses détails, ni fausse pour l'ensemble, reste imaginaire. Malraux ne l'a pas vécue. Il n'échappe pas à une Chine assez convenue des coolies, pousses, fumeurs d'opium, miséreux, prostituées. Avec Drieu ou Berl, Malraux fréquente de manière mondaine les maisons closes parisiennes à la mode. Il a parcouru celles de Cholon en Indochine. Son bordel chinois paraît assez parisien. Guère non plus de personnages chinois dans *Les Conquérants* ou *La Condition humaine* : souvent occidentalisés ou métis, comme les Indochinois que Malraux connut à Saigon [17]. Parfois, Malraux caractérise ses Chinois en les enrobant de descriptions traditionnelles : il attribue à Hong des « petits yeux asiatiques », à Tchen des « traits plus mongols que chinois ». Dans *Les Conquérants*, ses Chinois sont facilement obèses comme dans de nombreux films. Au long de *La Condition humaine*, ils se frottent volontiers les mains avec

onction. Ces clichés sur l'Asiatique courent en France à la fin du
XIXe et au début du XXe siècle. Depuis *Les Conquérants*, sa Chine
reste urbaine. Il plaque les villes de Hongkong et de Macao, visi-
tées, sur Shanghai ou Canton. Il laisse le lecteur imaginer une
Chine bucolique dans les nénuphars, avec des pavillons abandonnés, un « horizon magnifique et morne ». On retrouve
l'amateur d'estampes. Malraux n'aime guère la campagne, européenne ou chinoise, alors que dans *La Voie royale* il a fait un
superbe sort à la jungle, gluante, écrasante et grouillante
d'insectes. Pourtant, sa Chine imaginaire et romanesque reste
attachante. Ses lecteurs reconnaissent les jonques, les caractères chinois dorés, les enseignes rouges, les soieries, les nattes,
un dépaysement attendu. Malraux mêle la révolution et la
drogue. Prémonitoire [18] ? Dans *La Tentation de l'Occident*,
moins dense que *La Condition humaine*, Malraux évoquait la
« Chine du travail », la « Chine de l'opium » et la « Chine du
rêve ». Maintenant, la première surgit, plus symbolique que réaliste. *La Condition humaine* ne ressemble ni à un récit de voyage
ni à un guide touristique. La Chine du travail, les ouvriers,
apparaissent peu, et les paysans encore moins. Malraux ne se
veut pas sociologue, même s'il prête attention aux revendications du prolétariat. Il présente l'univers grossi de la révolution
en gestation et de son affrontement avec l'Occident et ses collaborateurs chinois, la bourgeoisie incarnée par le Kuomintang,
qui colle aux schémas de la gauche des années trente.

Depuis l'Indochine, le point de vue de Malraux sur la
Chine et la révolution a évolué. De 1925 à 1927, à présent il le
perçoit, la Chine accouche d'une révolution [19], et il impose la
révolution chinoise au public français : « Quant à la découverte de la révolution chinoise, je crois que s'ils l'ont faite [*les
lecteurs*], c'est parce que je revenais de Chine », écrit-il avec
aplomb à Robert Brasillach [20]. Il aurait dû dire « parce que
j'écrivais sur la Chine ». Ce qu'il décrit ou écrit, confie-t-il à
Clara, finit par devenir vrai. Dans son roman, il anticipe, sa
révolution dépasse une révolte, une émeute ou une guerre
civile. Le codirecteur de *L'Indochine* éprouvait une réticence
réformiste face à l'idée de Révolution. Dans *Les Conquérants*,
la Révolution n'est qu'une donnée contingente, bien qu'y surgissent la psychologie des révolutionnaires, leurs questions et
réponses politiques, nationalisme, terrorisme, communisme.
La Voie royale ne fait aucune place au social ou au politique.
Dans *La Condition humaine*, la Révolution devient une fatalité
historique et morale : Malraux adopte la Révolution, accepte
l'idée de sa nécessité et l'obligation pour lui de marcher
avec les révolutionnaires [21]. Vue par Kyo, contrepoint dans

l'évolution de Malraux, la révolution, même si elle échoue avec une insurrection, donne un sens à la vie des hommes, au-delà de l'absurdité. Kyo paraît plus humain et optimiste que Garine. L'homme est la mesure de l'homme, affirme le roman. Il doit conquérir sa dignité, « le contraire de l'humiliation ». L'écrivain a de l'avance sur l'homme qui continue à laisser croire qu'il fut un membre éminent du Kuomintang nationaliste. Dans son roman, Tchang Kaï-chek personnifie le « dictateur ».

Singularité, dont ne témoigne alors aucun écrivain français de poids, Malraux s'intéresse dans ce dernier roman aux problèmes techniques de la révolution. Le conquérant Borodine, psychorigide, se pavanait en révolutionnaire professionnel. Dans *La Condition humaine*, le qualitatif des sentiments et des théories repose sur le quantitatif des moyens. Pour transformer une révolte en révolution, affirme Malraux, il faut compter ses détachements armés, ses cyclistes, ses fusils. Il évoque, avec une précision gourmande, trois cents pistolets à saisir sur un navire et les millions de dollars, américains ou chinois, destinés aux nationalistes. L'écrivain Malraux se présente en spécialiste du coup d'État, en technicien de la révolution, entre Clausewitz et Georges Sorel. À Saigon, il parcourait les comptes rendus des événements en Chine. Les insurgés, il le sait, manquaient d'armes, de grenades, de chars — armes mythiques, à juste titre, depuis le service militaire de Fernand Malraux — plus que de barricades et de slogans : « Le côté faible du prolétariat... les insurgés, pour la plupart, sauf de rares exceptions... ne savent pas assez se servir des armes... des mitrailleuses et de l'artillerie. » Paradoxe de la révolution, œuvre des civils au départ, elle devient à mi-course une affaire de professionnels.

Romancier, Malraux a les yeux fixés sur la révolution chinoise et, citoyen français, sur la révolution russe. En France, on commence à le savoir, Staline « liquide ». Là, Malraux ne prend pas position avec violence dans *un* sens. Il paraît mesuré, une fois son camp choisi, alors qu'il est peu partisan des demi-mesures. Il parle en public de la « terreur » rouge mais comme d'un point de passage certes regrettable mais inévitable. Malraux défend cependant l'exilé Trotski, ce qui n'est pas rien. Dans *La Condition humaine*, l'écrivain penche pour Kyo, trahi par le Komintern. Les critiques soviétiques voient là un pessimisme témoignant d'une révolte plutôt que d'une sympathie pour la révolution. Le roman leur semble aussi inhumain, alors qu'un attendrissement, peu fréquent chez Malraux, affleure : « Si on ne croit à rien, surtout parce qu'on ne croit à rien, on est obligé de croire aux qualités de cœur. » Les héros préférés de Malraux cherchent à transformer un monde plus critiqué que haï. D'où une adhésion de Malraux, non au marxisme ou aux théories communistes, mais au *mouvement* communiste. Malraux se révèle pleinement en camarade de route. Les chemins parcourus en Indochine, les événements européens, dans sa fiction et sa vie, le poussent vers les communistes. Pour lui, les hommes restent plus importants que les doctrines, la fraternité des combattants plus fondamentale que la théologie militante.

Dans une lettre au critique américain Edmund Wilson [22], Malraux a relancé avec imprudence sa légende : « Je suis allé en Asie à vingt-trois ans, comme chargé de mission archéologique. J'ai alors abandonné l'archéologie, organisé le mouvement Jeune-Annam, puis suis devenu commissaire du Kuomintang en Indochine et enfin à Canton. » Malraux précise : « Il y avait à Canton en 1927 [*probablement 1923 ou 1925 ; ce fut différent en 1927*] singulièrement plus d'aventuriers révolutionnaires que de marxistes. Et lorsque Borodine discutait avec Sun Yat-sen, il n'était jamais question de lutte de classes [*sous-entendu : j'étais là*]. » Reprenant l'analyse d'un article de Wilson, dans la *New Republic*, Malraux poursuit : « Il est fort vrai que le rôle joué dans mes livres par l'objectivité n'est pas de premier plan [*comment ne pas admirer ce joli euphémisme ?*] et que *Les Conquérants* sont un roman "expressionniste" comme, toutes proportions gardées, Wuthering Heights ou les Karamazov. » Souvent plus lucide sur ses livres que sur sa vie, Malraux conclut : « Vous dites très justement que *La Condition humaine* développe certaines idées implicites dans *Les Conquérants*. Et aussi que le livre est meilleur (à la vérité, du moins, c'est le seul que j'aime). Ma construction, en effet, ne pourrait rejoindre celle d'un écrivain comme Morand : ses types reposent sur l'observation ironique, le mien sur le besoin de traduire à travers des personnages un certain ordre de valeurs éthiques. » Le correspondant à Paris des *Izvestia*, Ilya Ehrenbourg, décrétera que *La Condition humaine* n'est pas un livre sur la « révolution ». Il est une radiographie de l'auteur « distribué par fragments en plusieurs passages ».

Le succès critique bouscule les clivages politiques : ainsi Léon Daudet, homme de droite, se dit « subjugué par la beauté de l'ouvrage ». Avec *La Condition humaine*, Malraux accède au statut de romancier qui n'a (presque) plus besoin des critiques pour vendre ses livres. Seize pays envisagent des traductions du livre de Malraux. Aux États-Unis, le roman aura du succès, pas beaucoup en Grande-Bretagne.

Le couple d'André et Clara Malraux, mariés depuis treize ans, se délite [23]. À l'usure, s'ajoute pour Clara un sentiment de dépossession d'elle-même et d'injustice. Elle a servi, encouragé, parfois lustré les glorieux mensonges de son mari. Ses activités lui paraissent subordonnées à la célébrité d'André. Au Cambodge déjà, elle l'accusait de misogynie. Collaboratrice anonyme du journal à Saigon, elle a ensuite traduit des livres. Elle n'en a pas encore écrit. Autant que Groet, elle influence l'évolution politique sinueuse de Malraux. Elle se sent « plus à gauche » que lui. Comment l'égaler, le dépasser ? Après l'apothéose du Goncourt, à laquelle assistait de loin une certaine Josette Clotis, Clara, mauvais caractère [24], attaqua André :

— Il n'y en avait que pour vous.

Malraux :

— Ma chère, personne ne vous empêche d'avoir le prix Goncourt [25].

Les Berl, et ceux qui prennent le parti d'André contre Clara, se persuadent qu'elle ne lui a pas pardonné d'avoir écrit *La Condition humaine*. Surtout, Clara n'excuse ni le narcissisme ni l'égoïsme de son mari. Passe encore qu'il soit fabulateur, puisque aux yeux de Clara il reste génial. À la naissance de sa fille, Clara a lancé :

— Ça, c'est quelque chose que vous ne pouvez pas faire !

Content, sans excès apparent, l'homme cache-t-il l'émotion d'avoir une fille, son premier enfant ? Malraux ne donne pas le biberon, ne change pas les couches. Mais, avec fierté, il aidera « Flo » à faire ses premiers pas [26].

Il a des liaisons. Pourquoi se priverait-elle ? Les Malraux ne jouent pas à qui-a-commencé ? Ils ne construisent pas, comme Sartre et Simone de Beauvoir, une théorie pseudo-kantienne de l'amour nécessaire reposant sur des liaisons contingentes. Depuis son mariage, Malraux, prudent, s'est engagé dans quelques aventures, des « coups », pas des coups de cœur, sans que Clara le sache ou s'en offusque. Pendant l'*annus mirabilis*, 1933, Malraux s'accorde des liaisons. Deux femmes le séduisent [27] par un point commun : elles sont différentes de Clara, intellectuelle, cosmopolite, engagée avec passion. Sur un ton badin, alors qu'il voyage avec Clara, Malraux écrit à cette Josette Clotis : « Il ne faut pas aller au pôle Nord, si c'est pour voir des pingouins. On s'amène dans un grand paysage glaciaire, avec des rochers noirs, devant une mine où cent soixante Russes qui ne font rien en écoutent quarante qui jouent de la balalaïka... "Les pingouins", dit-on d'un ton très ferme. "Mais, Monsieur, dit le type, très gêné... vous vous êtes trompé de pôle. Ici, nous n'avons que des manchots, c'est au pôle Sud qu'il y a des pingouins." Et c'est vrai. Ce qui démontre qu'il n'y a pas de déception qu'à Beaune-la-Rolande. » Les parents de Josette vivent dans cette ville. Josette Clotis, jolie, modèle achevé pour des photos Harcourt, a expédié un manuscrit de roman chez Gallimard. D'abord refusé, il fut envoyé par erreur à Roger Martin du Gard qui en pensa du bien. Il sera édité [28]. Josette, courtisée par plusieurs auteurs chez Gallimard, et dans les locaux de l'hebdomadaire *Marianne* où elle seconde Berl, décide de décrocher un gros lot, Malraux. À sa surprise, celui-ci la remarque. Josette parle volontiers de l'indispensable épanouissement sexuel de la femme qui ne doit pas rester dans l'attente et de « cette comédie où l'on enferme la jeune fille ». Elle ne sera pas en reste, par rapport à Clara. À bas la frustration, vive l'émerveillement, à bas la « femme ficelée » ! Belle et apaisante, à l'inverse de Clara, Josette a entraîné Malraux à l'hôtel du Pont-Royal puis à celui du Palais-d'Orsay, pratiques pour Malraux, car la rue du Bac et Gallimard sont à trois pas. Tout cela agrémenté de serrements de mains dans les taxis. L'auteur révolutionnaire profite des commodités de l'adultère bourgeois et de la tolérance française sur les fiches d'hôtel à remplir. Il écrit : « M. et Mme Perken » ou « M. et Mme Ferral ». Josette songe encore au roman, mais préférerait de beaucoup faire du cinéma [29]. Mieux vaut prendre les maîtresses de son mari dans sa toile : araignée intelligente, Clara étouffera, elle n'en doute pas, ce joli papillon de Josette. Clara l'accepte rue du Bac. Contemplant Florence dans son berceau, Josette dit :

— Moi aussi je voudrais un petit enfant comme celui-là.

Pensant à son beau-frère, Clara réplique :

— Alors, voyez plutôt Roland.

Clara impressionne Josette — qui trouve cependant cette épouse mal fagotée. Et puis, Clara tient mal son appartement. Les maîtresses ambitieuses et résolues s'attribuent des supériorités. Les critiques de Josette sentent la petite bourgeoisie de Beaune-la-Rolande.

L'autre femme dans la vie de Malraux, Louise Levêque de Vilmorin, écrit avec plus de virtuosité que Josette Clotis. D'une famille de grainetiers célèbres, Louise revendique des quartiers de noblesse. Sans insister, elle descend, dit-elle, de Jeanne d'Arc, héroïne qui impressionne plus André qu'elle-même. Parmi les amants et soupirants de Louise, ceux qui l'aiment sans la toucher et ceux avec lesquels elle couche presque par distraction — les hommes, ces patauds, sont comme ça, les pauvres —, ou au gré de son désir, figure Antoine de Saint-Exupéry. Les amis de Louise, snobs comme des fox-terriers, conservateurs ou réactionnaires, lui reprochent de fréquenter ce Malraux, talentueux certes, aventurier de surcroît, mais ami des « bolchevistes ». Amusant, cet André, quand il lit dans les lignes de la main. Louise, qui transforme frivolité et légèreté en art de vivre, a rencontré Malraux au milieu de l'année [30]. Charmante, belle, fantasque, un profil farfelu, un autre mondain, claudiquant avec élégance, elle enchante Malraux. Elle fait aussi sa cour à Gaston Gallimard. On ne peut placer tous ses charmes dans le même sourire. Elle a remis un embryon de manuscrit à Malraux : « Je suis bien content, lui écrit-il, vous avez un vrai talent. J'ai lu d'abord en diagonale et j'étais hésitant. Sur les moyens, il y aurait beaucoup à dire [*ce qui permet de ne rien dire.*] Puis, j'ai tout lu : la première impression ne vaut rien (elle était sans contenu, impression que m'avait donnée la peinture qui est chez votre frère). [*Il s'agit d'André de Vilmorin, l'homme le plus proche de Louise.*] Pas du tout ça. Il y a un univers particulier, sans aucun doute. C'est très bien. Je vais en composer un bout et vous enverrai une épreuve pour que vous puissiez vous rendre compte... Après ajoutage des signes de ponctuation, fort nécessaires [*Jeune femme, la ponctuation n'est pas en option !*], Drieu, à qui je l'ai fait lire, trouve aussi ça excellent. » [*Drieu a publié* Une femme à sa fenêtre, Le Feu follet...] Coup de grâce, coup de bonheur, Malraux ajoute : « Je vais le faire lire à Gide tout en respectant — jusqu'à ce que vous me disiez de cesser de le faire — votre anonymat. Surtout ne vous cassez pas la tête pour chercher une intrigue. Ça ne peut rester bien que dans cette espèce de dispersion... J'aurai à vous dire des petites choses pratiques lorsque vous rentrerez [*Louise vit, comme sur une branche, avec son mari et ses filles aux États-Unis*] mais celle-là seule est importante : ne croyez pas que vous puissiez trouver ce que vous avez à dire : ce sera dit, mais à la condition de n'être pas dit d'avance. Il faut avoir la même confiance en vous que pour nager. »

Le mariage de Louise avec Henry Leigh Hunt, s'il fut jamais debout, chancelle. Elle divorce, laisse Hunt et leurs trois filles au Nevada et revient à Paris. Malraux attend les dernières pages de son roman, *Sainte une fois*. Alors que Malraux et Louise de Vilmorin sont proches, avec quelques cahots, Louise oublie de mentionner — où avais-je la tête ? — un autre amant, Friedrich Sieburg, journaliste allemand, auteur de *Dieu est-il français ?*, qui loge au Ritz. Un peu avant le Goncourt, on jasa dans Paris. Pourquoi Malraux aurait-il tout ? Une bonne âme l'avertit de la liaison Vilmorin-Sieburg. L'amour libre ? Pas trop et pas avec moi : Malraux rompt. Trois femmes donc à fuir, Clara, Louise et Josette. Les voyages guérissent des femmes. Parfois. Derrière lui, Malraux abandonne une épouse exaspérée et deux maîtresses, l'une inquiète, l'autre blasée.

Le 9 décembre 1933, *Toute l'édition* publie une déclaration d'André Malraux : « Je pars le 8 janvier prochain pour un raid de découverte en Afrique. Je veux essayer de repérer une ville inconnue, qui fut la capitale d'une civilisation disparue, et dont je connais l'emplacement. J'aurai pour pilotes le capitaine Chales [*sic*] [31] et Cornignior-Hatigné [*sic*] qui fut le compagnon de guerre de Guynemer. »

11

La reine de Saba

En janvier 1934, du ministère des Colonies [1] (Afrique continentale et Madagascar), le deuxième bureau des Affaires politiques expédie au gouverneur de la côte française de la Somalie à Djibouti une lettre tamponnée « secret », au sujet des pilotes aviateurs Chales et Corniglion-Molinier et de « l'écrivain André Malraux ». Ils auraient l'intention d'effectuer, à partir du 10 janvier 1934, « un voyage de tourisme aérien en direction de Djibouti, et éventuellement D'addis Abebe ».

Le ministre, qui s'est déjà intéressé à ces individus, « n'a pas de commentaire particulier quant aux deux aviateurs. Il n'en va pas de même pour M. Malraux, à l'égard duquel s'impose la plus prudente réserve ». Il ne sera pas indispensable de placer le dernier prix Goncourt sous surveillance permanente mais le ministre, s'adressant au gouverneur, précise : « Il est bon que vous sachiez que l'attitude de M. MALRAUX n'a pas été exempte de reproche au cours d'un séjour en Indochine pendant les années 1924 et 1925. » Malraux sent le soufre, dix ans après son séjour au Cambodge. « Par ailleurs, poursuit la lettre du ministre, cet écrivain a noué, dans les milieux extrémistes, de solides attaches. » Le gouverneur rendra compte des activités de Malraux dont la réputation dépasse, de loin, les salons du boulevard Saint-Germain et le cercle des amis de Louise de Vilmorin. Dans l'expédition préparée par Malraux, aucun Chales ou Challe ne figurera. Les archives, politiques ou policières, sont souvent en retard, en avance, incongrues ou fiables. Le dossier de Malraux aux Renseignements généraux grossit, ici, avec bêtise, sans la précision nécessaire [2].

Malraux a plusieurs raisons de quitter Paris, la France, l'Europe. Depuis ses aventures archéologiques et journalistiques, il arrête ses bilans, avec les autres et lui-même. Dans la recherche, il veut, il doit s'affirmer contre les experts. 44 rue du Bac, la situation face à Clara devient fort pénible. Même autour de la gentille Florence, la vie de famille exaspère Malraux. Les fugues de Clara, à Rennes ou Bordeaux, ne la calment pas. Mari infidèle mais galant, l'écrivain fait livrer des fleurs rue du Bac. Clara trépigne, hurle. Elle menacera de se suicider comme d'autres annoncent qu'ils vont se promener aux Tuileries. Plus décisif : voyageant, Malraux donne du terreau à son imagination. À lui, les terres inconnues, les ruines inexplorées, comme les révoltes lointaines et les révolutions mal connues ou avortées. Un écrivain de sa trempe cherche toujours des décors, des personnages, une atmosphère, pour un récit ou un roman. Il ne se voit guère auteur en chambre, enveloppé dans un plaid comme Gide. Enfin, il soigne son image d'aventurier. Explorateur de la jungle hier, il sera aviateur aujourd'hui.

Les aviateurs ont alors un prestige compréhensible. Ce sont des *conquérants* du ciel et de la terre. Presque des guerriers : Lindbergh a *vaincu* l'Atlantique nord en 1927. Pour Guillomat, Saint-Exupéry, Mermoz, on évoquera les *croisés* de l'Atlantique sud, et Hélène Boucher sera *l'amazone*. Saint-Exupéry a publié *Courrier Sud* en 1928 et *Vol de nuit* en 1931. La tentation aérienne de Malraux s'inscrit dans un courant et y ajoute un cachet original, « archéologique ». Malraux est à la recherche d'exploits et d'héroïsme. L'âge des records commence.

Malraux engrange les références littéraires, songe autant à la Bible qu'à Flaubert et à cet aventurier installé dans des légendes insurpassables, l'ex-colonel anglais T. E. Lawrence. Il aimerait construire un autre pilier à *sa* sagesse. Lawrence le possède : il répétera longtemps qu'il a rencontré le colonel dans un grand hôtel parisien ou à Londres au cours d'un voyage d'affaires, dans le bar du Ritz, qu'importe ! Il n'a jamais vu Lawrence mais l'a tant imaginé que c'est tout comme : ni faux ni vrai, mais « vécu » dans la réalité supérieure du fabuleux historique. À des cadences accélérées, sa vérité rattrape et dépasse le réel. Il suffit de convaincre les autres avant de se persuader soi-même, ou inversement. Comme lui, Lawrence fut passionné par l'archéologie, Dostoïevski et Nietzsche, par les Karamazov et Zarathoustra. Gide et Malraux ont beaucoup parlé de Dostoïevski. Le premier pense que « les romans de Dostoïevski, les plus chargés de pensées, ne sont jamais abstraits. Ils sont riches de contradictions, ils font le procès des hommes ». *La Condition humaine* présente aussi un monde pantelant, jugé par le communisme et le terrorisme. Il s'agit, pour Malraux, de transformer le monde en le décrivant.

Malraux reste obsédé par le Moyen-Orient. Il le voit comme un terrain de chasse littéraire. Devant Gaston Gallimard, il a évoqué une *Histoire des Perses* en plusieurs volumes [3]. Il pourrait en devenir l'architecte, avec quelques contributions de sa plume. Son projet de l'heure reste moins général et plus concret. Un Allemand, Jacobsthan, rencontré en Afghanistan, le laissa entendre à Malraux : il y avait des monceaux d'or à prendre dans les trésors enfouis sous les ruines de la capitale supposée de la reine de Saba, à Mareb, près de Sanaa la blanche, au Yémen. À trente-deux ans, Malraux reste un adolescent qui a besoin du danger, aphrodisiaque puissant. Il ne lui suffit pas de tuer les héros de ses fictions, il doit aussi risquer sa vie. Il refuse de s'enliser dans les obligations d'un lauréat du Goncourt. Donc, il faut gagner le grand large, mais pas en croisière touristique avec une femme ou une famille. Guidé par l'Ancien Testament et surtout le Coran, où apparaît la Reine de Saba, Malraux pense qu'il suffit de parvenir à Mareb. Une aventure attestée, une découverte réussie au Yémen compenseraient la demi-aventure ratée du Cambodge. Marcher à pied dans le sable, surmonter faim, soif, fatigue physique, toutes les épreuves : tentation irrésistible. Je suis un autre, je suis Lawrence, je deviens un autre Malraux. Lawrence parlait l'arabe et se déguisait en Bédouin. Il faudrait en faire autant après avoir préparé le voyage avec plus de soin que la cafouilleuse expédition au Cambodge. Inutile de solliciter un ordre de mission au ministère des Colonies. Je me garde de la bureaucratie administrative et quelquefois de moi-même. Malraux potasse son expédition, se rend à la Société de géographie. Là, un médecin-explorateur confirmé, Jean-Baptiste Charcot, l'avertit : des squelettes d'aventuriers amateurs parsèment la route de Mareb. À Hanoi aussi, un expert avait prévenu Malraux. Peu de candidats atteignirent Mareb. L'un d'eux, un pharmacien militaire, devenu épicier à Djedda, marcha jusqu'à Sanaa : fantaisiste, Thomas Arnaud survécut, ayant relevé une quarantaine d'inscriptions sur les ruines de Mareb. Il offrit, dit-on, un âne hermaphrodite au Jardin des Plantes de Paris, puis repartit en mission officielle au Yémen et en Arabie. Il ramena quelques objets et publia dans *Le Journal asiatique* des articles qui retiennent l'attention d'un Malraux entêté. Une phrase l'a frappé : « En quittant Mareb, je visitai les ruines de l'ancienne Saba, où il n'y a rien à voir sauf des monticules de terre. » Chez Malraux, l'imagination dévore l'attention. L'écrivain aurait aimé connaître ce personnage qui découvrit des « trésors marebéens [4] ». Il ira plus loin. Il investit dans ces « trésors » des espoirs financiers qui ne lui sont pas indifférents, mais aussi des espérances de quasimagie littéraire et aventurière. Il cherche l'île au trésor. Il adore qu'on parle de lui, mais plus encore écrire. Le prix Goncourt 1933 compulse Pline et Strabon, lit des récits d'historiens et de géographes. Aucune des cartes françaises ou britanniques ne paraît satisfaisante : donc, c'est la *preuve* du mystère. Ainsi fonctionne Malraux.

Une expédition par terre ne convient pas à Édouard-Alfred Flaminus Corniglion-Molinier, une connaissance de Malraux. « Eddy » Corniglion-Molinier s'est engagé à seize ans en 1914 comme chasseur alpin puis comme aviateur. Il a « descendu » des avions autrichiens. Après une licence en droit, redevenu aviateur, il travailla dans l'aéronautique. Il serait tout à fait inutile de se faire torturer et assassiner dans le désert, explique-t-il à Malraux. D'avion, on prendrait de saisissantes photographies des ruines. Clara enrage. Mère au foyer, elle pouponnera alors qu'André repart chasser notoriété et gloire.

Entre ses droits d'auteur et d'éditeur, Malraux n'a plus de besoins d'argent quant au nécessaire et au luxe du quotidien. Mais il faut un avion coûteux pour ce raid. Pendant la guerre, Corniglion-Molinier a croisé Paul-Louis Weiler, directeur de Gnome et Rhône, constructeur de moteurs d'avions. Certains pics du Yémen montent à trois mille mètres. Un avion doit donc voler à quatre mille et disposer d'une autonomie de vol pour franchir le désert du Roubat-el-Kaali et réaliser l'aller-retour Djibouti-Mareb-Djibouti sans faire le plein. Épreuve scoute pour l'homme toujours prêt : toujours plus haut, plus loin, plus dangereux. Généreux, quoique sceptique, Paul-Louis Weiler prêtera son avion personnel chauffé, un Farman 190, équipé d'un moteur Gnome et Rhône de 300 C.V. Il met également à la disposition des explorateurs-reporters un mécanicien qualifié, Maillard. Malraux et Corniglion-Molinier, devenus amis, terminent les essais en février. On ajuste des réservoirs supplémentaires. Manque aussi un équipement photographique de qualité. À Saigon, Malraux a manipulé de mauvais clichés pour *L'Indochine enchaînée*. *L'Intransigeant*, quotidien parisien à grand tirage, commande une série d'articles et procure les appareils photographiques.

Malraux, Corniglion-Molinier et Maillard s'envolent, sans communiquer leur plan de vol aux autorités. Escales en Italie, Libye, Égypte. Au Caire, journalisme et égocentrisme obligent, ayant visité le Musée égyptien, Malraux donne une conférence de presse. D'un côté, il tient aux cachotteries rusées, de l'autre, au battage. Yeux malicieux, il ne peut s'empêcher de faire comprendre qu'il ne fait pas du tourisme et il annonce une expédition archéologique. À Phnom Penh ou au Caire, il a le génie de la maladresse. Après, le correspondant de *L'Intransigeant* au Caire, Gabriel Dardaud, juge le projet aussi grotesque

que risqué. Le fond de l'air est frais entre Dardaud et Malraux : l'écrivain refuse qu'on le prenne pour un rigolo.

— La reine de Saba, dit-il agacé, évidemment, ça ne vous dit rien ?

— Au contraire, dit Dardaud, c'est la Bédouine qui a inventé le meilleur dépilatoire pour les jolies femmes.

À érudit, érudit et demi : Dardaud raconte comment la reine, séduisant Salomon, utilisa un baume pour s'épiler les jambes. Il conseille à Malraux de se rendre à la Société de géographie d'Égypte. Là, un archéologue et historien, Henri Munier [5], explique à l'écrivain que la reine de Saba n'a laissé aucune trace :

— La reine de Saba, monsieur Malraux, soyons sérieux... Pourquoi pas Brocéliande ? Une figure de légende, rien de plus ! Elle a fait rêver des millions d'hommes depuis trente siècles ; mais rien, absolument rien, n'a jamais établi un lien — je parle en historien — entre la femme sortie du désert pour commercer avec Salomon et le Yémen où, me dites-vous, vous voudriez retrouver sa capitale, son palais et ses temples. Elle s'est éva nouie sans laisser de traces. À moins que vous n'acceptiez la tradition éthiopienne qui fait du Négus le descendant de Salomon, époux provisoire de votre reine de Saba.

— Mais on connaît la longue histoire d'un peuple sabéen, proteste Malraux. Il construisait des temples pour ses dieux, des barrages pour irriguer ses vallées. Il avait sa langue, un proto-arabe, m'a-t-on dit, que l'on est parvenu à déchiffrer sur des inscriptions monumentales...

— Tout cela n'a rien à voir avec la légendaire reine de Saba, rétorque Munier. Elle rencontra Salomon pendant son règne, neuf cents ans avant le début de notre ère, mais trois siècles s'écouleront avant que le passage de cette voyageuse soit mentionné dans la Bible au Livre des Rois. Trois cents ans, cela permet de beaucoup rêver, surtout lorsque l'on écrit pour magnifier la sagesse d'un monarque disparu ! Salomon n'a pas été le seul à rencontrer des Sabéens. Nous les retrouvons dans les chroniques en cunéiformes des rois d'Assyrie. Téglath-Phalazar en 733 avant J.-C., puis Sargon en 715, leur achètent de l'or, de l'argent et surtout des résines odorantes (encens, myrrhe, ladanum, mastic) et aussi des chevaux et des chameaux. Quant aux inscriptions sud-arabiques, les plus anciennes ne datent que des premiers siècles de notre ère et, si elles nous donnent les noms de rois sabéens, jamais nous n'avons trouvé celui d'une reine...

Malraux, devant Munier, ne peut pas vraiment jouer à l'érudit.

— Mais où trouver... Mareb? demande Corniglion-Molinier[6].

Devant ces Pieds-Nickelés montés sur un Farman 190, chevauchant des rêves qui pourraient tourner au cauchemar, Munier ouvre le dernier numéro de la *Revue de la Société royale de géographie d'Égypte* :

— Voici une excellente étude sur le voyage à Mareb d'un jésuite, le père Pedro Paez. Capturé par des pirates et vendu comme esclave, il avait suivi ses maîtres sur les pistes caravanières de l'Arabie. Il était le premier Européen à avoir vu Mareb et plus tard, libéré, il a décrit ses ruines, mais c'était en 1590.

Après, au bar de l'hôtel, le journaliste Dardaud dit à Corniglion-Molinier :

— Comment avez-vous pu vous lancer dans cette histoire : survoler un pays hostile, à la limite des possibilités de votre avion, pour photographier les ruines d'une ville morte depuis des siècles et dont vous ignorez même la position géographique exacte? Et vous n'êtes ni l'un ni l'autre des archéologues. Un simple vent de sable ou une couverture de brume pourraient déjouer tous vos plans.

Ces aviateurs, selon Dardaud, poursuivent une chimère. Malraux ne se laisse pas entamer, pas plus au Caire qu'à Hanoi. Au minimum, Malraux et Corniglion-Molinier ramèneront des clichés sur une civilisation mal connue. Malraux table sur son intuition, les improvisations, la chance, son destin.

Le téléphone arabe et les câbles diplomatiques, en anglais ou français, crépitent. Le micromonde cosmopolite du Caire bourdonne. Se livrer dans une conférence de presse au Caire, comme le fit Malraux, était aussi habile que d'acheter pics et cordes à Siem Reap au Cambodge, pensant que lui et Chevasson ne seraient pas repérés. Édouard Corniglion-Molinier, comme compagnon, remplace avec panache Louis Chevasson. Malraux a du flair pour s'adjoindre de serviables ou brillants seconds. Le directeur-inspecteur de l'aviation en Égypte, Hassan Anis Pacha, entend parler du projet. Un écrivain français connu fera un bon invité à dîner. Les aviateurs et le notable égyptien sympathisent. Hassan Anis Pacha offre une carte rudimentaire mais passable, la meilleure disponible.

Le Farman repart le 1er mars, cap au sud. Les trois Français ne saisissent pas pourquoi ils sont mal reçus sur une base de la Royal Air Force. Le Foreign Office se méfie de tous les Français à l'ouest, à l'est et au sud de Suez. En revanche, les aviateurs militaires français de Djibouti se montrent chaleureux. L'avion les ébahit, et Malraux tout autant. Ils n'ont pas les préventions du ministère de l'Air à Paris qui ne veut pas se créer de difficultés avec des souverains de la région ou le Foreign Office. Les autorités officielles surveillent Malraux comme au Cambodge [7]. Il faut alléger l'avion, alourdi par des armes et des munitions. Les réservoirs du carburant ? Indispensables. Pourquoi ne pas se débarrasser des quatre-vingts kilos de Maillard. Et s'ils étaient obligés de se poser ? Plutôt que d'atterrir devant des Bédouins et leurs mausers, Malraux préfère disposer d'un bon mécanicien pour, justement, ne pas être contraint d'atterrir. Maillard embarque donc. Malraux apprécie l'avion, nettement supérieur à une camionnette ou à un buffle cambodgiens.

Le Farman décolle à 6 heures du matin le 7 mars, longe la côte de la Somalie française, gagne Moka, sur l'autre rive de la mer Rouge. Pour éviter les regards et les rapports d'agents anglais ou yéménites, Corniglion-Molinier, excellent pilote, contourne les agglomérations. Voici les premières montagnes, le Yémen, des vallées, puis Sanaa. À 10 heures du matin, le Farman a consommé la moitié de son carburant. Les explorateurs aériens aperçoivent « une plage de galets colossaux ». Pas de doute, décident-ils, voici ce qu'ils recherchent, la ville de la reine de Saba. Ça devrait l'être, donc c'est. Ils descendent pour prendre une centaine de clichés. Des Bédouins — piment — tirent sur l'avion. L'essence baisse, Maillard s'inquiète, insiste pour rentrer. Sur un des feuillets gribouillés pendant le vol, Malraux a écrit : « Je pense que nous nous gourons [8]... »

Le vent se lève. Le Farman vole à 200 km/heure. Sachant qu'ils ne pourront atteindre Djibouti, les aviateurs survolent à nouveau la mer Rouge. Baraka ! Ils se posent sur une piste près d'un fort, à Obok, sur le golfe de Tjadroura. Ravi, un officier français de l'infanterie coloniale les fête. Ils regagnent Djibouti d'où, le 8 mars à 19 heures, le capitaine Corniglion-Molinier expédie un télégramme à *L'Intransigeant* : « Avons découvert la ville légendaire de Saba stop vingt tours ou temples toujours debout stop à la limite nord du Roubat-el-kaali stop avons pris photos pour *Intransigeant* stop salutations. » La légende se transforme en histoire, le vrai retouché en vérité. Restera à faire avaler cet amalgame, sans s'embarrasser de doutes géographiques, de scrupules historiques ou de nuances géologiques. Prendre des risques sérieux autorise quelques simplifications. Ni vraie ni fausse, cette ville de la reine de Saba, mais vécue par un écrivain, un aviateur et un mécanicien, Maillard, qui n'a pas d'opinion sur la question. Le zinc est entier, M. Weiler sera content.

Entracte imprévisible, délicieux épisode sortant de la Bible, du Moyen Âge et du XXe siècle : le consul d'Éthiopie prend contact avec Malraux et Corniglion-Molinier. Le roi des rois, le négus, Haïlé Sélassié lui-même, souhaite les recevoir[9]. Cette flatteuse invitation équivaut à un ordre. Selon le protocole officiel et l'histoire officieuse, Sa Majesté descend du roi Salomon et de la reine de Saba. Le train met entre trois et quatre jours pour atteindre Addis. En avion, trois heures suffisent. Scènes dignes d'Evelyn Waugh qui traînera ses guêtres en Éthiopie peu après[10]. Pourquoi le négus douterait-il que ses deux invités ont découvert la ville de son ancêtre?

Reste à convaincre quelques Européens, critiques mal lunés. Imprévu impondérable, les trois aviateurs, repartis à Tripoli, ont été reçus en frères d'armes — de 14-18! — par les aviateurs fascistes italiens du maréchal Balbo. Les trois compagnons s'approchent de l'Algérie et de Bône. Un orage happe le Farman au-dessus des Aurès. Des grêlons mitraillent la carlingue. La boussole s'affole. L'avion tournoie au cœur de l'ouragan et perd de l'altitude. Ils atterrissent à Bône. L'orage shakespearien devrait fournir des matériaux littéraires[11]. Malraux en parle dans une lettre à René Lalou[12] : « Je venais de croire pendant une vingtaine de minutes que c'était fini. Nous avions été pris — pour la seule fois de tout le voyage — dans un cyclone, orage ou machin de ce genre, c'est une sensation peu commune. » Cette sensation, explique Malraux presque à chaud, est « très exaltante, pour mille raisons, que je vs expliquerai et qui m'a définitivement démontré une chose dont je me doutais, qu'il n'y a aucune expérience de la mort, mais seulement une épreuve de courage, ce qui est tout de même moins intéressant ». Dans la même lettre, Malraux affirme qu'« il faut risquer de mourir non pour mourir, mais pour vivre. Il y a sur l'attitude humaine, dont l'héroïsme est une expression, une idéologie à *trouver* ». Le courage peut se conquérir.

Le Farman fait du saute-mouton de ville en ville. À Lyon, André Gide et Clara accueillent Malraux. Là, Josette Clotis ne peut se montrer. La femme légitime occupe le terrain. Malraux a risqué sa vie. Son courage physique éclate. Il va avoir besoin de courage moral. Question explicite ou implicite dans toute la vie de Malraux, tissée et récurrente dans son œuvre : le héros inconscient du danger est-il courageux? L'homme qui tient, tout en se sentant saisir par une peur surmontée, ne le serait-il pas plus? Le courage physique, en 1934, intéresse moins Malraux que la mort. Ils sont liés : le courage révèle une attitude face à la mort possible.

Malraux crée l'événement avant d'écrire. Il sera attaqué avant la parution de ses articles. Aucun archéologue reconnu ne viendra à son secours, mais quelques avocats prudents se manifesteront. John K. Wright, conservateur bibliothécaire de la

Société américaine de géographie, bénit « une découverte de ruines dans le désert du sud de l'Arabie qui serait d'un immense intérêt pour les archéologues et les géographes ». Mais il faut réserver son jugement, estime le conservateur, quant à l'identification des ruines d'une capitale de la reine de Saba. Malraux n'envisage pas qu'il puisse avoir confondu une immense ville et des hameaux. Il s'agit, pense-t-il, « de ruines cinq fois plus étendues que *toutes* les ruines connues de l'Arabie méridionale et les seules debout ». Malraux se voit et se présente en *champion*, dans tous les domaines. Les documents photographiques prouveront non sa bonne foi, mais la réalité de sa découverte. Il n'est pas homme à confondre Saba et Moka, « pas plus que l'Acropole d'Athènes et les Champs-Élysées. Décidés à publier notre documentation avant quinze jours, poursuit-il, nous suggérons qu'on nous lise avant de nous prêter une ignorance totale de ce dont nous parlons ». William Albright, archéologue et professeur de langues sémitiques à l'université John Hopkins, a visité Mareb. Avant la publication des articles de Malraux, il éprouve des doutes.

Malraux rédige sept articles pour *L'Intransigeant*, et Corniglion-Molinier trois [13]. Beau titre : « Au-dessus du désert d'Arabie », avec sous-titres alléchants, tels que : « En survolant la capitale mystérieuse de la reine de Saba. » Des photomontages illustrent les articles. À *Marianne*, Malraux a démontré sa maîtrise de cette technique. Un architecte, pas un archéologue, André Hardy, fournit des croquis aussi ingénieux qu'indispensables, car les photos sont décevantes. Plutôt qu'un reportage, Malraux rédige pour *L'Intransigeant* des essais lyriques. Il brode, se laisse emporter par les mots. L'écrivain reprend le dessus : « Combien aurai-je vu de ces avions à plat sur un long terrain qui se perd au bord de l'eau, dans une odeur musulmane d'herbe brûlée, de poivre et de chameaux ! Chants du sud de la Perse, steppes d'Asie centrale avec leurs pilotes russes qui passent la nuit, nus sur des balançoires pour échapper à l'épouvantable chaleur au pied de l'Himalaya, dans les jardins brûlés, sous le parfum torride et sauvage de la lavande déjà desséchée des montagnes. » Se prenant à son propre jeu, Malraux verse dans le remplissage. Il n'a pas découvert soixante-dix temples ou un trésor. Il est tombé sur le désert, les vallées et les ruines, une ambiance et des thèmes permettant de se livrer à de chatoyants exercices stylistiques. Il découvre la Vallée des Morts, introduit la Bible et Salomon dans son récit-reportage-poème : « Depuis des années, Salomon avait fui Jérusalem... Le roi qui avait écrit le plus grand poème du désespoir humain regardait, mains sous le menton, et appuyé sur le haut bâton de voyage, les démons qui gardaient depuis des années et des années le Palais de la Reine de Saba. Il ne bougeait plus jamais, montrant seulement de l'index, à demi allongé, le saut impérieux, et son ombre, chaque soir, s'étendait jusqu'aux confins du désert. » Tout d'un coup, pour quelques lecteurs ébaubis de *L'Intransigeant*, resurgit l'auteur des *Lunes en papier* ou du *Royaume farfelu* : « Un insecte vint, qui cherchait du bois. Il vit le bâton royal, attendit, prit confiance, commença à le forer. Après quelques minutes, bâton et roi tombèrent en poussière : le seigneur du silence, devant qui les oiseaux mêmes observaient le protocole, avait voulu mourir debout pour asservir à jamais à la Reine, tous les démons qu'il gouvernait. » Ces phrases et ces images se télescopant sont présentées comme un reportage. « L'esprit secoué doit choisir dans une bousculade de rêves. Si nous suivons à la fois la Bible et la légende, si cette ville fut celle de la Reine, elle est contemporaine de Salomon ; ce monument énorme, cette espèce de tour de Notre-Dame, sous quoi dégringole jusqu'à un squelette pétrifié de fleuve toute une perspective de terrasses, fut-il le palais dont l'Envoyé dit dans le Coran : "J'ai vu une femme gouvernant des hommes sur un trône magnifique ; elle et son peuple adorent le soleil, celle à qui Salomon envoya celui de ses sceaux qui ne peut être déchiffré que par les morts [14]." » Malraux consacre, en somme, le genre du reportage biblique, déchiffrant à sa façon le Moyen-Orient. L'écrivain s'éblouit lui-même, inventant ou créant un monde peu conforme à celui de l'archéologue ou du reporter. Il écrit entre Joseph Kessel et Paul Claudel : « Ici recommence le paysage humain ; ici finit la planète faite pour d'autres yeux que les nôtres, pour ceux de l'aigle roux dont nous ne voyons que l'ombre qui suit celle de l'avion, pour ceux de la mouche, reine de ces solitudes où le temps même semble brûler en tremblant dans la chaleur. »

Un paragraphe sautera, prouvant que Malraux entretient quelques doutes quant à sa découverte. « La reine de Saba est connue par deux sources : la Bible, le Coran. En somme, les dieux seuls ont écrit sur elle. Nous pouvons rejeter son existence, la tenir pour une légende ; mais alors, qu'est cette ville, dont l'existence, elle aussi, n'est donnée que par la légende et qui existe néanmoins. Quelque erreur de lieu qui puisse être faite dans de telles conditions, cette ville n'est aucune des villes sabéennes connues : ni Mareb, dont plus rien n'est debout, ni Meïn, qui n'a conservé que quelques tours d'enceinte et un temple de petites dimensions, et dont la muraille n'a pas quatre cents mètres de long [15]. »

Aux États-Unis, les journaux publient articles, cartes, photos sur l'équipée. En France, les attaques vitrioliques se succèdent, surtout après la parution des articles de *L'Intransigeant*. Dans *Le Temps*, M. Beneyton avait, disait-il, passé treize ans à explorer l'arrière-pays du Yémen. Malraux mélangeait tout. Avec Corniglion-Molinier, ils ont sans doute « découvert » une oasis au nord de Mareb, ou un petit village. Selon le principe déjà éprouvé de l'attaque comme défense, Malraux répond : « Il va de soi que la ville que nous avons survolée n'est pas Mareb, découverte depuis 1843 ; pas davantage Tenna. » L'écrivain-explorateur-photographe-archéologue-poète se fait narquois : « Si, comme chacun, nous risquons de nous tromper en identifiant une ville que nous avons vue, nos contradicteurs risquent de se tromper plus encore en identifiant une ville qu'ils n'ont pas vue du tout. » Le ton de Malraux vire au désinvolte : « Au surplus, sachant quelle part de chance fut nécessaire pour que réussisse une expédition de cet ordre, nous n'attacherions à cette réussite que l'importance qui convient. Nous savons ce qu'a d'incertain toute identification qui ne repose pas sur l'épigraphie et attendrons, évidemment, avec le plus grand intérêt, les résultats qu'apportera l'exploitation de ce site, si tant est qu'elle puisse avoir lieu avant longtemps. »

Depuis ses pérégrinations au Cambodge, Malraux a l'habitude des procès universitaires ; les experts sont incapables de sentir que le vraisemblable acquiert les vertus du vrai. Comme la poésie en laquelle Malraux voit peut-être un savoir supérieur. Depuis Keats, la beauté, c'est la vérité, et la vérité, la beauté. Pour Malraux, la beauté de ce qu'il voit et de ce qu'il écrit est à l'abri des faits. La polémique agace et enchante l'écrivain. Prudent cependant, il n'accepte pas que ses reportages sortent en livre. La querelle s'apaise et on l'oublie.

Malraux a survolé une oasis, quelques ruines et des sites avec des maisons blanches habitées, Asahil Rymen, Kharib et Duraib [16].

Homme et écrivain du moment, Malraux passe d'un continent, d'un siècle, d'un millénaire à l'autre. Le négus s'insère comme un trait d'union entre la Bible préchristique, bucolique, et ces années trente, menaçantes, nazifiantes. Dès son atterrissage, le 23 mars, Malraux a adhéré au Comité de vigilance des intellectuels antifascistes [17] créé quelques jours avant par Paul Langevin, Paul Rivet et Alain. En avril 1934, il s'associe à une manifestation de protestation contre la décision d'expulser Trotski d'U.R.S.S. Le même mois, il a rencontré Manès Sperber, juif né en Galicie qui a vu toutes les atrocités de la Première Guerre mondiale puis découvert la pauvreté à

Vienne. Précoce, comme Malraux, Sperber a étudié la psychologie chez Adler dont il devint un disciple à dix-sept ans. Emprisonné puis libéré par les nazis, un temps sioniste, il se voue au marxisme et au communisme — à l'espoir. Le Komintern l'a expédié travailler à l'Institut pour l'étude du fascisme de Paris. Avec Malraux, grâce à Clara, interprète pétulante, il parle de Dostoïevski, de l'Histoire et de l'injustice. Surtout, il attire l'attention de Malraux, déjà alerté, sur la terreur nazie, lui confiant ses souvenirs, lui présentant des réfugiés allemands. Ces derniers affluent à Paris. Abandonnant l'idée d'un roman moyen-oriental, Malraux songe à un récit qui aurait pour toile de fond l'Allemagne nazie.

Bombardé par les événements, Malraux s'en sert et les sert. Le changement de sujet le ramène au présent historique, son temps préféré. En mai, accompagné de Sperber, il retrouve André Gide à la salle Bullier pour une manifestation en faveur de Thaelmann, chef communiste emprisonné par Hitler. Malraux se lance dans une campagne en faveur de Thaelmann, participant à plusieurs meetings, dont un à Bruxelles. Un jeune communiste belge dans l'assistance, Paul Nothomb, l'applaudit. À Paris, Malraux fréquente aussi le journaliste et écrivain soviétique Ilya Ehrenbourg et sa femme Liouba. Moscou a chargé Ehrenbourg de recruter des sympathisants parmi les intellectuels parisiens. De Montparnasse à Saint-Germain-des-Prés, Ehrenbourg se révèle un excellent agent d'influence, intelligent et vif, sachant dissimuler ses sentiments profonds et ambigus. Ilya le juif taraude Ehrenbourg le Soviétique.

L'année 1934 donne un coup d'accélérateur à l'histoire de l'Europe. À Paris, l'extrême droite dénonce la République « pourrissante », surtout après l'affaire Stavisky. *Détective* appartient discrètement à Gaston Gallimard, qui consacre un numéro spécial à l'escroc, responsable de malversations, dont la disparition de deux cent quarante millions de francs au Crédit municipal de Bayonne. Stavisky se « suicidera ». Qui le couvrait ? Gauche et droite vont se retrouver le 6 février 1934. *L'Action française* exploite un thème : « Aujourd'hui, les voleurs se barricadent dans leurs cavernes. » Le journal d'extrême droite dénonce « le régime abject » et fait appel aux anciens combattants pour participer à une manifestation près de la Chambre des députés — comme le journal communiste *L'Humanité* : « Manifestez !... Les organisations fascistes et les troupes gouvernementales sont mobilisées contre les travailleurs. » Le ciel au-dessus de la Seine rougeoie pendant une nuit d'émeutes. Les manifestants incendient un autobus, s'en prennent aux agents de police et aux gardes mobiles casqués, mousquetons à la main. Gauche et droite extrêmes ont la violence et l'antiparlementarisme dans le sang. Cette droite hait la « Gueuse », la gauche communiste la démocratie « bourgeoise ». À l'aube, on dénombre un garde à cheval tué et deux cent cinquante-trois blessés dans les rangs des forces de l'ordre, seize morts et cinq cent vingt blessés chez les manifestants. Le régime du « Grand Capital » ne tombe pas.

Hitler consolide son pouvoir en Allemagne. Il a promulgué un décret de stérilisation des individus atteints d'une maladie héréditaire, des criminels et des responsables d'attentats contre les mœurs. Le Führer entreprend de grands travaux pour résorber le chômage, construisant un réseau d'autoroutes. Il se prépare à déplacer rapidement des troupes et du matériel, camions et chars de l'Est à l'Ouest. Au cours de la « nuit des longs couteaux », il se débarrasse d'un rival possible, Ernst Röhm, chef des S.A. Les assassinats se succèdent, et pas seulement de juifs. Des hommes de droite comme les généraux von Schleicher et von Bredow sont exécutés par la Gestapo. À Vienne, le chancelier Dolfuss est tué. Quand le président du Reich allemand, le maréchal von Hindenburg meurt, Adolf Hitler obtient le pouvoir total, militaire et civil, doublement plébiscité comme Führer et président du Reich. On lui prête serment personnellement. Trente-huit millions d'Allemands votent pour lui, quatre millions trois cent mille contre lui. L'embrigadement des citoyens, depuis « les jeunes du peuple » et la « jeunesse hitlérienne » jusqu'au parti nazi, au Front du travail ou dans l'armée, progresse.

Malraux préfère à l'histoire ancienne cette histoire moderne qu'on peut modifier, marquer. Pourtant, défilant un peu avec la gauche, il a prêté une attention assez distraite aux mouvements politiques et sociaux en France. Même au 6 février. Pour Malraux, *le* danger en Europe, c'est le nazisme. Tous les Français alors ne sont pas perspicaces. Ici Malraux, avec d'autres écrivains, l'est, mais, politiquement myope, avec une grosse taie sur l'œil gauche qui ne voit pas le monde soviétique [18].

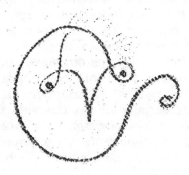

12

Tropisme trotskiste

Adolescent, Malraux vénérait les écrivains français qui avaient voulu peser sur l'Histoire au risque de se perdre en politique, Chateaubriand, Lamartine, Hugo, Barrès. Le jeune Malraux entretenait un culte pour les hommes politiques écrivant bien, à son goût, Saint-Just ou Napoléon. Engagé dans l'action politique anticolonialiste, Malraux n'a guère croisé de personnages de ce calibre. Sa sympathie pour la gauche, en 1934, passe pour évidente, quoique intermittente. Mais quel homme en France pouvait séduire Malraux sur le plan de l'action et de la pensée? Parfois, le patron de la S.F.I.O., Léon Blum, qui a raté, peut-être, une carrière d'écrivain. Sous la IIIᵉ République, les hommes qui règnent à l'Élysée, gouvernent de l'hôtel Matignon, parlent à la Chambre des députés ou au Sénat, n'ont pas l'envergure de héros historiques. Sur la scène internationale, Hitler, Mussolini ne sont pas de la famille malrucienne.

Demeurent, plus exotiques, les hiérarques de la révolution bolchevique, originaux, sanglants, auto-élus ou cooptés. La lueur rougeoyante venue de l'Est, pour Malraux, paraît tentante mais inquiétante quant à la pensée. Staline, que célébrera Henri Barbusse dans une honteuse hagiographie[1], n'attire pas un intellectuel amateur d'art, d'essais et de fictions comme Malraux. Iossif Vissarionovitch Djougachvili se voulait théoricien. Son opuscule *Les Principes du léninisme*, répandu en France, ne peut satisfaire un esprit averti. Les faits et gestes des personnages politiques captivent plus Malraux que leurs idées. Lénine, auquel il fait quelques allusions convenues pour l'époque, est mort, malade, dix ans plus tôt, ayant beaucoup écrit. On connaît alors mal en France ses textes sur l'art et la littérature. Malraux a feuilleté certains de ses ouvrages traduits en français, *Que faire? L'impérialisme, stade suprême du capitalisme, L'État et la révolution*[2]. Il ne prête pas la moindre attention aux prétentions philosophiques de Vladimir Ilitch, surtout à *Maté-*

rialisme et Empiriocriticisme, tissu de verteuses sottises. En partie par manque d'informations, Malraux ne fait guère allusion à cet État policier qui a ouvert son premier camp de concentration sous Lénine en 1918. Il ne semble même pas savoir alors — il n'est pas le seul — que Lénine voulait éliminer les « insectes nuisibles », tous ses adversaires, réels ou supposés. La personnalité de Lénine l'inspire, créateur du parti unique, fondateur d'un État « socialiste », qui avance dans le sang et la boue, la misère et les camps vers l'utopie communiste. Mais les idées véhiculées par le léninisme polémique et programmatique n'allèchent pas l'écrivain. Malraux n'a que faire du matérialisme historique. Ici et là, il peut parler du capitalisme, toujours négatif pour la gauche des années trente. Mais il ne se sert pas du principe des « rapports de force », des notions de superstructure ou de plus-value. Volontariste et égocentriste, il garde ses distances face aux masses surdéterminées et aveugles. Même si, au nom du socialisme, il émet quelques bruits collectivistes ; l'écrivain demeure individualiste, comme ses héros, de Claude Vannec à Kyo.

Un écrivain révolutionnaire du tempérament de Malraux recherche un héros de la révolution russe, vivant, puissant, dominant le monde, incarnant les légendes de l'Histoire. Lev Davidovitch Trotski semble fait sur mesure, avec son profil d'intellectuel, un tiers guerrier, un tiers penseur, un tiers prophète. Il présida le Soviet des délégués ouvriers et fut ministre de la Justice. La gauche communiste ou communisante prend le coup d'État bolchevique de 1917 pour une révolution populaire, accomplissant la française de 1789 [3]. Pour un Malraux obsédé par l'aventure militaire depuis les récits de son père lieutenant, Trotski a l'aura du créateur — impitoyable — de l'Armée rouge. Théoricien politique, Trotski paraît plus cultivé que la plupart des dirigeants soviétiques. La théorie ne vaut pas la pratique qui s'accomplit dans l'action mais, pour Malraux, les connaissances et la sensibilité littéraires et artistiques comptent. Trotski appâte d'autant plus l'écrivain que son destin s'annonce difficile. Au début de 1928, la gauche européenne, éberluée, apprenait que Staline exilait en Sibérie Trotski et des membres de l'« opposition de gauche ». Avec célérité et servilité, les communistes français se couchèrent et dénoncèrent ces « contre-révolutionnaires ». L'infamante étiquette, « trotskiste », marqua au fer rouge ceux que les staliniens voulaient *effacer* de la carte politique. L'ère des « vipères lubriques » s'annonçait, permettant de déshumaniser les accusés. Le vocabulaire zoologique sera utilisé à partir des grands procès.

D'abord, Malraux fait part à Clara dans leurs conversations

privées de sa sympathie pour Trotski l'exilé. Quand André Breton prend la tête des protestataires en France, Malraux, jamais à court, lance une idée : quelques auteurs appuyés par des baroudeurs devraient débarquer à Alma-Ata, enlever Trotski malgré sa garde de miliciens, qu'un prix Goncourt, à l'évidence, médusera et paralysera. Le commando littéraire demanderait au consulat soviétique de Paris des visas valables dans toute l'U.R.S.S. Mais comment parviendrait-il jusqu'au Kazakhstan où réside Trotski ? Par le Cachemire ou le Turkestan, à pied, à cheval, en voiture ou en avion. Passant la frontière illégalement, ces libérateurs risqueraient l'arrestation [4]. Malraux fait part de ses louables mais abracadabrants projets à quelques voyageurs, Blaise Cendrars, Joseph Kessel, Pierre Mac Orlan, Francis Carco. Dommage : la vie n'est pas un roman. Personne ne manifesta un enthousiasme contagieux, et surtout pas Clara. Ni Gaston Gallimard qui refusa de financer l'expédition. Tant pis. Les pressions internationales, surtout à gauche, ébranlent Staline. Exilé, Trotski devient un martyr à béatifier avant canonisation. Il passe en Turquie et commence son périple d'émigré.

L'imposant bolchevik ne surgit pas d'abord en personne dans l'existence de Malraux. Trotski expédie à la *Nouvelle Revue française* [5] un article concernant *Les Conquérants*, ce que n'aurait sûrement pas fait Staline. Sous un titre parlant, « La révolution étranglée », la critique de Trotski comporte deux volets distinguant mieux même qu'un feuilletoniste du *Temps* fond et forme. Trotski apprécie cette dernière, et l'inoubliable « tableau de la grève générale, brossé par Malraux ». Mais l'analyse politique sous-jacente paraît pâlotte à Trotski. Entre Garine et Borodine, Trotski choisit le premier sans exprimer une affection excessive. Au cœur de la critique trotskiste : l'insuffisante culture théorique du romancier Malraux. Mauvais élève, il aurait intérêt à se faire « une bonne inoculation de marxisme » en guise de thérapeutique politique. Selon Trotski, Malraux aurait dû faire comprendre que le véritable « étrangleur » de la révolution chinoise, loin au-dessus de Borodine, était Staline.

Flatté de l'attention que lui prête Trotski, Malraux répond longuement dans le même numéro de la *N.R.F.*, accumulant les détails concernant la « situation révolutionnaire » de la Chine des années vingt ou la « Révolution » de 1917. Trotski, estime Malraux, règle ses comptes avec Staline, ce qui est souvent vrai. Idéologue sanguinaire ayant usé de la terreur, Trotski a un faible pour le terroriste Hong des *Conquérants*. Malraux émet une réserve sur cette inclination : « Je sais, écrit-il, ce qu'il y a de prenant dans cette figure [*Hong*], dans sa résolution, dans sa pureté sauvage ; mais je ne puis oublier que lorsque Lénine et

Trotski ont rencontré des Hong, ils ont chargé la Tcheka des rapports avec eux. » Bien vu [6]. Malraux devient néanmoins indulgent face aux méthodes des bolcheviks. L'impureté, les mains sales et sanglantes se retrouvent purifiées en fin de course, les fins justifiant les moyens. Plus loin, Malraux admire « le rôle héroïque, dans le sens le plus réaliste du mot, que Trotski réclame du prolétariat ». Viennent ensuite quelques remarques sur les effets positifs qu'aurait eus *en Chine* « une Tcheka plus forte ». Seigneur, donnez-nous encore plus de policiers et de victimes, d'accusateurs et d'accusés, notre pain quotidien viendra après. Malraux n'oublie pas comment la Tcheka traitait les opposants en U.R.S.S. mais semble trouver qu'une Tcheka chinoise aurait été utile. Il exprime encore sa reconnaissance à Trotski qui tient ses personnages, Borodine, Garine, Hong, « pour des symboles », affirmant que « Trotski les sort de la durée ». L'écrivain, dont l'expérience politique à l'échelle internationale est limitée, assène, avec courtoisie et hauteur, des leçons stratégiques à l'ancien chef de l'Armée rouge. Pour le réalisme révolutionnaire et une apologie de la Terreur, Trotski peut rejoindre Saint-Just dans le panthéon portatif de Malraux. Homme d'action, Trotski dialogue avec Malraux, homme de lettres. Originale et étonnante confrontation.

Trotski parvient enfin en France. Malraux lui rend visite [7] à Saint-Palais, près de La Rochelle. Des militants trotskistes français et deux chiens bergers allemands assurent la garde de l'exilé ; pas la police, puisque Trotski est censé résider là incognito. Les missives menaçantes des lecteurs de *L'Action française* atteignent pourtant son adresse. Trotski sort de sa villa, se promenant en automobile. Malraux a deux conversations avec lui, une l'après-midi, l'autre le lendemain matin. Malraux, trente-deux ans, Trotski, cinquante-quatre, utilisent le français, l'écrivain ne parlant pas le russe. Expérience éblouissante, qui masse son ego, le romancier a devant lui pendant quelques heures un personnage historique considérable. Trotski, héros presque paternel et pédagogue paterne, a manié les mots et des hommes armés, les idées comme les masses. Ils abordent d'innombrables sujets. Cela convient à Malraux, maître dans l'art des ruptures logiques, du passage d'un thème à un autre. Ils évoquent l'individualisme et le communisme, l'art en Russie après la révolution, la défaite de l'Armée rouge en Pologne, une guerre possible entre le Japon et l'U.R.S.S. Trotski a lu *Voyage au bout de la nuit*, quelques mois auparavant. Excellent imitateur, grimaçant et gouailleur, Malraux imite Céline, croisé dans la mouvance de la maison Gallimard. L'écrivain et l'ex-homme d'État s'entretiennent de cinéma, art qui ne passionne pas Trotski. Selon Malraux, l'art communiste s'incarne plus dans le cinéma que dans la littérature. Lénine, dit Trotski, partageait ce point de vue. Quoi ! Trotski n'a vu ni *Potemkine* ni *La Mère* ?

— Quand on les a projetés au départ, explique Trotski derrière ses binocles, j'étais au front. Plus tard, on en a projeté d'autres. Quand on les a repris, j'étais en exil.

Malraux, rapportant ces propos, invente : comment Trotski au front aurait-il pu rater des films qui n'avaient pas encore été tournés ?

Malraux et Trotski marchent dans la campagne entre des vignes. Jean Van Heijenoort les accompagne. Ils sont maintenant sur un promontoire. Van Heijenoort note leurs gestes, ceux de Trotski « précis, contrôlés, didactiques », ceux de Malraux « saccadés ». La conversation touche à sa fin. Les deux hommes abordent le problème de la mort. Avec Malraux, cela est presque inévitable. Cette année-là, le jeune écrivain communiste Paul Nizan dit à Jean-Paul Sartre avoir découvert que le communisme en a fini avec le problème de la mort, du moins avec les angoisses de l'être humain devant sa fin. À Saint-Palais, Malraux dit à Trotski :

— Une chose que le communisme ne pourra jamais vaincre, c'est la mort.

— Quand un homme a accompli la tâche qu'il s'est fixée, répond Trotski, le bon sens même, quand il a fait ce qu'il voulait faire, la mort est simple.

L'un des interlocuteurs a tué de nombreux personnages romanesques, l'autre beaucoup d'hommes. Ils se séparent [8].

Comme tant d'écrivains engagés, de la fin des années vingt et au début des années trente, Malraux a une approche sans doute généreuse, mais très littéraire, des problèmes politiques. À ses yeux, la scène internationale est un grandiose et puissant décor romanesque, pas un sujet d'analyses économiques, politiques ou sociologiques. Ses œuvres romanesques charrient les idées de fraternité, de dignité et d'efficacité. L'écrivain s'intéresse à l'homme Trotski mais ne se penche pas sur ses moteurs idéologiques, « la révolution permanente », la dictature du prolétariat. Il n'est pas Engels. Il a négligé d'étudier les conditions de vie des classes ouvrières. Les questions de prix et de salaires ne le retiennent pas. Il peut parler et, surtout, écrire avec plus de sensibilité sur le sort des Indochinois qu'il connaît un peu, des Chinois qu'il imagine, que sur les Français de Lille, Paris ou Marseille. Que Lénine, Trotski ou Staline se réclament de Marx lui importe peu. Il accepte, sans se plonger dedans, certaines analyses économiques et sociales de Marx. Toutes les discussions économiques suscitent son impatience.

Les différences entre Trotski et Staline, au-delà de leur lutte pour le pouvoir, n'intéressent pas non plus Malraux. Plus que Staline, Trotski insiste sur la notion de démocratie pluraliste, la riche nécessité des discussions entre tendances diverses. Mais, difficulté de taille, il ne rejette pas l'idée, en pratique contradictoire avec le pluralisme, de l'indispensable dictature du prolétariat. Sur l'essentiel de ce qui sépare Staline et Trotski, Malraux ne tranche pas dans des essais ou des articles clairs. Il ne se préoccupe guère des stratégies de la IIIᵉ ou de la IVᵉ Internationale embryonnaire. La politique n'est pas son métier. Quadrature du cercle, il a penché pour Trotski sans s'opposer à Staline, a dénoncé la Tcheka, enfant des deux grands bolcheviks. Communistes de toutes les tendances et prolétaires du monde entier, débrouillez-vous.

Une chose importe à Malraux : l'efficacité. Pour lui, en 1933 et 1934, la menace grave vient de l'Allemagne nazie. Malgré ses « défauts », l'U.R.S.S. devient la seule alliée possible contre le nazisme allemand et le fascisme italien. De plus, selon Malraux, Staline est le seul à pouvoir mener à bien la grande révolution sociale. Critique du stalinisme au pouvoir en U.R.S.S., Trotski, vieillissant, souhaitant créer une nouvelle organisation révolutionnaire mondiale, reste isolé et presque gênant. Aux yeux de Malraux, il représente un homme d'État moderne mais vaincu, un révolutionnaire respecté mais dépouillé de sa révolution, un commandant militaire sans troupes, un acteur de l'histoire d'une grandeur tragique, dans un rôle minuscule, celui d'un chêne foudroyé. Un destin figé avant la mort ? Il subsiste en personnage du passé, respectable, admirable, mais exclu de l'histoire. Malraux ne pense pas que les gagnants ont toujours raison. Ni que Staline est exemplaire. Mais l'écrivain se comporte comme si certains perdants avaient tort. Le pouvoir ne se présente pas comme une abstraction. Que représente Trotski ? Un parcours stupéfiant. Que représentent les trotskistes ? Quelques milliers de militants, endurants, têtus, souvent pauvres, inefficaces. La justice importe, l'efficacité tout autant, sinon plus.

Malraux s'éloigne de Trotski, se rapprochant même du pouvoir littéraire soviétique. Benjamin Goriely propose une anthologie à Gallimard. Malraux écrit : « La N.R.F. ne retient pas le projet d'une anthologie de la poésie révolutionnaire dont la poésie russe se trouverait exclue. » Bientôt, Malraux refusera de défendre Victor Serge [9], trotskiste que Staline déportera [10]. Ce silence de Malraux, pensera Trotski, fait un bruit indécent.

Malraux se montrera aussi fort réticent à l'égard des auteurs représentant l'opposition de gauche au stalinisme.

Boris Souvarine travaille à un *Staline*[11]. Selon Souvarine, Georges Bataille lui aurait rapporté ce propos de Malraux : « Je pense que vous avez raison, vous, Souvarine et vos amis, mais je serai avec vous quand vous serez les plus forts. » Souvarine[12] croit que Brice Parain, « russisant qualifié, fort instruit des affaires soviétiques », recommande la publication de son livre. Faux. Parain la déconseille pour ménager les intérêts de Gallimard en U.R.S.S.

Pourtant, tiraillé par des considérations objectives et des sympathies subjectives, Malraux défendra Trotski lorsque le gouvernement français voudra l'expulser. Il signera des pétitions et prendra sa place dans un meeting salle Albouy, à côté de militants trotskistes de la Ligue communiste et des socialistes de la S.F.I.O. Il parle en compagnie d'orateurs comme Pierre Franck et Marceau Pivert. Contre les communistes du P.C.F., la révolution doit être « une », dit-il. Malraux accouche d'une belle phrase, déclarant qu'en maltraitant Trotski, « on humilie une part de la force révolutionnaire qui fit trembler Saint-Pétersbourg ». Formule d'un soir.

Malraux se rapproche, de jour en jour, du P.C.F., donc des anti-trotskistes acharnés. Mais jamais il ne se pose la question d'une adhésion personnelle au Parti. Il reste indépendant, s'offrant ainsi un luxe dangereux : il ne voit pas de près ce parti, son bureau politique, son comité central, le centralisme prétendument démocratique. Il ne sent pas à quel point le P.C.F. ne sera jamais un parti comme un autre, la S.F.I.O. ou le Parti radical et radical-socialiste. Derrière ses façades, sa presse, ses propos et ses slogans, derrière la bonne volonté de ses militants, le P.C.F. forme en France une contre-société. Pour comprendre une famille politique comme le P.C.F., il faut souvent en faire partie, au moins un temps.

De plus, qui ne veut pas savoir ne voit pas. Myope devant le Parti, comme beaucoup des citoyens « de gauche », Malraux l'est aussi devant le régime stalinien. À Berlin ou Rome, la dictature existe. Malraux ne la perçoit pas aussi bien à Moscou. Il ne se demande pas si, dans les faits, plus cruels que les doctrines, cette dictature du prolétariat ne se serait pas transformée en dictature de petits-bourgeois bornés. Ni si l'indépendance politique, les libertés de la classe ouvrière, de toutes les classes, constitue réellement une variable indépendante de la liberté économique[13]. Il ne s'interroge pas sur la nécessité des nationalisations des moyens de production et de distribution. Malraux ne dresse aucun bilan du socialisme réel. Pas plus qu'un Paul Nizan, communiste, et moins qu'un André Gide, sympathisant retors, il n'envisage une critique radicale de la politique de Staline. Qui veut la fin doit accepter les moyens? Cet alibi, qui se veut réaliste, aveuglera ou ankylosera des millions d'esprits imposants ou légers. Une utopie socialiste, point final, est le seul avenir possible de l'humanité.

Malraux n'est pas toujours convaincu que l'histoire ait *un* sens inévitable, irréversible. Trop volontariste pour se vouer à l'historicisme, il a survolé Nietzsche ou Spengler comme Marx ou Lénine. Cependant il agit en public comme si l'histoire, portée en cette période du xxe siècle par la révolution née en U.R.S.S., avait le sens prescrit par les communistes staliniens. Ignorance, opportunisme, faux calcul, désinvolture anarchisante? Serait-il un dandy de la politique comme il le fut en littérature à ses débuts [14]? Il faut, bien sûr, tenir compte de l'époque, de ses aveuglements et confusions, de ses espoirs et de ses illusions, de ses fausses ou feintes ignorances. « Voir alors avec les yeux d'alors... » Malraux n'est pas trotskiste mais il a été aveuglé, le temps d'un article sur un de ses livres et au cours de quelques pétitions en faveur de l'exilé. Ce fut un bref tropisme.

13

Les camarades soviétiques

Le 30 mai 1934, l'égérie de Louis Aragon, Elsa Triolet, à la méchanceté certaine et au talent incertain, écrit à sa sœur Lili Brik[1] : « Ces jours-ci, les Ehrenbourg partent avec Malraux, de Londres, par bateau. S'il vous arrive de rencontrer Malraux, pour votre gouverne personnelle, n'entrez pas en relations amicales. Il est mauvais, dangereux. Voilà tout. Écrivez-moi tout. Ne nous oubliez pas. » Dans une autre lettre, le 8 juin, la compagne d'Aragon, signant encore Élia, précise pour sa sœur : « Les Ehrenbourg sont partis au congrès avec Malraux. Il me semble que je vous ai déjà prévenus de ne pas vous lier inopinément avec lui [Malraux][2]... »

En effet, après un week-end à Londres et une traversée sur le *Dzerjinski*, paquebot soviétique nommé en l'honneur du saint patron du service de la sécurité d'État soviétique, les Malraux et les Ehrenbourg débarquent à Leningrad le 14 juin. Ilya prend des photos avec son Leica. Les journaux soviétiques, *Izvestia* en tête, signalent l'arrivée du prix Goncourt 1933. Paul Nizan, normalien, agrégé de philosophie, romancier membre du P.C.F., travaillant à Moscou, auteur d'un pamphlet provocateur sur la philosophie française officielle, *Les Chiens de garde*, les accueille.

Vigilantes, l'Union des écrivains et la V.O.K.S. (Société pour les relations culturelles avec l'étranger) veillent. Deux jours avant l'arrivée de Malraux, Nizan a présenté l'auteur de *La Condition humaine* avec habileté dans la *Literatournaïa Gazeta* : « Malraux n'est pas un écrivain révolutionnaire... ces jeunes écrivains de renom... sortis de la classe bourgeoise, destinent cette classe à une mort naturelle et se rallient au prolétariat. Mais cette alliance contient des raisons personnelles sans rapport avec la cause révolutionnaire. » Les autorités ont mijoté le programme. Quatre jours après l'article de Nizan, le même journal publie un entretien avec Malraux[3]. Le congrès auquel il participera avec des Français, Jean-Richard Bloch, Vladimir Pozner, estime Malraux, doit se pencher sur les problèmes de la littérature occidentale : « Il faudra chercher à déterminer quelle est la forme la plus susceptible de permettre à la littérature révolutionnaire d'atteindre son but. Satire du capitalisme direz-vous ? Il est vrai que les sujets se prêtant à la satire ne manquent pas. Mais la satire est toujours conditionnée, schématique, alors que nous devons viser à une représentation artistique complète de la réalité, à la création de représentations littéraires achevées. » Malraux se contente de quelques remarques décodables concernant les romans soviétiques. En France, explique Malraux, ils sont mal servis par des traducteurs sous-payés. Comment fignoler un travail si l'on touche 2 000 francs pour deux ou trois mois de travail ?

Les Soviétiques couvrent Malraux de fleurs et de réceptions. À l'hôtel Astoria, on lui présente l'auteur conformiste Alexis Tolstoï. Pendant ce voyage, Malraux prend des notes [4]. Sur Alexis Tolstoï :

« Le seul qui soit habillé avec élégance. Chaîne de platine. Ils semblent le considérer tous avec respect. Reconnaît qu'il est lu par des quantités de lecteurs, mais le reconnaît presque amèrement, et le ton de voix semble dire : "Ils avalent tout ce qu'on leur donne, il n'y a pas de quoi être fier."

— L'essentiel de l'art, me dit-il, est dans l'opposition entre réalisme et naturalisme. Le naturalisme, c'est la photographie. Ça n'a pas d'intérêt. Le réalisme, c'est de conserver des personnages vrais, mais en leur donnant quelque chose de plus (je n'ai pu savoir s'il voulait dire : leur donner leur sens, ou en faire des types). Le naturalisme, c'est Anna Karenine. Le réalisme, c'est *Guerre et Paix*, Flaubert, Balzac.

M. [*Malraux*] — Reste à savoir si la photo existe. Car si c'est Anna K[*arenine*], ça n'est pas convaincant. Je crois plutôt à la volonté de photographier qu'à la ph[*oto*] elle-même, à cette volonté comme valeur.

Quelle est cette femme blonde ? »

Fort sollicité, Malraux écrit des articles, livre des comptes rendus de films. À propos du documentaire de Dziga Vertov, *Trois Chants sur Lénine*, il écrit : « Une des réussites éminentes du film soviétique... Nous sommes en face d'une œuvre d'art d'une valeur évidente... Remarquable... Émotion virile, forte et simple... L'impression d'une grande tradition russe, de Pouchkine à Tolstoï... Je pensais à la scène illustre de *Guerre et Paix* : si tu meurs, Prince André, je souffrirai cruellement. » Malraux conclut : « Et la réussite de ce film pose une *question* considérable, que je ne ferai qu'effleurer ici : celle de la permanence, à travers les civilisations différentes. L'art de Vertov consiste à exprimer le plus d'intensité possible avec le moins de moyens possible. Il est curieux, et presque poignant, de voir un metteur en scène soviétique créer une grande œuvre en se posant le même problème technique que Giotto ou Piero Della Francesca [5]. »

À Moscou comme à Leningrad, se succèdent des rencontres avec les comités d'écrivains, fécondes, banales ou soûlantes aux deux sens. Clara et André logent à l'hôtel National réservé aux célébrités. Nizan, en poste à Moscou, est moins bien traité. Comme la quasi-totalité des invités, les Malraux notent, sans plus, la pénurie, pas la misère ou l'inefficacité du système. Aveuglement, hypocrisie ? Camarades ou compagnons de route, les visiteurs ne veulent pas voir le socialisme réel. Cependant, Malraux écrit dans son embryon de journal : « Au zoo. Le gardien du chimpanzé, à qui l'on demande "est-ce que le singe mange du pain ?" répond, amer : Oui, mais seulement celui qu'on fait pour les étrangers : pas le nôtre. »

Malraux ne semble pas sentir la surveillance permanente cernant les hôtes du congrès. Ni que des proches, qui vont devenir ses amis, « commentent » ses propos et activités pour les services soviétiques et le N.K.V.D. [6], successeur de la Tcheka. Cette surveillance passe par les interprètes, des membres de la V.O.K.S., de l'Union des écrivains... Les gens qui l'accueillent et ses « amis » font le boulot d'espionnage. Les rapports écrits ou oraux livrés au Parti et aux services, secrets ou non, sont naturels, structurels dans ce système totalitaire : *tout* lui *revient* de droit. La dénonciation fait partie de l'*homo sovieticus*, homme nouveau. Dans chaque régime communiste on retrouve la polyvalence du cadre, tantôt journaliste, diplomate, écrivain, tantôt correspondant des services secrets ou liés au département N.K.V.D. dépendant du commissariat du peuple à l'intérieur dès 1934. Cette multiplicité des fonctions interchangeables ne densifie pas les compétences, sauf dans l'espionnage.

Ehrenbourg et Koltsov sont chargés de travailler cet auteur célèbre, intelligent, cultivé, souvent intuitif. Ils ne s'occupent pas que de Malraux. Koltsov, rédacteur en chef d'*Ogoniok* et du satirique mais prudent *Krokodil*, travaille aussi à la *Pravda*, ce qui lui laissera le temps de participer, comme député, aux séances épisodiques du Soviet suprême. Il a l'oreille et l'œil de Staline qui l'apprécie — pour le moment [7]. Ehrenbourg a une plume rapide. Avec Koltsov, il chaperonne Malraux, mieux que Babel qui a une fâcheuse tendance à dire ce qu'il pense de la situation économique, politique et sociale en U.R.S.S.

Le salaire mensuel moyen d'un ouvrier soviétique est de

125 roubles, multiplié par trois pour un stakhanoviste. Une institutrice gagne autour de 120 roubles, un médecin 200. Salaires de 40 à 50 roubles par mois chez les infirmières. Il y a deux prix de vente, celui des aliments rationnés et celui du marché libre. La viande coûte de 2 à 4 roubles le kilo avec tickets, de 5 à 12 roubles sans ; les pommes de terre : 20 kopecks ou deux roubles ; le pain du peuple — cher au gardien du chimpanzé — de 36 à 60 kopecks. À Moscou, l'approvisionnement semble meilleur qu'à Leningrad ou dans d'autres villes. Ration d'un ouvrier d'une industrie moscovite : un cinquième de pain, 350 grammes de pommes de terre et de légumes, de 30 à 40 grammes de viande ou de poisson, 40 grammes de sucreries ou de sucre par jour. Dans les restaurants et « palaces », Europe ou Grand Hôtel, la norme est de trois kilos de viande par mois et par personne. Les camarades étrangers ont droit à neuf kilos de viande. La population moscovite paraît aux visiteurs habitués un peu mieux vêtue que quelques années avant. Mais les vêtements manquent de style et leurs tissus de mauvaise qualité sont inexportables. On épargne toutes ces ennuyeuses données, détails superflus, aux congressistes. Les étrangers disposent d'hôtels, de magasins, de rations spéciales. Ils ne se doutent pas — pas tous — que la société soviétique vit dans des conditions pires que celles de certains pays pendant la Première Guerre mondiale [8]. Pour la plupart, ils ne veulent ni voir ni savoir. Ils côtoient des privilégiés et des convaincus. Le purgatoire mène au paradis, ça va de soi. Comment les écrivains venus d'Occident sauraient-ils que la collectivisation forcée, la « suppression » des koulaks, leur expropriation et leur déportation, ont provoqué un déclin dramatique de l'agriculture ? La démentielle politique antipaysanne de Staline crée la famine depuis 1932. Elle se prolongera jusqu'en 1933. Mais les congressistes peuvent, s'ils le veulent, faire des calculs édifiants. Ce que fera Pierre Herbart pour Gide [9]. Il y a eu en France de nombreuses publications et articles descriptifs et critiques, attribués à la « contre-propagande ». Certains visiteurs, comme Aragon, sont au courant. Leur fausse myopie est idéologique ou pragmatique.

Malraux fait part de ses projets à ses interlocuteurs :

— J'ai commencé un roman sur le pétrole. Le pétrole est un domaine où les intérêts de l'impérialisme s'opposent à la Russie soviétique. Mon roman se passera en Perse et à Bakou où je compte me rendre. J'ai l'intention de représenter l'ouvrier pétrolier soviétique [10].

Pour Malraux, un projet de livre devient un livre commencé et un manuscrit qui ne le satisfait pas se transforme en livre disparu. Le souhaitable possède une vérité transcendant l'existant. L'essence imaginaire précède l'existence triviale et peut même s'y substituer. Malraux parle beaucoup de cinéma. La société Mejrabpomfilm, coopérative d'artistes, d'ouvriers et d'étudiants, l'attend. Il travaille, annonce-t-il, là, au scénario de *La Condition humaine*. Le film sera tourné par le cinéaste hollandais Joris Ivens ou par Alexandre Dovjenko. L'écrivain doit rencontrer Meyerhold qui portera *La Condition humaine* à la scène.

Malraux tranche de tout. Certains l'accusent d'être pacifiste? Ridicule! Il est « un écrivain révolutionnaire ». Autant pour Nizan. « Si la guerre éclate, dit Malraux, je pense que c'est le Japon qui la commencera. Je travaillerai le premier à la formation d'une légion étrangère et dans ses rangs, le fusil à la main, je défendrai l'Union soviétique, pays des libertés. » Malraux nage dans la rhétorique, envisageant la formation d'une légion étrangère. Un thème prend racine.

La femme de Paul Nizan, Henriette, et Clara Malraux s'entendent assez bien, André Malraux et Nizan, très bien [11]. Nizan daube parfois sur les patrons et le Parti. Pour lui, la culture politique et philosophique de Malraux reste mince, mais son *expérience* considérable. Malraux, quatre ans seulement de plus que Nizan, a parcouru l'Asie. En Asie, le cadet n'a pas encore poussé plus loin qu'Aden. Pour Nizan, les inventions et les vœux de Malraux — j'ai été un membre important du Kuomintang, j'ai fondé le parti *Jeune Annam*, je commanderai une légion étrangère — campent un personnage, une personnalité exploitable par le mouvement communiste. Avalant des brochettes, les Nizan écoutent avec plaisir Malraux décrivant un bouddha de jade. Malraux adore la viande rouge, surtout de qualité, rare à Moscou, même pour les invités privilégiés. Au congrès, l'excès de nourriture menacera les participants. Le foie de J.-R. Bloch lui donnera des soucis.

Henriette Nizan et Marguerite Bloch, femme de Jean-Richard, se lient. Marguerite envoie des lettres à ses enfants [12] : « Je commence aussi à connaître la femme de Malraux intimement... C'est un couple d'une intellectualité formidable. Lui parle de tout; elle sait beaucoup de choses et les raconte volontiers, mais c'est sa propre psychologie qui l'intéresse surtout [13]. » Le couple Clara-André épouvante aussi Mme Bloch : « Les Malraux sont des gens terribles. Lui parle exactement comme il écrit. Une logique très serrée mais discontinue et très secrète; moi ça me fatigue beaucoup. Et puis il est horriblement dédaigneux... Il a des tics nerveux très pénibles à voir. » À Moscou comme à Paris, un peu d'alcool calme les tics (le

S.G.T.) de Malraux. Beaucoup d'alcool les stimule. Selon Henriette Nizan, Clara souhaite recoller les morceaux de son couple éclatant et éclaté. André ne l'aide pas, qui s'intéresse de près à Boleslava Boleslavskaïa, jeune femme aux yeux gris, aux dents noircies et aux jambes superbes. Traductrice, interprète de Malraux, elle fait des rapports sur les camarades étrangers. Boleslava se prend plus d'amitié pour Henriette que pour Clara, qui surveille André. Ce dernier et Boleslava ont quelque mal à se retrouver en tête à tête [14]. À chaque étage des hôtels, siège devant une table une *dejournaïa*, responsable des clefs. Elle enregistre pour la police rencontres, heures de sortie et de rentrée des hôtes.

Malraux discute avec ses éditeurs russes potentiels. À la maison d'édition de Leningrad, il écrit [15] :

« Camarades,

J'attendais pour vous envoyer la préface d'avoir reçu votre contrat. Deux points n'y figurent pas : le premier, que votre tirage initial sera de 10 000 ex. ; le second, que l'édition de Moscou pourra paraître également. Je vous serais obligé de me les confirmer séparément, ou de m'envoyer un contrat où ils figurent.

Pour le prochain roman, je crois parvenir à m'entendre avec Moscou pour que vous en soyez l'éditeur.

Si vous êtes d'accord, vous pouvez commencer le tirage et vous pourrez ainsi paraître les premiers. Je vous enverrai la préface dans quelques jours de toute façon.

Croyez-moi, je vous prie, cordialement à vous. »

Puis :

« Cher Camarade,

Non, il n'est pas question entre nous ni de droit, ni d'argent. J'accepte d'office, je vous l'ai dit, votre contrat sur ce point. Ce qui m'importe c'est la garantie de tirage à 10 000, même si les droits n'étaient que sur 5 000. Car, si le tirage de Leningrad doit être inférieur en nombre à celui de Moscou, il est évidemment absurde que j'envisage pour le prochain roman de traiter avec Leningrad, puisque ce qui m'importe ce n'est pas d'être payé, mais d'être lu.

Cela dit, et mon point de vue étant ici fort clair, je vous retourne le contrat signé pour qu'il n'y ait rien entre nous qui ressemble à un marchandage de ma part. Faites pour le mieux et envoyez-moi votre projet de contrat pour mon prochain ouvrage.

Croyez, cher camarade...

Vous recevrez la préface dans le courant du mois. »

La préface ne sera pas rédigée. Malraux n'est pas avare comme un Montherlant. Mais il n'a pas œuvré chez Gallimard sans apprendre les ficelles du métier. L'U.R.S.S. n'a signé aucune convention internationale sur les droits d'auteurs mais paye les écrivains à soigner.

Éditeur et fureteur, en mission pour Gallimard, Malraux découvre un livre de Lev Kassil, *Schwambrania*. Il souhaiterait qu'Henriette Nizan le traduise en français avec Véra Ravikovitch. Malraux choisit le titre, *Le Voyage imaginaire*. Deux garçons traversent la révolution tout en se créant un monde privé, la Schwambranie, peuplé de personnages symboliques, faisant parfois surface dans le monde réel. L'U.R.S.S. des invités étrangers, en 1934, paraît à moitié réelle et à moitié imaginaire.

Cinq semaines, Malraux fréquente l'intelligentsia moscovite. Ehrenbourg, l'accompagnant, signale l'importance de Malraux aux responsables du congrès. Les deux écrivains assistent à la présentation d'un film documentaire, *La Rencontre des marins du brise-glace Tcheluskine*. Malraux prononce un discours sur le montage littéraire, expliquant comment il a construit *Les Conquérants* et *La Condition humaine*. Il assiste à une séance de la Commission française du M.O.R.P., l'association internationale des écrivains révolutionnaires. Boleslava traduit.

Au début d'août, les Malraux partent pour l'ouest de la Sibérie, visitent Novossibirsk, Oïrot [16], Stalinogorsk, des sovkhozes et des kolkhozes modèles [17]. Malraux gribouille :

« Télégramme du gouvernement au village : "Les relations sexuelles entre hommes et femmes sont interdites." Une certaine inquiétude, tout de même. Puis un malin (comme en France) qui se met à comprendre. "Ça doit être pour réserver toute notre énergie collective à la moisson." Un, qui n'a rien dit, se rend à la poste. La postière est une jeune paysanne de seize ans, fraîche émoulue de l'école. Il demande le télégramme : "Oh, dit-elle, je l'ai jeté. Il est arrivé tout brouillé et idiot. Là-bas, on ne fait vraiment pas attention à ce qu'on fait, on envoie des stupidités." Ainsi, voyons ce qu'il y avait ? "Les relations sexuelles entre hommes sont interdites." C'était idiot. Alors, évidemment, j'ai rectifié. »

Petits faits vrais, clichés pris au passage par l'œil photographique de Malraux :

« Sibérie

Le partisan avec le fusil qui porte la baïonnette avec laquelle on a tué son fils...

Le type qui doit en tuer un autre pour que ce dernier touche l'argent de l'assurance...

Les grands sapins noirs sur le jaune épais des blés coupés [*mot biffé*].

Le trans-sibérien abandonné comme un bateau au milieu de [*mot biffé*].

Rues qui finissent en pistes.

Champs de pommes de terre en fleurs [*mot biffé*].

Un monastère au-dessus d'un village de chaumes apparaît tout à coup dans le trou d'une forêt de sapins [*mot biffé*]. »

Les autorités soviétiques savent construire des villages à la Potemkine. On se joue de Malraux, présenté comme un éminent écrivain français s'intéressant à l'ethnographie de la Sibérie et aux anciens peuples nomades. Un journal sibérien rapporte à quel point des canons, moulés par des partisans, impressionnent Malraux. Comment les bolcheviks sibériens ont-ils pu battre l'armée blanche avec ces armes imparfaites ? Pendant ces excursions, Malraux se passionnerait aussi pour l'élevage des renards argentés, affirment des reporters soviétiques. Il faut un effort pour imaginer Clara — et André ! — fascinée par des crèches ou des ateliers de repassage. Face aux journalistes convoqués, Malraux s'explique : il tentera « de créer l'image de l'homme soviétique nouveau avec une conscience transformée au cours de l'édification socialiste ». Manipulé, manipulateur, cérémonieux, n'en pensant pas moins, ce Malraux bêtifiant ? Il a pu dire que ni la France ni l'Angleterre n'avaient sédentarisé les peuples nomades « dans leurs colonies d'Asie et d'Afrique ». A-t-il vraiment affirmé que seules « les conditions du travail socialiste » pouvaient fixer ces peuples sur place, et souligné sa passion pour « la création des nouveaux cadres supérieurs » ? Robotisé, est-il victime de la mise en condition à laquelle s'emploient les accompagnateurs messianiques ? A-t-il juré que la nouvelle intelligentsia en Oïrotie, comme tous les intellectuels d'Union soviétique, « différerait de l'intelligentsia bourgeoise sous plusieurs rapports » grâce à sa force de caractère ? Selon Malraux, ou du moins selon des propos qu'on lui attribue dans la presse, l'Union soviétique, grâce au marxisme, aurait accompli l'unité politique et sociale de races différentes. Comme tant d'invités étrangers, Malraux ne dit peut-être pas ce qu'il croit, mais parfois ce que l'on veut lui entendre dire. Les officiels sibériens se satisfont de sa courtoisie amphigourique, comme les apparatchiks rédigeant leur rapport à l'étape.

Pendant longtemps, la majorité des intellectuels étrangers n'auront pas la moindre idée de la misère et de l'arriération du prolétariat soviétique. Ouvriers et ingénieurs, pendant leurs stages en U.R.S.S., eux, les découvrent [18]. Les devises étrangères sont recherchées au marché noir, Malraux le voit. Tous les camarades français, britanniques ou américains ne changent pas leurs devises au marché blanc, dans les banques. Malraux et d'autres se contentent d'un coup d'œil : pour reprendre la distinction de Bertrand Russell, sa connaissance directe de l'U.R.S.S., *by description*, est encore plus faible que sa connaissance indirecte, *by acquaintance*. Malraux se contente encore de constater que les privilèges varient comme les prix. Il note : « Le point de vue [*mot biffé*] Toute opinion des touristes où le rouble entre pour quelque chose est idiote : la valeur d'achat du rouble est liée, non à la monnaie même, mais à la collectivité à laquelle appartient la personne qui l'emploie : la coopérative de tel Soviet donne pour un rouble un repas cinq fois meilleur que celle de tel autre. Si bien qu'appartenir à une coopérative déterminée, à un Soviet déterminé, est plus important que gagner plus ou moins d'argent. »

Pendant deux semaines, en Sibérie, Malraux systématise sa vision de l'U.R.S.S. Survolant la réalité sociale et économique, il avale la propagande stalinienne, surtout à propos des koulaks massacrés : « Koulak, note-t-il. Au plus mauvais moment de la Révolution, quand les villes affamées tendaient toutes leurs forces pour la construction, qu'arrivait-il à la campagne ? La naissance du capitalisme. Parmi ces paysans une éternité de servitude se formait [19], à ce moment même, la classe des plus habiles ou des plus roublards, avec des âmes de fermiers américains. Nous croyons que les koulaks étaient d'anciens paysans riches. Du tout. Ils étaient les nouveaux parvenus... Étonnant pouvoir de l'homme, lorsqu'il ose gouverner. Périodiquement, un sourd effort ramène le pire. Depuis Lénine, l'histoire du P.C. est celle d'une série de Volontés. »

Malraux ne discerne pas, dans les koulaks, les fantasmes sanglants du génial Staline. Les Soviétiques traitent Malraux presque aussi bien que Romain Rolland, l'intellectuel français le plus privilégié. L'encadrement, le plus souvent, tue l'objectivité de l'encadré. Moins potemkinisé, Céline transformera ses expériences en conscience plus proche du réel. Parti en adversaire, il tentera sur place de contrer la propagande soviétique. Membres du P.C.F., Nizan et sa femme, pour leur part, reviennent « enthousiasmés [20] » d'un périple en Asie centrale qui les mena du Tadjikistan à Stalinabad. Le sympathisant ou le militant voit souvent, en toute bonne foi, ce qu'il cherche.

Vient enfin ce pour quoi tant de gens célèbres et obscurs, corruptibles et intègres, ont été conviés à Moscou, le Congrès des écrivains soviétiques [21]. Du 17 août au 1er septembre il siégera de 10 heures du matin à 14 heures, puis de 18 à 22 heures, pour écouter, plus ou moins, écrivains soviétiques et étrangers, délégués ouvriers, kolkhoziens, pionniers. Sept centaines d'écrivains, autant de cadres du Parti et de policiers crèvent de chaleur dans l'immense hall des colonnes de la Maison des syndicats. Certains admirent la mise en scène, la profusion de plantes vertes, un buste de Lénine, les portraits de Staline et de Gorki. Derrière la scène, où trône le présidium, un immense panneau de toile rouge permet aux projecteurs, balayant la salle et la scène, de jouer avec les éclairages. Maxime Gorki doit ouvrir la première séance. Il paraît. Un projecteur l'aveugle.

— Enlevez-moi cette bougie, proteste le vénérable écrivain.

Les micros ne fonctionnent pas. Qu'importe. La moustache telle qu'en elle-même, Gorki, ravi, attaque un discours de trois heures. Même dans l'U.R.S.S. stalinienne, il paraît interminable. Des congressistes s'éclipseront pour se restaurer. Les buffets sont abondants. Lorsqu'ils souhaitent que la salle reste pleine, les organisateurs ferment les buffets. Camarades intellectuels, écoutez, affamez et assoiffez-vous.

Le congrès se tient conformément aux consignes du Comité central. Les écrivains, déclarait Staline en 1932, sont les ingénieurs de l'âme humaine. Youri Jdanov, idéologue inculte de la culture, veut imposer la doctrine carrée et mutilante du réalisme socialiste dans le roman, la poésie, la peinture, la musique. Dix-sept ans après la révolution, la création et les créateurs sont surveillés, encouragés, découragés, tenus, ne serait-ce que sur le plan financier.

Deux ans avant ce congrès, les associations d'intellectuels ont été réorganisées [22]. Désignés par le Parti, les dirigeants des syndicats gèrent l'argent et les contrats, des poètes aux metteurs en scène. Il s'agit de construire « le socialisme dans un seul pays », et un seul art dans le socialisme. L'artiste socialiste doit représenter la vie, non pas le vécu, esquisser cet avenir radieux tel qu'il devrait être, et non pas tel qu'il se profile, de moins en moins lumineux. Tirés de la vie quotidienne, visant les travailleurs, les sujets des romans ou des films doivent être accessibles à tous. Ce simplisme s'offre à lui-même des raisons : les communistes soviétiques gouvernent une nation et plusieurs nationalités de paysans prétendument arriérés. À terme, il faut transformer, démouler au marteau et au ciseau, casser puis remouler idéologiquement travailleurs et artistes, induisant une schizophrénie terrible, cruelle : toute commande ayant sa source dans un organisme d'État, certains écrivains mènent une double vie pour survivre. Ils travaillent selon la ligne et gardent, dans leurs tiroirs, les écrits auxquels ils tiennent.

Effrayés, parfois terrorisés, souvent incompétents et rigides, les fonctionnaires de la culture font régner un climat étouffant. La recherche universitaire pâtit aussi. Mieux vaut s'occuper du haut Moyen Âge que d'histoire contemporaine. Les travaux académiques sont truffés de protectrices citations, sans rapport avec le texte. Mais ces notes, renvoyant à Marx ou à Lénine en bas de page, donnent aux travaux universitaires des certificats de conformité et de bonnes mœurs communistes. La science-fiction échappera un peu à la vigilance des censeurs [23].

À l'étonnement de nombreux participants, Russes, Ukrainiens, Biélorusses ou étrangers, comme Malraux, Gorki diffuse les consignes. Boleslava traduit pour André. Une partie de la claque applaudit les tirades orthodoxes de Gorki. Mi-figue, mi-raisin, l'air entendu, Nizan sourit. Quelques-uns comme Babel se crispent. Au fur et à mesure que Gorki, qui a écrit son discours, progresse, Malraux, secoué de tics, s'impatiente. Gorki se répète. En tant qu'athée matérialiste, explique-t-il, il méprise l'Église et toutes les philosophies, hormis le marxisme-léninisme. Malraux pourrait peut-être accepter que le vieil écrivain, faisant sa cour à Staline, vomisse avec vulgarité Kant, Platon et Bergson, qu'il n'a pas lus. Mais prétendre que Dostoïevski, produit du capitalisme ou de l'impérialisme, n'a rien compris à la psychologie humaine, c'est aller trop loin.

— Camarades, dit Gorki, la vraie littérature, la vérité authentique, on la trouve dans les héros populaires ; ces héros antiques et toujours présents dans les classes laborieuses.

On fait comprendre aux assistants qu'il serait discourtois de quitter la salle [24]. Malraux et d'autres sont d'autant plus surpris qu'une quinzaine d'années avant, Gorki s'opposait à Lénine [25]. Il publia des *Pensées intempestives*. Lénine et Zinoviev l'expédièrent à l'étranger pour se soigner. Gorki revenait chaque été en U.R.S.S. et, finalement, il s'y installa de nouveau. Ses propos à la tribune font-ils partie du prix à payer pour une autorisation de résidence permanente [26] ? En 1934, Gorki semble dans sa période de bassesse. Les congressistes en bénéficient. Même Nizan plaidant avec cynisme les exigences de la construction du socialisme en U.R.S.S., « forteresse assiégée », estime que Gorki en remet. Gorki a vécu aux États-Unis. Le roman policier, proclame-t-il, fut inventé par les bourgeois capitalistes pour écraser la conscience de classe du prolétariat. Dans la littérature bourgeoise, il repère partout des assassins et des voleurs. La littérature, la vraie, la bonne, conclut-il, doit se consacrer aux progrès du socialisme. Pour les écrivains, il n'y a qu'un héros, la classe ouvrière. Gorki a découvert une loi du matérialisme dialectique littéraire : en Union soviétique, où il

n'y a ni gouvernant ni gouverné, mais des hommes fraternelle-
ment unis dans l'édification du socialisme, affirme Gorki, le
niveau de l'art littéraire ne peut que s'élever au rythme des techniques. D'autres orateurs développeront le même thème. Malraux bougonne, complétant les notes de son discours. Un
organisateur suave lui a demandé de le parcourir. Malraux
refuse, prétextant qu'il ne l'a pas terminé. Le congrès chante le
réalisme socialiste. L'intervention de Karl Radek, membre de la
commission organisatrice de ce congrès, exaspère Malraux.

Nizan, sphinx, sourit derrière ses lunettes. Radek a loué le
réalisme de Balzac mais attaqué Proust, « galeux incapable
d'agir », et Joyce, « tas de fumier où s'agitent des vers ». Les
petites mains culturelles s'enivrent d'insultes. Cela évite de penser. Gustave Regler, écrivain allemand, et Ilya Ehrenbourg
tentent de calmer Malraux.

— Si Radek pense ce qu'il dit, il est très con, glisse-t-il à
Nizan. S'il ne le pense pas, c'est une fripouille.

À la tribune, pour l'essentiel, Malraux ne biaisera pas. Il ne
serait pas là s'il ne se sentait lié à l'Union soviétique, affirme-
t-il :

— Je... vous parlerai comme un homme parle à des
hommes, sur ce qui les unit et sur ce qui les divise...

En U.R.S.S. et ailleurs, les intellectuels ne jouissent pas de
la même situation :

— Vous pouvez déjà travailler pour le prolétariat. Nous,
écrivains révolutionnaires d'Occident travaillons contre la bourgeoisie... Quel est le caractère fondamental de la civilisation
communiste, pour un écrivain occidental ?...

Malraux fait quelques concessions :

— Vous avez pris les femmes opprimées du tsarisme et
vous leur avez fait confiance et, de cette douleur et de cette
misère, vous avez fait la femme soviétique. Vous avez pris des
enfants et vous leur avez fait confiance, même aux enfants hors
la loi et vous en avez fait des pionniers.

Dans les rues, Malraux a vu ces gosses aux parents déclarés
« ennemis du peuple ». Pour éviter l'arrestation et l'envoi dans
des « colonies pour enfants », ils se cachent. On les appelle *bez-
prizornis*. Avant le congrès, dans son journal, Malraux a noté :

« Le dernier poème de Maïakowski, celui qu'il écrivit à
l'instant de mourir "Camarade Gouvernement", etc. est devenu
la chanson des enfants abandonnés. Il a en russe une assez
grande forme de rythme pour que tous le sachent, et ils le
chantent, quand ça les prend, en chœur, avec un air de
complainte amère, ravis par les roubles sur le tiroir.

Ô destin de Villon, si l'on chantait à Fresnes ces ballades !

Quant à Lili ! (Elle vit en province, remariée à un général de l'Armée rouge [27].) »

À la tribune du congrès, Malraux martèle :

— Vous avez pris des saboteurs, des assassins et des voleurs et vous leur avez fait confiance, vous en avez sauvé et, avec eux, vous avez construit le canal de la mer Blanche, et l'on dira : « À travers tous les obstacles, à travers la guerre civile et la famine, pour la première fois depuis des millénaires, ceux-là ont fait confiance à l'homme. »

À un passage oratoire agressif, « Je vous parlerai comme un homme », succède un compliment : « Vous avez pris... » Malraux fait l'économie des souffrances des bagnards creusant le canal de la mer Blanche. Il arrive au cœur de son propos. Selon lui, il y a un « malentendu » [*mot poli*] entre les gens du dehors et ceux de l'intérieur. Stupéfaits, ahuris, s'épongeant le front dans la chaleur épaisse, les congressistes entendent Malraux s'en prendre au réalisme socialiste !

— L'image de l'U.R.S.S. que nous donne sa littérature, l'exprime-t-elle ?...

L'orateur détache ses phrases :

— Dans les faits extérieurs, oui. Dans l'éthique et la psychologie, non. Parce que la confiance que vous faites à tous, vous ne la faites pas toujours assez aux écrivains...

Habile, Malraux lance un avertissement :

— Prenez garde, camarades, l'Amérique nous le montre... qu'à exprimer une puissante civilisation, on ne fait pas nécessairement une puissante littérature, et qu'il ne suffira pas ici de photographier une grande époque pour que naisse une grande littérature.

Enfonçant le clou, il poursuit :

— Si les écrivains sont les ingénieurs des âmes [*expression capitale*], n'oubliez pas que la plus haute fonction d'un ingénieur, c'est d'inventer... L'art n'est pas une soumission, c'est une conquête...

Crime de lèse-Staline. Imprévisibles, ces Français. Communiquant son discours à la presse [28], pour les oublieux, Malraux met des guillemets à la phrase : « les écrivains sont... ». L'allusion à Staline, limpide, constitue un défi largué en pleine grand-messe comme une bombe incendiaire. Pour un Soviétique, elle constituerait un délit passible de prison, sinon de camp. Malraux ne pouvait se montrer plus clair. Il s'accorde cependant quelques formules nébuleuses :

— Le marxisme, c'est la conscience du social ; la culture c'est la conscience du psychologique.

Devrait-on en conclure que la culture n'est pas marxiste ?

Malraux s'appuie sur des lectures sommaires de Marx, Nizan l'a constaté :

— À la bourgeoisie qui disait l'*individu*, le communisme répondra : l'*homme*. Et le mot d'ordre culturel que le communisme opposera à ceux des plus grandes époques individualistes sera le mot d'ordre qui, chez Marx, relie les premières pages de *L'Idéologie allemande* au dernier brouillon du *Capital*, c'est : « plus de conscience ».

Deuxième défi, Malraux ose lancer :

— Si vous aimez tant vos classiques, c'est d'abord qu'ils sont admirables ; mais n'est-ce pas aussi parce qu'ils vous donnent de la vie psychologique une notion plus riche et plus contradictoire que les romans soviétiques ?...

Coup de pied de l'âne :

— Les œuvres que vous admirez le plus, celles de Maxime Gorki, n'ont jamais cessé, tout en demeurant accessibles à tous, de présenter ce caractère de découverte psychologique ou poétique que je réclame ici. J'appelle découverte poétique, le spectacle des nuages dont le prince André Bolkonski, blessé et couché sur le dos à Austerlitz, découvre la sérénité au-dessus de la douleur et de l'agitation des hommes...

L'écrivain français termine son discours avec quelques politesses barbelées : des œuvres nouvelles porteront à l'étranger le prestige culturel de l'U.R.S.S. Malraux cite en exemples Pasternak et Vladimir Maïakowski qui s'est suicidé quatre ans avant. Staline apprécie toujours sa poésie et fait savoir que « l'indifférence à sa mémoire et à son œuvre est un crime ». On ne sait si Maïakowski se tira une balle dans le cœur pour des raisons sentimentales ou politiques. Au cours du Congrès, Boukharine, représentant du Comité central et rédacteur en chef des *Izvestia*, l'encense [29]. À propos de Pasternak, Malraux écrit dans son journal : « Un Buster Keaton brun, à longues dents, maladroit, bafouilleur, mais manifestement habité par le génie. Musulman, il serait prophète. »

À la tribune, Malraux n'avance pas le nom d'Oliecha : « deux yeux astucieux embusqués dans les traits d'un visage, du bois dont on fait les guignols », a-t-il noté. Oliecha lui confia : « Il est temps de réintroduire la tristesse et le malheur dans la litt[*érature*] russe. » Maïakowski ou Oliecha ne sont pas les auteurs préférés de Radek et Jdanov. Plus adroit que sincère, imperméable pour le congressiste moyen, Malraux déroule sa dernière tirade, perfidie satirique :

— Ducs et crocheteurs écoutaient ensemble Shakespeare. À l'heure où les Occidentaux ne peuvent plus s'assembler tous que pour rire amèrement d'eux-mêmes devant la figure de Chaplin, à l'heure où tant de nos meilleurs artistes écrivent pour des fantômes différents comme les deux mains d'un même corps, vous faites surgir ici la civilisation dont sortent les Shakespeare. Qu'ils n'étouffent pas sous les photographies, si belles soient-elles. Le monde n'attend pas seulement de vous l'image de ce que vous êtes, mais aussi de ce qui vous dépasse, et que bientôt vous seuls pourrez lui donner...

L'auditoire réagit avec lenteur, puisque Malraux parle en français. Certains congressistes passent de l'étonnement à la perplexité, scandalisés ou non. La femme de Jean-Richard Bloch estime, pour la forme, que la majorité des intervenants à la tribune sont mauvais. Mais ce qu'elle dit diverge peu de la position des militants communistes lors des congrès kominterniens. Selon cette Française : « Malraux... et son traducteur ont été les seuls à faire "de l'art oratoire" dans ce Congrès. Il y a aussi eu un vieux poète du Daghestan, mais c'était autre chose ; il faisait des mimiques de vieux sorcier, irrésistiblement drôle ; tandis que Malraux, c'était sur le mode tragique, d'ailleurs fort beau ; il avait réalisé une espèce de poème en prose en versets, alternés avec la traduction russe, et ça a eu un grand succès bien qu'il y ait introduit une strophe sur la crainte de la forme d'exigence que l'on a ici, pour l'écrivain, et qui se concentre dans la formule : le réalisme socialiste risque d'écraser dans l'œuf un Shakespeare naissant. »

Picador, Malraux a touché des taureaux staliniens. Karl Radek reprend la parole, comme il se saisirait d'une massue. Certes, reconnaît-il, Malraux est brillant. L'écrivain français est « reconnu par nos ennemis », compliment inquiétant puisque dans le monde manichéen moscovite les amis de nos ennemis sont nos ennemis. Radek attaque :

— Quant à la crainte de notre camarade Malraux de voir étouffer dans notre crèche un Shakespeare naissant, elle prouve son manque de confiance en ceux qui soigneront l'enfant dans cette crèche. Mieux on lange et nourrit un bébé, plus il aura du talent.

Radek feint de s'interroger :

— Pourquoi Malraux ne demande-t-il pas aux jeunes communistes ce qu'ils pensent de la mort ? Pourquoi adopte-t-il cette attitude stérile dans un siècle où l'individu a enfin la chance de s'accomplir lui-même en communion avec les autres ?

De fait, dans les usines, Malraux interrogera des ouvriers soviétiques, éberlués, sur la mort. La conclusion de Radek tombe sous forme d'affirmation, pas d'interrogation : le camarade Malraux est, lui aussi, un petit-bourgeois.

À la tribune, parmi les opposants au réalisme socialiste, Malraux aura été le plus vigoureux. La plupart des orateurs défilent, délayant les poncifs attendus. Youri Oliecha sera un des rares à réclamer le droit pour un écrivain de décrire des sentiments hors de tout contexte politique. Son intervention ne figurera pas au compte rendu officiel. Les foucades de Malraux, trop connu pour être censuré, seront publiées. De plus, les organisateurs le savent, ses discours seront reproduits à l'étranger. Donc, il vaut mieux éviter la franche censure et limiter les dégâts. Malraux a créé un malaise. Il faut le dissiper, et, gracieuse technique, enfoncer la ligne officielle au marteau-pilon. À son tour, Nikouline reprend les propos de Malraux. Pour ce dernier, dit-il, la politique se situe au-dessous de la littérature, propos inadmissible pour un réaliste socialiste. Une phrase de l'écrivain, après qu'il eut reçu le prix Goncourt, a choqué Nikouline : « Que tous ceux qui mettent les passions politiques au-dessus de l'amour de la vérité s'abstiennent de lire mon livre [*La Condition humaine*] : il n'est pas écrit pour eux. »

— Est-ce à dire qu'il s'incline devant les morts, sans penser aux vivants ? s'exclame Nikouline... La vérité de ce monde est la mort, a écrit Malraux. La vérité de ce monde est la vie, disons-nous.

Le lendemain, Malraux demande la parole et l'obtient, ce qui n'est pas le cas pour tous ceux qui lèvent la main dans l'immense salle. Frémissant, impatient :

— Dans le discours du camarade Nikouline, que j'approuve dans ses grandes lignes, s'est glissé un malentendu. Pour la cinquième fois déjà, depuis que je suis en Union soviétique, je me trouve en face d'une interprétation incorrecte d'une de mes phrases, phrase traitant du rapport entre la littérature et la politique. Cette phrase est tirée de *Ciné-Chronique française* et doit sa forme à la censure [*Laquelle ? De qui ?*]. J'aurais pu, il y a longtemps, faire interdire la projection de *Ciné-Chronique*. Mais puisque le même enregistrement contient la phrase sur la grandeur, « l'unique grandeur », et que l'on ne peut la trouver que chez les communistes, j'ai cru souhaitable d'utiliser *Ciné-Chronique* comme un instrument permettant d'agir sur la masse du peuple français... Si je pensais que la politique se trouve au-dessous de la littérature, je ne conduirais pas, avec André Gide, la campagne pour la défense du camarade Dimitrov en France, je ne me rendrais pas à Berlin, chargé par le Komintern de la défense du camarade Dimitrov. Enfin, je ne serais pas ici.

Au congrès, le cheminement de la pensée de Malraux paraît difficile et sinueux. Ailleurs aussi. En U.R.S.S., il cherche, dit-il, « l'homme en train de naître », l'homme socialiste avant l'homme communiste [30]. Pour lui, les choix se profilent :

— Nous avons un fait nouveau : on doit choisir non plus entre démocratie et communisme mais plutôt entre communisme et fascisme... Je crois à l'humanisme soviétique qui va venir, un humanisme analogue mais pas semblable à celui de la Grèce, de Rome et de l'époque de la Renaissance.

Malraux précise ses centres d'intérêts :

— Dans le domaine de l'archéologie : l'Asie centrale. L'augmentation de nos connaissances à propos des civilisations grecque et bouddhique ou iranienne va dépendre, surtout, des œuvres des chercheurs soviétiques. L'art scythe a maintenant une grande importance. Les tombeaux scythes se trouvent tous sur le territoire soviétique.

Le romancier ne ménage pas ses compliments, quitte à les nuancer. Il n'hésite pas devant des comparaisons démagogiques flatteuses :

— Où les chances de la culture sont-elles meilleures ? Dans le pays où Gorki a le plus gros tirage ou dans celui où Fantômas a le plus de succès ?

Il ne dissimule pas toujours ses doutes, pour avancer des suggestions stupéfiantes. Qu'est-ce que l'homme soviétique moderne ? Quel est le cœur psychologique de la société soviétique ? Inconscient ou vraiment d'un courage audacieux, Malraux lance :

— Nous avons beaucoup de théories abstraites, mais à mon avis nous avons une matière concrète — celle des purges. La publication des séances les plus remarquables de la commission des purges nous donnerait une image mille fois plus frappante que toutes les théories existantes. Et dix mille fois plus romanesque.

En apparence, Malraux séduit plus souvent qu'il n'irrite ses interlocuteurs. Antonina Pirojkova, la femme de Babel, voit un Malraux « grand, très élégant, un peu courbé, avec des traits fins, de grands yeux remarquables et toujours sérieux ». Elle remarque aussi les gestes saccadés et « les cheveux lissés en arrière dont une mèche » tombe souvent sur son front. L'écrivain, quand ses tics le reprennent, devient volubile, s'enivre de mots. Il incendie les phrases. Les tics, les reniflements de Malraux qui se râtelle la gorge, se déclenchent par « bourrées », puis se calment. Un imbécile souffrant du syndrome de Gilles de la Tourette se répète, monotone. Sa maladie rend Malraux vif, débordant et hyperactif mais il a souvent, comme les malades les plus « fragiles », une faible capacité d'attention aux autres.

Proche du mausolée de Lénine, de la tribune réservée aux

invités étrangers, Malraux contemple avec Babel le défilé spor-
tif sur la place Rouge. On peut, là, voir Staline de profil [31]. Pendant un déjeuner au restaurant National, Malraux pose des
questions sur la place de l'amour dans la vie des femmes soviétiques, la façon dont elles prennent une trahison, leur point de
vue sur la virginité. Babel traduit. Malraux, l'air grave, fait des
signes de tête. Il a dit aux Babel qu'« écrire n'est pas un
métier ». Il s'étonne : tant d'écrivains, ne s'occupant que de littérature, possèdent ici des appartements, des datchas ou se pré-
lassent dans des maisons de repos [32]. La condition matérielle
des écrivains préoccupe Malraux, pas les procès [33]. Le pouvoir
soviétique créera près de Moscou un village d'auteurs, Peredel-
kino [34]. La direction de l'Union des écrivains commence à établir une liste des personnalités bénéficiaires des datchas [35].
Babel et Pasternak figurent sur la liste des premières personnalités comme Boris Pilniak ; mais ni Mikhaïl Boulgakov ni Ossip
Mandelstam, de mauvaise réputation. Staline comprend que les
intellectuels sont corruptibles. Pour refuser la datcha, il faut
une robustesse morale et physique. Ces datchas ont souvent un
rez-de-chaussée et un étage, quatre ou cinq pièces, vérandas et
garages. Malraux remarque l'obsession de l'appartement chez
les camarades travailleurs intellectuels [36]. Le logement reste un
problème grave. Parfois, les écrivains russes semblent parler
plus de datchas que de littérature [37].

À Paris, Malraux a fréquenté Ehrenbourg, Koltsov, Babel,
et aperçu Eisenstein, lu des livres de Pilniak, Pasternak, Oliecha, Matveev, ou Cholokhov. Ses interlocuteurs sont frappés
par son prodigieux intérêt pour le cinéma. Au *Journal de Moscou*, Malraux déclare [38] : « La civilisation communiste — par le
cinéma en particulier — a donné à l'art qui prend sa force dans
l'instant, sa plus haute forme et sa plus grande intensité. » Malraux n'est pas d'une clarté aveuglante : « Il y a un dialogue de
Nietzsche et de Napoléon, il n'y a que des ordres de César ou
d'Auguste aux écrivains romains. » Où est le dialogue ? Dans la
vision de Malraux.

Réservé quant à la littérature soviétique, il revient souvent
dans ses conversations aux grands classiques russes, analysant
l'hostilité des communistes à Dostoïevski. Il rapporte dans ses
notes une discussion avec Ehrenbourg :

« Eh. [*Ehrenbourg*] — On a dit souvent, note-t-il, et c'est
vrai, que le roman russe ne mettait jamais en scène d'hommes
réellement intelligents, mais presque des idiots. Dostoïevski
(que je n'aime pas) aime Dimitri, il n'aime pas Ivan qui d'ailleurs n'existe pas.

M. [*Malraux*] — Mais qu'il voudrait être.

Eh. — Oui, mais cela c'est autre chose. Et d'ailleurs Ivan n'existe pas. Dos[*toïevski*] sait très bien que c'est un simple véhicule pour ses idées. La littérature française, au contraire, met toujours en scène des gens intelligents. Du moins des hommes. Car les femmes des romans français sont séduisantes mais bêtes. Bien plus bêtes que celles des romans russes. Chez vous, dans le roman, c'est toujours la femme qui est vaincue ; chez nous, c'est toujours l'homme. L'image de la femme russe à travers la littérature russe est d'ailleurs idiote. »

Il y a un cas Dostoïevski :

« Les adolescents mis à part, ceux qui parlent de Dost[*oïevski*], ici, sont presque tous des vieillards. Les communistes le détestent, assez raisonnablement, et sentent très bien à quel point son univers est opposé au leur. Ils le sentent si bien qu'ils finissent par ne plus comprendre que Dost[*oïevski*] est un très grand poète tragique... Les vieux voient en lui un poète mystique, dont la pensée est fondée sur l'idée de l'Antéchrist, et sont très étonnés qu'un grand écrivain français ait écrit un livre sur lui, et que je connaisse bien son œuvre. (Ils croient autant à la culture latine que notre boulevard Montparnasse à l'âme slave.) »

Plus un intellectuel se rapproche de l'orthodoxie stalinienne, constate Malraux, moins il apprécie Dostoïevski : « Les communistes détestent en lui le véritable ennemi, l'écrivain qui a créé des mythes qui nient ceux qu'apporteront les écrivains qu'ils attendent. »

Dans ce journal fragmentaire, Malraux croque aussi des scènes sur le vif. À l'hôtel National :

« Prostituée d'hôtel

Elle habite un appartement soviétique avec une camarade fonctionnaire, qui croit qu'elle est interprète ou dactylo à l'hôtel. Membre du syndicat de l'Alimentation publique. Part tous les matins mal habillée, avec une petite valise où est "la belle robe". Ne parle que le russe. Doit demander d'abord aux étrangers de payer en or. »

Malraux adore les potins, « petits faits vrais » ou faux, les anecdotes tournant autour des écrivains :

« Quand fut transféré le corps de Gogol, par Dieu sait quelle folie, un groupe d'écrivains barbote le cercueil. Ils l'apportent chez l'un d'eux, l'ouvrent sur la table et commencent à se soûler à mort. Après quelques heures, ne reste dans la pièce qu'une table sur quoi repose un cercueil ouvert — feuillets épars, chevaux, poussière, parmi les verres brisés ou pleins de vodka, et sous quoi trônent des godasses et des bottes... Arrive la milice, prévenue, qui vient reprendre le cercueil. À moitié réveillés, les lascars prennent le chemin du poste (abandonnant de temps en temps les gardes pour monter chercher un oreiller), et Slanitch gueulant derrière le cercueil qui a perdu son couvercle : "le couvercle, bon Dieu, prenez le couvercle! Croyez-vous qu'il y a un concierge, ici ?" Quelques ossements tombés ont été ramassés dans une serviette que porte un type (des bouts sont noués en énormes oreilles de lapin)... Enfin, ça s'arrange. Mais Slanitch s'est aperçu qu'il manque une vertèbre. Et il télégraphie à Nicouline, libéré, un des premiers qui a regagné une ville voisine (N. est célèbre par son avarice). "Salaud. Si vertèbre Gogol pas restituée immédiatement, je préviens Guépéou." Au dit G.P.U. est aussitôt transmise la dépêche et Slanitch passe la semaine au bloc. »

En U.R.S.S., Malraux se lie d'amitié avec Willy Bredel, un communiste allemand libéré après un an de camp nazi. Bredel lui raconte son expérience en Allemagne, arrestation, libération, camp de concentration. Pour Clara, le récit de la captivité du communiste allemand « servira de point de départ » à un livre en préparation [39]. Manès Sperber et Groet documentent aussi Malraux. Avec cet ouvrage, dans sa logique d'homme et de créateur, Malraux évoquera le présent proche.

Dans la France des années trente que regagne Malraux, certains intellectuels lancent un regard hésitant sur les trois pays qui, selon eux, secouent l'ordre établi : l'Italie fasciste, l'Allemagne nazie, l'U.R.S.S. communiste. Quelques écrivains balancent entre la gauche et la droite totalitaires. Dans une crise d'acné politique juvénile, quelques mois, Paul Nizan a été tenté par un groupuscule d'extrême droite. Pierre Drieu la Rochelle, le plus hésitant des romanciers, balance longtemps. L'époque explique les caprices et les adhésions. Il semble normal à Drieu de visiter les lieux saints. Il s'est ouvert à Nizan de son désir de voir Moscou. Drieu est sensible à « l'humaine attention » de l'écrivain Nizan qui publie des romans loin du réalisme socialiste. Nizan le communiste, alors, pense que Drieu est récupérable. Il a droit aussi au pèlerinage de Moscou. Ce n'est pas Nizan qui décroche le visa. « Malraux a pu faire le nécessaire. Et je pars », écrit Drieu à Nizan. « Toutefois, je passerai d'abord par Nuremberg où j'assisterai au congrès nazi [40]. » Drieu semble percevoir des similitudes appétissantes entre communisme et nazisme. Malraux, lui, n'a jamais eu la moindre complaisance pour le nazisme ou le fascisme.

À son retour d'U.R.S.S., il tient le rôle du coryphée apologiste de l'U.R.S.S. Les Soviétiques l'ont promu chef du chœur des compagnons de route intellectuels. Le compagnon dit volontiers : « Camarades, quand vous... » Tout compagnon paraît un camarade, membre du Parti en puissance. Malraux, à la frange du P.C.F., sera plus payant qu'en membre encarté du Parti. Les camarades soviétiques parlent de l'homme Malraux, du moins de ce qu'ils retiennent de lui, fort peu de son œuvre [41]. Parmi les quelques milliers de touristes et de pèlerins étrangers [42], Malraux semble un des plus prometteurs aux yeux des appareils et des apparatchiks, Komintern et Bureau politique. Il ne faut pas gaspiller cet homme. Les plus astucieux des agents d'influence, comme le cher Ilya Ehrenbourg, savent que quelques désaccords affichés par Malraux le crédibilisent, d'autant plus que l'écrivain philo-soviétique donne peu dans la langue de bois. Ce compagnon a du style, de la gueule, du talent, mais un caractère imprévisible. À exploiter avec prudence.

Pour Malraux, comme pour des millions de sympathisants, l'U.R.S.S. est le premier pays où un idéal humanitaire et utopiste sert une volonté révolutionnaire. Ce monde meilleur pousse sur la générosité, l'altruisme, l'égalitarisme. Malraux a entrevu des failles, hardiment attaqué le réalisme socialiste stérilisant. Plus complexe que le « voyage extérieur », des studios de cinéma aux conclaves d'écrivains, des crèches aux kolkhozes modèles, commence en Malraux un « voyage intérieur [43] ». Il accepte la stérilisation culturelle des Soviétiques, le système des privilèges, au nom de lendemains littéraires improbables, mais shakespeariens — évidence pour une partie de la gauche européenne : le capitalisme incarne le Mal absolu. Chez Malraux, moitié militant, un quart millénariste malgré son pessimisme, un socialisme imaginaire et imaginé l'emporte sur le « socialisme réel ».

Dyable de l'exaspération contenue

14

Le temps du choix

La photographe Gisèle Freund — elle aurait voulu écrire, elle écrit avec ses Leica — trouve Malraux hautain, parfois huron sur le plan politique [1]. Malraux s'est rapproché des camarades créateurs orthodoxes. Un récit a pris corps [2], une longue nouvelle, loin du *Pétrole*, livre projeté [3], alors qu'intellectuels et critiques soviétiques, admiratifs ou soupçonneux, se penchaient sur le cas de l'écrivain. Son héros, dirigeant communiste allemand, s'impose à lui. Malraux continuait de recevoir des témoignages sur les prisons et les camps nazis. Dans son récit, Malraux contribue à renforcer un mythe d'une pensée religieuse « de gauche » face au communisme soviétique : la révolution russe, « héritière » de la française, est l'assomption du peuple. Quoi que fassent en son nom les dirigeants et les cadres, les policiers et les militaires, la révolution reste vierge, pure dans ses intentions et ses fins proclamées. Le communisme ne peut commettre d'erreurs sans les « rectifier ». Difficile de rectifier des morts ? C'est le prix de l'Histoire. L'aveuglement et la myopie volontaire, auto-induite des compagnons de route, sont explicables, pas excusables : on ne peut reprocher à Malraux de ne pas avoir lu à seize ans, dès 1917, les articles lucides du correspondant en Russie de *L'Humanité*. Revenu à Paris en 1934, Malraux avait de quoi se documenter, sans aller très loin, chez Gallimard même. Brice Parain, secrétaire de Gaston Gallimard, parle le russe, a séjourné en U.R.S.S., et pas seulement à Moscou ; après avoir été dans la ligne politique et littéraire du P.C.F., défenseur de la « littérature prolétarienne », pourfendant la « littérature bourgeoise », il a rompu ses liens avec le P.C.F. en 1933. Il louvoyait — mais *savait*. Malraux, au mieux, ne voulait pas voir et savoir que le régime communiste était atroce, surtout pour le petit peuple des villes et des campagnes.

Malraux sait placer un livre sur orbite. Une première version de son récit, *Le Temps du mépris*, paraît dans les livraisons de la *Nouvelle Revue française* [4]. Les réflexes de l'ancien chineur complètent ceux de l'éditeur. Malraux veille à l'édition originale, 8 exemplaires sur papier de chine, 11 sur japon impérial, 31 sur Hollande Van Gelder, 297 sur vélin pur fil Lafuma Navarre... Comme Gaston Gallimard, André Malraux connaît l'édition artistique côté pile, commerciale côté face. *Le Temps du mépris* sort en volume chez Gallimard [5], sans sous-titre. Le mot « roman » ne figure pas sur la couverture ; la préface parle d'une « nouvelle ».

L'intrigue du *Temps du mépris* précipite, au sens chimique, les rapports, les confidences et les descriptions d'amis allemands. L'imagination de Malraux brasse et filtre la réalité. Bouleversé, il vit, revit par empathie les souffrances des communistes allemands emprisonnés : il s'identifie à eux, à son Kassner, un chef. Les nazis recherchent l'écrivain communiste allemand Kassner (Kassn*er*, Sperb*er*). Méprise, la Gestapo ne peut faire la preuve de son identité : un autre prisonnier, se dévouant, prétend être Kassner. Le Parti a besoin d'un Kassner libre. L'écrivain allemand gagne Prague où il retrouve sa femme et son fils. La *condition* de l'homme en Allemagne depuis 1933 n'est pas *humaine*, mais animale. Malraux devient le premier écrivain français célèbre à évoquer les camps de concentration et la torture. Il dispose d'informations sur celle-ci en Allemagne. Aucune ou fort peu, sur la torture en U.R.S.S. ? D'ailleurs, les camps là-bas, n'est-ce pas, sont de rééducation ? Les compagnons de route comme les communistes en Occident ont envie et besoin d'avaler ces obscènes balivernes, Malraux comme d'autres. Malgré les leçons reçues à Moscou, pour le ton et le style, Malraux n'a pas versé dans le réalisme socialiste même si son livre édifiant met en scène un héros « positif, exemplaire » comme le souligne Nizan, accueillant l'ouvrage [6] : « On saisit ici le profond accord de Malraux avec la plus grande phrase de Marx : il faut ajouter aux hommes la conscience d'eux-mêmes, *même s'ils ne le veulent pas*. » [*Je souligne.*] Le bonheur du peuple malgré lui, malgré vous, malgré tout — phrase atroce. « Nous aimons en Malraux, ajoute Nizan, cette ambition de la grandeur. Il sait que le communisme n'est pas seulement une économie, seulement une politique, mais aussi une idée du monde... Le communisme revendique tous les titres d'une civilisation totale. » Totale et totalitaire. Dressant un bilan, Nizan poursuit : « Malraux a avancé depuis *La Condition humaine*. Il est un des plus grands parmi nous... La mort, la solitude, les évasions dominaient *La Condition humaine* : c'était le roman des solitaires. *Le Temps du mépris* annonce le temps de la "fraternité virile", livre entièrement positif tourné vers l'affirmation de certaines valeurs, moins complexe que La Condition humaine,* plus fort. » Un ouvrier, affirme Nizan, lui a écrit que ce dernier livre de Malraux paraissait « plus sûr ». À Gaétan Picon, dans le mensuel les *Cahiers du Sud*, la vision malrucienne du communisme semble étriquée. Le personnaliste Emmanuel Mounier, d'*Esprit*, déclare que le livre s'inscrit « au passif d'une grande œuvre ». Émergeant du récit, un lecteur doit se pénétrer d'une conclusion morale et politique : il faut travailler avec le K.P.D. allemand, et, à défaut, avec le plus proche parti communiste. Cela vaut à Malraux l'approbation de plusieurs journaux et revues moscovites et celle d'un Aragon complaisant [7]. Malraux a fait son devoir et des devoirs. Nizan et Aragon étaient trop intelligents pour trouver excellent ce mince récit, *Le Temps du mépris* [8].

Du côté des communistes français, le synchronisme n'est pourtant pas parfait. Pour le critique de service à *L'Humanité*, quotidien du Parti, moins enthousiasmé que Nizan, Malraux ne semble pas « sûr » non plus [9] : R. Gray loue à distance cette longue nouvelle, pas tout à fait un roman. La fraternité virile, selon lui, peut se muer en valeur aussi bien à droite qu'à gauche, chez les fascistes, français ou autres, ce qui n'est pas faux. Malraux, explique le critique de *L'Huma*, fera son salut socialiste, sauvera son âme et ses œuvres « en marchant hardiment sur la voie indiquée par Marx et Engels, la seule qui permettra à son grand talent de donner toute sa mesure ». Les communistes tentent de faire endosser le réalisme socialiste par Marx. Le P.C.F. se devait de soutenir Malraux, puisqu'il défendait la ligne de l'U.R.S.S., Dimitrov, Thaelmann et le réalisme à venir, celui du communisme. Il fallait le ménager dans la perspective des fronts communs avec les socialistes et des mains tendues aux catholiques, la nouvelle ligne. On ne devait pas marcher trop loin avec lui ou, plutôt, on devait le dépasser ; comme, c'était prévu, il se dépasserait lui-même. Aux yeux des chiens de garde du Parti, Malraux progresse. Nizan, dogmatique, était déjà suspect sans le savoir, comme Malraux, pour des sectaires tels que Georges Cogniot et André Marty [10].

La critique du *Temps du mépris*, abondante, reste plutôt favorable. Mieux que d'autres, un homme n'identifie pas Malraux et Kassner, mais voit à quel point l'aspect légendaire de ce héros malrucien coïncide avec son créateur : Kassner, explique Robert Brasillach, devient « un héros de Malraux avant d'être communiste ». L'Allemagne, le nazisme, le communisme ne seraient donc que des alibis ? Malraux construit sa légende. Derrière Kassner, compterait-il plus que Thaelmann ?

Pour la narration, dès les premières pages, l'écrivain se présente comme s'il émergeait d'un synopsis; les techniques cinématographiques, plans et dialogues condensés, se succèdent : « Au moment où Kassner fut poussé dans la salle de garde, un prisonnier interrogé achevait une phrase qui se perdit dans le bruit policier de papiers et de bottes [*trois plans*]. De l'autre côté de la table, le fonctionnaire hitlérien, même mâchoire, même visage en trapèze, mêmes cheveux presque tondus au-dessus des oreilles, avec sur le crâne, des petites mèches blondes, courtes et raides [*deux, trois plans*].

— Instructions du Parti.

— Depuis quand?

— 1924.

— Quelles fonctions avez-vous occupées dans le Parti communiste illégal?

— Je ne connais pas le parti illégal. Jusqu'à janvier 1933, mes fonctions dans le parti allemand étaient d'ordre technique. »

Malraux, utilisant des procédés journalistiques, rappelle ceux des romanciers américains. La psychologie s'inspire avant tout de celle du comportement. Adroit, Malraux puise dans sa biographie : on sent la chaleur des manifestations, des *meetings*, transposés de France en Allemagne, une atmosphère de générosité, l'idée répandue, souvent fausse mais réconfortante, que les discours progressistes pèsent sur l'histoire. Anna, la femme de Kassner — enfin une autre femme dans la fiction malrucienne —, a les yeux verts de Clara. Un enfant aussi paraît. Florence est née en 1933. Après la mort des deux parents d'André, figurent également des allusions à une mère et un père. Kassner aime les chats, comme Malraux. L'écrivain peint un morceau de bravoure avec un orage, ballottant un avion : la tempête qui aurait pu le tuer avec Corniglion-Molinier au-dessus de Bône en Algérie. Comme s'il sentait que *Le Temps du mépris* n'avait pas l'épaisseur de ses romans, Malraux, au tiers de son récit, bascule dans l'onirisme frémissant de ses premiers textes, greffé sur une histoire plus linéaire : « Kassner se sentait avancer comme un squelette brisé secoué par le chant. Mais déjà, bien qu'avec ces voix, surgit de l'implacable contemplation le souvenir de chants révolutionnaires levés sur cent mille hommes (et rien dans la musique n'est plus exaltant qu'une phrase déployée d'un coup par une multitude), dissociés et rejoints sur les foules comme les ramages étincelants du vent sur les blés jusqu'à l'horizon, — déjà l'impérieuse gravité d'un nouveau chant semblait une fois de plus attirer tout vers un immense sommeil; et, dans ce calme d'armée ensevelie, la musique à la fin surmontait son propre appel héroïque comme elle surmontait tout, comme il est dans sa nature de tout surmonter, de tout brûler dans ses flammes enchevêtrées de buisson à la fois ardent et serein ; la nuit s'établissait sur l'univers tout entier, la nuit où les hommes se connaissent dans la marche ou le silence, la nuit abandonnée, pleine d'astres et d'amitié. » Malraux, comme malgré lui, retrouve le style de ses petits livres précédant sa trilogie asiatique. Passé et présent se mêlent [11]. Le caractère irréel de certains passages ressort encore mieux de quelques fragments maintenus dans les extraits de la *Nouvelle Revue française* [12], puis coupés. « Mille souvenirs par lui créés et qui en lui se réunissaient pour le recréer à son tour commençaient à sourdre, appelés par une complaisance fascinée, par l'abandon pourtant attentif que les enfants mettent à se conter à eux-mêmes les histoires de fantômes. Quelque chose de sous-humain l'attirait là... un danger inconnu et pourtant intense auquel il reconnaissait cependant, à n'en pas douter, l'intensité de la mort. C'était le domaine de la fièvre, et la fascination de la terreur sacrée que l'homme éprouve dès qu'il va se défaire. C'était l'appel primitif avec sa sonorité de trompe funèbre, celui où il reconnaissait la délectation morose de la sexualité et de la mort. » Curieuse association, qui lie sexualité et morosité.

L'absurde, l'imprévisible, la contingence, sont consubstantiels à la condition humaine : les nazis libèrent Kassner par accident. À l'idée de la mort et du trépas — que Malraux distingue, la première métaphysique, l'autre physique —, récurrente dans la trilogie indochinoise, s'ajoute l'obsession de la torture, d'autant plus forte qu'on identifie l'auteur à son héros. « Au fond de l'humiliation, comme au fond de la douleur, le bourreau a bien des chances d'être plus fort que la victime. » « " S'ils me torturaient pour me faire donner des renseignements que je ne possède pas, je n'y pourrais rien. Supposons donc que je ne les possède pas. " Son courage, en cet instant, s'employait à le séparer de lui-même, à séparer celui qui dans quelques minutes serait au pouvoir de ces sons de bottes menaçants, du Kassner qu'il redeviendrait ensuite. » Les témoignages sur les procédés nazis s'accumulent. Les hommes de main d'Hitler humilient, dégradent, *méprisent* l'homme. Dans le récit de Malraux, le cadre, le militant communiste, transfiguré, symbolise l'humanité.

Malraux n'a pas l'expérience directe de la vie concentrationnaire. Il s'efforce d'ancrer son personnage dans l'histoire de l'Allemagne et de son parti communiste, jusqu'à fournir une « bio » comme Kassner aurait pu en rédiger une pour la bureaucratie du Parti ou du Komintern, comme Nizan et d'autres en livrèrent à Moscou : « Fils de mineur ; boursier de l'université, organisateur de l'un des théâtres prolétariens ; prisonnier des Russes, passé aux partisans puis à l'Armée rouge ; délégué en Chine [*comme Malraux*] et en Mongolie ; écrivain, rentré en Allemagne en 1932 pour préparer les grèves de la Ruhr contre le décret Papen, organisateur du service illégal d'information, ancien vice-président du Secours Rouge. » Malraux l'écrivain se veut proche des communistes et pousse sa relative orthodoxie jusqu'à citer les gourous : « "On ne peut vaincre avec la seule avant-garde", disait un texte obsédant de Lénine. » Le Komintern et ses relais en Europe, partis communistes ou satellites, prônent « le front large ». Kassner-Malraux devient alors un fidèle résolu de la nouvelle ligne : l'écrivain allemand « avait senti qu'il était impossible de créer une unité ouvrière sans agir dans les syndicats réformistes et catholiques... ». Parfois mal à l'aise dans son texte, Malraux renchérit. Ayant essuyé quelques critiques pendant la parution de ses prépublications dans la *Nouvelle Revue française*, il fait précéder son livre d'une préface de sept pages d'un ton défensif, quelquefois condescendant et parfois superbe [13]. Il a choisi la typographie de sa dédicace.

AUX CAMARADES ALLEMANDS
qui ont tenu à me faire transmettre ce qu'ils
avaient souffert et ce qu'ils avaient *maintenu*,
CE LIVRE, QUI EST LE LEUR

On appréciera ce « À me faire transmettre ». Malraux préfacier tente de préciser sa conception du communisme — un individualisme qui n'a rien à voir avec une idée de société communiste : « Aux yeux de Kassner comme de nombre d'intellectuels communistes, le communisme restitue à l'individu sa *fertilité*. » L'écrivain présente le communisme comme un humanisme de la solidarité. Riche de comparaisons impérieuses, Malraux décrète que : « Romain de l'Empire, chrétien, soldat de l'armée du Rhin, ouvrier soviétique l'homme est lié à la collectivité qui l'entoure. Alexandrin, écrivain du xviiie, il en est séparé. » Une fois de plus il adopte le dada de l'historiographie communiste, la continuité entre Révolution française et Révolution soviétique. Il fait sonner les cymbales : « On peut aimer que le sens du mot art soit de tenter de donner conscience à des hommes de la grandeur qu'ils ignorent en eux. » Puis, reprise de son grand discours de Moscou, comme en réponse à de bons pasteurs d'une littérature politiquement évangélique, Malraux, théoricien cyclothymique, écrit joliment : « Ce n'est pas la passion qui détruit l'œuvre d'art, c'est la volonté de prouver... » et lance, de nouveau, son défi aux intégristes du réalisme socialiste. Le lecteur, sympathisant ou non, rencontre la passion dans *Le Temps du mépris* mais aussi la volonté de prouver, à dose massive. En quinze ans de métier, Malraux n'a jamais écrit un récit plus manichéen. Revendiquant le droit à l'individualisme pour les artistes, Malraux glisse encore : « Le mépris des hommes est fréquent chez les politiques, mais confidentiel. » Celui des nazis pour les communistes en Allemagne, des services secrets et publics soviétiques pour leurs concitoyens paraît assez public pour qui, parmi les intellectuels, a la volonté de ne pas céder à l'anesthésiante tentation totalitaire [14].

Dans cette préface, il revient aussi à « la fraternité virile ». Claude Vannec, Garine, Kyo, finissaient dans une incertaine solitude. Kassner rejoint le monde des hommes. La chute du livre résonne comme une note soutenue. Kassner retrouve sa femme et leur enfant sur une affiche de propagande soviétique, ou presque : « Ils allaient maintenant parler, se souvenir, raconter... Tout cela allait devenir la vie de chaque jour, un escalier descendu côte à côte, des pas dans la rue, sous le ciel semblable depuis que meurent ou vainquent des volontés humaines. » En plus velouté, Malraux, marquant une continuité, retrouve les derniers mots des *Conquérants* : « une dure et pourtant fraternelle gravité », et, mélodie malrucienne, « cette fraternité désespérée qui le jetait hors de lui-même », conclusion de *La Voie royale*. Malraux voulait que son lecteur échappe à la solitude étreignant la femme de Kyo, en se confiant au vieux Gisors : « Je ne pleure plus guère, maintenant, dit-elle avec un orgueil amer. » Dans *Le Temps du mépris*, les héros paraissent toujours orgueilleux, mais ils ne ressentent plus d'amertume malgré les blessures couturant leur dignité de prisonniers.

Enfin, Malraux frappe une de ses formules inattendues et caractéristiques : « L'individu s'oppose à la collectivité, mais il s'en nourrit. Et l'important est bien moins de savoir à quoi il s'oppose que ce dont il se nourrit; comme le génie, l'individu vaut par ce qu'il renferme. » Le génie, sans cesse...

Les Soviétiques apprécient ce livre de Malraux, assez pour le publier en 1936. *La Condition humaine* restera à l'état de feuilleton dans une revue, sans plus, et amputée des scènes concernant le « capitaliste » Ferral et sa maîtresse, Valérie, personnages jugés « bourgeois ».

Deux mois à peine après la publication du *Temps du mépris*, Malraux participe, à la Mutualité, au Congrès international des écrivains pour la défense de la culture, suite du congrès de Moscou. Erckmann et Chatrian de l'*Agit-prop* culturelle, couple choyé par Moscou, Gide et Malraux en sont les vedettes françaises. Le congrès s'étire du 21 au 25 juin 1935. Il aurait dû être sous-titré « pour la défense de l'U.R.S.S. ». Hitler et le nazisme sont dénoncés en tant qu'ennemis de la culture et de la liberté de penser. Staline et le communisme, on le sait, garantissent l'indépendance et l'effervescence intellectuelles. Dans la salle se regroupent, par affinités, sympathisants et membres du Parti, les indispensables, d'Ehrenbourg à Aragon, de Jean-Richard Bloch à Léon Moussinac. Sont aussi présents des libéraux, E. M. Forster ou Aldous Huxley. Julien Benda, plus coriace mais trahissant les clercs, et Heinrich Mann assistent à trois soirées sur cinq. Nizan, avec Barbusse et deux participants étrangers, parlent de « l'humanisme », Tristan Tzara de « Nation et culture ». Par Français interposé et grâce aux multiples combinaisons de Willy Münzenberg, agent soviétique de *génie*, jamais autant d'écrivains, de peintres et de sculpteurs ne s'étaient ainsi réunis à Paris pour plaider, malgré eux souvent, la cause de l'U.R.S.S. et du communisme, défenseur de l'art. Malraux traite de « l'individu ». Dans le prolongement du *Temps du mépris*, il œcuménise un discours sur l'homme, l'humanisme, le communisme, la fertilité, la volonté, la communion et la différence. Unanimiste et progressiste, la cérémonie commence bien. Dans la chaleur conviviale des séances plénières, ou des couloirs, jusqu'aux rencontres dans les bistros et les restaurants autour de la place Maubert, Münzenberg a évité, croit-il, la présence de trouble-fêtes. Les Soviétiques comptent sur Malraux pour éviter incidents ou mises en demeure à propos d'opposants emprisonnés en U.R.S.S. Mais, en partie grâce à l'auteur du *Temps du mépris*, la belle mécanique se détraque. Le secrétariat de l'organisation le sait, André Breton, mauvais coucheur, secondé par Henry Poulaille — surréalisme et populisme de concert —, voudraient évoquer certaines persécutions. Pas en Allemagne et en Italie, comme prévu par le rituel de Münzenberg, mais en U.R.S.S. : où sont Victor Serge et Ossip Mandelstam, arrêtés et emprisonnés ? Mouches du coche, Aragon et Ehrenbourg, sur instruction de leurs partis, s'arrangent et s'agitent : Louis Guilloux, bonne pâte et secrétaire du congrès, « oublie » de mettre Breton à l'ordre du jour. Le temps presse, n'est-ce pas ? Surréaliste mais pas irréaliste, Breton, absent, sait s'organiser. Dans la salle sont placées des personnalités qui connaissent Victor Serge : l'écrivain belge Charles Plisnier, démissionnaire du Parti, le socialiste italien Gaetano Salvemini et Magdeleine Paz. Des Britanniques les soutiendront. Contre-complot en somme. Bon papa Gide, qui préside la séance le 22 juin, encourage Malraux : qu'il donne la parole à un trublion envoyé par Breton. Qui est le plus imprévisible et dangereux pour les théoriciens et praticiens moscovites, Malraux ou Gide ? Le micro tombe en panne, pur incident bien sûr. Magdeleine Paz évoque les emprisonnements des opposants à Staline. De la tribune, Mikhaïl Koltsov répond : les emprisonnés sont des contre-révolutionnaires, il ne permettra pas que l'honneur des Soviétiques... Avec les complications de traduction, les interjections, les allées et venues de congressistes impatients ou peu concernés, le cafouillage s'accroît. Que se passe-t-il ? Où va-t-on ? Qui a dit quoi ? Qui est pour qui ? Les Soviétiques ont le sentiment qu'en France 2 + 2 = 5.

— Le bordel, dit Paul Nizan à sa femme. On peut toujours compter sur Breton...

Manœuvres dans les coulisses du congrès pour faire pression sur les autorités soviétiques. Depuis longtemps, Boris Souvarine alerte ses amis et ses rares lecteurs sur le sort des adversaires « de gauche » du régime. Victor Serge veut quitter l'U.R.S.S. David Riazanov, ancien directeur de l'Institut Marx-Engels de Moscou, reste emprisonné sans jugement depuis 1931. Les penseurs de Moscou accusent Riazanov d'être un « connaisseur talmudique du marxisme ». Bluff : du bureau des P.T.T. de la Bourse, Souvarine expédie un télégramme à Staline, réclamant la libération de Victor Serge. Souvarine signe : « Romain Rolland, Henri Barbusse, Charles Vildrac. » Ceux-ci n'ont pas paraphé. Mais quoi ! Ces compagnons de route auraient dû signer ce télégramme [15].

De toutes ces protestations et manœuvres, Malraux conclut que les Soviétiques sont mal représentés à la Mutualité, et ne font pas très bonne impression, même si son ami Isaac Babel régale le public d'anecdotes. Comment relever le niveau de la représentation soviétique ? Gide et Malraux se précipitent à l'ambassade de l'U.R.S.S. : que Moscou expédie d'autres représentants de la culture. Habillé comme un paysan, Pasternak, sur ordre de Staline Lui-même, débarque. De l'estrade, il déclame un poème. Malraux lit la traduction [16].

Preuve de prestige, Malraux prononce le discours de clôture. Ce congrès, déclare-t-il, s'est tenu dans les plus mauvaises conditions sur le plan financier. Pourtant les Soviétiques ont comblé les déficits. Les congressistes, affirme Malraux, ont permis « à des bâillonnés de s'exprimer, à une solidarité de se manifester ». Revenons à l'essentiel, camarades et compagnons, la défense de la culture. Ce discours n'est pas de la meilleure cuvée malrucienne [17] :

— Ce congrès a montré que toute œuvre est morte quand l'amour s'en retire...

Et comme en écho à son grand discours de Moscou :

— L'héritage ne se transmet pas, il se conquiert.

Et comme en réplique à sa préface du *Temps du mépris* :

— Camarades soviétiques, ce que nous attendons de votre civilisation qui a préservé ses vieilles figures dans le sang, le typhus et la famine, c'est que grâce à vous, une nouvelle figure nous soit révélée... Toute œuvre devient symbole et signe, tout art est possibilité de réincarnation.

Sirop d'érable idéologique, les problèmes politiques sérieux engluent le public. Nerveux, voix éraillée, Malraux se sent soulagé — on le comprend — quand les congressistes se dispersent. Après ce congrès, à Moscou, les Autorités supérieures expriment leur mécontentement, ces surréalistes et trotskistes n'ont pas été bâillonnés. Victor Kine (de son vrai nom Sourokine), écrivain et informateur, s'explique dans un rapport au camarade Andreïev, secrétaire du Comité central du Parti communiste :

« Faits : Nous avons appris que les trotskistes préparaient leur intervention trois semaines avant le Congrès. Koltsov, séjournant à Paris, nous a mis au courant de l'action trotskiste pour la libération de Victor Serge. Voici nos actions concernant cette affaire : [...] b) On a tout arrangé de façon que cette action n'ait pas lieu dans une grande salle en présence du public mais dans une petite salle pour 250 personnes à huis clos (nous avons eu beaucoup de difficultés et Malraux nous a bien aidés). »

Les performances de Malraux satisfont Johannes Becher : « Malraux est une grande réussite pour nous. » L'auteur de *La Condition humaine* dépasse de loin en stature intellectuelle d'autres participants. « On remarque immédiatement, en observant les écrivains allemands les plus renommés, leur manque de connaissances générales. Ce sont T. Mann, H. Mann, Feuchtwanger. Ils ont une formation littéraire mais ils manquent de formation philosophique. Ils n'ont jamais lu Marx, ils n'ont aucune idée de la dialectique. » Koltsov et Tcherbakov renchérissent : « On calomnie Malraux en lui attribuant le "bâillonnement" de nos orateurs... Après une courte collaboration avec les trotskistes, Malraux les a quittés d'une manière brusque et démonstrative pour rester avec nous, il nous a rendu un service énorme pendant le Congrès. On ne peut rien garantir avec Malraux à l'avenir mais actuellement ce grand écrivain et brillant orateur est, au fond, avec nous, malgré tous les "hurlements" de la bourgeoisie. Il faut enlever une telle personne à la bourgeoisie au lieu de la rebuter par des discussions sur son ancien trotskisme. » Donc, certains Soviétiques sont contents de Malraux. Moscou charge Koltsov, cadeau et mission risqués, de coller à lui [18]. « Traiter » cet écrivain « cible » exige du doigté et de la culture de la part du traitant.

Malraux participe avec Clara, sans Josette, à un *meeting* unitaire rassemblant communistes, socialistes et radicaux-socialistes. Josette ne s'intéresse pas à la politique, française ou étrangère. Elle n'a pas le style camarade-je-crois-que... familier à Clara qui défile avec son époux de la Bastille à la Nation le 14 juillet. Malraux croit au Front populaire.

Il passe ses vacances d'été avec Josette en Belgique, à Bruxelles, Bruges et Gand. Puis il renoue les fils de son action politique, situe les problèmes coloniaux dans le cadre de la politique internationale. Ayant fait le procès des pires activités du colonialisme français en Indochine, il préface le livre d'Andrée Viollis, *Indochine S.O.S.* [19]. Le reportage d'Andrée Viollis, écriture rapide, précise, se présente comme un journal de bord. Andrée Viollis a parcouru l'Indochine, de la Cochinchine au Laos, interrogé fonctionnaires, paysans, mandarins, ingénieurs, planteurs, suivi les traces d'écrivains comme Roland Dorgelès et Luc Durtain qui, visitant des mines, les ont qualifiées de « bagnes [20] ». À Hanoi, Andrée Viollis a inspecté les services de la santé publique, 20 000 dossiers et 50 000 fiches. Elle a interviewé un bourreau. Certains de ses colons et administrateurs rappellent les potentats dénoncés autrefois par Léon Werth, dans *L'Indochine enchaînée*. Andrée Viollis a conversé avec de jeunes fonctionnaires sortis de l'École coloniale, bourrés de connaissances théoriques, vaniteux, préoccupés de leur confort, « glaces, ventilateurs, boys ». Ce récit touche Malraux : une Indochine connue de lui, dans laquelle apparaissent encore plus de condamnés, à mort ou au bagne à perpétuité, les horreurs, les cruautés, les erreurs, les bêtises d'un colonialisme presque omnipotent. Selon Andrée Viollis, partout le pouvoir français colonial extermine des villages rebelles, exécute au hasard, terrorise, fusille. La journaliste croise même des personnages que Malraux et son journal ont défendus, tels que Phan Boi Chau. Ce dernier déclare à la journaliste :

— Dites au peuple français que le vieux révolutionnaire Phan Boi Chau désire sincèrement une collaboration avec la France, mais qu'on se hâte, sinon, il sera trop tard !

Trop tard ?

Dans sa préface, Malraux revit comme journaliste et éditorialiste de *L'Indochine* et de *L'Indochine enchaînée*. Ainsi avancent sa mémoire et son imagination, greffe sur greffe. Il rappelle au lecteur comment les autorités contraignirent son journal à cesser de paraître. Avec une mélancolie nostalgique, il évoque le typographe annamite et les caractères anglais sans accents achetés à Hongkong : « Tu as tiré de ta poche un mouchoir noué en bourse, avec ses coins dressés comme des oreilles de lapin : " C'est rien que des é... Il y a des accents aigus, des graves et des circonflexes. Pour les ï, ce sera plus difficile ; mais peut-être qu'on pourra s'en passer. Demain beaucoup d'ouvriers feront comme moi ; et nous allons apporter tous les accents que nous pourrons. " Tu as ouvert le mouchoir, vidé sur un marbre les caractères enchevêtrés comme des jonchets, et tu les as alignés du bout de ton doigt d'imprimeur, sans rien ajouter. Tu les avais pris dans les imprimeries des journaux gouvernementaux, et tu savais que si tu étais pris, tu serais condamné, non comme révolutionnaire, mais comme voleur. Quand tous ont été alignés à plat comme les pions d'un jeu, tu as dit seulement : "Si je suis condamné, dites à ceux d'Europe que nous avons fait ça pour qu'on sache ce qui se passe ici." » Certifié conforme par Clara, tout aussi capable d'inventer. Mais beau comme de l'antique. Malraux s'accroche à ses fantômes, ses rêves et ses fantasmes. Les revendications annamites rapportées par Andrée Viollis sont celles qu'il défendait, dix ans avant : liberté de voyager, liberté de la presse, développement de l'enseignement, extension du pouvoir des assemblées indochinoises. Faisant son métier, Andrée Viollis a voulu *prouver* avec *passion*. Son livre regorge de renseignements précis, de prix en piastres et en francs. On y entend des cris et de la musique. On y sent les parfums des marchés de fruits et de légumes, l'odeur humide des rizières. Ces détails font vivre son récit. Malraux veut toujours que l'on distingue entre « les nécessités d'une colonisation »... et « les sottises qui se réclament d'elle ». En France, l'indépendance des pays colonisés ne figure toujours pas à l'ordre du jour de la gauche communiste, socialiste ou libérale.

Au-delà du problème colonial, Malraux pose, *se pose* des questions techniques d'écriture, s'interroge sur ce qu'il appelle le « nouveau journalisme » et le roman. Champion d'un journalisme engagé, il soutient que « le reportage est faible en France dans la mesure où il ne veut rien ». L'écrivain souhaite trouver dans des articles de qualité une protestation révolutionnaire ou rebelle, plaçant l'information en perspective. Il vante le style d'Ehrenbourg ou d'Andrée Viollis qui vont plus loin, selon lui, qu'Albert Londres. Il chante les mérites d'un journalisme mêlant événements, lieux et personnages : « Lorsque Andrée Viollis nous montre le directeur de la prison de Saigon qui appelle bien vaillamment "Sale gosse", en lui tapotant la joue, le jeune Annamite condamné à mort, ce trait ne prend son sens que par ceux qui l'entourent, que par ceux qui l'impliquent. » Renvoyant ses lecteurs aux *Conquérants* et à *La Condition humaine*, Malraux écrit : « Je pense qu'il est bien peu de romanciers de notre temps qui n'aient rôdé autour des reportages réunis en volume, qui n'aient senti que ne se préparait là qu'une nouvelle forme de roman et qu'ils n'aient assez vite abandonné leur espoir. Le reportage continue pourtant. Une des lignes les plus fortes du roman français, de Balzac à Zola : l'intrusion d'un personnage dans un monde qu'il nous découvre en le découvrant nous-mêmes. » Dans l'ellipse, plus que dans la métaphore, Malraux voit un instrument du reportage des « nouveaux » journalistes. De biais, il s'explique en romancier. Certains l'ont accusé d'écrire des reportages gonflés plutôt que des romans. Il peaufine une technique repérée dans le livre d'Andrée Viollis comme dans ses propres tentatives. Journaliste et romancier se confondent, à l'horreur des essentialistes de la littérature pure. Andrée Viollis semble s'inspirer de la technique dramatique et cinématographique de Malraux.

Voici *La Condition humaine* :	Voilà *Indochine S.O.S.* :
« 21 mars 1927. *Minuit et demi* » Ou : « 11 avril. *Minuit et demi* »	« Singapour, 2 octobre. Le même soir » Ou : « Dans le train, 21 novembre Hué, 23 novembre »

Le romancier et la journaliste manient un appareil photo-stylo. Andrée Viollis, au cœur de son avant-propos, renvoie à un article de Malraux consacré à l'Indochine, publié deux ans avant dans *Marianne*. Comme Malraux, elle sait que, là-bas, on appelle « communistes » les nationalistes qui souhaiteraient appliquer chez eux les principes démocratiques enseignés par la France. « Il est difficile de concevoir qu'un Annamite courageux soit autre chose qu'un révolutionnaire », écrit Malraux. Mais « révolutionnaire », ici, ne rime pas avec « communiste ».

Malraux oublie l'Asie et revient à l'Europe. Il part toujours du même postulat : l'ennemi principal menace, de Berlin à Rome. Mussolini vient de se jeter sur l'Éthiopie. Des hommes de droite ont publié, dans *Le Temps*, un manifeste défendant l'attaque italienne au nom de la civilisation occidentale, chrétienne, « supérieure ». Malraux répond en participant au lancement de *Vendredi*, hebdomadaire progressiste. Andrée Viollis appartient à sa rédaction en chef.

D'Eisenstein à « L'Humanité »

À Moscou, on a analysé les traînées gazeuses et bourgeoises de la comète Malraux, laissées lors du Congrès. Les souvenirs de son passage sont variés, comme le prouve une discussion nuancée, sans dogmatisme permanent, à l'Union des écrivains soviétiques [1], présidée par Franz Chiller, historien de la littérature de l'Europe occidentale. Ivan Anissimov se consacre au rapport introductif :

— Malraux est un artiste original mais typique. Les problèmes qu'il soulève dans ses œuvres sont très importants pour un grand nombre d'intellectuels... C'est à nous de comprendre cette originalité et ce caractère typique des romans de Malraux. Il a rompu tous les liens avec la culture bourgeoise et il a trouvé son propre chemin original qui mène à la révolution. Il est très proche d'une personne qui est devenue son maître sous plusieurs rapports. Je veux dire d'André Gide. L'idée de départ de Malraux est que la civilisation bourgeoise est sur son déclin.

Malraux prolongerait marxistement Spengler. Le débat s'ouvre. Abraham Efros, critique d'art et traducteur, voit aussi en Malraux « le fils spirituel de Gide ». Mais, pour lui, *Les Conquérants* manquent d'objectivité : « Son écriture est surréaliste. » *La Condition humaine* serait pleine de « belles tromperies chinoises ». Efros pense que le futur roman de Malraux, *Le Pétrole*, ne montrera pas le socialisme :

— Malraux ne dit jamais « moi », il dit « oui » à notre révolution, mais ce « oui » est entre guillemets.

Le journaliste Serguei Romov, qui sera le premier traducteur [2] des fragments de *La Condition humaine*, intervient :

— Malraux manque d'idées. Je ne crois pas à son roman sur le pétrole. Il peut critiquer le capitalisme chinois mais pas le capitalisme français. Il ne s'intéresse qu'aux aventures des gens... *La Voie royale* et *Les Conquérants* sont des œuvres fantastiques et inutiles.

Romov décèle en Kyo un trotskiste, puisqu'il n'est pas stalinien. Pour le journaliste soviétique, Malraux serait un écrivain « compliqué ». On ne peut « le croire entièrement ». Le
principal, chez lui, serait « son style, sa technique créatrice ».
Lev Nikouline, romancier apprécié par Maxime Gorki, proteste :

— Il faut parler de lui [*Malraux*] sur un autre ton. *La
Condition humaine* est très populaire en France. On l'a vendu à
200 000 exemplaires ; après, seul le livre de Céline a eu un tel
succès.

Nikouline voudrait comprendre la démarche de Malraux :

— Il cherchait en U.R.S.S. les personnages de Dostoïevski,
choisissait des écrivains dont les œuvres sont à l'unisson de
Dostoïevski qui évoquait « l'âme slave ». Ce sont Oliecha, Pasternak. Quand Pasternak parle, Malraux croit que c'est la voix
de la Russie soviétique.

Pour Nikouline, « Malraux et Céline sont deux pôles opposés » et, il faut le reconnaître, « Malraux a su aborder un sujet
aussi grand que la révolution chinoise... chez nous on a peur
d'un sujet de cette ampleur ». Le romancier soviétique estime
qu'il faut publier *La Condition humaine* en U.R.S.S. Pour
Evguenia Galpérina, historienne de la littérature européenne,
Malraux « est un des plus grands écrivains français » mais il
faut oublier son passé. *La Condition humaine* est un « livre de
transition... Céline et Malraux sont des pôles de la laideur et de
la beauté... Malraux change toujours... Sa solitude s'incarne
dans son opposition à la bourgeoisie, il ne voit pas le prolétariat au sein de la civilisation bourgeoise. Son style est original... On peut entendre la musique de sa phrase. C'est du
Dostoïevski ».

Anissimov conclut la discussion : il faut oublier le passé de
Malraux car « toute sa vie fait penser à un chemin révolutionnaire ».

Il y a un cas Malraux à Moscou. Peu après [3], le secrétariat
de l'Organisation des écrivains révolutionnaires s'est de nouveau intéressé à lui, dans la perspective du rassemblement à
Paris « pour la défense de la culture ». D'un ferme : « jamais »,
Gide n'a pas accepté le programme de travail proposé. Il ne veut
pas d'une littérature organisée par une craintive bureaucratie
para-culturelle. Puis il est revenu sur son refus. Becher constate
tristement :

— Nous ne pouvons pas dire que Gide est à nous avant
qu'il ne nous montre qu'il se rapproche de nous... Nous n'avons
pas réussi à expliquer le terme « réalisme socialiste ». L'association est très faible théoriquement...

Candide, Becher ajoute :

— On doit diriger tous ces écrivains d'une manière telle qu'ils ne sentent pas que ce sont les directives de Moscou. Autrement dit : on doit agir sur eux de façon à ce qu'ils disent ce que nous voulons entendre... Malraux est une grande réussite pour nous. Non seulement il s'approche de nous dans ses œuvres, mais c'est un très bon organisateur. Personne ne peut le battre dans une discussion sur Nietzsche. Il parle français très vite. Il n'y a que Regler qui puisse le comprendre, mais il est trop jeune pour lui.

Becher termine sur un hommage navré :

— Il est presque impossible de changer les opinions idéologiques de gens tels que Malraux.

À Paris, le romancier, compagnon de route, a haussé la mise. Dans *L'Humanité*, il annonce qu'en U.R.S.S. « le contenu des psychoses a beaucoup changé. Le malade n'est plus angoissé par son propre avenir, mais par celui de sa collectivité, kolkhoze, usine, etc. Il n'y a presque plus de névroses, de psychoses... parce que ici, le futur en tant que menace n'existe pas. Quel est le principal souci d'un bourgeois ? Assurer son avenir. Mais ici, l'avenir est assuré par la collectivité et par ce fait seul, que l'activité de l'homme se trouve presque entièrement transformée ». Malraux délire. Il rejoint Nizan, membre discipliné du Parti, jurant, de retour à Paris, que l'angoisse de la mort disparaissait en U.R.S.S. Pourquoi Malraux, ici, vaticine-t-il ? Pour ne pas décourager l'île Seguin et les ouvriers de Renault ? Parce que les lecteurs de *L'Humanité* attendent ces excès des témoins revenus du Paradis en puissance, Lourdes et Jérusalem du communisme ? Une pulsion le pousse à se rapprocher des communistes russes devant un journaliste français de *L'Humanité*. Il déclare qu'autrefois, en Oïrotie sibérienne, avant la Révolution, des jolies filles étaient vendues aux puissants [4]. Le rapport de l'homme à la femme était, dit-il, de « maître à esclave ». Mieux, Malraux a observé là-bas « un jeune homme » apportant « à une jeune fille un petit bouquet », ce qui démontrerait la progression de l'égalité. Toujours plus ! De son train à l'arrêt, Malraux a vu les voyageurs offrir des cigarettes à un convoi de prisonniers, par l'intermédiaire des gardiens. Malraux rapporte une jolie histoire édifiante :

« Et j'ai entendu une petite fille répondre à la question :

— Qu'appelles-tu autrefois ?

— Autrefois était le temps où les hommes vivaient sur les arbres et où il y avait des policiers. »

Ainsi, les petites filles sibériennes véhiculent les poncifs de

la propagande élémentaire du Parti avec des accents malruciens farfelus. Le temps de ses interviews, Malraux met entre
parenthèses le sens critique dont il n'a pas manqué en U.R.S.S.
À Moscou, s'en prenant au réalisme socialiste, il a fait preuve
d'anticonformisme; à Paris, il redevient un compagnon de
route conventionnel, s'exprimant comme un orthodoxe du
parti, avec des formules de néophyte. À la *Pravda*, il a affirmé [5]
que l'aspect le plus intéressant du congrès a été la discussion
sur « le problème du réalisme socialiste ». À *L'Humanité*, dix
jours plus tard, il considère le réalisme socialiste comme une
« méthode valable et puissante », parce que cette méthode
porte en U.R.S.S. sur une réalité romantique, les gardes frontières, les républiques autonomes, la guerre civile et même
— ajoute-t-il sans sourire — sur le plan quinquennal. Il ne prévoit plus des Shakespeare étouffés dans l'œuf, mais une éclo-
sion inouïe de la culture soviétique [6] : « La force énorme dont
dispose à l'avance la force soviétique, c'est qu'elle appartient au
type de civilisation dont sortent les Shakespeare et il est trop
évident qu'aucun pays d'Occident n'a produit une œuvre de la
même nature que *Le Cuirassé Potemkine*. » Il s'oppose à ceux
qui suggèrent que la liberté de l'homme de plume est limitée en
U.R.S.S. [7]. Malraux caracole sur la notion floue mais pratique
de « bourgeoisie », lieu géométrique de tous les vices. « La
liberté qui compte pour l'artiste n'est pas la liberté de faire
n'importe quoi, affirme-t-il, c'est la liberté de faire ce qu'il veut
faire, et l'artiste soviétique sait bien en tant qu'artiste que ce
n'est pas dans son désaccord avec la civilisation qui l'entoure,
mais au contraire dans son accord avec elle, qu'il trouvera la
force de son génie. » Le mot génie apparaît de plus en plus
souvent dans le vocabulaire de Malraux. Si une chose l'a
étonné en U.R.S.S., ajoute-t-il, c'est « évidemment la fraternité
de l'écrivain et du public ». À Moscou, il n'a pas parlé de fraternité entre romanciers et lecteurs.

Le premier fait frappant en U.R.S.S., continue Malraux,
reste « l'unité soviétique ». Il insiste : « Il est clair qu'elle est réalisée. Il est clair que la formule que Staline donne de la culture
des minorités, "Fond socialiste, forme nationale", est devenue
une réalité. Cent cinquante minorités nationales ont été repré-
sentées ; il y avait entre elles des différences de sensibilité, non
de pensée. Le marxisme a permis à l'Union de constituer son
unité, et en profondeur, il y a aujourd'hui moins de pittoresque
à Samarcande qu'à Moscou et bien moins qu'à Novgorod. Il est
facile à ceux qui s'attendrissent sur les costumes bretons de rire
des poètes Tadjiks qui chantent ici l'arrivée de l'eau dans leur
désert. »

L'écrivain-journaliste évite de peu les paradoxes : « On a dit, et je le reprends, que la civilisation soviétique était une civilisation totalitaire. » Il définit le totalitarisme dans son premier sens, système englobant la totalité des éléments d'un ensemble, ici une société : « J'entends par là une civilisation à laquelle les hommes participent, à laquelle ils s'accordent constamment, dans laquelle le travail n'est pas la partie morte de la vie. » Malraux passe au deuxième sens de totalitarisme : « On l'a dit aussi du fascisme. Je doute que ce soit vrai, car le fascisme, dans la mesure où il laisse à l'argent un rôle prépondérant, retrouve dans le domaine éthique toutes les contradictions de la bourgeoisie, et si l'on nous dit que la littérature fasciste allemande [*L'amalgame « nazi » et « fasciste » se solidifie*] est trop jeune pour que nous puissions porter sur elle un jugement (mais certaines des meilleures œuvres soviétiques datent du communisme de guerre), réfléchissons aux longues années de fascisme italien, dont la littérature nous permet de beaucoup douter d'une civilisation totalitaire italienne. » Selon Malraux, le fascisme italien n'est même pas un totalitarisme mou [8].

L'écrivain utilise des parallèles hardis : « On peut dire que l'inventaire du monde bourgeois est terminé. Au contraire, l'inventaire du monde soviétique est entièrement à faire. » Malraux s'enfonce dans un cul-de-sac : « On a souvent insisté sur la méfiance que la société russe en construction et si souvent menacée était obligée de faire peser sur l'homme. Mais prenons-y garde, cette méfiance ne porte que sur l'individu. Pour l'homme, au contraire, la confiance faite par les Soviets est peut-être la plus grande qu'il ait rencontrée. » En somme, il y aurait des individus écrasés et l'Homme libre.

Soit par conviction ou emportement, soit par opportunisme, Malraux satisfait tous ses auditoires. Ses raisonnements fondés sur l'hypothèse d'une société soviétique en plein épanouissement, encerclée par des pays capitalistes, collent à l'air du temps de gauche. Malraux n'est pas solitaire dans ce labyrinthe intellectuel, mais il devient le compagnon de route le plus visible à chanter aussi faux. André Gide rumine des observations et des critiques plus intelligentes et pénétrantes, avant même de gagner Moscou.

Malraux retourne en U.R.S.S. en mars 1936. En route, il écrit à Josette : « Donc en définitive, je suis en direction de Moscou. Je voyage avec Kysou (surnom de Roland. Enfant, il balbutiait " quisourit quisourit "). » Roland est dans une autre couchette. Il doit travailler à la *Literatournaïa Gazeta* et pour le quotidien parisien crypto-communiste *Ce soir*, dirigé par

Aragon, Nizan s'y spécialisant en politique étrangère. Malraux poursuit : « ... et quand je me fais des rêves et crois que c'est vous [*Josette*] qui êtes là-haut, l'austère réalité remet les choses au point, malgré les gares polonaises où les musiques militaires jouent pour les descentes de train des officiers, et font lever et monter en cadence les oreilles des chevaux de fiacre, qui ont de si bonnes têtes musicales. J'apprends de jour en jour combien j'avais tort de faire des réserves, même douces, sur votre gentillesse. Les jeunes filles polonaises, en rangs, vont voir des films nationaux sur Chopin. Je vous envoie leurs rêves en plus des miens, pour vous envoyer des rêves couleur de voyage. » Malraux a quatre objectifs pour ce second séjour en U.R.S.S. : repérer des livres intéressants à traduire, renforcer ses contacts avec le monde littéraire soviétique et l'Union des écrivains, rendre visite à Eisenstein. Un des premiers auteurs français à considérer le cinéma comme art, Malraux tient à son projet de film tiré de *La Condition humaine*. Comme Poudovkine, Dovjenko, ou Joris Ivens, Hollandais rallié au communisme, Paul Strand et Leni Riefenstahl admirés par Hitler, il voit dans le cinéma un instrument de propagande qui n'interdit pas l'ambition esthétique. Grâce au cinéma, art et idées politiques peuvent progresser. En France, la réputation du cinéma soviétique grandit, consolidée par des articles de Georges Sadoul et Léon Moussinac, critiques communistes [9].

Quelques années avant, Malraux défendait Sergueï Eisenstein et *Le Cuirassé Potemkine*. Le metteur en scène et l'écrivain se sont rencontrés dans les bureaux de la *N.R.F.* en 1932. Polyglotte, Eisenstein jugea alors cet auteur trop fier de ses connaissances concernant les arts en U.R.S.S. Malraux, estimait-il, en rajoutait sur Dostoïevski. Néanmoins, Eisenstein, Ehrenbourg le fit savoir, jouait maintenant avec l'idée d'adapter *La Condition humaine*. Plusieurs autres candidats se sont manifestés dont Joris Ivens et Albert Guendelstein, élève d'Eisenstein et Poudovkine. À Moscou, le directeur du studio Samsonov présente Malraux à Guendelstein :

— Nous avons l'intention de tourner un film d'après *La Condition humaine*. La direction pose votre candidature comme réalisateur. Si vous êtes d'accord, Sergueï Eisenstein participera en qualité de consultant.

Malraux tient à Eisenstein. Ehrenbourg, *go-between*, informe le réalisateur soviétique [10]. Dans la capitale soviétique, l'écrivain rencontre aussi Dovjenko, metteur en scène de *La Terre* et de *L'Arsenal*. Dans ses rapides notes de voyage, il rapporte une conversation avec ce réalisateur, sur le cinéma en général, plus que sur *La Condition humaine*.

« Malraux. — À l'étranger, il semble que l'élan qui a fait du cinéma russe un art si important se ralentisse et qu'on arrive à un poncif où le cinéma s'imite indéfiniment et mette simplement en exploitation un certain nombre de conquêtes artistiques nées de la Révolution : familiarité avec la mort, naturel dans le tragique, humanité, etc.

Dovjenko. — Nous en avons aussi l'impression. Il est nécessaire que le cinéma russe se renouvelle. Mais, à cause même des conquêtes dont vous parlez, il est entendu ici que le cinéma est génial, intangible, etc. Ce qui fait que c'est au moment où il serait le plus nécessaire de le changer qu'il est le plus difficile d'y toucher [11]. Évidemment, il y a quelque chose qui ne marche pas ! Voyons la vie de nos meilleurs metteurs en scène depuis cinq ans : Eisenstein, Mexique, et rien, Poudovkine, deux Insuccès, Tiouch (l'auteur de Turksib) rien : c'est significatif. Nous sommes maintenant en face d'une organisation qui veut tenir compte de la demande, qui commence à vouloir " faire commercial [12] ". De plus, nos premiers films, les meilleurs, exprimaient une idée ou un sentiment très forts avec une intrigue très légère. Aujourd'hui, on nous demande des films beaucoup plus faibles de contenu, avec une intrigue aussi importante que possible. Artistiquement, c'est mauvais. Et, de plus, à quelques exceptions près, notre art en Russie n'a jamais eu de grandes qualités d'intrigue : voyez nos romanciers.

M. — Il y a Dos[toïevski] et le Tolstoï de *Guerre et Paix*. Mais dans l'ensemble, je crois que vous avez raison.

D. — De plus, le romancier dispose de moyens dont nous ne disposons pas : le lecteur prend et abandonne le roman quand il veut...

M. — Il y a le film à épisodes.

D. — Mais il est toujours mauvais.

M. — Comme les M[etteurs] en s[cène] qui ont tourné des films à épisodes n'avaient tourné jusque-là que de mauvais films, on ne voit pas pourquoi ils en tourneraient de bons tout à coup. Il faudrait faire l'expérience avec un m[etteur] en s[cène] de talent.

Ehrenbourg — Je crois que ce n'est pas la même chose : la lecture individuelle peut être arrêtée sans danger, un spectacle non, parce qu'il est ressenti collectivement [13]. »

Dovjenko tourne en Ukraine. Il ne collaborera pas avec l'écrivain français. Malraux voit Meyerhold. L'écrivain explique au metteur en scène, exagération polie, que le théâtre soviétique suscite un grand intérêt en France. Ils parlent du *Roi Lear*. Ils écoutent ensemble Prokofiev parler de Chostakovitch, Stravinski, Moussorgski, Bach. Sur la musique, Malraux ne s'avance pas trop. Meyerhold n'adaptera pas *La Condition humaine* pour le théâtre.

Avec Eisenstein, les choses s'engagent mieux. À Kislovodsk, le grand réalisateur tourne *Le Pré de Bégine*. Il reçoit Malraux chez lui : « Appartement pour Soviétique, note Malraux, une chambre dans un appartement occupé par sept personnes. Pour lui, on sonne quatre fois, pour le copain à côté sept fois. Nous parlons de la séance d'hier à la maison des écrivains. » Depuis longtemps, Eisenstein songe à réaliser un film épique sur la Chine qu'il connaît mieux que Malraux. Il imagine le film par plans successifs et fait de nombreux dessins [14]. Malraux lui soumet une esquisse de synopsis, trente-deux feuillets dactylographiés précédés de remarques[15]. On peut comparer l'ouverture du roman et l'amorce de synopsis par Malraux :

Roman	*Synopsis*
Minuit et demi Tchen tenterait-il de lever la moustiquaire? Frapperait-il au travers? L'angoisse lui tordait l'estomac; il connaissait sa propre fermeté, mais n'était capable en cet instant que d'y songer avec hébétude, fasciné par ce tas de mousseline blanche qui tombait du plafond sur un corps moins visible qu'une ombre, et d'où sortait seulement ce pied à demi incliné par le sommeil, vivant quand même — de la chair d'homme. La seule lumière venait du building voisin : un grand rectangle d'électricité pâle, coupé par les barreaux de la fenêtre dont l'un rayait le lit juste au-dessous du pied comme pour en accentuer le volume et la vie. Quatre ou cinq klaxons grincèrent à la fois. Découvert? Combattre, combattre des ennemis qui se défendent, des ennemis éveillés! La vague de vacarme retomba : quelque embarras de voitures (il y avait encore des embarras de voitures, là-bas, dans le monde des hommes...). Il se retrouva en face de la tache molle de la mousseline et du rectangle de lumière, immobiles dans cette nuit où le temps n'existait plus. Il se répétait que cet homme devait mourir. Bêtement : car il savait qu'il le tuerait. Pris ou non, exécuté ou non, peu importait. Rien n'existait que ce pied, cet homme qu'il devait frapper sans qu'il se défendît — car, s'il se défendait, il appellerait.	Une main sort — à peine — d'une poche, un rasoir. Commence à l'ouvrir. Le referme. Le laisse retomber dans la poche. Chambre dans la nuit. Un grand rectangle de lumière vient de la fenêtre ouverte, et projette dans un lit caché par une moustiquaire l'ombre des fers du balcon. Dehors, bruits de Mah-jong et de guitare d'un restaurant. Vague silhouette d'homme dans la nuit (Tchen). Dans le lit, sous la moustiquaire, on ne voit qu'un pied. La main tire de la poche un court poignard, le balance légèrement comme pour éprouver une résistance plusieurs fois. Tchen tape légèrement sur son chandail. Appuie doucement la pointe de la lame sur le mur. Le pied. Tchen enfonce la lame dans son bras. Geste de la tête (il se mord la lèvre inférieure) : je sais. Le pied bouge légèrement. Tchen approche (ne pas le suivre, donner le corps couché qui devient visible). Il semble que l'homme couché râle : Tchen recule. Non. Il ronfle. Tchen frappe, à toute volée. Le sommier métallique relance le corps contre le poignard. Le bras de Tchen, tendu, mais qui tremble comme une corde : au bout du bras, le poignard enfoncé (c'est la

Les paupières battantes, Tchen découvrait en lui, jusqu'à la nausée, non le combattant qu'il attendait, mais un sacrificateur. Et pas seulement aux dieux qu'il avait choisis : sous son sacrifice à la révolution grouillait un monde de profondeurs auprès de quoi cette nuit écrasée d'angoisse n'était que clarté. « Assassiner n'est pas seulement tuer... » Dans ses poches, ses mains hésitantes tenaient, la droite un rasoir fermé, la gauche un court poignard. Il les enfonçait le plus possible, comme si la nuit n'eût pas suffi à cacher ses gestes. Le rasoir était plus sûr, mais Tchen sentait qu'il ne pourrait jamais s'en servir ; le poignard lui répugnait moins. Il lâcha le rasoir dont le dos pénétrait dans ses doigts crispés ; le poignard était nu dans sa poche, sans gaine. Il le fit passer dans sa main droite, la gauche retombant sur la laine de son chandail et y restant collée. Il éleva légèrement le bras droit, stupéfait du silence qui continuait à l'entourer, comme si son geste eût dû déclencher quelque chute. Mais non, il ne se passait rien : c'était toujours à lui d'agir.

Ce pied vivait comme un animal endormi. Terminait-il un corps ? « Est-ce que je deviens imbécile ? » Il fallait voir ce corps. Le voir, voir cette tête ; pour cela, entrer dans la lumière, laisser passer sur le lit son ombre trapue. Quelle était la résistance de la chair ? Convulsivement, Tchen enfonça le poignard dans son bras gauche...

première fois que l'on voit le dormeur net sans la moustiquaire). Juste sous la garde de l'arme. Le sang commence à sourdre. L'appareil suit en sens inverse le bras de Tchen, jusqu'à la poitrine qui halète.
Tchen ouvre la main.
Le corps s'incline sur le côté jusqu'à la limite du lit. Une goutte de sang tombe. Deux, à côté d'elles grandit l'ombre de deux oreilles pointues.
Tchen immobile. L'ombre grandit. Troisième goutte.
Un miaulement ; c'est un chat.
« Il m'a vu » murmure Tchen. Il ouvre le rasoir, marche vers le chat. Celui-ci file par le balcon. Tchen le poursuit.

Sangria illuminé. Au-dessus les nuages et les étoiles. Sirènes au loin.

Il rentre. Au pied du lit, un pantalon. Il fouille dans les poches : cigarettes, allumettes, un jouet d'enfant, Tchen serre son poing sur le jouet. Sous l'oreiller un portefeuille, Tchen le prend, cherche un papier (il s'approche de la lumière de la fenêtre). En face, à l'étage en dessous, une fenêtre sur une pièce pleine de joueurs. Il trouve le document.

Sur cette lancée, le script aboutirait à un film de vingt heures au moins, qui ne serait pas la trilogie chinoise à laquelle Eisenstein songeait. Dans ses notes, le metteur en scène écrit [16] : « En survolant thématiquement *La Condition humaine*, réévaluant l'idéologie de l'auteur, modifiant mon interprétation de son œuvre, avec sa participation — il a fortement révisé sa conception des faits, du roman — nous voulons travailler ensemble pour rester visuellement fidèles à la pureté de son style. Il faut être stylistiquement sobre, sévère et élégant comme son art littéraire. Il faut communiquer l'image des passions sociales, de la mort, du combat, du don de soi... L'idée qu'on peut prendre une ville avec 151 fusils s'ils sont en de bonnes mains. » Dans la longue esquisse de son projet, pas tout à fait un synopsis, Malraux sacrifie la plupart de ses personnages, pas seulement les femmes, et de longs pans de l'intrigue. Il insiste plus sur les indications scéniques que sur le dialogue. Il a le sens du langage cinématographique. Pris par le temps, il est aussi dépassé : son métier n'est pas de rédiger un scénario, même s'il a un œil de spectateur exercé. *La Condition humaine* serait-elle inadaptable au cinéma ? Que le réalisateur se débrouille ! Avant le mot *Fin*, comme un aveu, Malraux écrit : « Ici, la scène très importante entre les capitalistes et la police liée à la prise de Shanghai par les troupes révolutionnaires de la ville (voir le roman, il s'agirait d'unir un certain nombre de scènes de combat, grève générale etc.). » et aussi : « À discuter avec le metteur en scène. »

Finalement, Eisenstein trouve *La Condition humaine* trop antistalinienne. Il sent qu'il ne s'entendra pas à l'arrivée avec l'auteur — et les Autorités supérieures. Il abandonne. Déçu, Malraux ne se laisse pas aller à l'amertume.

Roland Malraux accompagne André dans son voyage. Roland s'intéresse à Boleslava Boleslavskaïa qui fut l'interprète d'André. « Bosle » escortera Gide, Romain Rolland, Barbusse[17]. Roland et Boleslava travaillent ensemble, traduisent des textes en français comme une « Lettre du peuple Kirghize au camarade Staline[18] ».

> « *Qui nous a découvert le bonheur ? Toi*
> *Qui nous a fait éclore comme des fleurs ? Toi*
> *Nous avons oublié tous nos maux — avec toi... »*

Le poème chante : « Staline, le lutteur vaillant, le créateur, le bien-aimé père, l'immortel. » Vocabulaire quasi religieux : *créateur, père, immortel*. Les vers de la chute du poème deviennent moins liturgiques et litaniques :

> « *Ceux qui de leurs antres puants*
> *Essayeront encore une fois*
> *D'avancer leurs pattes sales*
> *Vers notre étoile glorieuse*
> *Maintenant ce n'est plus une bride*
> *Que nous leur passerons au cou*
> *C'est un beau nœud coulant*
> *Comme à des chiens enragés*
> *Que nous exterminerons. »*

Avis aux détracteurs et dissidents. Les appareils politiques et littéraires se méfient néanmoins de Roland, comme d'André.

Roland parle le russe, et il ne commet pas de faux pas. Il passe d'abord pour un agréable sympathisant. Plus tard, les ordres tombent du Komintern : il faut limiter sa participation aux revues de la grande centrale et, surtout, ne pas lui confier des commentaires politiques. On ne sait « si sa participation au travail de la revue *Littérature internationale* est utile ». On décèle dans ses points de vue de « nouvelles nuances » qui « dictent à la rédaction la nécessité de l'utiliser avec de grandes précautions ». Mais on ne veut pas se séparer de lui : « Il ne serait pas sage de rompre avec lui définitivement étant donné ses relations avec son frère, grand écrivain français. » On découvrira une solution, en lui confiant « uniquement des œuvres d'art [19] ».

Croisé, mais pas curé progressiste, Malraux multiplie les entretiens, signe des manifestes, dont une déclaration mise au point par Aragon à Paris, Vladimir Pozner et Nizan à Moscou, en faveur de la libération de Gramsci, « vaillant chef du prolétariat italien », et Hofmaier, « révolutionnaire suisse », emprisonnés en Italie. Un tribunal fasciste a condamné Gramsci à vingt et un ans de réclusion. Tuberculeux, Hofmaier devait être relâché, « le code pénal fasciste », dit ingénument la déclaration, « prévoyant la libération des détenus malades », ce qui est exact. Dans le goût de l'époque, le texte invoque la solidarité des intellectuels et des masses laborieuses, l'indignation triomphante de tous. Les geôles de Mussolini et de Hitler effacent celles de Staline.

Notation étrange dans l'embryon de journal de Malraux : « Plus facile de vivre en ayant tort qu'en cessant d'écrire. » S'agit-il de Babel, Pasternak et d'autres ? Malraux pense sans cesse aux militants de gauche emprisonnés par les nazis allemands ou les fascistes italiens.

À Moscou, pendant ce voyage, Malraux perçoit des réticences à son endroit. Bah ! tout cela est passager. Oubliant le réalisme socialiste, les ingénieurs maladroits des âmes, Dostoïevski et la propagande des Soviétiques, voyageur nostalgique, impatient de rentrer et de retrouver Josette Clotis, Malraux, fleur bleue, s'épanche.

« Il y aura, note-t-il pour lui-même, le soleil de Monet sur les jardins et les rues de banlieue, et des matins d'hiver non pas inhumains et magnifiques comme les nôtres, mais délicats et amicaux comme ceux de Sisley. Parfois, tombera sur les pierres de la ville une pluie qui sera la pluie de Baudelaire, et la bruine sera quelque chose que je n'ai jamais vu, parce qu'elle sera, comme tout le *reste*, ce qu'un grand artiste a subi un jour pour sa tristesse ou pour sa joie. Cours de Balzac, rues de Victor Hugo, femmes de tous ! Depuis les midis de Renoir pleins d'oliviers jusqu'aux sculptures des pardons bretons, ce sera un pays où ne vivra plus que la joie, et toute cette amitié je l'offrirai dans mon cœur à Van Gogh, à Cézanne et à Gauguin, au fou, au syphilitique et aux petits-bourgeois pauvres qui ont mis sur tout ça leur sang pour que ce ne soit pas seulement rose et que ce soit plus grand... Paris ! Un fleuve tiède et presque rose quand le soleil se couche derrière le Trocadéro, un fleuve comme un bon vivant allongé sur des pierres qui sentent le parfum des femmes, un parfum un peu amer, faussement sauvage. Le même soleil [*un blanc*] lentement les Champs-Élysées, glisse sur le velarium de chaque café, sur ces grandes toiles unies, bleu de roi, vert acide, tendues comme des tentes royales dans un théâtre où le spectateur serait un peu complice. Et les couleurs des boissons sont différentes dans tous les verres, il y a de la glace partout, une buée recouvre les verres jusqu'à la courbe des lèvres tachés par le rouge des femmes. Il y a des fleurs qu'il faut toujours renouveler et des oiseaux dans des cages de verre. Autour, à l'infini, jusqu'aux trois mers, il y a des petits villages dans le soleil couchant, non pas verts ou couleur de bois, comme les nôtres, mais des villages sans isbas, couverts de tuiles ou d'ardoises — de tuiles surtout, car je les vois roses — et ils étincellent au bord de rivières d'où montent la brume et les moustiques, comme dans les tableaux impressionnistes. »

Avant son retour en France, Malraux veut un tête-à-tête avec Gorki. Le 5 mars, avec son frère, Koltsov et Babel, il part de la gare Kourski afin de gagner Tesseli en Crimée. Souriant et gauche, Pasternak les accompagne jusqu'à la gare. Les voyageurs analysent des journaux soviétiques qui confondent information et opinion. Bah ! La révolution l'exige. Koltsov et Babel connaissent le vieil écrivain chez lequel ils se rendent en pèlerinage. Gorki passe toujours l'hiver et le début du printemps en Crimée. Il travaille au rez-de-chaussée d'une maison de pierre dans un vieux parc, entre vignes et broussailles. Pouchkine, dit-on, vécut ici. Gorki s'écoute parler. Malraux, du coup, n'a pas le temps de s'écouter lui-même. Gorki se répète. Certains pensent qu'il a vieilli.

— Staline... oui, il faut apprendre à son école... tra-vai-ller, rabâche-t-il.

Gorki brode sur la brièveté de la vie, ses soixante-huit ans, un point à l'envers, sur l'immortalité, le travail et la pensée, un point à l'endroit. À certains moments, la rencontre risque de mal tourner : Malraux s'interroge sur un article de Radek consacré à Joyce publié l'année précédente. Radek qualifiait les livres de Joyce d'apothéose anti-humaine, de formes étranges de la corruption sociale et individuelle. Gorki n'a pas lu cet article. Mais si Radek a écrit ça, il est d'accord avec lui [20]. Le malheureux Gorki pavlovise en apparatchik honoraire, mais placardisé. Il doit juger un texte selon la ligne du Parti, sans lecture préalable. Joyce, explique Malraux, représente une étape importante de la littérature. Gorki renâcle. Il promet cependant de « relire » Joyce, même si ce genre de littérature lui est insupportable [21].

On évoque les affaires de l'Association des écrivains et la publication d'une encyclopédie à laquelle songe Gorki. Le temps traîne. Malraux raconte à Gorki une histoire composée de ses souvenirs cambodgiens ou persans et de ses aventures chez la reine de Saba. Au fond des steppes mongoles, dit-il pour simplifier, se dresse une antique cité où sont rassemblées des centaines de merveilleuses statues. À Paris, une carte permettrait de tracer un itinéraire pour atteindre la ville. On partirait en avion.

— En avion ! s'exclame Gorki. Combien de temps durerait ce voyage ? Qu'est-ce que ces statues ?... Très intéressant... ces statues, il faut les prendre, les déterrer... les étudier ! Les montrer à tous !

Babel tourne sa cuiller dans une tasse, comme une petite pelle. Gorki s'enflamme :

— J'y aurais bien été moi-même, en avion. Tout seul au besoin. Il y a bien des avions dans une escadrille qui portent mon nom. Mais, voilà, tant pis, c'est un peu tard pour moi...

L'atmosphère se détend. On plaisante. Promis, juré, ils gagneront tous le désert après la réunion des écrivains à Moscou le 11 mars. Malraux rédigera pour Gorki, croix de bois, croix de fer, un rapport sur les statues des steppes. Gorki le transmettra à l'Académie des sciences. Avant le départ des visiteurs, paternel, le vieil écrivain offre à Malraux une chapka noire :

— Vous allez vous enrhumer... On dit qu'à Moscou il est tombé de la neige. Il fait froid.

Malraux a parcouru tant de verstes pour pas grand-chose. À défaut de Staline, il a conversé avec Gorki, mais l'auteur de *La Condition humaine* est en retard sur les cotes d'amour staliniennes. Gorki n'est plus bien vu par Staline.

De retour à Moscou, honneur calculé, Malraux participe à la réunion du présidium de l'Union des écrivains soviétiques. La réunion prépare le travail de l'Association internationale des écrivains révolutionnaires et songe à une revue à laquelle participeraient comme membres de la rédaction en chef Gorki, Thomas Mann, André Gide et, en collaborateurs principaux, Heinrich Mann, Karel Kapek, J. B. Priestley, Waldo Frank, Ernest Hemingway, Ehrenbourg, Babel et Alexis Tolstoï.

Malraux assiste à la projection d'un film de Efim Dzigan, *Nous autres de Kronstadt*. Ému par son ton pathétique et surtout par une scène dans laquelle un trompette survivant continue de jouer au milieu de ses camarades morts.

Il fréquente beaucoup Isaac Babel : celui-ci manie bien le français et se passionne pour la chronique et les ragots littéraires parisiens. Son roman *Cavalerie rouge* reste un succès depuis dix ans. Malraux apprécie l'outrance de Babel, son exaltation allant jusqu'à la cruauté et même ses descriptions d'exécutions sommaires. Babel appelle Malraux « Andruchka ». L'un et l'autre parlent avec la même intensité, examinent les critiques lancées contre Chostakovitch et le formalisme [22]. La femme de Babel demande à Malraux comment il voit Moscou maintenant, surtout après l'inauguration de la première ligne du métro qu'on fait visiter aux étrangers avec fierté.

— Un peu trop de métro, lâche Malraux [23].

Pense-t-il : méli de marbre, et mélo d'or ?

Point de passage obligé, Malraux rencontre les ouvriers d'une usine d'aviation. Il s'enquiert auprès de Babel de l'état d'esprit dans les campagnes et chez les intellectuels en U.R.S.S. [24]. Pas trop mal manipulé par à-coups, André repart pour Paris, laissant Roland à Moscou, et à « Bosle ». L'avant-veille, à Karlsruhe, Hitler a prononcé un discours :

— J'ai lancé un appel grandiose pour la paix au nom de soixante-sept millions d'habitants...

Dans cette perspective pacifique, une semaine avant, les troupes allemandes ont réoccupé la Rhénanie. La première Volkswagen, la VW30, sort des usines. Doux et pacifistes, les Allemands approuvent l'occupation par 90 % des voix.

Après ce deuxième voyage en U.R.S.S., les relations de Malraux avec la Mecque du communisme et ses appareils culturels comme avec le marxisme théorique, son dernier souci, paraissent à géométrie variable. Il fait les génuflexions d'usage dans les milieux de gauche, exerce son prodigieux charme, doublé d'une indéniable courtoisie, et feint l'admiration. Lorsqu'il écrit, rien n'indique une lecture assidue des textes sacrés. Il ne discerne pas une vérité marxiste. Il éprouve plus une sympathie générale pour un courant révolutionnaire et pour le pays du communisme que pour le marxisme.

Aux Soviétiques, il donne encore l'impression d'un homme scintillant, difficile à suivre sur le plan intellectuel et politique. À Moscou, on ne l'oublie jamais, Malraux eut des rapports avec Trotski, auquel, à la surprise de beaucoup, il a porté un toast [25] pendant un banquet. À moins que l'anecdote ne soit une invention de Clara ; à vouloir détruire un mythe, Clara en construit parfois un autre. Les staliniens ont encore le sentiment que ce Malraux, électron libre, a eu des « sympathies anarchisantes » dans sa jeunesse. Cependant, jusqu'à maintenant, ses romans concernent souvent des individus communistes, Garine, Borodine ou Kyo, certes douteux pour l'orthodoxie marxo-lénino-stalinienne, mais peut-être prometteurs. Assez bon élève. N'a pas le sens de la discipline ou de la « vigilance prolétarienne ». Peut mieux faire. Malgré des rumeurs parisiennes, rien n'indique qu'il soit en puissance un membre du Parti communiste [26]. Des orthodoxes subtils, équilibristes entre la crédibilité et le cynisme comme Paul Nizan, pensent toujours que Malraux, incontrôlable, reste plus utile en dehors du parti auquel il n'a d'ailleurs jamais eu envie d'adhérer. Qui manipule l'autre, en fin de partie, la machine de la nébuleuse politico-littéraire-kominternienne ou l'écrivain français, attaché à son indépendance et à sa liberté de créateur ?

En France, Clara et André se querellent, s'injurient même. Dans un train, provocateur, André Malraux lance à sa femme :

— Je ne vous ai épousée que pour votre argent.

Sur ce, Clara le traite de « marlou » et le gifle. Il lui saisit les poignets, lâchant :

— Ne soyez quand même pas trop bête.

Avec Josette, après les insultes corrosives, il retrouve l'idylle. Malraux ne se rend pas compte que Josette apprécie, pour ne pas dire plus, de nombreux écrivains. Elle fait du charme à un Drieu sensible et à un Montherlant dédaigneux, sans compter Gaston, aussi amusé que blasé, et son fils, Michel Gallimard.

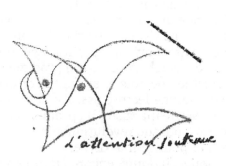

1

1. Berthe Lamy.
Deuils d'un père, d'un mari, d'un fils. Tu es laid, André.

2. Fernand Malraux.
Remisier, industriel, banquier, capitaine, commandant, avec son fils aîné, André.

3. Le même avec ses deux fils, Claude et Roland.
Courageusement reconnus hors mariage.

3

2

4

4. André Malraux.
Chineur et charmant.

5. Clara Malraux.
Marions-nous. Nous divor-
cerons dans quelques mois.
Pourtant Dostoïevski écrit
que…

6 et 7. Un quotidien et un
bihebdomadaire.
Aider les Annamites.

5

L'indochine enchaînée

L'AFFAIRI

ÉDITION PROVISOIRE DE L'INDOCHINE
RAISSANT DEUX FOIS PAR SEMAINE,
MERCREDI ET LE SAMEDI, EN ATTEN-
ANT QUE L'ADMINISTRATION NOUS
EXDE OU SE DÉCIDE A METTRE EN
ENTE, LES CARACTÈRES D'IMPRIMERIE
QUI NOUS APPARTIENNENT ET QU'ELLE
A CONFISQUÉS AU MÉPRIS DE TOUTE LOI
ET DE TOUT USAGE.

DIRECTION : 12, RUE TABERD
LE NUMÉRO : 10 CENTS.

Nous prions nos lecteurs de bien vouloir envoy r
les correspondances ou mandats à M. Le-the-
Vinh, 12, rue Taberd, Saigon.

Voici, sans auc
établissant de qu
Conseil colonial e
tés par Maurice (
chinchine :

Canton de Qu

DANH-UM,

L'indochine

SAMEDI 6 FÉVRIER 1926

6

7

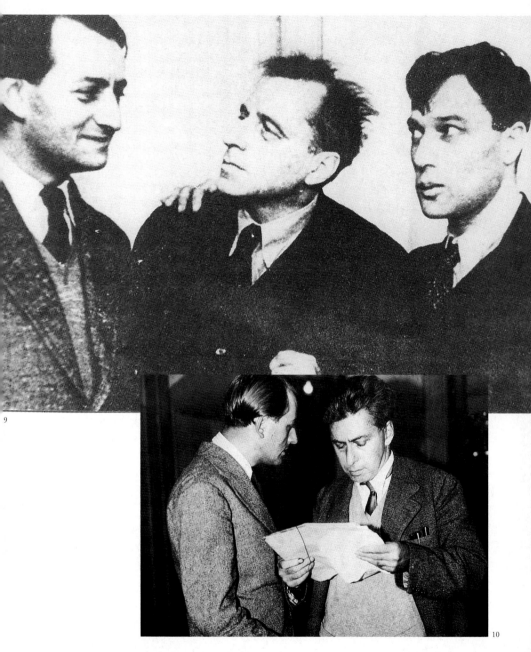

8. Avec Louis Chevasson.
Toujours prêt, toujours loyal.

9. Avec Meyerhold et Pasternak au Congrès des Écrivains, Moscou.
Beaucoup de travail pour porter La Condition humaine *au théâtre – et au cinéma.*

10. Avec Ehrenbourg.
Un Soviétique. Écrivain et journaliste, ses divers talents survivront à toutes les purges.

11

12

11. Claude Malraux.
Spahi déserteur et héros de la Résistance.

12. Roland Malraux.
Mon frère André, ce génie, est parfois bien décevant.

13. André Malraux pendant un meeting, à Garches, à l'époque du Front populaire.
À sa droite, Maurice Thorez et Jacques Duclos. Au second rang, sous le «P» du calicot, Clara.
Ma chère, rien ne vous empêche d'obtenir le prix Goncourt.

13

14

14. De gauche à droite : Arland, Malraux, Supervielle, Paulhan. Au premier plan : Valéry.
Malraux s'installe à la NRF, parmi les plus grands.

15. Ehrenbourg toujours, l'auteur du *Temps du mépris*, et Paul Nizan.
En URSS, on a supprimé l'idée de la mort.

15

16. Josette Clotis.
Premier roman publié par accident.
«Malraux, je l'ai joué comme un cheval
de course.»

17. Entre Hemingway, à sa droite, et
Robert Haas.
Un écrivain rival, un génie et son éditeur
américain.

18. A.M.
Romantique, réaliste, un des premiers
auteurs français à comprendre la portée
littéraire de la photographie.

19. Louise de Vilmorin.
«De nos jours, il n'y a que les curés qui se
marient.»

16

17

18

19

20. Margot entre son (futur) mari, Paul Nothomb, et, à gauche de la photo, le Colonel.
Ah, que la guerre est donc jolie à Valence avec ses longs loisirs !

21. Le chef d'escadrille et ses hommes.
Je ne m'intéresse pas à leur appartenance politique.

22. Margot, Raymond et André.
Raymond Maréchal, gravement blessé.

23

24

23. Un Potez.
Cercueil volant pour les héros.

24. À l'arrière-plan d'une carlingue, le patron.
Oui, il a volé, même s'il n'excellait pas au tir à la mitrailleuse.

25

25. José Bergamin, un des interlocuteurs préférés de Malraux.
Je suis un anarcho-catholique.

26. Eddy du Perron.
Je vous fais cadeau de mon amitié et d'une île en Indonésie.

27. Captain Ralph Beauclerk.
Alias Casimir, radio du réseau Nestor. S.O.E.

28. Captain Peter Lake, alias Jean-Pierre et Captain Jack (Poirier). *Les vrais chefs de «l'état-major interallié» du QG et du PC.*

29. *Chaque honneur est un plaisir.*

30. Formulaire rempli par Malraux.
De une à trois blessures.

31. Service de presse 1.
On ne sait si l'uniforme vient d'un grand tailleur ou de l'intendance militaire.

Dernière page
32. Service de presse 2.
Vous me ferez tirer cette photo.

27

28

29

Le Général de Gaulle et Madame de Gaulle prient Monsieur le Colonel André Malraux de leur faire l'honneur de venir dîner le Mardi 25 septembre 1945.

SOCIETE D'ENTRAIDE DES COMPAGNONS DE LA
LIBERATION

BULLETIN D'ADHESION (2)

NOM : *MALRAUX*   PRENOMS : *André Georges*   ALIAS : *Cel Berger*

Date et lieu de Naissance : *3 Nov. 1901 Paris*   Nationalité : *F.*

....

ATTENTION – Les renseignements suivants sont destinés à figurer dans l'annuaire en préparation , IL Y A LIEU DE LES REDIGER AVEC SOIN.

ARME :   UNITE OU RESEAU   GRADE :
F.F.1   *Commandos*   *Brigade Alsace-Lorraine*   *Cel Chef de l'Unité*
Ensuite :   *?*   *Lieutenant-Colonel*
         Adresse actuelle (téléphone):   Résidence familiale
                                                    fixe :
         19 bis av. V. Hugo (Mol 33-65)   ←

Profession civils :   Branche ou spécialisation :
écrivain, ancien ministre
Raison sociale et adresse professionnelle (Tél.) *R.P.F, 19 B! des*
                                                   Capucines (Op. 93-32)
Mandat électif – (nature et lieu d'exercice):

....

Décorations : *L. d'Honneur, Croix de Guerre, Off. Résistance,*
D.S.O. – Commandeur Rép. Espagnole, Résistance belge.

    Blessures : *3*   Taux d'invalidité : /

Marié ? *Oui*   Charges de famille : *3 enfants*

Prénoms et date de naissance des enfants : *Florence 1933*
                                            Gauthier 1940
                                            Vincent 1943

OBSERVATIONS :

                                Fait à *Paris*   le, *1er Nov 4.*
                                Signature :

                                A. Malraux

Tentation stalinienne

De l'autre côté de la frontière pyrénéenne, en Espagne, le *Frente popular* a remporté une victoire électorale en février 1936 avec 4 650 116 voix et 267 députés [1]. Le Front national (de droite) a obtenu 4 503 505 voix [2]. Fidèles à leurs principes, les anarchistes de la Confédération nationale du travail (C.N.T.) et de la Fédération anarchiste ibérique (F.A.I.), comptant 1 577 547 membres, n'ont présenté aucun candidat. Le Parti communiste espagnol prétend disposer de 40 000 adhérents. Les rapports internes du Komintern n'en comptabilisent pas plus de quelques milliers. Le pays se divise en moitiés égales autour des deux *fronts* populaire et national. En Espagne, le seul mot « front », à résonance militaire, accélère une bipolarisation brutale. Sur la lancée de la campagne électorale, se dessine un avenir propre à affoler les électeurs du front vaincu — de peu. Dans un discours à Cadix, Largo Caballero a annoncé que, plus tard, s'implantera « la dictature du prolétariat, ce qui ne signifie pas la répression du prolétariat [*presque un lapsus*] mais celle des classes capitalistes et bourgeoises [3] » Manuel Azaña, républicain de gauche, forme le gouvernement.

Les syndicats socialistes et communistes lancent une grève générale. Azaña veut éviter des affrontements dans la rue. On arrête des responsables dans les milieux d'extrême droite. Aux Cortes, la majorité de gauche fait chuter le président de la République, Alcala Zamora. Azaña deviendra chef de l'État. Des syndicalistes saccagent les quartiers généraux des partis de droite. En Espagne, la radio se transforme en arme à tir rapide pour diffuser vraies et fausses nouvelles. Une propagande intense relaie la politique du Komintern consistant à établir un *Front* populaire de tous les partis démocratiques, ouvriers et bourgeois. Malraux approuve cette stratégie. Le Parti communiste espagnol, comme tous les partis pilotés par Moscou, insiste sur la nécessité de préserver la « démocratie bourgeoise parlementaire » jusqu'à son remplacement par la « démocratie prolétarienne ».

Le 17 mai, avec Jean Cassou et Henri Lenormand, Malraux se rend à Madrid en délégué de l'Association internationale pour la défense de la culture. Voyage délicat car Clara accompagne André, encore officiellement son mari, et Josette gagne Madrid de son côté. Le 22 mai, Malraux prononce un discours au cinéma El Ateneo. Sa préoccupation essentielle reste le combat contre le « fascisme », au sens large. Une odeur, celle de la fin de la République de Weimar, flotte ici et là [4]. Malraux pose aux écrivains espagnols les problèmes de l'action :

— Systématiquement, dans tous les pays, nous sommes antifascistes. Il est inutile de discuter d'une action qui est désormais indispensable. Nous savons que les différences qui nous opposent au fascisme devront se résoudre un jour à coups de mitraillettes...

Malraux raffine sa définition, englobant Mussolini, Hitler et les chefs de la droite espagnole. Avant il avait déclaré [5] : « J'appelle fascisme un mouvement qui, *armant* et organisant la petite bourgeoisie, prétend gouverner en son nom contre le prolétariat et le capitalisme. » Comme si aucun prolétaire n'était nazi ou fasciste. À Madrid, Malraux dit :

— Qu'est-ce qui caractérise une société fasciste ? Une contradiction évidente au sein du système économico-social, dont le fascisme se fait l'avocat : concurrence et profits individuels et système politique d'un État totalitaire. Cette contradiction exige que tous les hommes, quelle que soit leur profession, se convertissent en miliciens des sections de combat. C'est la militarisation intégrale.

Il poursuit :

— Ce qui nous sépare, en définitive, de façon absolue, indéniable, de l'idéologie fasciste, c'est que nous voulons une civilisation qui débouche sur la paix, tandis que, dans cette dernière, tout tend vers la guerre et la mort.

Malraux passe à la culture :

— Ce ne sont pas les poètes qui ont besoin de poésie, mais les masses... Il y a plus de 600 000 écrivains et artistes dans le monde qui sont avec nous.

Malraux sécrète des statistiques comme des images. Avec les communistes français, sur instructions de Moscou, il tend la main aux chrétiens et aux socialistes. Comment réunir communistes et chrétiens ?

— Nous pouvons nous mettre d'accord sur la *vie*. Le problème de la vie, autant pour les chrétiens que pour les communistes, est un problème d'espoir.

Chez certains chrétiens, ne serait-ce pas souvent l'espoir placé dans l'au-delà de la mort ? Il scande le mot « vie » dans son discours et l'italicise pour le texte publié [6]. Dans les pays de tradition catholique, cette politique de la main tendue aux chrétiens devient une pièce maîtresse de la stratégie du Komintern. Malraux se penche sur le problème des rapports entre artistes et marxisme :

— Personne, parmi nous, ne croit que le marxisme soit « une vérité en soi ». De même que personne ne croit que Platon fut la vérité en soi... Marx considérait qu'au fond de toute analyse, on trouvait toujours la réalité économique. Mais soyons bien clairs : il ne l'a pas dit de prime abord. Lui-même se moquait toujours de ceux qui prétendaient expliquer l'art grec à partir des seules conditions de vie de la ville grecque. Il ne viendrait à l'esprit d'aucun marxiste sérieux d'expliquer Vélasquez à partir des carrosses de la cour de Philippe II. Il faut se débarrasser de cette équivoque [7]...

Malraux repart pour un cycle de conférences et de manifestations en France. Il a un besoin quasi physiologique de parler d'abondance en privé et en public, comme pour se délivrer d'un trop-plein d'énergie et de mots. L'histoire fait ses jeux. Les « fascismes » triomphent au long de 1936. En Éthiopie, fusils contre lances, les Italiens écrasent les troupes du négus, et ils achèveront la conquête du pays au milieu de l'année. Réfugié à Londres, le négus, qui reçut Malraux au milieu de ses paons et de ses lions, commence ses rondes diplomatiques avec la faune politique éplorée, apeurée, prudente : au Foreign Office, on espère dessouder l'axe Rome-Berlin. Hitler accorde une interview au quotidien français *Paris Soir*. L'Allemagne, explique le Führer, a l'intention de récupérer ses colonies. Il remet en question l'équilibre mondial. Le dictateur a ouvert les IVes Jeux olympiques d'été. Concernant la réoccupation de la zone démilitarisée en Rhénanie, la Société des Nations bavarde, Paris et Londres *parlent* d'une violation du droit international. Hitler a gagné ses élections-plébiscites [8], sans trucage, le 7 mars 1936.

En France, le Front populaire remporte les élections du 26 avril 1936. Les Malraux et les Nizan apprennent cette victoire à la terrasse du café des Deux Magots, place Saint-Germain-des-Prés. Le quartier bruit jusqu'à l'aube. « Le peuple de France a voté pour le pain, la paix, la liberté », annonce *L'Humanité* en première page. Le 4 juin, Léon Blum, président du conseil, non sans hésiter, forme un gouvernement. Le Parti socialiste a 160 élus ou apparentés, les radicaux 111 et les communistes 72, la droite 222. La France entre dans un cycle de kermesses et de réjouissances à gauche. Les communistes soutiendront le Front populaire sans participer au gouvernement, fragile car la plupart des radicaux sont plutôt centristes.

Increvable, Malraux se rend à Londres pour défendre un projet mis au point avec Gorki, une encyclopédie qui pourrait dépasser celle de Diderot [9].

— Pas une encyclopédie cuirassée, du type de la grande encyclopédie britannique, mais une encyclopédie sous-marin. Je veux dire une arme de guerre qui coûte infiniment moins cher qu'un cuirassé mais qui coule des navires de guerre...

Les comparaisons militaires, *mitraillettes, cuirassés, sous-marin*, viennent spontanément à Malraux dans tous les domaines. On adopte à la quasi-unanimité le principe de cette encyclopédie qui ne paraîtra pas.

Le 13 juillet, le député José Calvo Sotelo, dirigeant très conservateur, est assassiné. Le 17, à dix-sept heures, au Maroc espagnol, des conjurés militaires prennent le commandement de la garnison de Melilla et proclament l'état de siège. Le lendemain, le soulèvement militaire s'étend après avoir pris Ceuta au Maroc. Il gagne la péninsule à partir du 18 juillet. Les généraux factieux, résolus ou frileux, avancent. Une cinquantaine d'églises sont incendiées à Madrid dans la nuit du 19 au 20 juillet.

En Espagne, les nationalistes informent leurs partisans qu'il est « nécessaire de répandre une atmosphère de terreur. Nous devons créer une impression de maîtrise [10] ». Dans la Phalange, qui berce ses souvenirs de la dictature de Primo de Rivera, chez les Carlistes, au cœur de l'armée surtout, d'où émerge le médiocre Francisco Pauino Hermenegildo Theodulo Franco y Bahamonde, on est porté par la peur de l'illégalité violente de gauche, et par une forte conviction : Dieu est avec les « insurgés ». Les droites parlent d'un nettoyage nécessaire, de *limpieza*, avec une foi d'inquisiteur : il faut se débarrasser de la franc-maçonnerie, du marxisme et de la « juiverie » qui menaceraient l'Espagne ; liquider l'anarchisme, le communisme, le socialisme, le libéralisme ; et défendre la religion, avec le Christ-Roi. La sympathie pour les nazis et les fascistes grandit. Elle n'est pas l'essentiel du *movimiento*, le mouvement catalysé par le catholicisme [11]. Dans ce climat, à droite et à gauche, la terreur à grande échelle se prépare. Beaucoup sont prêts à assassiner, détruire, spolier.

À travers l'Espagne républicaine, en Catalogne, à Madrid, en Aragon et en Andalousie, des excités, souvent anarchisants, s'en prennent aux couvents comme aux églises. Dans l'Espagne aux mains des nationalistes, on fusille vite. À gauche, on parle avec un sourire entendu des groupes *checa* dans le camp loyaliste. Des bandes, « les Furies », « Force et Liberté », « Les Lynx de la République », échappent au contrôle gouvernemental. À droite, la police, l'armée et la garde civile, avant tout les phalangistes et les carlistes, s'en prennent aux membres des partis de gauche mais aussi à leurs sympathisants réels ou supposés. La guerre civile dans les têtes et dans les cœurs, qui ne réfléchissent ni ne fléchissent, précède les événements. D'un côté comme de l'autre, des exécutions succèdent aux meurtres. Plus les tribunaux siègent, plus on nie les atrocités. Les jugements sont des célébrations aux rites expéditifs. Les prisons se remplissent, les tombes se creusent. Du côté gouvernemental, les atrocités montrent plus d'incompétence et d'irresponsabilité que chez les nationalistes où l'on pratique la terreur systématique. À travers le monde, la presse, conservatrice ou progressiste, souligne les déprédations et les exactions qui lui conviennent. La grande victime historique sera la vérité.

À Paris, Malraux suit les événements avec passion. Le soir du 18 juillet, il était au théâtre avec Clara et leurs amis, Léo Lagrange, sous-secrétaire d'État aux Sports et aux Loisirs, et sa femme, Madeleine. Pierre Cot, ministre de l'Air, occupait une autre loge. Il convoque Lagrange peu après, qui annonce à Malraux le soulèvement militaire espagnol. Malraux signe un télégramme adressé par des écrivains « au peuple espagnol luttant héroïquement pour la cause de l'humanité entière ».

Madrid demande l'aide militaire de la France [12]. Le gouvernement Blum a dissous les ligues d'extrême droite et n'est pas confronté à la violence comme en Espagne. Les ouvriers français campent dans les usines, sans doute une atteinte au droit de propriété. Ils ne brûlent pas les églises. Le Front populaire français a pris le pouvoir au son des accordéons et des harmonicas. Le 22 juillet, Malraux, en liaison permanente avec Cot et Jean Moulin, chef de cabinet du ministre, réunit chez lui, rue du Bac, son ami Lagrange, des réfugiés politiques italiens ou allemands, et d'autres étrangers dont Ilya Ehrenbourg. Selon Malraux, le problème essentiel, moins de dix jours après la révolte nationaliste, est la fourniture d'avions militaires à la République espagnole, de pilotes pour les convoyer et les mener au combat. Au début du soulèvement franquiste, le gouvernement dispose environ de quatre cents avions, dont deux cents en bon état, les quatre cinquièmes de la flotte disponible [13].

Avec son collaborateur Jean Moulin, le ministre demande à Malraux de se renseigner à Madrid. L'écrivain souhaite gagner l'Espagne avec Jean-Richard Bloch et Jean Cassou. Il annonce son départ pour ce mercredi 22 juillet, quelques heures avant la fermeture officielle des bases aériennes, et s'envole sur un Lockheed Orion ministériel français avec Édouard Corniglion-Molinier et Clara qui s'accroche, résolue à prendre toute sa part d'une aventure enivrante. Escale de ravitaillement, après quatre heures de vol, sur l'aéroport militaire de Forgas, près de Biarritz. À la paix comme à la guerre. Les voyageurs dorment à l'aéroport. Le commandant de la base annonce que Madrid est aux mains des « rebelles ». On parle aussi des « insurgés », des « nationalistes », des « franquistes », des « nationaux », des « fascistes ». Les voyageurs décollent de Forgas le samedi 25 juillet [14]. À Paris, prenant leurs désirs pour des réalités, les journaux de droite clament que, venant du nord, les insurgés seraient à vingt kilomètres de Madrid. *L'Humanité* publie un télégramme expédié de la capitale espagnole par Malraux le 27 juillet : « En arrivant à Madrid, je dois d'abord démentir l'encerclement et l'approche des groupes fascistes vers la capitale. Madrid est complètement dégagée vers le sud jusqu'à l'Andalousie, par l'est jusqu'à la mer et par l'ouest jusqu'au Portugal. C'est seulement par le nord que l'armée révoltée a envoyé des petites avant-gardes qui ont été battues et refoulées au-delà des côtes de la Sierra Guadajama [15]. » La guerre de la presse, de l'information et de la désinformation, s'enclenche. *L'Action française* riposte, s'en prenant à l'écrivain Malraux et au gouvernement de Léon Blum. Pierre Cot, affirme le journal d'extrême droite, fait remettre des avions de l'armée à la maison Potez pour qu'elle les vende à l'Espagne — ce qui est vrai. Une campagne de la presse d'extrême droite dénonce pêle-mêle, en Malraux, l'envoyé spécial de *L'Humanité*, le « voleur » de statues au Cambodge et le « Bolchevik ».

De retour à Paris le 28, Malraux a une idée-force : acheter ces avions indispensables et recruter des pilotes. Il téléphone, rencontre des hommes politiques, fait savoir qu'il se rendra en Espagne et s'y battra. Il n'a jamais manié une arme, jamais piloté un avion. Pourtant Malraux convainc, et personne ne s'étonne. Il est né auteur et guerrier. Quel écrivain pourrait être plus persuasif ? Pour vivre il faut agir, et pour écrire aussi. Gide, navré, ne le comprend ni ne l'approuve. Il s'enthousiasme pour Malraux avec des réserves. Il admire souvent l'homme, pas l'écrivain. Pour Gide, Malraux a « l'étoffe d'un grand homme ». Il ne pense pas « qu'il devienne un grand écrivain. Il n'a pas une bonne langue, il ne connaît pas d'instinct son métier, et il aboutit malgré tout, à une pseudo-écriture d'artiste. On sent toujours l'intelligence de l'auteur. Pour moi, ça coupe l'émotion qu'il veut produire ». Pour Gide encore, écrire et agir sont incompatibles. Malraux aurait dû, selon lui, fidèle mais critique, choisir entre faire une œuvre ou la révolution. Gide réfléchit sur le communisme. Malraux prend parti plus vite, Gide jamais.

Grand témoin, revenu de Madrid en guerre, Malraux est ovationné pendant la première manifestation de soutien à l'Espagne républicaine, le 30 juillet, salle Wagram. Plus de vingt mille spectateurs se réunissent dedans et dehors, criant :

— Vive le Front populaire ! So-li-da-ri-té ! Vive l'Espagne libre ! Unité d'action !

Ils entonnent *La Marseillaise*, *La Jeune Garde*, *La Carmagnole* : Debout les damnés de la terre... Prenez garde... Ah ! ça ira, ça ira, ça ira... Sur un calicot tricolore se détachent les mots « Salut aux défenseurs de la liberté ». On quête au profit des républicains espagnols. Présidents d'honneur de la manifestation : Blum, Cot, Azaña, président de la République espagnole, et Companys, président de la généralité de Catalogne. Une *Internationale* vibrante accueille Malraux, quatrième orateur. Tribun politico-littéraire, il sait s'emparer d'un auditoire, comme une vague recouvre une plage. Avant lui, des politiques ont débité des harangues fadasses sur les libertés et le fascisme, les masses et les Maures. Pressé par Londres et Chamberlain, influencé de plus par ses ministres radicaux et l'état-major français, Blum joue, à contrecœur, avec l'idée d'une politique de non-intervention en Espagne. Malraux veut persuader le public, et au-delà, les lecteurs des journaux qui rendront compte des discours de la salle Wagram, que cette politique, prudente et pragmatique en apparence, menace la France. En Espagne, lui, il a *regardé* une armée populaire en formation. Prédicateur de talent, il exploite des « choses vues ». Le 17 juillet, raconte-t-il, les syndicats espagnols avaient averti le gouvernement républicain du soulèvement en préparation. Mais le Premier ministre, un « bourgeois », Casares Quiroga, refusa d'armer la classe ouvrière. Lyrique, mais injuste, ce Malraux : Casares Quiroga craignait une guerre civile. Salle Wagram, Malraux situe le conflit espagnol dans son contexte international, insistant sur la légitimité du gouvernement au pouvoir à Madrid, qui a le devoir et le droit de se procurer du matériel. Si des *gouvernements* démocratiques vendaient des armes à Madrid, explique-t-il, des puissances totalitaires saisiraient ce prétexte pour fournir de l'armement à Franco. L'écrivain ne voit aucune raison d'empêcher les « amis » de la république espagnole d'expédier des volontaires et une « aide technique ». Spécieux, l'argument est fort applaudi. Refluant, la vague de l'orateur révèle quelques aspérités.

— Le peuple français réclame qu'on lui délie les mains, dit Malraux... Les Espagnols ont besoin de chauffeurs, d'instructeurs, de médecins... d'ingénieurs...

Trépidant, agissant, Malraux se veut d'abord pourvoyeur d'armes. Mais il n'en dit pas trop en public : Pierre Cot l'a sermonné. Partout, on parle de volontaires civils ou militaires pour l'Espagne. La droite et l'extrême droite s'engouent pour les nationalistes, un peu moins bruyamment que la gauche en faveur des loyalistes. Les chancelleries attendent l'intervention, ouverte ou déguisée, de l'Italie fasciste et de l'Allemagne nazie. Les Britanniques misent — trop — sur la neutralité des Italiens. Les militaires français craignent un ennemi potentiel de l'autre côté des Pyrénées.

Malraux souhaite se transformer en chef efficace. Une place de brillant second ? Jamais. Il se voit organisateur, acheteur, et d'abord combattant. Chef. Clara frissonne avec lui, pas Josette. Pour ce Malraux de trente-cinq ans, le monde n'est plus « absurde » mais transformable. L'écrivain-orateur, jamais à court, lance des formules : « Le communisme n'est pas l'espoir, mais la forme de l'espoir. » Il se prend pour un stratège. Il a expliqué à Madrid, aux civils et à quelques officiers, qu'ils ne pouvaient créer une armée populaire en trois mois, surtout pas avec des anarchistes n'ayant pas accompli un service militaire — comme lui. Pour gagner la guerre, il fallait d'abord une aviation. Conscients du problème, les militaires républicains ont été parfois agacés par l'assurance de l'écrivain français. Malraux surestime aussi le nombre des communistes en Espagne, comme il sous-estime leur potentiel de nuisance. Les communistes espagnols sont alors moins puissants, de très loin, que les socialistes ou les anarchistes, auxquels la république doit de se maintenir à Barcelone et en Catalogne. La C.N.T. anarchiste (Federación Nacional de Trabajo), s'inspirant de Bakounine, est impulsée par une société quasi secrète, la F.A.I. (Federación Anarquista Ibérica), et l'U.G.T., marxiste en gros, mais aussi réformiste que révolutionnaire. La C.N.T. et l'U.G.T. en 1936 disposent d'au minimum 2 000 000 de cotisants.

À Paris, Malraux prend des allures de conspirateur. Il entretient ses contacts avec l'ambassade d'Espagne, le ministère de l'Air, la présidence du Conseil. Blum l'estime. Aux Affaires étrangères, Malraux paraît mal vu. Que mijote donc ce type ? Une diplomatie semi-secrète concurrentielle ? Son appartement, sous surveillance policière, sert de plaque tournante aux républicains espagnols. Rue du Bac et dans les cafés, Malraux voit des aventuriers, des héros et des cloportes, les messieurs 10 % sur les fusils et 30 % pour les avions, ces personnages louches qui surgissent aux frontières de tout pays en guerre civile. Ce monde grenouille avec les envoyés du 2ᵉ Bureau et de Jean Moulin, eux-mêmes en contact avec l'ambassade de

France en Espagne. L'ambassadeur français à Madrid penche pour la non-intervention, l'attaché militaire, le commandant Cahuzac, qui n'a pas de sympathie pour Malraux, pour les républicains.

Clara, volontariste, décidée aussi à faire l'Histoire, veut de nouveau l'accompagner en Espagne. Son mari rechigne. Via Jean Moulin, il reste en liaison avec le ministre des Finances, Vincent Auriol, et un membre de son cabinet, Gaston Cusin, du corps des douanes. Les Finances chapeautent les douanes qui, avec la Sûreté, dépendant du ministère de l'Intérieur, contrôlent aéroports et décollages des avions. Une organisation discrète va fonctionner pendant toute la guerre civile espagnole [16]. Une partie des cabinets *civils* [17] (les militaires râlent, souvent, pas tous) autorise les Établissements Lioré-Olivier, constructeurs des Dewoitine, comme les sociétés Potez et Bloch, à prélever des avions destinés à l'armée de l'air française. Les appareils qui appartiennent à l'État, le gouvernement peut les vendre au Brésil, à la Turquie, au roi du Hedjaz, à des tiers. Ceux-ci ont bien le droit de les céder ou de les faire « transiter » par des aérodromes espagnols en zone républicaine. Ainsi, 129 appareils dont 83 de type militaire seront livrés au gouvernement espagnol dont des Morane 416 [18]. Certains pilotes français réservistes convoient des avions en secret. Les hommes de Cot encouragent des officiers et sous-officiers de l'armée de l'air française à demander des congés pour escorter ces appareils. Parmi ces officiers, Victor Véniel, Jean Labitte, Adrien Matheron. Une cinquantaine d'avions a été cédée avant l'embargo. Jean Moulin dit à sa sœur :

— On ne peut empêcher la Finlande, ou tout autre pays n'ayant pas adhéré à ce pacte [*de non-intervention qui est dans l'air*], d'envoyer en Espagne des avions qu'ils nous ont achetés.

Entre le ministère de l'Air, divisé au sommet, et celui de l'Intérieur, coiffant la Sûreté, malentendus et ratés abondent, inscrits dans les circulaires. Les arrangements sont nombreux. Malraux aura comme assistants, pour le recrutement des pilotes, Ernest Vinchon et Adrienne Bolland. Jean Moulin œuvre pour l'Espagne républicaine. Officiellement, la France n'intervient pas.

Clara agit comme si faire un enfant ou participer ensemble à une aventure était une thérapeutique : la guerre ou la colle à réparer un couple. Un écrivain peut prendre de belles résolutions en avançant de sublimes raisons et en cachant de petites causes. Malraux gagne l'Espagne pour défendre sa conception du monde, la classe ouvrière, le droit des masses à la culture. Il a aussi une prodigieuse envie de fuir Clara : il le confiera à Gide qui, les pieds au sec, contemple le naufrage du couple. Que faire de la petite fille, Florence ? Des amis, dont les Berl, sont prêts à l'accueillir. Pourtant, un désaccord politique oppose Berl et Malraux. Selon le patron de *Marianne*, une intervention en Espagne ferait le jeu de Staline [19]. Berl connaît le secrétaire général du Quai d'Orsay, Alexis Léger, Saint-John Perse en poésie. Au « Département », pesanteur et circonspection traditionnelle, on préfère le *statu quo*, donc la non-intervention. Berl aussi.

Ajoutant à la confusion internationale, pendant la XIe Olympiade à Berlin [20], des délégations, dont les Autrichiens, les Bulgares, les Italiens et les Français, lèvent le bras droit tendu. Salut olympique ou nazi ? Henri de Baillet-Latour, président du Comité international, mal inspiré, déclare que ces jeux peuvent se dérouler sans être perturbés par aucune difficulté politique, dans un cadre grandiose, une atmosphère cordiale de « sympathie générale ».

Blum, le 1er août, a enfin choisi la non-intervention. Malraux repart pour l'Espagne le 6, l'espoir au cœur, la mort dans l'âme, parce que Clara risque de lui gâcher l'Aventure de la guerre et son aventure avec Josette. Son Potez s'envole du Bourget et atterrit à Barcelone. Koltsov, envoyé spécial de la *Pravda*, comme Ehrenbourg, correspondant des *Izvestia*, constatent à quel point Clara gêne Malraux. L'écrivain ne veut pas la laisser se montrer sur les champs de bataille ou les aérodromes. Elle serait assez ingénieuse, militante et courageuse pour lui voler un de ses rôles.

Argumentation officielle simple : appliquer le principe de non-ingérence dans les affaires espagnoles évitera l'extension de la guerre. Les puissances occidentales doivent rester neutres. Le gouvernement britannique met un embargo sur les armes, l'Allemagne et l'U.R.S.S. aussi. Le 14 août, les nationalistes font leur jonction à Badajoz. L'Ouest de l'Espagne devient donc « nationaliste » avec Pampelune, Burgos, Salamanque, Merida, Séville. L'Est reste républicain conservant Barcelone, Madrid, Tolède, Grenade, Malaga. Le *pronunciamiento* devient une *reconquista*. Sur fond de sang, de sentiments nobles et de calculs sordides en Espagne, le procès des « trotskistes » à Moscou passe inaperçu. Sans avocats, les accusés se reconnaissent coupables. Fusillés. Adieu Kamenev et Zinoviev. Malraux ne bronche pas. Il ne veut pas se laisser distraire du danger fondamental, le franquisme, dernier avatar du fascisme. Madrid vaut bien quelques silences.

Malraux va et vient entre Paris, Barcelone et Madrid. Romancier, il engrange sons, images et symboles d'espoir, sensations, arguments. Dans la capitale espagnole, près de la Puerta del Sol, il a observé les civils sur des charrettes chargées de buffets, d'oreillers, d'édredons. Le gouvernement ouvre les monts-de-piété pour rendre leurs gages aux pauvres. Malraux cherche la fraternité et elle existe. Il trouve cette atmosphère « enthousiaste et lunaire [21] ». On l'a vu à Madrid avant le conflit, la présidence de la République ou celle du Conseil l'accueillent bien. Les dirigeants républicains le retrouvent prêt à se battre. Il surgit avec des promesses d'avions et de pilotes. Partout des mots simples — ¡ *salud compañero* — réchauffent les cœurs. Malraux ne parle pas l'espagnol mais ressent la beauté cuivrée, parfois mélodramatique de la langue.

Au-delà des slogans, des émotions et de la propagande, Malraux l'a compris, un pilote professionnel bien payé, même sans convictions politiques ancrées « à gauche », vaut mieux qu'un camarade militant inexpérimenté qui casserait son avion au premier décollage. Du moment qu'un professionnel — un « mercenaire » — n'est pas franquiste, et qu'il ne livrera pas son zinc aux nationalistes... À Madrid, on est informé par l'ambassade d'Espagne à Paris, on sait Malraux en liaison avec Pierre Cot et Moulin. De plus, l'écrivain connaît des hommes de poids dans l'aéronautique, dont Paul-Louis Weiler. Le ministère de l'Aviation espagnole homologue Malraux au grade de lieutenant-colonel, que l'écrivain s'attribue comme il jetterait une écharpe sur son manteau. Général, Malraux ? Pour quelqu'un qui n'a jamais été soldat, même de seconde classe, ce serait excessif et cela heurterait la hiérarchie de l'armée.

Pendant ces premiers jours de guerre civile, les républicains font voler deux centaines d'avions, les insurgés une centaine. Beaucoup d'officiers pilotes ont rejoint Franco [22]. Un temps, l'aviation républicaine possède la maîtrise de l'air avec des avions de chasse supérieurs à ceux qui protègent les bombardiers nationalistes. Franco a besoin de Hitler et de Mussolini.

Au début, les pilotes engagés et les appareils achetés grâce à Malraux ne participent pas aux opérations militaires délicates. Cette escadrille ne peut perdre des avions maintenant ; l'opinion publique en France, en Grande-Bretagne ou ailleurs ne doit pas constater que la non-intervention est violée. Donc, l'escadrille, baptisée *España*, participe à des vols de reconnaissance, bombarde des voies ferrées, des gares, des centrales électriques, des usines. Malraux applique une consigne : éviter les affrontements directs en plein ciel avec les franquistes. La presse de droite ne doit pas publier des photographies d'avions républicains pilotés par des Français.

Parmi les hommes qualifiés de l'escadrille España, « mercenaires » ou « professionnels », c'est selon, certains ont signé des contrats de 50 000 francs par mois, cent fois la solde d'un lieutenant espagnol. Cette somme reste exceptionnelle. Il s'agit d'engager des hommes de métier, pas des tocards. Il faut justifier les assurances sur la vie, de 200 000 à 500 000 francs, obligatoires. Un centre de recrutement boulevard Pasteur, un autre rue d'Alésia, à Paris, prévoient deux types de contrat pour les candidats, le « politique », solde mensuelle de 5 000 francs [23] pour les volontaires présentés par des organisations antifascistes, et le « commercial » beaucoup plus élevé, convenant aux aviateurs spécialisés comme les pilotes de chasse [24]. D'autres postulants débarquent en Espagne sans contrat ou sans avoir été sollicités. Dans les formations internationales, ces soldes varieront : 1 000 francs mensuels pour Sarrigo Sauli, mécanicien électricien, 3 000 francs pour Vicenzo Piatti, ingénieur de l'aéronautique, ou pour Giuseppe Krizai et Filippo Matonti, pilotes italiens. Avec les Français, les aviateurs étrangers les mieux payés seront les Américains [25]. Ils obtiendront, eux, des primes par avion abattu, 1 000 dollars l'appareil. Même tarif pour un chasseur ou un bombardier. Marx condamnait le travail aux pièces, pas les primes. L'administration de l'Espagne républicaine n'est pas marxiste. Du côté des franquistes, les mercenaires sont désignés, quoique certains se portent volontaires chez les aviateurs expédiés par Hitler et Mussolini. À Paris, d'abord, il est malaisé de distinguer mercenaires et volontaires puisqu'à l'ambassade d'Espagne, ils signent un contrat complété à Madrid. Des nouveaux arrivent chaque semaine. L'effectif navigant ou rampant est d'une grande mobilité. Au début, l'escadrille de Malraux comprend cinq membres ; à la fin cent trente [26].

Malraux, accueillant ses hommes, leur dit :

— Considérez la Révolution comme votre second métier.

Il déteste qu'on l'interroge sur les affiliations partisanes de ses aviateurs. Sincérité dans l'esquive, ou doute, il réplique :

— Pour moi, la question ne se pose pas.

À ceux qui le pressent, il répond volontiers

— *Rojo, no communista.*

Ou, à la Clemenceau :

— Je fais la guerre.

Il élimine les faisans ou ceux qui espéraient pratiquer un sport sans danger dans le ciel d'Espagne. Ses avions ont pris l'air quatre semaines seulement après son retour en Espagne. Superbe performance, il est sans aucun doute le *fundator*, le patron prestigieux, le symbole, pas le chef opérationnel de l'escadrille España. Conscient de ses limites, il délègue ce rôle à Abel

Guidez. Qualité évidente chez Malraux : les Français délèguent mal et thésaurisent l'information confondue avec le pouvoir. Malraux sait le partager. D'origine catalane, plutôt anarchisant, Guidez est proposé — imposé ? — par le cabinet de Pierre Cot. Cet homme sérieux, pilote breveté, officier de l'armée française, est téléguidé par le 2ᵉ Bureau français, murmurent certains. Il n'est pas le seul. Autre aviateur important plus tard : Paul Nothomb, alias Paul Bernier en Espagne, qui sera nommé commissaire politique [27]. Parmi les pilotes, Jean Darry, tenues impeccables, d'un naturel calme, a combattu pendant la Première Guerre mondiale et abattu six avions [28]. Enrichi aux États-Unis et ruiné en France, impliqué dans une affaire de voitures maquillées, il a tâté de la prison. Il met au point une tactique pour attaquer les bombardiers et en descend deux : il évite les mitrailleuses avant et arrière des bombardiers franquistes en grimpant vite sous leur ventre pour les attaquer. Autre pilote, François Bourgeois [29], trapu, fort en gueule, ancien de l'Aéropostale, fut prisonnier chez les Maures. Il a joué au clochard et s'amusa en passeur d'immigrés chinois vers le Canada et contrebandier d'alcool vers les États-Unis. Trois ans avant, il participait à la guerre entre la Bolivie et le Paraguay. On ne sait de quel côté. Valbert, alias Paul Véniel, membre de l'équipe, lui demande quel type d'avion il sait piloter. Bourgeois répond :

— N'importe quoi qui ait des ailes et un moteur.

Galèje-t-il ?

— Pas du tout, dit Véniel. Ce type ferait voler une porte de grange [30].

Véniel-Valbert, avant son départ pour l'Espagne, a été convoqué par Jean Moulin qui lui a précisé sa mission : alimenter les analyses des opérations aériennes. On doit aider les loyalistes et voir comment l'adversaire espagnol, allemand ou italien, réagit.

Malraux reste en bons termes avec le capitaine Martin Luna, navette entre l'escadrille internationale et le ministère de l'Air où Antonio Camacho, sous-secrétaire d'État, contresigne les contrats. D'août à novembre 1936, pour la défense de Madrid, l'escadrille España verra passer trente-deux hommes, dix-sept pilotes, un bombardier, trois mitrailleurs et cinq mécaniciens, quelques polyvalents et des zozos incompétents [31]. Y compris Malraux, vingt-deux mercenaires et volontaires sont français, cinq italiens, deux espagnols, un russe, un tchèque, un belge et un algérien. Les spécialités ne sont pas rigides. Le copilote se fait souvent navigateur. Sans décourager les bonnes volontés, Guidez et Malraux évitent de garder les bluffeurs, casse-cou et casse-matériel. Après son excursion chez la reine de Saba, Malraux ne jouit pas d'une réputation solide dans les milieux aéronautiques parisiens, où il a tenté de séduire les professionnels. Antoine de Saint-Exupéry n'est pas disponible, pas même d'autres pilotes de l'Aéropostale. En Espagne, Saint-Ex sera correspondant de guerre pour *Paris-Soir*. Des professionnels reconnus déclinent des offres. Ils ne veulent pas prendre parti dans la guerre civile ou se méfient de Malraux. Roger Beaucaire, socialiste, et Adrienne Bolland, qui survola les Andes, se récusent. Mais cette dernière fait partie, comme Ernest Vinchon, des recruteurs pour l'escadrille España. Corniglion-Molinier, proche de l'écrivain, n'attire pas toujours non plus la sympathie.

Pour les bombardiers, au départ, Malraux obtient quatre Potez 42 et 54. L'escadrille en aura une vingtaine. Autres bombardiers : deux, puis six Bloch MB 200 et 210. Les canards boiteux ne manquent pas, comme les Douglas DC 2 récupérés, certains dans la flotte des Lineas Aereas Postal Españolas. Un sert à la « cannibalisation », lorsque les pièces manquent. Dangereux au décollage et à l'atterrissage, inquiétants en vol pour l'équipage, les Bloch volent peu. Bloch et Potez ont les mêmes moteurs Gnome et Rhône. L'écrivain-colonel rejette la ridicule tactique française de l'époque, selon laquelle un bombardier travaille sans chasseurs d'escorte : la doctrine « Foch » faisait l'impasse sur la supériorité manœuvrière des monoplaces de chasse. L'escadrille se déplacera beaucoup dans la banlieue, non loin de Madrid. Elle dispose peu à peu d'une hiérarchie consentie, sans saluts ou cérémonial : Abel Guidez dirige les pilotes, Raymond Maréchal les mitrailleurs, et Marcel Bergeron les mécaniciens.

Casse-tête pour Malraux : il décroche vingt-six Dewoitine B 371 et B 372, mais, inconvénient pour des chasseurs, livrés sans mitrailleuses. Malraux obtient des mitrailleuses espagnoles. Pour ses chasseurs, il disposera aussi de cinq Loire 46. Les Dewoitine seront supérieurs, plus maniables que les Heinkel allemands HE 51. Les appareils français atteignent 330 kilomètres à l'heure, les allemands 290. Les fascistes italiens aligneront en grand nombre des Fiat CR 32, très performants, ce qui agacera Hitler, les ingénieurs italiens se situant, tout de même, à mi-chemin des surhommes et des sous-humains. *Deutschland und Heinkel über alles.* La qualité des pilotes ennemis jouera. Le capitaine allemand Molders applique, lui aussi, une tactique, le travail par équipe : le premier chasseur attaque, le second protège ses arrières. Plus tard, les Russes arriveront avec un biplan, le Polikarpov 115, également satisfaisant.

En sept mois, l'escadrille de Malraux perdra cinq appareils au combat et huit au sol. Malraux obtient des avions français grâce à Pierre Cot, Jules Moch et Jean Moulin, principal agent de liaison entre la présidence du Conseil et le ministère de l'Air. L'ambassadeur républicain à Paris, De Los Rios, proche d'Indalecio Prieto, ministre de l'Air, couvre les opérations financières. Les avions français arrivent d'abord en Espagne, en « chevauchant » la date limite de la non-intervention. Un Bloch 210 a deux ans, deux Dewoitine, trois. Des Potez arrivent avec des tourelles vides, « on est pilote de Loire, selon Véniel, comme on est parfois pilote de Ferrari ». Les vieilles mitrailleuses Vickers ont tendance à tirer une ou deux rafales puis à s'enrayer. Pas de lance-bombe sur les premiers Potez 54. Les aviateurs larguent les bombes par les portes de la carlingue, ce qui n'améliore pas la précision. Les pièces détachées manquent, malgré les ingénieux bricolages des mécaniciens. L'escadrille aura rarement plus de onze avions en état de voler. Assortiment varié : elle s'offrira un bimoteur Bréguet de reconnaissance, le BR 460, négocié par un député radical de Paris, Lucien Bossoutrot. Pour l'entraînement, on se sert du rebut des appareils de tourisme français qui passent les Pyrénées.

Surprise émouvante, les ouvriers de la firme Blériot rachètent un prototype de chasse, le Spad 91-6, léger, plutôt un avion de sport, que Guidez met dans un coin. Peut-être par erreur, les Espagnols achètent un bijou américain, le Boeing P 26. Au premier atterrissage, Jean Labitte capote. Sur instruction de Paris, Air France répare des avions militaires venus d'Espagne.

Selon les bonheurs et les malheurs de la guerre, l'escadrille se déplace. Dans un premier temps, elle s'installe à Barajas, l'aéroport de Madrid. Avant l'insurrection, les autorités républicaines y concentraient des avions. Près de Valence, plus tard les aviateurs résideront dans un château, plus plaisant que les hôtels de Madrid ou de Barcelone. Vive les orangeraies, les palmiers et quelques parties de chasse ! Germaine, femme du pilote Roland Claudel, assure l'intendance. Malraux prend directement ses ordres au ministère, ce que les officiers généraux et supérieurs loyalistes de l'Aviacion Militar et de l'Aeronautica Naval n'apprécient guère. L'escadrille participe à vingt-trois missions au moins. Yann Stroobant, dix-neuf ans, qui passera plusieurs mois à l'escadrille — sous le pseudonyme de Croisiaux —, en comptera treize comme copilote, et six sur le siège arrière [32]. Ces chiffres n'incluent pas les missions de reconnaissance ou les missions « avortées », par erreur ou sur contrordre [33].

20 août 1936 : première victoire de l'escadrille. Jean Darry

et Jean Gouinet abattent deux Bréguet nationalistes. Deux Dewoitine affrontent des Fiat CR 32. Match nul, un avion abattu de part et d'autre. Quatre jours avant, le 16, l'escadrille a bombardé *une* colonne, celle du colonel Castejon Espinoza, près de Medellin et de Santa Amalia, lâchant, à douze ou quinze cents mètres d'altitude, des bombes, en grappes, pour saturer l'objectif. Les supérieurs directs du colonel sont le général Yagüe et, au sommet de la hiérarchie, Francisco Franco. Sur un des Potez, Louis Delaprée, reporter de *Paris-Soir*, observe Malraux au poste de mitrailleur [34]. Malraux n'est pas doué pour le tir. Cependant, la progression de la colonne Espinoza est arrêtée pour deux jours. Les trois avions de l'escadrille Malraux portent mille kilos de bombes. Mais sur des routes différentes il y a trois *columnas* avançant. Elles vont progresser de nuit [35]. La presse espagnole républicaine célèbre cette victoire, qui n'est pas la bataille de la Marne : « Le désastre de Medellin, écrit *Claridad* [36], est un des plus grands qu'aient subis les insurgés. » Pour *La Libertad* [37], « c'est la meilleure journée qu'ait connue *l'aviation républicaine* [*Je souligne*] ». L'opération est portée au compte de cette « *Gloriosa Aviacion republicana* ». Au début de septembre, l'escadrille de Malraux sera enfin citée nommément dans *Claridad* et *El Socialista*. La *Escuadrilla España* revient d'une opération majestueusement, « *Volvio majestuosamente a su base* ». Pilotes et avions sont, enthousiasme hispanique, comparés à des « aigles ». Les rapports militaires franquistes ne parlent jamais de l'escadrille de Malraux mais d'« avions ennemis ».

Deux hommes deviennent des proches de Malraux : Raymond Maréchal et Paul Nothomb qui utilisait le pseudonyme de Paul Bernier lorsqu'il traitait de politique étrangère dans *Le Drapeau rouge* et *La Voix du peuple*, journaux belges. Fils de Pierre Nothomb, sorte de Barrès belge, sénateur, catholique, mussolinien et baron, Paul Nothomb, élève officier à l'école des cadets, en sortit navigateur bombardier, et communiste. Un mètre quatre-vingts, beau, cultivé, nez d'aigle justement, il s'habille à l'allemande avec bottes et blouson. Stalinien, la démocratie lui importe peu. Pour lui, il y a deux types de membres du Parti, le « communiste curé » et le « communiste d'action ». Il tient de l'un et de l'autre. Après six mois aux États-Unis, il est revenu en Europe. Sa compagne « Margot », Marguerite Develer, communiste également, passée par une école du Parti à Moscou, le rejoindra en octobre. Nothomb-Bernier parle souvent de Nietzsche avec Malraux. Nothomb voit alors en son ami un « socialiste révolutionnaire ». L'écrivain-colonel refuse les étiquettes, d'abord celle de l'écrivain José Bergamin, qui se proclame « anarcho-catholique ».

Malraux a rencontré [38] Nothomb à l'hôtel Florida. Stupéfait et ravi, l'officier est tombé sur Malraux, entendu à Bruxelles. Au Florida, le bar et le restaurant sont les points de rencontre des membres de l'escadrille, et le point de passage obligé des écrivains, journalistes, hommes politiques, syndicalistes, agents simples, doubles et triples. Certains viennent voir, d'autres se faire voir. Une part de la tragédie et de la comédie de la Révolution s'y exprime. On passe de la géopolitique aux mondanités. On remarque les hommes de l'escadrille España. Méprisant les tenues classiques, ils ont un faible pour ce que Malraux appelle leurs uniformes « mexicains », foulards noir et rouge, calots, casquettes ou sombreros, blousons et vestes bariolées ou monos de miliciens. Malraux, dandy faussement négligé, mélange avec grâce vêtements civils et militaires.

Nothomb a informé Malraux qu'il était communiste. Cela ne l'empêche pas, au contraire, de constater le désordre, la *balumba*, le bordel dans les affaires militaires, terrestres ou aériennes de la République. Les anarchistes couvrent Madrid d'un slogan charmant mais peu guerrier : « Organisons l'indiscipline. » Est-il indispensable d'ériger en principe universel absolu le chaos de tous les combats ? Malraux manque de prudence : à l'hôtel Florida, où traînent des informateurs franquistes, les missions de l'escadrille du lendemain sont souvent inscrites sur un tableau noir. On converse en dix langues. Malraux, s'exprimant en français, semble compris de tous. Il hypnotise nombre de ses auditeurs, qu'il parle de la stratégie sur une sierra ou d'un Vélasquez au Prado. Louis Aragon, qui passe sans se battre, et Ernest Hemingway, journaliste qui prend des risques, se montrent allergiques à la séduction malrucienne. Pour l'Américain, ce Français vaticine. Malraux s'entend mieux avec les Espagnols, Bergamin et Rafael Alberti, les Français, Paul Nizan ou Georges Soria, les Chiliens, dont Pablo Neruda, et ses Russes préférés, Koltsov ou Ehrenbourg. Ces intellectuels sont des combattants idéologiques résolus, Malraux se bat physiquement, lui, et dans une arme respectée, mythologique même, pas dans l'intendance ou la météo. Ses amis et copains lui pardonnent ses tirades, ses affectations grandioses, ses mines sombres. Certains observent l'Histoire s'accouchant d'elle-même. Héritier de Lord Byron, de La Fayette, de Garibaldi, de D'Annunzio, Malraux la fait.

Présente, Clara complique la vie du *coronel*, l'empêche souvent de voir Josette. Le guerrier ne vit pas que d'avions et de discours. Agressive, ostentatoire, Clara cultive une idylle avec un pilote de l'escadrille. Elle agace Malraux qui prône l'efficacité contre la pagaille, s'éloignant des anarchistes comme des trotskistes, se rapprochant des communistes. Clara accuse son mari de se soumettre aux staliniens et de se faire bien voir. Tous notent les tensions du couple. De Madrid, Malraux repart soulagé vers son champ d'aviation.

L'escadrille — ou les deux escadrilles : des hommes comme Gisclon, pilote de chasse, considèrent que *leur* escadrille n'est pas commandée par Malraux, mais par Guidez, Véniel et Darry — vit son train-train, ses accidents et incidents. Le 20 août, Darry et Gouinet abattent deux Bréguet nationalistes. Le lendemain, un chasseur Niewport piloté par « Thomas », escortant un Bréguet républicain, est descendu. Le 22 août, Gisclon et Véniel affrontent trois Fiat CR 30. Gisclon en abat un. Véniel se rend à Valence pour récupérer un appareil qui atterrit sur une plage sans sortir son train. Un Junker F 132 rebelle se pose par erreur. Les rampants de l'escadrille recouvrent ses croix blanches franquistes de bandes rouges républicaines. Véniel pilote le Junker et vole vers Barcelone. La DCA loyaliste lui tire dessus. Au sol, il découvre que les camarades rampants ont oublié des marquages rebelles *sous* l'appareil. Les 23 et 24 août, sept Dewoitine sur douze sont endommagés par des attaques franquistes.

28 août : Adrien Matheron et Jean Gisclon s'offrent un avion nationaliste près de Talavera [39]. Au retour, ils ouvrent le feu sur un groupe de miliciens loyalistes, près du village de Gredos. Les deux aviateurs ont parfaitement vu un curé poursuivi par ces miliciens et ils ont décidé de l'aider à fuir. L'affaire fait du bruit. L'ambassadeur de France est alerté. Les pilotes prétendent qu'ils croyaient tirer sur des nationalistes. Ils n'ont tué personne. Le curé court. L'escadrille n'a déjà pas bonne presse au ministère de l'Air. La cote de Malraux baisse quand Hidalgo de Cisneros devient commandant en chef de l'aviation républicaine. Communiste de fraîche date, Cisneros déteste d'emblée l'écrivain-*coronel*.

30 août : l'escadrille bombarde Navalmoral de la Mata.

1er septembre : un paysan traverse les lignes et signale l'existence d'un champ d'aviation clandestin nationaliste à Olmedo. Un Potez et trois Dewoitine décollent pour attaquer cette piste franquiste « clandestine ». Le paysan, à bord du Potez, s'oriente mal. Le bombardier, piloté par Gontcharoff, fait sauter un réservoir de carburant, un dépôt de munitions et détruit trois bombardiers ennemis au sol. Aux commandes des chasseurs, protégeant bien le Potez, Guidez, Darry et Hallotier. L'incident du paysan frappe Malraux [40].

Les 2, 4 et 10 septembre, l'escadrille arrose Talavera de la Reina. Petite victoire.

Le 7, coup dur, des Junkers détruisent une partie de l'escadrille España, six avions. Malraux n'avait jamais plus de cinq bombardiers et six chasseurs en état de voler. Il apprend cette nouvelle alors qu'il est en France, où il se rend souvent [41]. Sa vie privée à Paris serait presque aussi dangereuse que sa vie militaire en Espagne. Malraux navigue entre Clara, rue du Bac, et Josette, à l'Élysée Parc Hôtel. Il apparaît chez Gallimard. Les mauvaises langues prétendent qu'il se fait tailler un uniforme chez Lanvin [42]. D'ailleurs, pourquoi pas ?

30 septembre. À l'ouest de Madrid d'où se rapprochent les nationalistes, l'escadrille de Malraux perd au combat un Potez avec sept hommes à bord. Trois sont blessés et trois tués, dont un mécanicien espagnol qui, pour l'histoire, reste anonyme. Seul le pilote, Dushuis, est indemne. Koltsov tient son journal. Il note : « Dans l'escadrille internationale il reste très peu d'appareils. Quinze hommes y travaillent à tour de rôle [43]. » Le même jour, Guidez lui a confié :

— Des hommes, il y en a. La difficulté, c'est qu'on a plus de tireurs que de mitrailleuses et plus de pilotes que d'avions.

À Paris, plus avec ses amis de la N.R.F. qu'avec le personnel de l'ambassade d'Espagne, Malraux discourt comme s'il devait assumer le lendemain, à cinq heures du matin, le commandement politico-militaire de toute l'Espagne républicaine, comme s'il exerçait le pouvoir en éminence grise. Gide, toujours : « Son espoir est de rassembler... à présent il a le pouvoir de le faire, son intention, sitôt de retour, est d'organiser l'attaque d'Oviedo. » Malraux n'attaquera pas Oviedo.

À Albacete, les aviateurs fréquentent l'hôtel Regina par lequel transiteront les milliers de volontaires des Brigades internationales. Malraux rejoint, bucoliquement, la campagne et les orangers de la Senera, près de Valence.

Dans le monde, la presse de droite parle des mercenaires de l'escadrille España, celle de gauche, des volontaires. Pour Nothomb, l'intelligence de Malraux consista à chercher l'efficacité. Quand on parle au *coronel* de révolution, il répète :

— Plus tard. Il faut gagner la guerre.

Meneur incontesté, même s'il ne pilote pas et tire mal à la mitrailleuse, charismatique pour beaucoup de ses hommes, il accepte encore une discipline souple avec une seule sanction : il renvoie en France un navigateur ou un rampant dépassant les bornes. Sous son serre-tête ou sa casquette galonnée, l'écrivain-*coronel* jouit de son rayonnement. Avec ses hommes, il peut se montrer goguenard. Chaleureux, familier, titi parisien, il imite les officiers de carrière scrogneugneu. Distant ou mystérieux, il file pour rencontrer des ministres espagnols ou des

diplomates, et avant tout l'ambassadeur de l'U.R.S.S., Marcel
Rosenberg. Puis il parle de Platon avec Nicolas Chiaramonte,
bombardier et mitrailleur.

Malraux joue un rôle à sa mesure pour satisfaire son
besoin d'action. Son savoir éblouit ses hommes, même lorsqu'ils ne comprennent pas ce qu'il dit. Il est leur égal quant au
« cran », mot pudique pour courage. Un patron d'escadrille ne
doit pas nécessairement voler. Pendant ses grandes heures en
Espagne, Malraux mène plusieurs vies, celle du combattant à
terre ou dans les airs, et celle d'un homme politique en puissance. Il confabule avec des responsables civils ou militaires, et
fabule. Il assure les relations publiques de l'escadrille. Il
navigue entre la redoutable Clara quand elle est là, insistante,
quelques admiratrices, ses admirateurs, et ses détracteurs, critiques ou jaloux. Il prend des notes sur des cahiers, des cartes,
des feuilles volantes. Le colonel se drogue de travail, boit la
« fraternité virile » à pleines lampées. Les navigants partagent
un dortoir. Parfois, Malraux dort près d'eux. Souvent il se
lève à quatre heures du matin, réveillé par le téléphone : le
ministère de la Guerre donne des ordres, des renseignements
pour une mission. Reconnaissance. Attaquer aérodrome Salamanque à six heures. Mauvaise visibilité. Les pilotes avalent
du café noir, du pain de seigle et des œufs. Ils ne manquent
pas de nourriture [44]. Parfois, Margot les sert. L'atmosphère est
chaleureuse, conviviale, inquiète.

Pendant les premiers mois de la guerre, des Britanniques
de la « deuxième escadrille Lafayette » ont campé près « des
Malraux ». Six de ses aviateurs sont tués au combat, en août
et septembre. La presse et les partis de gauche en Grande-
Bretagne parlent moins d'eux que la presse progressiste en
France de l'escadrille Malraux [45].

Nothomb-Bernier regarde le grand baroud. Les navigants
font une guerre d'aristocrates, trois ou quatre fois par semaine.
Ils ne voient pas de près l'horreur de la lutte, sauf face à leurs
blessés et leurs morts. De haut, sur les routes ou dans les
champs, les ennemis, des êtres humains aussi, ressemblent à
des fourmis. Bernier-Nothomb remarque l'enthousiasme et les
atrocités. On ne fait pas d'omelette... Mais les hommes ne sont
pas des œufs. Pour Nothomb-Bernier, du côté républicain, on
brûle beaucoup d'églises, sans (trop) les piller. À Barcelone, on
a ouvert les couvents et des cercueils dans les cimetières pour
exposer les squelettes de religieuses. Les mêmes déterreurs de
carmélites, note Nothomb-Bernier, animent joyeusement un
concours de la meilleure postière. On livre à l'escadrille une
limousine Packard :

— Où sont les propriétaires?

Le chauffeur-livreur pointe un doigt vers le sol :

— Ils sont partis au *paseo*.

Pour la promenade, leur exécution. Pas besoin de tribunal. Tout à fait morts, les propriétaires[46].

Le colonel circule entre Madrid, Barcelone, Valence et Paris. Passant chez Gallimard[47], il apprend qu'Aragon et Ehrenbourg font campagne pour empêcher la parution d'un petit livre de Gide, antistalinien, d'une précision mortifère, *Retour de l'U.R.S.S.* Malraux grommelle. Ce bouquin ne serait pas opportun, alors que l'U.R.S.S. prend maintenant parti pour la république espagnole. Il ne faut pas paralyser le mouvement antifasciste international. D'abord Malraux pousse Gide à ne « pas se laisser faire ». Puis il lui recommande de se taire. Que diable, il ne se bat pas, Gide. Ce vieil homme incarne une conscience qui compte. Comment le neutraliser? Ce révolté à combustion lente ne se transformera jamais en révolutionnaire sachant vite virer de bord.

Les Russes installent en Espagne républicaine une police parallèle, le Grupo de informacion, pseudopode des services de renseignements[48], sous la direction de l'ambassadeur de l'U.R.S.S., Rosenberg, qui reçut Malraux, peu après son arrivée[49]. Le Grupo traque les trotskistes et les anarchistes sur instruction de Iagoda, chef du K.G.B. L'écrivain Gustave Regler est entraîné au quartier général de la Brigade internationale où règne le Français André Marty[50], lié au Grupo. Marty, d'une méfiance pathologique, repère des « espions fascistes » partout, et d'abord chez les volontaires qui affluent à Albacete. Il aime participer aux interrogatoires. S'il a des doutes, il fait fusiller. Ce chef applique ses principes : plutôt tuer un innocent que laisser fuir un coupable. Marty mitraille de questions le romancier allemand. Où êtes-vous allé? Les républicains gagneront-ils? Qui connaissez-vous à Paris? Malraux? Avez-vous rencontré des anarchistes?

Regler tend à Marty une lettre l'accréditant en Espagne pour le *Deutsche Zeitung*, journal allemand publié à Moscou. Marty relâche Regler qui rencontre Malraux à Albacete, l'entraîne dans un café et lui raconte son arrestation. Malraux parle à Regler de Gide, de son *Retour de l'U.R.S.S.* :

— Il nous consulte pour savoir s'il doit le publier ou non. C'est un problème avec l'aide de l'U.R.S.S. pour l'Espagne. *Vous comprenez.*

Réflexion sensée pour les uns, opportunisme ou suivisme pour les autres. Malraux, en fin de course, se dit hostile à la parution du brûlot de Gide :

— Je crois qu'il vaudrait mieux remettre cette publication à la fin de la guerre.

Là-dessus, l'obsessionnel Marty convoque Regler de nouveau. Marty — Malraux ne s'en doute pas — hait les intellectuels en général et l'écrivain-*coronel* en particulier. Pour un hiérarque communiste comme lui, toute différence d'opinion se transforme en trahison. Le traître devient automatiquement, pour faire simple, « trotskiste ». Marty écrira dans un rapport sur l'aviation en Espagne[51] : « Les quelques aviateurs qui restent dans l'escadrille España sont encadrés [*Marty raye ici* « *sous la direction* »] d'officiers mexicains. » On a parlé à Marty des « uniformes mexicains » débraillés et colorés de l'escadrille du colonel Malraux. Marty ne semble pas savoir qu'il n'y a pas un seul Mexicain dans l'escadrille. « Néanmoins, continue Marty, il y aurait lieu de liquider Malraux et [*là, Marty raye* « *probablement* »] son adjoint Guides [*sic*] qui n'offre aucune sécurité politique. » Marty juge aussi que Malraux a été impliqué dans un complot, préparant la prise du pouvoir par les anarchistes[52].

Marty, brutal et fruste, ne sent pas l'évolution de Malraux, qui, avec ses raisons, joue le jeu des communistes en Espagne : le *coronel* constate que les unités militaires les mieux organisées, comme le légendaire Ve Régiment, encadrées par des communistes, respectent la discipline, se battent, en fait tiennent. Pour Malraux, et d'autres, ces unités communistes incarnent l'idéal de l'armée révolutionnaire populaire ; les anarchistes sont trop « anar » pour remporter les victoires dont la république espagnole a besoin. Réalistes, les communistes ont remis à demain la révolution sociale, pense l'écrivain. Ils représentent, c'est certain, quelques inconvénients pour l'esprit et la littérature. On verra après la victoire. « Tout homme porte en lui une guerre civile », dira Malraux. Un Marty est incapable de comprendre un Malraux.

L'écrivain reçoit de Pierre Herbart, venu en Espagne, un manuscrit du *Retour de l'U.R.S.S.* Herbart est réveillé à son hôtel, puis interrogé par un Russe.

— Vous êtes dans un mauvais cas, dit Malraux à Herbart. Êtes-vous absolument sûr que Gide ne va pas publier ça pendant que vous êtes ici[53] ?... Et même s'il ne publie pas... le seul fait de trouver cela sur vous...

Herbart se rend à Madrid pour voir Koltsov : le manuscrit représente une menace pour l'écrivain soviétique qui prépara le voyage de Gide en U.R.S.S. Herbart est encore interrogé, par un Russe mystérieux qui lui offre le champagne et lui confisque son revolver. Malraux surgit, intervient, propose à Koltsov, soulagé, de renvoyer Herbart à Albacete où le *coronel* lui trouvera un avion.

Gide a publié son *Retour de l'U.R.S.S.* Herbart débarque chez lui à Paris. L'écrivain l'accueille à bras ouverts :

— Mon *Retour d'U.R.S.S.* fait un potin de tous les diables.

— Vous avez manqué me faire fusiller.

— Quelle idée ! Mais voyons, mon cher, puisque vous êtes là, convenez que j'ai agi pour le mieux. Et croyez-moi, j'avais beaucoup, beaucoup réfléchi.

Le narcissisme de Gide paraît en l'occurrence stupéfiant, comme son courage intellectuel. « Je doute qu'en aucun pays, aujourd'hui, fût-ce dans l'Allemagne de Hitler, l'esprit soit moins libre, plus courbé, plus craintif (terrorisé), plus vassalisé », a-t-il écrit.

Malraux aide aussi Paul Gérassi, ami de Jean-Paul Sartre, qui, lui, a des ennuis avec la police secrète espagnole. Le *coronel* porte en lui la tragédie de l'Espagne, guerre intérieure de conflits et de choix. Sa meilleure justification peut-être, ou explication, comme on voudra, il la formule ainsi :

— Si l'on ne fait rien, on est toujours innocent [54].

Lorsqu'il accompagne un équipage, comme mitrailleur, Malraux récite à haute voix du Racine et du Corneille, dit-on [55]. Scandait-il *Le Menteur* de Corneille ? Cliton, valet de Dorante, disait :

> *Comme en sa propre fourbe un menteur s'embarrasse !*
> *Peu sauraient comme lui s'en tirer avec grâce,*
> *Vous autres qui doutiez qu'il en pourrait sortir,*
> *Par un si rare exemple apprenez à mentir.*

Malraux, gracieux, ment peu en Espagne, sinon par omission. Il assiste à quelques courses de taureaux. Dans les arènes, on distingue *sol y sombra*, le côté ombre et le côté soleil. En Espagne, Malraux marche dans son soleil au zénith et traverse quelques flaques d'ombres boueuses.

Pour célébrer l'anniversaire de la Révolution d'octobre, les membres de l'escadrille invitent des pilotes soviétiques à un banquet, en l'absence de Malraux. Nothomb-Bernier se lève, et, solennel, porte un toast en espagnol :

— À celui à qui nous pensons !

À qui ? Nothomb-Bernier, commissaire politique, précise :

— Au camarade Staline !

Il sent la désapprobation des Espagnols présents et la crainte des pilotes russes, habillés en civil. Ce Français, doivent-ils se dire, espionne sûrement pour le compte des services secrets, pense Nothomb.

16 octobre. Un des Potez, surnommés maintenant « cercueils volants », escorté par trois Dewoitine, détruit des batteries de D.C.A. dans les tours du château de San Martin de Valdeiglesias.

Les volontaires des brigades internationales arrivent en masse. Du 18 au 20 octobre, à Albacete, où Marty rédige ses rapports pour le Komintern et un « envoyé » de Jean Moulin, le capitaine Mazay, les siens pour Paris. Là transitent les brigadistes. Malraux crée un bureau pour recruter des hommes compétents parmi ces volontaires. Autour de 45 000 brigadistes seront recensés, dont 10 000 Français. 18 000 participeront aux combats, tous volontaires ou presque. En face, les Allemands aligneront 17 000 hommes, et les Italiens 75 000. Certaines puissances interviennent plus que d'autres. Des Portugais et 75 000 Maures mercenaires combattent sous les ordres de Franco [56].

Malraux, tour à tour optimiste et pessimiste, cyclothymique, file encore à Paris pour quarante-huit heures, espérant acheter des avions aux Tchèques. Quand il reçoit avec Clara, elle parle plus des succès féminins supposés du *coronel* en Espagne que de ses victoires tactiques ou de ses conceptions stratégiques. Complice, commentateur intrigué, et gourmand, Gide regarde le couple Malraux en entomologiste autant qu'en ami [57] : « Clara m'a dit que, depuis longtemps, il ne dort jamais plus de quatre heures par nuit. Pourtant, lorsque je le revois, il ne me paraît pas trop fatigué. Il a même le visage moins couturé de tics qu'à l'ordinaire, et ses mains ne sont pas trop fébriles. Il parle avec cette volubilité extraordinaire qui me le rend souvent si difficile à suivre. Il me peint leur situation, qu'il estimerait désespérée si les forces de l'ennemi n'étaient pas si divisées. » Très informé sur l'U.R.S.S., Gide l'est moins sur l'Espagne où les républicains semblent nettement plus « divisés » que les nationalistes.

Inlassable, Malraux prolonge son action diplomatique. À Genève, le ministre espagnol des Affaires étrangères plaide devant les membres de la Société des Nations : que les démocraties abandonnent la politique de non-intervention. En Espagne, des troupes régulières, italiennes et allemandes, participent aux opérations dans les airs et à terre. À la S.D.N., les diplomates travaillent les paragraphes et la ponctuation de vertueuses motions. Malraux, qui navigue en civil dans l'entourage du ministre des Affaires étrangères français, Léon Delbos, ne parvient pas à convaincre cette éminence de la nécessité d'une intervention massive et publique.

Tôt, le 27 octobre, trois des cinq Potez que l'escadrille compte maintenant, pilotés par Guidez, Darry et Véniel, décollent de nuit. L'équipage du dernier comprend un copilote espagnol et un bombardier italien. Les Potez attaquent une fois de plus l'état-major de Franco, à Talavera de la Reina, endommageant la piste et les baraquements.

À la fin du mois, Malraux, soucieux, réunit certains pilotes près d'Albacete. « Il est de mon devoir de vous apprendre, dit-il, que Marty a mis tout en œuvre pour saboter notre unité, pour qu'elle soit placée sous sa coupe. J'ai réagi auprès du général Cisneros dont nous avons toujours dépendu. Il ne m'a fait qu'une réponse très évasive. Je me suis rendu alors à Valence au ministère de la Guerre pour m'entretenir avec Prieto... Prieto m'a réaffirmé toute sa reconnaissance pour tout ce que nous avons fait pour les républicains... Devant l'exigence et les prétentions de Marty il m'a proposé le choix suivant, si nous ne voulons pas être incorporés dans les brigades internationales : être versés soit dans une escadrille soviétique, soit dans une escadrille espagnole. J'ai choisi cette deuxième solution. Le contrat de la plupart d'entre vous arrive à son terme. Le gouvernement espagnol n'a pas l'intention de le renouveler dans les mêmes conditions. » Le 2 novembre, Malraux s'enquiert de la décision des pilotes. Guidez et Darry se disent prêts à servir dans une escadrille espagnole. Gouinet et Matheron aviseront le 15. Cinq pilotes, dont Gisclon et Véniel, rentreront en France. À la mi-novembre, les mercenaires quittent l'escadrille et les derniers appareils de chasse s'intègrent à des unités espagnoles. L'état-major républicain transfère ce qui reste de l'escadrille España à Torrent et la réorganise, lui imposant la discipline, les grades et les traitements de l'armée.

Début décembre, Nothomb, dans l'enthousiasme général, rebaptise l'escadrille « André Malraux ». Moins l'escadrille existe, plus elle se mythifie par la grâce de ces deux mots, *André Malraux*, en s'inscrivant dans une épopée. L'histoire phagocyte la légende qui refait surface dans l'histoire.

Près de Valence, où le gouvernement républicain s'est replié depuis quelques semaines, l'escadrille s'est installée sur l'aérodrome de la Senera, à Chiva. 27 décembre. Un Potez de l'escadrille, le « S », décollant de la Senera, « casse ». À bord, Malraux est secoué. À Valdinares, des chasseurs Heinkel attaquent un autre Potez, le « N », qui s'écrase en montagne, près de Mora de Rubieros. Seul Marcel Florein, le pilote, en sort indemne. Le mécanicien algérien, Jean Belaïdi, a été tué avant la chute de l'avion. Blessés graves : le bombardier Taillefer, les mitrailleurs Georges Croizeaux, Maurice Combias et Raymond

Maréchal. Ce dernier, fier de ses conquêtes féminines, se sait défiguré et veut se suicider avec son revolver. Florein l'en empêche. Malraux monte une expédition de secours. Juché sur une mule, il part vers ses hommes. La mort de Belaïdi touche Malraux, d'autant plus que l'écrivain a perçu le racisme anti-arabe dans les deux camps. Les Maures franquistes, pauvres bougres, symbolisent l'exploitation coloniale. Chez les loyalistes aussi, les Arabes sont souvent méprisés. Dolores Ibarruri, la « Pasionaria » communiste, parle dans ses discours de la « horde mauresque, sauvage, ivre de sensualité ». Pour défendre Madrid, des ouvriers marocains sont enrôlés de force par les républicains.

Les mercenaires partis, les volontaires éparpillés, Malraux abandonne son uniforme. Les autorités républicaines caressent un autre projet pour lui. Argument primordial : en Espagne, il a vu des fusils, des avions, des chars soviétiques. Alors qu'il se trouve à Paris, on lui rend compte de la dernière mission de son escadrille : protéger les habitants de Malaga en fuite dans un exode atroce. Deux Potez sont engagés. Le « P » a atterri en catastrophe près de Dalias. Le « B » s'est écrasé au bord d'une plage à Castel Ferro près de Motril. Ces appareils ont été abattus par des Fiat CR 32. Un mort, l'un des derniers arrivants, l'Indonésien Yan Frederikus Stolk ; cinq blessés, Paul Galloni, Maurice Thomas, Albert Dewerts, Jan Ferak, et Nothomb. Celui-ci boitera toute sa vie [58].

Malraux en est de plus en plus convaincu, seule une discipline d'acier peut sauver la république espagnole. Qui peut l'imposer ? Les communistes. L'U.R.S.S. livre 362 chars T 26 et BTS, des mitrailleuses lourdes Maxims, et légères, des Tokarev, des bombardiers Katiouchas et des Moskitos [59]. Là, se situe le cœur de la tentation stalinienne d'une justification stratégique du *coronel*. Victor Serge demanda à Malraux encore de passage à Paris s'il acceptait le procès de Barcelone contre les anarchistes, comme il avait accepté ceux de Moscou.

— Je ne ferai rien contre Staline en ce moment. J'ai accepté les procès de Moscou et je suis disposé à accepter aujourd'hui celui de Barcelone [60]... Redevenu civil après sept mois de guerre, à trente-cinq ans, Malraux a conjugué le rêve et l'action : au combat, pas dans une imprimerie ou un bureau, d'où un intellectuel militant peut pousser de beaux cris et se faire blesser ou tuer par procuration. Des mécaniciens de son escadrille, lassés des visites de quelques journalistes étrangers plus républicains que la République, disaient :

— Malraux, lui, il a des couilles !

Jamais Malraux n'a vécu avec une telle intensité. Le cri de

guerre et d'espoir des républicains est repris dans le monde entier par leurs partisans :

— ¡ *No pasarán !*

Ces loyalistes ont des chansons poignantes, mais une guerre, hélas, ne se gagne pas avec des refrains, si beaux soient-ils.

« Je vous surveille ! »

17

Agit-prop

La guerre d'Espagne, Malraux le saisit vite, se joue sur le plan international autant que sur les champs de bataille. Il a prouvé, en U.R.S.S. ou en France, son don pour l'agitation politique et la propagande. Il se prépare à partir pour les États-Unis avec Josette. Plus il prendra ses distances par rapport à Clara, qui adorait le narguer en Espagne, mieux il respirera. New York, San Francisco ou Montréal sont plus éloignés de la rue du Bac que Barcelone ou Madrid. Aux États-Unis, on peut se protéger des coups de téléphone rageurs d'une épouse délaissée et furieuse.

Malraux ne séduit pas tous ses auditeurs, malgré les vagues d'applaudissements qui déferlent. François Mauriac l'observe sans charité à la Mutualité : « Sur un fond rougeâtre, le pâle Malraux s'offre, hiératique, aux ovations... Dès que Malraux ouvre la bouche, son magnétisme faiblit. Non qu'il n'y ait en lui de quoi faire un tribun, et même un grand tribun ; mais le littérateur lui coupe le sifflet. Les images qu'il invente, au lieu de réchauffer son discours, le glacent : elles sont trop compliquées, on y sent la mise au point laborieuse de l'homme de lettres... Le point faible de Malraux, c'est son mépris de l'homme — cette idée qu'on peut entonner n'importe quoi aux bipèdes qui l'écoutent bouche bée. Quoi qu'il ait raconté de lui, nous ne l'avons jamais cru tout à fait. Il y a de l'esbroufeur dans cet audacieux, mais un esbroufeur myope, qui n'a pas d'antennes, qui se fie trop à notre bêtise. »

Malraux paraît dangereux au département d'État américain. Le consulat des États-Unis à Paris lui refuse son visa, puis le lui accorde. Le gouvernement américain adhère à la politique de non-intervention, même si les volontaires américains parviennent en Espagne. Le 24 février 1937, André et Josette s'embarquent sur le *Paris*. À bord du paquebot, Malraux écrit.

Louis Fischer, journaliste et essayiste, soutenu par les consulats espagnols et l'éditeur américain de Malraux, peaufine

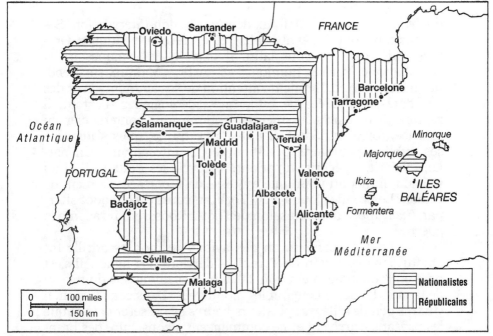

Les deux Espagne en juillet 1936.

un programme pour ce dernier. On a prévu, du 26 février au 4 avril 1937, dix-huit conférences et autant d'interviews qu'en demanderont les journaux. Malraux ne parlant pas anglais, les chaînes de radio ne se le disputent pas. Le circuit aux États-Unis passe par New York, Philadelphie, les universités Harvard et Princeton, Los Angeles, San Francisco, Berkeley [1]... Sur place, les organisations de gauche préparent les réunions. L'hebdomadaire *The Nation*, la Ligue américaine contre la guerre et le fascisme, le Comité nord-américain d'aide à la démocratie espagnole, les Amis américains de la démocratie espagnole, le Comité pour l'aide médicale à l'Espagne, la Ligue canadienne contre la guerre et le fascisme, des associations d'écrivains, et les minuscules partis socialiste et communiste américains travaillent avec doigté. Ici, Malraux est présenté par un professeur, là par un pasteur, ailleurs par un romancier. Le *coronel* ne demande pas des armes et ne quête pas en personne. Ses amis lui déconseillent de chercher à se procurer du matériel de guerre. Il risquerait l'expulsion immédiate. La police et le F.B.I. le marquent.

Il fait appel aux sentiments humanitaires. Le camp républicain, souligne-t-il, a des besoins médicaux urgents en anesthésiques et en plaques radiographiques. Son public, cultivé, surtout de gauche, connaît l'auteur de *La Condition humaine* et du *Temps du mépris*. Malraux dénonce la non-intervention. Ses propos sont concrets et abstraits, terre à terre et poétiques. Orateur rodé, dans le goût latin, il exploite le romanesque et l'emphatique. Par ses mimiques *et* ses tics, Malraux surprend, fascine et charme. Il retient l'attention de ses auditeurs avec des anecdotes, ponctuées de remarques idéologiques. Partout, il reprend à peu près les mêmes, comme tout conférencier en tournée, forçat itinérant. Il utilise une trame, mais s'adapte à ses publics, populaire, petit-bourgeois, universitaire. En parlant, il écrit. Il réécrit en parlant. À travers les États-Unis et au Canada, il met au point une esquisse de reportage, de récit, de roman. Le premier jour à New York, au cours du banquet offert par *The Nation*, dans un salon de l'hôtel Roosevelt, il raconte la guerre :

— Le 17 décembre, un des avions de mon escadrille fut abattu dans la région de Teruel — derrière nos lignes. Il s'est posé en montagne, à environ 2 000 mètres au-dessus du niveau de la mer. La neige couvrait les montagnes. Dans cette région, il y a très peu de villages ; plusieurs heures se passèrent avant que les paysans n'arrivent et ne commencent à construire des brancards pour les blessés ; et un cercueil pour le mort [2]...

À l'hôtel Sir Francis Drake, de San Francisco, Malraux s'impose en conteur :

— À Madrid, le 1er janvier, des jouets envoyés du monde entier furent distribués aux enfants... Pendant une heure les enfants passèrent en silence devant ces piles de jouets ; il semblait que toute la générosité du monde avait été accumulée là. Vint le bruit de la première bombe. Une escadrille de Junkers bombardait la cité.

Il retient l'attention des Américains, amateurs de conférences, et de récitals de poésie. Quelquefois, comme au Club universitaire de Berkeley, Malraux en rajoute :

— Je sais bien que la guerre est violence. Je sais bien aussi qu'une bombe gouvernementale pourrait rater son objectif militaire, tomber sur une ville et blesser des civils. Mais je tiens à attirer votre attention de la manière la plus emphatique sur un point : nous avons détruit l'aéroport à Séville, mais nous n'avons pas bombardé Séville. Nous avons détruit l'aérodrome à Salamanque, mais nous n'avons pas bombardé Salamanque. J'ai détruit l'aéroport d'Alvida à Olmedo [*faux*], mais je n'ai pas bombardé Olmedo. Depuis des mois, maintenant, les fascistes bombardent les rues de Madrid [*vrai*].

Il prêche aux convertis, aux sympathisants de la République espagnole. Dans les conversations privées et en public, Malraux fait allusion à une blessure. Nothomb-Bernier a noté

« quelques contusions à la jambe », après un décollage raté : Malraux était mitrailleur à bord du Potez « S » quand un moteur flancha. Le pilote, Darry, « plaqua » l'avion dont l'avant éclata. Malraux *souhaiterait* sûrement être blessé, au corps comme à l'âme. Il ne s'embarrasse pas de dates.

À l'hôtel Willard de Washington, il reprend le thème et les eaux-fortes présentés à New York :

— Tôt le matin du 27 décembre, nous avons quitté Madrid et nous avons volé très haut, avec sous nous les montagnes couvertes de neige. Il y avait sept hommes dans mon avion, les aviateurs de cinq nations, volontaires pour aider le peuple espagnol... Dans les montagnes au-dessus de Teruel, notre avion fut descendu, une hélice et une aile éclataient sous le fuselage... De nos hommes, six étaient blessés...

À New York, il s'agissait d'un avion de *son* escadrille au-dessus de Teruel. À Washington, Malraux *monte* dans l'avion. Orateur et acteur, il s'identifie à son sujet, aux personnages, à ses camarades. Une fois de plus, le vécu imaginé l'emporte sur la véracité. Je est un autre et les autres sont moi. Pour son public américain, l'écrivain décrit des scènes dont il a été témoin, des événements rapportés ou imaginaires, dans un style vivant. Il veut faire voir, vivre. En somme, il économise, disons, la vérité littérale.

— Revenant, alors que je passais près des lignes, où les mitrailleuses maures au cœur de la nuit accompagnaient le bruit de notre ambulance, je songeais que quelque chose arrivait ici, de beaucoup plus important que ces blessés et même que ces gens qui suivaient derrière les brancards : quelque chose pour lequel il n'y avait aucun précédent depuis les guerres de la Révolution française ; la guerre mondiale civile avait commencé.

Malraux devient souvent bon prophète. Ému, il évoque avec une tonalité religieuse Jean Belaïdi, mort dans son bombardier :

— Notre camarade vole encore avec nous. Franco, avec l'aide de troupes étrangères fournies par Mussolini et Hitler, peut gagner des victoires militaires. Il ne sera jamais capable de conquérir l'Espagne.

Là, le prophète paraît moins doué.

F. W. Dupee s'entretient avec lui pour le journal communiste *New Masses*[3] :

— Travaillez-vous à un autre livre ?

— Oui, à propos de l'Espagne.

— Vous connaissez *Le Retour de l'U.R.S.S.* de Gide et vous savez que les ennemis de l'Union soviétique s'en servent. Que

pensez-vous de ce livre et quelle est la position de Gide maintenant ?

— Les opinions de Gide dans cette œuvre n'étaient pas
définitives... Il prépare rapidement un autre livre sur le même
sujet, d'après ce que je sais il s'appellera *Retouches*, ce qui suggère qu'il va réviser ses points de vue, mais je ne saurais dire,
nous devons attendre qu'il soit publié.

Gide, au contraire de ce qu'annonce Malraux désamorceur,
durcit le ton. Il écrira : « Il n'y a pas de parti qui tienne — je
veux dire qui me retienne — et qui me puisse empêcher de préférer au parti même, la vérité. Dès que le mensonge intervient,
je suis mal à l'aise ; mon rôle est de le dénoncer. C'est à la vérité
que je m'attache ; si le parti la quitte, je quitte du même coup le
parti. » Malraux n'a pas à quitter le Parti. Il n'y appartient pas
mais il serre de près la ligne de la IIIᵉ Internationale [4].

À la différence de Gide, Malraux, à propos de l'U.R.S.S.,
choisit, en Espagne et aux États-Unis, l'efficacité contre la
vérité, croit-il. Vérité relative, vérité absolue ? La chute des
Retouches à mon retour de l'U.R.S.S. sera cruelle : « L'U.R.S.S.
n'est pas ce que nous espérions qu'elle serait, ce qu'elle avait
promis d'être, ce qu'elle s'efforce encore de paraître ; elle a trahi
tous nos espoirs. Si nous n'acceptons pas que ceux-ci
retombent, il faut les reporter ailleurs. Mais nous ne détourne-
rons pas de toi nos regards, glorieuse et douloureuse Russie. Si
d'abord tu nous servais d'exemple, à présent hélas ! tu nous
montres dans quels sables une révolution peut s'enliser. »

Malraux ne peut, ne veut pas, lui, *trahir* la République
espagnole.

Toujours dans l'interview avec F. W. Dupee, interlocuteur
communiste, Malraux prône pour la France l'« unité organique » des communistes et des socialistes et des « autres forces
vraiment progressistes ». En Espagne, le Parti communiste voulait aussi fusionner organiquement avec le Parti socialiste, c'est-
à-dire, le digérer. Repassant au style choses vues qu'il manie si
bien, Malraux n'hésite pas à inventer :

— Plusieurs membres de notre escadrille furent abattus
derrière les lignes ennemies ; nous n'avions aucun moyen, nous
qui étions rentrés à notre base, de savoir ce qui leur était arrivé.
Nous l'avons vite découvert. Un morceau de territoire ennemi
tomba dans nos mains. Nous avons découvert les corps de certains de nos camarades. Ils ont été mutilés et plusieurs avaient
été torturés...

Malraux assure que le ministère de la Guerre espagnol
détient des photographies. Pour donner une puissante impression de vécu, l'écrivain mêle le vrai et le faux. Des aviateurs

espagnols ont en effet été torturés, pas ceux de son escadrille. Simplifions, il en restera toujours quelque chose. Malraux se rapproche en pratique d'une conception léniniste de la vérité et de la morale avec tous les dangers implicites : est vrai ce qui est utile au Parti, faux tout ce qui lui nuit. À partir de ce principe, les dérives et — pour d'autres, pas pour Malraux — tous les crimes deviennent acceptés, nécessaires, explicables, justifiables.

Trotski, proscrit, exilé au Mexique, ne craint ni la violence ni le mensonge révolutionnaire. Pourtant, il s'en prend à Malraux, ce jeune intellectuel si séduisant qu'il a défendu. Loin sont les jours où le célèbre bolchevik, personnage tragique, recommandait à un éditeur américain de publier *La Condition humaine*, roman, selon Trotski, « exempt de tout didactisme philosophique... d'un bout à l'autre une œuvre d'art véritable ». Depuis le début du périple américain de Malraux, qu'il suit dans la presse, Trotski s'irrite. Dès qu'il a débarqué à New York, pendant le banquet de *The Nation*, Malraux a prononcé des phrases inexcusables pour le fondateur de la IVe Internationale : « Trotski, a dit Malraux, est une grande force morale dans le monde, mais Staline a rendu la dignité à l'espèce humaine. Et, tout comme l'Inquisition ne diminuait nullement la dignité fondamentale du christianisme, de même, les procès de Moscou n'amoindrissent nullement la dignité fondamentale du communisme. » Malraux est conscient de la sauvage absurdité des procès. Il répond aux attentes des nombreux sympathisants de l'U.R.S.S. dans le monde, intellectuellement paralysés par leur foi et leur espérance. Il parle en public des procès, plus clairement aux États-Unis qu'en France. Sa logique associe Staline à la dignité humaine ! Dans son compte rendu, *The Nation* fait sauter le parallèle entre christianisme et communisme [5].

Malraux reçoit un correspondant mexicain d'*El Nacional* [6]. Le journaliste évoque les procès de Moscou et Trotski. Malraux alors, c'est rare chez lui, perd un peu son sang-froid. L'avenir de l'humanité, insiste-t-il, se joue en Espagne. Il faut écarter toutes les « considérations intellectuelles »... Il serait presque criminel de perdre des heures, des mois entiers à discuter de questions à traiter plus tard. Une semaine après, Trotski, assez isolé et un rien paranoïaque, avec quelques raisons, lit cette interview. Le Vieux expédie un communiqué à l'agence United Press de Mexico [7]. D'accord avec l'appréciation favorable de Malraux sur le gouvernement Cardenas, au pouvoir au Mexique, Trotski passe à sa préoccupation essentielle : « New York, écrit-il, est le centre d'un mouvement qui voudrait réexaminer les procès de Moscou, seule façon de prévenir d'autres assassinats judiciaires. » Partout, des intellectuels progressistes s'inquiètent des purges à Moscou et des accusations contre les prévenus... inculpés d'avoir fait mettre de la limaille de fer dans le beurre des citoyens soviétiques, pour saboter le régime. Même Nizan dira à sa femme qu'il y a des limites à la sottise idéologique.

Trotski revient sur le rôle, factuel ou fictif, de Malraux, dix ans avant. En 1926, cet écrivain servait le Komintern et le Kuomintang en Chine, n'est-ce pas ? Selon Trotski, il porte la responsabilité de l'étranglement de la révolution chinoise. Trotski est aussi contaminé par la légende d'un Malraux responsable haut placé du Kuomintang. Sur cette lancée, polémiste, il attaque : « Malraux est organiquement incapable d'indépendance morale ; il est officieux de naissance. » L'écrivain serait à la solde du Komintern, donc de Moscou, donc de Staline. Trotski tire ses conclusions : « À New York, [*Malraux*] lance un appel pour qu'on oublie tout, sauf la révolution espagnole. Cependant, Malraux, comme d'autres diplomates, parle le moins de ce qui le concerne le plus. » Maldonne, malentendu irréversible : en permanence par la pensée, le proscrit Trotski vit en U.R.S.S., et Malraux, propagandiste, en Espagne. Trotski en vient à ce qui le bouleverse : « La sollicitude de Malraux pour l'Espagne n'a pas empêché Staline d'exterminer des douzaines de vieux révolutionnaires. » Le Vieux, qui, au pouvoir, a fait exterminer, lui, plus que quelques douzaines de non-révolutionnaires, s'emporte : « Malraux lui-même a quitté l'Espagne pour conduire aux États-Unis une campagne défendant le travail judiciaire de Staline et de Vichinski », l'impitoyable procureur général soviétique. Avec son goût de la synthèse historique, sa fixation sur le stalinisme, Trotski dit : « Il est nécessaire d'ajouter que la politique du Komintern en Espagne reflète complètement sa désastreuse politique en Chine. » Condamnation définitive de Malraux par les trotskistes. Objectivement, comme diraient trotskistes et staliniens, le Vieux pousse Malraux vers tous les Partis communistes, un temps au moins. À une estime mutuelle inattendue des deux hommes, succède un sentiment proche de la haine chez Trotski, et de l'exaspération chez Malraux. Le Soviétique proscrit se montre d'autant plus déçu, qu'autrefois, quatre ans avant, il avait aimé dans *La Condition humaine*, en filigrane, une ligne antistalinienne. La presse de gauche reprend la polémique [8]. Tous les Partis communistes voient là une occasion de dénoncer Trotski, une fois de plus, surtout le Parti espagnol qui grossit. Le secrétariat national du P.C.E., très en deçà des chiffres déclarés par le Komintern, affirmait en septembre 1936 qu'il comptait 254 000 militants. En cette année 1937, il en a 328 547 [9].

Malraux réplique avec agacement, hauteur et exagération, contrôlant à peine une certaine componction : « M. Trotski a consacré plusieurs ouvrages à l'étude de la révolution chinoise. Il a attaqué personnellement tous ceux qu'il tenait pour responsables de la défaite chinoise, or, jusqu'ici, il ne m'a jamais accordé un rôle important dans cette révolution. Durant dix ans, je n'ai pas occupé de place dans l'histoire de la révolution chinoise ; soudain, j'en deviens le personnage le plus important. » Défense habile, Malraux laisse entendre — il n'affirme pas — qu'il joua en son temps un rôle politique, pas de premier plan comme l'insinue Trotski et, modestement, qu'il ne le tient plus, du moins là-bas, en Chine. Après, il attribue son différend avec Trotski à une divergence d'appréciation concernant la révolution en Espagne au sujet de la collectivisation des terres. Cette dernière, dit-il, est « actuellement irréalisable », position du Parti communiste espagnol et aussi, bien sûr, du Komintern face aux anarchistes. Cela permet à Trotski de transformer l'écrivain en opposant aux trotskistes espagnols et « au pouvoir du P.O.U.M. » (Parti ouvrier d'unification marxiste). Malraux se justifie face à des accusations injustes du Vieux : « M. Trotski déclare que je suis venu aux États-Unis pour appuyer les accusations portées contre lui dans les procès de Moscou. S'il s'était donné la peine de lire les journaux, il aurait pu constater qu'aucune des interviews accordées par moi à la presse ne contient aucune allusion à ce sujet. » Dont acte. Mais, précisément, le silence malrucien à l'époque paraît de nouveau assourdissant. « Mais M. Trotski, continue Malraux, est à tel point obsédé par son destin que, lorsqu'un homme qui, après huit mois de service actif en Espagne, déclare que l'aide à l'Espagne doit passer avant tout, il croit devoir s'en méfier. » Six, sept ou huit mois ? Qu'importe ! Six mois serait plus près de la vérité. Inutile de chipoter, encore qu'une accumulation d'erreurs dérisoires puisse, en fin de course, constituer une grosse contre-vérité.

Pas ici, quant à Malraux. Pendant son séjour en Espagne, il a constaté que l'objectif principal, la lutte contre le franquisme et les « fascismes », devait en effet « passer avant tout ». La politique de non-intervention, constate-t-il, fonctionne d'abord en faveur de Franco. Staline au départ avait décidé d'investir avec précaution munitions et armes. Maintenant, chars, avions et aviateurs soviétiques arrivent. Et des brigades internationales organisées par Moscou — les circulaires du Komintern en témoignent — sont en Espagne. Par moments, Moscou, qui a tergiversé à propos de l'Espagne, semble s'inquiéter autant de la perspective d'une révolution qui ne serait pas communiste que d'emporter la victoire sur les adversaires de l'Espagne républicaine. À Albacete, centre de réception des Brigades internationales, les communistes professionnels comme André Marty haïssent autant les anarchistes que les franquistes. Mais Malraux n'en démord pas. Il refuse de protester contre les ignobles et ineptes procès de Moscou : la condition pour que l'Espagne bénéficie d'une aide accrue de l'U.R.S.S., selon l'écrivain. Devenu l'allié du fascisme et du nazisme, le franquisme, qui ne se confondait pas avec eux à sa naissance, leur ressemble. Quand la guerre éclata, Hitler ne savait même pas qui était Franco. Ce dernier ne développe pas une doctrine identique à celle de Hitler ou de Mussolini. La pensée de Franco incorpore du cléricalisme, le conservatisme ultra, du monarchisme et un peu de fascisme. Franco se voit en défenseur du monde chrétien occidental. Cet homme médiocre n'a pas, si l'on peut dire, l'envergure de Hitler ou de Mussolini. Bon gré, mal gré, presque la moitié des Espagnols soutiennent le *généralissime*. Pendant le séjour de Malraux aux États-Unis, Franco proclame la Phalange parti unique et en devient le chef, le *Caudillo* [10]. Au début de 1937, rien n'est joué militairement en Espagne [11]. Les Heinkels allemands bombardent Guernica où siège le gouvernement autonome basque fidèle à la République [12]. Des bombes incendiaires et explosives font environ 1 500 morts et 2 000 blessés. Les chasseurs allemands mitraillent les habitants qui tentent de fuir. Malraux a raison, la guerre totale contre les civils apparaît.

En Espagne, il n'a pas prêté une attention soutenue aux oppositions entre communistes et non-communistes, surtout à Barcelone, patrie des anarchistes. Aux États-Unis, piqué au vif, pensant à son « destin » et à celui de Trotski, il replace leur querelle sur un plan personnel : « Je déplore la légèreté avec laquelle M. Trotski accepte toute accusation lorsqu'elle se trouve toucher de près ou de loin à son drame personnel. Je constate avec regret son insouciance à fournir aux fascistes français des armes contre un homme qu'ils ont un intérêt évident à attaquer. Et la légèreté des informations de M. Trotski à l'égard de la Chine est bien de nature à renforcer la méfiance que m'inspire sa présente politique espagnole. M. Trotski [*Monsieur Trotski : mise à distance*] n'ignore pas que ses accusations, si on y prêtait foi ici, rendraient impossible mon action en faveur de l'Espagne et arrêteraient l'aide médicale la plus efficace que nous ayons reçue. Comment peut-il ne pas en tenir compte... »

Comment Malraux, lui, connaissant le sens et le poids des mots, peut-il penser que Trotski accepterait de voir en Staline celui qui « a rendu la dignité à l'espèce humaine » ? Pour Malraux, Trotski, homme du passé, est obsédé par sa marginalisation sur le plan de l'Histoire. Selon Trotski, Malraux rejoint les intellectuels vendus au stalinisme. Manichéens l'un et l'autre, ils simplifient. Au-delà des analyses et des insultes, le conflit de deux personnalités éclate, avec une gêne apparente chez Malraux : il parle « avec regret »... Les deux hommes ne répondent pas de la même manière à cette question complexe : quelle est la priorité en Espagne ? Qui voit le plus loin, à terme ? Trotski, vieux bolchevik proscrit, et Malraux, jeune compagnon de route, ne peuvent ni s'écouter, ni s'entendre, ni se comprendre. Malraux est au courant des activités des agents soviétiques en Espagne. S'il ne l'était pas, il serait bête.

À Paris, Clara se sent mal à l'aise et hors jeu. Aux États-Unis, accompagnant André, Josette ne se mêle ni de politique ni de polémique. Par ses silences, elle réconforte ou absout son compagnon qui sait que Clara, elle, critique durement sa position. Pendant ses déplacements avec Malraux, Josette préfère les écrivains et les acteurs aux militants et aux politiques. À Hollywood, elle souhaiterait rencontrer Joan Crawford ou Greta Garbo. Elle se contente de Boris Karloff et d'Edward G. Robinson.

Comme s'il n'était pas sûr de la justesse de sa ligne politique, Malraux, se répétant, devient de plus en plus antitrotskiste et se laisse aller dans ses entretiens : il s'autoconvainc. Au cours d'une interview, Robert Edward Knowles, journaliste du *Toronto Star*, lui donne du « colonel » par-ci, par-là. À Knowles, Malraux déclare [13] qu'il doit voir le président Roosevelt à Washington. Souhait pieux. Jamais il n'a été question de cette rencontre, désirée, rêvée. Malraux prédit à Knowles une guerre générale dans les deux ans à venir. Bien vu.

— Quelle nation, selon vous, s'approche le plus des véritables idéaux d'une grande démocratie ?

— La Russie, répond Malraux.

Plutôt mal vu. Pourtant, en Espagne, Koltsov et Ehrenbourg l'ont affranchi sur ce sujet. Babel se montrait encore plus précis dans ses descriptions des limites de la démocratie soviétique.

— Et qui, reprend le journaliste canadien, selon vous toujours, est l'homme exceptionnel conduisant à cet idéal ?

— Il y en a trois, Staline, Blum et Franklin Roosevelt.

Malraux ratisse large. Deux jours après, il donne une conférence de presse dans l'église presbytérienne de Montréal [14]. Là, il se fait comprendre en français. Comme s'il maniait une mitraillette, il répond à de nombreuses questions :

— Y a-t-il des combattants russes en Espagne ?

— Il n'y a pas d'infanterie russe. Il y a des aviateurs et des techniciens, comme pour les Allemands.

— La brigade internationale est-elle considérable en nombre ?

— Elle a pu atteindre 15 000 hommes, mais il y a aujourd'hui 60 % de tués ou de blessés.

— Combien de temps durera encore la guerre civile, selon vous ?

— Peut-être trois semaines [*Malraux très optimiste*], peut-être deux ans [*Malraux prescient*]. Tout dépendra des secours reçus et des succès de nos troupes. Notre victoire est insépa-rable des paysans qui viennent de plus en plus à nous [*souhaits de propagande*].

Avec à son bord Louis Delaprée, journaliste que Malraux apprécie, un avion a été abattu en Espagne. À Paris, Robert Brasillach dans *Je suis partout* accuse Malraux d'être respon-sable de cette mort. Un journaliste québécois lance :

— Voulez-vous éclaircir la mort du journaliste Louis Dela-prée ?

— Non. Si je vous accusais d'avoir tué votre grand-mère, me répondriez-vous ?

— Quelle est la nature de la blessure qui vous a obligé à quitter le front ?

Malraux improvise :

— Le lendemain du combat de Teruel, j'ai fait une chute d'avion. J'aurais pu me tuer. Je n'ai reçu que de légères bles-sures vraiment, à la gorge, au nez, à la poitrine. Pas de côte cas-sée. Précédemment, j'avais reçu une balle dans le bras, rien de bien grave.

Malraux, on le sait, a été « contusionné » au cours d'un décollage raté. Pour la première fois, il fait une allusion publique à une blessure, par balle, au bras. De cette blessure, aucun des membres de l'escadrille, ni les journaux français, n'ont entendu parler. En somme, Malraux aurait été discret à Paris et prolixe à Montréal ? Certaines blessures de l'âme ou de l'esprit sont plus cruelles que des blessures physiques [15] — si l'on veut. La blessure par balle de Malraux est celle de ses héros, de ses camarades confondus. Il porte les plaies des Christ de l'escadrille.

Le 19 avril, revenu à Paris, André Malraux dépose Josette à l'hôtel du Louvre, puis regagne son domicile (encore) conjugal, rue du Bac. André Gide le rencontre. Son amie et voisine de palier, Mme Théo, l'interroge. En Malraux, Gide, atterré, voit maintenant un « stalinien intégral même dans la question des procès... Il traite Trotski de fou ». Circonstance atténuante d'après Gide, Malraux semble « repris par la littérature ». Il ne pense plus qu'à écrire un livre sur l'Espagne. Lorsqu'il débitait ses calembredaines aux États-Unis, Malraux écrivait déjà. Gide l'a imploré de se concentrer sur ce roman commencé et de ne pas repartir en Espagne. Malraux l'a coupé :

— Vous n'avez donc pas compris que l'une des raisons qui me retenaient en Espagne, c'était de fuir ma maison.

Avec une amie, Suzanne Chantal, et une troisième femme demi-esseulée, Josette s'installe dans un appartement à Paris. Malraux le baptise « Zénana », harem persan. Il plonge dans son roman, dactylographié par Josette. Malraux va et vient entre Clara, leur fille, et le Zénana. Josette tape à la machine, mais Malraux parle du roman à Clara, qui a le cœur et l'esprit politiques. Malraux veut écrire et fuir Clara. Mais il a besoin d'elle pour juger ses écrits. Elle connaît ses précédents livres, pas Josette. Malraux balance. Rejoignant son escadrille mainte-nant formée de volontaires et intégrée à l'aviation régulière, où il ne compte pas que des amis, Malraux serait un sous-chef que harcèlerait l'état-major gouvernemental. Clara surveille Josette qui surveille André. Ce dernier milite toujours pour l'Espagne, raconte son voyage aux États-Unis et au Canada avec un leit-motiv : « Si les démocraties ne veulent pas intervenir militaire-ment, elles doivent du moins apporter leur aide pacifique, leur aide économique, leur aide médicale », déclare-t-il à *Ce Soir*, quotidien crypto du P.C.F. [16].

Dix jours après son retour, Malraux assiste à une manifes-tation du 1er Mai, journée consacrée à la solidarité avec le peuple espagnol. Des ouvriers brandissent les drapeaux syndi-caux. Des quêteurs passent, déployant à l'horizontale des draps blancs, avec, au centre, une affiche représentant des enfants espagnols morts. Devant les draps, les ouvriers inclinent leurs drapeaux rouges et tricolores.

— Ce fut là peut-être, dit Malraux, la plus grande émotion de ma vie [17].

Une occasion de fuir se présente : pour militer encore et échapper à une Clara hystérique. Reprenant un projet en chantier depuis longtemps, le gouvernement espagnol organise un congrès d'écrivains. Josette, comme Clara, souhaiterait accompagner Malraux. Salomon-Malraux résout le problème et part seul. Il file vers Valence, siège du gouvernement républi-cain depuis huit mois. Madrid, face aux franquistes, tient, mais le gouvernement républicain ne veut pas siéger dans la capitale.

Le Premier ministre, Juan Negrin, en présence de mi-nistres, dont Alvarez del Vayo et José Giral, inaugure ce congrès le 4 juillet. Quatre-vingts auteurs, représentant vingt-huit nations, ont gagné l'Espagne, non sans mal parfois : certains pays jugent que l'arrivée d'écrivains, comme l'expédition d'armes, constitue une intervention dans la guerre civile. Les franquistes, et de loin, ne parviennent pas à rassembler autant d'hommes de lettres. Le poète anglais Stephen Spender voyage avec un faux passeport espagnol sous le nom improbable de Ramos Ramos [18]. Il passera une partie de son temps à rechercher un de ses amis homosexuels pour l'extraire de la prison où sa désertion des brigades internationales l'a conduit.

Malraux se rend d'abord à Barcelone via Port-Bou [19]. Il remet symboliquement au président Azaña les sommes collectées aux États-Unis [20]. Les deux hommes envisagent un film sur la guerre civile espagnole que l'ex-*coronel* superviserait. La tournée de Malraux aux États-Unis fut un succès pour les républicains espagnols. Le gouvernement financerait le film, du moins en partie, promet Azaña. Chapeauté par le célèbre écrivain français, il serait sûrement utile, et peut-être bon, ce qui ne gâterait rien.

À Valence, le conclave des auteurs paraît cocasse. Buñuel ne l'a pas filmé, hélas. À la frontière, les hôtes espagnols ont enfourné les écrivains dans des Rolls Royce et d'autres voitures prolétariennes. Partout, romanciers, poètes, essayistes, dramaturges sont reçus avec une reconnaissance exaltée. Parmi les écrivains espagnols figurent Antonio Machado, Rafaël Alberti, et José Bergamin, lié à Malraux. Quand on demandera à Bergamin si Malraux a compris l'Espagne, il répondra : « Mieux qu'aucun écrivain de son temps, comme Théophile Gautier à son époque [21]. » Est-ce un compliment ? De tous les Français participant au congrès de Valence, Malraux est le plus connu en Espagne. L'accompagnent André Chamson, Julien Benda, Claude Aveline et Denis Marion. Pablo Neruda, Octavio Paz, Alejo Carpentier et Nicolas Guillen représentent l'Amérique du Sud. Louis Fischer et Malcolm Cowley personnifient celle du Nord. Invité, Hemingway s'impose par son absence. Parmi les Allemands, on remarque surtout Anna Seghers, Heinrich Mann — pas son frère, Thomas — et Ludwig Renn, ancien officier. Ehrenbourg, Koltsov avec Alexeï Tolstoï et Alexandre Fadeiev, deux courtisans stalinophiles, mènent la délégation soviétique. L'U.R.S.S. aidant efficacement la République espagnole, les écrivains venus de Moscou sont d'autant mieux vus.

Le congrès déguste un optimisme à court terme et un pessimisme justifié quant à l'issue de la guerre. Tarte à la crème rance du congrès : le rôle de l'écrivain et son rapport avec les masses. Parfois, l'exaltation monte comme une mayonnaise : certains participants pourraient ainsi croire qu'ils se battent.

Les mots sont des armes, la main à plume vaut la main à fusil comme la main à charrue. Ludwig Renn s'écrie :

— Le rôle des écrivains qui combattent pour la liberté ne consiste pas à écrire des histoires, mais à faire l'Histoire.

Dans la bonne humeur, la pagaille, l'émotion, une atmosphère de propagande en fusion, les congressistes se rendent à Madrid pour saluer la capitale. Tard dans la nuit, ils boivent et discutent. Ils lèvent le poing serré, lancent des *salud !* N'importe quel prétexte encourage à entonner *L'Internationale*, surtout lorsqu'un Soviétique prend la parole. On se soûle de mots. Intermède impressionnant, des officiers en uniforme viennent rendre compte des opérations au front. Les congressistes observent des minutes de silence à la mémoire des camarades tués au combat. L'ambassade soviétique a transmis des consignes à ses compatriotes : il faut démolir Gide et son *Retour de l'U.R.S.S.* À la tribune, Tolstoï et Fadeiev *apparatchiki*, prébendiers de la littérature othodoxe, le dénoncent. José Bergamin aussi, qui voit en Gide un « trotskiste », étiquette alors de plus en plus infamante. Rien de tel qu'un catholique progressiste comme Bergamin pour aller trop loin. En public, Malraux se tait mais, sur ce point, lui fait la leçon en tête à tête.

Alors que les congressistes siègent, le Japon envahit la Chine franchement, sans déclaration de guerre. En U.R.S.S., avec un sens un peu imparfait de la synchronisation, Staline s'offre d'autres purges. Maintenant, vient le tour du maréchal Mikhaïel Toukhatchevski, commissaire adjoint à la Défense, de plusieurs généraux dont Ouborevitch et Yakir. Premier chef d'accusation : avoir trahi l'Union soviétique en entretenant des contacts avec des puissances étrangères et, d'abord, l'Allemagne nazie. Les écrivains en Espagne évoquent ce petit problème en privé, jamais à la tribune.

En France, le Front populaire agonise. Léon Blum se retire. Après le ballet rituel d'une crise de la IIIᵉ République, intrigues, bruits de couloirs, tractations, Blum conseille au président de la République, Albert Lebrun, de lui choisir comme successeur le centriste Camille Chautemps, qui n'éprouve pas pour l'Espagne loyaliste les sympathies de Blum.

Pendant le congrès, Malraux prend plusieurs fois la parole. Rendant compte de son voyage aux États-Unis et au Canada, il dit que « cette guerre a un sens, la défense de la culture... Tout intellectuel doit se sentir automatiquement à vos côtés [22] ». Auréolé de son prestige de *coronel*, Malraux participe aux discussions centrées sur la tactique et la stratégie. La République ne peut mourir. Cette guerre devient une lutte entre la civilisation et la barbarie, l'humanité et la bestialité, un gouvernement légitime et une rébellion militaire. Les républicains, eux, font une guerre juste. À Madrid[23], Malraux monte sur la scène du cinéma Salamanca. On n'a que trop parlé de la culture et des masses, pianoté des abstractions et des généralités lassantes. Malraux s'élève rituellement contre la non-intervention mais rebondit vite. Il ne parlera pas des gouvernements que le public hue. Il évoque les hommes solidaires de la république espagnole rencontrés de l'autre côté de l'Atlantique. Il reprend une histoire touchante, essayée et polie plusieurs fois avant ce congrès. Un ouvrier canadien, raconte-t-il, a mis une vieille montre de famille dans le plateau d'une collecte après une manifestation puis s'est approché de Malraux qui rapporte ses propos :

— « Je ne connais rien à la politique... mais... j'ai compris qu'il y avait des hommes qui s'étaient révoltés pour que des gens comme les pauvres dans le monde entier ne puissent continuer à être humiliés ; et qu'il y avait des hommes, quelles que soient leurs opinions politiques, qui se battaient actuellement pour qu'on cesse d'avoir le droit de mépriser les hommes et qu'on puisse leur faire confiance... » Voilà pourquoi il a placé cette montre de 1860 sur le plateau de la collecte.

Heureuse coïncidence, cet ouvrier canadien parle comme Malraux d'humiliation et de mépris. Ne manque que la fraternité qui ressort de cette anecdote.

Malraux s'impatiente. La ferveur guerrière de ses collègues non combattants le fatigue. Qui s'est engagé ? George Orwell, caporal puis lieutenant dans une milice du P.O.U.M., blessé et inconnu[24], est absent. À Madrid, le congrès hésite. Vaillamment, il se proclame « congrès itinérant » et converge sur Barcelone. Là, avant que Stephen Spender ne prenne la parole, politesse et noblesse obligent, les congressistes se lèvent, brandissent des poings fermés pendant que l'orchestre joue *God Save the King*[25]. Sur cette lancée œcuménique, pourquoi ne pas se rendre à Paris, puisque le premier Congrès international des écrivains pour la culture s'y déroula ? Français, Allemands, Soviétiques, Britanniques, Américains et Espagnols s'embarquent dans des wagons-lits, sans Malraux. Le poète anglais Julian Bell, ambulancier volontaire, n'a que mépris pour ce congrès qui siège à Madrid. Il sera tué quelques jours après, pendant la dure bataille de Brunete, avant le jeune philosophe Maurice Cornforth.

Irrité et conscient des aspects ridicules ou pathétiques du congrès, épuisé, Malraux passe les Pyrénées pour rejoindre Josette. Son livre l'envahit. Il s'appellera *L'Espoir*. Malraux écrit, Josette dactylographie. Il s'apprête à soumettre l'ensemble de son manuscrit à Clara. Tout l'été, il rédige, travaillant dix heures par jour, avec sa technique habituelle, reprenant des passages, découpant des feuillets, collant et recollant, redistribuant des paragraphes, buvant du Pernod.

Il excursionne avec Josette en Provence, à Aigues-Mortes et aux Baux. Au-delà de la tragédie espagnole, en deçà de ses tragédies et comédies personnelles, Malraux se retrouve dans ce livre. Pour certains, la guerre devient un excitant à durée prolongée, même lorsqu'ils ne sont plus dans l'action. L'écrivain se fait en écrivant, c'est ce qu'il fait le mieux. Et un livre peut se transformer en acte. Malraux tient et avance sur un autre front — son meilleur ? —, la littérature.

18

Quel espoir?

Que proposez-vous? De construire la cité juste. Je le ferai.
Je suis d'accord. Ou est-ce le pacte du suicide, la Mort
Romantique? Très bien. J'accepte car
Je suis ton choix, ta décision : oui, je suis l'Espagne [1].

W. H. AUDEN

Malraux travaille ses manuscrits avec des encres bleue et rouge. Il se sert de notes parfois griffonnées sur des cartes — carte annotée au moment de la bataille de Brihuega par exemple, dans la province de Guadalajara au nord-est de Madrid [2], terminée en désastre pour les troupes italiennes qui ont laissé environ 3 000 morts et 800 prisonniers sur le terrain. Les républicains comptèrent près de 2 000 morts et 400 prisonniers. Annotations de Malraux :

« Macaronis [*les fascistes italiens*] ouvrent le feu
Civils dans les caves
Hommes amenés...
... *Phase II* — pas de neige
2 jours plus tard après action contre Ibarra
prép. aviation, artillerie
Garibaldi [*la brigade internationale*] et Franco-Belge contre Ibarra
1 Dombroski [*bataillon républicain*]
2 (à 1 Km au moins) Garibaldi et Madrid
3 Campesino [*Valentin Gonzalez, surnommé « le paysan »,*
commande une brigade puis une division] marche sur Aorca
4 Les carabiniers de Alcaruda sur la côte 940
1 h 40 — bombe — artillerie
2 h 10 — aviation — départ Dombroski...
3 bombardées toute la nuit
6 h les hauteurs autour de Brihuega sont prises...
La veille de l'attaque de B. apporte du vin chaud.

Au milieu de la nuit Campesino s'est trompé de route arrive devant Brihuega et donne l'ordre d'aller sur Horca.

La 70ᵉ (Mura) arrive en retard recueille le matériel au lieu des prisonniers. marchant sur Cara Arriba.

Brihuega investie — tous ceux de Brihuega vont du Km 80 à 96

prise vers 7 h du soir

entrée à 10 h du matin. »

Sur cette carte, Malraux trace des coups de crayon rouge décidés. Son écriture et ses réécritures, ses ratures et ses reprises couvrent des feuilles de tous calibres. Il n'écrit pas du premier jet. Il n'a pas la stupéfiante facilité d'un Aragon. Malraux surcharge ses versions dactylographiées, façonne son manuscrit comme un potier pétrit l'argile et monte un vase, comme un peintre préparerait un collage. Souvent, il glisse de la première à la troisième personne — je suis les autres de mon camp — et inversement. Dans des ébauches du roman commencé aux États-Unis — le papier à lettres des hôtels et surtout celui du *Pennsylvania* en font foi —, il a même remplacé le nom « Garcia », rayé, par « Malraux », n'hésitant pas à se mettre en scène. Il a profité du voyage de retour des États-Unis sur le *S/S/ Normandie* — le papier à en-tête du navire de la Compagnie générale transatlantique le prouve — pour prendre son roman à bras-le-corps. Le voyage en mer, chez lui, se meut en rituel. L'isolement d'un navire l'inspire, le libère. Il est immobile, travaillant au salon ou dans sa cabine. En même temps, le navire bouge.

Il va fuir Paris et Clara, les meublés et les hôtels du XVIᵉ arrondissement[3]. Dans le calme d'un chalet loué[4] à Vernet-les-Bains, près de Saint-Martin-du-Canigou, proche de Perpignan, et des Pyrénées, Malraux élabore cinquante chapitres, en fin de course cent cinquante scènes ou séquences. Il se lève tard, travaille sans panne, souvent la nuit, mange et boit beaucoup, du pastis et du vin blanc. Il souffre pour écrire, mais pas de ce que les Anglais appellent la crampe ou le blocage de l'écrivain. Il tient son sujet, la guerre d'Espagne, lointaine parce qu'il écrit, proche car elle continue au-delà des Pyrénées, près du lieu où il séjourne. Un objet le prend : après un appareil civil touristique au Moyen-Orient, avec l'avion de guerre, Malraux a découvert un symbole du xxᵉ siècle. Grâce à l'avion, le temps comme l'espace se modifient, et la vie des civils comme celle des militaires. La réalité et le mythe consubstantiel de l'avion et des aviateurs se sont imposés en France dix ans avant, avec Saint-Exupéry. Malraux évite le côté chevaliers de l'air, Guynemer contre tel as allemand. Il montre qu'un équipage de sept hommes se sent encore plus uni, solidaire, fraternel, qu'un groupe de combat dans l'infanterie. Le roman, intitulé *L'Espoir* — Malraux a le génie des beaux titres —, met côte à côte pilotes et mécaniciens, intellectuels et prolétaires.

Le travail de purification, d'épuration du texte est d'abord littéraire, technique, mais il a aussi une dimension politique. Ligne écrite avant qu'il ne se lance dans le roman : « L'optimisme des mythes (communisme et bien d'autres) va fort bien avec le pessimisme des méthodes. » Pas d'utopiste en lui : Malraux, face à lui-même, ne croit pas à une fin millénariste de l'Histoire, stéréotype de la pensée marxiste. Pour sa version finale de *L'Espoir*, constat lucide et désaveu — les lecteurs ne le verront pas —, Malraux coupe des scènes où il s'agit du communisme en U.R.S.S., des procès tout frais, des disparitions à Moscou. Dans ses notes pour *L'Espoir*, des remarques sur l'Espagne : « D'ailleurs, la terreur n'atteint pas tout le monde. Quelques catégories seulement. » Malraux, lancé dans son roman, au courant des activités du N.K.V.D., du *grupo de informacion*, demeure et restera en retrait quant au sort de milliers de non-communistes du côté loyaliste[5]. Pas un mot public pour condamner la législation mettant le P.O.U.M. hors la loi[6]. Rien contre la suppression de son journal, *La Batalla*. Pas de protestation non plus de Malraux lorsque Gide, François Mauriac et Roger Martin du Gard télégraphient à Juan Negrin pour demander des garanties juridiques lors du procès du P.O.U.M.[7]. Dans le travail de préparation de son roman, Malraux paraît pourtant proche des anarchistes : « Toujours, au premier plan chez eux, cette notion de fraternité... » Il s'agit des anarchistes de la F.A.I. D'un bout à l'autre du livre, le mot « fraternité » revient[8].

Dans *La Condition humaine*, la dignité était le contraire de l'humiliation. Maintenant, un héros de *L'Espoir* clame aussi fort que « le contraire d'être vexé, c'est la fraternité ». Mais, Malraux le sait, on ne fonde pas une armée efficace sur la fraternité. Il oublie dans son roman de se poser une question : la guerre civile des communistes et des anarchistes *dans* la guerre civile contre les franquistes et leurs alliés ne contribue-t-elle pas à affaiblir les gouvernementaux ?

Malraux tient à son unité de lieu, l'Espagne. Pour le temps, *L'Espoir* se déroule en huit mois, commençant dans la nuit du 18 au 19 juillet 1936, aube de la guerre civile, et s'achevant entre le 18 et le 20 mars 1937, à la fin de la bataille de Guadalajara, succès apparent des loyalistes. Alors tout *espoir* ne semble pas perdu puisqu'une brigade de l'armée gouvernementale bouscule les franquistes et parvient au kilomètre 95 de la route Madrid-Saragosse. D'où le titre du livre, *L'Espoir*. « La plus grande force de la révolution, c'est l'espoir », affirme Guernico. Cet espoir, dans le roman, paraît indépendant du succès ou de l'échec. Il survivra à l'adversité. Malraux, romancier de l'absurde dans *La Condition humaine*, devient le récitant de l'espoir [9], le contraire de l'absurde.

Il ne crée pas sur l'événement à chaud, comme un reporter compétent, mais travaille des matériaux brûlants, des braises, puisque les événements de son roman se sont déroulés quelques mois avant la rédaction, alors que dans *Les Conquérants* ou *La Voie royale*, il avait gardé des distances temporelles et pris, dans le premier, quelques libertés avec l'histoire.

Il offre avec *L'Espoir* un ouvrage syncopé, peu classique, jusque dans ses proportions : 223 pages pour sa première partie, « L'Illusion lyrique », 103 pour la deuxième, « Sang de gauche », et, comme si le temps manquait, 75 pages pour la dernière, portant le titre du livre même, « L'Espoir ». Le récit est entraînant, plein de secousses, de soubresauts, de bruits, bourré de personnages, mais toujours dominé, malgré quelques défauts dont une vélocité quelquefois excessive. Quel diamant ne révèle pas des défauts à la loupe? Pris par les vingt premières pages, le lecteur poursuit, haletant avec l'auteur jusqu'à la fin. Il s'agit aussi d'un roman d'aventures militaires. Malraux joue de ses chapitres-scènes comme avec des cartes. Il hésite, place les tableaux pessimistes des aviateurs blessés ou morts descendant de la montagne avec leur cortège de paysans avant le final lyrique du livre. *L'Espoir* bouillonne — mot récurrent dans le roman. Les dernières pages paraissent presque pastorales. À la limite du vraisemblable, Manuel, sur fond du roulement des camions en route vers une victoire républicaine, tombe sur un disque de Beethoven, *Les Adieux*, sonate pour piano n° 26, plutôt gaie : l'espoir ne saurait être noir [10]. Manuel-Malraux se dresse dans la dernière phrase allitérative du livre, et on l'imagine levant le poing : « Il sentait en lui cette présence mêlée au bruit des ruisseaux et aux pas des prisonniers, permanente et profonde comme le battement de son cœur. » Cette musique et les camions au loin répondent aux « chahuts de camions » à l'ouverture du roman. Chutant sur le battement du cœur de Manuel, peu après le fragment chantant du phonographe et de sa musique, Malraux pense-t-il à la fin de son dernier, assez récent ouvrage de fiction, *Le Temps du mépris*? Là, Kassner, pendant communiste de Manuel, songeait à la musique dont il avait « essayé » de se servir pour *tenir* en prison. Kassner, ayant rejoint sa femme, se sentait plus libre, mais dans la défaite générale des communistes allemands. Libre, Manuel, aperçoit la victoire républicaine à l'horizon. Autre battement de cœur. Après *Le Temps du mépris*, tentative un peu carrée, *L'Espoir* est une réussite.

Distinguant politique et littérature, oubliant leurs divergences politiques, Gide dira à Malraux [11] : « Vous n'avez jamais rien écrit de meilleur ; ni même d'aussi bon. Vous atteignez, et comme sans effort, un épique de simple grandeur. Vous avez été servi par les événements, sans doute. » Servi ? Mieux, Malraux s'encastre dans l'histoire. Gide, qui n'aime pas l'histoire, estime aussi que *L'Espoir* éclaire certaines conversations qui « demeuraient assez obscures » ou « ... expliquent un peu la position que [*Malraux*] a prise ». Il s'agit de la trame abstraite du roman avec ses fils politiques en arrière-plan. Justifiée ou non, vraie ou fausse, la volonté de prouver ne détruit pas l'œuvre d'art comme, quelquefois, dans *Le Temps du mépris*. Le marxisme apparaît ou flotte, ici et là, jamais didactique ou antiromanesque. Malraux se préserve des thèmes et des expressions qui tuent un roman, le parti des travailleurs, le déterminisme historique, la dictature du prolétariat, sinistre forme moderne du jacobinisme, l'histoire comme science... En revanche, certaines sorties de ses personnages donnent avec une subtile prudence le ton de ses convictions ou plutôt de ses émotions politiques en 1937 : « Quand un communiste parle dans une assemblée, il met le poing sur la table. Quand un fasciste parle... il met les pieds sur la table. Quand un démocrate — Américain, Anglais, Français — parle... il se gratte la nuque et se pose des questions. » L'homme Malraux l'a constaté en Espagne, « les communistes ont aidé les communistes et même la démocratie espagnole, les fascistes ont soutenu les fascistes, les démocraties n'ont pas aidé les démocrates ». Pourquoi ?

Perspicace, l'écrivain Malraux écrit : « Nous, démocrates, nous croyons à tout sauf à nous-mêmes. Si un État fasciste ou communiste disposait de la force des États-Unis, de l'Angleterre et de la France réunis, nous en serions terrifiés. Mais comme c'est "notre" force, nous n'y croyons pas. Sachons ce que nous voulons. Ou bien disons aux fascistes : hors d'ici, sinon vous allez nous y rencontrer ! Et la même phrase le lendemain aux communistes si besoin est. » L'auteur n'est pas aligné comme l'était le *coronel* ou le conférencier pendant son périple américain peu avant. Écrivain doué, il échappe en lui-même au politique. Précautionneux et clairvoyant, il prend ses distances vis-à-vis de la ligne stalinienne en donnant la parole à des personnages de plusieurs bords. Un combattant de *L'Espoir* dit quand même : « La servitude économique est lourde, mais si pour la détruire, on est obligé de renforcer la servitude politique ou militaire, ou religieuse, ou policière, alors, que m'importe. » Et Malraux se répète soixante pages plus loin : « Et si, pour les libérer économiquement [*les ouvriers*], vous devez faire un État qui les asservira politiquement... » On ne pourra lui reprocher trop d'oublis. Le journaliste Shade encore, s'adressant à un Soviétique :

— Dans ton pays, d'ailleurs... tout le monde commence à avoir une grosse tête. C'est pour ça que je ne suis pas communiste. Je trouve le Négus [*anarchiste*] un peu connaud, mais il me plaît.

Le Négus en question déclare aux communistes qu'ils sont « bouffés par le Parti. Bouffés par la discipline, bouffés par la complicité : pour celui qui n'est pas des vôtres, vous n'avez plus ni honnêteté, ni devoir, ni rien ». Pour s'expliquer sur sa position pro-communiste dans *L'Espoir*, Malraux écrit deux fois que « le difficile n'est pas d'être avec ses amis quand ils ont raison, mais quand ils ont tort ».

Malraux transparaît bien sûr à travers ses héros. L'un d'eux, qui lui colle à la peau sans le refléter [*Ma*gnin, *Ma*lraux], lance : « J'étais à gauche parce que j'étais à gauche... » Cette tautologie, plus frissonnante que démonstrative, décrit le Malraux d'avant la guerre civile et le Malraux de l'Espagne combattante. Magnin-Malraux poursuit : « Et ensuite, il s'est noué entre la gauche et moi toutes sortes de liens, de fidélités, j'ai compris ce qu'ils voulaient, je les ai aidés à le faire et j'ai été de plus en plus près d'eux chaque fois qu'on a voulu davantage les en empêcher. » Résumé sinueux de son compagnonnage entre Paris et Moscou de 1934 à 1936 : Magnin s'engage d'abord par sensibilité, plus qu'à la suite de raisonnements. Il dit ce qu'il n'est pas : ni communiste ni socialiste. Il appartiendrait moralement à la « gauche révolutionnaire ». Magnin, là, quitte l'homme Malraux. Mais il le rejoint et, avec lui, les communistes, pour affirmer qu'une discipline révolutionnaire stricte doit l'emporter sur la fraternité. L'impression d'ensemble, à l'époque, reste que Malraux prend le parti *du* Parti.

Écrivant, il décante ses positions politiques avec toutes les justifications humaines, les alibis créateurs du romancier opposant ses personnages les uns aux autres. Implicitement, il distingue communisme totalitaire et communistes. Mais un personnage, Henrique, que Malraux campe moins bien que d'autres, commissaire du 5e régiment, formation d'élite communiste, remarque : « Agir avec le Parti est agir avec lui sans réserves : le Parti est un bloc. » Les Partis communistes constituent un bloc, celui de Moscou et de Staline. Contrepoids, Malraux écrit qu'on ne fait pas la guerre ou une bonne politique avec une morale, humaniste sans doute, mais qu'on n'en fait pas sans. Au Jugement dernier malrucien, les communistes présentent plus de caractéristiques positives que négatives. De septembre 1936 à mai 1937, sous la direction gouvernementale de Largo Caballero, le pouvoir des communistes en Espagne s'est fait de plus en plus évident. Au-delà de toutes ses sympathies, tendres ou cruelles, de romancier, Malraux, comme Magnin, n'est pas communiste mais *communistoïde*, mot employé à l'époque par les adversaires du Parti.

Heureusement pour les lecteurs, les problèmes théoriques et pratiques des communistes s'intègrent à l'intrigue de *L'Espoir* sans l'étouffante pesanteur des romans à thèse trop lestés. Priment avant tout la soixantaine de personnages, et d'autres thèmes, plus éternels, la guerre et la mort. Malraux déteste la guerre en théorie mais elle l'attire et l'obsède, sans l'engluer, en pratique. Ardu, sinon impossible d'entreprendre un roman en commandant une escadrille. Malraux avait besoin de temps libre, de recul pour construire ce qui devient un roman d'aventures politiques comme dans *La Condition humaine*, psychologiques comme dans *Les Conquérants*, mais plus convaincant et réaliste que ces romans-là. Hypnotisé par les idéologies antagonistes, Malraux paraît moins sensible dans son texte à la sauvagerie de la guerre d'Espagne qu'Hemingway, son concurrent, qui écrit un roman très différent sur le même thème, mais encore plus célèbre dans le monde entier, *Pour qui sonne le glas* (il sonne pour toi, démocrate!).

« Ils sont merveilleux quand ils sont bons..., s'exclame Jordan-Hemingway, parlant des Espagnols... il n'y a aucun peuple comme le leur quand ils sont bons, et quand ils deviennent mauvais, aucun peuple n'est pire. » Malraux, partisan et militant, met l'accent sur la « barbarie fasciste », faisant presque l'impasse sur les excès dans le camp républicain. Scali interroge un aviateur italien fasciste prisonnier. Celui-ci pense que les républicains vont l'exécuter. Scali lui a montré des photographies d'atrocités nationalistes, comme un aviateur aux yeux arrachés :

— Qu'est-ce qui... prouve... que cette photo n'est pas... ne vous a pas été envoyée... après un trucage ?

Sarcastique, Scali répond :

— Bien, alors, elle l'est. Nous arrachons les yeux de pilotes républicains pour prendre les photos. Nous avons pour ça des bourreaux chinois, communistes.

Malraux, le narrateur, poursuit : « Devant les photos "dites de crimes anarchistes" Scali, lui aussi, supposait d'abord le trucage : les hommes ne croient pas sans peine à l'abjection de ceux avec qui ils combattent. » Propagandiste, Malraux n'économise pas ce « dites », laissant supposer qu'il n'y a pas eu de crimes chez les loyalistes. Scali les attribue aux anarchistes, pas aux agents des services secrets espagnols ou soviétiques. « Dites » renvoie ces prétendues atrocités au néant. Pour Malraux, erreurs, dérapages, crimes, atrocités procèdent d'un plan d'ensemble et d'ordres du côté franquiste. Chez les républicains, ils seraient le résultat d'une spontanéité incontrôlée, accidentels. Spontanés, les services secrets ?

Malraux et Hemingway sont « antifascistes » l'un et l'autre mais l'Américain n'est jamais un admirateur de Staline, de Trotski ou de feu Lénine. Jordan, le héros d'Hemingway, s'adresse à lui-même : « Tu n'es pas un véritable marxiste et tu le sais. Tu crois à la Liberté, à l'Égalité et à la Fraternité. » Pour Magnin-Malraux, la Liberté et surtout la Fraternité l'emportent. Malraux devrait savoir qu'une autre fraternité lie souvent nazis, fascistes ou franquistes. Jordan-Hemingway : « Tu crois à la Vie, à la Liberté et à la Recherche du Bonheur. » Hemingway-Jordan encore : « Ne te raconte pas trop d'histoires avec trop de dialectique : celle-ci convient à certains, mais pas à toi. » Jordan-Hemingway pense à l'après-guerre. Il se séparera des communistes avec lesquels il a combattu, après avoir donné, comme Malraux, la priorité à l'efficacité : « Ici en Espagne, les communistes proposaient la meilleure discipline et la plus raisonnable et la plus saine pour conduire la guerre. Il acceptait leur discipline pour la durée de la guerre, parce que, dans la conduite de la guerre, ils étaient le seul parti dont il pouvait respecter le programme et la discipline. » À travers Jordan, Hemingway s'interroge sur ses propres convictions politiques : « Il n'en avait pas maintenant... » Malraux ne s'examine pas ainsi [12].

Les deux écrivains se surveillent et se jalousent. Ils se sont croisés à l'hôtel Florida de Madrid et à New York où, dit Malraux, Hemingway lui parla de Shakespeare, d'une façon aussi frappante qu'il parle « de la vie dans ce qu'il écrit de meilleur... ». « Je tiens, dira encore Malraux, *L'Adieu aux armes* pour le meilleur roman d'amour qu'on ait écrit depuis Stendhal. » Rosserie? Roman d'amour, sans plus [13] ?

Hemingway n'a aucune prétention philosophique. Malraux use beaucoup du mot « métaphysique ». Pour Hemingway, le « camarade Malraux » reste un poseur; pour Malraux, Hemingway est « un faux dur » et « un fou qui a la folie de la simplicité [14] ». Mais ces deux aventuriers de la littérature ont des points communs. Ils ont un besoin charnel et intellectuel de voir l'histoire de près pour écrire. La guerre demeure leur puis-

sante drogue littéraire [15]. Ils admirent le courage physique et ils
sont courageux. Cette admiration débouche sur un exhibition-
nisme. Je suis blessé, je manie des fusils, je vole dans les avions,
je harponne de gros poissons, je cherche des ruines bibliques, je
parviens au sommet des montagnes, je me fraye un chemin
dans la jungle où dorment les statues... donc, je suis. Avec
l'Espagne, les deux écrivains se rassasient de courage, de sang
et de mort — matières premières de deux romans qui marquent
l'époque. Ils ont vu des Espagne différentes. Malraux tire la
couverture à lui : « Hemingway avait passé plus de temps en
Espagne que moi avant la guerre, il en a passé moins pendant.
En gros, il a connu un grand nombre d'Espagnols civils et j'ai
connu un gd nombre d'Espagnols mobilisés. Exemple : son
héroïne est une femme [*sic*] ; je ne crois pas avoir connu une
seule femme en Espagne à l'exception de quelques responsables
des questions culturelles et surtout de nos infirmières [16]... »
Bon. Soyons sérieux... Hemingway comprenait et parlait mieux
l'espagnol que Malraux. Dans *L'Espoir*, de nombreux dialogues
montrent un Malraux communiquant avec le peuple plus par
l'art pictural que par la langue. Mais les deux romanciers se
rejoignent dans leur révérence pour les simples, ceux que Joinville appelle « le menu peuple de Notre Seigneur ». Ce peuple
espagnol, Malraux le connaît encore moins qu'Hemingway.
Dans *L'Espoir*, le paysan qui indique aux aviateurs de Magnin
le champ d'aviation secret des franquistes émeut mais reste à
l'état d'épure. George Orwell a une vision nuancée sinon plus
humaine et objective des ouvriers ou des paysans mobilisés
pendant la guerre civile. Orwell s'est battu dans les tranchées,
simple soldat puis sergent. Un homme de troupe et un officier,
un sergent de l'infanterie et un *coronel* de l'aviation ne font
pas la même guerre. Orwell remarque quelques défauts qui
échappent au Français et à l'Américain dans leurs romans. Il
note le « respect pathétique des illettrés pour ceux qui sont sen-
sés être leurs supérieurs [17] ». Autre triste conviction des
humbles en Espagne selon Orwell : « que les étrangers en
savaient beaucoup plus sur le plan militaire » que les Espagnols. Malraux ne s'aventurera pas, et pour cause, sur ce terrain. Orwell ne semble pas croire à la possibilité de transformer
les républicains espagnols en guerriers titanesques, la problématique de Malraux : « Les Espagnols, écrit Orwell, excellent
dans beaucoup de domaines, mais pas à faire la guerre. Tous les
étrangers sont épouvantés par leur inefficacité, et par-dessus
tout leur insupportable manque de ponctualité... En Espagne,
rien, d'un repas à une bataille, n'arrive jamais à l'heure. » Ce
trait charmant paraît répandu sur les pourtours de la Méditer-

ranée. Malraux, comme son Scali, pense qu'« aucun pays n'a, comme celui-ci [*l'Espagne*], le don du style. On prend un paysan, un journaliste, un intellectuel; on lui donne une fonction, et il l'exerce bien ou mal, mais presque toujours avec un style à donner des leçons à l'Europe... Quand un Espagnol perd le style, c'est qu'il a déjà tout perdu ». Ne serait-ce pas un cliché commode? Cette idée d'une essence nationale semble démesurée. Malraux maniant peu l'humour dans *L'Espoir* — ou dans la vie —, alliant rarement le tragique à l'ironie, n'écrirait jamais comme Orwell : « Ceci n'est pas une guerre, c'est un opéra comique avec une mort de temps en temps. » Les longues attentes meublaient aussi l'emploi du temps des pilotes étrangers de l'escadrille, comme la vie quotidienne des fantassins, mais ce n'est pas le même temps. Malraux ne cherche pas à rendre compte de toute l'authenticité du quotidien d'une guerre mais cumule ses moments les plus intenses dans l'action et l'émotion, s'arrêtant sur des thèmes qui lui tiennent à cœur.

Un leitmotiv romantique surgit, le thème de la déshumanisation du chef. Un communiste, Manuel [*Manuel-Ma*lraux], s'écrie : « Il n'est pas un des échelons que j'ai gravis dans le sens d'une efficacité plus grande, d'un commandement meilleur, qui ne m'écarte davantage des hommes. Je suis chaque jour un peu moins humain. » Clara dira d'André à Roland Malraux : « Tu n'as pas compris qu'il était inhumain? » L'écrivain Malraux pratique un peu le manichéisme psychologique. Un chef peut garder ses distances, ne pas cultiver ses états d'âme. Doit-il forcément devenir un boucher façon André Marty [18]?

Réussite et droit du romancier, devoir même, Malraux s'incarne dans presque tous ses héros mais ne se dépeint jamais tout entier en un seul. Par petites touches, il lui arrive de s'épingler. De Garcia, personnage sympathique d'ailleurs, il écrit qu'il « paraissait d'autant plus intelligent à une partie de ses auditeurs qu'ils devinaient ce qu'il disait plutôt qu'ils ne le comprenaient ». À ce jour, Malraux n'a jamais aussi bien avoué par écrit sa volonté de dépasser et de perdre ses interlocuteurs au cours de ses monologues.

Il introduit aussi dans *L'Espoir*, comme dans tous ses romans, des personnages historiques. *Les Conquérants* offraient Borodine, du fretin; *La Condition humaine* proposait à distance Tchang Kaï-chek; dans *L'Espoir*, à l'arrière-plan, on croise, en figurants muets, Franco ou Azaña. Les grands de ce monde, réels ou supposés, fascinent l'homme Malraux, quitte à leur confier des rôles silencieux.

Pour la plupart de ses héros fictifs, Malraux s'inspire surtout, dans *L'Espoir*, d'hommes qui furent ses amis ou cama-

rades. Golovkine malaxe Ehrenbourg et Koltsov; Shade,
Hemingway et Herbert Matthews. Guernico sort de Bergamin,
Gardet de Raymond Maréchal, Leclerc de François Bourgeois.
Saïdi, trait pour trait, c'est Jean Belaïdi. Jamais, Malraux n'a
autant, et aussi vite, et avec un tel brio, décalqué la fiction sur la
réalité. Il part de Nicolas Chiaramonte, passé à l'escadrille, pour
créer Lopez, peintre et sculpteur, et pour camper Alvear, professeur d'histoire de l'art, propriétaire d'une galerie madrilène.
Alvear vend — sans plus — des primitifs espagnols, du Greco et
du Picasso. Pas des statuettes gréco-bouddhiques. Chiaramonte
se devine aussi dans un personnage secondaire, le capitaine
House qui lit Platon dans le texte [19]. Le monde de *L'Espoir*
déborde de « fraternité virile » : aucune femme frappante [20]. Le
roman dit que « la guerre rend chaste ». En vérité, elle impose
la chasteté mais les permissionnaires espagnols ou étrangers, y
compris Malraux, à Madrid ne se comportaient pas en ascètes.
Doit-on se plaindre parce que la majorité des héros malruciens
sont, sous des masques divers, des intellectuels ou des artistes ?
Malraux les mélange à son image, à ses images. Il les connaît
mieux que les fraiseurs anarchistes ou les paysans socialistes.
L'écrivain n'a pas utilisé, entre autres, un personnage important
de son escadrille, Jean Darry. Pourquoi cette absence ? Sa présence transposée aurait-elle nui à la progression dramatique,
freiné le récit ? Darry, ancien sous-officier, dandy, était-il trop
exemplaire, édifiant même ? Il se suicidera face à une glace.
Reflétait-il trop les angoisses cachées de Malraux ? Secret de la
création littéraire [21]... Pas de réplique non plus de Deshuis,
conseiller municipal communiste de Saint-Denis, sur qui le
coronel comptait pour faire respecter la discipline en son
absence. Excellent pilote et administrateur, le plus vieux de
l'escadrille était-il, lui aussi, parfait au-delà du romanesque ?
Un personnage espagnol, passionnant pour un lecteur français,
assez improbable, semble-t-il, pour un Espagnol, est celui du
vieux colonel républicain catholique Ximenez, combattant à
côté des anarchistes. Il n'en revient pas, Malraux non plus.
L'étonnement de l'écrivain donne au colonel une rare fraî-
cheur [22]. Ximenez vient de faire preuve d'un immense courage.
Puig l'anarchiste le salue :
　　— Vous avez eu de la chance en traversant la place
d'Espagne.
　　Le colonel, qui aimait sauvagement l'Espagne, était
reconnaissant à l'anarchiste, non de son compliment, mais de
montrer ce style dont tant d'Espagnols sont capables, et de lui
répondre comme l'eût fait un capitaine de Charles Quint, car il
était clair que par « chance » il entendait « courage ».

Compliment pour compliment, le colonel, qui, anachronisme mis à part, pourrait sortir de Hugo :

— Vos hommes savent se battre, mais ils ne savent pas combattre.

Coup de trompette malrucien : « Pour Ximenez comme pour Puig, le courage aussi était une patrie. » Selon Malraux, sans aucun doute, la gauche aussi. L'admiration de Malraux pour Ximenez, inspiré du colonel Escobar, reste émouvante [23]. Le *coronel* Malraux a eu l'intelligence d'engager des mercenaires et a laissé courir l'idée que les volontaires étaient plus nombreux ou importants. Dans son roman, il caricature un mercenaire, Leclerc, le comparant à un « grand singe aux mèches de clown et aux mains trop longues ». Malraux fait de lui un personnage fruste, odieux, lâche, un moment. Ainsi les mercenaires disparaissent dans la fiction au profit des volontaires. La propagande a encore ses exigences. Et Malraux, comme dans *Les Conquérants* ou *La Condition humaine* avec ses Chinois, n'échappe pas aux stéréotypes espagnols ou français.

Dans les dix dernières années, Malraux n'a jamais été autant en équilibre avec lui-même et avec le monde autour de lui. Son œuvre, pour la première fois, coïncide avec sa vie même si, par l'imagination, elle la dépasse. Il a fui mieux encore dans son roman qu'en partant pour l'Espagne.

Il est résolu à se séparer de Clara. Pourtant il a besoin d'elle. Josette, passive, bonne pour dactylographier, et Clara, ô combien active, bonne pour juger. En septembre, Malraux donne rendez-vous à Clara à Toulon afin de lui soumettre son manuscrit. Il la retrouve dans un hôtel face au Faron. Pour Clara, ce roman, c'est la guerre d'Espagne vue par un communiste orthodoxe psychorigide. Clara pencherait toujours pour les anarchistes et les anges du P.O.U.M. Dans la critique du stalinisme, elle n'est pas loin du stade atteint alors par Arthur Koestler. Ils sont, lui comme elle, en avance sur André Malraux. En partie grâce à elle, Malraux évite le pire, un roman prêcheur dans lequel la stratégie communiste aurait été la seule défendue. Clara affirmera qu'elle suggéra beaucoup de corrections et que Malraux les retint [24].

Les rapports de Clara et André sont exécrables depuis plus d'un an. Pas d'espoir pour leur mariage, c'est sûr. Un jour, on a prévenu André que Clara avait été trouvée inconsciente dans une rue du XVIIᵉ arrondissement. Il va la chercher. Avec des amis, Gide, les Aron, les Arland, Bernard Groethuysen, Alix Guillain, Drieu, les Nizan, les Lagrange, au cours de dîners, Clara se rendait insupportable, parlait des dangers que Malraux courait en Espagne en avion et à l'hôtel. Colérique, elle veut quitter André *et* rester avec lui. Elle supporte mal la sérénité régnant, en apparence du moins, autour de Josette. Clara savait qu'André voyageait avec Josette aux États-Unis :

— Elle vous a rejoint à Southampton.

Dans le genre petit-bourgeois, ce n'est pas mal. Josette a fait une fausse couche. Clara n'abandonne pas l'idée d'une réconciliation. Malraux ne l'envisage plus. Il consulte des avocats. Les amis sont sommés de choisir. Raymond et Suzanne Aron préfèrent André. Marcel Arland et Emmanuel Berl réussissent un tour de force, demeurer en excellents termes avec les deux. Tragédienne, Clara se montre douloureuse, sombre. Son agressivité répond à la fuite de Malraux qui rejoint Josette, ou, désemparé, se réfugie chez les Arland, rue Marbeuf. Florence, quatre ans, assiste aux scènes entre ses parents. Malraux ne se pose pas le problème de savoir si un divorce nuirait à Florence, ou, au contraire, lui serait bénéfique, lui épargnant des querelles acrimonieuses, les cris de sa mère et, en contrepoint, les silences de son père. Fernand Malraux, le père d'André, avait quitté sa femme alors que son fils avait quatre ans. Clara doit déménager quand elle se retrouve seule rue du Bac avec un loyer trop cher. Par goût ou par provocation, elle s'est lancée dans une liaison : un universitaire écossais, Allan Bose, l'a initiée à Virginia Woolf. Elle lui parle de Malraux. Clara acquiert une spécialité, évoquer sans cesse André devant ses amants. Quelques-uns prendront les tics de Malraux. Brillante mais épuisante Clara.

Josette et Clara partagent une conviction : Malraux paraît vraiment lui-même lorsqu'il écrit. Il se sauve par la littérature. *L'Espoir* exprime, malgré son ton tragique et romantique, un bonheur de vivre. On y sent l'artiste épanoui en homme de trente-cinq ans, impétueux et calme, un Malraux en pleine possession de ses moyens littéraires, utilisant toutes ses ressources de styliste. Pourquoi les qualités de Malraux, plus que ses défauts les plus exaspérants, se précipitent-elles à ce moment-là ? D'abord parce que, comme Manuel, « pour la première fois, il [*est*] en face d'une fraternité qui [*prend*] la forme de l'action ». Malraux ne triche plus, ou à peine, condensant certaines scènes vécues. Ses héros sont des combattants, non des figurants de cinéma. Les personnages des *Conquérants*, de *La Condition humaine* avaient de l'épaisseur, une profondeur, mais moins de réalité sensible. Malraux jouait avec eux dans des décors chinois qu'il connaissait mal ou dans une atmosphère mélodramatisée. Malgré son habileté d'artisan et son savoir-faire d'artiste, son premier roman sentait parfois le plaqué et le contreplaqué. Le bois de *L'Espoir* est massif.

Dans ses trois premiers romans, Malraux transparaissait. Avec *L'Espoir*, il apparaît en chef au meilleur sens. Avec *Magnin* ou *Manuel*, il s'offre de délicieuses satisfactions, assumant en littérature son autorité sur les champs d'aviation espagnols. « La haine de l'autorité en *soi*, dit Manuel... c'est une maladie. Des souvenirs d'enfance, il faut dépasser ça. » Fernand Malraux fut un faux chef, André Malraux en Espagne, un vrai. Il exprime la fraternité qu'il éprouva dans les défilés du Front populaire, les rues de Madrid, sur les *ramblas* de Barcelone. Son imagination caracole sur la masse des combattants. Pour employer le vocabulaire communiste dont il sait se moquer : présents, ses combattants sont *concrets*, alors que ses ouvriers chinois étaient abstraits. Malraux ne décrit pas ses prolétaires dans le goût populiste ou réaliste-socialiste, mais l'écrivain reste habité et poussé, inspiré par des présences fraternelles. Il les montre comme avec une caméra, plan après plan, idéalisés parfois, dans un lyrisme des années trente qui rejoint *Les Misérables* et prolonge Michelet : « Encore en civil, mais chaussés des chaussures militaires, avec leur face têtue de communiste ou leurs cheveux d'intellectuel, vieux Polonais à moustache nietzschéenne et jeune à gueule de film soviétique, Allemands au crâne rasé, Algériens [*salud, Jean Saïd-Belaïdi*...], Italiens [*salud Nicolas Chiaramonte*]..., Anglais, plus pittoresques que les autres [*cliché*], Français qui ressemblaient à Maurice Thorez ou Maurice Chevalier, tous raidis, non de l'application des adolescents de Madrid, mais du souvenir de l'armée ou de celui de la guerre qu'ils avaient faite les uns contre les autres, les hommes des Brigades martelaient la rue étroite, sonore comme un couloir, ils approchaient des casernes et ils commencèrent à chanter : et, pour la première fois au monde, les hommes de toutes nations mêlées, en formation de combat, chantaient l'*Internationale*. »

Plus encore qu'en Espagne, Malraux, sur son manuscrit, touche ce prolétariat que, depuis Marx, on invite partout à s'unir et à se faire tuer; chez les républicains et les franquistes aussi. Malraux le décrit à travers Siry, volontaire français qui se bat avec ses camarades pour défendre Madrid : « Partout autour de lui, debout, couchés ou morts, visant-tirant, il y a ses copains d'Ivry, les ouvriers de Grenelle, ceux de La Courneuve et ceux de Billancourt, les émigrés polonais, les Flamands, les proscrits allemands, des combattants de la Commune de Budapest, des dockers d'Anvers, le sang délégué par la moitié du prolétariat d'Europe, des turbans [*maures concrets, fascistes abstraits*] s'approchent derrière les troncs comme s'ils jouaient aux quatre coins dans une course folle. »

Autre bonheur, le *coronel* se précipite dans la spéculation stratégique — juste : « La motorisation était le premier élément des forces fascistes. » Magnin-Malraux pense « que la guerre [*sera*] technique et ne [*croit*] pas que les chefs ouvriers [*deviendront*] spécialistes par visitation ». Une note d'humour ! Non, d'esprit. L'homme Malraux aime parfois rigoler en ville, pas souvent sourire ou rire en littérature. Sa présence en Espagne, la création de son escadrille dès les premières semaines du conflit, moins de deux ans avant, ont prouvé qu'il perçoit aussi le poids de l'aviation dans un conflit à venir, mieux que tant de généraux français, ou même que le commandant Charles de Gaulle, avant tout défenseur des chars regroupés.

L'Espoir est le roman de l'avion. Malraux n'a pas les heures de vol de Saint-Exupéry mais il a absorbé, de toute sa peau et de toute sa tête, l'ambiance psychologique dans la carlingue d'un vieux bombardier et il compose un morceau d'anthologie. « Alors, comme s'il se fût glissé entre la neige blanche du sol et la neige sale des nuages, apparut le premier avion républicain. Puis, un à un, insolites, comme des miliciens blessés, apparurent les vieux avions qu'on n'avait plus vus depuis le mois d'août, les avionnettes des *senoritos* et les avions de transport, les courriers, les avions de liaison, l'ancien Orion de Leclerc et les avions-écoles, et les troupes espagnoles les accueillaient avec un sourire trouble, celui que leur eussent peut-être inspiré leurs sentiments d'alors. Lorsque cette délégation de l'apocalypse fut arrivée en rase-neige contre les mitrailleuses italiennes, tous les bataillons de l'armée populaire qui attendaient encore reçurent l'ordre d'avancer. Et, malgré le ciel bas et la neige menaçante, trois par trois d'abord, puis escadrille par escadrille, se cognant aux nuages comme des oiseaux à un plafond et redescendant, emplissant tout l'horizon visible, qui n'était plus qu'un horizon de bataille, d'un grondement qui faisait palpiter la neige sur la terre et sur les morts, battant la ligne désolée des plaines obliques aussi sombres que les bois, se tendit comme une invasion la formation de combat de quatre-vingts avions républicains. »

Ce que Malraux a *rapporté* d'Espagne en reporter intelligent et sensible *saisit* le lecteur tellement plus que ce que l'écrivain déversa de sa sacoche après avoir cherché les trésors de la reine de Saba. *L'Espoir* contient des passages saisissants réécrits, burinés, mêlés à des discussions arides, hautaines et quelquefois prétentieuses. Certaines pages bouleverseront leurs lecteurs, comme celles consacrées à la mort du capitaine Hernandez, prisonnier des franquistes, avançant avec d'autres condamnés [25]. Avec une montée de l'émotion surgissent le rythme et l'envolée épiques : « Hernandez marche une fois de plus dans les rues de Tolède. Les prisonniers sont attachés deux par deux... Un petit garçon les regarde. "Ils sont vieux!" dit-il. Il exagère pense Hernandez. Est-ce la mort qui me donne de l'ironie. Passe une femme en noir sur un âne. Elle ferait bien de ne pas les regarder ainsi si elle ne veut pas montrer qu'elle était avec eux. » Le style de Malraux vibre.

« Voici donc ce qui l'a si souvent obsédé, l'instant où un homme sait qu'il va mourir sans pouvoir se défendre... »

« D'apparence, les prisonniers ne sont pas plus gênés de mourir que les Maures et les phalangistes d'avoir à les tuer... L'un de ceux qui mène les prisonniers devant le peloton d'exécution est penché sur la fosse, revolver en avant, il pêche. Le ciel frémit de lumière. Hernandez pense à la propreté des linceuls... Aura-t-on bientôt fini de disposer ces prisonniers comme pour une photo de mariage, devant les canons de fusils horizontaux. La fosse. Le poing levé. "Les mains au corps!" crie l'officier. Les trois prisonniers haussent les épaules sous leur poing en l'air. Trois autres, dont Hernandez, montent dans l'odeur d'acier chaud et de terre remuée. »

Il y a le Goya du *3 de Mayo*, là, renforcé par l'emploi et le poids du présent [26]. L'ultime présent de la mort d'Hernandez, héros trop parfait pour être réaliste, mais trop bien décrit pour ne pas séduire, correspond au présent de l'existence de Malraux. L'écrivain marche sur ses propres traces. Il sait de quoi il parle. Il écrit avec puissance, simplicité, de temps en temps au bord de la grandiloquence. Il est de son temps. Hernandez-Malraux dit : « Je n'attache pas à la mort une telle importance, la torture, oui... Même la torture est peu de chose à côté de la certitude de la mort. La chose capitale de la mort c'est qu'elle rend irrémédiable ce qui l'a précédée, irrémédiable à jamais. La torture, le viol, suivis de la mort, ça c'est vraiment terrible. » Les images de torture occupent Malraux depuis son passage à Saigon. Elles se sont accumulées avec les confidences des immigrés allemands pour *Le Temps du mépris*.

La torture le préoccupe autant que la mort. Plus loin, Malraux-Scali déclare : « La mort n'est pas une chose si sérieuse, la douleur oui. L'art est peu de chose en face de la douleur, mais malheureusement, aucun tableau ne tient en face de taches de sang [27]. » Ceux qui franchissent le mur de pudeur érigé par Malraux le savent obsédé, derrière la mort et la torture, par l'idée de douleur. S'il souffre, il ne l'avoue pas, comme s'il était propriétaire d'un corps anesthésié par son esprit et sa bravoure. Face à Hernandez prisonnier, Malraux écrit fermement sur son manuscrit la phrase (trop?) célèbre :

« La... tragédie de la mort... transforme la vie en destin... à partir d'elle, rien ne peut plus être compensé. »

Malraux le magnifique et le mirobolant, Malraux qui souhaite être le contraire de l'anticommuniste exclu et inefficace, du dissident isolé, révèle aussi dans *L'Espoir* sa position singulière vis-à-vis de l'intelligentsia critique : « En politique, les dissidents, ce sont les exclus », explique Garcia-Malraux. L'intelligentsia « oublie que pour un parti, avoir raison ce n'est pas avoir une bonne raison, c'est avoir gagné quelque chose ». Malraux utilise Garcia et Miguel de Unamuno, non pour répondre à des réquisitoires, mais pour affirmer sa position par rapport à Clara ou Gide : « Le grand intellectuel est l'homme de la nuance, du degré, de la qualité, de la vérité en soi, de la complexité. Il est par définition, par essence, antimanichéen. Or, les moyens de l'action sont manichéens *parce que toute action est manichéenne*. À l'état aigu, dès qu'elle touche les masses ; et même si elle ne les touche pas. Tout vrai révolutionnaire est un manichéen. » Malraux, comme tant de Français, manifeste son esprit binaire.

Nul besoin de le suivre en politique pour adhérer au roman [28]. Même lorsqu'on ne partage pas sa « passion », on peut reconnaître qu'elle ne détruit pas « l'œuvre d'art ». Malraux termine son livre à la fin de l'été 1937, alors que les troupes japonaises, crevant le front chinois, avancent. Les Japonais vont faire preuve d'une totale inhumanité avec les massacres de Nankin, peut-être le plus atroce, le plus hideux crime de guerre collectif de tout le XXe siècle. Hitler reçoit Mussolini à Berlin et ouvre un gigantesque camp à Buchenwald. En Espagne, les franquistes prennent Gigón. Les troupes nationalistes contrôlent la côte espagnole du nord-ouest. Exposé à travers l'Europe, le *Guernica* de Picasso, grande peinture épique du siècle, mal reçu par la critique communiste et le gouvernement espagnol, ne contribue pas à la victoire espérée des loyalistes. Chansons et tableaux ne font pas la guerre. Ils témoignent, sans plus [29]. Malraux ne s'embarrasse pas des catégories en vigueur. Il ne se demande pas s'il a rédigé un roman, un récit, une chronique, un témoignage, un reportage romancé. Il a la conviction d'avoir construit un livre d'un genre nouveau, cousin d'ouvrages américains, pas un fils légitime du classicisme français.

Devenu un ancien combattant de la guerre d'Espagne, ou combattant armé d'un livre, Malraux sait orchestrer la publication d'un roman. Le nouveau quotidien cryptocommuniste *Ce soir*, dirigé par Louis Aragon, présente *L'Espoir* en feuilleton le 3 novembre. Après quelques jours d'interruption, la publication

se poursuit jusqu'au 7 décembre. En même temps, l'hebdomadaire *Vendredi* propose des fragments du roman le
12 novembre. Malraux fait aussi passer des extraits de son livre
dans le numéro 290 de *La Nouvelle Revue française* en
novembre. Il peut atteindre un lectorat assez fin à travers la
revue de Gallimard, intellectuel dans la mouvance de *Vendredi*,
populaire avec *Ce soir*. Il n'a pas grand-chose à attendre de la
droite.

Il veut divorcer. Prudent — alors, le constat d'adultère avec
arrivée d'un commissaire de police se pratique —, l'écrivain
s'installe pour l'hiver à l'hôtel Madison face à l'église Saint-
Germain-des-Prés et Josette au Royal Condé, rue de l'Odéon, à
cinq cents mètres du Madison. Malraux doit aussi se débarrasser de belles importunes, nuée de la célébrité.

Les libraires mettent *L'Espoir* en place le 18 décembre
1937. L'écrivain a signé le bon à tirer dix-huit jours avant.
La critique ne surprend pas le romancier. Il n'a plus besoin
d'elle pour vendre ses livres. L'extrême droite, évidemment,
l'assomme. Robert Brasillach se veut vitriolique dans *L'Action
française* [30] : « Entre nous, ce roman aurait été composé par un
hitléro-japonais, par une vipère lubrique, par un chien trotskiste, par un chacal du P.O.U.M., ou un anarcho-fasciste, il ne
serait certainement pas plus nuisible à la cause qu'il veut
défendre. Si c'est avec ça que le lieutenant Malraux [*sic*] de la
Brigade [*sic*] España prétend soutenir le moral de l'arrière,
pour parler vulgairement, nous sommes servis. » Brasillach
reproche à Malraux de ne pas avoir dépeint des franquistes, des
fascistes ou des nazis : « Sans parler de la vérité, n'eût-il pas
mieux valu accorder quelque héroïsme aux combattants d'en
face? » Brasillach se croira obligé d'écrire *Les Sept Couleurs*,
similiroman où l'Espagne nationaliste reste assez terne :
l'auteur y enfourne documents, coupures de presse, chants phalangistes, tons bruts. De son côté, Drieu introduira le camp
franquiste dans son *Gilles*. André Rousseaux, du *Figaro* [31],
mijote ses opinions dans une stupidité immuable : « La vérité
est que M. Malraux est un anarchiste total qui a fait table rase
de toutes les valeurs et qui ne croit plus qu'en lui-même. » Mais
Henry de Montherlant, homme de droite singulier, écrira pour
lui-même : « Parmi tous les livres parus depuis vingt ans, c'est
celui qu'on voudrait avoir le plus vécu et écrit. »

Ouvriers et paysans espagnols, remarque Marcel Arland,
apparaissent peu dans *L'Espoir*. Paul Nizan, dans *Ce soir*, voit
un récit participant au combat de la gauche : « Il n'y a point de
doute que *L'Espoir* ne soit un grand livre. Grand livre par les
réussites du romancier, par la fidélité à une matière de l'ordre

du sublime. Malraux s'est demandé longtemps s'il était à la fois possible de ne pas séparer l'action du roman sur l'action : il vient de se répondre. » Nizan pense ce qu'il écrit. Il s'était fait violence pour chanter *Le Temps du mépris* [32]. L'histoire littéraire pose un problème : comment se fait-il qu'en France, en Grande-Bretagne, dans le terreau démocratique, mais aussi en Espagne, en Allemagne, en Italie, bref, dans la bonne terre « fasciste », aucun roman centré sur la guerre civile espagnole, du calibre de *L'Espoir*, ne paraît ? Pas un roman français de qualité engagé à gauche n'eut sur-le-champ un tel public depuis longtemps, et, surtout, une telle influence, et pas seulement sur les membres du P.C.F. ou leurs sympathisants, en France et à l'étranger. Dans sa deuxième lettre de démission du Parti communiste allemand, Arthur Koestler, renvoie à *L'Espoir* : « Comme Malraux l'a dit, la morale seule ne suffit pas à faire une révolution, mais sans elle, rien ne peut être fait. » Membre du Parti communiste, Koestler, journaliste pour le *News Chronicle* londonien, tourne et retourne ses doutes lucides depuis des années. En Espagne, où il n'a pas croisé Malraux, Koestler a été emprisonné trois mois par les franquistes, et il pense alors à l'Union soviétique : elle demeure « ce qui nous reste de plus précieux en ce moment, mais elle n'est pas un prototype [33] ». Aux États-Unis, Malraux déclarait que Staline était *le* prototype admirable du chef démocratique, avec, il est vrai, Roosevelt et Blum. Koestler estime alors comme Malraux que l'U.R.S.S. représente le meilleur bouclier contre le nazisme. Ses analyses sont moins sinueuses et plus perspicaces que celles de Malraux. Koestler attaque « l'ossification de la théorie marxiste », que Malraux n'aborde guère. La « conspiration trotskiste-nazie » occupe au cœur de la démonologie du Parti la place des *Protocoles des sages de Sion* dans l'esprit des nazis. Peu connu à cette époque, Koestler s'en prend aux dialecticiens intellectuels, à la totale corruption de leur idéologie, à la suffocante dictature du mot, à la fin qui justifie les moyens. Il fait encore grâce à Lénine : « Reste l'Union soviétique. Pas Staline, mais l'Union soviétique. C'est le seul *espoir* [*je souligne*] offert dans ce siècle épouvantable. » Face au stalinisme, Koestler paraît adulte, Malraux semble adolescent, qui ne condamne pas le dictateur dans *L'Espoir*, roman politique.

Le 6 janvier 1939, Claude Malraux, surnommé le Nho, le gosse, par Clara, est arrêté à Port-Bou par les républicains espagnols et interrogé à Figueras. Claude, dix-neuf ans, se dit « aide-opérateur de cinéma ». Il a, sur lui, une permission de six jours datée du 14 décembre 1938, signée par le colonel du 1er régiment de spahis à Médéa. Le « gosse » s'embrouille dans ses explications, déclare qu'il n'est pas un soldat français, rédige une lettre :

« Figueras, le 8 janvier 1939

Aux Autoritées Espagnoles :

Je soussigné, Claude Malraux, solliciter des Autoritées Espagnoles de ne pas me refouler en France, et, de ne pas me remettre aux Autoritées Militaires Françaises.

Étant Parti de Banyuls à Pied, je suis venu à Port-Bou en passant par la montagne, étant arrêté par les carabiniers et portant sur moi des papiers de l'Armée Française.

J'ai inventé une histoire pour que l'on ne me refoule pas en France, mais par la suite ayant dit la vérité et ayant déserté je suis venu en Espagne, Primo à cause des idées Antifacistes que j'ai et désirant défendre l'Espagne Républicaine contre l'invasion faciste, secondo, en venant me battre je faisais cesser toute poursuite contre moi et ne retournais pas en Algérie et dans l'Armée.

Car je ne veux plus retourner dans l'Armée où l'on ne vis qu'à coups d'humiliations et à coups de basses insultes, l'Armée où l'on perd toute personnalité, tout caractère propre, vous reprochant jusqu'au nom que vous portez. Pourquoi ?

Simplement parce que mon Frère a défendu une cause Propre et Forte celle de L'Espagne Gouvernementale, voilà Pourquoi je demande aux Autoritées Espagnoles de me garder en Espagne afin que je puisse combattre pour elle et que je ne sois pas remis aux Autoritées Françaises.

J'espère que l'on me comprendra et que l'Espagne Républicaine m'aidera à ne pas retourner en France. »

L'instructeur du Ministerio de Defensa Nacional, service spécial du S.I.M., conclut ainsi son rapport : « Nous proposons que C. Malraux soit remis en liberté sous condition de ne pas circuler sur notre territoire revêtu de l'uniforme militaire français [34]. »

André Malraux interviendra à Paris pour que Claude, jeune et farfelu, ne soit pas considéré comme déserteur. Écrasant mais utile d'être le demi-frère d'André Malraux, et plus pour Claude, immature, que pour Roland, personnalité équilibrée. Mais André dans les cas graves a le sens de la fratrie.

Imprudent, le critique André Billy s'est exclamé : « Malraux, avec *L'Espoir*, a littéralement gagné la guerre d'Espagne. » Coquille pour *littérairement* ?

19

« *Sierra de Teruel* »

Le découpage de *L'Espoir* sembla « cinématographique » à quelques censeurs, comme certains romans américains des années trente. Souvent, Malraux utilise des comparaisons cinématographiques dans son récit : « Moreno a un visage de cinéma », Scali « un air de comique américain dans un film d'aviation » et les Polonais des brigades internationales auraient des « gueules de films soviétiques [1] ». À Hollywood, la rédaction de *L'Espoir* à peine commencée, l'écrivain songeait à un film avec l'Espagne comme toile de fond. Le cinéma gagne un public plus vaste que le livre. En 1937, un romancier connu espérait des dizaines de milliers de lecteurs, un réalisateur, des centaines de milliers de spectateurs ; selon Malraux un bon film toucherait des millions d'Américains et d'Européens. Aucun producteur ne s'intéressait à un documentaire sur la guerre d'Espagne. Joris Ivens, compagnon de route, en a réalisé un, fastidieux, avec des textes de Dos Passos, Hemingway et Lillian Helmann : mauvaise réception critique et pertes financières. Dans des restaurants de Los Angeles, boulevard Wilshire et à Santa Monica, des amis ont expliqué à Malraux, qui les étonnait par ses connaissances cinématographiques et ses tirades sur la transcendance chez Chaplin, que les documentaires n'ont aucune chance de réussir. À la rigueur, un film de fiction ratisserait des spectateurs. Malraux le sait, en France aussi, les histoires avec personnages et intrigues, un début, un milieu et une fin, de préférence dans cet ordre, réussissent mieux que les documentaires. *L'Espoir* contient plusieurs histoires denses et belles. Malraux pourrait construire un film autour de l'*une* d'elles. Pendant un entretien avec Azaña et un autre avec Negrin et Alvarez del Vayo à Barcelone, Malraux pensait avoir trouvé les sommes nécessaires. Les éminences républicaines envisageaient des moyens, voitures, figurants, avions, studios, hôtels. Collectant des dollars pour la République espagnole, Malraux a fait ses preuves.

Son roman a bien décollé en librairie, avec plusieurs traductions en chantier. Mais être un excellent romancier ne prouve pas qu'on sera un superbe réalisateur. Même un surdoué ne possède pas tous les dons. Malraux ne se contenterait pas de superviser un tournage, il veut être le réalisateur, chef et créateur. Aucun candidat acceptable ne se présente. Le cinéma espagnol balbutie. Malraux n'a jamais dirigé un cameraman ? Qu'importe ! Il n'a jamais piloté un avion et il est passé chef d'escadrille en quelques jours. Serait-ce plus compliqué de devenir réalisateur ? Malraux pourrait aller à l'échec ? Il le ferait avec panache. Une fois décidée la trame du film — un avion d'une escadrille de volontaires internationaux s'écrase en montagne — comment trouver de l'argent ? Malraux sollicite Gaston Gallimard, tiède. L'adroit Corniglion-Molinier s'agite aussi. Malraux consacre neuf mois à son projet de film et une noria de voyages entre Paris, Madrid, Barcelone et Valence, avec crochet par Perpignan ou Banyuls. Titre possible ? *L'Espoir*, *Espoir*, *Les Paysans*, *Sierra de Teruel*. Malraux assiège Gaston qui, renâclant, fait enfin des avances et des dons. Louis Chevasson sert d'intermédiaire. Gaston, content de son auteur, dont la notoriété dépasse celle d'un simple prix Goncourt, parfois oublié six mois après son succès, connaît les appétits financiers de Malraux. Ses besoins personnels sont une chose, engouffrer de grosses sommes dans un film, une autre. Gaston sera toujours un écrivain et, peut-être, un aventurier rentrés.

Au 30 juin 1937, le compte, au rouge, de Malraux chez Gallimard révélait une « avance » de 147 222 francs. Du 1er juillet 1937 au 23 juin 1938, la maison lui versera un « à valoir sur ses comptes auteur et luxe » de 169 470,81 francs. Pour un total de droits d'auteurs de 116 605,40 francs, son découvert atteint 190 098 francs [2]. Gallimard ne se considère pas comme une entreprise philanthropique. Malraux évoque les éventuels droits américains de *L'Espoir*. Il est débordé : la pension de Clara, et sa grand-mère, les loyers, les impôts, « c'est-à-dire des choses inarrangeables », explique-t-il à Gaston. Malraux aide aussi des amis comme Manès Sperber. Si Malraux demande un arrangement, « ce n'est pas pour faire du tourisme » puisqu'il travaille à son film. Il sera « bien empoisonné » si Gaston ne le dépanne pas.

Malraux esquisse d'abord un scénario à grands traits, puis en rédige un plus substantiel et précis entre janvier et mai 1938. Il lui reste peu de temps pour le peaufiner tout en cherchant « des argents » comme dit Nizan, et des collaborateurs. L'écrivain monte une société de production, commande du papier à lettres, *Produccion A. Malraux, avenida 14 de abril, 442 bis* à

Barcelone. Sa société dispose de trois pièces et demie au rez-de-chaussée d'un bâtiment, offertes par Jaume Miravitlles, commissaire à la Propagande de la Généralité de Catalogne. La République manque de devises mais il n'y a pas de limites imposées à la *producción* pour les communications téléphoniques. Dans les univers de la bureaucratie républicaine espagnole et du cinéma, à haute densité névrotique, Malraux dispose d'un atout : il ne crie jamais. Autre avantage, il aime le travail d'équipe, encore plus lorsqu'il dispose de l'admiration de ses collaborateurs français ou espagnols, d'une aura civile comme Grand Écrivain, d'une autre militaire en tant que *coronel*. Inconvénient pour tourner un film parlant, Malraux ne manie pas mieux le catalan que l'espagnol. Mais il sait charmer, obtenir un « oui » sans répéter sa demande. Il convainc tous ses assistants, techniciens, secrétaires, acteurs, que le cinéma est un art, pas une distraction de dixième ordre [3]. Avec Cocteau et Giraudoux en France, il est un des rares créateurs littéraires à prendre le cinéma au sérieux, à ne pas voir en lui, au mieux, une technique, au pis, une industrie. Avant ce tournage, il a affirmé qu'un film « rencontre la totalité d'une civilisation : films comiques avec Chaplin dans les pays capitalistes, tragiques avec Eisenstein pour les pays communistes, guerriers bientôt dans les pays fascistes [4] ». Le cinéma occidental serait trop porté au rire [5]. Pas l'écrivain, cela est certain. Selon lui, une continuité s'affirme entre la peinture, ses reproductions et le mouvement du cinéma. Sur les plateaux, comme dans les décors naturels où il tourne, pendant les pauses, il parle de Vélasquez ou de Picasso. Il ne théorise pas, alors, le cinéma.

Un film à grand ou petit budget, avec des professionnels ou des amateurs, reste un miracle. *Sierra de Teruel*, titre retenu par Malraux, tient du double miracle : on tourne pendant que les loyalistes perdent la guerre, et l'inexactitude, le perpétuel *mañana*, multiplie les incertitudes de la production.

Installé à Barcelone, le cinéaste débutant sait se faire seconder, comme à Angkor ou Saigon. Corniglion-Molinier et Roland Tual gèrent les finances et l'administration, assurant de Paris la logistique. Premier adjoint, le dramaturge Max Aub, assisté par Maria Luz Morales, critique de cinéma à la *Vanguardia*, traduit le scénario. Denis Marion, écrivain et critique, devient un assistant de poids, tambouillant scènes et séquences. Ancien assistant de Cocteau, remarquable opérateur, Louis Page fait partie de l'équipe avec Boris Peskine qui peaufine les découpages techniques. Page travaillera avec Manuel Berenguer. Max Aub auditionne, part en repérage, se rend de Barcelone à Toulouse avec la pellicule imprimée et en ramène du film vierge. Aub, Malraux *bis*, ni anar ni communiste, maintient le moral des troupes du film avec des discours encourageants. L'opinion publique en Amérique, explique-t-il, possède une force considérable. On aurait offert à Malraux un circuit de 1 800 salles, avec chacune une moyenne de 2 000 entrées par jour. L'enthousiasme d'Aub est contagieux. Un film réussi influencera le peuple américain. Aub sélectionne aussi les figurants. L'escadrille de Malraux, raconte-t-on, fut surtout composée de volontaires : inexact. On prétendra que des amateurs ont joué dans son film : également faux, sauf pour les scènes de foule. Acteur de vaudeville catalan, José Sempere, qui incarne le commandant de l'aviation nationale, alias Magnin-Malraux, a déjà une petite carrière. Le paysan qui mène les aviateurs sur l'objectif, José Lado, est aussi un professionnel. Plusieurs acteurs sont connus à Madrid. Mal payés, ils font preuve d'une hispanitude que Malraux ne peut toujours tempérer. Pour juger de la valeur d'une prise, Malraux fait confiance à ses opérateurs. Parfois, il demande leur avis aux secrétaires et à Raymond Maréchal, son copain d'escadrille, gueule cassée. Si Malraux s'inquiète, ses tics s'accentuent.

L'écrivain utilise son nom pour les tortueuses négociations avec les sous-traitants et les ministères. Il n'obtient pas les chars prévus dans son premier scénario. Il en aurait besoin, comme la république espagnole sur ses derniers fronts. Malraux supprime donc des scènes. Il faut du talent pour respecter un scénario, plus encore pour improviser. Malraux prend son parti des incidents. On ne peut développer les pellicules à Barcelone, des bobines sont au tirage, panne de courant électrique... Aub repart pour Toulouse. Dans le bain, la pellicule s'abîme. Il faut avoir recours aux laboratoires en France. Des pilotes de ligne du Paris-Dakar, pendant leur escale à Barcelone, aident les cinéastes. Pas un seul avion militaire disponible ? L'avion est un personnage essentiel du film. Le patron de l'aviation, Hidalgo de Cisneros, a plus de considération pour Malraux artiste que pour Malraux *coronel* : il expédie à Barcelone des restes d'avions cannibalisés pour reconstituer la carlingue d'un bombardier, très supérieur à un appareil en contreplaqué. Malraux tourne au-dessus de Cervera dans un antique Latécoère, sans mitrailleuse, avec Aub, deux opérateurs et l'équipage. Bonnes prises. Trois chasseurs italiens, non prévus par le scénario, surgissent. Le Latécoère plonge et rase le sol. Craignant la DCA, les chasseurs ne le poursuivent pas. À la place du mitrailleur avant, assure Aub, « Malraux récitait du Corneille [6] ».

Le réalisateur emploie comme secrétaire Elvira Farreras, jeune fille de bonne famille maniant le français, l'italien et l'anglais. Elle voit le cinéaste toute la journée, de bonne humeur, concentré plus que tendu. L'équipe travaille avec foi dans une situation exceptionnelle. On mange mal à Barcelone, des lentilles, des pois chiches véreux, rarement de la viande. Les Barcelonais ont inventé les *tortillas vegetales*, omelettes à base de farine jaune. L'équipe du film déguste, comme les Barcelonais, cosses de petits pois ou trognons de choux-fleurs, dans la fraternité virile et féminine de la pénurie. Peu de tabac, pas de *tapas*. Quelques Français, pour se distraire, élisent le meilleur steak-frites des restos autour de la Villette, comme des prisonniers se racontent des repas inoubliables. Quand même, vivement une « perme » à Paris ! Avec des foules moroses, les techniciens font la queue devant les magasins à trois heures du matin, pour acheter — peut-être — du café ou du lait concentré. Des colis américains arrivent. Du corned-beef ! Joie, pleurs de joie. Les cinéastes apprécient moins l'ersatz de chocolat à base de fruits de caroubier. Les rapports humains restent bons, même lorsque des anarchistes de l'équipe, scandalisés, découvrent que certains camarades artistes ou figurants, c'est invraisemblable, ne sont pas syndiqués.

André et Josette logent au Ritz de Barcelone, Max Aub au Majestic. Josette suit le tournage. André semble heureux. Elvira, étonnée, reçoit un appel téléphonique très curieux de Port-Bou :

— Qu'on m'envoie une voiture. Je suis Clara Malraux.

— Monsieur Malraux, il y a une dame Malraux au téléphone, dit Elvira.

— Oui, répond l'écrivain-réalisateur imperturbable, c'est ma femme. Elle vient pour parler de divorce [7].

S'achetant une bonne conduite, Clara trône à l'hôtel Majestic deux jours, puis repart, convaincue : la séparation est tout à fait irrémédiable. Malraux poursuit son tournage. Entre Barcelone, Perpignan et Paris, la pellicule s'égare encore, se retrouve, se reperd.

Pas d'intermède comique dans le film, uniquement hors tournage. Au Majestic, Malraux rencontre Théodore Dreiser, mammouth du roman américain. Encore une panne de courant : dîner aux bougies des deux écrivains, du poète Ernst Toller, de Louis Fischer, de Herbert Matthews et de Mlle Boleslavskaïa arrivée de Moscou, comme journaliste de la *Pravda*. Dreiser, soûl, délire : les catholiques et les francs-maçons sont responsables de la guerre d'Espagne, hurle-t-il. Francs-mac et papistes complotent. *Down with the pope !* À bas le pape et le Grand-Orient ! Boleslavskaya traduit l'anglais en français pour

Malraux. Josette sent son amant exaspéré et voudrait le retenir. Malraux lève la main :

— Dreiser se trompe, dit-il.

Après quelques avances à Josette, Dreiser déclare que Malraux, Français catholique, ne pouvait rien dire d'autre. Le romancier américain étreint son collègue français et, titubant, regagne sa chambre.

Les coupures d'électricité au studio Orfea se multiplient. Des avions italiens, des Savoia Marchetti venus de Majorque, attaquent Barcelone de nuit. Risques du tournage.

L'équipe de Malraux tourne aussi à Santa Ana et Moncada, à l'aéroport Canudas, au Prat de Llobregat, au parc de Montjuich, à Cervera. Là, neuf ans avant, une exposition présenta les habitations des provinces espagnoles. Utiles, ces ruines ? Non. Difficultés de transport. Quand l'équipe dispose de voitures, il faut de l'essence, rare. Pendant les bombardements, Elvira et d'autres se rendent aux abris. Les bombes sifflent. Aub, Marion et Malraux donnent l'exemple d'une calme sérénité. Des réservoirs de pétrole incendiés cachent le soleil. L'équipe attend. Malraux a cherché, dans les Pyrénées françaises, une gorge comme celle de Teruel avec torrents et rapaces. Il découvre enfin le ravin qu'il cherche, à Montserrat, dans des paysages sublimes, et il rassemble plus de deux mille figurants pour la file des paysans saluant les aviateurs, le mort et les blessés. Josette suggère que les femmes écartent les enfants quand passent les civières [8].

Malraux, généreux et sensible « au boulot » comme il dit, accorde des « permissions » aux techniciens français souhaitant échapper quelques jours à la guerre.

— Allez donc me chercher un filtre à Paris, mon vieux, insiste-t-il.

Elvira voudrait accompagner l'équipe à Tarragone car son frère y travaille à l'hôpital militaire.

— J'ai besoin de vous à Tarragone, Elvira, jure le réalisateur.

Malraux l'attentif, l'attentionné, se montre ici et là.

Il se bat encore : contre les circonstances. Des chauffeurs, des techniciens ou des acteurs espagnols sont mobilisés. Malraux les fait affecter sur place. Il corrige le scénario, supprime, remet un plan, dicte en se promenant de large en long. Il écrit sec, net, sans adjectifs ou longues phrases. Il ne tourne pas beaucoup de prises, parce qu'il juge bonnes celles qu'il a faites et pour économiser la pellicule. Si les acteurs en font trop — éclats de voix, mines tragico-emphatiques, gestes d'escrimeur —, poli, Malraux suggère :

— Jouez un peu plus *de l'intérieur*.

La courtoisie est un courage du quotidien dans ces conditions. En tête à tête avec Marion, Malraux le reconnaît, le film

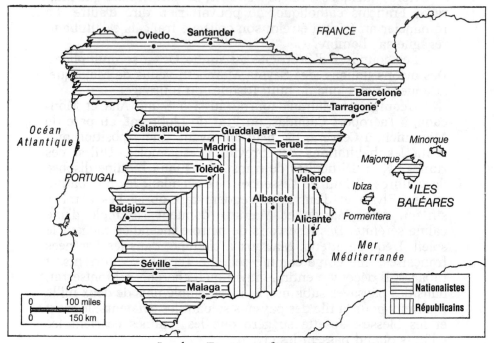

Les deux Espagne en février 1939.

verse parfois dans un style « Odéon 1900 ou assassinat du duc de
Guise ».

À l'hôtel ou au restaurant, Malraux parle des cinéastes soviétiques et du *Cuirassé Potemkine*, de Rubens, du Tintoret, du Greco,
de Ribera. On ne le suit pas? Il se comprend, impressionne,
déconcerte, amuse. Certains jours, l'équipe ne peut travailler par
manque de matériel ou à cause des bombardements. Parce qu'un
acteur a oublié qu'il jouait ce jour-là. Peut-on le joindre par téléphone? Non. Malraux reste optimiste. Le côté haché, involon-
taire, de certaines prises imposera un rythme au film.

Maintenant, c'est évident, la guerre se terminera mal pour les
républicains, on ne pourra même pas finir le film en Espagne.
Quelques journées vides : Malraux écrit d'autres scènes et aussi,
sans documentation, un article sur Laclos pour le « Tableau de la
littérature française » de Gallimard. Puis il tourne de nouveau,
avec concentration.

Le 20 janvier 1939, des réfugiés dévalent les rues de Barcelone. Les défenseurs républicains du front de l'Ebre ont cédé.

Habitants des villes, villageois, ouvriers, paysans, petits et grands bourgeois loyalistes encombrent les routes montant vers la France, dans la tristesse et la détresse de l'exil commençant. Les bas-côtés se couvrent de voitures abandonnées par manque de carburant, de vélos cassés, de morceaux de charrettes, d'uniformes, et même d'armes. Le 23, au studio, Elvira fait ses adieux à Malraux. Au loin s'élève la fumée des bourgs incendiés. Les canonnades se rapprochent, prélude à l'arrivée victorieuse du Tercio, la légion étrangère franquiste, des Maures et, qui sait ? des nazis et des fascistes. Malraux fixe l'horizon de la défaite et dit à Elvira :

— Voilà les Perses [9].

Beau salut de départ et de retraite, un adieu plus qu'un au revoir. Malraux monte dans une voiture avec Josette, crâne, et des Français de l'équipe. Trois jours après [10], les troupes de Franco défilent dans la capitale catalane, bastion de l'anarchisme. Les communistes traquaient les anarchistes pour les liquider d'une balle dans la nuque. Les franquistes prennent le relais. Les services spéciaux recherchent communistes, anarchistes et, simplement, des républicains. On arrête, on juge, on fusille. Il faut rétablir les institutions de la vieille Espagne, l'Église, le militarisme, le respect dû au *señorío*. Les Allemands de la Légion Condor, jeunes, mécanisés, entrent à Barcelone le 30 janvier. Le 1er février, une voiture militaire allemande s'arrête devant la maison d'Elvira. Elle a travaillé pour ce cinéaste-écrivain connu, chef d'une escadrille républicaine. On va sûrement l'arrêter. Les Allemands sont exquis :

— Au consulat, nous avons besoin de quelqu'un parlant allemand. On nous a dit que...

— Oui, je parle allemand.

— Venez demain.

Le consul, Rolf Jaeger, n'interroge jamais Elvira sur ses occupations pendant la guerre civile.

À Paris, Malraux ne s'en rend pas tout à fait compte : en moins de deux ans, il a écrit un roman optimiste, *L'Espoir*, et réalisé un film pessimiste qui pourrait s'intituler *Le Désespoir*. Il se protège de Clara, capable de lancer une scène n'importe où. Son travail compte avant tout, avant toute... Il veut terminer son film.

Le 27 février, avec une célérité toute diplomatique, Paris, comme Londres, reconnaît le gouvernement de Francisco Franco. Un mois après, Madrid se rendra. Le gouvernement républicain se replie à Figueras, et après un crochet de quinze jours en France, repart pour Valence. Un million d'Espagnols civils et militaires franchissent les Pyrénées. Les loyalistes, élites et base, se déchirent. Le président Manuel Azaña démissionne, remplacé par le docteur Negrin, détrôné à son tour par le général Miaja. Atroce caricature dans la fin d'une guerre abominable : à Madrid, des communistes ont affronté des militaires, alliés pour une fois aux anarchistes. Les franquistes se réjouissent. Le gouvernement français expédie, comme ambassadeur auprès du gouvernement *de facto* du Caudillo à Burgos, le maréchal Philippe Pétain [11]. On compte sur lui pour cajoler Franco. Les experts militaires français veulent avoir les mains libres à la frontière espagnole pour concentrer leurs forces sur le Rhin. Les Allemands ont envahi la Tchécoslovaquie et créé un protectorat de Bohême-Moravie. Franco, adhérent au pacte anti-Komintern, c'est bien le moins, inquiète. Un autre anti-kominternien, Mussolini, va envahir l'Albanie. Ces républicains espagnols sont sympathiques, mais ils ont perdu la guerre, la France ne peut se préparer sur deux frontières, l'allemande et l'espagnole. Les Britanniques et les Français ont signé les accords de Munich avec Hitler et Mussolini. Georges Bonnet a paraphé à Paris un traité franco-allemand de « bonne entente [12] ».

Pendant qu'il monte son film, Clara persécute Malraux avec sa dernière arme, le téléphone. De passage à Paris, Eddy Du Perron voit parfois un Malraux hagard. Craignant les esclandres, l'écrivain ne s'affiche pas en public avec Josette. Il tournicote dans son bocal semi-conjugual. Comment divorcer si Clara refuse ? Amis et connaissances, amusés ou navrés, Louise de Vilmorin, Drieu la Rochelle, Jean Paulhan, Gide, prodiguent leurs conseils. Il faudrait obtenir une séparation de corps. Malraux retourne à son film. Le réalisateur a visionné des scènes au studio de Joinville, avec Denise et Roland Tual. Corniglion-Molinier obtient de nouveaux fonds. Des raccords manquent, l'argent aussi. Malraux tourne des scènes nécessaires à Joinville, puis en avril devant la collégiale de Villefranche-de-Rouergue qui « complète » le village espagnol de Linas. Les dernières scènes prévues, jamais filmées, laissent des trous, incompréhensibles pour un spectateur. Denis Marion, à la manière des films muets, introduit des cartons explicatifs pour que le public puisse comprendre l'action.

Premier carton :

> Pendant la guerre civile d'Espagne, en 1937, un appareil républicain regagne après un combat le terrain d'aviation où des volontaires de tous les pays se sont réunis pour lutter contre le fascisme.

Dernier carton :

> Le premier avion est rentré à sa base. Le commandant, avisé par téléphone qu'on a vu un appareil tomber dans la montagne, part à la recherche de ses hommes.

Le film prend ainsi un coup de charme mélancolique inattendu. Malraux achève le montage. Il a consacré plus d'un an à *Sierra de Teruel*, au cours duquel il a aussi mis au propre quelques notes sur le cinéma.

Au soir du 31 mars, les franquistes réduisent les bastions d'Almeria, de Cartagène et de Murcia, leurs derniers objectifs. De la foule, on leur jette des mimosas et des roses. Des femmes leur baisent les mains. À Burgos, le Caudillo enrhumé, poisson froid, quand son aide de camp lui annonce la chute de Madrid, répond :

— Très bien. Merci beaucoup [13].

Le 19 mai 1939, les nationalistes défilent dans la capitale. La guerre d'Espagne a duré neuf cent quatre-vingt-six jours. Dans l'action et par le livre, Malraux n'a cessé d'être présent. Avec son film, il poursuit la guerre.

Dans *La Nouvelle Revue française* de juillet — où André a des amis qui le savent pudique —, Clara publie « Le livre de comptes », fausse nouvelle de seize pages et vraie demi-confession, rédigée plus de quatre ans avant [14]. Chez Clara, les grandes douleurs ne sont pas muettes. D'attaque, elle crie à son héros, *Marc* : « Je reviendrai. Je ne vous ai pas dit, en partant, que peut-être, je ne reviendrai pas ; mais il reste encore des choses que je n'ai pas besoin de vous dire pour que vous les sachiez. Je reviendrai. Pourtant, d'être restée quinze jours sans vous, j'ai acquis la certitude qu'il valait mieux tout accepter que de me priver de vous. Quelle drôle de déclaration d'amour ! Je n'attends plus rien de vous que vous-même. » Plus loin, elle reproche à Marc-Malraux son « peu de tendresse ». Clara s'avoue vaincue : « J'accepte ma défaite, c'est entendu, mais je voudrais en connaître les raisons. Elles sont en moi, paraît-il. Je le veux bien. Mais ai-je mal joué parce qu'on ne pouvait pas bien jouer, ou bien ai-je mal joué parce que je ne savais pas jouer ? Quelquefois, dans mes moments de grande rage, j'ai pensé : "Tu joues mal, parce que ton partenaire triche." Je sais que ce n'est pas vrai. D'ailleurs, est-il nécessaire qu'un homme triche pour gagner, qu'une femme joue avec un tricheur pour perdre ? Il me semble que, toutes, nous avons été vaincues et même, parmi nous, celles qui ont le mieux réussi — même moi ! » Clara, ne serait-ce qu'en publiant son texte, ne renonce pas : « Je voudrais que le matin vienne, Marc, et que vous ne rejetiez pas celle qui vous a combattu, même s'il lui est arrivé de vous blesser dans ce combat inégal ; elle a plus de blessures que vous n'en avez vous. »

Malraux ne bronche pas. Qu'on jase dans Paris ! André, lui,

a apuré *ses* « comptes » sans « livre ». Clara ne cesse de régler les siens.

Le 3 juin 1939, le jour où les Britanniques enregistrent leurs premiers « candidats » à la conscription, un mois avant la crise de Dantzig, première de quelques projections privées du film de Malraux. Personne ne s'étonne de voir un long métrage signé Malraux. En trois ans, il a été commandant d'une escadrille, auteur d'un substantiel roman à succès, pourquoi ne serait-il pas aussi réalisateur de cinéma ? Clara n'est pas invitée aux projections. Un secrétaire de rédaction de *Paris-Soir*, Albert Camus, assiste à l'une d'elles. Il a lu *L'Espoir* huit fois, dit-il. Acteur amateur à Alger, il tira une pièce du *Temps du mépris*. Malraux et Camus échangent quelques mots. Louis Aragon crie au chef-d'œuvre. Le journaliste Georges Altmann loue le film dans *La Lumière* [15], avec des réserves à propos du morceau de bravoure, cette descente dans la montagne. Selon Altmann, l'image serait « inférieure aux pages du livre étonnant d'André Malraux ». Jean Cocteau, plus tard, sera ébloui : « Vu le magnifique film de Malraux. C'est le triomphe de l'auteur-metteur en scène. L'idée directement écrite pour les yeux, sur l'écran. » Pourtant, Cocteau n'aime pas l'œuvre littéraire de Malraux. Relisant *La Condition humaine*, il y verra « du Claude Farrère. C'est détestable ». Et aussi « du journalisme [16] ».

Les articles, rares, sont dictés par les opinions politiques de leurs auteurs. Certains voient le film *conçu* par Malraux, d'autres ce qu'ils ont vu à l'écran. Les intentions de Malraux sont parfois contagieuses. Il n'est pas certain d'avoir réalisé le chef-d'œuvre dont il rêvait [17]. Dans d'autres conditions, il en est sûr, il aurait égalé un Poudovkine ou un Eisenstein.

Sierra de Teruel tranche dans la production de l'année 1939, même si Carné a réalisé *Le jour se lève*, Abel Gance terminé *Louise et le paradis perdu* et Jean Renoir *La Règle du jeu*. Malraux serait un concentré des expressionnistes allemands et des films soviétiques. Eisenstein a inspiré les longs plans majestueux. On sent aussi l'influence des films suédois des années vingt et trente. L'avion de *Sierra de Teruel*, c'est *La Charrette fantôme* de Victor Sjöström [18]. Certains spectateurs disent alors : Malraux a manqué de moyens, cela donne à son film sa pureté. *Sierra de Teruel* paraît hors normes par son thème, son traitement et son mode de financement.

Malraux a montré son film au Rex, grand cinéma des boulevards, à des membres du gouvernement espagnol en exil [19]. Ces dirigeants ont contemplé sur l'écran un hommage aux vaincus. Philippe Pétain, ambassadeur auprès de Franco, demande à Édouard Daladier, président du Conseil, d'interdire la projec-

tion de *Sierra de Teruel*. Banni, le film acquiert à sa naissance
une légende, comme l'œuvre du poète maudit, que le jeune Malraux ne fut pas.

En noir et blanc, ce film, 39 séquences et 615 plans, dure,
selon les versions, autour de 68 minutes [20]. Il présente un trip-
tyque aux parties inégales, comme le roman *L'Espoir*, mais
dans une construction inverse : les deux premières parties du
film sont plus courtes que la dernière. Celle-ci, dramatique,
avec des touches de tragédie antique, comprend deux volets.
Plusieurs scènes décrivant la mort d'un aviateur se déroulent
dans des villages, avec des paysans aux visages ravinés. L'action
de déplace vers une bourgade. Un paysan passe les lignes « fascistes », indique aux aviateurs étrangers l'emplacement d'un
champ d'aviation ennemi clandestin. Le paysan, interprété par
Péno, admirable et sobre, tranche sur le commandant de l'escadrille, un peu flasque. Deux bombardiers décollent. Pendant
treize minutes, lancée par un plan de douze voitures éclairant
une piste, jusqu'au moment où le bombardier républicain
s'écrase sur la montagne, on suit, on savoure sans doute une
des plus belles séquences de guerre du cinéma. Des 615 plans,
le combat aérien, avec son prélude, en prend 254, plus d'un
tiers du film. Déboussolé sous son béret, le paysan, ne
reconnaissant ni Teruel ni son village, s'installe dans la
mémoire du spectateur. Grâce au talent de l'acteur, ce personnage, par son endurance et sa simplicité, son honnêteté, représente charnellement le peuple espagnol, au second plan de
L'Espoir. Malraux fait (plus facilement ?) passer un sentiment
chaleureux dans son film avec la médiation des acteurs. Ni les
ouvriers chinois des précédents romans, ni les miliciens espagnols du dernier n'avaient l'épaisseur de ce José. Si un démocrate aime le peuple, pour une fois Malraux paraît démocrate
avec ce film. Les fascistes, eux, apparaissent de loin : ce sont ces
salopards invisibles qui, à travers les volets, tirent sur des villageois ou les pilotes de chasse attaquant les bombardiers des
internationaux.

Marquent aussi le spectateur les trois minutes trente de la
descente des blessés et des morts serpentant sur le flanc de la
montagne vers la plaine. La fraternité — le mot n'est jamais
employé — s'exprime dans ces scènes techniquement et esthé-
tiquement polies. Elle reste le lien principal, fort, entre *L'Espoir*
et *Sierra de Teruel*. Dans le film, grâce à la présence des paysans,
la fraternité entre Espagnols et aviateurs étrangers s'impose
plus encore que dans le roman. Morale implicite : même
vaincus, les aviateurs internationaux défendent la cause
du peuple de gauche espagnol qui se reconnaît en eux.

Constantes, fraternité et mort sont liées dans le destin des individus. Saluant les aviateurs, levant le poing, escortant un cercueil et des brancards, les paysans vont au-delà d'un geste d'appartenance politique.

Malgré les complications du tournage avec ses avions au sol ou dans les airs, Malraux a homogénéisé la pâte des deux dernières parties de son film, ce qu'il n'a pas réussi au début. Comme s'il avait eu besoin de se lancer avant de trouver un rythme qu'il n'aurait pas senti avant le tournage. Le film déploie une construction, une architecture symétrique. Au commencement, le spectateur voit le cadavre d'un pilote, un gisant, et à la fin, un mort, un mourant, des blessés dont certains survivront, comme l'idée de la République espagnole dans les salles où le film a été présenté pendant l'été 1939.

Dès les trente premières minutes, les trouvailles du réalisateur frappent : la voiture de luxe, avec des loyalistes, se précipitant vers un canon franquiste ; des villageois armés, remontant une rue, un boiteux à la traîne ; les moutons fuyant les mitrailleuses ; les visages ridés des premiers et des seconds rôles. Malraux sait montrer les objets comme les êtres humains : bombardiers massifs aux têtes de dragons chinois émergeant des hangars la nuit ; papillons épinglés dans une boîte, qui tombent quand le verre éclate. Partout, avec un brin d'insistance 1930, un réalisme poétique s'impose. Le dialogue passe, même lorsqu'il frôle le pompeux. Un paysan âgé et perclus décide de suivre l'escorte des aviateurs morts ou blessés.

— Que peux-tu faire pour un mort ? interroge un jeune homme.

— Lui faire honneur.

En espagnol, les phrases prononcées semblent belles et concises, coulées, métalliques, surtout pour des spectateurs français. Quelques éléments, originaux, ne figurent pas dans *L'Espoir*. Un aviateur, lorsqu'on lui demande pourquoi il se trouve en Espagne, répond :

— Je m'ennuyais.

Souvent, les hommes s'engouffrent dans la guerre par lassitude. Malraux voyage, écrit, filme aussi parce qu'il s'ennuie. La guerre est une ignoble mais incontestable distraction. Réapparaît une obsession malrucienne, le droit au suicide et sa grandeur : un aviateur défiguré, allongé sur un brancard, demande au commandant de l'escadrille qui l'accompagne de lui remettre un revolver : cet homme, c'est Raymond Maréchal. Malraux le sent, certaines phrases ou certains gestes passent au cinéma et pas dans un roman.

Malraux-réalisateur montre qu'il sait exploiter le son du

cinéma. La musique de Darius Milhaud impressionne moins que l'emploi des sons. Malraux a résisté à la tentation d'user des mitrailleuses ou de l'explosion des bombes, des vrombissements d'avions dont les films de guerre abusent. Il module tirs d'armes, envols et chants d'oiseaux, goutte-à-goutte d'eau, chants populaires. Homme des villes, il paraît ici plus sensible à la nature, au bruissement des herbes, au sifflement du vent. Il a filmé des plans réels, irréels et surréels de la terre, vue d'avion par l'équipage, et José, le paysan. Malraux exploite les silences d'un bombardier planant. Il ne se sert pas des sons en paraphrase de l'image. D'instinct, il le prouve, le son le plus puissant n'est pas le meilleur commentaire d'un plan. Il le formule bien : « Le cinéma moderne est né, non pas de la possibilité de faire entendre des paroles lorsque parlaient les personnages du muet, mais des possibilités d'expression conjuguées de l'image et du son. »

Malraux trouve la spécificité cinématographique avec le gros plan d'une fourmi sur une mitrailleuse. L'écrivain-cinéaste fuit les discussions idéologiques qui englueraient l'action du film. Pas un mot, ici, sur les stratégies communiste ou anarchiste. La question ne se pose plus quand Malraux termine le film. L'Espagne loyaliste a vécu, et *Sierra de Teruel* devient le requiem d'une cause.

Glissant de la pratique à la théorie, Malraux termine un court livre, *Esquisse d'une psychologie du cinéma* : à son cœur défendant, c'est aussi une esquisse, un fragment d'une psychologie d'André Malraux en 1937, 1938 et 1939[21]. L'image, tableau ou plan d'un film, ramène l'auteur de *L'Espoir* au mot, son matériau préféré. Cet essai comporte six parties. Malgré son titre, Malraux, passionné d'arts plastiques — dont le cinéma —, parle surtout ici de littérature. Libéré par son film, il retrouve ses tentations fondamentales. Le premier chapitre démarre sur la peinture, Giotto, Clouet, Rubens, Delacroix, avec des vues pénétrantes et des sottises cardinales. Éblouissant au point de s'aveugler lui-même, Malraux aligne des affirmations osées, dans la manière de certaines discussions esthétiques de *L'Espoir* : « Chinois et Persans ignoraient et dédaignaient profondeur, perspective, éclairage, expression... » Ou encore : « Le christianisme avait introduit la *représentation dramatique* inconnue avant lui. » Puis, raccourci stimulant : « L'Europe substitue... l'histoire aux annales, le drame à la tragédie, le roman au récit, la psychologie à la sagesse, l'acte à la contemplation : l'homme au dieu. » À l'oral et à l'écrit, Malraux tire à la mitrailleuse, lourde ou légère. Parfois, **a**près quelques balles traçantes, son arme s'enraye. Il se nourrit de généralités.

Noms, lieux, époques se chevauchent dans un kaléidoscope agité. Proposition fausse : « Un homme insensible à la peinture en tant qu'art, s'il visite aujourd'hui un musée, se sent en face d'une suite d'efforts assez semblables à ceux des sciences, pour *représenter* les choses. » Dans un texte de Malraux, fréquemment, les italiques ne sont pas là pour souligner une idée, mais pour laisser le lecteur en suspens, transi par sa propre ignorance, terrorisé par le savoir de l'auteur. Malraux fait preuve d'une certaine incompétence scientifique : depuis longtemps, les sciences « représentent » de moins en moins. Le chapitre suivant retombe sur le cinéma et quelques idées vérifiables. Comment la photo et le cinéma, qui furent des techniques, se demande Malraux, deviennent-ils des arts, des moyens d'expression, pas seulement de reproduction ? Le metteur en scène de cinéma, remarque-t-il, à la différence du metteur en scène de théâtre, choisit « son champ. » L'écrivain évoque des metteurs en scène du premier cinéma, comme il parlerait des primitifs italiens. Il cerne l'idée de la succession des plans, quintessence du cinéma, insiste sur l'importance du découpage. Puis il s'attaque au son. Dans *Sierra de Teruel*, l'écrivain-réalisateur l'a sculpté avec ses ingénieurs, Robert Teyssere, René Renault, Archambault, et son monteur, Georges Grace. Le générique du film, sans immodestie, annonce que le montage est d'« André Malraux assisté par Georges Grace ».

L'écrivain ne fournit pas, hélas, une illustration de *sa* pratique du cinéma dans cette *Esquisse*. À la Malraux, il se contente de comparaisons souvent négatives : « Le parlant n'est pas plus un perfectionnement du muet que l'ascenseur n'est un perfectionnement du gratte-ciel. » Qui prétend qu'il l'est ? Malraux assène des vérités utiles : « Déjà les plus beaux dessins peuvent être reproduits avec une perfection de faussaire ; sans doute en sera-t-il de même des tableaux, bien avant la fin du siècle. » Suit une banalité : « Mais ni dessins ni tableaux n'ont été faits *pour* être reproduits. Ils sont en eux-mêmes leur propre fin. » Banalités partielles et fausses : Claude Vignon ou William Hogarth peignaient, puis, à partir de leurs tableaux, gravaient des estampes. Pour Malraux, un ou plusieurs exemples ne freinent pas son appétit d'amplification. Il passe de la généralisation théorique aux faits, comme de ceux-ci à l'imaginé. Dans ce texte, l'écrivain — ce n'est pas son habitude de citer des sources — renvoie au « remarquable travail de Monsieur Walter Benjamin » mais omet de préciser où le lecteur trouverait le travail en question [22]. De plus en plus, consciemment ou non, il pratique un terrorisme intellectuel qui réduit son lecteur ou son auditeur à un silence perplexe ou épouvanté, qu'il s'agisse de

Gide chez lui ou d'une femme de ménage, gentiment interpellée sur l'art précolombien pendant qu'elle époussette une statuette cambodgienne dans le bureau de l'écrivain.

Malraux conclut son *Esquisse* par des variations sur le théâtre et le cinéma. On voit, là, qu'il n'aime ni ne fréquente le théâtre. Homme du xxᵉ siècle, il préfère le cinéma et l'acteur de cinéma au comédien de théâtre. Il a de jolies formules : « Un acteur de théâtre, c'est une petite tête dans une grande salle, un acteur de cinéma, une grande tête dans une petite salle. » Il souligne les qualités du silence au cinéma, utilisé avec art et discrétion dans *Sierra de Teruel*. Les problématiques du théâtre et du cinéma, sont, pour lui, opposées : « Le problème principal de l'auteur d'un film parlant est de savoir *quand* ses personnages doivent parler. Au théâtre, ne l'oublions pas, on parle toujours. » Mais si, oublions. À l'époque de Malraux, on savait aussi introduire des silences au théâtre. Dans les années suivantes, certains metteurs en scène en abuseront. Avant d'autres, Malraux souligne un aspect de la civilisation du xxᵉ siècle : le cinéma parlant devient récit et « son véritable rival n'est plus le théâtre, mais le roman. » Logique avec le créateur et l'artiste en lui, Malraux cadre l'avant-dernière partie de son *Esquisse* sur le roman et le cinéma. On peut, dit-il, analyser la mise en scène d'un grand romancier.

Dans cet essai, comme il le fera dans de nombreux articles et interviews, Malraux évoque sa scène préférée de *Guerre et Paix*, le prince André contemplant, la nuit, les nuages après Austerlitz. Après Teruel, après la prise de Madrid par les franquistes, que contemple le prince André Malraux ? La dernière partie de l'*Esquisse* tire à la ligne, sauf sur un point : l'auteur découvre la *star*, la vedette de cinéma, avant d'autres essayistes. Une star n'est pas une actrice qui fait du cinéma. Avec un peu de talent, elle incarne une personne et un mythe. Son visage symbolise un instinct collectif : « Marlene Dietrich n'est pas une actrice comme Sarah Bernhardt, c'est un mythe comme Phryné. » Malraux — nostalgie de son enfance ? — retourne à Bondy et Chaplin : « J'ai vu en Perse un film qui n'existe pas et qui s'appelait *La Vie de Charlot*. Les cinémas persans sont en plein air ; sur les murs qui entouraient les spectateurs, des chats noirs, assis, regardaient. Des exploitants arméniens avaient fait un montage de tous les petits *Charlot*, astucieusement, et le résultat, un très long métrage, était surprenant : le mythe apparaissait à l'état pur. »

En 1939, *Sierra de Teruel* n'est ni un succès ni un échec puisque le film n'a pas obtenu l'autorisation de sortir en salle. Comportement remarquable chez lui Malraux ne se plaint pas.

En apparence, il digère une déception comme une réussite. C'est une forme de courage, du moins de cran. « Par ailleurs, glisse-t-il négligemment, le cinéma est une industrie. » Il aurait pu ajouter : et un produit dépendant des perturbations politiques.

Au cours de l'été 1939, les Français veulent oublier l'Espagne qui bascule dans les trappes de l'histoire et des mauvaises consciences. Des conversations entre Britanniques, Français et Soviétiques s'enlisent. Le 23 août, à la consternation des progressistes de France, d'Espagne et du monde entier, sous le regard facétieux de Staline, Viatcheslav Molotov pour l'U.R.S.S. et Joachim von Ribbentrop au nom de l'Allemagne signent à Moscou un pacte de non-agression. Une onde de choc secoue la gauche française. Paul Nizan démissionne du P.C.F. Les dirigeants Maurice Thorez et Laurent Casanova ne lui ont fait aucune confidence au sujet du tournant pris par l'U.R.S.S. Nizan adopte un point de vue politique : « Sur le fond, je crois avoir raison : il n'y a que les événements qui me confirmeront ou m'infirmeront. Mais non les arguments du type moral. Ce n'est pas parce que je croyais "mal" de la part de l'U.R.S.S. son accord avec Berlin que j'ai pris la position que j'ai prise. C'est précisément parce que j'ai pensé que les communistes français ont manqué du cynisme politique nécessaire et du pouvoir politique de mensonge qu'il eût fallu pour tirer les bénéfices les plus grands d'une opération diplomatique dangereuse. Que n'ont-ils eu l'audace des Russes [23] ? » Malraux, en privé, condamne les soviétiques, moralement et politiquement.

Il a une cote négative à Moscou : les procès-verbaux des accusés de procès démentiels le démontrent. Avoir fréquenté Malraux est devenu une présomption de culpabilité. Meyerhold tient bon. Au sous-lieutenant I. Chibkov, juge d'instruction du N.K.V.D., il déclare :

— Ehrenbourg ne m'a jamais dit qu'il entretenait des rapports réguliers avec André Malraux en tant que trotskiste. J'ai remarqué l'amitié entre Ehrenbourg et Malraux. J'ajoute que pendant la première visite de Malraux en U.R.S.S., Ehrenbourg et lui ont essayé de toutes forces d'adapter pour l'écran le roman de Malraux *La Condition humaine*, influencé sans aucun doute par les idées trotskistes.

Sur un point, l'accusé reste ferme :

— Ni Malraux ni Ehrenbourg ne m'ont jamais dit que le système soviétique était de courte durée, ni que les trotskistes allaient prendre le pouvoir..., ni qu'il fallait se battre... contre le Parti communiste, ni qu'il fallait renverser le régime soviétique [24]...

Meyerhold sera fusillé. Koltsov, emprisonné depuis un an, a craqué. Extrait d'un de ses interrogatoires :

— Parmi les agents de la Sûreté française, avec qui, à part Malraux, êtes-vous entré en relation ?

— Avec Vogel.

— Qui est-ce ?

— Vogel est journaliste. C'est un espion qui s'occupe des « affaires russes ». Il travaillait avec Malraux.

Fusillé aussi, Koltsov. Marty, vite réfugié en U.R.S.S., n'aurait eu aucune difficulté à faire « liquider » un Malraux qui, d'aventure, aurait débarqué à Moscou pour donner ses instructions à Staline.

Le jeu de cartes

20

Drôle de guerre

Malraux aimante aussi les soupçons des services de police français. « On apprend de source sérieuse que Monsieur Serre, directeur d'Air France, et Monsieur André Malraux seraient chargés du recrutement de pilotes et de techniciens de l'aviation pour le compte du gouvernement chinois. » La Sûreté nationale française lui attribue aussi l'intention de « voler au secours de différents mouvements en Amérique du Sud [1] ». En effet, avant le commencement des hostilités, prélude *lentissimo* à la Seconde Guerre mondiale, Malraux propose à Paul Nothomb-Bernier-Attignies de créer une nouvelle escadrille au Chili. Là-bas, un *Frente popular*, porté au pouvoir par l'armée, a besoin d'aide [2]. En revanche, quoi qu'en pensent les services français, l'écrivain renonce à l'idée de servir en Chine. Malraux, réel ou imaginaire aventurier civil et militaire en Indochine ou en Espagne, romancier *coronel*, réalisateur du film-génial-qui-n'est-pas-sorti, comète, s'installe dans son mythe avec une traîne de légendes, de rumeurs, de ragots, d'œuvres et de faits d'armes.

Un homme-mythe doit cependant gagner sa vie. Malraux a des problèmes d'argent. Pendant l'hiver de 1939, son découvert monte à 178 491 francs chez Gallimard. Gaston fait régulièrement verser, prélevés sur le compte de Malraux, 44 000 francs à Clara, 11 000 à Josette et 5 000 à la grand-mère Lamy [3]. Malraux table sur une consistante avance pour un roman consacré à un personnage fabuleux, le baron de Mayrena, roi auto-proclamé des Sedangs en Indochine : le *coronel*, qui prend l'écrasement de l'Espagne républicaine pour une défaite personnelle, fuit la réalité européenne dans un passé asiatique. Gaston s'irrite des demandes d'argent de son auteur mais comble ses déficits. On ne se sépare pas d'un mythe ni d'un navire-amiral. Malraux attire des auteurs rue Sébastien-Bottin. Tout ce qui est bon pour lui paraît bon pour la maison Gallimard. Gaston ne croit pas à ce roman asiatique, pas plus qu'à une biographie du colonel Lawrence dont Malraux parle. Cet écrivain joue avec trop de projets sans ouvrir ses chantiers. En civil, ce Malraux est plus instable qu'en militaire. Quelle bougeotte! André et Josette, quittant un hôtel rue Le Marois, près du boulevard Murat, s'installent dans un appartement meublé, un rez-de-chaussée rue Berlioz, également dans le XVIᵉ arrondissement. Malraux prend un risque : Clara pourrait lui envoyer le commissaire de police, ce qu'elle n'envisagera jamais de faire.

Malraux critique l'U.R.S.S. et Staline en privé, pas en public. Au cours d'un dîner, Raymond Aron lui demande de rompre avec éclat : par loyauté pour ses camarades espagnols, Malraux refuse de briser là avec les communistes français. Autre dîner avec Georges Bernanos, en présence de Paul Nothomb. Non, Malraux ne donnera pas un coup de poignard dans le dos du communisme français. À Bernanos qui attaqua les évêques franquistes, il a dit :

— Vous avez écrit la vérité contre votre parti. Moi, je ne serai jamais capable d'écrire la vérité contre le P.C.

La fidélité aux hommes l'emporte sur l'évolution des idées. Le *coronel* Malraux se montre, en pratique, stalinoïde à, disons, 99 % au nom de l'efficacité supposée, l'auteur de *L'Espoir* à 75 %, en fonction de sa réflexion. Fidèle à la camaraderie, à la fraternité, il n'est pas stalinien mais se tait en 1939. Comment évaluer la part d'opportunisme dans ses démarches? Malraux refuse d'accabler le P.C.F., ce qui n'empêchera nullement des écrivains mouchards d'affirmer qu'il s'en prenait au Parti. Rapport venimeux de Jean-Richard Bloch : « Au début de la guerre, à l'ambassade du Chili, en face d'un conseiller d'ambassade communiste, Malraux s'est livré à un violent scandale. La femme d'Aragon lui demandait une signature pour un appel en faveur d'un intellectuel. Il s'est mis dans une violente colère en déclarant qu'il n'y a qu'une solution [*pour les communistes*] : le mur [4]. »

Josette et André reçoivent. L'écrivain fréquente des communistes qui ont lâché les amarres avec le Komintern, Gustav Regler ou Arthur Koestler. Ce dernier, incarcéré par les Français puis libéré, n'est pas obligé de s'enrôler dans la légion étrangère comme tant d'émigrés allemands. Malraux s'interroge. Son assurance est moins péremptoire. Il va trouver la meilleure porte de sortie malrucienne : s'engager. Avant, il envisage d'infléchir la politique du Kremlin. Du moins, c'est ce qu'il annonce à André Beucler, stupéfait :

— Parfaitement, vous et moi... nous partons en avion pour

Moscou et allons voir Staline au Kremlin. Une fois sur place, je me fais fort d'y entrer. J'ai l'appareil, le personnel, les fonds et tout ce que nécessite l'entreprise. Si vous acceptez, et j'y compte, nous nous envolerons à la fin de la semaine, dans le plus grand secret, naturellement.

Voilà un Malraux tel qu'en lui-même les défaites ne le changent pas. Quand la guerre éclate le 3 septembre, ses amis communistes, pour la plupart, font « leur devoir » et ne partent pas pour Moscou comme Maurice Thorez. Malraux aide Nizan à obtenir un poste d'interprète dans un régiment anglais [5].

Josette, qui ressemble selon Roland à « un loir, longue, blonde et paresseuse », est enceinte depuis février 1940. Malraux voudrait qu'elle avorte. Visite démoralisante de Josette chez un médecin.

Ajourné en 1922, réformé en 1929 par les autorités militaires, classé service auxiliaire, Malraux n'a aucune chance de devenir officier en France. T. E. Lawrence passa du grade de colonel à celui de simple soldat, comme Malraux, accepté comme deuxième classe sur intervention du général Chardigny qui travaille avec Jean Giraudoux au Commissariat général à l'information. Josette accompagne André à la gare de l'Est. Il part avec d'autres mobilisés. L'armée incorpore Malraux le 14 avril 1940 comme dragon au 41e dépôt de cavalerie motorisée près de Provins. Il rejoint un lot de « récupérés », loge dans une chambrée de douze lits avec neuf Bretons et deux Parisiens. La vie de caserne est monotone pendant la « drôle de guerre », immobile et pas si drôle. Mais, écrit Malraux à Chevasson, « si ce n'est pas des vacances, c'est tout de même supportable ». Courtois, gardant quelques distances, il boit du gros rouge avec ses copains de chambrée.

Josette vient le voir. Faut-il garder l'enfant ? Malraux reparle de divorce, vaguement. Il a consulté l'avocat Maurice Garçon. Josette doute des intentions d'André. Les amants se querellent. À travers une mince cloison d'hôtel à Provins, la confidente de Josette, Chantal Suzanne, entend les scènes que se font ses amis. Josette hait l'idée d'un avortement, et presque autant celle de mettre au monde un « bâtard ». Mais elle rêve aussi d'un enfant d'André Malraux. Il balance, accepte enfin, à contrecœur. Josette retourne à Paris. Affecté à un peloton d'élèves sous-officiers, Malraux lui écrit le 17 avril 1940 : « Théoriquement, nous sommes ici pour trois ou six mois. Instruction générale sur les chars, automitrailleuses, etc. Spécialisation plus tard. On peut donc ou s'arranger avec un hôtel ou louer quelque chose. Nous ne serons habillés que demain et ne faisons rien en attendant. Ensuite le travail commencera. À première vue, tout cela est très supportable et même très humain. Très instructif aussi. L'intelligence, telle que l'entendent les artistes, est une bien petite chose à la surface de l'homme, mais ce qu'on trouve en dessous, quand il n'y a pas une grande passion collective ou individuelle, c'est quelque chose comme la préhistoire de l'être. Je vais essayer de faire un "journal pour vous". » Cela fleure le Barrès [6]. « Je me méfie, poursuit Malraux, ce ne sont pas les objets de réflexion qui manquent, mais l'atmosphère dans laquelle la réflexion aurait une valeur, ce qui doit devenir vite assez dangereux. Et passer d'un monde à l'autre (de la caserne à une ombre de chez soi) doit être, intellectuellement, assez difficile. On verra. Quand même, les tanks ne se défendent qu'à condition d'y monter, non de les graisser et numéroter. J'écris au Foyer du Soldat et la radio recommence à gueuler. » Aveu : « J'ai l'impression, poursuit l'écrivain, cavalier de deuxième classe, d'apprendre le sens que pouvait avoir le mot bonheur, quand il était là et que je ne le voyais pas. Surtout depuis le départ en taxi vers la gare. L'enseignement vaudrait le voyage, si tout ne finit pas par l'abrutissement. La radio de la cantine diffuse les obsèques du cardinal Verdier. On vient de chanter le Kyrie de Palestrina et on continue avec un des plus beaux chants grégoriens : "Il y eut un homme appelé Jean." » Malraux n'a pas le temps de passer caporal. Fin avril, quelques engins blindés de son unité, surtout des chenillettes, filent sur Dunkerque, sans lui. Hanté par la légende de Fernand Malraux, officier de chars, André veut devenir « tankeur », comme il le dit dans ses lettres à Chevasson. Dans la cour de la caserne, il contemple un char rouillé, inutilisable. Malraux apprend la mort, par angine de poitrine, d'Eddy Du Perron [7], qui s'était éloigné de lui après *L'Espoir* : pour l'ami hollandais, ce roman était une œuvre de « Malraux contre Malraux ».

Le deuxième classe Malraux est placé sous les ordres du maréchal des logis (sergent-chef) Albert Beuret, coiffeur dans le civil. « Ils [*les Allemands*] ne passeront pas », proclamaient les affiches sur les murs de France. Ils passent, prestissimo. Quelques éléments du 41e, avec Malraux, participent à des escarmouches. Les Allemands les cueillent au sud de Courtenay. Prisonniers. Ah, que la guerre est courte ! Malraux, les pieds endoloris [8], blessure de guerre dira-t-il, est soigné par des infirmiers de la Wehrmacht. Les Allemands distribuent des biscuits à leurs *Kriegsgefangene*. Le prisonnier Malraux se plaint peu. Il pense à son ami Eddy Du Perron, mort. Remontant des colonnes de réfugiés, Malraux et ses camarades sont enfermés dans la cathédrale de Sens, puis dans un camp improvisé, le *Front Stalag* 150, au bord de l'Yonne, face à la chapelle de Saint-Martin-du-Tertre.

Hébétés comme la plupart des Français, ces prisonniers n'entendent pas les huit discours du général de brigade à titre temporaire, Charles de Gaulle, diffusés par la B.B.C., de Londres. Le 18 juin, cet inconnu fait placarder une affiche en Grande-Bretagne : « La France a perdu une bataille, elle n'a pas perdu la guerre [9]. » Cette guerre, à Sens, paraît tout à fait perdue. Le 26 juin, ce général rebelle s'adresse à M. le maréchal Pétain. Il a écouté « non sans émotion... le grand soldat que vous êtes », pour laisser tomber son verdict : « Cet armistice est déshonorant. » De Gaulle ne prend pas position avec des circonvolutions, n'entre pas à reculons dans la politique et l'histoire sans légende. « *His finest hour* », sa plus belle heure, aurait dit Winston Churchill qui a bien accueilli ce général peu connu [10].

La tante d'André Malraux, Marie Lamy, ayant reçu une carte de son neveu, lui rend visite et bavarde avec lui à travers les barbelés mis en place par les Allemands. Dans la Ford V8 qu'André lui a offerte, rapporte Marie Lamy, Josette a gagné Hyères où habitent ses parents. Enceinte, elle a annoncé la bonne nouvelle, et sa mère l'a matraquée de reproches :

— Josette, comment as-tu pu faire ça à ton père !

M. Clotis ne paraît pas aussi choqué que sa femme par l'idée d'une « fille mère ». Une carte de Malraux du 17 juillet informe Josette que la vie du camp est tolérable. L'écrivain a reconstitué, dit-il, un chapitre de son *Mayrena*, et porte une moustache. Certains prisonniers s'enfuient. Malraux apostrophe un soldat, qui, comme lui, reste sur place, un deuxième classe, récemment ordonné prêtre, Jean Grosjean :

— Vous, là-bas, pourquoi a-t-on perdu la guerre ?

Grosjean a lu *La Condition humaine* mais ne reconnaît pas son auteur. Les deux hommes conversent. Pourquoi cette défaite ? Et de la meilleure armée du monde ? Mauvaise volonté des cadres ? Horreur de la boucherie de 1914 ? Coupures entre la troupe et l'état-major ? Ils tombent d'accord sur l'ineptie des clauses du traité de Versailles, l'absurdité du couloir de Dantzig, parlent de l'Asie, de la Syrie où Grosjean a vécu. Le lendemain, ils font les cent pas le long de l'Yonne. Faut-il s'enfuir ? Gagner Londres ?

— Ce serait plus intéressant de rester en France, affirme Malraux.

Puis, avec sa faculté de passer de l'immédiat à l'intemporel, il demande :

— Quand vous ne faites rien, qu'est-ce que vous faites [11] ?

Trois jours après, Grosjean apprend que son interlocuteur est Malraux. Grosjean, Beuret et l'écrivain constituent un groupe de dix hommes, dont un ouvrier agricole, un garagiste, un artiste peintre, un peintre en bâtiment... Les Allemands répartissent leurs prisonniers dans la campagne alentour. Les paysans français nourriront les prisonniers travaillant aux champs. Malraux, Grosjean et Beuret se font expédier à Collemiers, village au sud-est de Lens — cinq kilomètres à pied de la cathédrale. Ils dépendent de la bienveillance de M. Courgenay, maire bon enfant, et de la bonhomie du lieutenant allemand Metternich. Ce dernier insiste : ses prisonniers doivent être mieux couchés en France que ses chevaux en Allemagne. À peine surveillés, les prisonniers pourraient s'évader. Ils ne veulent pas créer d'ennuis au maire et ne souhaitent pas s'enfuir. La vie reste assez douce. On prévoit un hiver sans charbon. Bon. Les prisonniers deviennent bûcherons. Le maire leur demande de cataloguer les livres de la bibliothèque. Malraux y découvre un Kropotkine. À la rentrée d'octobre, les prisonniers — les Allemands n'ont pas imprimé « K.G. » (Kriegsgefangene) sur les vestes de ces prisonniers-là — donnent quelques cours aux gosses du village. Gonflés, dégonflés, les bobards circulent. Tous les prisonniers vont être envoyés en Allemagne, tous les K.G. seront libérés... Malraux, Beuret et Grosjean font connaissance. Grosjean, un temps ajusteur, a fait retraite chez les jésuites, suivi les cours des séminaires. Prêtre, la Bible l'habite autant que Dieu. « Ce qu'elle dit m'intéresse, glisse-t-il. Ce qu'elle ne dit pas m'indiffère. » Helléniste, hébraïsant, onze ans de moins que Malraux, il a bourlingué au Moyen-Orient, chez les chrétiens, les juifs et les Arabes. Mobilisé dans l'infanterie, pacifiste mais pas objecteur de conscience, refusant de se joindre au peloton des élèves caporaux, il a prévenu son capitaine : « Ne comptez pas sur moi pour tirer. » Un pacifique pacifiste actif, en somme.

La littérature et la religion rapprochent Grosjean et Malraux plus que la politique. La vie de prisonnier soude ces hommes. Anonymes, vaincus, effarés, prisonniers sans barreaux dans ce plaisant village, mieux nourris qu'à Sens, ils attendent, pour la plupart, leur retour au foyer. Ils vagabondent, librement, à un kilomètre autour du village, sont autorisés à marcher jusqu'à Sens sans gardes. Ils n'éprouvent pas le besoin de bouger, surtout Malraux qui écrit, comme sur un paquebot. Le soir, ils conversent, c'est-à-dire qu'ils écoutent Malraux se livrant à son sport préféré, le monologue. Il lance les sujets comme un professeur ouvrirait un séminaire transformé en cours magistral intimiste. Parlons des couchers de soleil. Qui croit à la vie éternelle ? Au fait, qu'en pense Grosjean ? Quand j'ai été abattu en Espagne... Ils se couchent tôt. Le lieutenant

Metternich impose un couvre-feu souple. Malraux caresse les chats. Les oiseaux chantent. Les jours tournent, mois après mois. Malraux, explication, excuse ou alibi, écrit. Homme des cycles, il a agi, puis écrit en Indochine et en Espagne. Il essaye des fragments de l'œuvre à laquelle il travaille, un roman, sur Grosjean. Malraux digère deux défaites, celle de l'Espagne et celle de la France. Il y a un temps, passé, pour les armes à Madrid, un temps, présent, pour écrire à Collemiers. Malraux croit aussi aux mots quand il n'a plus d'armes.

Beuret s'entend fort bien avec ses deux copains. Malraux aime ce mot, copain, celui avec lequel on partage son pain. Beuret — père architecte, tué pendant la guerre de 1914, mère morte d'un cancer, alors qu'il avait dix-sept ans — dut interrompre des études secondaires pour travailler d'abord comme employé de banque. Beuret et Malraux se tutoient, Grosjean et Malraux se vouvoient. Le maréchal des logis Beuret, admirateur de *L'Action française*, n'a jamais levé le poing. Il aime les grosses et grasses plaisanteries. Malraux étonne Grosjean et épate Beuret.

L'automne passe comme l'été, les copains se transforment en amis. Il faut s'accrocher et attendre, explique Malraux. Les Anglais, prévoit-il, ne seront pas battus. Les copains laissent l'écrivain, à l'évidence peu doué manuellement, écrire. On le dispense des travaux ménagers et champêtres. Il vit dans son roman en cours. Il veut évoquer la première guerre à travers la deuxième. Malraux a besoin de transposer sur-le-champ le présent, quitte à le coller sur le passé. À Collemiers, il joue avec deux titres, *La Lutte avec l'ange* et *Les Noyers de l'Altenburg*. Dans ce livre, grâce à une scène étourdissante, il montera dans les chars qui n'ont pas été à sa disposition en juin 1940, dans ces tanks que Fernand Malraux ne mena pas au combat en 1914 ou 1915. Pour rédiger quelques lignes [12], Malraux fera faire « dix jours de croquis » au tankiste prisonnier, Voisel.

Enceinte de sept mois, Josette remonte du Midi, traverse la ligne de démarcation avec un *Ausweis*, rend visite à André, comme Roland. L'écrivain-prisonnier travaille à l'auberge l'après-midi. Josette fréquente l'épicerie-buvette ou relaie Malraux à la bibliothèque. Beuret coiffe des dames du village. Grosjean refuse de prendre ce de Gaulle au sérieux. Malraux n'est ni à Collemiers ni à Londres, il vit dans son roman.

À sa deuxième visite, Roland avertit son demi-frère ; des chaînes de radio neutres, suédoise et suisse, l'ont annoncé : les Allemands recherchent certains écrivains, dont André Malraux, *Georges André* sur ses papiers d'identité. Maintenant, le K.G. doit s'évader. Avec son passé, l'écrivain a peu de chance d'être libéré. Presque prisonnier d'honneur, à peine surveillé, comme la plupart des K.G. à la campagne, Malraux peut filer.

Il songe à l'Afrique du Nord. Il informe son groupe de dix : il partira. Pendant les fêtes de la Toussaint, beaucoup de voyageurs encombreront les gares, difficiles à contrôler. La veille du 1er novembre, après cinq mois comme prisonnier modèle, Malraux couche la nuit à l'auberge pour ne pas « mouiller » ses camarades. Comme ils étaient compréhensifs, ces officiers de la Wehrmacht, du moins avec certains prisonniers français ! Grosjean et Beuret jettent des cailloux dans les carreaux de la chambre : Malraux descend en pyjama. Beuret et Grosjean arrivent pour lui remettre l'argent de la caisse commune. Malraux le refuse. Roland surgit avec une paire de chaussures trop petites pour son grand frère. Les deux Malraux marchent jusqu'à Sens. Roland possède deux billets mais un seul laissez-passer. Au culot, il s'adresse en allemand à un factionnaire de la Wehrmacht : ce brave aurait-il l'obligeance de l'aider à porter une valise jusqu'au train ? Bien aimable, ce soldat. Drieu, précise Roland, obtiendra à Paris un *Ausweis* pour Josette qui pourra rejoindre son compagnon dans le Midi.

Les deux frères franchissent la ligne de démarcation au sud de Bourges, avec, paraît-il, un chat noir qui, miaulant de bonheur, s'attache à André. Ils gagnent Montluçon et la côte, sans le chat. Les Clotis accueillent leur pseudo-gendre à Hyères. Le 8 novembre, Malraux expédie quelques lignes à Paulhan : « Je suis arrivé en France libre, après une évasion curieusement confortable. J'ai eu de vos nouvelles, et presque de tous, mais non d'Arland. Si vous savez ce qu'il est devenu, voulez-vous me le dire [13] ? »

Josette a accouché prématurément d'un garçon dans une clinique de Neuilly, un enfant prénommé Pierre — en hommage à Drieu — Guillaume Valentin, né de père inconnu. Il s'appellera quand même Malraux : célibataire et généreux, Roland le reconnaît. Les Gallimard veillent sur Josette. De Collemiers, Malraux demanda à Gaston de vendre quelques statuettes pour fournir des fonds à Clara comme à Josette et Roland. André, du Midi, écrit à Josette : « Je vous attends dans une maison rose, avec un petit bois d'oranger, un magnolia, et un chat... »

Sur la côte, Malraux retrouve des Parisiens, Gide à Nice, Berl à Monte-Carlo, les Sperber à Cagnes-sur-Mer. Mme Théo, l'amie de Gide, le note, Malraux a toujours un bagout « torrentiel [14] ». On ne parvient pas à établir un « contact humain » avec lui. Il manque d'aisance. Seul Berl lui tient tête. Quoique juif, Berl a commis une grosse sottise en mettant, brièvement, sa

plume au service de Pétain. L'impérissable « J'ai fait le don de
ma personne à la France... » du maréchal octogénaire serait de
Berl, comme « La terre ne ment pas », « Je tiens mes promesses,
même celles des autres » et autres trouvailles. Pour accueillir
son fils d'un mois et la mère, Malraux se rend à la gare de
Monaco et les conduit à Roquebrune. La villa, « La Souco »,
avec la flamme d'un cyprès au milieu du jardin, appartient à des
Anglais, les Bussy, amis de Gide. Ils l'ont prêtée à Malraux, pas
louée. Le salon n'a *que* cinq portes-fenêtres. À gauche l'Italie, à
droite Monaco. Luigi, maître d'hôtel astucieux, monté sur son
vélo, va acheter des provisions en Italie. Il sert à table en gants
blancs. Luigi surnomme le bébé « Bimbo ». Roland passe. On
manque de beurre, de sucre, de nouilles, de fromage et, plus
pénible pour Malraux, de cigarettes. Si Roger Martin du Gard
déjeune à La Souco, scrupuleux, il se fait précéder ou suivre de
ses coupons de ravitaillement.

Robert Haas, éditeur américain de Malraux, expédie des
dollars. L'argent transite par Varian Fry, que Malraux rencontra aux États-Unis. Fry, représentant l'Emergency Rescue
Committee, obtient à Marseille fonds, visas et laissez-passer
pour des intellectuels français menacés. Malraux songe aux
États-Unis. « Je ne sais trop si j'irai en Amérique, écrit-il à
Louis Fischer. On ne donne pas très facilement des passeports
français et, d'autre part, il n'est pas certain que tout soit fini
ici.... »

Josette veut qu'il se consacre à sa famille. Il écrit. Ce roman,
commencé à Collemiers, précise-t-il pour Haas, sera « métaphysique ». Malraux est lancé dans un récit fragmenté, libre ou
touffu, dans lequel il empile les expériences de plusieurs générations de la famille Berger, mi-allemande, mi-française. Le narrateur, français, n'a pas de prénom. Convié par Malraux à en
écouter la lecture, Gide proteste. Selon lui, le récit, hybride,
viole trop les règles de la grammaire et de la syntaxe. À Berger
père, Malraux attribue le diplôme des langues orientales qu'il
n'a pas obtenu, lui. Délice : les personnages de romans peuvent
satisfaire tous les fantasmes des auteurs. Berger père a un
« désir fanatique de laisser sur la terre une cicatrice ». Malraux
évoque aussi un « misérable petit tas de secrets » et « l'heureux
retard de la légende sur la vie.... ». Ce Berger estime que « les
intellectuels sont une race ». Malraux aussi ? En tout cas, une
classe ou plus simplement un sous-groupe social, avec ses prérogatives ou ses privilèges. Malraux, en long, en large et un peu
de travers, repose des questions qui, dit-il, le hantent : « La
notion d'homme a-t-elle un sens ? » Cette question, aujour-
d'hui encore, a-t-elle un sens au-delà de certains cours

universitaires et des sujets rhétoriques de l'agrégation? Sinon celui du sens que chaque homme donne à sa vie. Qu'est-ce, la Vie, au-delà de la somme des vies humaines, animales ou végétales? Ah! bien sûr, n'oublions pas « le Cosmos ». Derrière les Allemands, après les Grecs, et deux millénaires de philosophie, les intellectuels français, les littéraires surtout, vont se poser ces douloureuses questions : pourquoi la Vie, pourquoi pas rien ou Rien. Malraux retourne à ses œuvres et à *La Condition humaine* : « Une fois de plus Pascal me revient à la mémoire... on imagine un grand nombre d'hommes dans les chaînes et tous condamnés à mort... Ceux qui restent voient leur propre condition dans celle de leurs semblables. » Tentant aussi de surmonter l'amertume de défaites indéniables, Malraux peut accorder un sens aux combats auxquels il participa. Sa consolation, sa thérapie, sa justification, *le* sens de sa vie, c'est d'écrire. Il ne s'en contente pas. Écrire, mais pourquoi? Afin de donner un sens à sa vie : la réflexion devient circulaire. Tâches assez ardues, il veut formuler le dernier nombre, marcher sur l'horizon, clouer sur le papier *le* sens de l'existence.

Les discussions « intellectuelles » à l'Altenburg, en plus germanique, rappellent les conversations auxquelles Malraux participa à l'Union pour la vérité, rue Visconti, et aux décades de Pontigny. Walter Berger n'est pas Paul Desjardins, mais propriétaire d'une abbaye médiévale, qui écoute plutôt qu'il ne construit une œuvre personnelle; il eut aussi, comme Desjardins, une carrière universitaire. Malraux peaufine quelques belles scènes dont celle de l'attaque au gaz : soldats allemands et russes *fraternisent* pendant la Première Guerre mondiale [15]. Réconciliation européenne [16] ? Malraux burinera aussi quelques portraits dans ses *Noyers*. Ainsi, celui de Nietzsche, l'homme, pas le penseur : « Les photographies ne transmettent pas son regard : il était d'une douceur féminine, malgré ses moustaches de... croque-mitaine. Ce regard n'existait plus. Sa tête était toujours immobile, sa voix toujours en retrait — comme s'il eût parlé, non pour mon père mais pour les livres et les photos illustres dans l'ombre, comme si aucun interlocuteur n'eût été tout à fait digne de le comprendre; ou plutôt (l'impression de mon père se précisait tandis qu'il l'écoutait) comme si les interlocuteurs qui eussent compris ce qu'il allait dire eussent été tous d'un autre temps, si nul, aujourd'hui, n'eût accepté de le comprendre, s'il n'eût parlé que par courtoisie, lassitude et devoir. Il y avait dans toute son attitude la même modestie orgueilleuse qu'exprimait son petit bureau surélevé. »

Relisant *Le Crépuscule des idoles* et *La Volonté de puissance*, ouvrage confectionné par la sœur de Nietzsche, Malraux, sans

repères nets, hors jeu, canon bâché, pacifique mais pas pacifiste, se réfugie dans les mots et rebondit sur la guerre de 1914-
1918, cherchant une nouvelle forme romanesque. Il envisage
aussi de s'attaquer, enfin, à sa biographie du colonel Lawrence.
Grosjean a ravivé son intérêt pour le Moyen-Orient. Malraux
façonnera le portrait de Vincent Berger, chef de guerre, ce que
fut Malraux, et philosophe, ce que l'écrivain aimerait être. Berger, éminence grise politique, s'inspire d'Enver Pacha et de la
nébuleuse doctrine du Touranisme. Certains passages
s'amarrent bien à *La Tentation de l'Occident* qui « s'oppose au
Cosmos, à la fatalité au lieu de s'accorder à eux ». Ou :
« L'homme sait que le monde n'est pas à l'échelle humaine;
mais il voudrait qu'il le fût. Et lorsqu'il le reconstruit, c'est à
cette échelle qu'il le reconstruit. » Livré à ses obsessions et à sa
rhétorique, Malraux mêle Platon et saint Paul, l'Hindou croyant
à l'Absolu et l'Occidental se vouant à la patrie et à la mort. Dans
un roman, jusqu'à ce jour, le style de Malraux n'a jamais été
aussi télescopique, avec de vastes descriptions subjectives et
d'immenses phrases imprécises. Il parle d'un Moyen-Orient et
d'une Turquie qu'il ne connaît pas. À son éditeur américain, il
explique de nouveau que cette œuvre sera « un livre sur cette
guerre-ci, de la même "matière" que *L'Espoir* mais avec un
caractère métaphysique plus accentué et politique beaucoup
plus faible. J'abandonne le second livre espagnol dont je vous ai
parlé : ses thèmes vont passer dans le livre français; les problèmes de la guerre, de la vie et de la mort ne sont pas nationaux... Sans doute un tel livre trouvera-t-il audience en
Amérique. Je voudrais donc vous l'envoyer partie par partie,
pour que la traduction fût entreprise dès réception de la 1ère
partie... j'aimerais que vous me missiez au courant. Perdre un
an à traduire un livre de ce genre serait, je crois, dommage [17]. »
Pour sortir de son ambitieux fouillis, Malraux n'écoute pas les
conseils de Gide. Pour obéir à sa logique créatrice, il veut, il
doit, transposer le réel immédiat dans un passé reculé. Il souhaite tout dire dans le même roman et il se vexera lorsque *Life*
refusera de publier un des chapitres les mieux charpentés : « Je
suis moins connu que Monsieur Hitler et moins d'actualité » [*en
effet*], écrit-il à Haas. « La Fosse est un chapitre moyen; ni des
moins bons, ni des meilleurs [18]. »

Malraux envisage, une fois de plus, de gagner l'Afrique du
Nord et, de nouveau, les États-Unis. Au même Haas il écrit en
1941 : « Il est bien possible que j'aie l'occasion de vous serrer la
main avant la fin de l'année [19]. » L'écrivain vit en France mais
ne veut pas s'engager *en* France. La famille loge un temps au
Cap-d'Ail, à la villa Les Camélias, puis revient à Roquebrune.

Malraux se propose de rédiger ses souvenirs d'une guerre perdue, celle de 1940. Ils sont écrits — mais dans sa tête, donc
vécus. Alors, il s'appelle « le forçat de la plume ». De cette lon-
guette pause dans le Midi, il ne tire aucune conclusion quant à
l'action. Mais si : pour lui, écrire c'est agir. Il correspond avec
Jean Paulhan : « Je crois qu'un philosophe est simplement un
homme capable d'aller au bout de sa pensée, d'en connaître les
conséquences et d'en éclairer ce qu'elles recoupent. Je ne sais si
cette définition est bonne pour le philosophe (on s'en fout d'ailleurs) mais elle l'est pour vous [20]. » Et pour Malraux ? Des cartes
interzones, petites, ne permettent pas les effusions. Les écrivains s'écrivent. Ils sont faits comme ça et pour ça. Lettre de
Martin du Gard à Malraux [21] : « J'estime que pour les 7/10ᵉ de
l'Europe, le péril communiste est resté le cauchemar N° 1. En
s'attaquant à lui, le Reich va se rallier non seulement tous les
gouvernements, de Vichy à Madrid, de Stockholm à Ankara,
mais aussi une forte majorité de l'opinion publique : toutes les
classes petites bourgeoises et bourgeoises, toute la population
rurale et tous les chrétiens d'Europe. Ça fait beaucoup de
monde (et cela même en Angleterre et à plus forte raison en
Amérique). » Martin du Gard, puissant romancier, n'excelle pas
ici dans la prédiction. « Du coup, continue-t-il, Hitler redevient
le "rempart" de naguère, et annule le tort que lui avait fait le
pacte germano-russe de 39. » Martin du Gard, politique et stratège, patauge comme beaucoup de Français à cette époque, perplexes et ignorants, cherchant l'étoile polaire au Sud.

Malraux garde le contact avec Drieu, collaborateur, qui
prend le contrôle de *La Nouvelle Revue française*. Gide hésite,
lui, un moment à publier ses textes dans la *N.R.F.* Malraux,
jamais : refus catégorique. Drieu vient néanmoins voir les Malraux. Sur la Côte d'Azur, il circule dans une Renault grâce à
Mme Renault, qui a des bontés pour lui. Josette adore Drieu et
pioche pour lui, dans ses réserves, surtout sur l'étagère des poissons en conserve. « Je suis sensible à cet homme, note-t-elle, à
sa façon d'être, d'écrire. Il est si beau ! Si André n'avait que des
amis comme lui. » Drieu souhaiterait rallier Malraux à Vichy ou
à l'Allemagne nazie. Il ne perd pas tout espoir : « Je regrette de
ne pas vous avoir vu plus longtemps. J'ai l'assurance que vous
pouvez venir à V[ichy] aussi bien qu'ici [*à Paris*] sans la
moindre gêne... Si vous avez besoin de la moindre chose.... »
Sur une carte envoyée de Suisse après la parution de *La Lutte
avec l'ange*, Drieu trouvera l'ouvrage « très germanophile » et
son style « ample » et « souple ». Dans son journal, Drieu
remarque cependant qu'il ne comprend « pas grand-chose non
plus à ce premier volume... Que pense Malraux ? Privé de son

aptitude, il apparaît sans nécessité. Rien de discernable dans *La Lutte avec l'ange*, mais ce n'est qu'un "prélude" ». Pour Drieu, ce roman reste confus, souvent artificiel, et sec malgré son emphase. Malraux pourra se vanter d'être un des rares écrivains français à ne pas publier en zone libre ou en zone occupée. Il dit volontiers aussi, exagérant, qu'il est « le seul écrivain qui ait combattu dans une division blindée [22] ». Oui, comme fantassin.

Malraux confie à Drieu les réserves de Gaston : « Merci de votre carte. J'en conserve les indications. Gaston a téléphoné et vient après-demain. La moitié (*Les Noyers de l'Altenburg*) de mon roman était mauvaise et je la reprends de fond en comble. Que le Dieu de la Littérature soit avec vous puisque celui de l'action est devenu bête [23]. » Malraux aurait quand même été prêt à confier sa copie aux Éditions Gallimard. Comme le jeune Albert Camus et d'autres, il distingue la revue et les éditions chez Gallimard. Son amicale fidélité à Drieu n'implique aucune connivence politique.

Mystérieux rapports que ceux de Drieu et de Malraux, hommes de camps opposés. Malraux connaît mieux le personnage de Drieu que l'écrivain. L'imposture fascine, tourmente ces deux hommes. Sur sa guerre de 1914-1918, Drieu a-t-il raconté des balivernes dans *La Comédie de Charleroi*, valant celles de Malraux sur sa Chine ? En 1941, pour Malraux, Drieu est un cryptofasciste virant au cryptonazi. Pour Drieu, Malraux, cryptocommuniste, cuve une gueule de bois idéologique. Malraux, reconnaissant à Drieu d'avoir procuré un *Ausweis* à Josette, écrit à Gaston Gallimard : « Merci à vs et à Drieu... la situation renversée, je l'aurais fait aussi pour lui. » En commun, les deux romanciers ont le goût des mythes et de Spengler. Malraux admire le courage de Drieu. De bords différents, mais au-dessus de la mêlée des médiocres, ils se placent sur un plan supérieur, au cœur d'une franc-maçonnerie des élites, écrivains, peintres... Ces brahmines peuvent se mitrailler à coups de mots. Ils sont sacro-saints, dans leur personne, les uns pour les autres. Paulhan ne veut pas qu'on touche à Jouhandeau, Chardonne qu'on embête Mauriac. Même schéma pour Drieu et Malraux. Le premier protège aussi Aragon ou Eluard. En novembre 1940, Drieu a demandé au frétillant et francophile lieutenant Gerhard Heller [24] de protéger Gaston Gallimard, Paulhan et Malraux.

André, Josette et Bimbo séjournent quelques jours chez les Chevasson. Louis a repris une usine, les Décolletages de Commentry, dans l'Allier, pour couvrir un industriel juif. Il est enthousiasmé à l'idée que Malraux préfacera des lettres de Lawrence : « Bonne idée. Qui va la publier ? [*une préface*].Vu les rapports, ça m'étonnerait que ce soit la N.R.F.. À ce propos, aurais-tu les Sept piliers ? » Puis de la métaphysique au moka : « Il y a des gens qui reçoivent du café vert du Portugal. Comme tu connais des Portugais [*Chantal Suzanne, confidente de Josette, a épousé un Portugais*], tu pourrais peut-être en faire expédier. On te remettrait l'argent... Et on s'engagerait à copier tous les poèmes de Mallarmé. Tout ce que j'en dis, c'est pour faire plaisir à Germaine [*la femme de Chevasson, également correctrice des épreuves de Malraux*]. Ne te casse pas la tête²⁵. »

Malraux marche dans son jardin, sur la Promenade des Anglais et dans sa tête où s'agitent plusieurs projets. Il amasse de la documentation. Plus de préface aux lettres de T. E. Lawrence, mais, de nouveau, un projet de biographie. Le colonel d'Arabie et le *coronel* d'Espagne ont quelques points et intérêts communs, et d'abord l'archéologie. Là, les compétences de Lawrence étaient supérieures à celles de Malraux. Dans *La Voie royale*, Malraux écrivait que « tout aventurier est né d'un mythomane ». Sur la Côte d'Azur, si on ne rejoint pas la Résistance, la seule aventure consiste à grimper dans les montagnes pour rechercher du beurre, du bœuf, du mouton et des patates. Pour le moment, Malraux ne veut plus vivre d'aventures. Autant écrire celles d'un autre. Par son orgueil, son mépris du pédantisme, son talent, Lawrence devient un personnage de roman proche de Malraux. Lawrence fit des études à Oxford, Malraux imagina les siennes aux langues orientales. La géopolitique les passionne, avec une rage constante de marquer l'histoire de « cicatrices », Lawrence au Moyen-Orient, Malraux en Asie et en Espagne. Ils se rêvent, sont écrivains et hommes d'action. Aimant Dostoïevski et Nietzsche, la publicité et la mystification, ils pratiquent une prose souvent torturée. De ces deux mythomanes, lequel fut le plus dépressif ? Malraux écrit que Lawrence « avait lu en trois ans 4 000 volumes et appris quatre langues ». À peine plus de trois bouquins par jour. Ces deux grands inassouvis, à égale distance de la littérature, de la guerre, de la politique et parfois de la poésie, ont un trait commun agréable : ils ne sont presque jamais bas ou méprisants. Ils sont passés par les troupes blindées, Lawrence finissant deuxième classe dans la R.A.F., Malraux terminant sa guerre chez les « tankeurs », sans char.

Les Anglais seront vainqueurs mais pas demain, dit Malraux à Chevasson. Pia arrive dans le Midi. Il souhaiterait que Malraux collabore à une revue, *Prométhée*, que Pia lancerait contre *La Nouvelle Revue française* de Drieu. Malraux amorce grâce à Pia, une émouvante correspondance avec Albert

Camus [26], cet inconnu qui vit à Oran. Son frère Roland a convoyé un de ses manuscrits, reçu par Pia. Malraux se révèle lecteur méticuleux, bienveillant, passionné de *L'Étranger* [27]. Chevasson l'a aussi lu mais se montre plus réservé : « Pia nous l'avait trop vanté. » Malraux pousse *L'Étranger* chez Gallimard. Dans ses lettres à Camus, l'écrivain de *L'Espoir* est chaleureux. Les deux manuscrits dactylographiés de Camus, *L'Étranger* et *Le Mythe de Sisyphe*, l'ont « secoué ». À Pia :

« Je viens d'achever les manuscrits de Camus...

J'ai lu d'abord *L'Étranger*. Le thème y est fort clair [...]. En gros, Caligula me paraît à laisser en tiroir tant que *L'Étranger* — ou autre chose — n'aura pas familiarisé le public avec Camus. Nous en reparlerons si vous voulez.

L'Étranger est évidemment une chose importante. La force et la simplicité des moyens, qui finissent par contraindre le lecteur à accepter le point de vue de son personnage, sont d'autant plus remarquables que le sort du livre se joue sur ce caractère convaincant ou non convaincant. Et ce que Camus a à dire, en convainquant, n'est pas rien. »

Malraux ordonne ses critiques techniques : « 1. La phrase est un peu trop systématiquement : sujet, verbe, complément, point. Par moments, ça tourne au procédé. Très facile à arranger, en modifiant parfois la ponctuation. 2. Il y aurait avantage à travailler encore la scène avec l'aumônier. Ce n'est pas clair. Ce qui est dit est clair, mais ce que Camus veut dire n'est dit que partiellement. Et la scène est importante. »

Malraux conclut : « Je n'essaie pas de vous dire des choses intelligentes, ni du genre pénétrant, j'essaie de vous dire des choses utiles, ce qui a l'air pion. Tant pis. Quant à la mise en question essentielle qu'a cherchée Camus, qu'il ne s'en fasse pas, elle y est. »

Pia, alors ami de Malraux et de Camus, recopie les remarques de l'un pour l'autre. Camus, qui remercie Malraux de veiller aussi aux détails de ses contrats avec Gallimard, a hâte de lire son livre sur Lawrence. Célèbre, Malraux traite Camus d'égal à égal, avec une touchante gentillesse. Cet homme distant, le cœur caché, aime d'autres êtres — à travers leurs livres. Un pied dans le ciel de sa métaphysique romanesque, un autre dans les nécessités de l'imprimerie et de l'édition, Malraux demande à Camus, pour les éditions Gallimard, les prix du papier et de l'alfa en Afrique du Nord. Camus lui expédie des oranges et des livres concernant Isabelle Eberhardt. Protecteur et protégé se sentent très bien à distance, comme des radars. Avec Gaston, Malraux entretient une correspondance amicale et commerciale : « Mon cher Gaston, pour le papier voici :

50 tonnes seront disponibles ; on aura le reste en principe, mais je dois donner une contrepartie... Et si nous perdons encore un mois, *je n'aurais plus* la contrepartie... André M. » M. peut être aussi bon homme d'affaires que Gaston. « Une tonne de papier vaut de 370 à 400 F... Un wagon peut contenir de 6 à 10 tonnes.... »

Orphelins de la guerre, les Français se demandent : que faire de cet armistice ? Certains, surtout des intellectuels, défilent chez les Malraux à l'irritation de Josette. Elle ne s'intéresse pas aux événements et ne veut pas que ceux-ci attirent le père de son enfant. Qu'André écrive ! Elle ne saisit pas qu'il est inspiré lorsqu'il a vécu des situations : dans ses *Noyers*, les récits de guerre sortent — souvent, avec de belles exceptions — du musée Grévin. Josette est furieuse. Pourquoi tous ces gens, désorientés ou décidés, viennent-ils solliciter Malraux, le poussant vers la clandestinité ? À ce Malraux admiré, *coronel* retraité, son fils sur les épaules, le jeune Roger Stéphane confie qu'il se lance dans la Résistance. Malraux, narquois :

— Si vous voulez jouer au petit soldat.

Après Louis Martin-Chauffier, deux professeurs-auteurs, Jean-Paul Sartre et Simone de Beauvoir, débarquent aussi. Leur minuscule mouvement clandestin Socialisme et Liberté ne durera pas. Comment faire pour combattre le Reich ?

— Avez-vous de l'argent, des armes ? demande Malraux à tous ses visiteurs.

À Claude Bourdet, Boris Wilde, délégué d'un des premiers réseaux de résistance, celui du musée de l'Homme, Emmanuel d'Astier de la Vigerie, Francis Crémieux, Vital Gaiman, Corniglion-Molinier — qui gagnera Londres —, à l'avocat Gaston Defferre, auquel, embarrassé, Malraux demande quelques conseils pour un éventuel divorce, il pose les mêmes questions pour expliquer son refus de s'engager : où sont les avions et les chars ? Chez les Américains et les Russes. Ça, c'est « sérieux ». À Francis Crémieux, il annonce qu'il dispose de chars dans les montagnes. Crémieux pourrait-il faire leur plein ? Pas du tout kantien, Malraux ne se demande pas ce qu'il adviendrait si on avait érigé ses principes en maxime universelle. Si chaque fondateur ou membre d'un réseau ou d'un journal clandestin s'était aligné sur lui, il n'y aurait pas eu un commencement de résistance. Qu'est devenu le militant de *L'Indochine enchaînée*, le patron de l'escadrille España ? On peut l'accuser d'avoir trop de culot, jamais de manquer de courage. Ses visiteurs attendent autre chose : pas, entre deux hennissements, ses « soyons sérieux » ou ses « vous plaisantez ». Tant de tirades géopolitiques débouchant sur l'immobilisme ! Où est le Malraux d'antan ? Il a le sentiment d'avoir perdu la guerre d'Espagne en 1939 et la bataille de France en 1940. Il se méfie de la bravade. Luigi, en gants blancs, ça va de soi, scandalise Simone de Beauvoir, comme les meubles de style, comme le poulet grillé « fastueusement servi ». Sartre demeure ambivalent face à Malraux, archétype exemplaire sans doute — mais fuyant. Auteur de *L'Espoir* tout de même, mais ce « bouquin n'est... pas bon.... a écrit Sartre... plein d'idées et bien ennuyeux ». Sartre a confié au Castor qu'il est « agacé par une ressemblance fraternelle entre les procédés littéraires » de Malraux et les siens... L'auteur de *La Condition humaine* a une réputation internationale. Ce type a exploré l'absurde, la contingence, la solitude de l'homme sur le plan romanesque, mais pas à un niveau philosophique. Malraux a cinq ans de plus que Sartre, une dizaine d'années d'avance au moins comme créateur reconnu.

Quand Roland Malraux vient dans le Midi, il parle aussi de lutter contre les Allemands et Josette ne le lui pardonne pas. Pia, engagé dans la Résistance très tôt, comme Paulhan, ne cherche pas à influencer Malraux : à chacun le moment de ses choix et de ses moyens ; Malraux écrit, ce n'est pas ce qu'il fait le moins bien. Pia sait son ami profondément antinazi, cela suffit. Tous deux plaisantent sur Vichy, sa pompe et ses lois. Pia rapporte une blague du philosophe Brunschvicg réfugié à Aix :

— Qu'est-ce, un hanneton ?

— C'est un insecte qui a trois grands-parents hannetons.

Pia envoie des reproductions de Rousseau et Matisse à Malraux, qui songe aussi — encore — à un *opus magnum* sur la psychologie de l'art. Avec Pia, Malraux s'entretient de ses problèmes familiaux et conjugaux. Josette veut qu'il divorce : « La législation du divorce, écrit Pia à Malraux, risque toujours d'être gravement remise en question par le Maréchal qui a, sur le sacrement du mariage, les opinions de Louis Veuillot. » Josette, femme au foyer, voudrait un Malraux homme au foyer et homme de lettres. Elle persifle :

— Vos amis homosexuels et de gauche...

Souvent, elle n'est pas plus dupe que Clara des embellissements de Malraux : « Il est plus soucieux de faire une œuvre d'art que de dire des choses exactes... », écrit-elle [28]. Comme Clara, elle vénère, sans la comprendre autant, l'intelligence de Malraux. Il lui paraît « rond, bonasse, américain, avenant, jeune ». Puis elle voit un autre masque : « Quand la bouche tombe et que le regard devient aigu, c'est celui d'un clergyman, d'un singe, d'un vieux bonze. » Josette trébuche « sur le piédestal de sainte et Concubine d'André Malraux ». Clara aimait voir André se lancer, malgré lui, dans des scènes de ménage grandioses. André et Josette vivent au bord de scènes rentrées. Dans son cocon, Malraux, crispé, a beau écrire, l'ennui pointe. Il n'envisage pas toujours sans malaise de divorcer, pendant l'Occupation allemande, d'une femme juive. Josette n'est pas aussi sotte que le croit Clara mais popote et soucieuse de respectabilité. Malraux n'a aucun contact avec sa famille du côté de Dunkerque. Là, son cousin Pierre Félix sera arrêté pour résistance et déporté. Malraux correspond avec sa tante Marie Lamy qui, parfois, lui a dactylographié des textes. Il se décide à revoir Clara et Florence : l'enfant, précoce et fragile, souffrant de rhumatismes articulaires, a eu sept ans en 1940. Sans arrêt, Clara parle d'André à Florence, un enjeu aux yeux de sa mère. L'enjeu et Clara ne vivent pas dans le même luxe qu'André. Clara a quitté à temps Paris en mai 1940 : les Allemands se sont rendus tout droit chez elle. Vichy a promulgué des lois anti-juives dès octobre 1940. Clara a rejoint Florence à Lozes dans le Lot. Elles ont gagné Toulouse, habité quelques semaines une caserne de pompiers en compagnie d'autres réfugiés et des punaises. La famille de Madeleine Lagrange les a accueillies. Clara donne des leçons d'allemand.

Elle rencontre André dans un café de Toulouse, place Wilson. Il ne lui soumet pas un manuscrit, il explique qu'il *doit* divorcer. Clara décline l'offre. Elle veut partir aux États-Unis avec Flo. Une fois là-bas, elle acceptera le divorce. Malraux refuse.

— Je croyais vous avoir donné assez de preuves pour que vous puissiez avoir confiance en moi, dit Clara.

— Vous ne le ferez pas, dit Malraux.

— Vous n'avez qu'à utiliser les nouvelles lois antisémites contre moi, ce sera plus simple.

— Vous êtes une salope.

Comment, fin 1940, André Malraux a-t-il pu ne pas donner à Clara l'autorisation de partir avec leur fille aux États-Unis, d'échapper à Vichy et aux nazis [29] ? Serait-il aveugle comme les anciens combattants juifs qui pensaient que le Maréchal ne les abandonnerait pas, eux ? Faut-il s'être beaucoup aimé pour, par moments, se haïr autant que Clara et André ?

La mère et la fille logent dans une pension. Clara rencontre Naoum, réfugié aussi [30]. Clara tient salon dans « la cave », son second logement toulousain où elle attire Jacques Madaule, Nicolas Chiaramonte, François Fejtö... À Paris, Groethuysen et Alix, comme Paulhan, lui restent fidèles. Clara n'a aucun lien avec Drieu. Comme André Malraux dans l'autre Midi, Clara parle de littérature. Elle ne fait pas que *parler* de résistance : avec un nouvel amour, plus jeune qu'elle, Gérard Crazat, révolutionnaire allemand, ancien de la guerre d'Espagne, elle circule entre Toulouse, Montauban, Cahors, Lyon et Paris, transportant tracts, documents, faux papiers, et prend de gros risques. Elle est en contact avec un mouvement de résistance allemand de juifs, de communistes et de protestants. Les femmes conversent avec les soldats allemands dans les trains pour leur soutirer des renseignements transmis ensuite à Londres. Clara travaille avec deux mouvements de résistance français, le M.R.P.D.G. [31] et les F.T.P., et un peu avec deux juifs communistes allemands, Dora et Hans Schaul [32], ce dernier, ancien des Brigades internationales également. Clara doit aussi se ravitailler. La France vit au régime des betteraves, des topinambours et des rutabagas. Avec une carte de rationnement, J2, Flo a droit à du lait, et aux engelures par manque de chauffage. Clara, Dieu merci, se procure de l'huile de foie de morue. Dieu justement, celui des catholiques, il faut s'arranger avec Lui, car Flo est juive par sa mère. Clara la fait baptiser. Conscient du problème, de son côté André expédie un faux acte de baptême rédigé par un prêtre compréhensif. Pour une petite juive, deux actes de baptême ne sont pas de trop en 1941. Après les cours de catéchisme, Flo interroge sa mère : les juifs ont-ils vraiment tué Dieu ? Dieu, pourquoi et comment ? Pourquoi la fin, pourquoi le début ? Pourquoi le mal, pourquoi le bien ? Son père, qui pourrait fournir tant de réponses, est absent. Les mensualités qu'il verse sont intermittentes. Si Clara réclame, elle reçoit en réponse un télégramme malrucien : « Faites comme moi, attendez. » Elle n'est jamais à court de repartie, même télégraphique : « Notre fille a le tort de manger trois fois par jour. » Dans un carnet, Clara note : « L'hiver sera dur avec 2 000 francs par mois. »

À quarante ans, malgré ses curiosités, sa production, ses fulgurances, Malraux ressemble plus à un quadragénaire prudent, tassé sur lui-même, sur ses travaux et la bonne chère, qu'à un homme d'action. Dans son livre sur Lawrence en chantier, *Le Démon de l'absolu* [33], il déclare : « L'exotisme naît lorsque des paysages lointains font naître des sentiments particuliers. » Il est si mécontent de ce livre sur Lawrence qu'il racontera, ou se racontera, qu'il l'a perdu. Comme Lawrence, Malraux égare des manuscrits, soit qu'il ne les ait pas écrits, soit qu'ils ne lui plaisent pas. Pourquoi son échec face à la biographie de Lawrence ? Il a du mal à se couler dans la peau d'un Anglais qui vécut au Moyen-Orient dont il a une connaissance livresque. Il peut entrer dans un autre Malraux, le Claude de *La Voie royale* ou le Magnin de *L'Espoir*, mais il ne peut exister pleinement comme écrivain s'il lui faut se projeter dans des personnages réels, s'il doit les « introjeter [34] » en lui-même, et les jeter sur le papier. Fasciné par Lawrence, Malraux, un peu allergique à l'univers arabe, comme Claudel, en a pourtant perçu et vanté certains aspects, surtout la différence entre loyauté et loyalisme. En 1940, il plaquait par transparence la puissance allemande sur l'empire turc et l'irrédentisme français derrière la rébellion arabe épaulée par la Grande-Bretagne [35].

Malraux voit Jean Grenier, philosophe et ami de Camus, qui ne croit pas à la Résistance [36] :

— Voici la troisième défaite que je vois : la Chine, l'Espagne, la France, dit Malraux, qui souffre de rhumatismes.

Il prophétise avec prescience par moments :

— L'américanisme va triompher sous sa forme économique et culturelle. Déjà le monde entier, et surtout le Japon, vit à l'américaine. Il y a vingt ans seulement, il n'existait pas une vraie culture américaine. Aujourd'hui, Gallimard s'intéresse beaucoup plus à ce que font Faulkner et les autres écrivains américains qu'à ceux d'Allemagne, d'Angleterre ou d'ailleurs. Le capitalisme va se transformer grâce à une meilleure répartition des produits. Pour la première fois se fera l'unité du monde. Après la guerre, se tiendra une sorte de concile de Trente du capitalisme. La Russie, déjà américanisée, restera à l'écart en dissidence, mais il y a eu toujours une religion orthodoxe et un monde slave à part. L'Angleterre est en liquidation. L'Europe continentale sera peut-être allemande pendant plusieurs années comme elle a été française dans la période napoléonienne, mais les États-Unis finiront par l'emporter. Peut-être pour organiser l'Europe choisiront-ils l'Allemagne (moins Hitler) comme seul pays capable de le faire. La France perdra ses colonies. On parle de l'Empire au moment où il est perdu. Le Japon sera attaqué directement, sa structure est faible. Les peuples asiatiques ne veulent pas de la domination japonaise.

1942. Du 15 septembre à la fin octobre, Malraux se remet d'une « typhoïde larvée [37] ». Homme de lettres, il veille de loin sur son œuvre. Avec plaisir, il envisage une édition illustrée par Picasso de *La Condition humaine* [38]. Quand on le taquine à propos de la résistance, il se fâche :

— J'en ai assez de me battre pour des causes perdues.

L'année 1942 est un tournant sinueux de la guerre. En Asie du Sud-Est, les Japonais progressent, font capituler les Britanniques à Singapour mais les alliés débarquent en Afrique du Nord et, à Stalingrad, les Allemands subissent une défaite qui débouche sur une gigantesque capitulation. Les Américains réussissent un raid sur Tokyo. Pierre Laval revient au pouvoir à Vichy. La police française rassemble 13 000 juifs au Vélodrome d'Hiver.

Joseph Darnand crée la milice, spécialisée dans la chasse aux résistants. Plus de zone libre et de zone occupée : l'armée allemande a réunifié la France après le débarquement américain de novembre en Afrique du Nord.

Malraux décide de quitter la Côte d'Azur où il est repérable et en danger. Il gagne Argentat où Josette le rejoint à la mi-décembre. Pour Berl, Josette était « estimable » et « charmante ». Sa cote est bonne dans la tribu Gallimard. Elle a couché avec Michel Gallimard, et sans doute avec Gaston. Josette écrit mieux qu'elle ne parle, mais pense moins bien qu'elle n'écrit. Aux yeux du jeune Robert Gallimard, elle paraissait « attendrissante », pas éblouissante [39]. Après le typhon Clara, certains amis trouvent la brise Josette apaisante pour Malraux ; ce qu'elle fut, un temps.

C'est l'infanterie
qui gagne les
batailles

21

La guerre des drôles

Après le repli des Malraux, un maçon a hébergé Bimbo quelques jours à Beaulieu-sur-Dordogne. Ses parents logeaient à l'hôtel de Bordeaux. Présenté par Emmanuel Berl le 8 septembre 1942 à maître Franck Delclaux, notaire à Saint-Chamant, Malraux devient locataire d'une partie d'un petit château, pour 2 200 francs par mois — oubliant souvent de régler son loyer. Il partage les couloirs, les escaliers et la cuisine avec « Tante Andrée », parente du propriétaire, Jeanne Dumont.

Gaston Gallimard expédie de l'argent et vend pour Malraux des miniatures persanes, un bas-relief assyrien, un lion hittite, des objets tibétains et des Fautrier [1]. Gaston prévoit une édition des œuvres complètes de Malraux, publiée par Skira en Suisse. Un volume comprendrait *La Condition humaine*, *L'Espoir*, *Le Démon de l'absolu* [son « Lawrence d'Arabie »], le *Règne du malin* [*La saga de Mayrena* [2]]. Un deuxième regrouperait, bizarrement, *Le Temps du mépris* et *Le Royaume farfelu*.

Malraux se fait adresser son courrier à Saint-Chamant, à son nom. Sa carte d'alimentation est aussi à son nom. Imprudence, sentiment d'impunité, distraction?

Josette correspond avec son « petit Gaston ». Elle règle les impôts de l'écrivain [3]. Elle s'interroge. Malraux ne conjugalise pas d'emblée. Elle ne doit pas « être une compagne bien drôle », écrit-elle. « Pourtant il doit bien exister au monde un être qui approuverait ma manière d'être. » Où sont les joies d'avant-guerre, de Barcelone et de Madrid? se demande Josette : « Clandestine... André m'aimait. Depuis qu'il vit avec moi, qui peut dire s'il m'aime encore? Il n'a plus un pas à faire pour me retrouver. » Elle tient un journal : « Il aime faire l'amour le matin. Il aime faire l'amour volontiers. Il aime faire l'amour simplement. Puis il noue ses bras autour de mon corps, sa joue contre ma joue ; nous ne bougeons pas plus que deux brins d'herbe [4]. » Elle s'aventure sur « les étranges mœurs asiatiques de cet homme à la célèbre froideur, ce nerveux sanguinaire, ce démoniaque dont il n'est pas prouvé qu'il n'ait pas été un peu homosexuel [5]... ». Josette projette-t-elle?

Avec ses manuscrits, Malraux s'installe dans le bureau d'une tour [6]. Josette correspond avec Suzanne Chantal : « Je vous écris de la terrasse de mon château, avec des pintades habillées de tulle et mon enfant habillé de rouge, caquetant autour de moi. Nous sommes au-dessus d'une belle vallée... Tout cela est roux. Vous en seriez émue... Notre chambre est ronde, comme le bureau, où nous mangeons devant un grand feu de bois... Pour vos rêves d'arrivée, notre ville est Brive », à 25 kilomètres. « Ici, on ne souffre pas du rationnement de la Côte d'Azur. Vous n'imaginez pas notre vie en Corrèze... C'est la paix, nous ne voyons pas un Allemand, jamais... Malraux ne risque pas d'être tenté par des combats. » Josette poursuit : « Nous souffrons de restrictions, pas de champignons de Paris, ni de caviar ni de produits Hédiard, mais nous faisons nos omelettes aux truffes fraîches et à l'armagnac et la gastronomie emplit le plus clair de ma vie, je dois le dire... Je fais toutes les recettes du *Jardin des modes*. Les bombardements corréziens ne sont pas pour demain. » Le *coronel*, le tankeur peut boire, manger, digérer, somnoler, et écrire.

André et Josette sont liés avec maître Delclaux et sa femme Marie-Françoise-Jeanne, rebaptisée Rosine par Malraux, dont Josette est devenue très amie. « Elle [*Rosine*] n'a pas inventé la poudre mais elle a un rapport intelligent avec les choses matérielles, quelque chose de direct, de résolu et d'adroit », écrit Josette. Rosine et André font des promenades dans les bois. Bah! Josette ne sait ou ne veut rien savoir. De son côté, avec Rosine... La « Clandestine », Josette, cuve sa haine de la Légitime Clara : « Je suis si tranquille que je peux penser à Clara en m'en foutant... Jamais je n'ai été plus légitime que dans ce petit pays. » Elle porte une alliance. « Nous sommes venus à cause des Berl et nous ne les voyons jamais. Comme nous sommes seuls au monde, sans intellectuels en vue, nous nous entendons bien. » [*Berl est proche à Argentat.*] Clairvoyante : « Évidemment les circonstances ont permis de tirer toute la couverture à moi. Après la guerre André voudra refaire du cinéma. À nous les pleurs. » Suzanne Chantal compatit. Josette, se vouant aux conserves de poisson, aux terrines, possède Malraux jusqu'à un point incertain. Malraux la félicite. En souriant jaune? À l'inverse de Clara, elle comprend que pour André, un seul écrivain dans un couple suffit. Elle trouve, perd, retrouve André : « Je l'aime beaucoup, je compte sur lui, je lui fais confiance pour les choses graves bien que je le juge un peu balourd. Mais j'aime cette balourdise naïve, son enthousiasme, son coté Wallace Berry [7]. André n'a confiance qu'en lui. » A-t-il vraiment tant d'assurance en profondeur malgré son aplomb coupant ? J'ai du génie, mais où sont mes talents ?

Moins Roland Malraux vient les voir, plus Josette est contente, car il est engagé dans la Résistance, sérieusement, depuis 1942. Grand, mince, désinvolte, yeux clairs bleu-vert, beauté romantique, il a, comme André, de l'allant. Pourquoi parle-t-il sans cesse de résistance ? Roland a fait un Malraux du fils d'André en le reconnaissant. Mais Josette n'éprouve pas la reconnaissance du cœur ou du nom. Roland s'abrite d'abord derrière une « couverture » officielle. Il est chargé de mission dans un service du ravitaillement à Toulouse. Avec André, il bouffonne : « Et je travaille fort bien, paraît-il... Où est donc mon antique paresse ? Lever à sept heures et quart, neuf heures de boulot par jour, tu ne me reconnaîtrais pas ! Moi non plus d'ailleurs... Toujours pas vu Clara, et je ne m'en plains pas. Pourtant j'aurais aimé envoyer à Flo des jouets et des bonbons... Je n'arrive pas à aimer Toulouse. Peut-être parce que je m'y sens plus exilé que nulle part auparavant. Je ne connais personne, ne vois personne, et même ne couche avec personne. Au fond, je voudrais faire un grand héritage, me marier, avoir deux enfants et vivre dans l'abondance et l'oisiveté dans une propriété de quatre cent cinquante hectares. La vie n'a pas l'air de prendre ce chemin-là [8]. »

Roland, volage assagi, plus sensible qu'André à la musique, tombe amoureux de Marie-Madeleine Lioux, jeune pianiste douée. Frère aîné, patriarche admiré de sa peuplade, André a approuvé le choix de son frère et lui a conseillé d'épouser Madeleine. L'écrivain paraît « très tourmenté » à sa future belle-sœur. Il faut toujours le remonter, confie Roland à Madeleine. André Malraux a offert [9] à sa quasi-belle-sœur un disque, la « Danse des morts » de Honegger.

Madeleine a rencontré Josette pendant l'été 1942. Roland se marie à Tulle le 8 janvier 1943. Témoins : Berl, « homme de lettres », et Malraux, « écrivain ». Josette boude la cérémonie. Pourquoi les autres seraient-elles épousées et pas moi ? Les quasi-belles-sœurs se font néanmoins des confidences. Josette a-t-elle lu les bouquins d'André Malraux ?

— Pensez-vous ! Je l'ai joué comme un cheval de race.

Roland et l'autre petit (demi-)frère, Claude, s'enfoncent dans la Résistance à plein-temps. Après sa désertion, Claude regagna la France. Il supplémente ses fins de mois avec des opérations de marché noir. Circonstances atténuantes : les résistants communistes sont mal payés, pour éviter les aventuriers,

les gaullistes rémunérés largement, pour répondre aux difficultés, acheter un policier vichyste ou une voiture ; les services
britanniques, pour lesquels Roland et Claude travaillent,
coupent la poire en deux : un agent touche sa solde d'officier, et
des frais. Claude Malraux, c'est normal, s'offre quelques repas
dans les restaurants du marché noir. Roland et Claude appartiennent tous les deux à des réseaux dépendant du S.O.E. [10]
[*Special Operations Executive*].

Roland est classé CM2, chargé de mission du réseau Nestor, grade équivalent à lieutenant, et devient chef du service des
faux papiers avec quarante agents dans son groupe, réseau
Hamlet. Claude, « le gosse », passe chef de groupe, spécialiste
du « sabotage ». La Résistance catalyse les qualités de Claude,
qui a eu vingt ans en 1940. « Les miracles accomplis sur les
champs de bataille, disait Balzac, nous ont appris que les plus
mauvais drôles pouvaient s'y transformer en héros. »

Roland pense qu'André dispose de talents multiples. Il
glisse à Madeleine, sa jeune femme :

— Il a du génie mais il peut être bien décevant.

Josette, depuis juillet 1942, et Madeleine, depuis janvier
1943, sont enceintes. Peut-être parce qu'il attend un autre
enfant, Malraux écrit une de ses très rares lettres à Florence :
« Mon petit chat, Je t'aurais écrit plus tôt si je n'en avais pas été
empêché. » Par quoi donc ? « Je te souhaite toutes les choses
magnifiques que tu voudrais que l'on te souhaite et que je ne
connais pas, mais que toi tu connais. Je voudrais t'envoyer un
cadeau, mais je viens de revenir dans un petit village où il n'y a
rien : alors je t'envoie un mandat ; ce n'est pas si joli qu'une surprise, mais tu le transformeras toi-même en surprise comme les
magiciennes. » Malraux est de ceux qui font difficilement des
cadeaux *à des proches*. On se livre en offrant un cadeau. Un
chèque, ou un mandat paraît plus distant. Florence a dix ans.
« Je devrais te demander des choses, ajoute Malraux père, parce
que c'est ton premier anniversaire à deux chiffres et que tu
deviens grande. Mais je sais que tu es sage, assez, pas trop, ce
qui est bien. Je sais que tu es 2e ou 3e, et c'est très bien aussi. Et
tout le monde dit que tu l'es sans gros effort, mais que tu fais ce
qu'il faut ; que tu es intelligente, que tu regardes comme ton
papa, et j'ai vu sur les photos que tu es une jolie petite-grande
fille. Tu n'as donc qu'à continuer à être la petite Flo pour me
faire plaisir. » Chute : « Tu es bien gentille et je t'embrasse. Ton
papa. » Malraux ajoute un de ses chats, de profil.

Flo ne reçut pas la lettre, car Clara la conserva [11]. Possessive
et déchirée, Clara veut que Malraux manifeste son affection pour
sa fille *et* démontrer à l'enfant qu'il est un père abominable.

Clara rumine certaines phrases. Malraux, à Toulouse [12], demanda le divorce en disant : « Je ne veux pas que l'enfant de Josette soit un enfant naturel. » Clara, avec son sens de la réplique : « Ça me serait égal, moi, d'avoir un enfant naturel, si seulement sa mère n'était pas juive. » Clara est furieuse et déçue : Malraux fait passer les conventions avant leur sécurité, celle de Florence et la sienne.

Le deuxième enfant de Josette et André, Vincent Jérôme André, naît le 11 mars 1943. Vincent, comme un héros des *Noyers*. Josette souhaitait une fille prénommée Corinne. Si Vincent pouvait être reconnu par un Malraux, comme son frère aîné ! Marié, Roland n'a plus légalement le droit de rendre ce nouveau service. D'abord, pour Josette, ce deuxième garçon est « superflu et laid ». « Ce nez busqué et pointu, cette absence de menton !... Il ressemble à Pierre Renoir, à Harry Baur, Seigneur ! À Sainte-Beuve, à Sperber. Cette bouche mince et sévère et le brillant de l'œil. C'est trop absurde. Naître pour être le raté de la famille... » Puis cette phrase affreuse : « C'était presque comme si j'avais un enfant mort. »

Sur la France pétainiste règne un slogan : « Travail, Famille, Patrie » — qui n'est pas de Berl. Josette, avec son goût de la respectabilité, se retrouve deux fois « fille mère ». Elle attend tout d'André qui ne lui donne pas assez. Elle n'est pas *reconnue*, elle, comme épouse légitime. Madeleine éprouve de la sympathie pour Josette, compatit mais se lasse, de temps à autre, de ses gémissements. Sourcils froncés, soucieux, Malraux a une deuxième famille, les Berger, Goya et le colonel Lawrence. L'écrivain travaille et consomme la gnôle à la prune locale. Pour Josette, Malraux a emprunté une machine à écrire chez l'épicier, Michel Salgues. Il rédige de longues épîtres, familières, en homme de lettres vivant au bord de la postérité. À Louis Guilloux qui a publié *Le Pain des rêves* [13] : « Si c'est une sorte de *Maison du peuple*, bon. C'est alors votre meilleur livre après *Le Sang noir*. Il y aurait un grand avantage à couper bien des choses, tout élément descriptif qui ne concerne pas l'auteur. » Parfois attentif aux œuvres de ses amis, Malraux l'auteur correspond toujours avec Haas aux États-Unis, fait passer ses manuscrits par Lisbonne et le mari de Suzanne Chantal : « Le tome I de *La Lutte avec l'ange* (le roman que vous devez publier), écrit Malraux, est terminé comme vous savez. Je le publie, séparément, en Suisse, en édition de luxe à tirage très restreint. Voulez-vous voir, quand vous l'aurez en mains, si vous envisagez de la publier de même, c'est-à-dire en tirage restreint, ou en édition ordinaire comme un tome I (ainsi qu'on l'a fait pour *Les*

Hommes de bonne volonté de Romains, je crois) ou d'attendre la suite : deux volumes au minimum. Bien entendu, je m'en rapporte à vous. L'important est que cesse la situation présente dans laquelle vous m'avez fait des avances et ne possédez rien ; et vous aurez du moins le texte de ce premier volume. » L'écrivain écrit, et folâtre avec Rosine. Malraux pratique ce que les Brésiliens appellent les amitiés colorées, *amizade colorida*.

Malraux monte la garde au transformateur de Saint-Chamant avec Henri Madeslaire, directeur de l'école. On prend les hommes disponibles par ordre alphabétique. Attendant d'improbables attaques de maquisards, dans une cabane, les requis cassent la croûte. Malraux dit au directeur :

— Si un jour je suis ministre, que voulez-vous que je fasse pour votre école [14] ?

Comment cet homme-là, chargé de famille, surchargé d'œuvres à faire, aurait-il le temps de s'engager, même à mi-temps, dans la Résistance ? Il annonce à Haas la conclusion prochaine d'un deuxième volume de *La Lutte avec l'ange*, qu'il n'a pas entamé. « Avant d'achever le tome II, et pour reprendre haleine, j'écris autre chose. Ça s'appelle *Le Démon de l'absolu*, et c'est un livre sur le colonel Lawrence. Il n'est guère résumable, mais je ne crois pas être ivre d'orgueil en disant que ce sera le livre le plus important qu'on ait publié sur lui ; car on n'a rien publié de bien important. » Malraux possède pourtant l'ouvrage de B. H. Liddell Hart concernant Lawrence, et *La Campagne du colonel Lawrence* de Lowell Thomas. Sur ce dernier il a gribouillé : « Ce n'est pas l'homme qui fait la légende, c'est la légende qui fait l'homme. » *La Vie du colonel Lawrence* de Hart a été publié en 1935. « Il [*son « Lawrence »*] sera fini en août, explique Malraux à Haas. Quand vous en aurez le texte, décidez de le publier ou d'attendre, comme il vous plaira. Le livre est susceptible d'une grande vente, je crois, et si vous croyez devoir attendre une époque plus favorable, faites-le. En principe le livre doit paraître (plus tard) chez Gallimard. (Bien entendu, ma part de droits reste chez vous pour amortir mon débit.) Mais j'ai fait établir que l'édition américaine vous est réservée. Je me remettrai ensuite au tome II de *La Lutte avec l'ange*. » Martin du Gard prend la place de Gide comme conseiller. De Saint-Chamant, Malraux lui écrit : « J'ai repris Lawrence. La situation où je suis, entre me déplaire assez si je ne fais rien et rentrer en demi-imposture si je fais quelque chose d'important, sert du moins à la compréhension du personnage. » Malraux sait-il se comprendre ? Son ami Raymond Aron a remarqué que l'on n'est jamais aussi « opaque » que soi-même à soi-même [15].

Malraux n'apprécie pas la psychologie et, surtout, l'introspection. À Martin du Gard encore : « Mon Lawrence devient un grand livre, et moi de plus en plus attiré par le roman depuis que j'en suis séparé. Sa grande force est décidément d'être la transcription de l'expérience, le chaînon intermédiaire entre la vie et une abstraction quelconque. Si bien que je découvre que les parties les plus subtiles de l'aventure de Lawrence seraient rendues beaucoup plus intelligibles par la fiction que par l'analyse que j'en fais [16]. » Malraux explique plus l'auteur de *La Condition humaine* que Lawrence. Il écrit lentement, comme dans un labyrinthe dont il ne trouverait pas la sortie. Pour l'instant, il n'a pas en lui le feu du roman. Ni, pour toujours, les qualités de l'historien, le goût de l'exactitude et des vérités qu'il faut assembler, analyser et synthétiser avec patience en se fondant sur des documents, des témoignages, leur critique interne ou externe. À sa décharge, Malraux ne dispose pas de la Bibliothèque nationale de Paris ou d'une bibliothèque universitaire convenable. Il remplace les sources livresques par les ressources de son imagination. Ce qui ne lui a jamais déplu, mais, en l'occurrence, l'invention ne supplée pas au manque de recherches. Plus tard, il dira au même Martin du Gard : « Quel drôle de monstre qu'un livre où il n'y a d'art que dans le récit, où l'on ne peut rien inventer, et où surtout, on joue sur la totalité. Le livre sera bon ou mauvais en bloc. » Celui-ci sera mauvais. La première partie est intitulée « Le Temps des échecs ». « Il n'y a pas de grand art sans une part d'enfance, et peut-être pas même de grand destin » sera la dernière phrase de la mouture finale. Replié au cœur de la France, Malraux n'a exploité ni son enfance, ni son adolescence, ni son âge d'homme dans cet épais manuscrit, plus de deux mille six cents feuillets en fin de course. L'écrivain semble privé de démon, d'absolu et de destin. Il signe un contrat avec Gaston Gallimard pour ce livre, mais conservera le manuscrit dans ses tiroirs les plus cadenassés.

Malraux s'intéresse à la pataphysique, grâce à l'éditeur Lachenal : l'irrationnel, l'irréel, le surréel le fascinent [17]. L'écrivain souscrira au journal *Les Cahiers de la pataphysique* et en sera remercié, plus tard, par Lachenal :

— Nous sommes heureux au Collège (de pataphysique) que vous continuiez de payer pour *Les Cahiers de la pataphysique.*

Malraux se retournera :

— Mais suis-je encore payant [18] ?

L'écrivain craint une « demi-imposture » s'il s'engage plus avant avec ceux qui combattent les Allemands en France. À défaut d'agir, il voyage et se rend souvent à Paris. L'été 1943,

Gaston Gallimard a créé le prix de la Pléiade : quelques auteurs Gallimard l'attribuent à un auteur Gallimard. Pour son jury, Gaston choisit de gros calibres, Sartre, Queneau, Arland, Eluard, Paulhan et Malraux. Ce dernier serait volontiers juré, mais la presse collaborationniste attaque ce « bolcheviste », adversaire de la Révolution nationale française et de la Révolution européenne allemande. Malraux se retire du jury.

Avec toutes ses activités littéraires, menant une vie confortable, éloigné des difficultés de la guerre et du ravitaillement, maître de lui-même, Malraux s'enfonce dans son train-train familial. À quarante ans, il se retrouve plus aisé, mais dans une situation comparable à celle de son père autrefois, avec une fille légitime, Florence, et deux enfants hors mariage, Gauthier et Vincent [19].

Josette pense à un des rares intellectuels qu'elle adore, Drieu, et lui écrit : « Vous savez que j'ai un second fils. J'ai hésité à vous demander ceci à cause de ce qu'il y a peut-être d'un peu niais à donner de l'importance à des appellations ou des titres, mais voici ; voudriez-vous être le parrain de ce second bébé ? Les enfants ne sont pas catholiques, mais hors de toute pensée religieuse... Voulez-vous regarder cet enfant un peu d'un autre œil que l'œil ordinaire, — en quelque sorte je vous le confie, s'il y a des choses dont vous considérez qu'il est bon qu'elles soient enseignées à un homme, j'aimerais qu'il les apprenne de vous — j'aimerais qu'il y ait un rapport un peu isolé entre vous, s'il en est digne. Et je ne l'élèverai pas pour qu'il n'en soit pas digne — cette coutume me touche. » La lettre expose l'inconscient de Josette à livre ouvert : « Et André et moi, qui sommes *sans frères* [*je souligne*], voudrions bien donner aux enfants des sortes d'oncles parfaits. Si ça ne vous ennuie pas, voilà, je vous donne Vincent. Pour l'instant, ce n'est pas un filleul honteux. » Josette a bien écrit « sans frères », néantisant Roland qui a reconnu Bimbo. Drieu connaît Roland. Josette, du même coup, efface Claude et donne Vincent comme filleul au plus collaborateur des amis de son compagnon.

Drieu fréquente Otto Abetz, hitlérien francophile et ambassadeur allemand à Paris. On doit à Abetz, et aux éditeurs français empressés, une liste interdisant à la vente 1 060 ouvrages étrangers et français dont *Le Temps du mépris* et *L'Espoir*. Drieu, ayant repris la *N.R.F.*, y a publié « La fin des haricots [20] », article prémonitoire. Il évoque Malraux : « M. est un écrivain engagé dans l'action politique, comme moi. Si la guerre civile éclate, il ne sera plus qu'un chef politique ; moi aussi, sans doute. S'il devient un vrai chef, il sera un ennemi mortel. Donc, si je le rencontrais dans un combat, je devrais tirer sur lui et peut-être n'aurais-je pas le droit d'empêcher qu'on le fusille, prisonnier, dans certaines circonstances extrêmes... Si je ne pense pas cela, je ne prends pas M. au sérieux, je lui fais injure ; et je ne me prends pas moi-même au sérieux. M. est transparent. » Dans son journal, Drieu fera souvent allusion à son ami : « Que pense Malraux ? Privé de son attitude, il apparaît sans nécessité... » Drieu regrettera que son ami ne soit « plus communiste, mais pro-américain ». Il précise : « Il est tellement écrivain qu'il va du côté où l'on peut encore écrire. » Drieu ne peut se séparer de Malraux, et inversement. Adversaires chevaleresques [21] ? Frères ambigus ? Hommes de lettres qui, hasard du destin, ne sont pas dans le même camp ? Drieu s'est félicité du succès de l'écrivain Malraux avant la guerre, l'homme sous l'Occupation le gêne. Chez Malraux, la compassion s'exprime par la fidélité. Malraux a une stature, une statue publique ; Drieu, bourgeois rêveur, cherche encore un socle. Il griffe dans son journal : « Malraux, tout à fait destitué depuis qu'il n'est plus dans le bolchevisme, vit à la campagne, fait des enfants à sa femme entre deux Juifs médiocres et écrit une vie de Lawrence, sans doute pour justifier sa désertion du communisme et sa neutralité gaullisante [22]. »

Josette s'habitue à son deuxième fils : « Il est joli, joufflu et grave, et il a la plus grande gentillesse d'enfant que j'ai jamais vue. Nous pensons qu'il ressemblera davantage à André : il a ses narines. » Avant de signer *Josette Malraux*, elle invite Drieu à leur rendre visite [23]. Malraux aussi correspond avec Drieu : « J'achève mon Lawrence qui m'ennuie. » En même temps, Malraux pense que sa *Lutte avec l'ange* se démarque « du roman-fleuve à la Proust ou à la Martin du Gard » et rejoindrait Joyce ou Faulkner [24].

La Lutte avec l'ange, et pour cause, n'a pas une grande diffusion en France, mais suscite un bel écho : dans les *Lettres françaises* [25], journal clandestin de petit format du Comité national des écrivains, Malraux lit un compte rendu anonyme et louangeur. La dernière phrase de l'article, que Sartre reprendra souvent, est de Malraux : « Ah ! Que la victoire demeure avec ceux qui auront fait la guerre sans l'aimer. »

Malgré ses excursions à Paris, le monde autour de Josette et des petits garçons paraît aseptisé et morne à Malraux. La quête des pommes de terre et des poulets, facile en Corrèze, ne constitue pas une aventure.

Claude Malraux aime le combat résistant. Il n'avait pas vingt-deux ans quand il s'est engagé. Claude et Roland se rencontrent dans un appartement, loué par l'aîné, au huitième étage d'un immeuble, rue Lord-Byron, dans le VIIIe arrondissement à Paris, proche de l'arc de Triomphe. Du vendredi au lundi, Roland retrouve là sa femme. Madeleine, enseignante au conservatoire de Toulouse, fait la navette entre Toulouse et la capitale. Rue Lord-Byron se croisent des aviateurs anglais et des agents français ou britanniques du S.O.E.

Josette n'est pas très au courant. Elle songe surtout à l'après-guerre, plaçant l'actualité immédiate entre parenthèses et derrière ses pots de confiture. Elle prévoit son rôle auprès de Malraux, disant à Madeleine :

— Quand nous serons à l'Élysée, nous mettrons les pieds sur la table. Nous habiterons rue Raynouard.

Provinciale, Josette vit ainsi, par anticipation, dans le XVIᵉ arrondissement, près de la rue de Passy. Pendant cet après-guerre dans un « beau quartier » de la Rive droite, elle verra, décide-t-elle, les Gallimard, les Berl, les Chevasson, Corniglion-Molinier. Pas Clara, bien sûr. Ni Florence. Entre langes et foie gras, Josette rêvasse à ras de terre.

Lorsqu'il se rend à Paris, fin 1943 et au début de 1944, Malraux prend des airs de conspirateur. Chapeau rabattu sur les yeux, il s'emmaillote dans une écharpe. Agent de la Résistance, Malraux aurait été vite repéré. D'un ton théâtral mais souriant, il lâche :

— Ne voyez-vous pas que je suis celui qui complote ? Je vous en prie, ne me reconnaissez pas.

Bouffée d'humour, pointe d'autocritique. Malraux sait parfois se moquer de lui-même. Il trouverait sans doute une petite place comme « salaud » de bonne foi dans *L'Être et le Néant*, publié en 1943. Claude et Roland sont en rapport avec Philippe Liewer, agent important du S.O.E. Le connaissant, dès 1942, André aurait pu adhérer à la Résistance des réseaux britanniques ou français, à Paris ou du côté de Brive. Dans la capitale, Malraux loge aussi dans l'appartement d'Albert Beuret, revenu de son camp de prisonniers en Allemagne. Puis, pour déjouer le diable, la Gestapo, rien de mieux que d'habiter chez un diablotin, Drieu. Quoi qu'en pense ce dernier, Malraux n'a pas apuré ses comptes avec le gaullisme. Il eut des mouvements d'aller-retour, comme tant de Français. En juin 1940, il a approuvé les déclarations du Général mais il ne les avait pas entendues. Il aurait fait transmettre une lettre proposant ses services aux Forces françaises libres, précisant que ces F.F.L. manquaient d'aviateurs. Donc que sa place restait chaude. Il a parlé de gagner Londres [26]. Mais il ajoutait :

— Que ferais-je au milieu des officiers d'Action française qui entourent de Gaulle ? Pourquoi ne pas rejoindre l'Armée rouge ?

Alors que Malraux hésitait, en ces mêmes mois, dans un avion, Charles de Gaulle lisait *La Pharisienne* et s'entretenait avec le capitaine Maurice Schumann. Le Général confiait à son interlocuteur :

— Les deux plus beaux romans de l'entre-deux-guerres, selon moi, sont *Le Journal d'un curé de campagne* et *La Condition humaine.*

Le chef des Français libres nuançait son admiration :

— Mais si j'avais un prix Nobel à décerner, ce serait à Mauriac pour la continuité de son œuvre[27].

Ayant observé de loin ses deux frères dans leur travail clandestin, Malraux prend quelques contacts mais pas une décision irréversible. À ses yeux, la Résistance devient peu à peu « sérieuse ». À défaut d'avions et de chars, elle possède des mitraillettes, des revolvers, des explosifs et de l'argent. Elle pourrait lui donner un rôle à sa mesure. Malraux prend son élan. À Argentat, il déclare à Berl :

— Il faut faire un acte de foi en la personne du général de Gaulle.

Malraux n'a jamais été tenté, absolument jamais, par la collaboration. Ni par le pétainisme, dur ou mollet. D'après lui, on pouvait comprendre — Malraux ne dit pas approuver — le Maréchal, chef de l'État français, jusqu'à ce que les Allemands envahissent la zone dite libre :

— Son dossier, dit Malraux, pouvait être plaidé jusqu'à cette nuit où il [*Pétain*] n'est pas parti [*pour l'Afrique du Nord*].

Jusqu'en 1942 au moins, beaucoup de Français voyaient en Pétain le bouclier et en de Gaulle l'épée de la France, divisée en apparence mais, au fond, unie. Berl réagit à la « profession de foi » de Malraux sans le croire : « J'ai cru qu'il se foutait de moi et puis j'ai vu qu'il ne se moquait pas du tout. Là, je me suis tout à fait révolté. Je lui ai dit : "Comment voulez-vous que je fasse un acte de foi en la personne du Général de Gaulle alors que je ne peux pas répondre — moi — de ce que je ferai dans dix minutes ? Comment peut-on répondre de quelqu'un puisqu'on ne peut pas répondre de soi ?" » Ce Berl a le sophisme facile et solipsiste. Il ne décontenance pas Malraux. Pourquoi Berl, qui ne voulait pas prendre parti pour les républicains espagnols, serait-il touché par la grâce gaullienne ? Le côté cyclique de Malraux reprend le dessus : il y a un temps pour écrire, un temps pour agir, pour être *coronel* ou « tankeur », un pour tourner un film. Un temps pour s'abstenir, un pour s'engager[28].

22

Les *Malraux résistants*

Bertrand de Jouvenel revient de la « visite » d'un maquis. Faut-il s'engager?

— Il n'est pas encore temps, répond André Malraux [1].

Le 3 mars 1943, huit résistants commandés par Claude Malraux, Cicéron ou Serge dans la clandestinité, ont pénétré à l'aube dans les bâtiments de la Compagnie française des métaux, à Deville près de Rouen. Ils neutralisent les gardes et l'équipe de nuit. L'usine fabrique des alliages pour l'aviation allemande. Les résistants démolissent les pompes des presses et des marteaux-pilons ainsi qu'un moteur de 1 200 chevaux. L'usine sera immobilisée quinze jours, la production réduite de moitié pour six mois. Ce jour-là, Yves Montand, chanteur, débute au music-hall l'A.B.C. Puis Maloubier, adjoint de Claude, et six hommes feront sauter un relais électrique, toujours près de Rouen, avec six kilos de plastic [2].

Claude participe à de nombreuses actions. De Londres, on l'a nommé sous-lieutenant. Son réseau, 250 membres, y compris ceux qui tiennent les « boîtes » à lettres ou les dépôts d'armes et d'explosifs, s'attaque à des ponts, des hangars de sous-marins, quelques trains de troupes allemandes. Les chefs ne se contentent pas d'organiser, ils mettent la main au plastic. Un supérieur de Claude Malraux, le commandant Staunton, mène une attaque contre un train blindé. Un autre détachement en fait dérailler un en Corrèze. Les services britanniques du S.O.E.-F. sont implantés presque partout en France. La zone dont dépend Claude va de la Seine-Inférieure et du Calvados à l'Eure. Nom de code : Salesman [*vendeur*]. D'autres réseaux disposent de noms plus pittoresques, Ventriloquist, Clergyman, Diplomat [3]. Les départements de la Dordogne, de la Corrèze et du Lot — très importants pour l'histoire d'André Malraux dans la Résistance — sont maillés par le réseau Wheelwright et opèrent aussi, plus au sud, dans le Lot-et-Garonne, et jusqu'en

Haute-Garonne [4]. Le S.O.E. a un organigramme complexe [5]. En février, Claude a pris le commandement de Salesman, Philippe Liewer, son prédécesseur, ayant gagné Londres.

À l'automne de 1943, Pierre Kaan, normalien, professeur et ami de Sartre, a tenté de faire adhérer Malraux à la Résistance, sans succès [6]. Mêmes résultats que toutes les démarches entreprises auprès de l'écrivain dans le Midi en 1941 et en 1942.

En novembre 1943, Serge Ravanel est chef national des Groupes francs (GF) de l'organisation de Résistance en zone sud, les Mouvements Unis de Résistance (M.U.R.). Ravanel a été mandaté par le C.N.R. pour prendre contact avec Malraux à Brive. Ce dernier laisse entendre qu'il a des liens avec le S.O.E. et pourrait obtenir des parachutages d'armes pour la Résistance. Les entretiens de Ravanel avec Malraux se heurtent à des « dérobades » selon le premier. Tout au plus, Malraux donne le contact avec Roland. Ce dernier, pas plus qu'André, n'a pu obtenir des parachutages.

Roland et Claude, tout d'un coup, cessent de se voir. Le 8 mars 1944, un agent de la Gestapo s'est présenté à la « boîte aux lettres Micheline », au 74 rue des Carmes à Rouen, sur laquelle veillent M. et Mme Sueur. Le gestapiste se prétend réfractaire ; les Allemands le recherchent, déclare-t-il. Il a fourni le mot de passe, arraché par un officier allemand à un résistant interrogé ; il veut rejoindre la Résistance. Les Sueur proposent à l'agent allemand de revenir l'après-midi. Claude Malraux passe à un rythme irrégulier pour récolter les messages de cette « boîte ». Que dire au réfractaire ? lui demandent les Sueur. Claude, imperméable gris et écharpe à la main, le rencontrera à 19 heures, le soir même, sur la place de la Cathédrale. À 19 heures, la Gestapo arrête Claude. Le même jour, une quarantaine de résistants sont ramassés [7].

Le 12 mars 1944, à Londres, les services du S.O.E.-F. [*France*] reçoivent un message de « Mackintoshred » dépendant du commandant Harry Peulevé opérant en Corrèze. Il annonce l'arrestation de « Xlaudemalraux » et de son opérateur radio, Pierre — et la prise de dix-huit tonnes d'armes par les Allemands. Le réseau de Claude aurait été démantelé parce qu'un chef de section a parlé.

L'organisation dénommée S.O.E. (Special Operations Executive) a été créée par Churchill pendant l'été 1940 pour organiser des opérations dans les pays occupés par l'Allemagne. Elle était rattachée au ministère britannique... du Ravitaillement. D'où des frictions. Les professionnels des services secrets reprochaient à leurs collègues du S.O.E. leur amateurisme. Ce n'était pas faux mais cela ne les a pas empêchés de réaliser des actions dont aucun des hommes des services traditionnels n'aurait été capable. Le S.O.E. comprenait une section par pays. La française, S.O.E.-F., était commandée par le colonel Buckmaster. Le 22 mars 1944, Jean Poujet, alias François, avec ses maquisards, attaque des Allemands à Terrasson, en Dordogne. Quelques jours avant [8], aux Quatre routes d'Albussac, entre Brive et Saint-Chamant, accompagnant Marius Guédin, un responsable de la R.5, Poujet l'a vu s'entretenir avec Malraux et un certain Jacquet. Guédin lui dit :

— Tu les as reconnus ?

— Non.

— Celui-là, c'est Malraux. Il veut rejoindre le maquis Armée secrète (A.S.).

Ce 22 mars aussi, Pierre Brossolette, un patron de la Résistance française, pour ne pas faire d'aveux, se jette du cinquième étage d'un bâtiment occupé par la Gestapo, avenue Hoche à Paris. La veille, Roland Malraux a été arrêté avec son supérieur, Harry Peulevé, et transféré à la prison de Limoges. Le registre d'écrou précise qu'il possédait un « émetteur clandestin » et que « son cas est grave ». Roland a été victime d'une dénonciation : un voisin milicien croyait que la maison de Brive, où il se trouvait, hébergeait des trafiquants du marché noir. Roland voyageait avec des valises bourrées de tracts, d'armes, de fausses cartes d'identité et de rationnement. Quelques semaines après [9], Madeleine, sa femme, recevra une visite courtoise de deux Français — policiers ou miliciens en civil ? Que fait-elle ? Professeur au conservatoire. Mariée ?

— Non.

Les visiteurs n'exigent pas d'examiner ses papiers. Sur le conseil de Roland, Madeleine a conservé sa carte d'identité au nom de Lioux. Apercevant un couteau à cran d'arrêt, les policiers disent :

— Vous n'avez pas le droit d'avoir une arme !

Ils ne font aucune allusion à l'arrestation de Roland. La vie peut être bien faite et la police mal. André Malraux apprend l'arrestation de ses frères. Il décide de passer à la Résistance active. Il demande à ses correspondants de ne plus lui expédier de lettres à Saint-Chamant.

Le 28 mars, Claude Gallimard, revenu d'un camp de prisonniers où il a connu Albert Beuret et Jean Grosjean, répond à la Diffusion industrielle nationale, société qui recherche André Malraux pour le paiement d'une voiture.

Malraux lui-même se considère « dans l'illégalité complète depuis mars » 1944 — seulement [10]. Il passe donc à l'action. Quel point de chute pourrait trouver le colonel Malraux qui se surnomme vite le « colonel Berger » ? Se donner comme nom de guerre celui d'un de ses héros est grandiose. Fiction et réalité se touchent, s'interpénètrent avec cet artifice. Grâce à ses frères, André est connu du S.O.E. à Londres. Claude travaillait avec Philippe Liewer qui a rencontré André à Paris, rue des Saints-Pères. L'écrivain disait alors qu'il souhaitait rejoindre les Forces françaises libres. Liewer n'était pas le meilleur parrain possible, travaillant, et fort bien, pour le S.O.E., dont les gaullistes se méfiaient.

Pour les résistants français de l'intérieur et de l'extérieur, avril 1944 a été un mois capital. Venu à Paris assister aux obsèques des six cent quarante-deux victimes des bombardements anglo-américains sur les Batignolles et la Chapelle, Philippe Pétain est acclamé au long des Champs-Élysées [11]. Mais, ce même mois [12], le général de Gaulle devient commandant en chef des armées de la France combattante. Dans cette fonction, il succède au général Giraud, coprésident du Comité français de libération nationale (C.F.L.N.). Giraud démissionne. Les communistes entrent au C.F.L.N. La base du P.C.F. et des F.T.P. se sent plus gaulliste que les hiérarques, qui bercent des arrière-pensées. Alors, de Gaulle apparaît comme le chef unique, politique et militaire, des Français libres. Il consacre une énergie considérable à assurer ses prises sur la *Résistance*. Il écrit, lui, *résistance*. La Résistance s'incarne là où se trouve de Gaulle. Pourquoi André Malraux saute-t-il le pas ? Raison psychologique fondamentale : l'arrestation de ses frères. Quand on s'appelle André Malraux, il faut trouver *sa* place et prendre celle de ses deux frères déportés. Malraux vit-il aussi la culpabilité des survivants, de ceux qui n'ont *pas* été arrêtés [13] ? Grâce à Roland et Claude, André connaît beaucoup de monde dans la Résistance intérieure active, en province et à Paris [14]. Il a aussi croisé Peulevé quand ce dernier organisait le réseau Author en Corrèze. Raymond Maréchal, le Gardet de *L'Espoir,* Mennisier dans la Résistance, dirigeait un groupe Action. André Malraux passe donc en mars 1944 de la sympathie, floue d'abord, puis incontestable, au désir de participation et à l'engagement.

Un ancien de la guerre d'Espagne, le garagiste Manuel Urrutia, présente Malraux à Maurice Arnouil, directeur de la société Sepa-Bloc-Gazo à Brive. Marius Guédin, alias Capitaine Georges, chef départemental du maquis dans l'Armée secrète (A.S.) de Corrèze, rencontre également de nouveau l'auteur de *L'Espoir* à Saint-Chamant. Dans cette région, plus qu'ailleurs, l'A.S., plutôt à droite ou au centre, entretient des rapports tendus avec les Francs-tireurs et partisans (F.T.P.) communisants. Ils se disputent les hommes et se volent des armes. Malraux fait la connaissance du « lieutenant François », Jean Poujet. L'écrivain ne se promène pas toujours dans les bois avec la charmante Rosine. Il a également conversé avec Claude de Baissac, du S.O.E. La rencontre cruciale sera celle avec un officier du même S.O.E., Jacques Poirier, surnommé « Captain Jack » ou « Nestor ». Français, il se fait passer pour Britannique afin de ne pas se mêler aux conflits et rivalités des mouvements de la Résistance.

Berger-Malraux caresse de vastes projets, mais les responsables départementaux et régionaux de la Résistance aussi. Du côté de l'A.S., de vives préventions s'expriment quant à ce *colonel* Berger : il a été à Moscou et a travaillé en Espagne avec les Rouges. Symétriquement, les cadres communistes des F.T.P. se méfient des hommes qui ne sont pas *du* Parti, et surtout des intellectuels comme Berger, dont on sait vite que c'est Malraux. De tous les suractifs et responsables résistants, Poirier est celui qui voit et admire le plus André Malraux. Connu, célèbre, reconnaissable, ne serait-ce qu'à cause de ses tics, l'écrivain n'a pas le profil du résistant passe-muraille. Aux membres de la Résistance, il se présente en expert militaire. Tous ses interlocuteurs ne sont pas dupes de ses « soyons sérieux » répétés ou de ses allusions au « gars de Gaulle » ou au « gars Churchill » suggérant une familiarité inexistante. D'autres sont hypnotisés quand il déploie ses somptueuses et chatoyantes tirades sur l'Espagne ou les opérations de Lawrence en Arabie. Poirier, « Captain Jack [15] », lieutenant puis capitaine Peters et Nestor, responsable du nouveau réseau Digger (qui succède au réseau ou *circuit* Author), se met au vert pour quelques jours. Les Allemands et les services de Vichy possèdent son signalement et sa photo. Londres le lui fait savoir, la Gestapo et l'Abwehr le considèrent comme un dangereux terroriste. Poirier se rend à Paris avec Malraux, également pour tenter de faire sortir de Fresnes un résistant. Son aventure militaire devient une sortie littéraire. Il rencontre Jean Paulhan, qui le loge, et Albert Camus. Le poète résistant Jean Lescure l'héberge dans une chambre à Neuilly. Malraux vient chercher Poirier et offre à Lescure deux pâtés de foie gras :

— Non, c'est trop, dit Lescure.

— Pris à l'ennemi, jette Malraux.

Il contemple une toile de Bazaine offerte à Lescure par le peintre [16]. Mondanités et dîners chez les Gallimard. Malraux retrouve Josette, qui a débarqué à Paris avec Bimbo. Chez Gallimard, elle a reçu un appel mystérieux :

— Métro Censier-Daubenton dans vingt minutes.

Elle a rendez-vous avec Drieu la Rochelle, annonce-t-elle, candide, à André, et elle possède une fausse carte d'identité neuve au nom de Josette Malraux.

— Vous ne pouviez rien faire de pire, dit Malraux, furieux.

Inconsciente, Josette voit Drieu un après-midi et, le soir même, dîne avec André chez Prunier où le maître d'hôtel les accueille :

— Bonjour, monsieur Malraux.

Poirier aussi est invité chez Prunier. Josette et André se quittent, se revoient devant des bouches de métro, aux Tuileries, dînent à la Tour d'Argent, pendant une semaine. Malraux arbore un sombrero et s'enveloppe d'un long pardessus. Idée saugrenue, entre-temps, Poirier a acheté un malinois, type berger allemand. Malraux stupéfait :

— Vous, vous êtes un farfelu. Ce chien !

Poirier et Malraux repartent pour le Sud-Ouest. Des centaines de châteaux, presque tous beaux, parsèment la Dordogne. Josette et André quittent Saint-Chamant, passent à Toulouse, puis au château de Castelnaud.

Dans *L'Espoir*, Malraux l'expliquait, certains hommes souhaitent *être* et d'autres *faire*. Lui, il veut être — enfin — le colonel Berger et agir. Résistant en puissance, *would-be*, il n'est pas responsable d'un maquis. Malraux veut être non pas *un* chef mais *le* chef, l'organisateur, le tacticien reconnu, le stratège admiré, en l'occurrence le patron suprême de la R.5 dans l'organigramme de la Résistance. Ambition certes louable, mais si certains comme Poirier sont charmés, pas subjugués, par l'écrivain autoproclamé colonel, d'autres ayant rejoint la Résistance depuis longtemps n'ont pas l'intention de céder le pouvoir, ou même certains pouvoirs, à ce colonel Berger. Entre *vouloir* et *être*, on trouve plus qu'une feuille de papier à rouler une cigarette.

— Quand on a écrit mes livres, répète l'écrivain, on se bat.

De plus, quel beau sujet fourniraient les maquis, la Résistance armée. Il n'y a d'ailleurs aucune honte à vivre pour écrire. *La Voie royale* et *L'Espoir* le prouvent : toujours, Malraux écrit mieux lorsqu'il a vécu ce qu'il veut décrire. Enfin, lorsqu'il s'entend de moins en moins avec la femme importante de sa vie, il fuit dans l'action, crée les conditions de son action. Malraux annonce :

— J'ai été chargé de diriger la Résistance dans cette région par le Comité national de la Résistance.

Il n'a rencontré aucun membre du Comité national de la Résistance à Paris [17]. Il a même vu, explique-t-il cependant, un chef de la mission gaulliste et un mystérieux colonel. Mieux, le colonel Berger affirme qu'il *est investi* par le général de Gaulle *via* le général Kœnig. Malraux confond être contacté et être chargé. Il a précisé pour Poirier :

— J'ai vu tous les membres du C.N.R. J'ai reçu un mandat du Conseil national de la Résistance. Je dois coordonner l'action de la Résistance dans le Lot, la Corrèze et la Dordogne. En fait, je dois harmoniser les relations entre les différents groupes... Vous pouvez m'aider de nombreuses façons. D'abord en vous informant des objectifs principaux de nos alliés afin que les maquis deviennent très efficaces ; puis avec vos adjoints, en réalisant une sorte d'école d'instruction militaire, et enfin, bien entendu, en organisant les parachutages d'armes. Les autres systèmes de parachutages sont inexistants. [*Allusion au B.C.R.A. gaulliste.*] Vous êtes le seul ayant les moyens de les réaliser.

En effet, Poirier ne pétrit pas des rêves et ne tricote pas des intentions.

Malraux s'est mis en tête de fédérer trois départements qui ne dépendent pas des mêmes régions : Corrèze et Dordogne dépendent de la R.5, le Lot de la R.4 [18]. Les régions R.4 et R.5, explique Ravanel à Malraux, ont été découpées. Cette organisation concerne toutes les structures résistantes tant au niveau régional que départemental, civiles et militaires. Ravanel n'a pas le pouvoir de les modifier. Au surplus — euphémisme poli — une telle modification, que rien ne justifie, entraînerait des complications au niveau des responsables régionaux.

Malraux ne démord pas de sa trinité Lot, Corrèze, Dordogne. Le prestige de Malraux, estime Poirier, pourrait le transformer en fédérateur de la Résistance régionale. Par Malraux interposé, Poirier aiderait à regrouper petits, moyens et grands cadres, qui selon les autorités de Londres, se tirent dans les pattes et ne facilitent pas le ravitaillement en armes de la Résistance. Énergique d'allure et de ton, Malraux circule beaucoup avec Poirier, ce qui est très dangereux. Ainsi, il prend plus de risques qu'un maquisard faisant du surplace dans la forêt de Barade, à l'ouest-sud-ouest de Thenon, centre de la résistance en Dordogne avec Siorac. Malraux, démarcheur de lui-même, rend visite à des groupes de maquisards de l'A.S., des F.T.P. ou du mouvement Vény. Le colonel Berger se dit et dit qu'il *inspecte* ces mouvements. Génie des mots, il a une idée — géniale : il invente un « état-major interallié » de la région, parfois un « état-major interzones », le sien. À Londres existe un état-major interallié. Au S.O.E., M signifie *mission interalliée*. Télescopant ces expressions, Malraux passe du potentiel au réel. Justifiant cette appellation non contrôlée, l'état-major interallié se regroupe autour de Malraux et des officiers britanniques du S.O.E.-F, dont le Français Poirier. Pour cet état-major, René Coustellier, alias Soleil — qui dit mieux comme surnom de résistant ? —, déniche un premier quartier général. Jacques

Poirier et Maurice Nusenbaum frappent à la porte de maître Aubriot, notaire à Siorac. Poirier et son radio, le capitaine anglais Ralph Beauclerk, s'installent chez lui. Soleil loge Malraux et un autre Anglais, Peter Lake, chez le maire. Malraux-Berger, comme un roi de France en quête d'un royaume et de troupes, va de château en château. À Sainte-Marie, on lui offre le couvert mais pas le vivre. Soleil le fait passer par la maison de Fernande Vidalie à Castelnaud-Fayrac. Beauclerk installe sa radio dans le grenier. Qui dira l'héroïque solitude de ces opérateurs par lesquels passent les messages de la Résistance ? Berger-Malraux sème des mégots de cigarettes anglaises. Donc, il est en liaison avec Londres, ce « Monsieur qui renifle tout le temps », ce *mouchidaïre* dit-on en patois. Poirier apporte « peut-être plus d'éléments dans la corbeille du mariage » de « l'état-major » que Malraux. Captain Jack offre les relations directes avec Londres, les parachutages, les armes, de l'argent [19], une organisation puissante. « Malraux apportait le colonel Berger ou plutôt Berger nous prêtait Malraux », dira Poirier. Un communiste, Charles Brouillet, dit « le Bolchevique », fournit aide et conseils avisés.

Malraux ne manifeste pas un attachement ébloui à de Gaulle. Il le juge devant Poirier :

— Je ne le connais pas, je n'aime pas ses discours, mais s'il fait un trou parmi les alliés, nous aurons gagné la guerre... sinon, dit-il en faisant un large geste...

Poirier, comme Lake ou Beauclerk, et les autres officiers britanniques sur le terrain, contourne les querelles politiques de la Résistance. Certains résistants veulent l'unité et la discipline, d'autres ont des vues politiques à terme [20]. Poirier se passionne pour les besoins des maquis et les parachutages, Lake se consacre au maniement des armes et du plastic, Beauclerk travaille avec sa radio et parfois joue du piano :

— Vous interprétez les mêmes morceaux que ma belle-sœur, dit Malraux. J'aurais aimé jouer d'un instrument.

Le réseau Nestor-Digger réalisera plus de quatre-vingts parachutages. Trace de l'influence de Malraux dans un message transmis par la B.B.C. : « Les farfelus sont réunis » ! Ou encore : « Le temps du mépris tire à sa fin » ? Pour aucun des agents britanniques, Malraux, qu'ils aiment, n'a de valeur militaire. Poirier apprécie sa personnalité. Il pense que certains sont faits pour agir et d'autres, utilement, pour parler. Avec gentillesse, il joue Malraux comme carte. Le gribouille n'est pas celui qu'on croit.

Centripète plutôt que centrifuge, replié sur lui-même, l'état-major interallié du colonel Berger a toujours des liaisons radio avec Londres grâce à Poirier et Beauclerk. Cet état-major mirifique n'est pas et ne sera recensé dans aucun organigramme de la Résistance. Quel est, dans l'esprit de Malraux, l'organigramme théorique de son état-major, parfois aussi état-major « interzones » ? Numéro un, André Malraux; numéro deux, Jacques Poirier. Conseiller spécial, lieutenant Roche Bouët, alias Aumale. Numéro trois, Peter Lake, instructeur. Radio : Ralph Beauclerk qui travaille avec un poste B Mark 2 — vitesse : vingt-cinq mots par minute — à la merci des repérages radiogoniométriques des Allemands. La garde débonnaire de l'état-major, ramassé sur lui-même comme une monade, comprend de dix à quarante maquisards. Ce « P.C. », ce « Q.G. », cet « état-major » existe aux yeux de Malraux. Quelle importance si, à Londres ou ailleurs en Grande-Bretagne, ni les Britanniques, ni les Américains, ni le S.O.E., ni le B.C.R.A. du colonel Passy, ni le C.N.R. en France ne sont au courant de son existence ? Lorsque la mise paraît un peu élevée, « l'état-major interallié » devient « *le P.C.* interallié » : « poste de commandement », moins grandiose qu'« état-major ». Dans les faits existe le réseau S.O.E. Digger : chef, Poirier — n° 2, Peter Lake —, radio Beauclerk, le commandant Robert, père... de Poirier... sous les ordres de son fils. Poirier ne parle jamais à Londres de « l'état-major interallié ». Grâce à Poirier et à ses hommes, Malraux, qui n'a pas de commandement, jouit d'une certaine autorité... Lorsqu'il rencontre des responsables, Malraux lance :

— À vous de jouer.

Lui, il joue au chef. Il n'évite pas les gaffes. Ainsi, se trompant de film, il s'adresse à des maquisards non communistes et lève le poing. Dans une curieuse cohérence rêvée, alors, il ne vit plus en Corrèze ou en Dordogne, il se retrouve sans doute à Barcelone ou à Madrid. Il convoque, reçoit, discourt, promet d'expédier des messages à Londres, relève la tête d'un geste brusque, écarte sa mèche, appuie son menton sur ses mains, fixant des points invisibles à l'horizon de l'Histoire. Aux vieux et aux jeunes maquisards, il tient des propos incompréhensibles. Il évoque le « cercueil de Lénine enveloppé dans le drapeau rouge de la Commune ». Ne tenant pas le devant de la scène, il devient spectateur malgré lui, assistant à un conseil de guerre des résistants qui condamne un traître. Il ne préside pas ce conseil. Il peut s'identifier à quelques héros de *L'Espoir* et tonner :

— Nous cherchons l'efficacité.

On retrouve même le Malraux de Moscou dix ans avant : le communisme, disait le regretté Lénine, c'est l'électricité + les

Soviets ; l'efficacité serait l'unité de commandement, donc Malraux + la résolution des problèmes matériels. Cette unité sous ses ordres, l'écrivain la prêche mais ne parvient pas à la coaguler. Seul le groupe mobile Alsace, avec Bernard Metz, étudiant en médecine, et Antoine Diener, instituteur, accepte l'autorité de Berger. Ce groupe comprend surtout des Alsaciens et des Lorrains réfugiés, dispersés dans trois centuries au sud, la Bir-Hakeim et la Verdun autour de Périgueux, la Valmy près de Brantôme. Diener alias Ancel, rencontrant le colonel Berger, reconnut l'écrivain. Ancel cherchait des armes pour une cinquantaine d'hommes. Malraux promit des munitions, des explosifs, du plastic surtout. Ancel reçoit le colonel Berger près d'une ferme, ses hommes au garde-à-vous autour d'un mât pour hisser les couleurs. Malraux lance :

— Vous voulez des armes, vous en aurez ! Vous voulez vous battre, vous vous battrez !

À partir du 4 juin, en effet. Malraux ne dit pas : « *Je* vous les donnerai. » Il le laisse entendre.

De cette tournée-là, Malraux revient enchanté. Formidable, cet Ancel ! Au Q.G. (ou P.C.) de l'état-major, Poirier, Berger et d'autres écoutent le général de Gaulle sur les ondes de la B.B.C. Le 5 juin à 21 h 15, des messages de cette B.B.C. — cordon ombilical entre la Résistance extérieure, les F.F.L., et la Résistance intérieure, les F.F.I. —, avant le débarquement du lendemain en Normandie, ont donné des consignes à la Résistance : *La girafe a un long cou*, annonce du débarquement allié ; *Sa jupe est rouge*, sabotage des lignes téléphoniques ; *Le facteur est en retard*, sabotage des routes et attaque des convois allemands.

Malraux ne participe pas aux combats. Pourquoi un colonel le ferait-il ? Ses responsabilités sont trop grandes [21]. Mais surtout, le colonel n'a aucune troupe rattachée à lui. Les maquis, dans la mesure de leurs moyens, exécutent les ordres de Londres et passent à l'attaque. La division d'élite *Das Reich* doit gagner la Normandie. Elle mettra dix jours à y parvenir [22]. Les maquisards l'ont retardée, faisant sauter des voies de chemin de fer. Armés de quelques bazookas, de rares fusils-mitrailleurs Bren, excellents, et de milliers de mitraillettes Sten, camelote imprécise à vingt mètres mais bon marché, de fusils de chasse ou de guerre archaïques, de grenades Mills. Les hommes de ces forces ne sauraient attaquer de front ces soldats allemands surarmés, y compris ceux qui n'appartiennent pas à la *Das Reich*. Les F.F.I. peuvent creuser des tranchées antichars, abattre des arbres et faire sauter des rails. La deuxième division de Panzer *Das Reich* a des Tigres dernier modèle. Elle dispose d'un dixième des blindés allemands sur le front de l'Ouest, de canons tractés, d'automitrailleuses, de 3 000 véhicules dont 359 de guerre [23] et de 13 421 hommes avec beaucoup de jeunes recrues, y compris des Russes et des Hongrois, mais encadrés par des officiers et sous-officiers, vétérans du front de l'Est. Les maquisards ont affaire à des bataillons d'infanterie. Lake fait sauter des rails sur cinq cents mètres. Le commandement allemand signale à ses troupes le 10 juin : « Toutes les communications avec Brive, Tulle, Périgueux sont aussi perturbées [24]. » Les maquisards créent un climat d'insécurité et mettent les Allemands en position défensive [25].

Le débarquement, la guerre en France, les efforts et les exploits de la Résistance ne font pas oublier la littérature à Malraux. Deux agents de liaison, détachés par les F.T.P. — les communistes prennent des précautions, sait-on jamais —, Raphaël Finneclerc et Léon Lichtenberger, ébaubis, passent huit jours avec l'écrivain. À ces jeunes, celui-ci donne l'impression qu'ils sont « ses égaux ». Son raisonnement, jugent-ils, est « comme une spirale », tournant sur lui-même, mais se portant à un niveau supérieur. Ils l'interrogent sur la littérature, le passé, le présent, la Chine, l'Espagne. Malraux s'efforce, selon eux, de leur tenir « un langage simple entrecoupé d'éclairs éblouissants [26] ».

Du 8 au 11 juin, des missions S.O.E. sont parachutées. Chacune comprend un Britannique, un Américain et un Français. Deux équipes surgissent chez Malraux. L'une sera paralysée car elle ne s'entend pas avec les hommes de Poirier. L'autre, conduite par le commandant Mac Pherson, travaille avec les F.T.P. Malraux et Mac Pherson ne se comprennent pas et s'engueulent. Ceux qui n'ont aucune illusion sur les capacités de stratège ou de tacticien de l'écrivain-colonel le trouvent néanmoins impétueux et audacieux, *daring* disent les agents britanniques.

Le 11 juin, à Domme, près de Castelnaud-Fayrac, Madeleine Malraux accouche d'un garçon, Alain. André Malraux, comme Josette, se rend auprès de l'accouchée. Imprudent, ce patron de l'« état-major interallié ». Dans une Citroën avec Captain Jack, le colonel Berger se trouve tout d'un coup face à des chars allemands. Malraux sort un 7.65 et tire sur les Allemands éberlués.

— André ! dit Captain Jack avec une moue de reproche amusée.

La Citroën fait demi-tour. Un état-major, même sans troupes, ne doit pas être pris par l'ennemi. Malraux se déplace encore. Il s'installe dans la maison de l'abbé Dufraisse à

Limeuil, puis au château de La Vitrolle, magnifique demeure du XVIIIe siècle. Deux semaines après le débarquement, prenant d'énormes risques, il reprend sa tournée des maquis et des popotes. Des différends opposent les groupes de la Résistance ; « frontières » de leurs zones, questions de préséance, problèmes de finances, chamailleries sur la répartition des armes, objectifs politiques pour certains responsables, s'enchevêtrent. La Résistance est un mélange d'héroïsmes, de jalousies, d'imprudences, de coups étourdissants et de bricolage, de forces et de faiblesses, de courages et de lâchetés, de tragédies avec des apartés comiques — la guerre en somme. Malraux, héros de la guerre d'Espagne, se montre brave mais il ne possède pas la panoplie du résistant chevronné, ni l'ancienneté, ni l'expertise. Pas de faux papiers non plus. Et ce pseudonyme, colonel Berger ! Heureusement, les hommes de l'Abwehr et de la Gestapo, les miliciens et les indicateurs de Vichy n'ont pas lu *Les Noyers de l'Altenburg*.

En cas de litige entre résistants, autant être jugé par ce Berger, Salomon *interallié*, qui a une présence et de la prestance. Maintenant, Malraux se présente comme chef de tous les F.F.I. de Dordogne et, accessoirement, de nouveau, comme le représentant personnel du général de Gaulle. Ses liens avec le S.O.E.-F. britannique ? Aucun problème, puisque, précise Malraux, les réseaux prétendument britanniques sont passés sous les ordres du général Kœnig [27]. Un inévitable désordre règne dans les maquis, surtout après qu'ont afflué les hommes requis par les Services du travail obligatoire (S.T.O.). Chacun joue son jeu, l'A.S., les F.T.P., le S.O.E. Comme beaucoup d'autres chefs, réels ou supposés, Malraux voudrait justement mettre de l'ordre dans cette galaxie. Il agrandit son titre. Il est patron des F.F.I., n'est-ce pas ? Mais il réduit sa zone d'influence. En Corrèze, elle reste limitée. Il prospecte le Lot. La R.4, région de Toulouse, dont dépend le Lot, est commandée par Ravanel. Le colonel Berger ne sera pas patron des F.F.I. du Lot, Ravanel a été clair sur ce sujet. Malraux encaisse ou accepte ses échecs, temporaires, nul doute. Il ne se satisfait pas du rôle de médiateur ou d'intermédiaire qu'on lui concède parfois. À Ravanel, il transmet une demande du commandant Vincent, alias Vény, qui souhaite intégrer son unité directement aux F.F.I. sans passer par l'A.S. ou les F.T.P. Malgré sa bonne volonté, et la volonté de son ambition, Malraux demeure un cacique potentiel marginal, avec Captain Jack ou George Hiller à ses côtés. Après tout et malgré tous, Malraux fut le premier résistant français au nazisme — en Espagne.

Le 25 juin, une unité de la 11e division de la Wehrmacht

fait mouvement vers Limeuil. Malraux et les siens se dispersent pour se regrouper au château de la Poujade à Urval,
superbe chartreuse. Alors, Malraux se brouille avec Soleil[28].
Malraux lui rend visite à la limite du Lot et de la Dordogne.
Rencontre rocambolesque. Que se disent les deux hommes ?
Soleil ne fait pas allégeance. Malraux repart, *persona non
grata*, comme certains officiers du P.C. interallié. À Urval,
on parle stratégie, littérature, politique. Le lieutenant Marc
Gerschel, « Gilbert », parachuté dans la nuit du 1ᵉʳ au 2 juillet,
a deux entretiens avec Malraux. Au cours de ses allers-retours
entre la France et l'Angleterre, Gerschel s'est évadé de la
prison d'Eysses.

— La centrale d'Eysses ? coupe Malraux, je connais, parfaitement. Nous en avons sorti les principaux détenus.

Gerschel n'en revient pas : Malraux récupère, avec son
nous de majesté omnipotente, l'évasion de vingt-quatre prisonniers, dont lui-même. Dommage, se dit Gerschel, cela aurait dû
se passer comme ça, c'était si beau. Gerschel hasarde un jugement :

— Il y a trois écrivains en France qui peuvent passer pour
des écrivains d'action... Saint-Exupéry, intellectuel qui se veut
homme d'action... Henri de Monfreid... homme d'action qui se
veut intellectuel, et puis il y a vous qui pouvez faire la synthèse.

Ce survol n'amuse pas Malraux qui grimace. À Gerschel, il
paraît vaniteux. Toute allusion à quelqu'un qui n'est pas lui
semble déplacée. Après, le colonel Berger entame un discours
annonçant *La Psychologie de l'art* et *Les Voix du silence*. Gerschel savoure cette performance-là[29]. Malraux se présente à
Marcheix, au P.C. des colonels Georges et Hervé, pour prendre
le commandement de l'A.S. On le remercie, aux deux sens[30].

Malraux promet des armes à qui le sollicite ou l'entend.
Des parachutages *annoncés* par lui devraient l'aider à s'imposer.
Londres demande à Poirier de repérer les lieux de réception
d'un immense parachutage[31]. Le 9 juillet, au cours d'une
réunion au maquis où doit se discuter la localisation des terrains à préparer, Malraux retrouve le commandant Pierre Élie
Jacquot, breveté d'état-major, qu'il connut avant la guerre,
attaché au cabinet d'Édouard Daladier. Militaire de carrière,
Jacquot a commandé le 40ᵉ régiment d'infanterie à Brive.
Comme Malraux, il vient de passer dans la clandestinité en
rejoignant l'Armée secrète (A.S.). Malraux décrète qu'il a besoin
d'un adjoint français compétent sur le plan militaire. Jacquot
accepte le titre.

Le 14 juillet, date symbolique, à l'aube, sur quatre points
du territoire français, ont lieu les plus importants parachutages

de la guerre avec 150 forteresses volantes américaines et 200 chasseurs de la R.A.F. Malraux passe sur le premier terrain de Loubressac, Poirier sur celui de Moustoula.

Malraux maintenant se présente en uniforme, avec d'assez larges galons, des leggins ou des bottes, comme son père en 1915. Il s'attribue la responsabilité du parachutage dû à Poirier. Grâce à celui-ci, des milliers de mitraillettes, de pistolets, de grenades et des munitions avec quelques fusils-mitrailleurs et bazookas, mais pas de mortiers ou de canons antichars, sont répartis jusqu'au Tarn-et-Garonne.

Ce colonel Berger n'a pas d'ordres à imposer aux dirigeants régionaux de la Résistance[32], précise le 16 juillet Maurice Bourgès-Maunoury, délégué militaire de la zone sud. Gardé par des éléments du groupe Vény, Malraux convoque en son château d'Urval les responsables qui acceptent au moins de le voir[33] :

— Avec la guerre, la vraie guerre, leur lance-t-il, une théorie ne veut rien dire, qui n'est pas mise en pratique, en mouvement. Quand la plus grande division cuirassée du IIIe Reich est chez vous et qu'elle ne doit en aucun cas arriver en Normandie, c'est ça la guerre.

La division *Das Reich* combat en Normandie depuis un mois. Malraux déclare aussi :

— Vous êtes des chefs, je vous confirmerai dans votre commandement si vous prenez l'engagement d'attaquer et de vous battre lorsque je vous en donnerai l'ordre... je ferai exécuter ceux qui n'obéiront pas.

On se transporte d'emblée dans *La Condition humaine* ou, de nouveau, dans *L'Espoir*, loin des maquis français. Malraux ne semble pas conscient du danger qu'il fait courir, et court lui-même, en réunissant des responsables à Urval. Il ne remplace d'aucune manière, pour la Corrèze et la Dordogne, Rousselier, « Rivier », patron des F.F.I. de la R.5, ou le colonel Coulaudon, « Gaspard », pour la R.6 autour de Clermont-Ferrand. Ni Ravanel, commandant toujours la R.4. Ni les F.T.P. ni l'A.S. ne sont aux ordres de Malraux. Du coup, conciliateur politique, il se présente en « inspecteur général des F.F.I. pour la Dordogne, le Lot et la Corrèze », voie de garage honorable mais honorifique. Donc, Malraux, en tenue, inspecte encore, passe en revue. Le 22 juillet, escorté d'un officier anglais et du colonel Vincent, « Vény », avec panache mais sans pouvoir, il rend visite à un maquis du village de Villelongue, près de Rodez. Les maquis Vény lui restent dévoués.

Pour rejoindre son Q.G. d'« inspecteur » général, malgré

les conseils prodigués, il refuse d'emprunter des chemins de campagne. Sa traction avant Citroën roulera sur des routes :

— Les nationales sont faites pour qu'on y passe, lance le colonel Berger.

Tant pis pour les miliciens ou les soldats allemands qui traîneraient sur ces axes. À défaut de commander, Malraux a fait une tournée. Il se démontre, dans le mouvement, à pied et en voiture, qu'il ordonne et met de l'ordre. Être, si l'on ne peut *faire*, c'est paraître. À travers trois départements, il apparaît dans les bois et les champs, les villages et les châteaux, en vareuse ou blouson. Courageux jusqu'à l'intrépidité sur ces routes dangereuses, virtuose du verbe, il ne passe pas inaperçu. Les rumeurs, flatteuses ou non, le précèdent : Berger, c'est Malraux. Voilà Berger, Malraux arrive. Poirier a la main sur l'infrastructure du S.O.E., chapeauté en théorie par cet état-major interallié gazeux, avec quelques éléments réels et d'autres imaginaires, des apparences, peu de substance. Dans les situations compliquées et confuses, Poirier, bon officier et bon prince, pense toujours que certains comptent plus « par ce qu'ils disent que par ce qu'ils font ». Ce 22 juillet donc, la Citroën noire de Malraux emprunte le chemin départemental 14 vers Gramat. Sur la banquette avant, à côté du chauffeur, Marius Loubières, un garde du corps, Émilio Lopez. À l'arrière, tassés, le Britannique George Hiller, le colonel Berger et Henri Collignon. Sur ce C.D. 14, les Allemands ont dressé des barrages de troncs d'arbres et de branchages. Vers 17 heures, à la sortie d'un virage, la Citroën approche de soldats allemands qui tirent. La vitre arrière de la traction éclate. Les résistants sortent de la voiture. Malraux tombe, une balle a brisé une de ses leggins, une autre éraflé sa jambe droite. Les résistants courent. Hiller, s'échappant, blessé, finira rapatrié par avion à Londres sur un Lysander. Les Allemands conduisent Malraux dans une villa sur la route de Figeac, puis à l'hôtel de Bordeaux [34].

Déclinant ses titres, il se dit chef militaire de la région. Il suit les consignes : pris, un résistant doit s'accorder le grade le plus élevé possible pour éviter l'exécution immédiate. Ensuite, il faut tenir deux jours sous la torture. Malraux écrira qu'on l'a placé face à un peloton d'exécution [35]. Il est devenu, par empathie, le Hernandez de *L'Espoir* dont il a eu quasiment les pensées : « Quel sens sa vie avait-elle, en aurait-elle jamais ? Mais j'étais aspiré par une curiosité tragique de ce qui m'attendait. » Ce fantasme du j'ai-failli-être-fusillé-quel-bonheur-atroce a aussi saisi Maurice Blanchot dans un court texte, peu connu, *L'Instant de ma mort* [36]. Plus tard, Blanchot écrira : « Revenu à Paris, il [*le héros, sosie de Blanchot*] rencontra Malraux. Celui-ci lui raconta qu'il avait été fait prisonnier (sans être reconnu), qu'il avait réussi à s'échapper, tout en perdant un manuscrit. "Ce n'étaient que des réflexions sur l'art, faciles à reconstituer, tandis qu'un manuscrit ne saurait l'être." Avec Paulhan, il fit faire des recherches "qui ne pouvaient que rester vaines". » Malraux n'a jamais prétendu s'être « échappé ». Mais le thème du manuscrit-détruit-par-les-Allemands se solidifie en un autre leitmotiv [37].

Les interrogations subsistent. André Malraux, prisonnier, a-t-il vraiment fait allusion à sa renommée d'écrivain, déclaré qu'il avait enseigné et donné des conférences à Marbourg, Leipzig et Berlin, affirmé — c'eût été de bonne guerre — que son unité détenait une centaine de prisonniers allemands ? Malraux se dira « lieutenant-colonel [38] ». Avait-il vraiment sur lui une ampoule de cyanure, comme certains résistants — et comme un héros de *La Condition humaine* ? Que penser de son dialogue avec le lieutenant-colonel Traugott Wilde qui l'aurait interrogé ? Avec les officiers allemands rencontrés dans ces circonstances dramatiques, Malraux, dans *son* souvenir, se livre à des échanges de haut niveau, dignes du *Silence de la mer*. Au maquis, on lit aussi Vercors. Dans la version de Malraux, le lieutenant-colonel demande à Berger pourquoi la Résistance détruit ce que les Allemands peuvent vite réparer. Ont-ils réellement parlé des chars, si chers à Fernand et à André Malraux ? Wilde a-t-il demandé à ce Français prisonnier si les résistants disposaient d'armes antichars, pour recevoir une réponse affirmative ? Si c'est le cas, gagnant du temps, appliquant une consigne de la Résistance, Malraux aurait donné des renseignements utilement faux [39]. Il n'est pas exécuté. Pourquoi, puisque les ordres étaient de liquider les « terroristes » ? L'a-t-on confondu avec son demi-frère prénommé Roland Fernand *Georges*. L'écrivain, à l'état civil, reste *Georges* André Malraux. Les Allemands le soignent. On a, écrira-t-il, « fait sur mon pantalon [*sic*] un pansement de fortune ».

Malraux passe la journée du 23 juillet à l'Institution Jeanne-d'Arc de Figeac. Des religieuses lui procurent du vrai café et un Nouveau Testament car il veut relire l'Évangile selon saint Jean [40]. On l'enfourne dans une ambulance allemande prenant la route de Villefranche où il sera soigné par le docteur Dufour. Le 24, il couche à Albi où se déroule — dans les *Antimémoires* — une autre merveilleuse scène de roman, superbe fragment d'anthologie littéraire. Selon le colonel Berger, une sentinelle lui montre des photos du maréchal Pétain et du général de Gaulle. Cet Allemand aurait mis un doigt sur la photo de Pétain, disant : « Très bien. » Puis un autre doigt, avec réprobation, sur celle du général de Gaulle : « Terroriste. » Enfin, ce même soldat aurait ajouté : « Demain... Peut-être, très bien » et désignant de nouveau Pétain : « Peut-être terroriste. » Un troufion allemand aurait donc eu, dans ces circonstances, une photographie du général de Gaulle ? Même chez les résistants, on ne voyait alors guère de portraits du chef de la France libre. Malraux lui-même avait vu, pour la première fois, une photographie de Charles de Gaulle quelques semaines avant. Par ailleurs, la vision politique de la sentinelle paraît bien fine. Était-ce un autre Ernst Jünger, mais soldat de deuxième classe ?

À Revel, Malraux loge au rez-de-chaussée d'une villa abandonnée. Le lendemain, on le mène dans un château. Encore un, sous un angle différent. On présente le prisonnier au commandant de la IIᵉ division, le général Wend von Wietersheim. Selon Malraux, derrière un bureau Louis XV et des lunettes noires, sous ses cheveux blancs, le général se montre courtois. On peut glisser sur les cheveux blancs, en l'occurrence parfaitement bruns, ou sur des lunettes de soleil que ce général n'a jamais possédées. On ne peut passer sur la romanesque discussion rapportée par l'écrivain. Elle *sonne* magnifiquement [41], un dialogue à la Malraux, courtois, littéraire, géopolitique :

« Je voudrais savoir de vous, avança le général, pourquoi vous ne reconnaissez pas l'armistice. Le maréchal Pétain est un grand soldat, le vainqueur de Verdun. La France s'est engagée et ce n'est pas nous qui avons déclaré la guerre. Une nation ne s'engage pas à mourir par procuration.

— Permettez-moi une supposition : le maréchal von Hindenburg étant président de la République allemande, un conflit mondial s'engage, l'Allemagne est battue comme nous l'avons été. Le maréchal capitule. Le Führer, qui évidemment n'est pas chancelier, lance de Rome un appel aux combattants allemands pour continuer la guerre. Qui engage l'Allemagne et avec qui êtes-vous ?

— Pourquoi de Gaulle est-il à Londres ?

— Les chefs d'État sont à Londres, réplique Malraux, sauf un, qui est à Vichy. Le général de Gaulle ne commande pas une légion française au service des alliés.

— À quoi sert ce que vous faites ? Vous savez bien que chaque fois que vous tuerez un soldat nous fusillerons trois otages. »

La discussion se serait poursuivie avec le général affirmant que la Wehrmacht ne torturait pas et que les gaullistes étaient un peu les S.S. français : « Vous serez les plus malheureux. Si nous finissions par perdre la guerre, vous retrouveriez un gouvernement de juifs et de francs-maçons au service de l'Angleterre et ils se feraient manger par les communistes. »

Le général allemand parle comme Drieu[42]. Ensuite, le colonel Berger, selon Malraux, se livre à un exposé sur le fait décisif, la révolution russe. Puis, il explique à ce général dont rien ne prouve qu'il les ait lus ou écoutés — au contraire[43] — que les intellectuels français admirent Hölderlin, Nietzsche, Bach, Wagner. Le général s'exprime aussi fortement que Malraux, évoquant une Angleterre qui suit son « ivrogne shakespearien ». Bon. Soyons sérieux. Malraux ne comprend pas l'allemand et le vrai général a besoin d'un interprète, même s'il eut dans son enfance une nounou suisse francophone[44]. Ce tête-à-tête si bien campé était impossible, pas seulement improbable. La discussion rapportée par Malraux a de l'allure, un ton, de la fantaisie dans son contenu et sa forme. Scène théâtrale, elle rappelle les conversations des héros de *L'Espoir*. On pense au colonel Ximenes. On nage, avec bonheur, en pleine littérature.

Ramené à Revel, Malraux y passe la nuit avant son transfert à Toulouse. Justement, tout ici lui rappelle l'Espagne : « La place Wilson, le café Lafayette où je m'étais si souvent assis durant la guerre d'Espagne. » La place Wilson ne le renvoie pas à sa discussion orageuse avec Clara qui détonnerait dans un récit épique. Après, précise-t-il, ses gardiens lui donnèrent « des œufs au jambon, et une bouteille de bordeaux ». Le millésime et le cru manquent. On l'enferme pour la nuit dans une salle de bains avec un lit dans un coin, agrémenté d'une couverture et de draps blancs. Ce traitement prouve à quel point Malraux est important. Avec des résistants prisonniers, ces égards n'étaient pas courants.

Poirier et d'autres résistants tentent d'acheter des officiels français ou allemands, pour que l'écrivain ne soit pas fusillé. On *parle* de sommes disponibles pour faire libérer des résistants. Les Allemands incarcèrent Malraux le 2 août à la prison Saint-Michel de Toulouse, dans la cellule 32[45], où est aussi détenu le journaliste André Culot. Malraux précise qu'il a été « prisonnier de l'état-major de la division blindée *Das Reich* pendant trois semaines ». Aucun élément de la division *Das Reich* dans les parages à cette date. Malraux racontera comment il a été fait prisonnier :

« J'inspectais les maquis du Lot, de Corrèze et de Dordogne, lorsque je suis tombé dans une embuscade au cours d'une randonnée en voiture, drapeaux français et anglais déployés au vent. Le chauffeur a été tué net, la voiture s'est retournée. Un officier anglais, blessé, fut achevé comme il essayait de s'enfuir. Quant à moi, j'en suis sorti par miracle. Une balle me traversa la cuisse et les boches m'ont retrouvé dans le fourré où je me suis réfugié.

— Souffrez-vous encore?

— Oui, je n'ai reçu que des soins très sommaires. Ma plaie suppure toujours.

— Vous devriez aller à l'infirmerie.

— Je préfère me soigner moi-même, moins je vois l'uniforme vert-de-gris, mieux je me porte. »

Le 9 août 1944, une grosse somme a été versée « pour libération du colonel Berger [46] ». Malraux continue de vouloir tenir le premier rang, même dans la cellule 32. Les prisonniers auraient, selon lui, crié :

— Berger, au commandement, Berger! Berger [47]!

Il a sans doute eu l'intention de prendre le commandement, mais il n'a pas rassemblé les médecins et les infirmiers dans la prison. Il n'est pas monté sur une table pour haranguer ses codétenus. Facultés de sympathie ou d'empathie intactes, il *se* confond avec J. Rouket, « capitaine Georges », qui donnait quelques ordres. Un colonel aurait *dû* avoir la préséance sur un capitaine [48].

Malraux n'a pas bénéficié d'une intervention de commando. On n'a pas tenté d'organiser une évasion, même si elle a été envisagée par Serge Ravanel. Ce sauvetage eût été d'envergure. La Résistance avait beaucoup de tâches. Avec les autres prisonniers, Malraux sera libéré de la prison Saint-Michel le 19 août vers 15 h 30. Il arrive chez les parents de Madeleine, rue d'Alsace-Lorraine, en pyjama et pull-over. Josette est là depuis quelques jours. Elle l'accueille. Les Allemands évacuent la ville. Deux jours après, Berger, entre l'histoire et la légende, repart pour tenter non pas de retrouver, mais de trouver, enfin, le poste de chef interrégional F.F.I. qu'il mérite, celui du grand fédérateur. Il surgit donc dans un de ses vieux Q.G., au château de la Poujade, où le premier à l'accueillir est Peter Lake [49]. Malraux se rend à Angoulême et à Périgueux, où se tiennent des réunions de responsables civils et militaires de la Résistance, et à Limoges où, entre autres, on distribue des fonds. Personne ne l'a invité. On ne le plébiscite pas comme patron de la 12ᵉ région militaire, il ne reçoit pas un commandement encore plus élevé que celui qu'il ambitionnait. On l'a oublié, lui, l'inoubliable. Il s'attendait à ce que les résistants présents à Périgueux fassent allégeance ce jour-là.

Le maquis du Vercors, sans artillerie, sans mortier, a été écrasé fin juillet. Mais, renforcées par la 2ᵉ division blindée du général Leclerc [50], les troupes alliées ont enfin crevé le front allemand autour d'Avranches. La France est à eux, malgré la défense acharnée des Allemands. Les troupes soviétiques sont sur la Vistule. Dans ce contexte, les communistes français, F.T.P. et d'autres mouvements noyautés par eux, surtout le Front national, n'ont aucune envie de laisser ce Berger-Malraux jouer un rôle. Les mouvements de droite n'ont pas de raison de l'accepter. Une fois de plus, on ne veut pas de lui. Morose, Malraux, un rien gamin rejeté par sa bande qui a commencé une autre partie de billes sans lui, gagne Paris en passant par Saint-Chamant où Josette est revenue. Malraux s'occupe de Bimbo, Vincent et Alain, ses fils et son neveu.

L'écrivain disposera de beaucoup d'argent à Paris. Il a aussi tendance — écharde plantée depuis Bondy? — à *se* faire croire plus riche qu'il ne l'est. Mais Malraux, aura plus d'argent que de droits d'auteur. Quelques jours avant sa libération, des maquisards dont une unité fidèle à Malraux, Valmy, ont attaqué[51] un wagon de la Banque de France en gare de Neuvic en Dordogne et mis la main sur 2 milliards 280 millions de francs[52]. Un autre convoi a été attaqué près de Brive. *Certains* résistants ont conservé des prises de guerre financières. Les billets ne seront échangés qu'en 1945. D'autres résistants ont remis des sommes de leur plein gré au Trésor, dans les perceptions[53]. Malraux ne figure pas sur les listes des bénéficiaires de l'attaque du wagon, en tout cas pas sous le nom de « Berger », mais il a reçu des sommes de la R.5, comptabilisées ailleurs. En date du 4 août 1944 : « Versé au S.R. et C.F. du Colonel Berger 500 000[54] [*francs*]. Le 8 : versé pour la libération du colonel Berger 4 000 000. » Le colonel Berger ne serait pas atypique. De grosses sommes se sont évaporées parfois à « droite » et parfois à « gauche » dans ce tragique drôle de jeu que fut aussi la Résistance. L'argent de la Résistance aurait été convoyé à Paris du côté de Malraux par Rosine[55]. Malraux dira à Suzanne Chantal : « Si vous avez des embêtements financiers... n'hésitez pas. Momentanément je suis riche. » De retour à Paris, Malraux rend visite à Ernest Hemingway, correspondant de guerre, se prélassant au Ritz, à égale distance des bouteilles d'armagnac et de champagne. Les deux écrivains auraient échangé des propos percutants. Malraux :

— Combien avez-vous commandé d'hommes?

Hemingway :

— Dix ou douze, au plus deux cents.

Malraux :

— Moi, deux mille.

— Dommage, répond Hemingway que nous n'ayons pas eu votre aide quand nous avons pris cette petite ville de Paris.

Un des FFI, de la garde armée de l'écrivain américain, un rien cow-boy, un peu maquisard, ou sorti d'un roman de Damon Runyon, s'adressant à Papa Hemingway :

— Papa, on fusille ce con [56] ?

Le con en question, après avoir quitté les départements du Sud-Ouest où il n'a pu s'imposer quelques jours avant cette littéraire rencontre au sommet, aurait lancé aux résistants qui lui refusaient le poste éminent qu'il méritait :

— Puisque vous ne voulez pas de moi, vous entendrez parler du colonel Berger.

23

La croix d'Alsace-Lorraine

Le 9 septembre 1944, la première armée américaine charge sur Aix-la-Chapelle, le général de Gaulle consolide son pouvoir à Paris, libéré, les troupes soviétiques, appuyées par les yougoslaves titistes, entrent en Albanie, et le colonel Georges-André Malraux signe un ordre de mouvement n° 2, ainsi qu'une nomination, la sienne, sur papier à en-tête de la « mission régionale Corrèze » : « Le colonel Berger prend le commandement de la brigade indépendante Alsace-Lorraine. » Malraux nomme aussi son adjoint, le commandant Pierre Jacquot, et donne l'ordre à un bataillon de gagner la région de Brive et de Tulle. Trois jours avant, le colonel Georges Pfister, « Marius », adjoint du général Bertin-Chavance, commandant les F.F.I. en zone sud, a avalisé la nomination en signant les ordres de mission chargeant Malraux et le lieutenant-colonel Jacquot, vite promu, de créer la brigade Alsace-Lorraine. Pierre-Élie Jacquot abandonne son nom de guerre, « Edouard ». Promotions et autopromotions se multiplient, au mérite, au culot, à l'expérience et à l'innocence. Malraux, un record, est passé du grade de cavalier de deuxième classe à celui de colonel.

Le colonel Berger a laissé entendre qu'il a sous la main un stock de munitions, dont il ne dispose pas. Il impressionne aussi le colonel Viat, inspecteur des F.F.I. de l'armée B. Le colonel Malraux-Berger rebondit avec la fougue du *coronel*. Pendant quelques semaines, son unité arborera divers noms : Groupement Malraux, Légion Alsace-Lorraine, Colonne Malraux, première demi-brigade d'Alsace-Lorraine [1]. Sur les tampons de l'unité figureront les mots « F.F.I. », « République Française » ou « Mission régionale Corrèze ». Les hommes de guerre que Malraux voulait commander passent enfin de l'essence à l'existence. Ainsi, des groupes courageux se transforment en assemblages de maquisards, puis en formations régulières. Les raisins deviennent grappes. Malraux, organisateur persévérant, se surpasse quand il a une prise solide sur les hommes, en Espagne ou en France.

Résolu, il s'est placé à la tête de cette unité grâce à une convergence de circonstances où hasard et volonté se mêlent. Malraux a mis Jacquot en selle. Maintenant, ce dernier pousse le colonel Berger. Quelques jours après le débarquement en Normandie, Malraux avait reçu le résistant Antoine Diener, « Ancel », au château d'Urval. Bonne intuition, hors du bleu d'un ciel heureux, *out of the blue* diraient les Anglais. Le colonel Berger, impérieux et sûr de lui, annonça à Ancel que les Britanniques parachuteraient 10 000 hommes en Dordogne. Il avançait dans le souhaitable, le virtuel et l'esbroufe, mutations du farfelu. Il n'avait pas le pouvoir dans les maquis, ni sur les F.T.P. du Lot, ni sur l'A.S. de Dordogne, mais son imagination conservait un pouvoir incontestable sur lui et les autres. L'écrivain, tout aussi tranchant, fit ensuite savoir que ce parachutage d'hommes était décommandé. Ancel, acquis à Malraux comme deux autres résistants, Bernard Metz et l'abbé Pierre Bockel, aggloméreront les Alsaciens de la région. Metz, étudiant en médecine, joua un rôle essentiel dans le ralliement à Malraux de nombreux étudiants, décidés ou indécis. Bien avant, il avait regroupé des hommes dans sa « 7e colonne d'Alsace » et participé au « réseau Martial ». Avant le débarquement allié du 6 juin en Normandie, certains gardaient le contact avec le deuxième bureau de l'état-major de l'armée à Vichy. Vers la mi-août 1944, on cherchait un chef ; un contact fut pris avec le colonel Noettinger, d'origine alsacienne, qui refusa l'offre. Jacquot se déclara disponible et fut accepté. Il louait une maison à Aubazines. Bon diplomate, Jacquot négocia la reddition de troupes allemandes, entre autres, à Tulle.

Malraux débarqua : Jacquot se désista de son bref commandement des Alsaciens. Le 30 août, un repas rassembla le peu militaire Berl, quelques Alsaciens, Jacquot et Malraux. Berl déteste l'héroïsme mais assiste, quand il le faut, Malraux, nouveau héros potentiel. Le colonel Berger fut intronisé commandant de l'unité en gestation par ses amis et connaissances. Certains volontaires apprenant que le colonel Berger était Malraux, cet écrivain bolchevik, renâclèrent.[5] L'objectif était la reconquête de l'Alsace. Inacceptable, indécent, le communisme, ramené là, sous les ordres de Berger-Malraux! Le groupe mobile Alsace démarrait mal. Avec d'autres résistants, les craintifs, les perplexes, le capitaine Peltre, le professeur Baas réussirent à convaincre les soupçonneux. Malraux n'était-il pas d'abord une personnalité connue, un romancier célèbre, humaniste et esthète de surcroît? L'assurance et le charme de Malraux dénouèrent les plus hostiles. Le bonhomme avait de la gueule, surtout auréolé de son arrestation « par la Gestapo ».

Temps héroïques. Les Français se rallient à de Gaulle, le Libérateur, autant qu'aux soldats alliés. La France participe, avec ses moyens, au dernier coup de boutoir contre l'Allemagne nazie. Un enivrant chaos règne, surtout pour amalgamer, sous les ordres du général de Lattre, les soldats réguliers venus d'Italie ou d'Afrique du Nord et les irréguliers des maquis.

Le 19 septembre, 22 officiers, 54 sous-officiers et 218 hommes de troupe venant d'Annecy débarquent et se placent sous les ordres de Malraux. Tous ne sont pas alsaciens ou lorrains. Ils font partie, disent-ils, du bataillon « Mulhouse », essentiellement composé de maquisards, entre autres de la région toulousaine.

Il deviendra le commando Vieil Armand, puis Danon. Malraux et Jacquot surgissent à Dijon au Q.G. du général Jean de Lattre de Tassigny, flamboyant commandant de la première armée française. À l'hôtel de la Cloche où trône de Lattre, Malraux et Jacquot sont aussi rejoints par d'autres officiers, trois lieutenants, Holl, Jessel et Landwerlin. Ceux-ci ont des hommes.

Le *coronel* en Espagne avait placé Gardet à ses côtés. En France, Malraux dispose de Jacquot. Il met en place une structure de commandement : colonel Malraux, lieutenant-colonel Jacquot (adjoint-breveté d'état-major), commandant Brandstetter (chef d'état-major), capitaine Schwarzentruber (compagnie d'état-major), commandant André Chamson (liaisons 1re armée), lieutenant (puis sous-lieutenant) Metz (liaisons Réseau Martial).

Malraux veille à sa presse. Il accorde un entretien à *Carrefour*[2]. Le colonel Berger brosse un tableau de ses « deux années » — lapsus pour « deux mois » ? — dans le maquis en Dordogne. Oui, il était là-bas avec le commandant Brandstetter, ancien méhariste, et Jacquot. Oui, Malraux a été prisonnier « de la Gestapo ».

— Nous manquons de tout, dit-il. Certes, les Américains m'offrent généreusement ce qu'ils peuvent m'offrir, mais je ne veux et ne peux sans cesse les solliciter.

Vient alors une de ses premières déclarations d'allégeance :

— La France a à sa tête, dit Malraux, un homme qui, lui aussi, a la foi. Je suis sûr du général de Gaulle. Je suis sûr qu'il remplira sa mission.

Malraux accorde au Général un certificat de bonne conduite.

Il a des fidélités ; et des convictions successives et

contradictoires quant à de Gaulle. L'unité malrucienne s'appellera brigade indépendante Alsace-Lorraine, c'est décidé. L'expression sonne bien. Le mot brigade vient d'Espagne, gonflé d'espoir comme les Brigades internationales. Dans la tradition militaire française, la brigade est une unité tactique à l'intérieur d'une division. Indépendante : en Espagne, l'escadrille de Malraux traitait directement avec le ministère de la Guerre. Ah ! si la brigade Alsace-Lorraine pouvait dépendre du seul général de Lattre, chef de la 1ʳᵉ armée française !

La brigade disposait d'un troisième bataillon avec le « Mulhouse », formé par les Alsaciens et les Mosellans des maquis de Savoie et Haute-Savoie sous le commandement de René Dopff. Le mouvement de la brigade du Sud-Ouest vers la Bourgogne s'effectue [3] au départ de Montauban et Souillac pour le bataillon « Metz » (commandant Charles Pleiss) issu des maquis du Gers, de Haute-Garonne, du Lot, des Pyrénées-Atlantiques et du Tarn-et-Garonne, transporté par seize camions G.M.C. dépêchés par de Lattre. Partent de Périgueux les hommes venus du maquis de Dordogne constituant le bataillon « Strasbourg » (commandant Diener-Ancel), transportés par des camions à gazogène.

Fin septembre, le premier bataillon de Malraux dispose de 19 officiers, 99 sous-officiers, 366 soldats ; trois jours plus tard, le deuxième bataillon, de 6 officiers, 11 sous-officiers, 43 hommes [4]. Surplus de gradés ! Dans les milieux politiques et militaires à Paris, on voit cette brigade d'un bon œil, même si elle n'est pas entièrement composée d'Alsaciens et de Lorrains. Le moment venu, elle sera un expédient profitable pour se concilier les « indigènes » des deux provinces : ainsi, l'Alsace et la Lorraine se seront libérées elles-mêmes, qu'importe si la brigade inclut des anarchistes espagnols ou des Savoyards. Certains Espagnols manient bien le bazooka. Pour la vulgate gaullo-communiste, Paris fut libéré par ses insurgés et la deuxième D.B. du général Leclerc. On parle moins de la 4ᵉ division d'infanterie américaine, entrée aussi dans Paris par la porte d'Italie [5]. Cependant, dilemme, on ne doit pas encourager l'autonomisme alsacien. Malraux, on le reconnaît à Paris, a su s'adjoindre, avec Jacquot et Brandstetter, deux militaires professionnels. L'art du commandement est, une fois de plus, également celui de la délégation.

Dès le départ, la brigade manque de camions, de radios pour les liaisons, de vêtements et d'armes. Elle mêle résistants de la première et de la dernière heure, quelques insoumis, des « malgré nous », quelques dizaines de déserteurs de la Wehrmacht, des rapatriés de Suisse, des maquisards endurcis, et anarchistes espagnols qui, jolie légende, étonnant les officiers, oui, parfaitement, auraient prêché la discipline, sans toujours la pratiquer. Beaucoup d'officiers dans cette brigade, pas assez d'hommes. On dépêchera le lieutenant Métivier comme sergent recruteur et il reviendra de Bordeaux avec « une vingtaine de promesses d'engagements [6] ». Certains engagés sont enchantés parce qu'il n'y a pas de compagnies dans les bataillons de la brigade, mais des « commandos ». Le mot a un parfum d'aventure, de troupe de choc.

Anciens et bleus manquent d'entraînement pour une guerre conventionnelle. La moitié des nouveaux soldats ne sont pas casqués. La brigade dispose de fusils-mitrailleurs Bren, de pistolets-mitrailleurs Thomson, de fusils Lebel, de revolvers, d'armes tchèques et polonaises — pour lesquelles Chamson cherche des munitions, mission à laquelle l'École des chartes, dont il sortit, ne prépare pas — mais pas d'une seule pièce d'artillerie, pas même d'un mortier. Heureusement, les Américains aiment le troc et ils échangent volontiers un fusil moderne, le Garant semi-automatique, pour un Lebel d'un bon cru, un pistolet allemand ou des alcools de fruits. Extraordinaire ce Malraux qui, avec ses adjoints, constitue une unité combattante dont la plupart des hommes, pièces rapportées, n'ont de formation ni théorique ni pratique des combats impliquant les chars et l'aviation. Certains officiers et sous-officiers jouent avec des connaissances livresques, des souvenirs rouillés, au mieux leur expérience de la guerre de 1940. La brigade est rattachée à la première division blindée du général Sudre, d'où une indépendance partielle.

Grâce à cet écrivain qui a rejoint Malraux, André Chamson, de Lattre, qui connaît ce dernier, accepte bien la brigade Alsace-Lorraine malgré quelques grognements conservateurs à son état-major. Dès le 27 septembre, pendant une dizaine de jours, les 1 200 hommes de la brigade Malraux se battent dans les Vosges dont de Lattre dit qu'elles « mangent beaucoup d'hommes ». Du 27 septembre au 28 octobre 1944, en appui de la 1re D.B., dont l'objectif est le contrôle des Vosges entre le col de Bussang et la trouée de Belfort, les trois bataillons de la brigade sont engagés sur le contrefort occidental du ballon de Servance : 32 tués. La brigade doit appuyer des chars, opération délicate et dangereuse pour des fantassins. Les brigadistes apprennent les rudiments tactiques : le char est sourd et aveugle, le fantassin mobile... Du moins, c'est ce que l'on répète aux fantassins. Aux équipages des chars, on explique que les piétons de l'infanterie sont vulnérables.

Le lieutenant-colonel Jacquot bloque des contre-attaques

allemandes. Il enseigne à ses débutants l'art du nettoyage, mais pas sans pertes, sous les tirs de barrage allemands très denses. Les recrues doivent s'habituer aux redoutables tirs courbes des mortiers ennemis. Les hommes de la brigade voient plus de morts et de blessés que dans leurs maquis. Après un engagement, le commandant Diener-Ancel constate que, sur une section de quarante hommes, en quelques minutes, sans avoir entrevu un Allemand, il y a eu cinq morts et six blessés. « De la casse », écrit-il. Des casques en nombre suffisant l'auraient réduite. Même problème qu'en Espagne pour Malraux : comment transformer des combattants demi-civils en soldats professionnels ? Les « classes » au cours desquelles sont enseignés les rudiments du combat, et pas seulement l'art de saluer un supérieur, sont nécessaires mais pas suffisantes. Le moral aide. Il faut le soigner. Maintenu par les deux aumôniers catholiques, Bockel et Bonnat, et deux pasteurs, Weiss et Frantz, ce moral reste bon pour la plupart des hommes. Certains brigadistes décident qu'ils vivent une guerre inattendue. Pouce ! Trois centaines choisissent de se retirer. Ils ne désertent pas car ils n'ont pas signé un engagement pour la durée de la guerre. On leur a accordé dès le départ la liberté de ne pas s'engager. Les effectifs seront renforcés. Le 12 novembre, un ordre du ministère de la Guerre affecte « 600 hommes en renfort pour la brigade, y compris 10 % de gradés ». Dans les bourgs et les villes traversés, la brigade placarde des affiches.

VEUX-TU SERVIR

DANS LA

BRIGADE ALSACE-LORRAINE ?

TU Y TROUVERAS :

DES EXPULSÉS, DES ÉVADÉS,

DES PRISONNIERS DE LA GESTAPO,

DES RÉFUGIÉS,

DES MAQUISARDS DE TOUTES

LES RÉGIONS DE LA FRANCE,

DES CHEFS,

TOUS VOLONTAIRES.

Malraux n'hésite pas à laisser recruter quelques très jeunes garçons, de seize à dix-huit ans [7].

Ses hommes manquent de gants, de chaussettes, de chaussures, de bottes feutrées, de matériel de transmission entre les bataillons, les compagnies — les commandos —, les sections, les groupes. Mauvais ravitaillement : une troupe qui a faim, maquisarde ou régulière, devient vite pillarde. L'état-major de

Malraux réclame, insiste, mendie. À la fin de l'année, le général de corps d'armée de Montsabert sollicite du général de Lattre en personne, « pour les 1 200 hommes de la brigade Alsace-Lorraine, 150 équipements complets, 500 chemises, 300 paires de chaussures + 500 paires de chaussettes ». En marge de sa demande, Montsabert écrit pour de Lattre : « Ont fait l'objet d'une promesse personnelle de votre part. » Un aspirant supplie qu'on lui fournisse 31 fusils, 2 fusils-mitrailleurs, 5 mitraillettes. Il touche 11 fusils et 5 mitraillettes [8]. À côté des troupes de la 1ʳᵉ armée française, équipée à l'américaine, les hommes de Berger et de Jacquot paraissent des gueux héroïques, des soldats de l'An II, des Internationaux en Espagne.

Le combat dans les Vosges, à Bois-le-Prince, démontra que les hommes de la brigade ont beaucoup d'enthousiasme et souvent peu de connaissances. Dans un rapport à Malraux, Jacquot l'explique : ils ont du « brio dans l'attaque » mais de nombreuses pertes sont simplement dues à l'« entassement [9] ». L'entraînement réel au feu ne se pratique pas à coups de répétitions et de balles à blanc. Mais ils n'ont pas fait un apprentissage sur les champs de manœuvres en Afrique du Nord ou en Grande-Bretagne. Ils apprennent sur le tas, sur le terrain de la vraie guerre, affrontant des soldats allemands endurcis. De plus, les brigadistes combattent en appui des chars Sherman, inférieurs aux Tigres allemands. Des hommes de la compagnie Corrèze montent en ligne et attaquent, en short ou treillis, les pieds dans des souliers bas. Mais ils ont une discipline de feu, ils ne « tiraillent pas ».

Le péril approchait, leur brigade était prête, chantonne Malraux avec eux.

Ses hommes tournent autour des dépôts américains, siphonnent de l'essence, fauchent des rations K, découvrent dans ces merveilleuses petites boîtes entourées de carton graissé imperméable le *spam*, le chocolat vitaminé, les sachets de café en poudre, cinq cigarettes, bref la civilisation américaine militaro-culinaire, soucieuse du confort de ses soldats. Comme souvent, ailleurs, sur les fronts en France, si on n'a pas le temps de faire le tri, on vole parfois un camion de vivres ou la Jeep avec son contenu, cela va plus vite. Des soldats américains, pressés, se livrent aussi à cet exercice. Avec attendrissement ou irritation, on parle des « brigands de la brigade », ou de la « très chrétienne brigade du colonel Malraux ».

Ses soldats le savent, le colonel aime boire, virilement, même le rouge de l'ordinaire, et encore plus le whisky acheté aux Américains. Face à sa troupe, Malraux a toujours le goût des formules, disons, amples :

— Au nom des morts que vous avez eus hier et de ceux que **vous** aurez demain, je vous salue... Votre sacrifice fait de vous des hommes libres.

Parfois il dit simplement :

— Je salue vos morts, ceux d'aujourd'hui et ceux de demain.

Cela jette un froid. Malraux vit sur un registre épique.

Le colonel disserte volontiers sur la théologie en présence de ses prêtres et pasteurs. Il ne s'aventure pas trop sur le terrain militaire avec Jacquot et Brandstetter. À la réunion quotidienne de ses commandants et capitaines, il brosse les grandes lignes stratégiques, après avoir communiqué informations et commentaires sur la politique européenne ou mondiale qui permettent de situer la guerre et les combats de la brigade. Il paraît plus à l'aise dans la géopolitique ou la stratégie mondiale que lorsqu'il s'agit d'agencer le dispositif d'attaque sur la cote 212. Il laisse cette tambouille tactique à ses professionnels. Malgré ses tirades concernant la stratégie de Wellington à Waterloo, il sait où commence son incompétence militaire.

La brigade, ne possédant jamais plus de vingt camions Dodge, a toujours de graves problèmes de transport. Ces hommes marchent. Beaucoup. Difficultés surmontées ou non, la majorité d'entre eux admirent leur colonel. Rares sont ceux qui ont lu Malraux. Coiffé d'un béret, coulé dans une canadienne, il ne semble pas connaître la peur. Il se promène en première ligne, et même avec Jacquot — blessé, lui, trois fois — *devant* les premières lignes françaises.

Du 23 au 27 novembre 1944, la brigade est affectée, en appui, à la 5e D.B. (division blindée) pour consolider la percée de la 1re armée entre la Suisse et les Vosges. Le contrôle de la route Belfort-Mulhouse lui coûte 18 morts.

La brigade aligne ses trois bataillons, Metz, Mulhouse, Strasbourg, et 1 400 hommes maintenant [10]. Quelle que soit leur région d'origine, les soldats chantent :

Vous n'aurez pas l'Alsace et la Lorraine

Mais aussi, puisque originaires de différentes provinces :

C'est nous les Alsaciens
qui v'nons de loin
Nous v'nons d'la Haute-Savoie
Pour libérer l'pays
Roulez tambours
À nos amours...

Les officiers sourient et reprennent au refrain. Comme dans toutes les unités militaires, les histoires de la brigade s'encastreront dans la mémoire collective. Un ancien élève d'une classe préparatoire à Saint-Cyr, dit-on, cria à ses hommes :

— Allez les gars, en avant !

— Vas-y toi-même !

Il se leva :

— Vous allez voir comment on meurt à vingt-cinq ans.

Courant vers une ferme, il fut abattu par un S.S. feignant de se rendre [11]. Le capitaine Peltre sera tué en portant des casques à des soldats en ligne.

Le 12 novembre, Malraux reçoit de Saint-Chamant un télégramme. Josette, accompagnant sa mère à la gare, est tombée sous un train qui lui a broyé les jambes. Elle meurt à l'hôpital ; elle s'est maquillée pour Malraux, dit Suzanne Chantal. Josette aurait murmuré :

— Méchante Clara.

Malraux se précipite à Saint-Chamant. Repassant par Paris, il confie ses deux fils au notaire Delclaux et surtout à sa femme, la belle Rosine. Il voit sa belle-sœur, Madeleine, passe à la rédaction de *Combat*, bavarde avec Pascal Pia, directeur, et Albert Camus, rédacteur en chef et éditorialiste éclatant.

De Gaulle, accompagné par Churchill, inspecte le front de Lorraine le 13 novembre. Bernard Metz a entendu une discussion entre Malraux et Jacquot sur le thème : la brigade peut-elle défiler devant ce type de droite [12] ?

La brigade combat farouchement. Face à des troupes allemandes excellentes, elle prend Dannemarie. L'histoire romanesque et les romans de l'Histoire ont toujours rendez-vous avec Malraux. Les anciens de la brigade, dans leurs souvenirs [*embellis parfois comme ceux de Malraux*], ont attaqué un train blindé, ainsi que dans *L'Espoir*. De fait, ils affrontent un train de marchandises, cuirassé de quelques plaques de blindage, défendu par des Russes, ralliés, de gré ou de force, aux Allemands. L'histoire dans l'immortalité des mots est plus belle aux portes de la légende. La prise de Dannemarie coûte à la brigade 18 morts et plus de 100 blessés.

Parfois, les nuits sont glaciales — moins vingt degrés —, les tours de garde réduits à une demi-heure. Ces hommes méritent le paquet de cigarettes auquel ils ont droit pour Noël [13].

Fin décembre, les Allemands lancent une contre-offensive entre le Luxembourg et le Rhin. Pour raccourcir son front, le général Dwight Eisenhower, commandant suprême des forces alliées en Europe, souhaite rétrécir ses lignes de défense, reculer sur les Vosges et évacuer Strasbourg, ville anonyme parmi d'autres pour lui. De Gaulle et de Lattre refusent cette décision. Strasbourg reste trop symbolique. Malraux ou de Lattre jette :

— S'il le faut, on fera Stalingrad.

Image peu appropriée car les encerclés, à Stalingrad, furent anéantis, et pour rien.

La brigade a été détachée par de Lattre, seule, en avant-garde de la 1ʳᵉ armée française, à Strasbourg, d'où la 2ᵉ D.B. du général Leclerc doit se retirer selon le plan d'opération de la 7ᵉ armée américaine, dans laquelle elle est intégrée.

Le journal de route du lieutenant Michel Holl rend compte du climat dans les compagnies-commandos de la brigade.

« Dimanche 26 novembre 1944.

Alerte à 13 h. départ à 14 h. pour le nettoyage d'un bois aux environs d'Aspach, libéré depuis midi par une unité de chars et la Légion. À 14 h 45 à 500 m. d'Aspach, sur un chemin de terre secondaire le chasseur ZUNDEL Henri saute sur une mine anti-char piégée. Originaire de Thann il était à quelques km. de chez lui. Il y a 4 ans qu'il n'avait pas vu ses parents. À l'entrée d'Aspach un char calciné et quelques cadavres de légionnaires. Le commando entre dans Aspach, encombré d'équipements allemands abandonnés. Il prend position au-delà d'Aspach en bordure du bois à nettoyer vers 15 h. À 15 h 15, heure H pour le départ de la manœuvre, nous recevons contrordre et ordre de rassemblement immédiat et de retour sur Altkirch. L'ordre est exécuté vers 16 h.

L'état d'alerte subsiste pour le commando et je dois refuser des demandes de permission de quelques heures pour de jeunes soldats qui sont à quelques km de chez eux. Entre autres le caporal-chef HELL qui n'a pas revu sa mère depuis 5 ans. Il devait tomber le lendemain matin, la tête emportée par un éclat d'obus. Un nouveau départ a lieu à minuit [14]. »

Malgré les attaques répétées d'une quarantaine de blindés allemands dont des Tigres, Strasbourg tient. Intuition, savoir-faire, courage, chance et gloire, Malraux participe à la défense de Strasbourg. La brigade Alsace-Lorraine a aussi défendu l'honneur de la France. Même les officiers généraux les plus allergiques à ce Berger-Malraux, aventurier, amateur, le reconnaissent : sa brigade se bat bien. Quelques semaines après, l'avance se transforme presque en promenade.

Saint-Exupéry mort, disparu avec son avion en Méditerranée, Malraux devient le plus connu des écrivains français combattants. En France, comme en Espagne, la presse, avec ses reporters et ses photographes, le recherche. Un sous-officier de la brigade a fixé [15] un Malraux en canadienne, sous son béret noir à cinq galons, cigarette à la main droite, grave, amorce de sourire aux coins des lèvres. Cette photo enchante le colonel-écrivain. Il demande au sous-officier de lui prêter le négatif pour « son service de presse ». Malraux perçoit vite l'importance d'un tel service.

Après la libération de Strasbourg, le colonel Berger demeure à la tête de sa brigade, qui aura vu passer 1 712 hommes en tout, de septembre 1944 à février 1945 [16]. Dans la conversation, Malraux arrondira, disons, volontiers le chiffre. Il assiste à la première messe dans la cathédrale. Bockel dit l'homélie. Malraux semble se désintéresser des problèmes militaires même s'il lui plaît d'entrer en Allemagne avec le cortège des vainqueurs. Enfin ! il participe à une victoire sur le nazisme. La politique le reprend. De son passage à son état-major interallié, il a tiré au moins une conclusion politique : les communistes, avec les F.T.P. et le P.C.F., ont tenté avec acharnement de noyauter les organismes de la Résistance dans toute la France, et maintenant, quand ils le peuvent, ils pénètrent ceux de l'État. De retour à Paris [17], Malraux assiste au congrès du Mouvement de libération nationale (M.L.N.), organisme fusionnant depuis 1943 les mouvements unis de la Résistance (M.U.R.), Libération, Combat, Francs-tireurs, Résistance, France au Combat, Lorraine. Le M.L.N. souhaite donc coordonner les activités de certains mouvements de résistance. Dans un touchant élan œcuménique et unitaire, les communistes veulent fondre tous les mouvements dans le Front national. Le rapprochement physique devrait entraîner une osmose idéologique et la soumission indirecte aux dirigeants soviétiques qui veulent des fronts nationaux partout. Malraux le sait. Les cotes de l'U.R.S.S. et de l'Armée rouge sont alors très élevées. Qui se montre réservé est aussitôt accusé par la machine du P.C.F. d'« anticommunisme primaire ».

Deux tendances s'affrontent au Congrès du M.L.N. à Paris. Emmanuel d'Astier de la Vigerie, Maurice Kriegel-Valrimont, Pascal Copeau souhaitent l'amalgame avec le Front national aux mains des communistes, déclarés ou sous-marins. Philippe Viannay, Robert Salmon et Malraux s'opposent à la stratégie des staliniens. Ces derniers vont lancer le slogan patriotique du P.C.F. « parti des 75 000 fusillés », arithmétique de propagande puisqu'il y eut un peu moins de 30 000 résistants fusillés en France. À cette atroce comptabilité, il faut aussi, bien sûr, ajouter les déportés. En Espagne,

Malraux a vu les communistes phagocyter leurs alliés républicains. Au cours de ce congrès fusionnel du M.L.N., les hommes comme lui devront manœuvrer au vent, mais savoir ce qu'ils refusent. Pierre Hervé, professeur de philosophie et journaliste doué, parle pour les fusionnistes. Il faut, explique-t-il, créer « un grand parti populaire et national » : il synthétiserait la tradition des révolutions française et russe. Dans la lignée de l'historiographie française dominée par des communistes ou des communisants, des marxistes ou des marxisants, Hervé identifie et homogénéise, lui aussi, les deux révolutions. Dans cette perspective, les girondins deviennent les arrière-grands-pères des mencheviks, les bolcheviks, ceux des jacobins. Malraux n'avale pas ces faciles et faux parallèles. Dans le climat d'alors, l'U.R.S.S. figure officiellement — et restera longtemps pour les manuels scolaires — dans le « camp des démocraties » puisqu'elle se bat avec les États-Unis et la Grande-Bretagne.

Malraux a retrouvé cette salle de la Mutualité où il a si souvent parlé avant la guerre. Il n'est plus *communistoïde*, ce qui lui vaudra de vite disparaître des encyclopédies soviétiques. Guère d'uniformes au parterre ou au balcon de la Mutualité. Dans le sien, Malraux en impose. D'abord, pour s'adresser à ses auditeurs, il use du *Messieurs*. Il prononce deux discours d'une voix forte. Les représentants de deux mouvements présents, déclare-t-il, *Combat* et *Libération*, se prennent pour un « second gouvernement ». Le M.L.N. est « vulnérable »... Il s'agit de savoir si ce mouvement va se transformer en un « parti agonisant à côté de cadavres... méprisés quand certains congressistes se battaient » [*vifs applaudissements*]. Que les opportunistes « résistants » du mois de septembre se taisent. Le M.L.N. ne doit pas se présenter comme « une association d'anciens combattants » ni se lancer dans la « démagogie ». Qu'on le comprenne : « Le gouvernement du général de Gaulle est non seulement le gouvernement de la France mais le gouvernement de la Libération et de la Résistance. » Malraux plaide. Le gouvernement a le droit de dire : « La guerre et la révolution ne se font pas en même temps. » Resurgit la problématique de la guerre d'Espagne, avec aujourd'hui les communistes français dans le rôle des anarchistes espagnols hier, à ceci près que le P.C.F. veut une révolution pour prendre le pouvoir. Les retournements de l'Histoire sont cocasses et terrifiants. Néanmoins, selon Malraux, il ne faut pas perdre de vue des objectifs révolutionnaires. Air du temps, il affirme que la donnée essentielle de la volonté révolutionnaire, « c'est la fin du capitalisme ». Il ne promettra pas, lui, « des Soviets que personne ne fera ». On l'applaudit quand il déclare que tous les militants dans cette salle veulent abattre l'affreux système capitaliste. Il demande la nationalisation du crédit et retrouve le vocabulaire de *L'Espoir* : « Qu'on ne nous oppose pas ici, qu'il s'agit de faire une révolution obscure et *apocalyptique [je souligne]*. On peut détruire le système de crédit capitaliste dans l'ordre si c'est l'ordre qu'exige le gouvernement de la France. Cet ordre-là nous le défendrons. » Majestueuse mais imprécise, dans son projet, la dialectique malrucienne s'appuie sur l'ordre *et* la révolution pour balayer le capitalisme. Il fait allusion à ses demi-frères, Roland et Claude, « tous deux déportés politiques ». Selon le colonel tribun, « les prisonniers [*revenus*] constitueront une force importante ». Emmanuel d'Astier de la Vigerie, partisan de la fusion — « notre ami » dit suavement Malraux —, a parlé du complexe d'infériorité qui travaillerait certains congressistes à l'égard du Parti communiste. Ce n'est pas le cas, jure le colonel à la tribune, ajoutant : « Là où nous ne sommes pas sûrs d'être à égalité, il faut d'abord s'assurer qu'on y soit » [*applaudissements*]. On doit « apprendre du Parti communiste, d'abord parce qu'il est différent des autres partis ». Malraux cogne fort et franc : le P.C.F. « a été un parti réunissant, élaborant un certain nombre de méthodes pour faire prendre le pouvoir au prolétariat ». Les autres partis de gauche, eux, veulent persuader, pas le P.C.F. Les propos de Malraux, ici, tranchent dans le climat « progressiste » de la Libération qui dote le P.C.F. d'une auréole démocratique. Puis, Malraux s'embrouille :

— Si nous voulons maintenir ce qui a été notre mobilisation d'énergie, c'est bien par une technique semblable à celle des communistes que nous devons agir, c'est-à-dire que nous devons faire [*sic*] à l'intérieur de notre mouvement, une discipline égale à celle du Parti communiste avec ce qu'elle implique d'héroïque et avec ce qu'elle implique de dur et de difficile.

En somme, Malraux voudrait un autre parti jouissant, si l'on peut dire, du centralisme dit démocratique, mais sans communistes : la quadrature du cercle politique. Une partie des congressistes, ceux qui ont observé les communistes au travail pendant la Résistance, et qui ne confondent pas Staline et Churchill, continuent d'approuver et d'applaudir le colonel orateur. Malraux n'explique pas comment, dans son nouveau parti, on établirait une discipline valant celle du P.C.F. Au passage, à propos de la nouvelle presse, où droite et gauche pratiquent l'injure personnalisée, Malraux, fidèle à lui-même, exige des journalistes et éditorialistes la modération :

— On a le droit d'attaquer les doctrines tant qu'on le voudra, on n'a pas le droit d'attaquer les personnes.

Il n'est plus du tout le polémiste de *L'Indochine* à Saigon. À défaut de sagesse, l'âge lui apprend la politesse et la fermeté dans l'élégance.

Il aborde l'enjeu principal du congrès. Il croit savoir, avance-t-il, qu'il y a dans la salle une majorité écrasante contre la fusion. Brouhaha. Le public proteste, le vote décidera. Malraux, sentant son auditoire, abandonne son *Messieurs*, et chute sur un *Camarades*, proposant un nouveau mot d'ordre :

— Une nouvelle résistance commence... [*applaudissements prolongés*].

Traduction du discours de Malraux pour les congressistes : le M.L.N. doit s'opposer aux communistes. Il faut verrouiller le M.L.N. contre eux. La motion de politique générale, proposée par Philippe Viannay, Claudius-Petit et Jacques Baumel, dit avec clarté que le M.L.N. ne doit procéder « à aucune fusion organique avec aucun mouvement ou parti politique ». Pour ménager la chèvre communiste et le chou M.L.N., cette motion-là suggère une nébuleuse fédération à l'échelon national. Soutenue par Malraux, son héraut, elle emporte la décision par 250 voix contre 119, sur 369 suffrages. Démarche insolite, dans le bureau politique puisé au sein du comité directeur, précise une motion complémentaire, plusieurs membres, afin de préserver leur liberté d'action, s'engageront à ne rechercher aucun mandat auprès des électeurs. Cette clause convient à Malraux que le processus électoral ne passionne pas. L'unité d'action organisationnelle prêchée par les communistes patients mais contrecarrés, là, est rejetée. Pour la première fois depuis l'avant-guerre, Malraux a pris une position politique anticommuniste en flèche et en public, et à la Mutualité. Pendant la Résistance, il n'a pas louvoyé entre les tendances politiques — tout en constatant que les F.T.P. communisants le rejetaient, il les ménageait, sans succès, dans les départements qu'il voulait conquérir — en vain. Il résiste maintenant aux communistes qui lui résistèrent.

À la Mutualité, il paraît tout à fait gaulliste. Après le congrès, il s'éloigne du M.L.N. Aux réunions du comité directeur, il est le plus souvent absent. Au bout d'un certain temps, il n'y figurera plus [18].

De retour au front, Malraux s'engage dans six heures de conversation avec Roger Stéphane, journaliste et essayiste [19] qui, résistant, a pris l'Hôtel de Ville au cœur de Paris pendant la Libération. En forme, Malraux aborde un arc-en-ciel de sujets. Le colonel énonce quelques petites contrevérités. Ainsi, affirme-t-il, les Allemands lui ont volé le tome II de *La Lutte avec l'ange*, qu'il n'a jamais écrit. Sur son discours fondamental de la

Mutualité — Stéphane l'a entre les mains, imprimé dans *Combat* par l'ami Pia — Malraux est clair. Il aurait pu, affirme-t-il, être président du M.L.N. *Combat* affiche chaque jour un sous-titre, *De la Résistance à la Révolution*. On ne peut conduire en même temps une guerre et une révolution, répète Malraux. D'un pessimisme rigolard à court terme, l'écrivain suggère qu'il faudra adopter un socialisme anglo-saxon. Pas question de s'offrir une version du « socialisme réel » soviétique :

— Ce que les Français peuvent faire de mieux, c'est un parti travailliste.

Malraux anticipe avec bon sens. Quand les déportés reviendront, demande Stéphane, redonneront-ils un sang révolutionnaire à la France?

— Les déportés seront trop contents de retrouver leurs femmes et leurs vélos, répond le colonel.

Et cette nationalisation du crédit, proposée à la Mutualité par Malraux?

— J'ai dit crédit comme j'aurais dit autre chose. Mais je crois tout de même que c'est l'essentiel...

On ne peut prétendre qu'il prend l'économie trop au sérieux.

Et le grand problème du congrès M.L.N., la tentative communiste d'O.P.A. sur le M.L.N.?

— Je ne suis pas un enfant de chœur, répond Malraux. Trente communistes au comité directeur du F.N. + 8 camouflés chez nous, cela fait 38 sur 60. Je veux bien m'allier, je ne veux pas être cambriolé.

Comment Malraux perçoit-il ses officiers de la brigade Alsace-Lorraine? Intelligents? Farfelus? Techniciens? Il y a de tout. Inquiet, le journaliste craint de voir Malraux glisser vers le fascisme. À cette époque, Stéphane se situe à gauche et voit un césarisme sous le gaullisme. Il cite *L'Espoir* : « Un homme actif et pessimiste à la fois est ou sera fasciste, sauf s'il a une fidélité derrière lui. » Malraux :

— J'ai cette fidélité derrière moi : ma fidélité, c'est le dynamitage.

L'écrivain confirme qu'il ne tient pas de journal intime :

— Les journaux, c'est bon pour les gens qui aiment à contempler leur passé.

Pauvre Gide, auteur du plus célèbre journal du siècle français. Pour la douteuse postérité des manuels ou des biographes, Malraux décrète que son *Temps du mépris* est un « navet ». Poussé par Stéphane, le colonel Berger revient à une obsession, la torture. Il décrit l'atmosphère de la prison Saint-Michel à Toulouse, avant sa libération. Stéphane veut des précisions :

— Qu'appelez-vous torture ?

— Il y en avait de deux sortes. La première, c'était l'estrapade. On attachait les bras du torturé derrière son dos et, avec une potence, on le balançait dans le vide et le plaquait contre le sol. S'il ne parlait pas, c'était la baignoire... Un jour, un homme était plongé pour la quatrième fois (la quatrième séance, il s'entend) dans la baignoire. Il avait les mains et les pieds attachés. On allait lui faire basculer sa tête dans l'eau, quand la dactylo allemande s'est précipitée vers lui pour lui dire ce mot dostoïevskien, avec un fort accent germanique : « Mais barlez, monsieur, barlez, j'ai horreur de ça, moi ! » Le type m'a dit qu'il y passerait toute sa vie, mais qu'il la retrouverait. Il la haïssait, comme je n'ai jamais vu haïr. Puis, un jour, les F.F.I. sont arrivés et ont libéré la prison. Je n'avais pas encore été torturé. [*Sous-entendu ? « J'ai été torturé » ? ou « J'allais l'être » ? Seconde interprétation plus favorable et possible : l'écrivain-coronel voulait dire : je n'avais* encore pas été *torturé et non pas : je n'avais* pas été encore *torturé* [20].]

Le lendemain, croquis à l'appui, Malraux évoque pour Stéphane la bataille de Dannemarie. « Ce qui me frappe, note Stéphane, c'est que Malraux admire ses hommes. Il les admire même plus qu'il ne les aime. On sent qu'ils l'ont épaté. » Malraux confie qu'il écrira un livre sur la Résistance. Là-dessus, le colonel enlève son baudrier et sa vareuse. Il porte des bretelles. Quand il marche ainsi, le colonel Berger, amaigri, doit tenir son pantalon d'une main. Après, il vitupère les intellectuels qui n'ont pas fait de résistance parce qu'ils avaient « une fille », une famille.

Stéphane, comme son interlocuteur, s'intéresse autant à la littérature qu'à la politique.

— Pour moi, dit Malraux, les trois meilleurs écrivains de cette génération sont Montherlant, Giono et Bernanos.

Il annonce qu'il refuse de collaborer aux *Temps modernes*, le mensuel de Sartre.

— Savez-vous ce qu'ils vont faire ? plaide Stéphane qui participera aux réunions informelles du comité de rédaction de la revue mensuelle sartrienne ou beauvoirienne, puisque « le Castor » assurera le suivi.

— Oui, j'ai vu le numéro zéro, répond Malraux, elle sera extraordinairement non littéraire, antilittéraire et puis elle sera ennuyeuse. Pour qu'un article paraisse à Sartre digne d'être lu aux fins de publication, il faut qu'il ait un minimum de 400 pages.

À Gerstheim, du 7 au 10 janvier, 200 grognards des groupes Verdun et Valmy, commandés par le commandant Diener-Ancel, se battent trois jours et trois nuits. Ils doivent abandonner ce bourg aux Allemands. De toutes ses forces, avec ses faiblesses en matériel, la brigade Alsace-Lorraine a tenu un front d'une quarantaine de kilomètres au sud de Strasbourg, de la hauteur d'Erstein jusqu'à Rhinau. Elle a eu affaire à des Tigres et des Jagdpanthers, les meilleurs chars de la guerre après les T34 soviétiques. Après la bataille de Strasbourg, les troupes de la 1re armée française passeront le Rhin[21].

Le 23 février, la brigade compte 78 officiers, 900 sous-officiers et hommes de troupe. Le 15 mars, sans fanfares, la brigade indépendante Alsace-Lorraine est dissoute. On applique la clause, acceptée en septembre 1944 par le ministère de la Guerre, limitant à la libération de l'Alsace et de la Lorraine la durée de l'engagement des volontaires de la brigade. Les démobilisés retournent à la vie civile ; les autres rengagent dans la 3e demi-brigade de chasseurs, sous les ordres de Pierre Jacquot, promu colonel. La demi-brigade fait partie de la 145e division d'infanterie, commandée par le général Raoul Salan. En Espagne, l'escadrille André Malraux fut absorbée par l'aviation républicaine ; en France, l'armée régulière classique intègre la brigade Alsace-Lorraine. Pour l'écrivain-colonel, la brigade a été un succès. Sans lui, elle n'aurait pas atteint la célébrité qui fut la sienne à côté de tant d'unités restées anonymes. Le colonel Berger fut le formidable imprésario et le chef de sa brigade, qui le fit — enfin — participer en vainqueur à une guerre.

Malraux apparaît une fois encore comme un homme à cycles. Au Cambodge, hors du champ littéraire, son aventure fut cafouilleuse, négative sur le plan humain ; l'expérience positive de *L'Indochine* et de *L'Indochine enchaînée* suivit. De même, la résistance du colonel Berger a été, au mieux, floue, au pire un échec. Mais les combats de la brigade Alsace-Lorraine représentent une épopée réussie. Les comptes faits, la brigade n'a pas eu des pertes excessives, 63 tués, environ 225 blessés et une soixantaine de prisonniers. Malraux et ses adjoints n'ont pas gaspillé la vie de leurs hommes. En Magnin-Berger-Malraux surgit au long des ans un personnage maniaco-dépressif, avec ses temps forts et faibles. Écrire, pour Malraux, équivaut à être, faire et agir. Que tirera l'écrivain, qui n'a que quarante-quatre ans, des escapades et aventures du colonel Berger ?

24

Histoire, légende, roman

Après la Libération, Malraux fait valider ses services militaires : son dossier comprend vingt-sept feuillets [1]. Malraux remplit lui-même des pièces, ce qui n'est pas l'usage. Pour la partie civile, à la rubrique éducation, il se déclare : « docteur ès lettres. H.C. [*Honoris Causa*] ». Ici, il n'a plus besoin de s'afficher en diplômé des langues orientales. Son état signalétique lui accorde une « campagne double, du 15 avril 1940 au 20 août 1944 et du 21 du même mois au 20 août 1945 ». Cette double campagne se justifie, n'est-ce pas, puisque le certificat d'appartenance, rédigé par Malraux, avec des annotations manuscrites de sa main, déclare qu'il a participé à la « Résistance à partir de décembre 1940 ». Selon ce document, il a été dans « l'illégalité totale » pour des périodes assez longues. Pas de précisions. Simplement une flèche, avec une indication « novembre 1942 » et une autre flèche, « 1943 ».

À la rubrique résistance organisée, on peut lire : « Nov 42 Groupe Combat » et « Maquis Corrèze-Dordogne-Lot (délégué inter-régional) ». Puis : « FFI, brigade de 400 à 4 000 hommes, selon les dates ». Les faits d'armes suivants sont précisés : « Organisation du dynamitage du secteur Centre... Attaque de la division *Das Reich*, Combat de Dannemarie [*vrai*], commandant du secteur sud de Strasbourg [*exact*] ». Dans ce dossier, léger pour un officier supérieur, Malraux renvoie sans cesse à ses décorations. Pour la Légion d'honneur, épinglée sur sa tenue par le général de Lattre en personne à Stuttgart [2], figure un décret du général de Gaulle du 19 août 1945. Citation : « Organisateur de la Résistance armée dans les départements de la Corrèze, de la Dordogne et du Lot. » Malraux aurait affaibli la *Das Reich*. Ce ne fut pas l'impression des troupes alliées qui affrontèrent la division en Normandie. Après avoir traversé ou contourné Brive, Tulle, Limoges, Poitiers, Tours, Laval, le gros de la *Das Reich* était, une fois encore, sur le front le 16 juin, au nord de Coutances et de Saint-Lô. Certes, la division revenait du front russe, comprenait de jeunes recrues et des étrangers, mais ses officiers — moyenne d'âge trente-deux ans — et ses sous-officiers en faisaient encore une force formidable. Malraux a une autre décoration de poids, le Distingued Service Order (D.S.O.). La justifiant, une traduction française figure au dossier : « Janvier 1948. Promotion dans l'ordre du D.S.O. Le colonel Malraux a organisé les combats de guérillas sur une large échelle contre les forces allemandes de sa région, conduisant personnellement ses troupes au combat en toutes occasions [*faux*]. Son commandement et son courage sous le feu lui ont gagné le respect [*à moitié vrai*] et l'admiration non seulement de ses propres soldats mais des officiers britanniques qui ont combattu à ses côtés [3]. » Texte des attendus concernant la décoration britannique de Malraux :

« Cet officier français a été un des premiers chefs de la résistance française dans le sud-ouest de la France »... [*faux*]. Ces experts (en décorations) britanniques affirment que Malraux fut blessé dans une embuscade et fait prisonnier par l'ennemi ; après, "étant encore convalescent", il a mis sur pied une brigade.

« À l'automne de 1943 [*faux*], il a rejoint un officier de liaison britannique et aidé à construire une organisation puissante en Corrèze et en Dordogne : il a également formé plusieurs groupes dans le département du Lot où il a travaillé avec un autre officier de liaison britannique [*Poirier, « Captain Jack » ?*].

« En mai 1944, le lieutenant colonel Malraux a été nommé commandant régional des F.F.I. [*tout à fait inexact*].

« Grâce à son tact, son jugement et sa personnalité, il a triomphé des rivalités politiques et des jalousies personnelles dans la région et en conséquence ses réalisations F.F.I. en Corrèze et en Dordogne furent remarquables [*outstanding*] ». [*Ici on rend hommage au Malraux diplomate qui, pourtant, n'a pas fédéré les organisations.*]

« Il a été blessé et fait prisonnier... mais s'est échappé [*faux*] trois semaines plus tard à temps pour diriger les opérations finales pour la libération de sa région [*tout à fait faux*]. Ceci fait, Malraux prit la tête d'un bataillon des F.F.I. de la Dordogne... [*la brigade, ici, devient un bataillon. On se demande pourquoi elle a fondu*].

« Cet officier français mérite les plus grandes louanges [*praise*] pour ses efforts infatigables en vue de faciliter la tâche des armées alliées en France [*exact*].

« [*Chute :*] On recommande énergiquement que le lieutenant-colonel Malraux devienne compagnon du Distingued Service Order. »

Les Britanniques sont, malgré eux, responsables de sa légende, légitimée en un sens par la D.S.O. Les attendus de citations sont le plus souvent embellis par la bureaucratie mais rarement à ce point [4]. Ils ne sont pas dus aux agents britanniques qui travaillaient autour de Malraux.

Toujours selon le dossier de Malraux, le 1er juin 1945, foudroyante ascension rétroactive, il fait l'objet, le même jour, d'une proposition de nomination comme sous-lieutenant, lieutenant, capitaine, chef de bataillon et lieutenant-colonel. Un grand nombre d'officiers issus de la Résistance ont été ainsi homologués, leur situation régularisée, peu à ce rythme. Malraux est promu au grade de colonel F.F.I. (n° 4465) par la Commission nationale d'homologation des grades F.F.I. au cours de sa séance du 13 juillet 1945. Ce dossier de la commission a disparu. Malraux prend au 1er janvier 1939 le rang de sous-lieutenant (n'étant pas encore incorporé comme cavalier de seconde classe!). Le même jour, il prend le rang de lieutenant. Nommé capitaine au 1er janvier 1941, chef de bataillon au 1er janvier 1943, lieutenant-colonel au 1er juin 1945. Un décret, contresigné le 26 juillet 1945 par de Gaulle, et pour le gouvernement provisoire de la République française, par le ministre de la Guerre, Diethelm, officialise le tout. Malraux est nommé compagnon de la Libération [5] sur proposition du colonel Rebattet (alias Cheval), dès que celui-ci est adjoint, pour les affaires F.F.I., du général commandant en chef de la 1re armée française, de Lattre. Motif de la proposition le 9 mars 1945, thématiques habituelles : un des organisateurs de la Résistance armée dans les départements de la Corrèze, de la Dordogne et du Lot en juin 1944. A coordonné l'attaque des Forces françaises de l'intérieur de ces départements contre la division blindée *Das Reich*, lui occasionnant de lourdes pertes et des retards irréparables.

Rebattet, homme honnête et naïf, cite trois blessures de Malraux qui reprendra régulièrement ce leitmotiv [6] et embellira aussi son arme d'appartenance, le faisant « F.F.I. Commando [7] ». L'aviation, les parachutistes, les hommes des blindés et les commandos étaient considérés comme des troupes d'élite. Bah !

Malraux est aussi décoré de la croix de la Libération, de la médaille de la Résistance et de la croix de guerre [8]. Certaines promotions ne vont pas sans mal ou protestation. Des officiers de haut rang, qui ne sont pas tous pétainistes, loin de là, renâcleront. Le 7 décembre 1951, le général de corps d'armée Jean

Imbert, inspecteur de la zone de défense D, écrit au secrétaire d'État à la guerre : « Je crois devoir rappeler respectueusement votre attention sur le cas particulier de cet officier supérieur F.F.I. ... » Imbert signale que « l'activité résistante de M. Malraux s'est exercée non sur le plan régional, mais sur le plan interrégional ». Malraux, précise Imbert, avait « comme adjoint dans la Résistance, le général Jacquot [*commandant en 1944*] ».

Le 20 décembre 1951, le colonel de Bélenet, chef du 6ᵉ bureau, demande à André Malraux une « attestation délivrée par un résistant ayant le grade d'officier et dont dépendait directement la formation que vous aviez commandée ». Le 15 janvier 1952, Malraux répond : « Le seul officier sous les ordres duquel je me sois trouvé, avant de faire partie de la première armée, est le général Kœnig. Le lieutenant-colonel Jacquot, aujourd'hui général de division, fournira volontiers des documents annexes utiles, mais il était alors mon adjoint et non mon supérieur. Au surplus, je pense que les citations ci-jointes vous fourniront les éléments qui vous sont nécessaires. » Note en marge de cette lettre : « Tenir au courant le général Jacquot. »

Le 14 mars 1952, le même colonel de Bélenet s'adresse de nouveau à Malraux : « À la suite d'une conversation téléphonique avec le général de division Jacquot, il ressort que la première réunion de votre état-major interzone aurait eu lieu en mai 1943. [*Devant un général, un colonel se doit d'être respectueux. Une communication téléphonique n'est pas une preuve recevable. Ou Jacquot, général, a eu un trou de mémoire. Ou il a menti, mais sans laisser de traces. Ou le colonel de Bélenet n'a pas compris ce qu'il lui disait.*]

Le secrétaire d'État à la Guerre délivre un certificat d'appartenance aux F.F.I. en juillet 1952. Rien que de normal. Malraux n'est pas le seul à avoir, d'une manière ou d'une autre, rejoint les maquisards résistants six ou sept semaines avant le débarquement des alliés en Normandie. Mais le colonel de Bélenet, faisant son métier, demande avec insistance la date exacte d'une réunion que Malraux évoque [*celle du 2 mai 1943*] et en quoi elle a consisté. Consciencieux, le colonel souhaiterait disposer des « noms des personnes qui y assistaient ».

Méticuleux, il sollicite plusieurs fois des « détails précis ». L'écrivain renvoie à ses décorations : méthode d'autorité. Comment ce poux de Bélenet ose-t-il fourrager dans la crinière d'un lion ? Malraux et Jacquot, avec d'excellentes raisons, ont intérêt, l'un comme l'autre, à jeter un doute voilé sur l'année 1943. Avec brio, mais, bien sûr, les mémoires sont défaillantes, coïncidence ou collusion empoisonnée, ils s'accordent des certificats de très bonne conduite et de résistance, antidatés et mutuels.

Le dossier de Malraux, en tout cas du point de vue des autorités militaires, comporte des trous noirs. Qui a autorisé l'écrivain à le remplir lui-même ? Qui, chez les Britanniques comme chez les Français, n'a pas pu ou n'a pas voulu corriger certaines erreurs de taille ? Pourquoi Malraux a-t-il été promu si aisément malgré ces annotations : « impossible à établir faute de pièces » ou « resté sans réponse » ? Pourquoi fait-on allusion à une ou plusieurs blessures ? Seul le dossier médical militaire de Malraux — disparu — pourrait authentifier les blessures. Malraux, en tout cas, est un obsédé de *ses* blessures.

Dans ses fredaines autobiographiques, Malraux se trouve placé sur un piédestal par sa notoriété et ses décorations. D'abord, cette croix de la Libération. Il a tout de même été sacré compagnon par Charles de Gaulle. Qui oserait publiquement, ou administrativement, mettre en question une appréciation du Libérateur ? Malraux est compagnon de la Libération et médaillé de la Résistance : *donc*, il fut un résistant important et un libérateur exceptionnel. N'importe qui n'est pas Compagnon. Ici, les effets précèdent les causes, dans un espace-temps tout à fait intéressant où la chronologie s'inverse. Victor Hugo aurait été comblé par cette « histoire écoutée aux portes de la légende ». L'histoire se mue en légende et la légende en histoire.

Cruelle, Clara Malraux, pensant à Roland, Claude et quelques-uns qui, déportés, ne reviendront pas, et sur lesquels on ne déversera pas décorations et citations, dira d'André :

— Ce sont les autres qui se font tuer.

On ne peut reprocher à l'écrivain de ne pas être mort, même si la Mort le fascinait. En Espagne et sur le front d'Alsace, il a pris des risques, mais pas ceux qu'il a détaillés en Corrèze ou en Dordogne. Dans son dossier militaire, quelques mots simples — hâte, inattention ou négligence ? — suggèrent un fragment d'épopée : « ... au cours d'une *embuscade* [*je souligne*] », à propos du 22 août 1944, lorsque Malraux fut arrêté par les Allemands qui tiraient sur lui et ses compagnons près de Gramat. Rencontrer les soldats de la Wehrmacht par hasard, ce n'est pas tomber dans une embuscade. Une embuscade, au sens strict, est une opération active qui consiste à dissimuler une troupe pour surprendre l'ennemi. Or, Malraux et ses compagnons ont été aussi surpris que les Allemands qui les mitraillèrent.

Même des erreurs involontaires de dates servent à pétrifier la légende malrucienne, sans que l'intéressé se soit cru obligé de les rectifier. Dans l'état signalétique de son dossier militaire français, Malraux a été « fait prisonnier le 22 août 1944 ». Pour les Anglais qui lui attribuent la D.S.O., les Allemands l'ont pris le « 23 juillet ». Mais on peut s'étonner que les enquêtes reconstituant — et sur quel ton ! — une carrière militaire sérieuse soient aussi frivoles. De fait, l'épisode Gramat commença le 22 juillet. Broutilles.

Malraux lui-même distribuera des certificats avec gentillesse et libéralisme. Ainsi, il en signe un pour le mari de la charmante Rosine, le notaire Franck Delclaux. Malraux, « chef de mission interrégional Corrèze-Dordogne-Lot », certifie que M. Franck Delclaux notaire à Saint-Chamant (Corrèze) « était attaché à [*son*] état-major particulier dès avant le 6 juin 1944 avec le grade de sous-lieutenant et avec mission de : — Liaisons départementales et interdépartementales. — Organisation et recrutement. — Parachutages en liaison avec les forces A.S. de la Corrèze ».

Ce document est certifié, pour la signature, par le commissaire de police de Boulogne [9].

Rosine Delclaux est la marraine de Vincent. Cette attestation frise l'affaire de famille. Le notaire avait des vertus mais pas militaires ni de cet ordre.

Toutes ces attestations, décorations, interrogations, contradictions comptent-elles au regard de l'Histoire ? L'essentiel, pour l'écrivain, est ailleurs. Faire ou avoir fait, c'est tellement moins fondamental que d'écrire, de créer. À elle seule, l'imagination devient une attestation.

À la suite du succès que remporte auprès de la critique son film, *Sierra de Teruel*, auquel est attribué le prix Louis Delluc après la Libération, Malraux confie qu'il aimerait tourner un film sur la Résistance. À des amis ou connaissances, comme Chagall, il fait savoir qu'il écrira un roman sur cette Résistance. Ce roman, dit-il, « sera à celle-ci ce que *L'Espoir* fut à l'Espagne ».

Il attaqua ce projet plusieurs fois sans aboutir. L'inspiration romanesque ne vint pas. *Les Noyers de l'Altenburg*, roman touffu, ambitieux, n'est pas aussi réussi que les fictions d'avant la guerre. Dans ce genre, Malraux n'est plus inspiré. Pourtant, il pense souvent à ce roman sur la Résistance dont le titre serait *Non*. Entendez : ces hommes qui ont su dire non au nazisme et à Vichy.

Malraux esquisse six scènes dans lesquelles il parle beaucoup de lui-même. Ces bribes de roman se situent avant la Libération. Le récit commence à Paris, dans un bistrot de marché noir, sur la Rive gauche. L'auteur donne des indications scéniques comme s'il hésitait : « ... en bas, une bouche de métro. Des résistants seront seuls dans cette pièce au papier grenat et noir dont le plafond aussi est tapissé : une boîte... »

Puis, cette phrase bizarre : « ... la Résistance est souvent irréelle... ». Peut-on, doit-on, ose-t-on traduire : « la résistance de Malraux fut en grande partie irréelle » ? Des personnages à moitié historiques, à moitié imaginaires, surgissent. Serge *Rava*nel, qui existe, devient *Raguze*. À chaud ou presque, Malraux ne parvient pas à transposer. L'alchimie rate. Ces premières scènes se situent après l'arrestation du général Delestraint et surtout celle de Jean Moulin, alias Rex ou Max, à Caluire. Cette dernière secoua la Résistance [10]. Dans *Non*, on croise aussi Fouché, Marcel Degliame, résistant sérieux. Arrive le colonel Berger, en personne, avec sa modestie coutumière : « ... les hasards de la clandestinité sont familiers à Berger. » Malraux-Berger réfléchit pendant que le patron du restaurant tire un saucisson de la poche de son tablier : « Berger pense : et si la Gestapo faisait irruption ? Nous serons pris un jour ou l'autre avant le débarquement... Les réseaux survivront, mais pas leurs chefs... »

— Je n'aime pas parler de ce qu'un homme peut dire sous la torture, lâche également Berger.

Depuis qu'Andrée Viollis lui a raconté les hauts faits des policiers français au cours de leurs interrogatoires en Cochinchine, depuis *Le Temps du mépris* et *L'Espoir*, toujours, Malraux revient sur « les problèmes de l'interrogatoire ». Un interlocuteur dit à Berger qu'il faut demander aux organisations gaullistes du cyanure pour tous :

— Ceux d'entre nous qui ont des relations amicales avec les Britanniques, vous, Berger, par exemple, doivent en demander aussi.

— Bien, dit Berger, très raisonnable [11].

Une fois au moins dans sa vie, Malraux se voit en homme raisonnable ! Malraux-Berger est présenté comme un ancien de la Résistance. Il est question de remplacer Rex [*Jean Moulin*] arrêté ; « Berger sera là demain ». Il apparaît clairement que le successeur de Rex (Jean Moulin) sera le colonel Berger (Malraux).

Ce dernier ne s'en est pas caché, il souhaitait devenir le premier en Dordogne et en Périgord, ambition honorable. Il rêvera, longtemps, d'avoir été le premier en France. Avec un roman il peut le devenir. Dans *Non*, Malraux veut imposer Berger en patron : « Berger avait donné l'ordre à ses chefs de maquis... » [*on notera les pluriels*], « avec des bazookas, ces hommes qu'il commande personnellement, ont attaqué des divisions cuirassées allemandes » [*deux, trois, dix ?*]. Dans une autre scène, Malraux-Berger croise Violette, agent et héroïne du S.O.E., qui exista. À travers ces feuillets, Malraux transpose ses voyages à Paris pendant l'Occupation.

Une esquisse de la deuxième scène de *Non* ressuscite Maréchal, tué pendant la Résistance, à travers Gardet, personnage de *L'Espoir*. Gardet rend visite dans une H.L.M. à la « tante Marie », prénom courant, mais enfin la tante d'André s'appelle Marie Lamy et habite dans une H.L.M. du XVᵉ arrondissement, square Léon-Guillot. Malraux, romancier, s'insinue dans ce Gardet qui, selon cette esquisse, a rapporté des étoffes de Perse. Gardet dirige un réseau et demande à la tante Marie de prendre « un de ses types avec un poste de radio ».

Mécontent de cette version, Malraux en rédigera une autre. Maintenant, la tante de Gardet devient Tatouche, et Gardet un agent anglais prénommé Jacques. Philippe Liewer ou Captain Jack ? La scène se situe cette fois rue des Saints-Pères dans le VIᵉ arrondissement, plus chic que le XVᵉ. Malraux rencontra un agent du S.O.E.-F, rue des Saints-Pères, avant de rejoindre les résistants. Tatouche dispose d'une femme de chambre, son mari possède une écurie de courses et occupe un hôtel particulier de la famille Beauharnais. Philippe Liewer était le neveu d'Alice Jean-Alley, qui demeurait 7 rue des Saints-Pères ; son mari était juif. On cache aussi un émetteur sous son toit. Malraux écrit : « Jacques arpente le salon (faut-il dire salon ?), son verre de porto dans sa main. » Un bon neveu, André, peut promouvoir socialement une tante qu'il aime, Marie. Le narrateur (Malraux) dit à la tante :

— Si l'on te demandait de prendre un poste émetteur ici, qu'est-ce que tu dirais ?

— Qu'est-ce que tu voudrais que je te dise ? D'aller le mettre au café du coin ?

Silence.

— Merci, dit Jacques. Tout de même, tu es encore amie avec Drieu ?

— Souviens-toi que je suis fière de ne m'être fâchée avec aucun de mes anciens amants. Il n'y a que Mme Récamier et moi (elle rit). Drieu est très bien, mais il pense ce qu'il pense, moi aussi.

— Tu connais le risque ?

Devient fastidieux :

— Tout de même pourquoi es-tu avec nous ? Parce que nous sommes juifs toi et moi ?

Malraux, à juste titre, reste insatisfait de ces scènes. L'écrivain en lui réapparaît lorsqu'il amorce une séquence dans les maquis avec Gardet, officier de liaison, et un radio anglais. Maintenant, Gardet sort directement de *L'Espoir*, « parce qu'il s'est battu sur l'Ebre ». Il ressemble de plus en plus à l'ami Maréchal : il a « un effondrement du front gros comme le

poing ». Il rappelle en même temps Maréchal et l'aviateur défiguré tenté par le suicide dans *Sierra de Teruel*. Des instantanés
de *L'Espoir* et de *Sierra de Teruel* semblent se superposer ici,
mais paraissent flous, comme des photos ratées.

Pour évoquer les maquisards, Malraux retrouve presque
les accents de son grand roman espagnol lorsqu'il chantait le
rendez-vous du prolétariat mondial dans les brigades internationales :

« Il pense à ceux du Dauphiné dans les montagnes vertes
du Vercors, à ceux de la route Napoléon depuis les grands
rochers rouges jusqu'aux villages tibétains accrochés aux montagnes au nord de Nice — jusqu'aux fleurs bleues de la Côte
d'Azur qui viennent en rampant observer avec curiosité les voitures qui font leur plein d'essence, jusqu'à tout le domaine de
son combat : la France petite bourgeoise du sud-ouest hérissée
de châteaux verticaux, et Bordeaux (salle ville collabo) et les
garages de Vendée, et ceux de Bretagne, entourés d'autres fleurs
bleues, et les corons du Nord. Bon, il a fait le tour. Tout ça est
du décor. Le sérieux, c'est la nuit, la nuit dans laquelle les siens,
comme lui, viennent d'entendre que leur guerre commence.
Est-ce que les gardes des camps de prisonniers peuvent se
débrouiller pour entendre ? Les Allemands tiennent au moins
dix mille prisonniers de la Résistance [12] — dont quelques-uns
des meilleurs amis de Gardet. Il pense à tous ses compagnons
de combat en France, avec une trouble fraternité. »

La fraternité encore, mais pourquoi « trouble » maintenant ? Parce que le colonel Berger fut une pièce rapportée sur la
Résistance, pas un *frère* à part entière malgré toute sa bonne
volonté, son cran et ses tentatives infructueuses ?

Les quelques fragments qui subsistent de *Non* sont touchants. Ici, on sent Malraux sur le point de s'envoler. Là, il
tombe en panne, reste au sol, s'écrase sur le papier. Son goût de
la grandiloquence le reprend. Lorsqu'il en est encore à
l'ébauche, au brouillon, il laisse passer les poncifs : « la nuit
séculaire », « les maquis n'ont pas de passé » ou encore « l'église
romane regarde le soir qui tombe comme depuis huit cents
ans ». Et plutôt inattendu chez un styliste de son envergure,
« c'était un brave type et un type brave ». Malraux tente de faire
son métier d'écrivain, brassant la réalité pour créer un univers
littéraire riche et poignant, mais cette fois, sans y parvenir.

Il envisage de faire revivre des personnages d'autres
romans. Lorsqu'il publia *Les Conquérants* et *La Voie royale*, il
promit une trilogie. Au début de la Seconde Guerre mondiale,
son roman baroque, *Les Noyers de l'Altenburg*, devait constituer
le premier volume d'une série, *La Lutte avec l'ange*. Mais,
n'est-ce pas, la Gestapo a saisi le manuscrit du deuxième

volume [13]. L'écrivain serait-il prêt à donner un volume encordé à *L'Espoir* ou aux *Noyers* ? Trois fois au moins dans sa vie, il a eu ce désir de compléter des romans organiquement liés les uns aux autres, par des personnages qui referaient surface. Ni son imagination, ni ses occupations, ni l'existence qu'il mène, ni ses autres préoccupations littéraires — son besoin d'en finir avec ses ouvrages consacrés à l'art, pour lesquels il envisage aussi une trilogie — ne s'y prêtent. Par ailleurs, ce travailleur n'est pas Balzac, Galsworthy, Tolstoï, Proust, Martin du Gard, ni même un Georges Duhamel ou un Jules Romain : trop de domaines l'attirent. Surtout, dans *Non*, il n'est pas porté, poussé par une expérience profonde, vécue, authentique, comme lorsqu'il écrivait *La Voie royale* ou *L'Espoir*. Sa résistance n'a pas été assez réelle. Il n'a pas été un acteur de premier plan dans les maquis, vus tardivement par lui. Il était en représentation, formidable second rôle, personnage pirandellien s'agitant au centre d'une pièce-dans-la-pièce où les mots à propos de la Résistance remplaçaient les actions. Le réel ne lui collait pas au corps et à la tête. Ni à ses mots, maintenant. Est-ce surprenant, alors, que dans ce *Non* inachevé, à peine commencé, il qualifie la Résistance d'« irréelle » ?

Pour Malraux, deux mondes, ceux de la littérature et de l'art, sont plus réels que le monde sensible. Il se pose des questions et, plus rarement, s'en ouvre à d'autres. Jean Grosjean : « À partir de 1951, Malraux m'a demandé plusieurs fois, pendant des années, à brûle-pourpoint, si après cinquante ans, on avait le droit d'écrire *Je* sans que le lecteur croie qu'il s'agit de *soi*... Dans des personnages de fiction, on peut mettre une partie de soi (la meilleure ou la pire, celle qu'on aurait voulu être ou celle qu'on craint de devenir, etc.). Ce sont des bribes de vérité humaine qu'on fournit au lecteur. Mais écrire à la première personne, même si c'est dans un rôle de spectateur, est de l'inconscience ou de la bravoure puisqu'on n'est jamais tout à fait comme on dit tout en l'étant un peu. Celui qui se noircit dégrade le lecteur. Celui qui se hausse usurpe un rôle de messie (il faut une intempérie intérieure pour s'y résoudre) [14]. »

Malraux pensera aussi, souvent, à tourner un film, non plus sur la Résistance en général, mais sur ou à partir de la seule brigade Alsace-Lorraine. Sans doute l'aurait-il mieux réussi que ce *Non* mort-né. La fiction, à travers le roman ou le cinéma, reste sa tentation créatrice majeure.

25

Vie civile

Malraux ne se sent pas une vocation de militaire par temps de paix. L'occupation de l'Allemagne, les beautés du lac de Constance n'étaient pas son genre. Il ne participera pas, prolongement de la guerre, à l'épuration désordonnée des intellectuels en France, fouettée par le Comité national des écrivains (C.N.E.), dispositif d'une prise de pouvoir intellectuel par le P.C.F.

Auparavant, Drieu a échappé à l'épuration en se suicidant le 15 mars 1945. Il avait peut-être fait demander à Malraux s'il l'accepterait dans sa brigade Alsace-Lorraine, avec ou sans pseudonyme [1]. Quelques mois avant, il notait dans son journal : « J'ai toujours eu confiance en Malraux. » Nizan l'avait prévu : « Drieu mourra seul. » Malraux veille sur les œuvres de Drieu. Armé d'une valise à soufflets, il surgit chez le frère de son ex-confrère et, se préparant à récupérer les manuscrits, lance :

— Nous allons faire la tournée des dames [2].

En avril 1945, le colonel Malraux se déplace cependant jusqu'à Stuttgart pour que le royal de Lattre — déjà surnommé le « Roi Jean » — lui décerne une quatrième citation pour sa croix de guerre. Le 8 mai, toujours en uniforme, Malraux assiste au *Te Deum* dans la cathédrale de Strasbourg. Au premier rang de l'assistance, Charles de Gaulle, hiératique visage fermé, comme souvent quand il assiste à une cérémonie, religieuse ou laïque.

La rencontre avec Malraux, discret et secret, se fera plus tard, à la suite d'un merveilleux malentendu orchestré. Corniglion-Molinier, maintenant général et ancien aviateur des Forces françaises libres, Gaston Palewski, homme politique, féal du général, et le capitaine Claude Guy, aide de camp du chef de la France libre, se le sont souvent confié : ce Malraux pourrait être utile à de Gaulle comme caution de gauche François Mauriac, que de Gaulle, homme de lettres rentré, invita à déjeuner dès son arrivée à Paris, disait à son fils, Claude : « Malraux n'attend qu'un signe... » Claude Mauriac rapporte ce propos au capitaine Guy. Malraux dîne chez Palewski avec Guy. L'idée de se trouver face à face avec le Libérateur titille l'écrivain. La personnalité de Malraux amuse de Gaulle, qui, informé, bougonne :

— Il [*Malraux*] ne voudra jamais.

Qui fera le premier pas ? Malraux consulte Blum. Le sachem socialiste voit là un projet prometteur. La première semaine d'août 1945, le téléphone sonne au 19 *bis* avenue Victor-Hugo à Boulogne, où Malraux habite maintenant un duplex. Madeleine Lioux s'y est installée avec les garçons, avant Malraux. Claude Guy surgit dans une voiture officielle :

— Le Général vous fait demander au nom de la France si vous voulez l'aider [3].

Du Corneille, du Hugo. Alain Malraux, fils de Roland et de Madeleine, vit à Boulogne avec l'écrivain et ses fils. Alain est certain d'avoir, très jeune, entendu Corniglion-Molinier faire l'éloge de ce général de Gaulle et non moins certain d'avoir enregistré la réplique de Malraux : « Comment, ce fasciste ? » Le gaullisme de Malraux de 1942 à 1945 fut comme un Yo-Yo — en haut, oui, en bas, non. Les formules rapportées par Malraux dans les *Antimémoires* à propos de la Rencontre entre le général, littérateur, et l'écrivain, homme d'action, sont dignes des deux : « J'ai épousé la France »... « Une Russie faible veut des fronts populaires, une Russie forte veut des démocraties populaires. » C'est beau : du Malraux ou du de Gaulle ? Encore, toujours, de plus en plus, en accéléré, l'histoire aux portes de la légende. Barrès avait dû se contenter du général Boulanger. De Gaulle reçoit Malraux une demi-heure [4], le 5 ou le 6 août 1945, avant que les Américains ne lâchent leur dernière bombe atomique sur Nagasaki et que Churchill, Truman et Staline ne proclament la fin de la guerre mondiale le 15 août. Avec l'occupation de Hanoi par le Viêt-minh, les Français ont un autre conflit sur la planche. Le Général aurait entamé la conversation avec Malraux par un sonore [5] :

— D'abord le passé.

Puis ils auraient évoqué, à bride abattue, Marx, Nietzsche, la Résistance, l'Occident, l'Empire, la Révolution, Hoche, les brigades internationales. Coup de foudre, coup de jauge ? Les deux hommes se trouvent réciproquement à leur goût. Ils ont des pensées et des arrière-pensées : sans cela seraient-ils de Gaulle et Malraux ? Et tout de même, Malraux le romancier ne se dit-il pas qu'il a écrit sur Lawrence sans l'avoir rencontré ? Maintenant se dresse et s'assoit devant lui, aimable, derrière la petite moustache, un homme incontestable de l'Histoire *et* de la légende, un grand en fusion. Un personnage dont il ne déchiffre pas encore la personne. Qui s'encastrerait assez bien dans un livre ? Ce Charles de Gaulle a derrière lui le 18 juin, la France libre, la prise du pouvoir en France, le désarmement des milices communistes, la grâce du déserteur Thorez après avoir, un temps, refusé qu'il revienne en France. Général à deux étoiles, il donne ses ordres à d'autres généraux à quatre ou cinq étoiles, agace et attendrit Churchill, autre grand. Ce bonhomme, sec et sûr de lui, en apparence, peut être aussi timide que Malraux. Également dépressif ? Ce type qu'on a traité de fasciste, mais qui, à l'évidence ou à l'intuition, ne l'est pas. Cet antitotalitaire autoritaire ne suinte pas la démagogie. Ce héros... de quoi ? À fourrer dans un roman, à sortir d'une chronique, ce de Gaulle, ni vrai ni faux, mais vécu ? Malgré tout ce qu'il peut raconter et broder ici et là sur ses rencontres avec les grands, Staline, Trotski ou d'autres, Malraux n'a encore jamais été longtemps proche d'un Grand réel. Pour combien de temps ? Si Paris vaut bien une messe, la fréquentation de ce général, alors président du Conseil, vaut bien un poste subalterne sous ses ordres. De Gaulle laisse entendre qu'un portefeuille ministériel... En attendant, Malraux devient simple conseiller technique à la Culture au cabinet du Général, le 16 août 1945. À ce titre, trois sujets le passionnent, une politique de la culture, les sondages d'opinion, la modernisation de l'Éducation nationale.

Le procès de Pétain commence. À la conférence de Potsdam, Staline, Churchill et Truman se passent de la présence du général de Gaulle mortifié. « Ma croix la plus lourde pendant la guerre fut la croix de Lorraine », disait Churchill. Les électeurs britanniques votent pour les travaillistes et Attlee. Selon Malraux, « certains grands hommes donnent toutes leurs mesures pendant une guerre ». Pense-t-il seulement à Churchill ? De Gaulle, sublime dans les tempêtes de la guerre, comment traverse-t-il les bonaces de la paix ? Hô Chi Minh crée un comité de libération du Vietnam. En octobre, les communistes triomphent aux élections législatives françaises à l'Assemblée constituante. Trois groupes parlementaires émergent avec 142 députés du P.C.F., 140 députés M.R.P., 133 socialistes. Puisque ces trois partis ont obtenu 303 sièges sur 353, de Gaulle forme un cabinet tripartite, se refusant à confier un ministère clef au P.C.F., aucun des trois leviers qui commandent la politique étrangère, « la diplomatie qui l'exprime, l'armée qui la soutient, la police qui la couvre ». De Gaulle bombarde Maurice Thorez vice-président du Conseil. Le 21 novembre, le cabinet du Général propose à Malraux le ministère de l'Information. Malraux l'accepte et prend son ami Raymond Aron, l'intellectuel par excellence, comme directeur de cabinet, et le fringant Jacques Chaban-Delmas pour secrétaire général. Malraux, Aron l'assurera, se montre précis et compétent, même s'il ne sort pas, lui, des sérails où l'on apprend la différence entre une loi, un arrêté et une décision ministérielle[6]. Pour Malraux, information et propagande sont liées. Ainsi, la radio *appartient* à l'État et dépend du ministre de l'Information qui ajoute un registre à son métier d'orateur, prenant la parole pour la première fois devant les députés, se présentant en technicien plutôt qu'en politique. De Gaulle se veut au-dessus des partis, Malraux à côté mais sous le Général. Dans l'hémicycle du Palais-Bourbon, il déclare :

— Il me semble indispensable que la culture cesse d'être l'apanage des gens qui ont la chance d'habiter Paris ou d'être riches.

Écrivain, il veut illustrer, avec éclat, bien sûr, ses ouvrages sur l'art en chantier. Ministre, il souhaiterait tirer des reproductions géantes de cent chefs-d'œuvre de la peinture française pour les musées ou des expositions itinérantes. En attendant, il alloue le papier, rare. Il ajoute pour les députés que le marché noir, à travers les âges et dans ce siècle, en régime socialiste comme en régime capitaliste, a fleuri. Présentant le budget de l'information à l'Assemblée nationale constituante, Malraux s'explique[7] :

— Si, demain, un ministre de l'Information quelconque décide d'autoriser les journaux sans leur donner de papier, que va-t-il se passer ? Ceci qui est très simple : le papier du marché noir deviendra roi, et comme vous n'ignorez pas plus que moi que pratiquement ceux qui ont le plus d'argent seront ceux qui auront le plus de papier, supprimer l'autorisation et l'allocation de papier avant que nous ayons pu rétablir la liberté intégrale du papier consisterait, en fait, à rétablir... le capitalisme dans ce pays.

La France ne serait plus en économie de marché parce que le Général nationalise ?

Malraux l'aventurier converti en ministre navigue avec plaisir entre les aubussons et les sèvres de la République. Kitsch ? Flatteur et rassurant ? L'aventure, explique Malraux en privé, n'existe plus qu'au niveau du gouvernement. *Coronel*, tankeur, alors pourquoi pas ministre pour laisser des « cicatrices » ? Un temps pour les armes, un temps pour les mots, un temps pour les décisions ministérielles. Il est « trop tard, répète aussi Malraux, pour agir sur les choses, il faut agir sur quelqu'un ». Sur de Gaulle, et cela va mieux en ne le disant pas trop en public.

Du ministre-écrivain Malraux ou du général de Gaulle, qui agira sur l'autre ? Lequel impressionne le plus son interlocuteur ? Ils ont presque deux points communs, une certaine idée forte de la France, qui n'est pas la même, et une pratique de l'opposition au nazisme, tout aussi différente. Par Geneviève Anthonioz-de Gaulle, Malraux sait que le Général, avant la guerre, était partisan du soutien à l'Espagne républicaine. Cet officier-là n'était pas franquiste. Chez les deux existe un côté croisé en quête d'une autre croisade, plus accentué en Malraux qui cherche aussi son Saint Louis. La croisade du Général se prolonge par ses « grandes querelles ». De Gaulle a des ambitions littéraires, Malraux, une présence dans la littérature française. L'un, depuis 1940, est homme d'État, l'autre, depuis 1930, homme de lettres et d'action, et il a patienté deux mois avant de devenir ministre. Avec sa nomination, l'imaginaire a repris ses droits et touche des dividendes : Malraux, à côté du Général, devient le Vincent Berger des *Noyers de l'Altenburg*, conseiller d'Enver Pacha, ou le colonel Lawrence défendant les intérêts du roi Fayçal. En 1945, Malraux et de Gaulle ne partagent pas les mêmes conceptions géopolitiques ou obsessions. Anti-anglo-saxon, le Général a souffert sous Churchill et plus encore face à Roosevelt. Pas Malraux, qui, lui, a fait ses preuves dans l'anti-colonialisme. Le Général, pas encore. Sur l'Indochine, le cofondateur de *L'Indochine enchaînée* précède de Gaulle.

Le général Leclerc se trouve à Hanoi alors que le Viêt-minh contrôle l'arrière-pays jusqu'à la frontière chinoise. À Paris, on hésite entre l'entente avec Hô Chi Minh et la reconquête. Malraux s'informe. Il pose deux questions au cours d'un déjeuner avec Paul-André Falcoz [8] :

— Premièrement, pensez-vous possible pour la France de maintenir sa puissance en Indochine si elle n'occupe pas la frontière de Chine ? Deuxièmement, combien de temps pensez-vous que Tchang Kaï-chek résistera à la poussée de la révolution agraire de Mao ?

Plus tard, à son ami André Bourotte, enseignant en Indochine, Malraux écrira : « Mon point de vue n'est pas celui d'une absence d'intérêt, c'est celui du pessimisme. Le destin de l'Indochine n'a jamais été entre les mains des andouilles que vous savez, il n'est même plus entre les mains de la France. Bien sûr, Mao Tsé-toung ne sera pas chez vous après-demain, mais vous savez aussi bien que moi qu'il existe quelque chose qui s'appelle des remous [9]. »

Le 3 décembre 1945, Malraux déjeune avec l'ambassadeur de Grande-Bretagne, Duff Cooper, mari de la séduisante Diana. Louise de Vilmorin, amie du couple, assiste au déjeuner ainsi que d'Arcy Gillie, correspondant du *Manchester Guardian*. Duff Cooper note dans son journal [10] : « Malraux qui est maintenant ministre de l'Information a été extrêmement brillant. C'est un homme très remarquable. Il a prophétisé que les communistes tenteraient d'obtenir le pouvoir par la force dans les douze mois à venir et qu'ils échoueraient. »

Le 20 janvier 1946, de Gaulle se cabre. Il n'accepte pas ce qu'il appelle les manœuvres des partis ; il réunit brusquement le conseil des Ministres et annonce son départ : « La cause est entendue, il serait vain et même indigne d'affecter de gouverner, dès lors que les partis, ayant recouvré leurs moyens, reprennent leurs jeux d'antan. » Les Français souhaitent-ils un gouvernement qui gouverne ou une assemblée omniprésente « déléguant un gouvernement pour accomplir ses volontés » ? Comme la plupart des ministres, Malraux n'a été ni consulté ni prévenu. Mais il approuve le Général quand il adresse sa lettre de démission au président de l'Assemblée nationale, Félix Gouin. D'ailleurs, Malraux n'a pas le choix.

Peu après, il se trouve de nouveau à l'ambassade de Grande-Bretagne [11]. Duff Cooper encore : « Malraux... comme toujours très intéressant et quelque peu alarmiste... Convaincu que la France marche vers une dictature. Je ne crois pas qu'il le regrette. La question est de savoir si ce sera une dictature des communistes ou de De Gaulle et ce sera réglé par la force. Il dit que la démission de De Gaulle n'est pas la fin mais le commencement du gaullisme qui sera maintenant un grand mouvement à travers toute la France. »

À l'étranger comme en France, Malraux a une réputation de comploteur : il se préparerait à former une organisation anti-communiste qui irait « du centre à l'extrême droite », précise le service de renseignements du ministère de la Défense américain, la Strategic Services Unit. Il s'agirait de coordonner un « nouveau leadership politique ». Ce service affirme que « Malraux, ancien ministre de la Propagande », et Claude Bourdet, directeur de la radiodiffusion française, avec d'autres, y compris les généraux Juin et Revers, fourniraient un « appui attentif » [*sympathetic*]. Les Américains, pour le moins, ne sont pas, ici, bien renseignés [12].

Duff Cooper, quelques jours après [13] : « Loulou [*Louise de Vilmorin*] a vu Malraux. Il se lancerait dans un complot césarien à base d'assassinat. Les gaullistes sont fous. J'ai vu Pierre de Bénouville ce soir, il est un tout petit peu moins fou que les autres. » Deux jours après [14], le même Duff Cooper : « Loulou me rapporte que Malraux dit que de Gaulle est maintenant comme un somnambule ou un convalescent. Son esprit semble

à peine fonctionner et il paraît incapable de prendre une décision. »

Duff et Diana Cooper reçoivent souvent Loulou qui croise
beaucoup Malraux. Autre déjeuner à l'ambassade avec Louise
de Vilmorin, André Malraux, Emmanuel d'Astier et Pierre de
Bénouville. On parle du Christ et de la cruauté. La conversation
oppose Malraux et d'Astier, gaullo-communiste. Cooper, diplomate et analyste, écrit : « Le premier est de beaucoup le plus
intelligent mais il m'a semblé que ce fut ce dernier qui
l'emporta. » Quelques mois plus tard, en mai, Duff Cooper :
« Loulou est arrivée à l'ambassade en même temps que moi.
Elle avait vu Malraux qui lui a dit que le Général sera président
de la République le 1er septembre, et que lui, Malraux, sera
ministre de l'Intérieur. » Louise de Vilmorin glisse aussi que
Palewski, ce garnement, lui a proposé d'espionner Duff Cooper.

Malraux ravale ses ambitions ministérielles. Malgré son
militantisme gaulliste, d'autant plus activiste que tout frais, il
doit se consacrer à d'autres activités [15]. Il a retrouvé le chemin
de Gallimard dès la libération de Paris. Gaston traite toujours
bien Malraux. Mais le climat a changé. L'auteur de *L'Espoir* est
intervenu lorsque la maison Gallimard et son patron ont eu des
problèmes avec la justice, qui reprochait à Gaston d'avoir
publié *La Nouvelle Revue française* de Drieu. Malraux, comme
Sartre, Camus et d'autres, a pris la défense du Père Fondateur :
Gaston a aidé tant d'écrivains résistants. Malraux est surtout
reconnaissant à Raymond Gallimard qui ne lui fit jamais
défaut. Ce dernier, toujours diligent : « Il ne peut être question
entre nous que de répondre oui à tous vos désirs, même s'il ne
s'agit pas d'ouvrages en fabrication. » L'auteur Malraux se vend
bien [16]. Gaston signe une « dérogation » au contrat du 12 avril
1928. Cet écrivain touchera 20 % à compter du premier mille.
Plus un auteur est populaire, plus ses pourcentages aug-
mentent [17]. Les offres des éditeurs suivent les demandes du lectorat, quoi de plus logique ?

Consécration, Malraux va devenir en 1947 le deuxième
écrivain français vivant à paraître dans la Pléiade, après Gide,
dont la prestigieuse collection a publié le journal. Sortent, sans
notes et commentaires, *Les Conquérants*, *La Condition
humaine*, *L'Espoir* [18]. Claudel manifeste son dépit : « Et moi
donc ! » André Chamson à peine moins : « Je suis le seul qui
mérite d'être à ses côtés. » Certains auteurs, les plus jaloux, insinuent que pléiadisé, on se fait enterrer : « Il vieillit bien vite,
Malraux », à quarante-cinq ans. Les droits des *Conquérants*
appartenaient à Grasset qui les a cédés à Gallimard [19].

André Malraux et Gaston Gallimard liquident des objets de

la Galerie. Malraux a récupéré quatorze têtes gréco-bouddhiques, quinze tableaux persans, des bas-reliefs assyriens et
des Fautrier [20]. Il a des besoins d'argent substantiels. Ses droits
d'auteur et son traitement de ministre ne pourraient lui suffire.
Alors, comme ministre, il touche 500 000 francs et 100 000
francs de frais de représentation par an. En fin de carrière, un
professeur de faculté touche 323 000 francs et un facteur
urbain, 97 000 francs [21].

Malraux se renseigne sur les procédés de reproduction en
Europe et aux États-Unis. Le gourmand de typographie, le
gourmet des arts plastiques ressortent chez lui. Il choisit les
tableaux, les ektachromes, n'hésitant pas à faire modifier une
teinte. Il n'y a pas de reproduction fidèle, les yeux varient dans
leur perception des couleurs. Pour les reproductions de
tableaux en noir et blanc ou couleur [22], Malraux a un œil
moyen. Il utilise les meilleurs imprimeurs de l'époque, Rota-
Dedag à Genève, Draeger à Montrouge, Georges Lang à Paris.
Avec Louis Chevasson se regroupent chez Gallimard, Beuret et
Grosjean que Claude Gallimard, prisonnier de guerre avec eux,
a engagés. Beuret était comptable, puis il est monté dans la hiérarchie technique [23]. Exécutant des bonnes et des mauvaises
œuvres, l'œil du maître sur les acomptes, les comptes, et les
mécomptes, il travaillera le matin chez Gallimard pour Malraux
l'écrivain et l'après-midi pour Malraux ministre. Beuret sert
sans se servir. Pour Malraux, Beuret et Grosjean sont « les deux
seuls qui ne [*lui*] demandent jamais rien, pas même un manuscrit ». Beuret tutoie toujours Malraux. De santé fragile, trépané,
traînant des problèmes pulmonaires, organisateur acharné, pas
toujours efficace, Beuret est gaulliste; pas Grosjean. Beuret
n'apprécie pas du tout ce Georges Pompidou que Malraux
estime. Ayant passé assez douillettement la guerre au lycée
Henri-IV, Georges Pompidou, normalien, agrégé, maître de
conférences à l'Institut des sciences politiques de Paris, prépare
un choix de textes de Malraux pour une édition scolaire, dans la
série des classiques Vaubourdole. Malraux corrige cette anthologie et son introduction. Autre consécration que ces fragments
destinés aux lycéens.

Pour protéger Malraux, Beuret exerce sa vigilance. Il a
conservé son salon de coiffure, à tout hasard :

— Ils sont braves tous ceux-là [*les ministres, les éditeurs*],
mais sait-on jamais.

Claude Gallimard éprouve de l'affection pour Beuret, qui
sera le parrain de son fils Antoine. Claude dit « Albert » mais
« Grosjean ».

Beuret a un principe de base :

— Je suis là pour lui [*Malraux*] simplifier la vie, pas pour la lui compliquer.

Chez Malraux, selon Beuret, l'actif importe plus que le passif. Parfois Albert rembarre l'écrivain, en particulier lorsque celui-ci se hasarde sur le terrain musical, décrétant que « Debussy est un petit maître », ou que « chez Wagner, il y a des notes en trop ». Malraux râle. Ce Beuret n'est pas habité par la littérature, mais par la musique, il faut l'admettre. Oui, Malraux a parfois l'admiration plus facile que l'amitié. L'écrivain en tout cas aime la morale au jour le jour d'Albert Beuret :

— Finalement dans l'existence, ce qui compte, c'est l'endroit d'où l'on vient plus que le lieu ou l'on est arrivé. C'est le chemin parcouru.

Beuret, homme d'affaires, et Grosjean, homme des belles-lettres, sont liés par leur camaraderie de prisonniers et leurs souvenirs du Stalag en Poméranie. Avec l'un, Malraux parle finances et politique. Avec l'autre, il s'entretient surtout de littérature. Un des rares à savoir que les premiers jets de Malraux sont plats ou, pire, incompréhensibles, Grosjean soumet ses propres œuvres à son ami écrivain. Malraux sollicite les avis de Grosjean, époussette ses textes, coupe, lime, disant : « J'ôte les puces [24]. » Il respecte Grosjean comme homme et en tant que poète. Malraux lui confie qu'il souffre d'insomnies. Il lit des romans policiers « pour le tempo ».

Grosjean et Malraux ont des relations d'écrivains, plus et mieux que des rapports d'amis intimes. Avec qui donc l'égotiste Malraux serait-il intime ? Le poète et le romancier correspondent. Malraux, maintenant, écrit de moins en moins de lettres. Il jette celles de Clara sans les lire, mais conserve celles de Grosjean [25].

Le troisième pilier de Malraux chez Gallimard, Chevasson, répond à certaines demandes. L'écrivain à Chevasson :

— Non, pas question de se faire peindre, même par des gens de talent. Ça prend trop de temps, et même si j'en avais, je préférerais faire autre chose : voir mes amis par exemple.

Malraux a quelques énormes défauts — de fabrication, d'enfance ? —, mais il n'est, presque jamais, rancunier ou mesquin, surtout lorsqu'il s'agit à ses yeux des écrivains, classe au-dessus de la mêlée. Il n'a pas hésité lorsque Arland lui a demandé d'intervenir pour Jacques Chardonne, affrontant des épurateurs. Chardonne était intervenu pour Paulhan, Mauriac et Malraux pendant l'Occupation. Malraux signera une demande de grâce en faveur de Lucien Rebatet, qui l'a poursuivi d'une vindicte hargneuse quand Vichy régnait. Malraux, entêté, n'est jamais forcené ou sanguinaire. Il fait part de sa sollicitude à Jean Giono, lui aussi sur la liste des condamnables, selon le Comité national des écrivains où Aragon fait la loi [26]. Il écrit à Giono : « Est-il nécessaire de vs dire que vous pourriez compter sur moi s'il y avait lieu [27]. » Malraux reconnaît les talents. Il proposera à Gaston Gallimard de récupérer dans son écurie le cheval fourbu, Louis-Ferdinand Céline [28] : « Je crois que Céline a une grande envie de passer chez vous. Je crois par ailleurs que ce qu'on lui reprochait sur le plan personnel était faux ; et sur le plan littéraire, l'amnistie semble à présent certaine, quel que soit le résultat des élections... Inutile de vous dire que je m'en fous complètement car je crois qu'il m'a naguère couvert d'injures (que je n'ai d'ailleurs pas lues) mais si c'est sans doute un pauvre type, c'est certainement un grand écrivain. Donc, si vous voulez que je vous le fasse parachuter, dites-le-moi. » Malraux rend volontiers service aux uns ou aux autres. Il propose Louis Guilloux pour la Légion d'honneur et obtient un poste pour sa femme.

Il informe Beuret de ses aventures et mésaventures conjugales. Albert sert de bouclier. Clara n'a pas fait le deuil de la séparation. Malraux échappa à Josette pendant la Résistance, et tragiquement dans la mort. Clara a proclamé qu'elle remplacerait Josette, élèverait les deux garçons, Bimbo et Vincent. Malraux ne peut fuir Clara. Elle voit en lui un homme qui n'accepte ni la soumission — Josette — ni la révolte — Clara. Il est son « brigand bien-aimé ». Une certaine C.M. a signé un article consacré aux *Noyers de l'Altenburg* dans *Action*, hebdomadaire progressiste, cryptocommuniste mais de bonne tenue, auquel collaborent Pierre Hervé, Emmanuel d'Astier, Claude Roy, Kriegel-Valrimont... Moqueuse, méchante, cette critique fait une allusion mal venue à la situation de Malraux quand il écrivait ce roman : « Qu'un homme, après un combat militaire particulièrement pénible, découvre qu'il tend vers le bonheur du plus profond de lui-même, c'est là encore, soumission et que connaît tout convalescent. » C.M. ? Clara Malraux. C.M. se montre brutale après son préambule. « Qu'on nous [*un « nous » peu courant dans les hebdomadaires*] laisse donc écrire, tout d'abord, que l'homme dont je vais parler est sans doute l'écrivain le plus important de sa génération, qu'il est celui qui a le plus le goût des questions essentielles, qu'il est admirablement servi dans sa tâche d'évocateur, car enfin il est romancier, par des dons extraordinaires d'artiste. » Mais Malraux décevra ses lecteurs ici car il « intellectualise ». Selon la critique d'*Action*, Malraux ne se demanderait plus ce que l'homme *peut*, mais ce qu'il *est* : « Nous voici soudain en pleine métaphysique. » Le livre ne contiendrait pas d'action véritable, pas de conflits.

Péché de Malraux, il n'a pas conçu et rédigé son roman à côté de Clara, et il ne lui a pas soumis le manuscrit. Affamée des miettes de nouvelles le concernant, Clara n'oublie jamais Malraux. Blessée, obsédée, elle parle sans cesse de lui à sa fille, passe encore, et toujours à ses compagnons, patients. Centrée sur André Malraux, elle ne pardonne pas, crie, tempête. Elle voudrait rompre tous les liens, mais n'y parvient pas. Leur fille contemple le champ de bataille sur lequel Clara manœuvre plus qu'André. Mieux. Alors qu'André était ministre de l'Information, Clara écrivait un roman féroce pour Malraux. Parlant d'elle, celui-ci, hautain, dit « Madame Clara ».

À Paris, depuis la Libération, Clara mène une vie difficile. D'abord, Marcel et Janine Arland ont hébergé Florence et sa mère. Puis, les deux occupent un logement, 17 rue Berthollet dans le Ve arrondissement : belle vue sur le Val-de-Grâce, une pièce double et une petite, pas de salle de bains ou de douche, un tub pour se laver, un poêle à sciure pour se chauffer. Promenée sous l'Occupation d'un établissement scolaire à l'autre, Flo fréquente l'École alsacienne. Clara pige à *Action*, à la *Tribune des nations*, aux *Étoiles*, à *La Nef*. Ce nom de Malraux qu'elle conserve ne la sert pas. Au contraire parfois : le Paris littéraire connaît ses rapports tumultueux avec le grand homme qu'on ne veut pas offenser. Josette cessa d'écrire lorsque Malraux entra dans sa vie. Mouvement inverse, Clara écrit de plus en plus. Elle s'éloigne de Malraux en écrivant mais le retrouve sans cesse dans ce qu'elle écrit [29].

Malraux n'a plus aucune raison de ne pas divorcer. Il dépose une demande aux torts réciproques. Il se retrouve débouté. Ici et là, on affirme que Clara refuse les conditions proposées par son mari. Donc, lettre à Malraux : « Cessez donc, mon cher André, ces imbécillités qui ne sont dignes ni de vous ni de moi. Je ne veux point dire par là qu'il faut que vous arrêtiez le divorce, mais que je me fiche pas mal que ce soit vous ou moi qui commencions, puisqu'il est évident qu'il faut que nous divorcions. » Premier reproche : « Je ne ferai rien pour vous empêcher de faire jouer à votre profit ces lois que vous méprisiez si bien lorsque vous aviez vingt ans. » Deuxième vacherie : « J'ai dit — et je répète — que toutes ces histoires de légalité et d'argent m'écœuraient. » Malrucienne, jusqu'au sens des formules, Madame Clara : « Je me suis mariée sans garantie, je divorcerai sans garantie. » Quels acteurs le monde perdra avec André et Clara [30] ! Quand ils se sont rencontrés pour la rituelle séance de conciliation, Malraux a proposé comme pension son traitement de ministre de l'Information. Devant le juge, Clara répondit qu'elle avait épousé un aventurier, pas un ministre.

D'ailleurs on pouvait cesser d'être ministre et — troisième rosserie, sacrée Madame Clara! — elle déclara que, selon des gens bien informés, le gouvernement allait chuter. Le gouvernement était en place pour longtemps, protesta Malraux. Clara triompha, car le ministère de Gaulle tombait trois jours plus tard.

Encore ministre, Malraux retrouva sa fille Florence pour la première fois, après ses guerres, en allant la chercher avec sa voiture de fonction. Il la mena dans un genre de restaurant russe luxueux qu'elle n'avait pas l'habitude de fréquenter avec Clara :
— Que lis-tu en ce moment?
— *Les Frères Karamazov.*

Satisfait, le père donne vite le mode d'emploi des rencontres à venir. Pas de « vous » avec Florence. On ne bavarde pas. Bon. On parle. Soyons sérieux. Ce *vous* de Malraux à ses femmes, pas à sa fille, exprime-t-il une courtoisie, une affectation, une mise à distance ou une mode bourgeoise pseudo-aristocratique? Une relation plus affectueuse avec Florence? André Malraux a une autre raison de vouloir divorcer. Il a appris la mort de ses deux demi-frères, Claude, disparu, fusillé sans doute, et Roland, entassé avec d'autres déportés, tué dans le *Cap Arcona*, navire-prison, mitraillé et bombardé au large du port de Lübeck, par un avion de la R.A.F. Ces déportés devaient gagner la Suède, les Allemands se proposant de les échanger contre des avantages concédés par les Alliés. Les aviateurs britanniques avaient repéré des croix gammées sur les drapeaux du navire.

André et Madeleine Malraux, maintenant veuve de Roland, occupent ensemble les deux étages du 19 *bis* avenue Victor-Hugo à Boulogne, avec les trois petits garçons. Avant, Madeleine et les garçons occupaient le deuxième étage et Malraux le premier, avec ses statues gréco-bouddhiques et ses Fautrier. Les enfants jouent dans un jardin derrière l'immeuble. André et Madeleine vivent ensemble! Yvonne de Gaulle, épouse du Général, n'aime pas ces « situations », prétendent certains. André et Madeleine se marieront [31]. Avenue Victor-Hugo, il y a des salles de bains, pas un tub, deux escaliers, dont un de service, une lingerie. Malraux se sent à l'aise dans un ensemble Art déco clair, avec balustrades, demi-palier et alcôves. L'entrée principale donne sur les marronniers de l'avenue. Malraux aime tellement son duplex de Boulogne qu'il a insisté pour payer dix ans de loyer d'avance [32]. Il dispose de plusieurs domestiques, valet de chambre, maître d'hôtel, son épouse, une cuisinière, deux femmes de chambre, chauffeur, femme de ménage; le mari de celle-ci donne des coups de main. Malraux a un train de vie qui ne correspond pas à son traitement de ministre et à ses droits d'auteur. Des malveillants murmurent que tant de résistants ont mis la main sur l'argent de la Résistance.

Malraux paraît heureux, en tout cas détendu. Il reprend ses activités d'écrivain et d'éditeur. Il ne donne pas suite à une lettre de Roger Nimier, se proposant pour « le jour où vous auriez besoin d'un tueur, d'un garde du corps [33]... ». Il renoue avec d'anciens amis ; il ne les laisse pas simplement venir à lui, il va à eux. Correspondance avec Roger Martin du Gard, qui a « une difficulté de trésorerie » et se demande s'il doit vendre une maison dans le XVIIᵉ arrondissement [34]. Malraux, esprit pratique, peut-il le conseiller ? Martin du Gard fait part d'un renseignement titillant : Malraux serait dans « trois ans » le « seul candidat au Nobel ». Bien sûr, les nobélisants sont des « Messieurs chiffonnés » à l'idée que Malraux aurait abandonné le roman. Roger Martin du Gard ajoute : « Je ne sais si l'idée d'être "nobélisé" vous répugne. » Une des raisons pour lesquelles Malraux rejette les propositions d'entrée à l'Académie française, c'est justement une nobélisation éventuelle.

Malraux écoute alors les suggestions, comme celle de François Mauriac qui rêve d'un hebdomadaire. Pourquoi pas, ne serait-ce que pour faire du bien « à ce pays aussi ahurissant dans sa décomposition ordonnée qu'il a pu être saisissant dans son premier élan militaire... Quant à l'Académie, plus je suis ici [*Malraux est alors à Nuremberg*]... moins une candidature de ma part ne paraît souhaitable ».

Martin du Gard s'adresse à Malraux de nouveau [35] pour lui faire part de la mort de Gide : « Nous l'avons vu s'enfoncer lentement, calmement, dans les profondeurs, sans effroi... exactement la mort qu'il avait souhaitée ; que nous souhaitions tous pour lui, qu'il faut nous souhaiter à tous. » Malraux, semble-t-il, pense moins à la mort. Mais celle de Gide, son admirateur irrité et perplexe, le touche. Plus que la mort de ce pauvre Drieu, collaborateur, suicidé, qui laissa derrière lui des missives pathétiques que Malraux conserve, lui qui jette tant de lettres :

« Je ne veux pas fuir, écrivait Drieu [36].

Je ne veux pas me cacher

Je ne veux pas être tué par des lâches.

Je n'admets ni l'indulgence ni l'oisiveté des gaullistes qui pour moi sont des pauvres gens trompés et qui vont souffrir atrocement (j'ai pour eux grande pitié) ou des hypocrites, agents de celui-ci ou de celui-là. »

Drieu est mort seul, et Gide entouré. Malraux néglige des amis proches. Il ne verra pas Groethuysen sur son lit de mort. Parce que Groet et Alix sont trop proches des communistes.

Malraux demeure en bons termes avec Camus, dont il a poussé
L'Étranger. Il ne le place pas dans son panthéon littéraire restreint. Sans être gaulliste, Camus, travaillant aussi chez Gallimard, admire Malraux. Entre eux, les rapports sont asymétriques.

Malraux reste à une distance étudiée de ceux qu'on appelle
les existentialistes, Sartre, Simone de Beauvoir, Merleau-Ponty.
Ses rapports avec Sartre évoluent en fonction de la politique.
Décrivant la « situation » de l'écrivain, Sartre, converti à la littérature engagée, tire un coup de chapeau à Malraux [37] — bref,
dans une note à un article, mi-salut, mi-excuse : « Si je n'ai pas
parlé, plus haut, ni de Malraux ni de Saint-Exupéry, c'est qu'ils
appartiennent à notre génération. Ils ont écrit avant nous [*c'est
vrai*] et publié, et sont sans doute un peu plus âgés que nous [*Malraux a quatre ans de plus que Sartre*]. Malraux a eu l'immense
mérite de reconnaître, dès son premier ouvrage [*sans doute pour
Sartre*, « *Les Conquérants* »], que nous étions en guerre et de faire
une littérature de guerre quand les surréalistes et même Drieu se
consacraient à une littérature de paix... Héroïsme et travail,
faire, avoir et être, condition humaine, nous y sommes, l'espoir
et la condition humaine. On verra... que ce seront là les principaux thèmes littéraires et philosophiques d'aujourd'hui. Quand
je dis *nous*, par conséquent, je crois aussi pouvoir parler d'*eux*. »
Parfois Sartre a le nous aussi possessif, envahissant et protecteur
que Malraux. Nous, ce ne sont pas les autres, c'est moi et les
miens. Malraux, Sartre et Simone de Beauvoir font mine en
public sinon de s'admirer, du moins de se respecter. À la différence de Sartre et du Castor, Malraux ne médit pas de ses collègues écrivains. Il plaisante, en gros. Simone de Beauvoir
enrage et dissèque les œuvres de Malraux. Sartre peut parfois
décourager de petites attaques contre Malraux [38].

Simone de Beauvoir, Sartre, Camus et Arthur Koestler se
rendent à Boulogne [39]. Selon Koestler, tous sont ravis de rencontrer Malraux. Le luxe du duplex, à ses yeux tapageur,
choque Camus. Ces écrivains se réunissent pour élaborer une
stratégie politique qui travaillerait entre les deux blocs, le soviétique et l'américain. Certains intellectuels et d'autres inventent
une licorne, la troisième voie, la troisième force, à égale distance de ce que de Gaulle nommera les « hégémonies », l'américaine et la soviétique. Sartre choisira l'U.R.S.S., Koestler les
États-Unis. Camus balance un temps. Malraux s'agace du tour
pris par la discussion :

— Le prolétariat..., hasarde un Camus imprudent.

Malraux, sur un ton que ses interlocuteurs trouveront
déplaisant, pose une question sensée :

— Définissez !

Avec la guerre froide, les rapports de Malraux et Sartre se gâtent, pourrissent même. D'un côté comme de l'autre, pour rompre les liens, jamais serrés d'ailleurs, on attend un prétexte. Il se présente avec un article de Maurice Merleau-Ponty, dans *Les Temps modernes*, et jugé offensant par Malraux. Celui-ci fait une scène à Gaston Gallimard, exige que le mensuel sartrien quitte Gallimard, éditeur de la revue. Embêté, Gaston consulte mais obtempère. L'éditeur Gallimard a besoin de l'auteur Malraux, et inversement. Gaston a demandé à Camus :

— Vaudrait-il mieux garder Malraux ou Sartre ?

Camus conseilla de conserver le premier. Ni Malraux ni Sartre, auteurs, ne quitteront Gallimard. Bonne pâte en l'occurrence, Sartre transporte sa revue rue de l'Université, chez l'éditeur Julliard, à cent mètres de la rue Sébastien-Bottin. Certains dossiers de l'Occupation pourraient ressortir, a déclaré Malraux, menaçant, à Gaston. Cette remarque rend Gaston enragé. Maintenant, de puissance à puissance, les rapports entre Gaston Gallimard et André Malraux se tendent. Jean Lescure refuse de croire au chantage malrucien à propos des *Temps modernes* :

— Mais c'est Gallimard qui me l'a dit, lui répond Sartre.

— Cela n'empêche pas que je ne vous crois pas. Mais si vous voulez, je vais demander à Malraux de déjeuner avec vous et moi.

Sartre, interloqué, consent :

— Vous verrez, il n'acceptera pas.

Malraux accepta sur-le-champ. Sartre se déroba [40]. Malraux est entré dans un gaullisme circonscrit à la personne du Général. De Gaulle pourra prétendre que tout le monde a été, est ou sera gaulliste. Sartre, si on lui parle des « gaullistes de gauche », glousse rauquement. Pas Malraux. À l'étonnement de Raymond Aron, l'auteur de *La Condition humaine* devient de plus en plus violent lorsqu'il s'agit du P.C.F. L'homme de guerre se réveille, qui en découdrait volontiers. Il attend un grand soir gaulliste. Malraux vit sa foi gaulliste, pas toujours réaliste, mais exclusive et vibrante.

26

Le compagnon militant

La France est bigame : le général de Gaulle l'a épousée avec une « certaine idée » depuis longtemps, et, pour elle, Malraux a divorcé de la Révolution. L'écrivain, futurologue, broie des idées pessimistes : soit l'U.R.S.S. attaque l'Europe de l'Ouest, et alors avant de l'affronter, on devrait écraser les communistes ; soit, avant l'intervention de l'U.R.S.S., les gaullistes saisiraient la Chambre des députés, l'Élysée, Matignon, l'ensemble de la France irréelle. Le colonel Berger reparaît sous les complets croisés du récent ministre.

Le 7 avril 1947 à Strasbourg, de Gaulle crée le R.P.F., le Rassemblement du peuple français. De Gaulle reçoit chez Malraux à Boulogne. Le 10 avril, devant le capitaine Claude Guy, son aide de camp, le général s'étonne du luxe chez l'écrivain, des toiles d'avant-garde, des statuettes. Un peu choqué, le Général :

— Mais où donc trouve-t-il tout cet argent ?

— Ses droits d'auteur probablement, répond Guy [1].

L'écrivain se rend à Colombey, évoque Chateaubriand avec le chef du R.P.F. qui a relu les *Mémoires d'outre-tombe*. Malraux freine, devant Claude Guy, l'enthousiasme du Général :

— Seulement, mon Général, *c'est un si grand comédien.*

— En quoi ?... Peut-être... Non, je ne vois pas... Non, ça franchement, cela ne me choque pas [2].

Le même jour, Malraux parle aussi de renseignements transmis à Raymond Aron par Édouard Depreux, ministre socialiste de l'Intérieur. Malraux prévoit des troubles. Les communistes vont chercher la « liquidation du général de Gaulle et des chefs du R.P.F. ». Le Général n'en croit rien. Malraux enverra Madeleine et les trois garçons à Strasbourg pour les mettre à l'abri. Parfois, comme d'autre hiérarques du R.P.F., Malraux agace le Général par ses conseils :

— J'en ai assez de ces déclarations perpétuelles et maladroites de Soustelle, de Malraux, de Palewski et de Diomède

Catroux ! Il faut que cela cesse ! Je suis assez grand pour faire état moi-même de mes intentions au moment choisi.

Claude Guy donne au Général des nouvelles de l'écrivain [3].

— Il est en pleine forme.

De Gaulle, moqueur :

— Naturellement, qu'ils sont en pleine forme ! Car ils pensent tous, maintenant, qu'il va y avoir la guerre. D'ailleurs, ils ont raison. Ils vont avoir la guerre... tout cela finira très mal.

Le R.P.F. prend le vent : aux élections municipales d'octobre 1947, il obtient 38 % des suffrages exprimés. Pendant trois ans, il demeurera le deuxième parti de France derrière le P.C.F. Malraux participe à la création d'un service d'ordre musclé attirant des durs comme Dominique Ponchardier, diplomate et auteur de romans policiers qu'il apprécie, ainsi qu'un limonadier autodidacte, astucieux et fort en gueule, Charles Pasqua.

Au siège du R.P.F., domicilié en janvier 1948, 19 boulevard des Capucines, près de l'Opéra, Malraux, nommé organisateur à la propagande, passe de longues heures avec ses adjoints, Diomède Catroux et Christian Fouchet. Malraux a fait ses classes de politique théâtrale à Moscou, Barcelone et Paris. Il modernise le rituel qui aboutit à l'apparition du Général. Il impose à chaque réunion du R.P.F. un orateur national et un « local », hélas, inévitable. Si les spectateurs ont droit à la présence réelle, si de Gaulle parle, Malraux le précède d'un sonore :

— Honneur et patrie, voici le général de Gaulle !

Les affiches ne doivent pas annoncer *réunion R.P.F.*, mais, plus lyriques, *pour le Rassemblement du peuple français, notre compagnon untel vous parlera de* [4]... Metteur en scène, Malraux exige des éclairages soignés et une draperie bleu blanc rouge frappée de la croix de Lorraine, comme toile de fond. Au comité exécutif, il se sent proche de Gaston Palewski, Jacques Baumel, Christian Fouchet, Edmond Michelet, Roger Frey, Louis Vallon, « gaulliste de gauche », et s'entend assez bien avec Georges Pompidou, gaulliste de droite ou du centre, personnage secondaire. L'auteur de *L'Espoir* a moins d'atomes crochus avec Jacques Soustelle. Pour celui-ci, ex-patron des services secrets gaullistes, Malraux serait un comploteur amateur. Malraux aime prendre la parole dans les réunions et ses tics le servent. S'ils le gênent, lui, ils aimantent les auditeurs-spectateurs. Les foules frissonnent. Malraux vibre quand les militants du P.C.F. chahutent les réunions du R.P.F. Les gaullistes boutent dehors les communistes. Malraux, ragaillardi :

— Regardez, mesdames et messieurs, comment les fascistes ont été mis à la porte de cette réunion !

Son anticommunisme paraît « viscéral », répéte-t-on à gauche. Son antifascisme s'est transformé en antisoviétisme. Il combattait la peste brune, il combat la peste rouge. Rien de tel qu'un ancien compagnon de route du P.C.F., sinon un encarté désenchanté, pour se métamorphoser en dur adversaire. Il brocarde, sans cesse, les « maréchaux soviétiques dorés sur tranche [5] ». Qu'il parle de culture ou de géopolitique, Malraux apostrophe les communistes devant ses auditoires :

— Oh, mes petits amis staliniens, je n'ai pas plus envie de vous parler que vous n'avez envie de m'entendre, mais il y a si longtemps que nous vous attendons ! Vraiment, je vous ai attendu sept semaines en Espagne où vous n'étiez pas et où vous n'êtes pas venus ! Je vous ai attendus à Berlin quand nous allions avec Gide porter à Hitler des pétitions pour libérer Dimitrov. Nous y étions pour vous et vous n'y étiez pas. Je vous ai attendus dans la Résistance pendant deux ans et vous n'y étiez pas !

Culot, provocation, inconscience ? Beaucoup de résistants communistes ont rejoint organisations clandestines et maquis avant lui, même si la plupart ont attendu l'attaque de l'Allemagne contre l'U.R.S.S. [6]. Cela ne l'empêche pas de humer l'encens d'admiration montant des lieux immenses où il peaufine son art d'orateur. Malraux aime le Vélodrome d'Hiver, où alternent courses cyclistes, réunions gaullistes ou communistes. Avant une manifestation, Jacques Baumel, résistant des premiers jours, entre dans la chambre d'hôtel de Malraux et le voit, répétant devant une glace [7]. Malraux brode sur les thèmes chers au Général, devant des salles d'éminences gaullistes, de commerçants, d'employés, d'ouvriers. Il pousse ses idées à l'extrême :

— Depuis la guerre, la démocratie a cessé d'exister en Europe [8]. Il importe de changer non pas tel ou tel ministre, mais le système.

Selon lui, de Gaulle peut opposer au marxisme une « idéologie profonde » et l'« intérêt général ». L'intérêt général, idée démocratique, devra se substituer, « provisoirement du moins », à la lutte des classes. Les gaullistes doivent détruire les féodalités, politiques et sociales. Malraux dénonce la démocratie française et en annonce une autre. Il a sa conception de la démocratie syndicale et il est un des rares à la proclamer d'aussi haut :

— Nous voulons le vote libre et secret à la C.G.T.

Il gâche son propos en souhaitant « l'intégration de la C.G.T. libre dans l'État ». Estimant la représentation patronale satisfaisante à travers la Confédération nationale du patronat français (C.N.P.F.), il verse dans un paternalisme corporatiste. Il n'explique pas comment en France la justice sociale naîtra avec la liberté. Sa république est « celle de Carnot, celle de Hoche, et celle de Bonaparte consul ». Il approvisionne en munitions les antigaullistes de gauche, qui s'empressent d'évoquer le bonapartisme et le boulangisme avec le fascisme. Malraux veut faire justice des calomnies antigaullistes. Le Général n'a jamais dit qu'il dissoudrait les partis, mais déclaré « qu'il était inadmissible qu'un ministre obéisse à son parti et non point à la France ». Malraux tire souvent juste dans ce domaine :

— Disons qu'il est un peu excessif d'affirmer que le général de Gaulle est contre le vote des femmes uniquement parce que c'est lui qui l'a fait. Qu'il est excessif de le proclamer antisémite parce qu'il a abrogé les lois de Vichy! Qu'il est excessif de dire qu'il a détruit la République uniquement parce qu'il l'a rétablie...

La reconquête légale du pouvoir avance. Malraux se fait gouailleur face aux communistes :

— Nous estimons que l'avenir du général de Gaulle n'est pas entre les pattes de M. Jacques Duclos [*membre célèbre du bureau politique du P.C.F.*].

Pour Malraux, la grande lueur rouge à l'Est, espoir des années vingt et trente, devient inquiétante :

— L'Union soviétique est arrivée à un tournant dramatique pour tous ceux en France qui veulent la paix... C'est un succès indéniable de la propagande communiste d'être arrivée à mettre dans l'esprit de tant de gens que les staliniens, c'est la gauche, et que nous, c'est la droite...

Il distingue dirigeants du P.C.F. et adhérents du Parti :

— Un communiste moyen est un homme sincère qui se croit patriote... La Russie promet à l'Allemagne soviétique, au cas où elle ferait son unité, la possession de l'Autriche, d'une partie de la Hongrie et de l'Alsace [*Malraux parle alors à Colmar*]. Je voudrais savoir l'opinion sur la question des ouvriers communistes alsaciens, les vrais.

Le stratège géopolitique serait au courant des desseins du Politburo et de l'état-major à Moscou. Malraux craint que « la France ne devienne une plate-forme avancée de l'aviation de chasse soviétique ». Les communistes prendront peut-être le pouvoir à Marseille; le Rassemblement le saisira à Paris. De Lille à Marseille, de Brest à Strasbourg, Malraux insiste cependant sur l'idée que gaullistes et communistes ne sont pas séparés par le problème de la justice sociale.

Parfois, l'orateur s'égare dans des digressions économiques. Aron et lui ont conversé sur ce sujet qui n'est toujours pas le point fort du délégué général à la propagande. Plutôt que Keynes ou Hayek, Malraux préfère citer Marx ou Hegel, à peine feuilletés.

Dans les meetings, Malraux assène des slogans :

— Qu'est-ce que nous voulons ? Nous voulons nous séparer des séparatistes [*les communistes*] [9].

L'orateur emprunte cette rhétorique et d'autres formules à de Gaulle. Mais il se fait aussi populiste :

— Et la France commence à être vraiment lasse, cette France atteinte de la maladie du sommeil, de croire qu'on arrêtera un jour les chars soviétiques par des assemblées de champions d'échecs et d'amateurs de mots croisés...

À la salle Japy [10], les ouvriers communistes de Renault disloquent une réunion du R.P.F. en jetant des boulons : un Waterloo pour les militants gaullistes. Moins d'un an après [11], le R.P.F. a son Austerlitz dans la même salle. Malraux veille au service d'ordre, et jubile : les communistes, membres du service d'ordre de la C.G.T., reculent [12]. La bagarre devient une forme de guerre civile douce. Règle du jeu, dans ce pays civilisé malgré le climat tendu, on accepte aisément quelques blessés mais pas les morts.

Il faut soigner la presse, surtout celle du R.P.F. Le *Rassemblement* remplacera une feuille cataleptique, *L'Étincelle*. Malraux y fera travailler Pascal Pia. Il retrouve l'énergie du journaliste de *L'Indochine* et *L'Indochine enchaînée*, du Garine des *Conquérants*, inspirateur de la propagande communiste en Chine, du jeune Malraux qui s'attribuait des responsabilités au Kuomintang. Il réincarne aussi Vincent Berger, responsable de la propagande allemande dans *Les Noyers de l'Altenburg*.

Malraux répond vite aux demandes des paroissiens gaullistes qui veulent des conférences et des homélies bien troussées. Il a un faible pour les étudiants, les enseignants, les intellectuels. Il aime glisser : « Étudiant... ce que j'ai été aussi. » À la Cité universitaire, il déclare :

— Il s'agit en somme de savoir si vous voulez accepter la culture dont vous héritez ou si vous devez vouloir la transformer [13].

Sachant que la plupart des cadres R.P.F. qui l'écoutent sont plutôt centristes ou droitiers, Malraux penche cependant à gauche. Il cherche un socialisme gaulliste, réformiste, social-démocrate, un néosocialisme à visage plébiscitaire, persuadé qu'un « grand dialogue » s'engage entre le Général et la France. Les gaullistes auraient « des moyens misérables... Mais ils sont un million [14] ». Malraux s'adresse à ses auditoires, usant parfois du vocatif « chers camarades ! » (comme les communistes en Espagne), parfois de « compagnons ! » (comme les anarchistes), ou des deux. Le général, yeux de crocodile fixés sur la ligne bleu blanc rouge de son destin, écoute son délégué général. Jamais il ne commente en public les performances de Malraux. La politique est la prolongation de la guerre par d'autres moyens. L'écrivain trace ses fronts :

— Ils sont définis dès maintenant par nos ennemis : nous en avons à droite, et il s'appelle Vichy ; nous en avons à gauche et il s'appelle le Parti communiste.

Malraux n'esquisse pas un programme, il chante des thèmes : rétablir l'économie et les finances, maintenir l'Union française et l'Occident, renforcer l'État, garant de la liberté des personnes. Aux assises nationales du R.P.F., devant le noyau dur des militants, il semble hanté ou fasciné par la guerre civile, et outrancier [15] :

— Il n'y a pas de meilleures affiches que des affiches lacérées, il n'y a pas de plus beaux visages que des visages qui portent des blessures.

Il dénonce les « pseudo-hommes d'État français » et le « dictateur géorgien ». Devant ses camarades et compagnons médusés, il invoque Alexandre le Grand, Barrès, Jaurès et Clemenceau. Cet orateur cinéaste pratique les coupes brutales, pas les fondus enchaînés. Il répète une formule aberrante :

— Qu'est-ce qu'il y a en ce moment dans ce pays ? Il y a nous, les communistes, et rien ; ou bien des gens qui sont vaguement liés à eux ou des gens qui sont vaguement liés à nous...

Cette vision binaire de la scène politique française à la fin des années quarante et après 1950, analyse fausse et dangereuse, tient du vœu, pas de la réalité. À tort ou à raison, de nombreux électeurs votent pour d'autres partis que le R.P.F. et le P.C.F. Mais Malraux aime la guerre : dans une bataille, il vaut mieux que les lignes des fronts soient nettes, simplifiées. Au Vel' d'hiv' [16], après que l'Assemblée nationale a adopté la douteuse loi des apparentements, permettant à la « 3ᵉ force » de rassembler des partis pour engranger des sièges de députés, Malraux ironise :

— Naturellement, le pays n'y comprend rien ! Ça donne au début une sorte de dessin animé dans le genre de ceci : prenez un patron, ajoutez un ouvrier, multipliez par un mécanicien, divisez par un médecin... cela fera un député.

Les élections législatives de juin 1951 déçoivent les fidèles du Général et les « séparatistes » : les apparentés décrochent

400 députés. Mauvais rata électoral, les apparentements réussissent : le P.C.F. disposait de 165 députés ; il en perd 101. Le R.P.F. en espérait 300 au mieux, 200 au pire ; il se retrouve avec 117 députés. La prise du pouvoir par les gaullistes ou les communistes dans les urnes n'aura pas lieu demain matin à l'aube [17].

Partout, Malraux réclame un « véritable » État, une « véritable » justice sociale, un « véritable » espoir. Lorsque 27 députés du R.P.F. votent l'investiture d'Antoine Pinay comme président du Conseil en 1952, tous, sauf un, doivent remettre leur démission du groupe parlementaire R.P.F. Ils s'éloignent du Rassemblement et fondent le Groupe indépendant d'action républicaine et sociale.

— Ils vont à la soupe, commente Malraux.

Au cours d'un conseil national élargi du R.P.F., l'écrivain propagandiste ajoute [18] :

— Le général de Gaulle n'a dit à personne « je vous remets nos pouvoirs », il a dit « fasse la chance pour la France que nous y allions... ».

Malraux évoque le cas du général Billotte qui a rompu en douceur avec le R.P.F. pour un fauteuil ministériel :

— Il ne sera ministre de la Guerre que dans la mesure où il est bien entendu que l'on continuera à prétendre mettre un demi-soldat dans un demi-char et à ne pas voter les crédits [19]... Si vous abandonnez un certain nombre de parlementaires, ou s'ils vous abandonnent, c'est dommage, c'est un incident. Si vous abandonnez une idée, l'idée que vous avez vécue, ce n'est pas un incident, c'est un suicide.

L'idée fondamentale de Malraux reste que le Général seul sauvera la France, et ce de Gaulle n'est ni de droite ni de gauche, mais d'ailleurs. Aucun écrivain français de l'époque ne s'engage autant en public, sur les tribunes, que Malraux. Aucun n'y met cette passion. Camus ou Sartre font des discours politiques, presque malgré eux, et pas au Vel' d'hiv'. Aragon, influent au P.C.F., travaille en retrait. Malraux n'est pas à l'arrière, mais au front. Courtois, il se soumet aux conférences de presse. Les questions sont libres mais il se sert d'une technique que le Général peaufinera, répondant d'avance aux questions qu'il pose lui-même [20], comme dans ses discours.

— Comme il y a une question que vous vous poserez certainement, je vais répondre tout de suite : comment a été accordée la grâce de Maurice Thorez [*en 1945*] [21]... Combien d'entre vous savent que le général de Gaulle n'a nullement gracié Thorez ? [*Ah, bon ?*] La totalité des partis représentés à l'Assemblée, de la droite à la gauche, sont venus demander au général de Gaulle la grâce de Thorez... [*simplifions*].

Le parallèle historique vient vite à Malraux :

— Louis XIV lui-même n'aurait jamais refusé une grâce demandée par la totalité des pouvoirs constitués de la France...

En conférence de presse, comme à la tribune, l'écrivain fait allusion à sa propre vie. La biographie du Général et celle de son ancien ministre se confondent alors avec l'Histoire de la France.

Question d'un journaliste : certains disent que le général de Gaulle a déjà une fois jeté le manche après la cognée, et que rien ne nous dit que lorsqu'il viendrait au pouvoir, il ne fasse pas de même dans un mouvement de mauvaise humeur.

Malraux :

— On n'a jamais vu un grand homme rester à la fois comme une grande figure historique et un bon caractère ; les qualités qui font l'autorité sont celles qui impliquent quelque chose de ferme dans les rapports humains. Il est évident que vous parliez par ailleurs de la fermeté politique. En ce qui concerne le caractère privé du général de Gaulle, je dois vous dire que je trouve cette histoire de personnage bourru tout à fait légendaire. Dans la mesure où mon opinion peut vous intéresser, je trouve que c'est un homme qui est de relation extrêmement distante mais noble, et je l'ai vu très souvent avec les soldats sur un plan de sensibilité retenue mais extrêmement réelle et il m'est arrivé de le voir deux ou trois fois à la guerre avec des gens près de mourir. C'est une épreuve assez dure et il est assez rare qu'un chef militaire se débrouille bien près d'un soldat mourant...

Malraux n'a jamais vu Charles de Gaulle avec des blessés près de mourir. Mais c'est tout comme. Il *sent* le Général au chevet de la blessée principale, la France moribonde.

— Vous parlez d'une éventualité d'une concentration ouvrière importante au sein du R.P.F. Quelle serait la position du syndicalisme R.P.F. ?

Adroit, Malraux élude en partie la question :

— Nous prétendons qu'en ce moment il n'y a aucune expression authentique de la classe ouvrière française. Nous voudrions arriver à un système dans lequel vous avez des représentations patronales et de la production, et la C.G.T., avec l'arbitrage de l'État, puissant, qui envisagent ensemble... l'organisation professionnelle du redressement français.

Malraux évoque des hausses de salaires et s'avance sans doute beaucoup à propos du C.N.P.F. :

— Si l'on dit à des représentants patronaux « voilà ce qui

est faisable », nous n'aurons pas d'opposition du côté du groupe patronal...

Malraux abolit la lutte des classes. Les oppositions sociales fondraient au soleil salvateur du gaullisme. Le délégué à la propagande construit ses interventions devant les cadres du R.P.F., comme ses conférences de presse, en tour de chant : une chanson triste, une gaie... Il mêle politique intérieure et politique étrangère, sachant que cette dernière retient moins l'attention du bon peuple. Il prévoit des mouvements sociaux ou insurrectionnels en France et dans le monde, des guerres de basse intensité, comme disent les géopoliticiens, ici ou là. Raymond Aron, forgeant une analyse de la dissuasion atomique mutuelle, influence Malraux :

— Je ne crois pas pour ma part, dit l'écrivain-orateur, à partir de 1952, que la guerre soit prochaine.

Avec de Gaulle, Malraux accepte l'idée d'une troisième force à l'échelle mondiale, jamais d'une troisième force française. Pour l'U.R.S.S., sur certains points, il est en phase avec l'ignorance de milieux français, communistes et non communistes qu'il aimerait séduire. Comme ceux-ci, il juge Lénine, auquel il fait allusion dans ses discours, moins sanguinaire que Staline. Malraux, grand organisateur, a des lacunes et des œillères.

Selon l'usage, les journalistes demandent le texte du discours avant que Malraux ne l'ait prononcé. Tant pis si ce texte est remis plusieurs heures plus tard, ou le lendemain, après le bouclage des quotidiens du matin. Hoquetant, jouant du *crescendo*, parfois bonhomme, soufflant dans les micros, avec de Gaulle derrière lui, au propre ou au figuré, labourant l'Histoire du soc de ses formules, retenant l'attention ou faisant sourire, Malraux accroche son public. Tout orateur est acteur. Les comédiens au cinéma ou à la télévision peuvent attirer parce qu'ils ont un physique différent, avec des défauts, une laideur fascinante même ; un homme politique peut tenir son public ou le séduire par ses expressions, ses gestes, Malraux d'autant plus qu'il est beau.

Dans les bureaux du R.P.F., le délégué général descend de ses généralisantes hauteurs existentielles et en étonne plus d'un qui le supposait désorganisé ou brouillon. Les tracts lui paraissent kitsch. Il souhaiterait disposer de radios locales pour diffuser les évangiles gaulliens. Veillant à ses privilèges, il peut et sait s'entourer ou déléguer, là aussi, comme le *coronel* en Espagne ou le colonel en Alsace-Lorraine. Dans ses relations avec la presse et la radio, Brigitte Friang le seconde. L'assistent fort bien aussi André Astoux, Jacques Bruno et Pierre Juillet.

Qu'il s'agisse de lire un manuscrit — *L'Étranger* pendant la guerre — ou de lancer une opération comme la campagne du timbre de soutien au général de Gaulle, un Malraux méthodique surgit. Pour remplir les caisses du R.P.F., les Français sont conviés à acheter des vignettes de 50 francs et à les expédier vers Colombey-les-Deux-Églises. Malraux présente de Gaulle comme « le seul Français depuis Duguesclin qui aurait pu reprendre à son compte la phrase fameuse concernant Jeanne d'Arc : "Il n'est si pauvre fileuse en France, qui ne filerait pour payer ma rançon" ». De Gaulle et Malraux ont le culte de Jeanne d'Arc, la vierge belliqueuse, que les Français aiment dès l'école primaire. Des millions de timbres parviennent dans les permanences du R.P.F. Au cours d'une conférence de presse, l'écrivain fournit des détails avec l'accent parigot, traînant, qu'il utilise parfois :

— Trois millions de correspondants [*qui ont expédié des timbres*], ça veut dire quelque chose. Les gens n'aiment pas écrire. Ça n'est déjà pas très rigolo, disent les Français, d'écrire à sa famille.

Avec une précision d'épicier ou l'œil du romancier, il poursuit :

— Ce courrier ressemble à quelque chose que beaucoup d'entre nous ont connu, le courrier des soldats. Le papier est, quatre-vingt-dix fois sur cent, du papier quadrillé. Beaucoup d'entre vous ont vu la manifestation du Vélodrome d'Hiver. Vous avez vu le public qui s'y trouvait ? C'était la sortie du métro aux heures d'affluence.

Dans une note de vingt pages à messieurs les délégués régionaux qui organisent des journées du Rassemblement [22], Malraux s'inspire des fêtes communistes, détaille la préparation, le financement, les responsabilités. Un comité d'organisation comprendra des personnalités incontestables : « Ne rien faire dans cet ordre d'idée plutôt que de tomber dans le médiocre. » Jacobin et léniniste, Malraux veut que ses services contrôlent chaque détail si le Général assiste à une des fêtes spontanées-programmées. Toute affiche doit être soumise « à l'approbation du secrétariat national à la propagande qui obtiendra l'agrément du Général ». Peut-être. Au R.P.F., en omettant le service d'ordre carré, règne une sorte de centralisme démocratique, et bon enfant.

Malraux, qui négocie bien ses contrats d'édition, déborde d'idées pour que les réjouissances gaullistes engrangent des recettes. Dans les kermesses, sur ses instructions, on vend des insignes et, la fête finie, aux enchères, des marchandises invendues, jusqu'aux ballons d'enfants. « Pour les forains et commerçants de la kermesse, on fixera des tarifs forfaitaires. » Pas de coulage, s'il vous plaît. Les collectes seront faites dans des « tirelires plombées » qu'ouvrira la présidente du Comité des dames. En marge de sa circulaire, Malraux précise, de sa main, que ces tirelires seront d'un modèle uniforme.

Six pages de cette note, un bulletin de la petite armée, sont consacrées à l'organisation de la partie nationale d'une journée : l'apparition de Charles de Gaulle. Malraux insiste sur les étapes rituelles prévues : 1° Annonces : le Général vient ; musique. 2° Arrivée : le voici, « honneur et patrie » ; applaudissements. 3° Allocution : il parle aux fidèles ; recueillement et délire (de Gaulle ! de Gaulle !). 4° Assomption : le Général s'élève dans le ciel de sa solitude en retournant au désert — peuplé d'oasis, Colombey-les-Deux-Églises ou l'hôtel La Pérouse, où de Gaulle descend lorsqu'il se rend à Paris.

Les brochures de tous les partis sont d'un bas niveau dans le monde entier. Là, il faut souffrir la « médiocrité ». Malraux tente de donner des leçons d'écriture aux responsables de la rédaction des brochures, puis se lasse. Il faut cependant distribuer ou vendre cette propagande du Rassemblement.

Les Français, et Malraux, raffolent des décorations et défilés militaires. Le Général remet des hochets aux militants pendant les messes R.P.F. Veillez, compagnons, à ce que les gadgets du R.P.F. « rappellent un peu » les médailles militaires. Pour les décorés, ne pas se contenter des seuls noms ; la liste « sera accompagnée du *curriculum vitae*... et d'un texte bref relatant les services rendus ». Drapeaux indispensables : « Chaque fois que cela sera possible, le matériel municipal sera utilisé. Toutefois, il faut que l'impression de densité soit donnée. » Deux cents drapeaux au minimum « pour une manifestation de moyenne importance ». « La "décoration" musicale "doit être massive". » Le pick-up vaut mieux qu'une fanfare squelettique. Passez de la musique « à danser et de la musique militaire ». La présence des hommes, l'éclat des cuivres ont un effet de choc supérieur à la musique enregistrée. Si la municipalité est « amie... il conviendra de mobiliser les fanfares des sociétés locales ».

L'état-major de Malraux à Paris recommande de regrouper les fanfares présentes pour exécuter *La Marche lorraine* et, ça va de soi, *La Marseillaise*. Le secrétariat national distribue ses consignes pour les stands de jeux, les rapports avec les forains professionnels, les commerçants de préférence R.P.F., pour les buvettes, les restaurants, les fléchettes ou le jeu de massacre, les concours de fanfare et spectacles sportifs (« haltérophilie, lutte, etc. ») — surtout quand « la section locale du R.P.F. compte dans ses rangs des champions. Ces sportifs donneront à la manifestation un concours gracieux », l'expérience le prouve. Pas toujours. Quelques vedettes nationales exigent des cachets, au P.C.F. comme au R.P.F., mais dans « des conditions qui seront exceptionnelles ». Comme à la fête annuelle de *L'Humanité*. On recommande le feu d'artifice japonais. Jolie touche malrucienne : « Si le terrain le permet, monter un spectacle tendant à reproduire un parachutage au maquis. » Une tombola aussi s'impose. « Pour donner à toutes les opérations un caractère sérieux, il conviendra de confier le contrôle des opérations à un huissier. Les prix devront être rendus aussi intéressants que possible... un baptême de l'air... deux jours à Paris. » Pour les élites, les cadres organisateurs peuvent « prévoir des abonnements aux journaux du Parti » ou à *Liberté de l'esprit*, revue intellectuelle [23]. D'autres notes donnent des instructions au service d'ordre mobile. Malraux ne se mêle pas de trop près, sur papier, à ces activités-là. Lui, il fait souffler l'esprit. Dans son organisation et son fonctionnement, le R.P.F. ressemble plus au P.C.F. qu'à la S.F.I.O., au M.R.P. ou au Parti radical, mais reste plus démocratique. Le R.P.F. a une hiérarchie assez autoritaire, le P.C.F. totalitaire.

Malraux prophétise volontiers : « Le général de Gaulle ne fera pas des choses parfaites, personne ne fait des choses parfaites ; il ne fera pas ce que veulent tous les Français, personne ne peut faire ce que veulent tous les Français. [*Malraux litanise souvent dans ses discours qui coulent avec un rythme de vers blancs.*] Mais lorsque, ayant pris entre ses mains ce qui peut être fait, il aura dit à ce pays : "Je prends", ce qu'il a promis sera tenu et ce sera la première fois depuis qu'il est parti. » Malraux recourt à ces expressions physiques, « entre vos mains », « mains nues », « mains tendues ». Le délégué national évoque une armée révolutionnaire s'incarnant dans les foules bonasses ou belliqueuses, parfois bedonnantes, du R.P.F. Malraux est le plus *croisé* de tous les dirigeants. Un suzerain, un Rassemblement, un homme lige.

Malraux déboule souvent dès 9 h 30 pour diriger la propagande, boulevard des Capucines, face à l'Opéra. Mais ses journées au Q.G. du R.P.F., entrecoupées de repas à haute teneur calorique et intellectuelle dans des restaurants réputés, ne l'empêchent pas de préparer le deuxième tome de sa *Psychologie de l'art*, « La création artistique [24] ». Il confie des feuillets dactylographiés par Madeleine, raturés, striés, corrigés, à sa secrétaire qui ajoute des paragraphes ou des phrases rédigés sur des morceaux de papier, collés. Pour Brigitte Friang qui le regarde avec une tendresse amusée, ses ciseaux et son pot de colle sont aussi indispensables « à sa création » que son stylo.

Ces années-là, Malraux rédige de moins en moins de lettres. Il dicte, et fait bref. La cause, la Cause ! Il s'exprime plus clairement dans sa correspondance avec des étrangers. Des États-Unis, Louis Fischer s'interroge sur le changement politique de Malraux. Pourquoi l'écrivain a-t-il rompu avec les staliniens ? « Cette rupture, écrit Malraux, a été un peu enrichie par le pacte germano-soviétique [25]. » Roosevelt, pendant la guerre, discernait en de Gaulle un futur dictateur. Malraux : « Je ne crois pas que le désir de pouvoir personnel du général de Gaulle dépasse celui du président Roosevelt. » Certains Américains jugent le programme économique du Général conservateur : « Les seules réformes de structures qui ont été faites en France ont été faites sous son gouvernement », répond l'écrivain. Pour Malraux, seul le Rassemblement sera « assez fort pour s'opposer aux staliniens ». Il s'agit « d'organiser publiquement la gauche de ce Rassemblement, comme l'est, par exemple, la gauche révolutionnaire du Parti socialiste... précisément pour qu'il ne devienne pas une force de droite ». Malraux plaisante : « Le Général de Gaulle a le triple tort d'être général, noble [*faux, mais simplifions pour les Américains*] et catholique [26]. Le seul problème sérieux est de savoir si nous devons essayer de constituer notre gauche dans le Rassemblement ou hors du Rassemblement. » Un temps, Malraux songea à rejoindre un groupuscule trotskiste. Bon. Soyons sérieux. Malraux a un certain dédain pour les militants de base. Il ne les méprise pas mais ces sans-grade ne font pas l'Histoire [27].

Il refuse à Fischer l'autorisation de publier ses lettres. Il écrit pour le renseigner. De Gaulle, affirme Fischer, « est suivi par les réactionnaires ». Malraux : « Si vous voulez dire que le vieux militaire à moustache de province vote pour le général de Gaulle, c'est naturellement vrai ; mais cela n'a pas grande importance. Mais si vous voulez dire que les véritables forces réactionnaires sont avec lui, vous vous trompez. La vérité est que ces forces nous détestent. Il se peut qu'elles n'aient pas le choix en effet : mais leur relation avec nous est si inquiète qu'elle ne risque nullement de nous orienter. Tout rapprochement avec le fascisme vous dirige sur une fausse voie. Dans la faible mesure où les comparaisons historiques valent quelque chose, il serait moins erroné de penser à Pilsudski ou à Mustafa Kémal. » Pour Malraux, les passions françaises depuis une dizaine d'années deviennent plus négatives que positives : « La France a été anti-fasciste, elle est en train de devenir anti-communiste, et elle est surtout anti-pagaille. »

Malraux sait qu'il faut compter avec la puissance américaine. À un Américain qui se fait alors un nom, James Burnham, il accorde un entretien substantiel. Son interlocuteur — surprise — s'exprime, là, presque autant que lui [28]. Burnham parle surtout de la société des managers, des organisateurs, de l'inflation, du déséquilibre des prix.

Malraux a hâte de passer à un autre sujet : « Oui, c'est une époque de changement, de métamorphose. » Ce mot « métamorphose » va du social et du politique à l'esthétique chez Malraux. Comparaisons tourbillonnantes : « L'Europe souffre d'une brisure de la conscience comparable à celle qui marqua la fin du paganisme romain. »

Intéressant, remarque Burnham, au moment où Malraux s'implique de plus en plus dans un combat de politique intérieure, il publie son essai sur Goya et son premier volume de la *Psychologie de l'art*, « Le musée imaginaire ». Bien sûr, réplique Malraux, Goya fut un des rares peintres dont l'œuvre s'accordait à une lutte. Cette *Psychologie de l'art*, confirme-t-il, il l'avait « planifiée avant la guerre » [*vrai*]. Les Allemands ont détruit son manuscrit [*faux*]. Malraux ne voit aucune incompatibilité entre la vie de l'Art et celle de l'Action. Sophocle, Dante, Bacon et Cervantès furent des hommes d'action et trois d'entre eux soldats. Henry James et Flaubert ne représentent pas le prototype éternel de l'artiste. Malraux ne doute pas qu'il soit difficile de vivre en artiste et en homme d'action : tout art implique « une sorte d'obsession » pour « distiller » le monde dans l'œuvre d'art. L'action implique la « dissolution » du monde dans l'action.

Ses essais, illustrés, sur l'art ne seraient-ils pas des substituts à ses fictions ? Ses activités au Rassemblement, moins glorieuses et héroïques que ses actions sur le Guadalquivir et le Rhin, ne provoqueraient-elles pas la baisse de tension d'une imagination qui se nourrit d'émotions intenses ? Visage encore mince, mèche toujours rebelle, Malraux a maintenant des comportements plus onctueux, officiels, plus cardinalices que militaires.

Sentant la tendance ou la dérive anti-américaine du gaullisme, Malraux rédige une « lettre aux intellectuels américains », pour l'hebdomadaire *Carrefour* [29], auquel Pascal Pia donne des chroniques littéraires. « Nous voulons que l'Europe commence par ce que le général de Gaulle a appelé "un acte de foi populaire"; que chaque Européen soit visé, appelé, concerné; que par un référendum précis, chacun réponde à quelques questions essentielles qui permettraient à la fois d'établir et de limiter l'action confédérale (vous [*les Américains*] n'avez pas détruit vos États) et d'échapper au spectacle shakespearien de la succession de Rome débattue entre les mains sans pouvoir des chefs d'État au chômage. » Malraux ne ravale pas une mesquinerie : « Les meilleurs gaullistes, ce sont ceux dont les noms sont notés [*par le P.C.F., la C.I.A. ?*], parce que, le jour venu, ils se battront — même s'ils savent que vous viendrez trop tard ou que vous ne viendrez pas. » Comme tant de gaullistes et autant de communistes, le délégué général semble oublier qu'au cours des deux guerres mondiales, après des hésitations isolationnistes, les États-Unis sont venus au secours des démocraties européennes. Gaullistes orthodoxes et communistes doctrinaires contribuent à la montée de l'anti-américanisme et se nourrissent, encore, du même mythe : Paris et la France libérés d'abord par les Français, avec, où avais-je la tête ? bien sûr l'appui des Alliés dont les Américains. Beaucoup de G.I. sont entrés dans la guerre avant Malraux.

Soignant et respectant les États-Unis, Malraux s'y rend. Pour la réouverture du Metropolitan Museum et le bicentenaire de l'Université de Columbia, il entretient ses hôtes, non de problèmes techniques et muséologiques, mais de la civilisation. « La nôtre, explique-t-il, tente de fonder la première notion universelle de l'homme... non pas comme le fit la Grèce, par la création de modèles héroïques ou divins, mais par la recherche de l'élément le plus profond [30]. »

Malraux boit beaucoup, vins et whisky. Pour affronter toutes ses tâches, il use d'amphétamines, Maxiton et Corydrane. Ajouté à ces médicaments, l'alcool en multiplie l'effet dopant. Aux imbéciles, ces substances donnent l'impression d'être intelligents, aux intelligents la conviction de devenir talentueux, aux talentueux, la certitude de leur génie. Charles de Gaulle entretient Malraux de problèmes pratiques, pas seulement de civilisations. La reconquête du pouvoir demande des moyens ? Le R.P.F. pourrait acheter tel journal. Le Général s'adresse à Pia [31]. « L'affaire du journal du Midi dont M. Malraux vous parlera sera intéressante. Si nous <u>pouvons</u> la faire, faisons-la. » Malraux et Pia sont gaullistes ; l'un voué, l'autre dévoué à Charles de Gaulle. Le Général soumet parfois un écrit non pour réécriture, mais pour suggestions. Ainsi, tel discours (de Verdun) ne le satisfait guère [32]. « Je m'en remets à Messieurs Malraux, Pia ou Catroux du soin de voir s'il vaut la peine d'être donné à la presse. » Au-delà de ses bonnes œuvres de militant, Malraux a des attentions répétées pour de Gaulle. Quand paraît un de ses ouvrages, il choisit un exemplaire à tirage limité et mûrit sa dédicace. Elle ne le satisfait pas ? Il recommence, reprend un autre exemplaire [33]. Parfois, Malraux doute du retour de

Charles de Gaulle au pouvoir, comme le Général d'ailleurs, et sèche des réunions au sommet du R.P.F., pourtant présidées par le Sauveur. L'écrivain reçoit son rappel à l'ordre :

« Mon Cher Ami,

Le conseil des directions tiendra séance le mardi 1er mai à 17 h 30.

Votre présence à cette réunion, comme celle de tous les membres du Conseil, est strictement indispensable. »

Malraux a droit, plus que d'autres, à une formule assez cordiale : « Croyez mon cher Ami à mes sentiments fidèlement dévoués. »

Le cher Ami continue à forger ses formules électrisantes pour les gaullistes militants, mais le cœur n'y est plus. La famille de la gauche non communiste, Malraux le sent, s'éloigne de lui. Combien d'intellectuels sont-ils gaullistes affirmés ? Raymond Aron s'éclipsera. Qui reste ? Francis Ponge, et, immense consolation, François Mauriac... Les critiques à gauche et au centre le soulignent, quelquefois grassement, Malraux reprend des thèmes fascisants, l'État fort, le culte du héros, le refus du clivage gauche-droite, la justice sociale teintée de paternalisme, l'insistance sur la volonté, l'énergie, le mouvement. La gauche ultra s'en prend à lui. Dès le premier numéro de la *Nouvelle critique*, revue mensuelle du « marxisme militant », Malraux a été attaqué, avec Sartre, Mauriac, David Rousset : « Ils se mettent avec plus ou moins de cynisme à la remorque des industriels américains. » L'exposé des motifs de ce premier numéro [34] décrète que « le véritable marxisme ne se juge marxiste qu'à partir du moment où il lui semble mériter l'épithète enthousiasmante de stalinien ». Les communistes classent Malraux parmi les adversaires réactionnaires de « la pensée marxiste-léniniste-stalinienne ». Ces adversaires, emballés ensemble par les communistes, ne sont pas aussi homogènes que voudrait le croire le P.C.F. Malraux demeure en bons termes avec Koestler, mais pas avec Sartre. Koestler propose à Sartre et Simone de Beauvoir un week-end chez lui près de Paris. Sartre refuse. Il n'aime pas se rendre chez les gens qu'il ne connaît pas bien. Koestler suggère un dîner. Nouveau rejet. Un déjeuner ? Sartre répond par secrétaire interposé : il ne peut entretenir aucune relation avec un ami de Malraux, toxique, partisan du général de Gaulle. *Les Temps modernes* préparent un numéro spécial consacré à la gauche. Que signifie, aujourd'hui, être un homme de gauche ? Simone de Beauvoir se charge « en contrepoint » de faire une étude sur la forme de pensée et la sensibilité de droite. Elle se confie à Nelson Algren : « Koestler, Camus, Malraux, des philosophes anti-marxistes, tout ce monde-là. Je devrai me taper un tas de bouquins idiots, mais en l'occurrence, cette idiotie présente de l'intérêt. » Malraux distingue, chez Sartre, l'écrivain, le politique, le philosophe ; il a recommandé *Huis-Clos* et *La Nausée* à sa fille.

Les élections municipales d'avril-mai 1953 à Paris semblent précipiter le R.P.F. de l'être au néant. Sur ses 52 sièges, il ne lui en reste que 21. De Gaulle décide de mettre un frein à l'action parlementaire de ce R.P.F. à l'agonie. Le Général rend leur liberté d'action aux compagnons députés et sénateurs. Après avoir été près de six ans un fidèle du Général, Malraux replonge dans ses activités littéraires à plein-temps, ou presque. Il n'y aurait donc plus de danger communiste ? Malraux semble oublier ses affiches du R.P.F. : « Alerte !... les communistes préparent la guerre civile en France. » Parfois, Malraux n'aime pas les causes perdues. Ou lui sont-elles nécessaires pour qu'il retourne à sa table d'écrivain ? Nouveau cycle dans sa vie, Malraux quitte son bureau de haut responsable du R.P.F. pour travailler avec régularité à des livres dans sa demeure de Boulogne. Le guerrier se repose Journées studieuses. Le pull-over en cachemire succède au complet trois-pièces, qui vient après l'uniforme. En congé de sa révolution gaulliste, Malraux pantoufle dans l'Art.

Argo matois

27

Famille je vous aime. Parfois

Au sujet des communistes, Malraux disait à de Gaulle :
— Il y a beaucoup à leur reprocher, mais quand je vois leurs ennemis... ils sont tellement plus bêtes.

Alain, son neveu, demande à son oncle :
— Papa [*c'est ainsi que l'enfant l'appelle*], qu'est-ce qu'ils sont les communistes ? Méchants ?

— Ce n'est pas comme ça, répond André Malraux. Ce qu'ils veulent est bien, ce qu'ils *font* est bas.

Les communistes ont volé à Malraux les espoirs de sa jeunesse et cette fraternité qu'il cherche et trouve moins chez les gaullistes. Il cuve une nostalgie, des regrets, mais aucun remords. L'écrivain appartient, *honoris causa*, au plus vaste parti français en gestation, celui des anciens communistes et compagnons de route du P.C.F.

En civil, Malraux participe aux réunions des anciens de la brigade Alsace-Lorraine. Il le faut, bien qu'il se voie plutôt en nouveau qu'en ancien combattant. Mais contre qui pourrait-il se battre, militairement, intellectuellement, politiquement en dehors des « cocos » ? De Gaulle, à l'évidence, ne reprendra pas le pouvoir. Affaire classée. Classons nos photographies d'œuvres d'art.

Poursuivant la rédaction de ses ouvrages d'art, Malraux travaille chaque semaine avec Roger Parry, technicien de la fabrication chez Gallimard. Dans la vie, Parry est toujours en retard mais adorable. Peintre et photographe, il vécut à Tahiti. Il pouvait esquisser une rose d'un coup de pinceau. Malraux étale ses reproductions par terre, à travers son salon. *Match* et d'autres publications le photographient là avec ses belles images. Calme, il serait heureux, si le bonheur était une catégorie de sa pensée. D'Astier de la Vigerie demandant à de Gaulle : « Êtes-vous un homme heureux, mon général ? » se serait attiré un : « D'Astier, cessez de poser des questions idiotes », réplique assez malrucienne.

À Boulogne, l'écrivain joue avec ses photos, ses montages et ses mises en page. Serein, toujours secoué de tics, mais apaisé, il médite sur l'Homme et sur l'Art, moins sur les politiciens et la politique qui n'a pas droit à une majuscule, comme l'Histoire. Il a beaucoup vécu, lu et vu. Cela n'impressionne pas Blanche, la cuisinière.

— On dit que Monsieur a tout vu, mais il n'a pas vu mon cul [1].

Malraux voit moins qu'autrefois amis et connaissances littéraires, et sans grand plaisir. Ils sont présents mais lointains, Alice Jean-Alley, une confidente, Arland, Sperber, Guilloux, Martin-Chauffier. La personnalité de Malraux devient plus centripète que centrifuge. On vient à lui plus qu'il ne va aux autres. Il monologue toujours plus qu'il ne converse. Devant des tiers, André adore parler à Malraux et vice versa. Il n'accepte pas nombre d'invitations et n'en lance guère. Il n'a plus de raisons de fréquenter des politiques, Edmond Michelet, Christian Fouchet, Diomède Catroux, Jacques Chaban-Delmas. Il n'a plus guère de contact avec Gaston Palewski. Il voit peu Raymond Aron avec lequel il aimait s'entretenir. A-t-il vraiment des amis? Des fidélités, sans aucun doute. Ainsi il veille sur Paul Nothomb, l'Attignies de *L'Espoir*, Julien Segnaire en littérature. Nothomb a quitté Bruxelles. À Paris, Malraux lui confie des travaux de recherche pour ses livres d'art.

D'autres proches sont dispersés à travers le monde : Bergamin à Montevideo, Max Aub au Mexique. Malraux a exclu de son entourage Corniglion-Molinier, coupable d'une remarque lèse-de Gaulle. Restent dans le premier cercle les familiers, les utiles, Beuret — le Iago de l'Othello de Boulogne, disent ceux qui ne l'aiment pas —, Marcel Brandin, un rien cynique, et Chevasson, toujours discret et effacé. Vieille garde, pas prétoriens bougons, ceux-là, des protecteurs attentifs et indispensables tournent chez Gallimard et autour de Malraux. Beuret, qui n'a pas d'enfant, éprouve de la tendresse pour le deuxième fils de Malraux, Vincent.

La situation familiale de Malraux rappelle toujours celle de son père. André a épousé sa belle-sœur (après la mort de son demi-frère). Fernand Malraux, lui, avait opté pour une sorte d'inceste collatéral en s'embarquant dans une aventure avec la sœur de sa seconde femme alors qu'il vivait encore avec celle-ci. Ressemblances plus frappantes : d'un premier mariage, Fernand avait eu un fils, André, et, de sa seconde union suivie d'un second mariage, deux fils, Roland et Claude, reconnus, puis légitimés. André Malraux a une fille légitime, Florence, un fils aîné, Pierre Gauthier Guillaume, qui n'est toujours pas légalement son fils puisque Roland l'a reconnu, mais cet enfant porte le nom de Malraux. La place de Vincent, deuxième enfant naturel d'André Malraux, demeure plus incertaine. À l'état civil, il s'appelle Vincent Clotis, né de père inconnu. Le père de Josette, attentif et affectueux, grand-père de Gauthier et Vincent, qui passent beaucoup de vacances chez lui, a aussi obtenu des papiers au nom de Malraux pour Vincent à la mairie d'Hyères dont il sera maire. Dans la vie courante, au lycée, Vincent est appelé Malraux. Madeleine va voir les professeurs à chaque rentrée. André Malraux ne tente pas de clarifier cette situation. Il ne peut reconnaître rétroactivement son premier fils Pierre Gauthier Guillaume. Il pourrait prendre des mesures pour reconnaître Vincent avec l'aide d'un président de la République. On imagine mal Malraux abordant le problème avec Vincent Auriol ou même de Gaulle. Sur ce sujet, il ne s'expliquera jamais. Or, ces années-là, une bâtardise reste un poids à porter. Doit-on s'étonner qu'il n'y ait guère d'enfant dans l'œuvre du romancier ? La fille de Kassner dans *Le Temps du mépris* reste à peine esquissée. Malraux aime ses fils mais les nie, en partie, puisqu'il ne *reconnaît* pas son cadet, et que l'aîné doit d'être un Malraux à Roland.

Les deux garçons et Alain, fils de Madeleine, vivent à Boulogne avec des statuts différents. Gauthier — qu'on appelle de moins en moins Bimbo — reste le préféré de son père, très, trop visiblement. Après la mort de Josette, il vécut dans le Midi chez ses grands-parents maternels. Son arrivée à Boulogne a été dure. Souvent après le dîner, il vomissait. Son père montait dans sa chambre, lui racontait des histoires. Madeleine tente de faire oublier aux deux fils d'André leurs situations singulières. Affectueuse, elle se montre maternelle avec tous. Mais Alain est son fils, pas son neveu.

Maîtresse de maison, Madeleine sait recevoir et accompagner son célèbre mari. Pour ses livres d'art, André Malraux dépend de sa femme. Elle ne pourrait l'aider s'il composait un roman. D'ailleurs, il n'en écrit plus. Mais elle est là lorsqu'il choisit une photo, élabore une maquette, délibère à propos de caractères typographiques. Elle va quérir des livres chez Gallimard, Buloz ou Galiniani, des clichés dans les magasins spécialisés rue de Seine ou recherche des documents à la bibliothèque Jacques Doucet. Clara ne dactylographiait pas les manuscrits de Malraux. Madeleine, comme Josette, tape à la machine. Comment se consacrer alors à sa carrière de pianiste ? Elle joue Brahms, Debussy, Satie et les rares œuvres de Nietzsche sur un Pleyel 1937 à deux claviers. Malraux commente. Madeleine, qui a suivi les cours de Marguerite Long au Conservatoire, ne feint pas d'attacher trop d'importance à ses remarques ; la musique, elle le sait, n'est pas son fort et il abuse des dichotomies, Couperin contre Rameau, Braque face à Matisse, le Japon opposé à la Chine. Madeleine protège les garçons et, surtout, André. Elle se montre discrète, s'attache avant tout aux passions, intérêts et lubies de ce solitaire dont tant de gens disent qu'il est un génie, et qui aime être entouré. Madeleine choisit le café chez Corselet, le thé chez Hédiard, le caviar ou le homard ailleurs. S'ils font des courses ensemble, même dans l'ascenseur, André refuse de porter les paquets :

— Si le Général porte des paquets, affirme-t-il sans rire, il n'est plus le général de Gaulle.

Homme de lettres à plein-temps, Malraux s'organise :

— Allons ! À l'établi.

En robe de chambre moirée à revers brodé, il s'installe à sa table de travail avant 8 heures, écrit à la main sur du papier non rayé. À 11 heures, il se baigne, se rase. Les adultes ne déjeunent pas avec les enfants. Malraux jure qu'ainsi il les respecte. On peut dîner ou déjeuner avec eux le dimanche. Malraux fait mieux que certaines familles anglaises : en sa présence, les enfants ne doivent être ni vus ni entendus. Malraux est aimé, en un sens, par procuration : les enfants apprécient Grosjean, ce qui plaît à l'écrivain.

Il ne méprise pas la sieste. À 15 h 30, il se remet au travail. Il fume ses vingt cigarettes par jour, le matin des Camel, l'après-midi des Craven A, plus tard des cigarettes turques. Rites ou obsessions compulsives ? Autour de lui, on estime qu'il boit beaucoup de whisky. Trop. Il aime le luxe par longs à-coups. Savoure-t-il une revanche sur son enfance ni misérable ni pauvre, mais moyenne ? Sait-il comment la plupart des Français vivent ? Il a eu la coquetterie, note Grosjean, de porter parfois des chemises ou des chaussettes reprisées. Il prend volontiers ses repas avec Madeleine, sa femme, dans leur chambre sur une table de bridge. Il déclare à sa fille Florence :

— Il y a une chambre pour toi.

En théorie. Il l'a dit, sans plus. Florence vient en visite. Les trois petits garçons lui sont présentés par la gouvernante, Julienne :

— Mademoiselle, vos frères.

On est à la cour du roi de France ou d'un prince du sang. André Malraux lance aux garçons :

— N'encombrez pas !

Et à sa fille :

— Arrête de jouer avec les petits.

Malraux, verrouillé, reste cérémonieux dans l'affection. « Flo », tant mieux, se passionne pour la littérature. De visage, elle ressemble à son père. Inconvénient, elle rappelle aussi Clara à André. Quoique divorcée, Clara encombre le paysage. Dans une revue, elle dissèque la scène conjugale [2]. Deux points ressortent. D'abord, explique-t-elle, « la scène conjugale exige un secret et profond accord, une harmonie qui permet le développement rituel du combat » ; ensuite, « la fatigue aidant, les sens y trouvent leur rôle ». Les époux « se connaissant mieux que tous les autres savent quelle douceur ils peuvent se donner et déjà tout en eux s'apprête à la recevoir [3] ». Elle ne cesse d'interroger ceux qui ont vu, entendu André. Au fond, c'est implicite dans ce deuxième « carnet de comptes », Clara, même divorcée, vit, sinon avec, du moins par Malraux. Elle publie des livres mettant Malraux en question. *Par de plus longs chemins* [4], aisé à décrypter, est cruel pour lui : archéologue, Bernard part pour la Perse mais ce héros ment, sans cesse. Malraux affirme qu'il ne lit pas plus les romans de son ex-femme que ses lettres, ou les articles biographiques à lui consacrés. Il dit à Grosjean :

— Vous savez ce que je pense de la littérature de mes « veuves » [*Clara et Josette*].

Clara a emménagé dans une H.L.M. près de la prison de la Santé. Intelligente, agitée, elle fait des scènes « énaurmes », poursuit un dialogue-monologue, vit en somme avec un homme qui ne veut pas lui parler, pas la voir. Florence écoute son soliloque, entend des menaces répétées de suicide. Un matin, elle écoute sa mère blâmer l'ex-révolutionnaire devenu gaulliste, qui se serait rangé dans le camp des conservateurs. Et l'après-midi, Florence voit cet homme séduisant, cultivé, génial aussi à ses yeux. André Malraux ne prononce jamais le nom de Clara devant sa fille.

Après la Libération, il l'a conduite à travers une exposition de Picasso. Le maître fit des remarques à haute voix sur le visage fin de Florence. Touchée par ces attentions, la petite fille dit à son père qu'elle trouvait le regard de Pablo extraordinaire.

— Tais-toi, c'est un clown ! coupa Malraux.

Elle a dix-huit ans quand son père lui lance ·

— Je te préviens, tous les hommes qui te feront la cour, ce sera pour me rencontrer. Il faut que tu le saches.

Interloquée, énervée, elle réplique :

— Peut-être aurai-je du charme ?

— Oui, c'est possible.

Aux yeux d'André Malraux, Florence a un travers : elle fréquente la gauche intellectuelle, donc des communistes. Si le père et la fille parlent de Tolstoï, Victor Hugo, Baudelaire, Racine ou Flaubert, tout va bien. Vivant avec Clara, puis gagnant sa vie, indépendante, Florence connaît le prix du quart de beurre. Pas son père, qui dépense beaucoup d'argent et n'imagine pas les besoins des autres. Pour Florence, avoir de l'argent, c'est agréable et vaguement répréhensible. Elle s'amuse des courtisans autour de l'écrivain, du respect inépuisable comme de la bonne volonté d'un Claude Mauriac, fils de François. Florence contemple le plafond du salon, les rideaux, le satin, les œuvres d'art, le côté un peu tape-à-l'œil du duplex de Boulogne. Étrange père. Avec lui, on peut parler de Faulkner ou de Laclos, rarement des petits événements du quotidien. Il traite ainsi sa fille en adulte. L'originalité, le brillant singulier de la conversation de son père plaît à Florence. Les petits « faits vrais » dérangeraient-ils André Malraux ? La richesse de sa culture, ses tirades éblouissent sa fille. Il faut se concentrer pour le suivre, profiter de cet homme grandiose, voire grandiloquent, mais vulnérable, timide peut-être derrière ses propos assurés. Pour Florence, André Malraux n'est jamais en paix. Elle décèle une agressivité croissante, un côté imprévisible qu'elle attribue à l'alcool. Depuis qu'elle a fréquenté l'École alsacienne, Florence s'est liée d'amitié avec Mlle Quoirez, alias Françoise Sagan. Malraux glissera :

— Ça m'amuserait de la voir.

Françoise Sagan sera ravie et André Malraux charmé. Toujours péremptoire, il décrétera :

— C'est la nouvelle Colette.

Florence ne se laisse pas impressionner par les invitations chez Lasserre ou le vin préféré de Malraux, le Pétrus. Elle regarde ce père inouï manger de la viande rouge, épaisse, en grillade, ou engouffrer des millefeuilles. Il déteste tellement le fromage qu'on n'en sert pas chez lui. Bon. Soyons sérieux. Pas commode d'être le fils ou la fille de cet homme célèbre. Combien de personnages se livrent en lui une guerre civile ? Pour André Malraux, serait-il difficile d'être père ? Il a grandi dans un climat névrotique, Fernand reste un modèle paternel farfelu, brumeux. À Boulogne, le dernier des petits garçons, Alain, fils de Roland et Madeleine, semble le plus à l'aise. Longtemps, les rapports d'André Malraux avec son neveu-fils resteront bons et équilibrés. Alain a un problème : comment s'y retrouver entre la photo de son père, Roland, encadrée dans sa chambre, et cet André, son oncle, qu'il ne peut s'empêcher d'appeler « Papa » ? Gauthier et Vincent savent que Madeleine n'est pas leur mère. Gauthier voudrait qu'on lui parle de Josette. Malraux esquive. L'enfant confie à Suzanne Chantal :

— Ce que mon père m'a dit de ma mère tiendrait au dos d'un timbre-poste.

Gauthier, sombre, sérieux, assez pessimiste, croix de Lorraine au veston, adore vénère, André Malraux. S'il pouvait se contenter de l'aimer... Comment s'identifier à lui et s'en séparer ? Quand il a rendez-vous avec André Malraux à jour fixe, au Grand Véfour, Gauthier sort vite d'une lecture pour s'engouffrer dans le métro ou l'autobus :

— On ne fait pas attendre un homme comme mon père.

Il insiste pour qu'on lui offre la même robe de chambre que la sienne. Comme lui, il porte un manteau jeté sur ses épaules. Malraux regarde rarement une rédaction ou une dissertation de Gauthier, ou un dessin de Vincent, très doué. Les garçons entendent des développements sur Claudel, « le plus grand, le plus puissant ». Ils n'osent parler d'eux-mêmes devant et *à* André Malraux, le génie. Ce dernier paraît muré, distant, inattentif, en somme un père et un oncle très à l'écoute — de lui-même. N'en-com-brez-pas ! Les enfants retiennent des mots, des jugements brillants ou drôles sur des hommes littéraires ou politiques.

— Pour Paul Morand, leur explique Malraux, la vie est dure : chez les duchesses, il regrette les bistrots, mais au bistrot il regrette les duchesses.

Très beau, mince, tendu, Vincent semble perdu. Beuret soupçonne la présence de gros malheurs, de profondes douleurs dans cette tête de petit garçon. Il sort avec lui :

— Je veux manger de la baleine, dit Vincent.

Beuret :

— Aujourd'hui ça ne sera pas possible mais je peux te faire manger du loup.

Nerveux, hostile, fugueur, Vincent se voit exilé « pour son bien », avec l'approbation de l'abbé Bockel qui parle selon Dieu, et de Manès Sperber qui parle pour la Psychologie. Ces deux-là n'ont pas compris le drame de Vincent, pense Beuret. À qui se confier ? Son frère aîné, Gauthier, est clairement le favori de son père. À Vincent reste sa marraine, Marie Françoise Jeanne Delclaux, « Rosine », femme du notaire de Saint-Chamant. Et son grand-père maternel, le gentil M. Clotis, qui n'est pas, comme sa femme, interdit de séjour par Malraux à Boulogne.

Un temps, Vincent a échoué dans la cure de Bockel, puis a été déporté au fond d'une pension alsacienne, sous la garde rapprochée de l'abbé. Malraux correspond avec Bockel et évoque « l'hypothèse de la venue de Vincent à Paris ». Il ne faut pas que les frères soient ensemble. « Si vous décidiez d'amener Vincent, il serait sage d'envoyer Gauthier travailler à la campagne pendant ce temps-là [5]. »

À travers Gauthier, André Malraux aime-t-il ses premières années heureuses avec Josette pour récuser les dernières, plus lourdes, avec Vincent ? Ce dernier se cabre, se révolte. Sent-il que son père ne l'a pas désiré ? Il transite aussi par la très chic école des Roches, d'où il s'échappera. On l'inscrira au collège Saint-Clément à Metz. Aumônier des étudiants de Strasbourg, Bockel le fait admettre au lycée Fustel de Coulanges. Avec inquiétude, de loin, Malraux suit les mésaventures d'un Vincent au bord de la délinquance. Toujours à l'abbé, qui décrit les hauts et les bas de son pupille, Malraux répond : « Rien de tout cela ne m'étonne, bien que toute rechute détruise un espoir secret... Pourtant j'ai le sentiment très fort que vous n'êtes pas intervenu en vain et vous savez combien je vous en suis reconnaissant. Nous en parlerons quand vous viendrez. » Plus commode et rapide ou moins douloureux de parler à l'abbé qu'à Vincent. Malraux se défausse et délègue ses devoirs paternels. Vincent manifestant des dons réels pour le dessin et la peinture, l'abbé l'inscrit à l'École des arts décoratifs. Alléluia ! Vincent y reste un an. Bockel conseille de l'autoriser à conduire une moto. Quelques petits accidents. Malraux écrit à Bockel [6] : « Vincent semble avoir l'intention de venir à Paris dimanche, d'autorité. Autorité que justifient peu les brillants résultats obtenus par la moto. Je vous demande instamment de lui dire de ne pas se mettre dans cette situation. Elle tournerait mal. Je sais que je ne vous écris jamais sans vous demander quelque corvée. » Malraux s'adresse à son plus jeune fils *via* un tiers. La propagande du R.P.F. semblait plus facile à contrôler que les pulsions et les anxiétés d'un adolescent orphelin de mère, et à moitié de père ? Assoiffés d'affection, ses fils se rebellent. Tout devient prétexte à accrochages et décrochages. À dix-huit ans, Vincent attaque son père sur un terrain où ce dernier ne voulait pas se heurter à lui. Désaccord violent. André Malraux à Vincent :

— Si l'on venait te dire qu'un garçon de ton âge est en train d'expliquer à André Malraux qu'il ne comprend rien au dernier film de Cocteau, qu'est-ce que tu lui dirais ?

— Je lui dirais que tout le monde peut se tromper.

Vincent file. Devant Madeleine et Alain, Malraux murmure :

— Je me suis retenu à quatre pour ne pas le jeter par la fenêtre.

Vincent s'entend avec Florence et, les querelles d'enfants passées, de mieux en mieux avec son aîné. En cavale, Vincent vient déjeuner chaque jour avec Gauthier, qui fait un séjour en clinique. L'aîné comprend son jeune frère. Ils sont solidaires dans une solitude réelle et imaginaire face à ce père que Madeleine, quoi qu'elle fasse, ne peut remplacer, pas plus qu'elle ne peut prendre la place de Josette. Gauthier tente de raisonner Vincent, qu'il ne fasse pas d'autres conneries ! Attaché au cabinet de Malraux, un ancien membre de la D.S.T. réglera quelques « problèmes » de Vincent.

Gauthier devient conventionnel et conservateur. Lui, au lycée Janson-de-Sailly, il a poursuivi des études régulières. Son père en attend beaucoup. André Malraux n'a pas, en ce qui le concerne, un respect apparent pour les résultats scolaires, même s'il arbore des titres universitaires. Pour ses fils... Il suit de loin les résultats de son aîné, balancier irrégulier. En seconde moderne, les places et les notes de Gauthier sont décevantes en composition française aux trois trimestres, 25ᵉ avec 6 sur 20, 4ᵉ avec 10, 25ᵉ avec 7. Meilleur en histoire : 13, 12, 14,5. En classe de philosophie, Gauthier « est un élève intelligent qui réussit bien » et en anglais un « dilettante qui travaille peu », dit son bulletin. Il veut écrire, pas des romans, des « choses philosophiques ». Il décroche une mention assez bien au bac et s'inscrit à l'Institut d'études politiques de Paris pour préparer l'École nationale d'administration. *Malraux*, quand on fait un exposé dans une conférence de méthode, cela vous marque.

André Malraux ne s'intéresse pas d'assez près à ses fils pour les soutenir ou les conseiller. Avec l'aîné, il se montre presque aussi inefficace qu'avec le cadet. Malraux est de ces hommes qui ne savent parler ni aux enfants ni aux adolescents. Il a des liens non pas plus forts, mais plus simples avec sa fille. Elle ne vit pas à côté de lui, elle ne subit donc pas ses humeurs et échappe à son ombre permanente. De plus, Flo est une fille, et l'aînée des enfants. Elle a coupé le cordon ombilical avec lui depuis longtemps, de force. Surtout, elle ne vit pas *par* lui, épiant, comme les garçons, le retour du père prodige mais peu prodigue. Elle ne vit pas en attendant ses compliments. Malraux n'est pas doué pour exprimer ses émotions, et son affection — éventuelle. Il ne chasse pas ses enfants : eux, ils s'éloignent de lui. Gauthier ira jusqu'à exiger une chambre en ville, et ce ne sera pas seulement la démarche d'un jeune homme en quête d'indépendance. Il veut se marier. Il a vingt ans, sa fiancée dix-huit. Les parents sont hésitants. Malraux :

— S'ils sont conventionnels, on peut demander un mariage religieux à Notre-Dame. Je te l'obtiendrai.

Malraux paraît plus souple avec son neveu-fils, Alain, qui, d'ailleurs, lui reproche moins son comportement. L'écrivain fuit, s'abstrait, semble absent même lorsque tous les trois,

Madeleine, Alain et lui écoutent ensemble la radio. Ou lorsque Madeleine joue du piano. Aurait-il pu conforter et encourager Vincent, si tourmenté ? Mettre au point ses livres d'art déconcerte moins Malraux que d'examiner les gouaches de Vincent.

Il se consacre aux trois volumes du *Musée imaginaire de la sculpture mondiale* [7]. D'autres tâches le préoccupent. Il préface un livre du général Pierre-Élie Jacquot sur la stratégie mondiale. Il veille ou surveille de près un essai de Gaétan Picon, flatteur, hagiographique, un *Malraux par lui-même*, joliment illustré. Malraux choisit les photos et documents avec Picon, et annote le livre. En regard de certaines pages, Picon place quarante-cinq développements de Malraux, quelques-uns travaillés avec une feinte négligence. Cet ouvrage momifie l'écrivain. Ses notes viennent d'outre-tombe. Ici et là, il se livre, écrit comme il parle. Le mot « inconscient » surgit dans un paragraphe, Malraux écrit : « En 1910, on fouillait l'inconscient pour y trouver des démons ; en 1953, on commence à y trouver des anges (ou des héros). Ce qui pourrait nous mener assez loin. » Malraux s'entrouvre : « Le mot "connaître", appliqué aux êtres, m'a toujours fait rêver. Je crois que nous ne connaissons personne. Ce mot recouvre l'idée de communion, celle de familiarité, celle d'élucidation — et quelques autres. » L'idée paraît d'une banalité philosophique et psychologique affligeante, revenant à dire que A n'est jamais B. Appliquée à Malraux, signifie-t-elle que lui ne veut ou ne peut connaître les autres, enfants et proches ? Ou, plus loin : « La méditation sur la mort ne rejoint nulle part la crainte d'être tué : je me suis parfois battu avec indifférence, et je ne suis pas le seul. » Malraux récrit la scène finale d'une exécrable adaptation théâtrale de *La Condition humaine* par Thierry Maulnier. Chez Gallimard, il crée enfin la collection l'« Univers des formes ». Mise au point avec Georges Salles, Beuret contrôlant la logistique, elle doit sortir en 1960. La rédaction de la *Métamorphose des dieux* prend aussi du temps. Malraux accepte quelques corvées paralittéraires. Ainsi, il rejoint les lauréats du Goncourt conviés pour fêter le cinquantenaire du prix. Au café, Elsa Triolet propose un toast sur le thème : tant de points communs les réunissent, ces lauréats.

— Quoique beaucoup de choses nous séparent, Malraux et moi, dit-elle.

Malraux, assez haut pour qu'on l'entende :

— Oui, le talent, par exemple.

Malgré l'incompréhension entre les membres de la famille, Malraux passe des vacances avec les garçons, quelquefois avec

Florence : hôtel des Balances à Lucerne, hôtel Minerva à Florence, hôtel du Golf à Cran-sur-Sierres, villa Maldagora à Saint-Jean-de-Luz, hôtel dans un ancien couvent, San-Dominico à Taormina. Certaines vacances sont heureuses et harmonieuses. Madeleine, Florence et Alain suivent Malraux, au pas de course, à travers les musées. Malraux se souvient toujours des tableaux avec une précision impressionnante.

En 1956, il célèbre ses cinquante-cinq ans. Il grossit, s'empâte. Oui, il boit trop. Les enfants en sont conscients et Madeleine le lui reproche. Il n'aime pas cette critique franche. En apparence, il se comporte comme un grand bourgeois à la carrière littéraire sinon interrompue du moins sur une voie qui n'est plus celle de la fiction. Voie de garage ?

Malraux encourage Florence, qui a un peu travaillé chez Gallimard, à gagner *L'Express*. Il exprime sa bénédiction par un télégramme, plus facile à rédiger qu'une lettre. Cela permet d'économiser les sentiments et fait ressortir l'adverbe de la fin, *affectueusement*. Malraux aimerait-il ses enfants comme ses amis, de loin ? Certains évoquent son extrême pudeur. On pourrait y voir sa plus grande faille, un égocentrisme enfantin, égoïste et narcissique.

Il paraît avoir oublié la politique. Elle ne l'oublie pas. En avril 1958, quatre ans après le début de la guerre en Algérie, sa fille le sollicite pour signer avec François Mauriac et Jean-Paul Sartre, qui ne veut plus le fréquenter, une « adresse solennelle à Monsieur le président de la République », René Coty. Le gouvernement a saisi *La Question*, livre du communiste Henri Alleg, publié par les Éditions de Minuit, décrivant et dénonçant la torture en Algérie. Les « opérations de police » se sont transformées en guerre, dans laquelle s'embourbent des milliers de soldats français, et pas seulement les militaires de carrière, les hommes du contingent, appelés, maintenus et bientôt rappelés aussi.

Assagi, comme garé des événements du monde, André Malraux, le célèbre écrivain, retombe dans ses ouvrages d'art. À l'invitation de la Fondation Cini, il donne une conférence à Venise sur « le secret des grands Vénitiens ». On dirait un professeur *emeritus* ayant choisi une retraite prématurée, et contemplant son passé. Venise au printemps, dans un excellent hôtel, c'est une merveille hors du temps, figée dans une histoire ancienne sans rapport avec l'Histoire de Malraux.

28

La prise et le pouvoir

À Venise, Malraux ne s'attendait pas aux événements chaotiques d'Algérie. Les comploteurs, qui veulent ramener de Gaulle au gouvernement de la France, se méfient de Malraux et ne l'ont pas tenu au courant. En mai 1958, le général amorce le « processus » de la prise du pouvoir et y parvient par un coup d'État pas constitutionnel mais démocratique : les députés l'intronisent et la majorité des Français compte sur lui pour extraire la France du conflit algérien. En 1940, une Chambre des députés avachie remettait ses pouvoirs à Philippe Pétain. Moins de vingt ans après, une assemblée, presque aussi écrasée, se livre à Charles de Gaulle. Les Français, depuis Bonaparte, s'en remettent volontiers aux militaires. De Gaulle possède le sens de l'État et de la République. Assemblée consentante : peut-on parler de viol ? Bonhomme, de Gaulle expliquera aux journalistes qu'il est un peu vieux pour entamer une carrière d'apprenti dictateur. Conscient de la gravité de la situation, Malraux abandonne Véronèse avec le Tintoret et regagne Paris. Il rencontre le général de Gaulle à l'hôtel La Pérouse. Tous deux parlent de l'État, de monnaie stable, de l'Empire, pas de l'Algérie. Sur ses projets algériens, de Gaulle se confie peu. Le 1er juin, devenu président du Conseil, titre étroit comme un faux col serré, mais qui fera l'affaire un temps, le général nomme Malraux « ministre délégué à la présidence du Conseil ». Comme en 1945, il charge l'écrivain de l'information. Un peu du réchauffé, ce surplace ministériel, pour qui souhaite un grand ministère. Malraux s'occupera aussi « de l'expansion et du rayonnement de la culture française », mission floue. Mais en famille, Malraux, comme ragaillardi, lance :
— Bon, finies mes chères études.
Installé dans les locaux provisoires d'un petit hôtel particulier face à Matignon, il expédie quelques lignes à Pia [1] : « Le Ministère dans lequel j'entre est un cimetière. Dès qu'il aura

cessé de l'être, je vous demanderai de passer me voir. » Et, ajoute Malraux à la main, en post-scriptum, « soyez assuré de mon amical souvenir ». Il ne laisse pas paraître sa déception. Il aurait souhaité le ministère de l'Intérieur. De là, il aurait pu gérer l'Algérie, ces trois départements français. La France, pense Malraux, dispose de deux hommes comme recours, le Général et lui. Le premier peut le clamer et ne s'en prive pas. Le second doit se taire. Quand la gauche défile contre de Gaulle [2] aux cris de « le fascisme ne passera pas », Malraux, dans un discours, rassemble œcuméniquement les manifestants, opposants non communistes, et les gaullistes :

— Lorsque j'ai dit la France, il s'agissait de la France, y compris de ceux qui ont défilé le 28 mai de la Nation à la République. Je veux parler de ceux qui ont proclamé leur attachement à la République française et non à la République russe...

Le ministre délégué à la présidence du Conseil, chargé de l'Information, nomme Albert Ollivier à la tête de la télévision. Pour Malraux, qui contrôle la télévision tient l'information, et l'information, c'est, de plus en plus, une part du pouvoir. Malraux laissera une note [3] pour son successeur, dans laquelle il présente le ministère « comme un appareil destiné à l'information et à la propagande française à l'étranger ». Il propose une réorganisation centralisée, un regroupement des services du ministère, dont un « chargé des seuls États-Unis » qui pourrait être confié à Romain Gary, écrivain et ami-admirateur de Malraux. Conventionnel en mission, ce dernier gronde : « L'information française est assurée principalement par l'Agence France Presse dont le directeur, Jean Marin, créature de Mitterrand, devrait être remplacé au plus tôt. Pour la presse de province, il faut agir sur l'Agence Havas. Mais pour le seul grand journal de province qui fasse figure d'ennemi, *La Dépêche de Toulouse*, il fallait d'abord remplacer [*le rédacteur en chef*] Périllier (ce qui est fait). » « Ce journal — comme toute la presse ennemie — devrait être combattu principalement par la radio. » Malraux cherche ses prises pour assurer son pouvoir et, surtout, celui du Général. La radio est un « vaisseau fantôme qui n'a pas encore sombré », poursuit-il. Elle doit cesser d'être « un dépotoir ou une entreprise de bienfaisance des partis... [*pas faux*] [4] ». Selon Malraux, c'est une institution « où chaque parti, en arrivant au pouvoir, avait ajouté ses créatures à celles qu'il remplaçait sans préjudice d'un noyautage communiste assez poussé ». Il faut licencier « pour des raisons politiques et pour des raisons d'incompétence ». L'« épuration politique » est urgente... Elle doit « écarter tous les techniciens qui appartiennent au Parti communiste » et « mettre en place un appareil capable de fonctionner en cas de grève... La radio d'information, que toute grève politique vise en premier, peut fonctionner avec cinquante techniciens ». Selon le ministre, on doit « écarter tous les journalistes qui ont montré pendant la crise [*mai-juin 1958*] leur hostilité aux objectifs nationaux, au général de Gaulle ». Malraux s'explique : il ne s'agit pas « de savoir si nos adversaires d'hier pouvaient, la crainte aidant, se comporter décemment, mais de faire que le gouvernement ne les trouve pas près à le trahir au premier obstacle qu'il rencontrera ». Qu'importe « le hurlement que peuvent susciter les licenciements ou les déplacements ». Malraux est clair : « L'appareil que j'ai préparé — qu'on appelle direction de l'information, de l'actualité ou autrement — est un appareil limité, aisément contrôlable ; sa mise en place est entièrement distincte de la réorganisation des services de fiction (théâtre, etc.) ; à la radio, la réorganisation, beaucoup plus lente, est d'une autre nature. »

Malraux a placé ce montage politique sous la direction de Louis Terrenoire, gaulliste blindé. Cet « appareil » comprend le journal parlé, le journal télévisé et les émissions dites « d'actualité » ; il doit chapeauter le « service psychologique de l'armée et... quelques autres ». Malraux ne veut pas qu'il soit soumis « à la fiction d'objectivité dont se réclame actuellement l'information télédiffusée ». Il souhaite qu'on dénonce d'une manière humoristique « les mensonges systématiques de Libération, [*quotidien communisant, dirigé par d'Astier de la Vigerie*] et l'Humanité ». Il revient sur son idée centrale, l'épuration politique « *maintenant et complètement* » (Malraux souligne). « Un cryptocommuniste que l'on hésite à licencier parce que le M.R.P. intervient en sa faveur, ne sera pas un demi-traître, mais un double-traître. Son maintien en place suggère l'impunité de la trahison, et en implique dès aujourd'hui la préparation. Si nous avons à peine besoin d'une radio fidèle quand tout va bien, nous aurons besoin d'une radio fidèle en face de ce qui ira mal. Et c'est cette radio-là qu'il s'agit de mettre en place avant la fin du mois. » On remarque le vocabulaire militaire : presse ennemie, combattre, objectifs, traîtres, demi-traître, double-traître, et ce bizarre thème récurrent de la moitié d'homme...

Malraux se fait le théoricien et le praticien de la conception gaulliste, longtemps française, de l'information par les chaînes de radio et de télévision du service dit « public ». Il croit à la tolérance, pas à l'objectivité. Dans sa dernière conférence de presse, en ministre de l'Information, il demande que le gouvernement soit jugé sur ses « actes ». Dans ce domaine, il n'est ni un totalitaire ni un fasciste comme on le dit à Moscou alors, étiquette vite reprise par le P.C.F., mais un autoritaire. Il ne méprise pas tous les journalistes, mais il n'a aucune estime pour les journaux, la radio et la télévision. Il s'intéresse à la technique télévisuelle. Ainsi, lorsqu'il propose à Claude Mauriac le poste de Jean d'Arcy à la télévision, il suggère au postulant d'orchestrer et de mettre en images les apparitions télévisées du Général : « Oui, à sa demande [de Gaulle], il en a assez d'être pris de face, sans invention aucune. Par exemple, il s'agira de passer de l'image du Général à la statue de la République, lorsqu'il parlera de la République, place de la République, le 4 septembre [1958]... On ne passe jamais la République, on s'en garde bien, lorsqu'il s'agit du Général [5]. » Malraux se lasse de voir filmer les allocutions du général de Gaulle par « télébaby » (des plans sans originalité).

On interroge Malraux sur l'Algérie [6]. Les mouvements de fraternisation entre musulmans et Européens en Algérie, loin d'être spontanés, ont été organisés, suggèrent des journalistes. Malraux ne le nie pas comme tant de gaullistes. Il répond, à la Malraux :

— La bataille de Valmy a bien été payée, et l'armée française, alors, ne l'a pas su. Il n'est pas sûr que Danton ait mal servi la France en le faisant...

L'écrivain-ministre ajoute :

— Nous avons vu plus de musulmans acclamer le général de Gaulle qu'il n'y a de fellaghas dans toute l'Algérie.

Certains considèrent que Malraux représente l'aile gauche du gaullisme, en vertu de son passé anticolonialiste. Il n'y a plus eu de tortures en Algérie depuis l'arrivée au pouvoir du Général, affirme-t-il. Là, il ne peut pas ne pas savoir qu'il ment ou il faudrait lui accorder une bonne dose d'angélisme. Barberot, après la démission du général de Bollardière qui refusait d'employer les méthodes d'interrogatoire de l'armée française, lui a écrit : « Je pense qu'il est indispensable que votre voix s'élève... L'affaire Bollardière est grave. Parce qu'il est le dernier chevalier sans tache [7]. » Malraux se présente devant la presse anglo-saxonne [8] :

— Si... vous étiez jeune musulman, seriez-vous partisan du F.L.N. ? lui demande-t-on.

— Si j'étais un jeune musulman, je combattrais peut-être avec les fellaghas, mais je serais heureux de me tourner maintenant vers l'homme qui a combattu la torture et me mettrais au service de l'homme qui a défendu le courage.

Le gouvernement saisit France-Observateur et L'Express, hebdomadaires qui attaquent la politique de la France et dénoncent l'emploi de la torture en Algérie. Maladroit, Malraux déclare à propos d'une autre affaire :

— Ces journaux ont été saisis à la demande des autorités militaires... le gouvernement n'entend pas rétablir le délit d'opinion et de censure... Si *Le Monde* a été saisi en Algérie, c'est parce que c'est en Algérie, non en France, qu'il règne un état de guerre... Nous faisons ce que nous pouvons, comme nous le pouvons et quand nous le pouvons. Ce n'est pas très bien, mais c'est mieux que les autres.

Malraux a *son* plan pour l'Algérie : il faudrait organiser une répartition géographique. On confierait un territoire aux Algériens, arabes et kabyles, un autre aux Français. En somme, on les mettrait en compétition pacifique pour le bonheur du peuple. À qui reviendrait le pétrole du Sahara qui obsède Malraux ? Il n'écrira pas un roman sur l'Algérie et le pétrole, pas plus qu'un roman sur l'U.R.S.S. et le pétrole. Il n'écoute pas seulement les gaullistes à propos de l'Algérie. À gauche, il estime Pierre Mendès France qu'il rencontre en secret grâce à Françoise Giroud [9]. La conversation des deux hommes fut politique. Malraux « sautait des États-Unis à la Chine ». Ni Mendès ni Malraux ne mettent en question l'association Chine-U.R.S.S. Malraux imaginait, une fois réglé le problème de l'Algérie, gros bouchon à l'horizon, une espèce de république sociale mise en place par de Gaulle. Tel qu'en lui-même, Mendès se montrait pessimiste, concret, entêté et hostile au Général. Entre ces deux hommes, aux antipodes l'un de l'autre, l'un économiste, l'autre littéraire, le climat de respect réciproque semblait évident : un homme d'État qui ne se prenait pas pour un homme de lettres, un homme de lettres ministre qui aurait aimé devenir homme d'État.

Que faire de Malraux, ministre ? Pierre Lefranc, au cabinet du Général, propose à de Gaulle de le faire voyager. V.R.P. multicartes (littérature, action, politique) du gaullisme. Malraux se rend à la Guadeloupe et à la Martinique, en Guyane, à Cayenne, Là-bas, pour le référendum du 27 septembre, il contribue à décrocher, en faveur du Général, 80 % des électeurs.

Il se considère comme un envoyé très spécial, « ministre des affaires urgentes », dit-il. L'urgence peut surgir partout. Pour certaines éminences ministérielles, Malraux serait la danseuse du Général, douée, brillante, mais fofolle, imprévisible. Toujours en place, certains hauts fonctionnaires de la IVe République n'aiment pas ce nouveau ministre, surtout lorsqu'ils n'apprécient pas ses livres.

L'article 1er du décret n° 58630 du 25 juillet 1958 spécifie que Malraux « connaît toutes les affaires qui lui sont confiées par le président du Conseil, et, s'il y a lieu, procède à leur étude avec les ministres intéressés », attributions nébuleuses, dangereuses qui officialisent un lien mystique entre le Général et l'écrivain-ministre, court-circuitant les ministères. Au Quai d'Orsay, les promotions de Malraux et le texte de ce décret sont rageusement commentés : « Cette nouvelle mission de M. Malraux ne porte pas la signature du ministre des Affaires étrangères. » On soupçonne Malraux de faire procéder à cette horreur, un transfert d'attribution. La rédaction du décret est « équivoque ». Et ces deux mots, « divers projets », inquiétants ! Le ministre des Affaires étrangères, Maurice Couve de Murville, et les directeurs du « Département » décèlent là un gros appétit. Le Quai d'Orsay a une particularité : la France est une des seules grandes démocraties à concevoir une politique culturelle à l'étranger. On imagine sur-le-champ, au Quai, avec la fantaisie bureaucratique dont cette institution est parfois capable, que ce délégué auprès du président du Conseil chargera bientôt le ministre des Affaires étrangères d'exécuter ses projets — lui donnera des ordres ! « Procède à leur étude... avec les ministres intéressés... » ? Fumeux.

Aux Affaires étrangères, un dossier prévoit des « double-emplois », ces « conflits d'attribution » tellement craints, un « mauvais rendement », une « mainmise sur les affaires et les conseillers culturels dans les ambassades à l'étranger ». Cauchemar du Quai d'Orsay : tous ses services culturels pilotés en double commande [10]. Le cinquième étage frétille d'indignation. Le compagnon-colonel-ministre-prix Goncourt est attendu avec des mitrailleuses administratives et des bazookas culturels. Un conseiller juridique prépare une note pour le patron, le directeur général des Affaires culturelles, Roger Seydoux. Comme une lionne ses petits, le Quai protégera son territoire et ses prérogatives historiques, politiques et culturelles. Alerté, Malraux envoie un plénipotentiaire, Alain Brugères, pour rassurer le Département. Dans la note 2693 destinée à Couve, l'envoyé de Malraux assure « que son ministre n'avait *jamais eu l'intention de s'occuper des Affaires culturelles* [*je souligne*] ». Allons, le décret 58630 « n'avait d'autre but que de préparer la mainmise du ministre sur les services de jeunesse » sans trop irriter le ministre de l'Éducation nationale. Donc, il n'y a pas lieu de protester : « J'ai pensé, écrit l'homme du Quai qui a reçu Brugères, qu'il était préférable de rassembler un certain nombre d'arguments, au cas où M. Malraux serait tenté à nouveau de s'intéresser à nos affaires. »

Malraux voyage encore. Il se rendra en Iran, en Inde, au Japon. Note du Quai d'Orsay, le 17 décembre 1958, et branle-bas de combat. Après la défensive, le Département passe à l'offensive. Suave d'abord : « Après le retour d'Orient, où il a étudié avec les autorités iraniennes, indiennes et japonaises, des grands projets d'échanges artistiques et culturels... M. Malraux avait indiqué qu'il estimait nécessaire, en vue notamment de mettre en œuvre ses projets, de créer un haut commissaire à la culture. » Puis le ton devient plaintif : pour le Département, « les intentions prêtées à M. Malraux sont très préoccupantes ». Diplomates de tous les services, unissez-vous. Le Quai craint surtout l'absorption du service de M. Erlanger. On « risquerait d'ouvrir la porte à d'autres démantèlements ». Entre sous-directions, directions et le cabinet du ministre, les notes circulent. Il faut écraser Malraux, ses ambitions et prétentions.

Charles de Gaulle, devenu le premier président de la Vᵉ République le 21 décembre 1958, glisse de Matignon à l'Élysée, s'entretenant dix minutes avec son prédécesseur, René Coty. Vingt et un coups de canon, le grand tour est joué et la Seine franchie. Au ministère des Affaires étrangères, on le sent, de Gaulle ne se comportera pas comme un Président Coty : il coiffera notre ministre, plus encore qu'un simple président du Conseil. De Gaulle remanie le gouvernement et consulte :

— J'ai décidé de prendre Soustelle à la place de Malraux.

Le Général demande de « trouver quelque chose » pour Malraux. Michel Debré, Premier ministre, n'apprécie pas que le Président lui explique que la présence de Malraux donnera du « relief » à son gouvernement. Pompidou, dans l'ombre, joue un rôle d'arrangeur de plusieurs nominations.

— L'Information, c'est trop étriqué pour vous. Soustelle pourrait s'en charger. Le Général voudrait créer un grand ministère de la Culture, expliquent Pompidou et Debré à Malraux, un ministère qui donnerait une autre dimension à l'action de l'État. Il n'y a que *vous* qui puissiez conférer à cette entreprise le style et la grandeur qu'il faut.

Soulagement général : Malraux est enchanté. La belle histoire d'amour entre l'écrivain et de Gaulle est soudée[11]. Prime honorifique, Malraux est nommé ministre d'État chargé des Affaires culturelles le 8 janvier 1959. Il occupera bientôt un bureau avec vue sur les jardins du Palais-Royal. Ministre d'État ! Ce titre le fait siéger à la droite du Général au Conseil des ministres. Malraux n'est pas *premier* ministre, ce qui ne lui déplairait pas, mais un des premiers parmi les ministres. D'ailleurs de Gaulle fait souvent remplacer *P*remier ministre par *p*remier ministre. En France, il y a un seul *Premier*, vous savez qui.

Chargé des Affaires culturelles, Malraux, ce conquérant, soupire-t-on au Quai d'Orsay, va absorber certaines directions des ministères, mais aussi attirer du personnel. Tenez, Jacques

Jaujard, à la direction des Arts et Lettres de l'Éducation nationale, devient le secrétaire général de ce nouveau et encombrant ministère Malraux. Un décret fondateur du 24 juillet
1959 définit ses fonctions. Article 1er : il a « pour mission de
rendre accessibles les œuvres capitales de l'humanité, et
d'abord de la France, au plus grand nombre possible de Français, d'assurer la plus vaste audience à notre patrimoine culturel et de favoriser la création de l'art et de l'esprit qui
l'enrichisse ». Malraux a rédigé lui-même le décret. Le Général
n'a rien trouvé à redire [12].

Malraux crée un ministère qu'il veut original et souverain.
Il ne s'agit pas, soyons sérieux, de ressembler — ce qui ne
nous mènerait nulle part — aux secrétaires d'État aux beaux-
arts de la IVe République, trop décriés. Malraux s'approprie la
direction de l'architecture, la direction générale des arts et
lettres, la direction des Archives de France, qui jusqu'alors
dépendait du ministère de l'Éducation nationale. On lui
accorde aussi le centre national de la cinématographie, autrefois sous la tutelle du ministère de l'Industrie. Jean Lescure, qui
déjeuna avec lui quelques jours après la formation du gouvernement, notait dans son journal : « Malraux n'arrive pas à constituer son ministère. Six au moins de ses collègues s'y opposent :
Berthoin, Pinay, Herzog, Frey, Boulloche, et celui qui a le
commerce. Chacun craint d'être "amputé". » L'écrivain voudrait
avoir, une fois de plus, la haute main sur la télévision. Michel
Debré s'y oppose, le Général aussi.

Enthousiaste au départ, Malraux perd de son innocence
face aux arguments, aux pesanteurs et aux imbroglios de
l'administration française. Au cours d'un voyage en Afrique, il a
rencontré Émile Biasini qu'il fera venir au ministère. Ce dernier
attirera beaucoup d'anciens de la rétrécissante France d'outre-
mer. Dans l'entourage du ministre, comme toujours au soleil
d'un pouvoir, l'harmonie fond. Biasini, à propos de Gaétan
Picon, lance : « Il sait lire Hegel, mais pas un bordereau administratif. » Les jeunes hauts fonctionnaires fabriqués en série
par l'École nationale d'administration ne pensent pas, alors,
qu'on puisse faire carrière dans ce ministère inédit. Qui durera
combien de temps ? Pourvu qu'il ne pense pas à moi ! Lorsque
André Holleaux [13] deviendra directeur du cabinet de Malraux,
les énarques découvriront que ce ministère ne devient pas le
cul-de-sac d'une carrière. Malraux aura à sa disposition 600
agents hétérogènes de l'administration centrale et 3 500 des services extérieurs. Progressivement, il définira les axes de sa politique : amorce de régionalisation, inventaire des richesses de la
France, lois-programmes pour la restauration des monuments

anciens, statut des artistes, mise en place d'une politique musicale en France et, surtout, les maisons de la culture.

Malraux s'entoure et se protège. Comme premier directeur de cabinet, il prend Georges Loubet [14], ancien du commando qui, pendant l'Occupation, abattit Philippe Henriot, ministre vichyste de l'Information, ce qui épate Malraux, toujours partant pour les coups durs. Les transferts, si redoutés dans les ministères, se font enfin. À l'arraché, Malraux obtient quelques services du haut-commissariat à la Jeunesse et aux Sports. La danseuse n'amuse plus, elle irrite ministres et ministères dépossédés. Du coup, le Quai d'Orsay change de tactique. Que le ministre chargé des Affaires culturelles se *charge* de quelques affaires politiques, puisqu'il *se* voit en ministre des urgences, en plénipotentiaire extraordinaire. Plus il s'occupera de politique, moins il tentera d'avaler des services culturels dépendant du ministère des Affaires étrangères.

À propos des attributions de Malraux, Couve de Murville expédie au secrétaire général du gouvernement une brillante démonstration pour faire lâcher prise à l'écrivain : « Le décret 59889 du 24 juillet 1959, portant organisation du ministère chargé des Affaires culturelles, pourrait être interprété comme s'appliquant à des services qui relèvent de la direction générale des Affaires culturelles et techniques [*au Quai d'Orsay*]. Je n'ai pas été appelé à contresigner le décret. Je pense, dans ces conditions, que le texte en question est destiné à n'entraîner aucune mesure d'exécution intéressant la structure ou les compétences du ministère des Affaires étrangères. » Dans le Midi, on dirait : « Mes affaires culturelles, mes conseillers et attachés culturels, mes instituts, je me les garde. »

La bataille se livre aussi sur le plan financier. Les responsables des Affaires culturelles au Quai veulent conserver un budget indépendant. Le Quai — la permanence — représente la culture française à travers le monde, Malraux — un ministre passe — incarne une lubie du général-président et un alibi de gauche, une diversion intellectuelle. Son cabinet et les ministères s'affronteront pendant des années. Les directeurs de cabinet successifs de Malraux, Loubet, Holleaux, Antoine Bernard, souhaitaient que leur ministre fasse arbitrer des différends sérieux non par le Premier ministre, mais par de Gaulle en personne. Malraux dit alors d'un ton assuré :

— J'en parlerai au Général.

Il s'exécutera rarement. Peut-on importuner de Gaulle avec des affaires subalternes, l'intendance et la cuisine ? Le Quai d'Orsay vit son dilemme : si Malraux se promène à travers le monde, il n'aura guère le temps de se tailler un empire culturel, en France, aux dépens des services d'autres ministères comme le nôtre, et surtout de nous grignoter; mais, dans ses virées à travers le monde, Malraux risque d'empiéter sur nos prérogatives et de ne pas respecter nos méthodes; pis : de proposer *sa* politique, pas la nôtre, et au nom du président de la République qui, selon les apparences, protège ce ministre et a pour lui toutes les indulgences.

Malraux et de Gaulle prévoyaient un court voyage pour le ministre d'État, en Amérique du Sud. Informé, le Quai en rajoute et propose que Malraux visite non pas quatre, mais dix pays « pour défendre la politique algérienne de la France... si possible avant la XIVe cession de l'Assemblée générale des Nations unies qui s'ouvre le 15 septembre ». Parcours suggéré : l'Argentine, la Bolivie, le Brésil, le Chili, la Colombie, l'Équateur, le Paraguay, le Pérou, l'Uruguay, le Venezuela. Rien de moins. Dans l'avion, Malraux confie à son collaborateur, l'écrivain Pierre Moinot [15] :

— Je ne vais pas vendre une politique culturelle, je vais expliquer notre politique, l'autodétermination [*pour l'Algérie*].

— Le Général est au courant? demande Moinot.

— Non, mais c'est dans sa ligne.

La mission de Malraux consistera à secouer les mollassons, réchauffer les tièdes et convaincre les hostiles. Étudiants et nationalistes algériens du F.L.N. chahutent l'écrivain-ministre en Amérique du Sud.

Quand Malraux paraît dans une capitale, devant un président ou un ministre, l'ambassadeur de France accrédité l'accompagne, bien entendu, puis rend compte au Département. Les rapports accumulés au Quai exaspèrent et amusent les diplomates. Au Département, Malraux a aussi des admirateurs, des fans. Tout de même, prix Goncourt, grand résistant, chef de la brigade Alsace-Lorraine, ce ministre! Tous les visiteurs venus de Paris qui logent à la résidence d'un ambassadeur français en poste ne possèdent pas son prestige.

Voyageur « rayonnant », Malraux prononce un discours pour lancer le spectacle « Son et Lumière » de l'Acropole [16], accompagné de Maurice Hertzog, haut-commissaire à la Jeunesse et aux Sports. Le croiseur français *De Grasse* scintille dans la rade. Malraux est décoré de la grand-croix de Georges 1er. Guy de Girard de la Charbonnière, notre ambassadeur, voit « sur le plan local, l'événement le plus important qui ait marqué les relations franco-helléniques depuis la guerre [17] ». Hélas, le spectacle, monté par Philips, est raté. L'ambassadeur trouve que « les "lumières" sont aussi pénibles que le son : ce dernier est entièrement mauvais. Les nombreuses sources sonores placées autour de l'auditoire sur la colline de la Pnyx semblent n'avoir aucun lien entre elles. Au lieu de l'effet stéréophonique promis par les techniciens, le public entend tout d'un coup un beuglement partir de sa droite, puis un grincement surgir de sa gauche suivi d'un hurlement devant lui. Tout cela est incohérent et fort désagréable à l'ouïe. Le "bruitage" a, d'autre part, été aussi mal exécuté que possible. L'arrivée du coureur de marathon, par exemple, qui devait être l'un des clous du spectacle, évoque bien plutôt, comme me le disait un de mes voisins, " un cheval galopant sur une plaque de tôle et disputant le prix à une locomotive [18]" ». Tous les diplomates ne sont pas des carpettes. Dans sa précédente communication, il est vrai, l'ambassadeur a vanté la profondeur du discours malrucien, évoqué les « exposés éblouissants » qui « émerveillèrent » ses auditeurs à l'École d'Athènes. « L'Acropole est le seul lieu du monde hanté à la fois par l'esprit et par le courage », disait Malraux. La Grèce? « Jamais avant elle, l'art n'avait uni la lance et la pensée. » Citation pour dissertation de classes terminales : Vous donnerez d'autres exemples que la Grèce. Le « problème politique majeur de notre temps, a affirmé le ministre français, c'est de concilier la justice sociale et la liberté ». Malraux remarque que le mot *culture* est « confus ». Pour lui, c'est « l'ensemble des créations de l'art et de l'esprit ». Et il ajoute : « La culture ne s'hérite pas, elle se conquiert. » Donc, l'Éducation nationale ne contribue pas à la culture. Malraux brode, perpétuant une image de lui-même à laquelle il tient : « Nous avons appris la même vérité dans le même sang versé pour la même cause, au temps où les Grecs et les Français libres combattaient côte à côte dans la bataille d'Égypte, au temps où les hommes de mes maquis fabriquaient avec leurs mouchoirs de petits drapeaux grecs en l'honneur de vos victoires, et où les villages de vos montagnes faisaient sonner leurs cloches pour la libération de Paris. Entre toutes les valeurs de l'esprit, les plus fécondes sont celles qui naissent de la communion et du courage. » « Mes maquis. » Qui ira vérifier [19]? Malraux a promis à Caramanlis, président du Conseil, de plaider la cause de la Grèce qui veut entrer dans le Marché commun.

Jean de la Garde, ambassadeur à Mexico, raconte la rencontre de Malraux et du président de la République mexicain, Adolfo Lopez Mateos. Malraux, explique le diplomate français, a vanté les mérites d'une « planification socialiste ». Pour le ministre de l'Éducation nationale, Torres Bodet, notre ministre a fait un exposé planétaire. Selon l'ambassadeur, pour André Malraux, « aucune idéologie n'existe, digne de ce nom. Les États-Unis n'ont pas d'idéologie au sens propre du mot parce qu'il n'y a, dans ce qu'ils représentent, aucune transcendance ». Et, sans transcendance, « pas de vraie culture ». Les communistes « ne proposent qu'un matérialisme économique ». Par ailleurs, les « héritiers des Mayas ne jouent aucun rôle important dans l'évolution du Mexique actuel », remarque Malraux. Le ministre mexicain, note l'ambassadeur, « réagit fermement ». Il a « conscience d'appartenir à ce lointain passé indigène ». L'ambassadeur cache mal son énervement : « M. Malraux expose ses vues sur la culture et les directions à donner à la jeunesse moderne. Mais il apparaît que M. Torres Bodet est plus préoccupé par les problèmes élémentaires de l'enseignement primaire. » Bodet ne comprend pas les liens, assez évidents pourtant, entre analphabétisme et transcendance. Bon [20].

Avec un autre interlocuteur, toujours selon l'ambassadeur de la Garde, Malraux affirme que « la pluie artificielle est un procédé maintenant tout à fait au point ». Ayant ainsi anticipé sur les technologies modernes, « M. Malraux montre que... si le Mexique voulait faire appel à des sociétés américaines pour organiser l'irrigation au nord de ce pays par la pluie artificielle, il lui serait nécessaire de payer à ces compagnies de larges redevances. Au contraire, à travers une planification mondiale, il pourrait recevoir de la France, gratuitement, ledit procédé ». Enfin, soupire-t-on au Quai, pour une fois, Malraux n'a pas lâché un « le Général souhaiterait que... ».

Au retour, les missions de Malraux paraissent souvent coûteuses. Calomnie, certains insinuent que le ministre d'État ne fait pas la différence entre anciens et nouveaux francs. Pour quelques services du Quai, le ministre d'État « plane ». Eux, au ras du sol, ils tiennent les livres de comptes. Gratuitement, la machine à faire tomber la pluie... ? Aux frais de la France. Mais, au fait, cette invention n'existe pas et le Mexique a assez de pluies. Les services du Quai empilent additions et soustractions. En privé, le ministre des Affaires étrangères déclare que Malraux est un « imposteur » aux projets pharaoniques. Le Général, la France, son prestige, la culture, la transcendance, fort intéressant. Ça va coûter combien ? Le Général, excellent équilibriste, table sur Malraux pour qu'on parle de la France à travers « l'univers » — « le monde », mot petit, mesquin [21]. De Gaulle compte sur les bureaucraties de l'État pour limiter les dégâts financiers.

En théorie, pour le bon peuple comme pour la mauvaise presse, Malraux s'est rendu au Japon afin d'inaugurer avec Jaujard le nouveau bâtiment de la maison franco-japonaise [22]. Là-bas, à la consternation du Quai, ce Jaujard a déclaré que les échanges culturels avec le Japon avaient une priorité absolue

« quel qu'en soit le prix... À leur arrivée à Tokyo, MM. Malraux et Jaujard ont déclaré avoir reçu un mandat du gouvernement pour mener et faire aboutir des négociations concernant la politique d'échanges culturels entre les deux pays et qu'ils avaient l'accord complet du Département ». Au Mexique, Malraux prêchait le socialisme, au Japon, il sait utiliser le capitalisme, au profit de la France. Ainsi, le grand quotidien *Asahi Shinbun* prendra à sa charge, « sponsorisera » commence-t-on à dire, les frais d'une exposition du Louvre à Tokyo et Kyoto, avec le déplacement d'un contingent de la Garde républicaine française en grande tenue. Un autre journal, le *Yorumi Shinbun* propose une exposition de l'art décoratif français contemporain à Tokyo. Dans l'escalade artistique, Malraux — il fait son métier — n'a pas de rival. Entre deux sakés, il propose une rétrospective du cinéma de 1914 à 1950. Les « frais de préparation » seraient pour les Français. À prélever sur le budget du Quai ou sur celui du ministère de Malraux ? Détails ! En contrepartie, les Parisiens jouiront d'un gala du cinéma japonais. Pourquoi pas aussi des expositions de céramiques et des échanges scientifiques ? Tiens, pour expédier le théâtre kabuki à Paris, le gouvernement japonais ne se montre pas aussi libéral que les journaux. L'*Asahi Shinbun* accueillera la troupe de Jean-Louis Barrault. La peinture française envoûte le Japon. Les Japonais demandent donc l'envoi de certains tableaux, le portrait de Zola par Manet, la chambre de Vincent à Arles par Van Gogh, tel Delacroix, ce Toulouse-Lautrec. Pas facile de négocier avec ces exquis Japonais. Il faut connaître leurs codes. Un hochement de tête qui peut passer en France pour un « oui, nous sommes bien d'accord », signifie en fait « non, nous réfléchirons ». Superbe, Malraux prend des engagements au nom de la France. Le Quai encaisse, débourse, mais tente de freiner ce ministre impétueux. Note de Roger Seydoux, après cette excursion de Malraux, qui, au Japon, eut une presse fort satisfaisante pour le Général : « À la connaissance du Département, M. Malraux n'a reçu du gouvernement aucun mandat de ce genre [23]. » Le Quai n'aime pas les effets d'annonces. Le Japon coûtera cher en 1959 et 1960 : 98 178 000 francs.

À l'ambassade de France à Tokyo, on exprime son embarras. Excellent d'obtenir des subventions de tels journaux japonais, mais il faut aussi ménager les autres groupes de presse. Averti, Seydoux estime que la mission de Malraux prend une « ampleur démesurée ». Contre-attaque, plus générale [24] : « Au cours de voyages qu'il a effectués à l'étranger depuis qu'il dirige les services de la rue de Valois, le ministre d'État chargé des Affaires culturelles a pris personnellement une série d'initiatives concernant notre action artistique à l'étranger... » Seydoux se plaint : avant même que ses interlocuteurs ne le lui demandent, Malraux a proposé aux Indiens, aux Iraniens, aux Japonais, que « leur civilisation soit présentée par la France » grâce à des expositions. Sans discussions serrées, il agit comme si la volonté culturelle et politique, par elle seule, sécrétera de l'argent. Seydoux défend le Département : « M. Malraux ne cache nullement son désir de contrôler notre politique artistique à l'étranger. » Mieux, M. Jaujard, son efficace sbire, « convoque directement » les directeurs de théâtre, les imprésarios, les conseillers culturels ! ce Jaujard — intolérable, ma cassette, ma cassette ! — donne des instructions au service des échanges artistiques qui dépend du Quai. Les Affaires culturelles ont tendance à « ignorer les réalités ». Seydoux demande une circulaire de rappel à l'ordre et un sommet des Affaires étrangères et des Affaires culturelles. Couve ne tient pas à affronter Malraux face à face :

— D'ailleurs je ne comprends rien à ce qu'il dit, soupire-t-il. Je ne suis pas le seul.

Malraux rappelle, en aparté de vaudeville, que Couve resta longtemps diplomate sous Vichy. Mais, à propos de ce voyage au Japon, le ministre d'État temporise. Il reçoit Roger Seydoux[25]. Les deux hommes parlent des conflits d'attribution. Malraux a fait approuver, jure-t-il, l'idée de ses « missions choc » confiées par de Gaulle en personne. Elles ont « en réalité un but politique ». Pour qu'elles conservent un aspect secret sinon discret, note Seydoux, le ministre d'État est « appelé parfois à leur donner un aspect culturel ». Ce n'est pas pour parler de Gide ou de Picasso que Malraux s'est rendu à Téhéran, Delhi, Tokyo, Rio... Seydoux ne ressort pas convaincu de l'entretien. Il ne téléphonera pas au cabinet du Général pour obtenir confirmation. De Gaulle aurait chargé Jaujard « de l'exécution desdites missions » ? Malraux a chargé Jaujard. Lorsque le Général apprend que Malraux et le Quai d'Orsay se chamaillent, il soupire :

— Inévitable... Malraux...

De temps en temps, un haut fonctionnaire met de l'huile dans les moteurs. A. Mey, inspecteur des monuments historiques, règle les rapports des Affaires étrangères et des Affaires culturelles avec l'Unesco[26]. Malraux propose de constituer un comité permanent des échanges culturels. Le Quai d'Orsay approuve. Un comité ? Enterrement sans suite. Le Quai fait accepter un principe fondamental à ses yeux : les frais d'une exposition partant de France seront réglés par la France, et, venant de l'étranger, par le pays expéditeur. Autre dilemme pour le ministère des Affaires étrangères : partout où il passe,

Malraux laisse des traces médiatiques. S'il fait parler de la France, tant mieux. Mais, s'il lance des promesses que nous ne pouvons tenir, le soufflé retombe avec rappels pressants et reproches diplomatiques douloureux. On apprécie cependant la « couverture médiatique » des événements patronnés par Malraux. À cette époque, les diplomates français sont encore, souvent, méfiants à l'endroit des journalistes. Mais excellences, conseillers et attachés d'ambassade les cultivent, leur accordant bons et mauvais points. X a droit au déjeuner chez l'ambassadeur, Y au dîner, Z à un verre avec le chargé de la presse.

Dans son ministère, chez lui, Malraux paraît peu accessible. La claque dans le dos n'est pas son genre. Pour son cabinet ou ses directions, il a choisi des hommes qu'il connaît, c'est courant : Albert Beuret, Louis Chevasson, Bernard Antonioz, mari de Geneviève de Gaulle, Gaétan Picon, et Pierre Moinot, également conseiller à la Cour des comptes. Quelquefois, Malraux et Beuret caressent des idées farfelues : pourquoi ne pas percer une voie triomphale entre la rue Royale et la rue du Louvre ? Beuret fait la navette entre le privé et le public. Il surveille toujours l'œuvre de Malraux chez Gallimard, où il peut s'engueuler avec Gaston lui-même. Ce dernier se plaint des coûts de fabrication du *Musée imaginaire de la sculpture mondiale* en chantier. L'imprimerie Lang est chère :

— Trop d'illustrations ! Il faut en enlever une sur dix.

— Vous voulez faire l'almanach Vermot de la sculpture, dit Beuret.

— Vous n'êtes pas chez de Gaulle, répond Gaston.

— Je ne le sais que trop, soupire Beuret.

Ce dernier accompagne Malraux dans quelques voyages. En Afrique, un conseiller d'ambassade voyant à quel point Beuret imite Malraux d'un ton de voix, d'un geste, lui en fait part.

— Ça vaut mieux que de singer un diplomate con, réplique Beuret.

Très actif à l'étranger, Malraux l'est aussi en France, au moins au début de son ministère. Il traversera au moins deux cycles. D'abord, une intense activité créatrice pendant quatre ans à partir de sa prise de pouvoir. Ses idées ont un coût. Le budget de son ministère variera de 0,3 à 0,43 % du budget national.

Dans sa première période, consciencieux, Malraux écoute ses collègues, même ceux qu'il n'aime pas, comme Valéry Giscard d'Estaing. Giscard le voit pour discuter des problèmes financiers du ministère des Affaires culturelles.

— Les maisons de la culture, qu'est-ce que c'est que ça ?

La question n'amuse pas Malraux. Dans les années trente,

il parlait déjà de la « maison de la culture » à la Ligue des intellectuels contre le fascisme. Avant même de constituer son ministère, Malraux a annoncé que, dans les trois ans, chaque département aurait une maison de la culture. Ministre, il présente son idée à l'Assemblée :

— Trois hypothèses dominent en France le domaine de la culture, et il n'y en a pas quatre. La première, c'est la culture totalitaire, et nous l'écartons. La seconde, c'est la culture bourgeoise, c'est-à-dire, pratiquement, celle qui n'est accessible qu'à ceux qui sont assez riches pour la posséder...

La troisième, c'est la culture selon Malraux :

— Si nous n'acceptons ni la première ni la seconde hypothèse, si noble ou si usé que soit le mot démocratie, alors il n'y a qu'une culture démocratique qui compte... il faut que par ces maisons de la culture qui, dans chaque département français, diffuseront ce que nous essayons de faire à Paris, n'importe quel enfant de seize ans, si pauvre soit-il, puisse avoir un véritable contact avec son patrimoine national et avec la gloire de l'esprit de l'humanité [27].

Le Sénat aura droit à la formulation malrucienne — calamiteuse — d'une doctrine essentielle dans la vision de l'écrivain-ministre : « Il appartient à l'Université de faire connaître Racine, mais il appartient seulement à ceux qui jouent ses pièces de les faire aimer. Notre travail, c'est de faire aimer les génies de l'humanité et notamment ceux de la France, ce n'est pas de les faire connaître. La connaissance est à l'Université, l'amour, peut-être, est à nous [28]. » Comment peut-on *aimer* sans *connaître* ? Par visitation ? Qui n'a pas aimé certains auteurs en faculté, grâce ou malgré certains professeurs ? Dans l'optique de Malraux, la culture présentée dans ses maisons s'oppose à l'enseignement. Le ministre le précise, au marteau-pilon, en inaugurant la maison de la culture d'Amiens [29] : « L'université est ici pour enseigner. Nous sommes ici pour enseigner à aimer. Il n'est pas vrai que qui que ce soit au monde ait jamais compris la musique parce qu'on lui a expliqué la *Neuvième Symphonie*. Que qui que ce soit au monde ait jamais aimé la poésie parce qu'on lui a expliqué Victor Hugo. Aimer la poésie, c'est qu'un garçon, fût-il quasi illettré, mais qui aime une femme, entende un jour, "lorsque nous dormirons tous deux dans l'attitude que donne aux morts pensifs la forme du tombeau" et qu'alors il sache ce que c'est qu'un poète. Chaque fois qu'on remplacera cette révélation par une explication, on fera quelque chose de parfaitement utile, mais on créera un malentendu essentiel. » Une maison de la culture n'explique pas, elle « anime » dans la liberté et la polyvalence.

Moinot définit plus clairement que Malraux l'objectif d'une maison de la culture : « Offrir à chacun, quel qu'il soit, où qu'il soit, la tentation de la culture ; elle est là pour organiser une rencontre. De cette rencontre peut naître une familiarité, un choc, une passion, une autre façon pour chacun d'envisager sa propre condition. Les œuvres de la culture étant, par essence, le bien de tous, et notre miroir, il importe que chacun puisse y mesurer sa richesse, et s'y contempler. » La maison « exclut la spécialisation... et abrite toutes les formes de culture sous tous leurs aspects... Elle n'a pas souci d'organiser l'enseignement, même des arts, et donne toujours le pas à l'œuvre. La confrontation qu'elle suscite est directe, évite l'écueil et l'appauvrissement de la vulgarisation simplificatrice... » Pour Madeleine Caglione, sa secrétaire pendant vingt-cinq ans, Malraux, après la mort de ses deux fils, se repliera sur lui-même : « Mais il reste exigeant. Et ponctuel. »

La maison de la culture du Havre ouvre en 1961, puis celles de Caen, Bourges, le Théâtre de l'Est parisien (T.E.P.). Autres maisons : Amiens, Thonon, Firminy, Grenoble. Les premières maisons ont été réalisées à partir d'équipements qui n'avaient pas été conçus pour cela : un musée (Le Havre), un théâtre (Caen), un palais des congrès (Bourges, Thonon), un cinéma (le T.E.P.) ; seules celles d'Amiens et de Grenoble ont été conçues comme telles. De nouvelles maisons de la culture ouvriront à Nevers, Reims, Rennes, Saint-Étienne. Exception faite du T.E.P., réalisation de l'État, elles sont financées en principe à parts égales par l'État et par chacune des villes intéressées. L'*ensemble* du projet, le réseau, sera un échec. Chaque maison doit être jugée séparément [30].

Deuxième cycle du ministre jusqu'en 1965. Malraux boit de plus en plus. Souvent, rue de Valois, dans son entourage, on interroge Beuret. Comment se porte Malraux ? Et le ministre aujourd'hui ? Beuret pour les initiés :

— Il a sa crise de palu.

Traduction : Malraux a bu, mieux vaut le voir un autre jour. Le ministre est débordé, explique aussi Albert. Il travaille. Très pris par son œuvre. Quand Malraux a une « crise de palu », ses tics deviennent plus visibles. Il laisse tomber ses liaisons. Dans une cadence accélérée, son débit télescope ses phrases. Alors, il vaut mieux « communiquer » par note. Un peu d'alcool l'apaise, beaucoup le surexcite.

En 1963 et 1964, le ministère fonctionne sans que Malraux s'attache aux « détails ». Ses rapports avec son cabinet et les directeurs sont distants mais moins hostiles. Puis, vers 1965, ce sera, pour beaucoup, le désenchantement.

Malraux a l'habitude de vivre sur un grand pied. Il invite quelques amis et collaborateurs au Relais Henri IV, chez Taillevent ou chez Lasserre, son restaurant phare. Dans la conversation, il brille. Ceux qui le connaissent bien et dont il ne se méfie pas sentent qu'il s'éloigne. Où est l'ancien Malraux ?

Si quelqu'un le quitte, Malraux se sent trahi. On lui a manqué. Holleaux, accompagnant en voiture le ministre d'État, exprime le désir de prendre du champ. Le métier de Directeur du cabinet implique des horaires militaires ; on est Directeur vingt-quatre heures sur vingt-quatre, surtout lorsque le ministre passe quelques heures par jour. Holleaux prendrait volontiers la direction du cinéma bientôt vacante.

— Considérez que c'est fait, dit Malraux.

Sur ce, il n'adressera plus jamais la parole à Holleaux mais répondra néanmoins à ses lettres. Malraux transforme des questions secondaires en affaires de son État, même dans des domaines où sa compétence n'est pas flagrante. Il se sépare de Gaétan Picon, contraint de démissionner parce qu'il défend Pierre Boulez contre Marcel Landowski lorsqu'il s'agit de nommer un Directeur de la musique. Jaujard et Picon ne s'entendent pas. Madeleine intervient, en vain :

— Le mieux est de s'en foutre, jette Malraux.

On le loue. Il gêne. Il déçoit. Grandeur et décadence. Il boit.

— Dites-moi, Foccard, jette de Gaulle à son spécialiste de l'Afrique, il paraît fatigué, Malraux. Il ne se shooterait pas [31] ?

Son humeur maussade, malheureuse avant tout, le pousse à déléguer les affaires du ministère, mais aussi ses problèmes personnels. Ainsi, Loubet, « chargé de Vincent » comme il aurait pu l'être des monuments historiques, rencontre Florence Malraux qui soutient son demi-frère. Loubet disserte : des garçons comme Vincent, faut les tenir, les mater.

Ponctuel les premières années, jusqu'en 1965, Malraux arrive désormais en retard. Ou il déplace des rendez-vous grâce aux excuses et voltiges de sa secrétaire. Il ne réunit plus ses directeurs. Donc, il perd le contact avec les hauts fonctionnaires, relais naturel avec la base. Ceux qui restent en contact avec lui, Moinot, Brigitte Friang, Diomède Catroux, Beuret et Chevasson, sont navrés. Ils peuvent toujours, eux, profiter des qualités de Malraux. Ivre ou pas, quand il échappe à ses torpeurs, il n'oublie pas son art et sa pratique du monologue. Il croit en lui-même mais veut de moins en moins entreprendre de grandes choses. Son entourage le protège et se lamente. Lui qui fut, au départ, un si bon élève, étudiant ses dossiers avec application !

Soudain, il se réveille, manifeste des fidélités à Doyon, Max Aub ou Bergamin reçus au ministère, se remémore la guerre

d'Espagne. Alors, ses collaborateurs au ministère ont le sentiment qu'il leur vole du temps. Malraux est tenté par son passé
et ses belles heures. Mai 1966 n'est pas mai 1936. Malraux se
compare souvent à Barrès :

— Il a été député, mais jamais ministre, caporal en politique et général en littérature.

Moins concerné par son ministère, Malraux reste néanmoins un brillant et séduisant orateur. Tout au long de sa carrière ministérielle, les assemblées parlementaires apprécient son
éloquence alors que ses comparutions au Palais-Bourbon
l'ennuient. Malraux, peu démocrate, malgré son culte de la fraternité, n'aime pas le parlementarisme, même dans sa mouture
gaullienne. L'opposition ? Une pleureuse radoteuse. Le « fascisme ne passera pas », criait-elle en mai 58. Mais il passa démo-
cratiquement, en somme, ce Général, qui d'ailleurs, ô surprise,
n'était pas du tout fasciste. Erreur de *casting*. Malraux, cependant, se montre respectueux, en public, des assemblées repré-
sentatives. (En privé, souvent : « *Ces cons !* ») Malgré les
suggestions de certains collègues ministres et même du président de la République, Malraux refuse de se présenter à une
élection. Il ne se voit pas serrant des mains moites, embrassant
des bébés, présidant des banquets. Le Général peut se faire élire.
Il le doit même. Le *coronel* n'a aucune raison de poser sa candidature. Il tient sa légitimité de Charles de Gaulle, qui tient la
sienne de suffrage universel. La place au sommet de Malraux, en
ministre, reste assurée, puisque de Gaulle a inventé le système
qui permet de nommer quelqu'un ministre, ou éventuellement,
Premier ministre, sans qu'il soit député. Malraux, pourtant, sans
faire une cour voyante au Parlement, le ménage. Il ne fréquente
pas les buvettes du Palais-Bourbon ou du palais du Luxembourg,
mais, dans les couloirs, il parle aux députés de base. Même avec
les plus obtus, il bavarde d'architecture romane ou de ce conservatoire de musique que, en effet, voyons, votre ville mériterait...
Aux demandes d'« interventions », il fait répondre par son
cabinet et signe la lettre. Il « pistonne » avec modération.

Avant de monter à la tribune, devant les députés, Malraux se
plie aux usages : il fait sa répétition, auditionnant devant la
commission qui s'intéresse à ses affaires. Dans un climat intime,
moins solennel que l'hémicycle, les députés, pas tous gaullistes,
peuvent, pendant une suspension, évoquer des crédits de leur
département. Là, Malraux dépolitise le plus possible :

— Je pense que nous avons tous avantage à ne pas jouer
cette sorte de comédie misérable qui suppose qu'une foule
énorme est en face d'un roi abusant de son pouvoir et qui paraît
s'en indigner. Vous êtes vingt-quatre.

Il insiste sur un point :

— Si vous le voulez bien, je vais supprimer complètement le fait qu'un certain nombre de mes interlocuteurs appartiennent à tel ou tel parti ennemi ou adversaire. Nous allons décider que ce n'est pas la prise de pouvoir par le prolétariat qui décidera de la solution de ces problèmes. Nous allons simplement essayer, si vous le voulez bien, de faire ce que nous pouvons.

En somme, il n'y aurait pas un point de vue de droite et un autre de gauche pour chaque problème.

Devant une vingtaine de députés, flattés de ses attentions, Malraux ne cherche pas à éblouir avant tout, comme face à quelques centaines.

Le ministre intervient vingt-six fois en dix ans dans l'hémicycle [32]. Moins souvent au Sénat. Malraux, *diva*, fait moins de trois récitals par an à l'Assemblée. Il présente son budget, répond aux questions orales, défend des projets de lois. Malraux fait salle comble. Il n'y a pas tant d'orateurs prenants. Il distrait, amuse, horripile, ravit. En tout cas, il est original. Devant les députés de toutes les tendances, fascinés, pour certains, malgré eux, parfois ahuris, l'écrivain descend de l'Olympe après l'avoir escaladé. Comme à Moscou, ou à la salle de la Mutualité, ou devant des Américains progressistes, il lâche ses formules. Il s'éloigne de ses notes pour se lancer dans des envolées culturo-historiques et évoquer le destin. Il se retient, un peu plus. Il a mûri. Les parlementaires se persuadent qu'il a un contact privilégié avec de Gaulle. Quand le vertige du verbe le saisit, Malraux n'est ni Barrès ni Jaurès, seulement Malraux, avec ses slogans :

— Mon ministère, ce n'est pas les beaux-arts modernisés, c'est l'État au service de la culture.

Entendez : je suis un ministre singulier avec un ministère, pas, je le répète, un sous-secrétariat d'État.

— Je suis le seul à ne pas savoir ce qu'est la culture.

Cette plaisanterie ravit les députés comme les ministres en conseil.

— L'argent n'est pas tout.

Phrase qu'il vaut mieux ne pas lancer lorsqu'on défend son budget.

Malraux régale l'Assemblée d'anecdotes sur Ramsès II ou Napoléon, sur Kennedy ou Mao. Écoutant les questions les plus stupides, il se montre affable. Cet homme est toujours poli avec les femmes de ménage du ministère, pourquoi pas aussi avec les parlementaires ? Les prestations de Malraux devant l'Assemblée mettent en place un rituel. Fernand Grenier, député communiste, cinéphile, se fait une spécialité d'accrocher Malraux. Si Grenier est absent lorsque le ministre pénètre dans l'hémicycle, Malraux s'inquiète ; sans cet interlocuteur attendu, le spectacle ne sera pas complet. Un second rôle doit soutenir l'acteur principal. Malraux trouvera Giscard sur son chemin jusqu'à la fin de sa carrière ministérielle. En tant qu'auteur, Giscard préfère Maupassant à Malraux. Il repère les failles dans l'action culturelle de Malraux et prêchera un « nouveau souffle ». En ancien élève de l'E.N.A., Giscard, acharné, pinaille, surtout lorsqu'il s'agit de ces fameuses maisons de la culture, bijoux de la couronne :

— Malgré l'immense mérite de leur créateur, M. André Malraux, et de leurs animateurs... ces maisons butent sur l'incertitude de leurs missions [33].

Acceptant même, selon la coutume, de répondre pour d'autres ministres, absents, Malraux, un après-midi, paraît devant cinq puis trois élus. Un orateur évoque « l'assemblée ».

Malraux, s'exclame :

— Quelle assemblée ? Il y a ici trois députés. Il faut qu'on sache, même par *L'Officiel*, que nous ne parlons ici pour personne.

Mme Thôme-Patenôtre, présidant la séance, tente d'excuser les députés gaullistes :

— Monsieur le ministre, il y a le congrès U.N.R...

Malraux, se contenant mais furieux :

— Je le sais bien. J'y serai dimanche. Mais aujourd'hui je suis ici.

Trois ou cinq spectateurs pour un acteur de son calibre qui, de plus, consent à doubler un ministre moins important que lui !

Souvent, Malraux charme les députés :

— On nous a dit tout à l'heure que chaque orateur regrettait de ne disposer que de cinq minutes dans ce débat, tandis que le temps de parole imparti au Gouvernement était de quarante-cinq minutes. J'ai à répondre à trois rapporteurs et à quinze orateurs, soit au total à dix-huit interventions. Je dispose donc, moi, de deux minutes et demie par réponse. Nous sommes, disons, à égalité [*rires*] [34].

Malraux met de côté ses notes, disant :

— Et j'en passe.

Des députés, à haute voix :

— On s'en lasse !

Malraux :

— À qui le dites-vous !

Avec ou sans note, dans la continuité ou pêle-mêle, Malraux parle de la réforme du cinéma, du blocage d'une autorisation de programme, du musée du xxᵉ siècle, de la rémunération des architectes, et débouche sur la métaphysique[35].

— Il est extrêmement frappant de constater que la pensée scientifique présente dans un certain domaine une faille si grave que les deux plus grands physiciens que j'aie connus, Einstein et Oppenheimer [*connus ? croisés ?*], étaient tous les deux des obsédés de la métaphysique de l'Inde. Le second étant aussi un sanskritiste. Ils savaient que ce qu'ils apportaient — et pour le premier ce n'était pas rien — était indispensable à l'humanité, mais que quelque chose d'autre était en cause, qui ne serait jamais comblé par la pensée scientifique.

Des députés bien-pensants de la majorité, ou ne pensant pas du tout, attaquent Malraux : le Théâtre de France, subventionné, a créé *Les Paravents* de Jean Genet[36], poète et grand dramaturge du vol, de l'homosexualité, du crime, des réprouvés et des victimes. Le fond sulfureux et le style somptueux de Genet ne sont pas à la portée de chaque député de droite — ou de gauche. Malraux a préparé une longue réponse pour ceux qui s'offusquent de la création de cette pièce, faisant ainsi passer son interpellateur, Christian Bonnet, à la petite histoire, au chapitre balourdises.

— La liberté, mesdames, messieurs, dit Malraux, n'a pas toujours les mains propres : mais quand elle n'a pas les mains propres, avant de la passer par la fenêtre, il faut y regarder à deux fois. Il s'agit d'un théâtre subventionné, dites-vous. Là-dessus, je n'ai rien à dire. Mais la lecture qui a été faite à la tribune est celle d'un fragment. Ce fragment n'est pas joué sur la scène, mais dans les coulisses. Il donne, dit-on, le sentiment qu'on est en face d'une pièce antifrançaise. Si nous étions vraiment en face d'une pièce antifrançaise, un problème assez sérieux se poserait. Or, quiconque a lu cette pièce sait très bien qu'elle n'est pas antifrançaise. Elle est antihumaine. Elle est antitout.

Malraux n'a peut-être jamais été aussi en verve devant les députés que ce jour-là. Dans le même discours préparé, il a dit : « Ce que vous appelez de la pourriture n'est pas un accident. C'est ce au nom de quoi on a toujours arrêté ceux qu'on arrêtait. Je ne prétends nullement — je n'ai d'ailleurs pas à le prétendre — que M. Genet soit Baudelaire. S'il était Baudelaire, on ne le saurait pas. La preuve c'est qu'on ne savait pas que Baudelaire était un génie. [*Rires.*] Ce qui est certain, c'est que l'argument invoqué : "Cela blesse ma sensibilité, on doit donc l'interdire" est un argument déraisonnable. L'argument raisonnable est le suivant : "Cette pièce blesse votre sensibilité. N'allez pas acheter votre place au contrôle. On joue d'autres choses ailleurs." »

Pirouette pyrotechnique ? Mais quel abattage ! Malraux a dit : « J'insiste sur les mots "pour rien" car si nous interdisons *Les Paravents*, ils seront rejoués demain, non pas trois fois mais cinq cents fois. Nous aurons à la rigueur prononcé un excellent discours et prouvé que nous étions capables de prendre une mesure d'interdiction, mais en fait nous n'aurons rien interdit du tout. L'essentiel n'est pas de savoir ce que nous pourrons faire de trois francs de subvention, mais de savoir ce qu'on interdira ou non, de savoir quelle gloire sera donnée par l'interdiction à une pièce dont on veut minimiser la portée par une opération de Gribouille. Je ne crois pas que ce soit urgent. [*Sourires.*] En fait, nous n'autorisons pas *Les Paravents* pour ce que vous leur reprochez et qui peut être légitime ; nous les autorisons malgré ce que vous leur reprochez, comme nous admirons Baudelaire pour la fin d'une Charogne et non pas pour la description du mort. »

Malraux fait aussi son compliment au Sénat où il déniche un sénateur, philosophe, membre du comité central du P.C.F., l'imprévisible et intransigeant Roger Garaudy [37], pour servir de faire-valoir. Garaudy déclare au ministre d'État qu'il n'y a « aucune commune mesure entre les palais de son imagination et les chaumières de la réalité budgétaire ». Au ministère de la Culture, Garaudy décèle un fascisme rampant :

— Aux méthodes démocratiques, vous semblez préférer celles du despotisme éclairé. Vos projets de maisons de la culture relèvent du même état d'esprit : le directeur de chaque maison sera désigné ou agréé par vous, le montant de la subvention dépendra de votre accord sur les programmes. Il semble donc... que vous voulez créer un instrument culturel pour la propagande du régime. La gestion des maisons de la culture sera non pas démocratique, mais autoritaire, comme celle de tous les organismes de votre régime. Vous instituez ainsi une sorte de paternalisme culturel apportant au peuple la culture comme un simple héritage [38].

Garaudy ne traite pas, comme quelques autres, le ministre de brouillon de culture. Il cherche à le blesser en opposant l'ancien et le nouveau Malraux :

— Tel grand écrivain français a connu la force fécondante de quelques-uns des plus puissants mouvements des masses humaines pour leur libération et leur dignité : la révolution chinoise, la résistance héroïque des communistes allemands contre l'hitlérisme, l'épopée de l'Espagne républicaine. Il a puisé dans chacun de ces mouvements populaires l'inspiration d'œuvres, fortes et grandes. Et lorsqu'il a cessé d'être porté par cette vague de vie, alors, depuis plus de dix ans, il n'a plus pu écrire un seul roman.

Malraux boudera le Sénat lorsque son président, Gaston Monnerville, crime de lèse-majesté, manifestera son anti-gaullisme ou son indépendance. La Grande-Bretagne est une république passant pour une monarchie, la France une monar-chie élective se prenant pour une république. Il faut respecter les usages et le Président-monarque, Charles de Gaulle. Mal-raux peut sourire tout de même quand il lui arrive de voir dans *Le Canard enchaîné* le feuilleton des dessins qui, de semaine en semaine, caricature de Gaulle et les siens. Malraux y figure souvent.

Du moment qu'il ne parle pas trop d'argent, Malraux fait en gros ce qu'il veut, dans les limites, hélas, du budget. Les Pre-miers ministres qui se succèdent ne veulent pas se brouiller avec lui. En juillet, après le temps des cerises, le Premier ministre rend les arbitrages budgétaires. Malraux, se défendant à Mati-gnon, d'entrée de jeu a un ton signifiant : dans mon budget, je vous signale trois types de dépenses : celles auxquelles tient le général de Gaulle, on ne les met pas en discussion ; les miennes non plus, sinon je m'en vais ; troisièmement, le reste, faites ce que vous voulez. Là-dessus, en grand de France, il quitte la pièce et Matignon. Le Premier ministre, Debré, Pompidou, Messmer ou Couve de Murville, peut avoir des doutes, les dépenses aux-quelles tiendrait le Président pourraient être celles du ministre. À Matignon, on connaît les dadas du Général, monuments histo-riques, réhabilitation du Marais ou de Tours, échanges culturels internationaux. Malraux accepte le barrage d'incompréhension autour de lui. Au fond, seul le Général le comprend.

Avec ses collaborateurs, Malraux travaille en leur expé-diant des fiches blanches, vertes, roses, exprimant la volonté et les instructions ministérielles. Il rappelle à l'ordre, pose des questions [39]. Avec un côté artisan tacticien face aux dossiers de l'administration, Malraux hésite lorsqu'il connaît mal un pro-blème. Fiches : « Me rappeler », « Allons, tant mieux », « Faites mes compliments à Moinot pour la cinémathèque », « Foncez sur le Québec », « Il ne faudrait pas oublier nos promesses à l'ambassadeur de Jordanie », « Y a-t-il une impossibilité admi-nistrative ? ». S'il y en a une, Malraux soupire encore :

— Des cons [*pas toujours faux*].

Tout au long de sa carrière ministérielle, son irascibilité augmente. Madeleine Malraux lui dit de quitter ce gouverne-ment.

— Jamais ! coupe-t-il.

— Remettez-vous à écrire.

Chaque semaine, en principe, Malraux participe au Conseil des ministres à l'Élysée, morne cérémonie, grand-messe avec quelques officiants, le Président, quelques ministres dont le Premier. À la droite du Président, l'écrivain gribouille, sourit, se lasse, ferme les yeux. Il intervient lorsqu'il doit soulever une question culturelle ou donner un compte rendu de voyage.

Après une promenade à l'étranger, le récit de voyage à l'Élysée reste de tradition. Autour de la table du Conseil, on n'attend pas de Malraux des synthèses constructives ou des informations, mais un récit bref, pas du Couve de Murville ou du Giscard, du Chateaubriand ou du Hugo. Malraux transmue la réalité [40]. Le Général s'en réjouit. Pourquoi ne s'amuserait-on pas un peu ? À l'occasion, de Gaulle peut moucher son génial ministre. Après un voyage à Brazzaville, sur le ton épique, Malraux décrit son entrée dans la capitale, en voiture découverte, fendant une foule exaltée. Il se leva pour répondre aux acclamations. Devant les ministres, il s'exclame :

— Je me demande ce qu'ils acclamaient le plus, l'indépendance, ou moi qui venais la proclamer, ou les motocyclettes nickelées.

Alors, de Gaulle :

— La prochaine fois, la solution serait que vous défiliez sur une moto.

Malraux intervient aussi en conseil lorsque le Général, ayant situé un problème, décide, au cours d'un tour de table, d'interroger chacun des ministres, de gauche à droite. Donc à la droite du Père, Malraux parle le dernier. Il peut polir sa réponse. Question à l'ordre du jour : faut-il dévaluer [41] ? Roulement de tambour implicite, court silence, et Malraux, grave, majestueux, se prononce :

— Le général de Gaulle ne dévalue jamais.

Personne n'a jamais entendu Malraux s'opposer au Général, ce que peut tenter un Giscard, dans le climat semiconfidentiel d'un Conseil des ministres où Malraux s'embête tout de même souvent. Arracher une indemnité mensuelle de 300 francs pour les correspondants permanents des Affaires culturelles [42] ? Malraux ne se passionne pas pour la promotion d'un inspecteur d'outre-mer ou la nomination d'un directeur de ministère. Assister au Conseil des ministres, quelle corvée, mais quel honneur aussi. Quelques mot aimables du Général à l'oreille de Malraux, une attention particulière compensent cette nécessaire perte de temps. Que de formalités pour un instant de bonheur. Agréer un ambassadeur, faire avaliser les frais de fonctionnaires en déplacements. Carnot et Saint-Just ont-ils pétri la République de cette manière ? Entendre un ministre tancé n'est guère amusant. Malraux reste là, permanent, jamais victime d'un remaniement. Certains de ses collègues disparaissent. Il y eut tout de même l'agacement de voir ce Giscard d'Estaing d'abord secrétaire d'État, en bout de table, et ensuite ministre, assistant à tous les conseils, mais placé en troisième position à gauche du Président. Pas de face, c'est déjà ça. Malraux n'a pas à regarder Giscard.

Massif sur sa chaise ministérielle, l'écrivain semble volontiers sibyllin, loin de Moscou et de Barcelone, des maquis de Corrèze, de Strasbourg. Les miliciens de Madrid étaient moins bien habillés et corpulents que certains des gardes républicains circulant à l'Élysée. Quelles pensées, lourdes ou légères, défilent sous le front du romancier-colonel-ministre [43] ?

Le cinéma fait partie de l'espace ministériel malrucien. Malraux insiste sur cet art comme moyen de propagande, sans utiliser trop souvent le mot. Il suit, jusqu'à un certain point, Michel Debré qui distingue les attributions de l'État et celle des professionnels. À droite comme à gauche en France, on se montre respectueux de l'État dans des domaines où il n'a peut-être pas du tout à intervenir. Comment faire preuve de libéralisme et rester influent ? Malraux devient précis lorsqu'un sujet le passionne. Ainsi, pour diffuser le film français en Afrique ou ailleurs, il parle de camion-cinéma, de salles non commerciales, de ressources compensatoires, de rentabilité, d'export et d'experts. Et il ne suffit pas d'expédier des opérateurs, de payer les stagiaires locaux. Dans certains pays aux « routes difficiles », on doit prévoir des camions de dépannage [44]. Les services de Malraux prévoient tout et le reste. Le ministre insiste, enrage, devant les refus. Les cons, les cons ! Puis il se décourage.

Face aux pays en voie de développement, il maintient que « l'imprégnation culturelle à vocation française peut rester indépendante du contexte politique et s'adresser à des individus et des collectivités attachés à notre culture ». Il faut, souligne-t-il, « éviter le contrecoup des situations politiques dans ces nations et États instables ». Difficultés permanentes et pas seulement pour le Quai d'Orsay : Malraux veut promouvoir une stratégie à long terme, dépolitisée autant que possible, ne ressemblant pas à une action de propagande. On doit défendre la francophonie, francofolie dans certains cas, comme au Vietnam. C'est le cercle de la quadrature. L'aide française aux États sous-développés de l'ancien empire doit être assortie de conditions. Malraux voudrait que chaque État demandeur reconnaisse le français comme langue officielle. Le ministre et ses collaborateurs imaginent dans chaque capitale des États africains concernés un centre de rayonnement culturel. Ce centre, réplique exportée des maisons de la culture, comprendrait une cinémathèque, des expositions, un musée imaginaire, rassemblant en reproductions exactes l'essentiel des arts de la France et de l'Occident. Les moyens électroniques ouvrent des perspectives illimitées et des gouffres financiers, même pour un pays aussi avancé et riche que la France. D'après Malraux, on ne doit pas négliger les arts autochtones. Il faut collectionner les musiques locales, les enregistrer. La France doit devenir le conservateur systématique du passé africain, assez belle ambition. Malraux peut être aussi enthousiasmé par ce sujet, dans les années soixante, que le furent les surréalistes dans les années vingt.

Ne pas confondre information et propagande ? Fort bien. Mais le maintien de notre influence culturelle en Afrique dépend aussi de la « prépondérance des informations de source française ». Malraux et les siens posent brutalement ou de façon réaliste le problème : comment réaliser pour les Noirs africains, en langue française, une revue comme *Ebony* qui s'attache un lectorat noir aux États-Unis ? Malraux, réaliste : doit-on envisager une perte de 150 millions d'anciens francs pour un journal français à Madagascar ? La Société nationale des entreprises de presse (S.N.E.P.) devrait-elle prendre des participations en Afrique ? Malraux souhaiterait couronner sa pyramide par un Institut culturel de la Communauté. D'un coup, le ministre visionnaire s'envole, se met sur une orbite qui n'est pas celle des Finances ou du Budget. Quand les ministres entendent les mots « Affaires culturelles », ils rangent leurs dossiers et cachent leurs porte-monnaie. Faut-il racheter une imprimerie à Alger ? Contrer les Américains ? La C.I.A. subventionne des revues françaises comme *Preuves*. La France n'a pas les moyens d'en faire autant aux États-Unis. Comment monter des sociétés d'économie mixte, moitié cheval étatique français, moitié alouette privée autochtone ?

Malraux fait souvent part de son désir de changer de ministère à Pierre Lefranc : l'Intérieur, l'Algérie, les Affaires étrangères lui siéraient. Fin de non-recevoir. De Gaulle le sait, il ne faut pas laisser certains intellectuels jouer avec les allumettes dans les ministères clés.

Au cours des conseils restreints à Matignon, sous la présidence du Premier ministre, Malraux se montre plus loquace [45] qu'au conseil des ministres à l'Élysée : il assiste à ces conseils-là pour défendre les projets de son ministère. Ceux-ci traités, il disparaît. Il est convié un jour à Matignon parce qu'il s'agit de l'Unesco. La culture, c'est bien lui ? Mais il s'agit de l'achat d'un terrain pour l'extension des bâtiments de l'Unesco.

Il y a des récompenses que Malraux accepte avec un plaisir adolescent sinon enfantin. Ainsi, le ministre assiste aux dîners de l'Élysée. Il aime se promener, avec tant de regards fixés sur lui, parmi les hommes en habit et les femmes en robes longues. Il contemple le cercle des dames autour de Mme de Gaulle. Femmes et hommes le scrutent plus que tel autre ministre. Bonhomme, presque bourgeois, courtois, en service au fond, le Général reçoit la France. La France reçoit. Qui la représente-raient mieux que de Gaulle et Malraux ? Ces deux France-là ont un sacré coup de fourchette. Malraux adore les fastes de la République, le protocole, et il se coule avec délices dans son rôle de ministre d'État. Flotte dans l'air ce rapport étrange entre le président de la République et Malraux. Le remue-ménage gouvernemental, ministériel et mondain constitue le socle d'un rapport unique des deux héros. D'un côté, les hommes poli-tiques et les politiciens, de l'autre, les hommes d'État qui marquent l'histoire au fer. De Gaulle et Malraux, n'est-ce pas ? sont des hommes d'État, intellectuels, aventuriers au sens noble, et doués d'une compréhension du social. Pas de vieux réactionnaires ou les chantres d'un internationalisme révolu ou les moutons de cette Europe à la mode. L'un exerce le pouvoir suprême en France, l'autre, éminence grise des urgences qui peuvent resurgir dans un moment tragique, observe. En commun, ils ont le goût de la langue et de l'hyperbole. Qui, mieux qu'eux, sent ce qu'est la nation aujourd'hui ? Le Général a vu que les nations survivent aux idéologies. Depuis la Libéra-tion au moins, Malraux a abandonné l'idéologie socialiste ou communisante. Il s'accroche moins au socialisme, au travail-lisme, même s'il émet quelques bruits sociaux-démocrates. À défaut d'idéologie gaulliste, reste un culte, celui du Général et de son action, d'un destin consubstantiel du Général et de la France. « Honneur et patrie, voici... »

Avec le R.P.F. et ses avatars, de Gaulle et Malraux n'ont pas forgé un parti qui ne serait ni à droite ni à gauche. On ne les comprend pas. Ils se comprennent, eux. Chacun dans sa spécia-lité a su attirer vers le gaullisme, à travers des élections, un gros centre et même des voix de gauche. Malraux en reste longtemps convaincu, il n'est pas étranger au glissement d'électeurs de gauche vers ce gaullisme. L'un après l'autre, de Gaulle et son ministre ont décolonisé dans leurs têtes et dans les faits. Ils se sont rattrapés l'un l'autre. Même en Conseil des ministres, ils proposent tous les deux « une certaine idée de la France ». Ils sont la conscience qu'elle prend d'elle-même. Alors, il faut bien accepter l'Assemblée nationale et le Sénat rétif. Charles de Gaulle le sait, sa place existe déjà dans l'Histoire et les manuels scolaires, au fronton des collèges, dans les rues et boulevards « Général de Gaulle ». Il est déjà un des personnages du siècle. Malraux ne se tient pas du tout, dit-il, « pour un homme de l'Histoire ; le Général, oui ». Malraux a quelques doutes quant à *sa* postérité. Il colle au Général qui le garde près de lui. Les gouvernements passent, Malraux demeure. Ces deux hommes savent plaisanter ensemble. De Gaulle sert de guide à Nikita Khrouchtchev.

— C'est le célèbre parquet de Versailles, dit-il au soviétique.

— Nous avons, nous, dit Khrouchtchev, exactement le même à l'Ermitage. Mais le nôtre est en ébène.

De Gaulle murmure à Malraux :

— Ce type commence à m'embêter.

En public, Malraux ne se départit jamais de son admiration pour le Général. En famille, à propos des sorties gaulliennes au Québec (« Vive le Québec libre »), ou d'Israël (« Ce peuple fier et dominateur »), le ministre d'État se permet de dire :

— Là, il exagère.

Malraux en est persuadé, de Gaulle le soutiendra toujours pour l'essentiel. Annotation du Général sur un projet envoyé par Malraux [46] : « J'ai lu de près la note de M. Malraux et le commentaire de notre Secrétaire général [*de l'Élysée*] au sujet de la politique de la culture. *Il va de soi* [*je souligne*] que les projets de M. Malraux sont éminemment justifiés. » Une fois, le Général en conseil restreint, gaffe. On parle de Mauriac :

— Notre plus grand écrivain, dit de Gaulle, imprudent...

Des ministres voient Malraux se contracter. Le Général s'en tire en fixant le ministre d'État .

— *Un* de nos...

Chaotique par ses imprévus, corseté par ses obligations, le métier de ministre présente aussi ces satisfactions délicieuses : « *éminemment* », « *il va de soi* »... Malraux a un besoin enfantin d'être apprécié par de Gaulle.

29

Jackie et « La Joconde »

Malraux impressionne Jacqueline Kennedy en visite officielle à Paris[1]. Il pilote la femme du Président américain, c'est un de ses emplois, dans les musées. Depuis longtemps, « Jackie » souhaitait rencontrer Malraux et le général de Gaulle. *Via* Nicole Hervé Alphand, femme de l'ambassadeur français à Washington, ses demandes parvenaient au Quai d'Orsay, à l'Élysée et au ministère des Affaires culturelles. La femme du président Kennedy a beaucoup insisté. Elle admire *Les Conquérants*, *La Condition humaine* et *Le Musée imaginaire*. L'écrivain, pour elle, est un « homme de la Renaissance ».

Malraux guide Jackie à travers le musée du Jeu de Paume, inspecté d'abord par le *secret service* américain, très voyant. Malraux explique Manet, Cézanne, Renoir. Attention particulière, il a fait placer la *Vénus* de Bouguereau au-dessous de l'*Olympia* de Manet, le premier tableau ayant été Prix du Salon l'année où l'*Olympia* fut refusé. Au château de la Malmaison, Malraux passe de l'histoire de l'art à l'histoire. Jackie se plante devant un portrait de Joséphine :

— Quel destin !... sans doute une femme extraordinaire !

— Un vrai chameau, réplique Malraux.

Jacqueline Kennedy, née Bouvier, s'exprime bien en français. Le ministre et la femme du Président américain peuvent converser sans interprète. Elle parle bien des livres, même de ceux qu'elle n'a pas lus. À la Malmaison, Malraux disserte sur les rapports tumultueux de Napoléon et de Joséphine. Trois semaines après[2], il enverra par la valise diplomatique à « Jackie » un livre, *Le Louvre et les Tuileries*. Le remerciant, Jackie lui fait parvenir un ouvrage de lui-même que sa sœur lui a offert pour Noël sept ans avant. Le ministre aurait-il la gentillesse de le lui dédicacer ?

Jacqueline Kennedy flirte avec le ténébreux et séduisant ministre des Affaires culturelles, et avec l'écrivain. Ah, oui,

Goya... Hegel, bien sûr, tous les héros de Malraux sont confondus dans les mêmes battements de cils, soulignant le charmant sourire à peine carnassier de Jackie. À charmeur, séductrice et demie. *What an* interesting *man !* Elle sait, elle, ce qu'est un prix Goncourt. Elle connaît aussi la place qu'elle occupe au centre du dispositif culturel de John Fitzgerald Kennedy. Les Kennedy ont — en couple — le sens de l'efficacité, de la manipulation et de la publicité. L'admiration littéraire de la femme du Président peut servir la politique américaine. À Washington, on se méfie de la France gaulliste et du général-président français depuis longtemps. Pas question de l'aider dans ses recherches atomiques tant qu'il veut éloigner les États-Unis de l'Europe. De Paris, on observe ce jeune Kennedy. Habile, attachant, sans doute, mais les États sont des monstres froids. À Kennedy, on fait crédit sous réserves d'inventaire et de bénéfices à l'avenir. À défaut des secrets militaires atomiques américains, le S.D.E.C.E. aimerait obtenir de la C.I.A. les renseignements qu'elle possède sur les « recettes » atomiques soviétiques.

Revenue de Paris, Jacqueline Kennedy [3] a accepté la présidence honoraire de la société des relations culturelles franco-américaines. Les relations bilatérales avec la France sont tendues à la Maison-Blanche et au Département d'État. Le Général n'est pas un client commode. Justement, il refuse d'être un client. On pense néanmoins qu'André Malraux pourrait servir de pont entre Paris et Washington. Le Département d'État suggère qu'il vienne aux États-Unis pour parler pendant la foire mondiale de Seattle. Offre provinciale, après l'Acropole ! juge-t-on à Paris. Le ministre d'État est navré, son emploi du temps ne lui permet pas... On veut Malraux à Washington. Annonces couplées sur les deux rives de l'Atlantique : André et Madeleine Malraux sont invités à passer quelques jours dans la capitale américaine. Cette visite servira de fusée porteuse, du moins certains l'espèrent à Washington. Personne là-bas ne connaît le poids réel de Malraux à l'Élysée. Le Quai d'Orsay ne voit aucun inconvénient à ce déplacement : la visite de Malraux ne saurait faire de mal. Avec un peu de chance, elle pourrait, sans débloquer des dossiers, créer un climat chaleureux. Malraux n'engage ni le Quai d'Orsay ni l'Élysée.

Avant de partir, Malraux s'entretient de ce voyage avec l'ambassadeur Hervé Alphand. Kennedy est venu à Paris, de Gaulle ne veut pas se rendre aux États-Unis. Du Général, Malraux déclare à Alphand :

— Il ne lui déplaît pas d'envoyer en avant ses tanks, c'est-à-dire nous-mêmes, et de les faire incendier pour éclairer sa route.

On comprend la première partie de cette envolée, pas la deuxième, assez obscure. « Incendier ses tanks » ? Depuis son enfance, le char fait partie du bestiaire de Malraux. Il conversera, c'est entendu, de politique générale avec le Président, parlera culture avec Jackie Kennedy. Ces tours d'horizon sont d'habitude « vastes » et les « échanges de vues » « approfondis ».

Malraux prononce donc une allocution pour le cinquantième anniversaire de l'Institut français à New York [4]. Puis les Malraux sont accueillis par le couple Kennedy dans la capitale américaine presque comme des rois, des présidents ou des Premiers ministres. Jackie a préparé cette visite pendant cinq semaines. À son tour, elle servira de guide. Elle aimerait piloter son invité à la National Gallery of Art [5]. Elle a fait parvenir à Malraux, ce connaisseur, des catalogues et des photographies d'œuvres de la collection Mellon : qu'il choisisse ce qu'il aimerait voir, pour ne pas « perdre de temps ». Elle propose de l'accompagner, le 11 mai à 9 h 30 ou 17 heures. Le service de presse de la présidence américaine veille à ce que les Kennedy et les Malraux soient photographiés et télévisés ensemble. Ce couplage arrange Malraux ; il souhaite prendre sa juste dimension politique internationale. De son côté, Kennedy parfait son profil de Président frotté de culture. La télévision aux États-Unis joue un rôle important. En Europe, elle balbutie. À la Maison-Blanche, le chef du service de presse, Pierre Salinger, journaliste, multiplie les classiques arrêts pour les photographes, des *photo opportunies*, occasions où l'on peut voir ensemble les Kennedy et les Malraux ; sur la pelouse, dans le bureau ovale, ou le *Rose garden*, André sourit à côté de Jackie. Il semble pâmé. Jackie marivaude, ensorcelle et minaude. Le slogan de « la Nouvelle Frontière », lancé par Kennedy et Jackie, donne une aura sociale et culturelle à la Maison-Blanche. Écrivains, musiciens et artistes y sont invités, pas seulement des vedettes du cinéma ou de la chanson. L'acteur Bob Hope pour le grand public et le poète Robert Frost pour l'élite. Après tout, de Gaulle reçoit aussi bien Brigitte Bardot que Mauriac.

— Il faut qu'André Malraux ne s'ennuie pas et, comme il parle mal anglais, que nous invitions à la Maison-Blanche des francophones, a dit la femme du Président à Nicole Alphand.

Mot d'ordre à la Maison-Blanche pour les dîners franco-américains : promis, on ne parlera pas de La Fayette ; pour Malraux, on se doit d'éviter les platitudes. La Machine Kennedy, voyons, se passe des clichés. Kennedy rappelle l'épitaphe à laquelle tenait John Adams, un de ses prédécesseurs :

— Il assura la paix avec la France.

Il mêle le pompeux et le léger, se déclare heureux d'accueillir tant d'artistes américains :

— Ce lieu, plaisante-t-il, est devenu un restaurant pour les artistes. Mais eux, ils ne nous invitent pas.

Jackie a évité de convier cinq prix Nobel américains. Sur le sujet du Nobel, elle le sait, Malraux est chatouilleux.

La Maison-Blanche a attiré non seulement les Lindbergh rarement vus en public, mais cent soixante célébrités dont le chorégraphe Georges Balanchine, le réalisateur Elia Kazan, deux lauréats du prix Pulitzer, Archibald MacLeish et Robert Lowell, trois dramaturges, Arthur Miller, Tennessee Williams, Thornton Wilder, les peintres Mark Rothko et Franz Kline. Parmi les Français de marque, figure, bien entendu, le poète Saint-John Perse. Kennedy a appris ses fiches, fournies par l'ambassade des États-Unis à Paris : « Malraux a conduit une expédition archéologique au Cambodge », affirme le Président. « Il a eu des "rapports" avec Tchang Kaï-chek et Mao Tsé-toung. » Donc, le Président américain souhaite la bienvenue à un ministre et ami du général de Gaulle. M. et Mme Malraux, Kennedy n'en doute pas, retourneront en France et glisseront quelques mots aimables « en faveur des États-Unis et de son Président ». Malraux répand des amabilités : les chefs-d'œuvre du monde l'ont accueilli, et mieux, ils lui ont été présentés par Mme Kennedy. Il salue la *fraternité* qui règne aux États-Unis. Selon Malraux, pour la première fois depuis des millénaires, une nation est devenue la première du monde, non en poursuivant des conquêtes mais en recherchant la justice :

— Je lève mon verre au seul pays qui, dans l'histoire, occupe le premier rang parmi les nations sans l'avoir voulu.

Le ministre d'État et Madeleine Malraux sont reçus à Hyannis Port, résidence privée de la tribu Kennedy, « la cour de Camelot ». John en roi Arthur et sa femme en reine couvrent toute l'opération. Dîners, cocktails, mondanités, conférences de presse se suivent et se ressemblent, mais pendant un entretien de Malraux avec des journalistes une dernière question fuse :

— Et si nous émettions le vœu de voir *La Joconde* aux États-Unis, que répondriez-vous [6] ?

— Oui, sans hésiter, répond Malraux.

Il reviendra sur cette idée, un projet, avec John et surtout avec Jackie Kennedy.

Malraux perçoit mal les États-Unis. Il connaît surtout la littérature américaine. Il ne partage pas l'américanophobie du Général. Sur la Côte d'Azur, au début de la Seconde Guerre mondiale, Malraux a prévu l'intervention décisive des États-Unis dans la guerre. Il rend hommage à ce pays-continent secourable. Il encaisse les tirades antiaméricaines du Général sans ciller, mais pas celles de la gauche communiste et non communiste. Il l'a remarqué, les flots migratoires vont vers les États-Unis, pas vers l'U.R.S.S., jamais d'ouest en est, d'Amérique vers l'Europe. S'intéressant au cinéma et aux romans policiers, il sent que les États-Unis imposent, petit à petit, des normes culturelles. Ou que l'Europe, l'Asie, l'« univers » du Général sont attirés par elles. Il n'y a pas d'offre sans demande.

— C'est tout de même la première fois qu'un pays suggère des mythes sentimentaux au monde entier, son univers souterrain, ses amoureuses, ses voleurs et ses assassins, dit Malraux.

En public, pendant ce voyage, il s'aventure sur le terrain culturel comme dans les champs de mines de la géopolitique :

— Je crois qu'une nouvelle culture est en train de se former, que nous sentons sourdre depuis pas mal de temps (et que nous sentirions davantage si nous avions moins de préjugés contre elle) : c'est la culture de l'Atlantique.

Au moment où Malraux est en visite à Washington, la politique américaine à propos de ce qu'on appellera le Vietnam n'est pas définie. La politique intérieure du jeune Président déçoit Malraux. Pour lui, la Nouvelle Frontière ne ressemble pas à un *New Deal*. Kennedy, malgré tout le bruit fait par ses services d'information et de désinformation, n'est pas Roosevelt.

Kennedy et Malraux passeront près de trois heures ensemble à parler politique[7], soit, une fois défalquées les traductions, les politesses d'usage et le temps consacré aux photographes, une heure et demie. Finis les compliments pour le grand public. Kennedy aimerait que Malraux fasse passer un message au général de Gaulle : il n'y a pas de différends fondamentaux entre les deux pays. Trois fois, il répète que les États-Unis sont prêts à quitter l'Europe, si les Européens le demandent. Il souligne que la tradition américaine est isolationniste. Les Français acceptent-ils la Grande-Bretagne dans le Marché commun ? Le Président américain dit qu'il est difficile de contraindre un homme [*la Grande-Bretagne*] à choisir entre une ancienne épouse [*le Commonwealth*] et une nouvelle maîtresse [*l'Europe*]. L'ambassadeur Alphand remarque brièvement que l'homme peut conserver les deux. Malraux ajoute qu'arranger ses affaires avec les deux implique des difficultés. Bon diplomate, il reconnaît qu'il « n'est pas impossible » que de Gaulle « se méfie de l'Angleterre » — euphémisme. Kennedy ne comprend pas l'attitude de la France. Il pense (dit-il, du moins) que de Gaulle a raison à 80 % dans le contentieux. Mais ne pourrait-il pas reconnaître que Washington aurait raison à 20 % ? Alphand plaisante : on pourrait inverser le rapport. Cette conversation, qui vise à dissiper les « malentendus », ne les dissipera pas. La France n'acceptera pas le triumvirat atomique États-Unis, France et Grande-Bretagne, ni une force multilatérale. De Gaulle ne veut pas des fusées Polaris pour la France. Il tient sa ligne avec deux convictions : « L'Angleterre est devenue un satellite des États-Unis » ; et : « Nous nous détacherons des Américains tout en restant bons amis [8]. » Malraux aura fait ce qu'il pouvait.

Par l'intermédiaire de son ministre, Kennedy veut faire comprendre, une fois de plus, à de Gaulle que la menace militaire soviétique reste importante, mais que le gros problème sera la Chine de Mao. Que de Gaulle et d'autres responsables européens réfléchissent à ce qu'ils feront quand cette Chine deviendra une puissance nucléaire. La dissuasion mutuelle joue, mais dans le cas de la Chine cette réserve n'existerait pas : les Chinois seraient prêts à sacrifier des centaines de millions de vies pour appliquer leur politique agressive. Malraux attire l'attention du président Kennedy sur le Vietnam du Nord : même petit, les Américains devraient voir en lui un pays nationaliste, vigoureux, indépendant, antichinois, qui pourrait dresser une barrière contre la Chine [9]. Kennedy ne trouve pas cette idée intéressante. Malraux accepte l'analyse selon laquelle Hô Chi Minh serait nationaliste avant d'être communiste. Il explique que le Grand Bond en avant a laissé la Chine dans un marasme économique. Celle-ci n'envisage pas des aventures étrangères. Le ministre français va répétant :

— Il faut connaître son ennemi.

Kennedy a bien résumé son sentiment face à ses difficultés avec ses alliés :

— J'ai l'impression d'être un homme qui porte un sac de pommes de terre... autour de lui, les autres n'ont pas le même fardeau, et ils ne cessent de lui dire comment porter ce poids.

Malraux est satisfait d'être pris au sérieux sur le plan de l'art *et* dans le domaine politique. Il termine ce voyage chez Robert Kennedy en Virginie du Nord. Les enfants grouillent. La langue pose encore des problèmes à Malraux. Il fait la leçon à son hôte :

— La guerre du Vietnam est contre la tradition américaine [10]

Ces années-là, et surtout lors de son passage à Washington, Malraux saisit l'importance de la télévision pour rendre compte d'un événement, l'amplifier ou le supprimer en n'en parlant pas. La « couverture médiatique » devient l'élément essentiel du déplacement d'une personnalité aux dépens de la substance des conversations. À Washington, une photographie prise avec Jackie, si le cliché de l'agence « est bien repris », vaut tous les communiqués des services de presse. Malraux sait depuis longtemps ce qu'est une *image* dans tous les sens du mot, reproduction photographique ou filmée, et représentation symbolique. La télévision devient plus puissante que la radio ou le cinéma.

Malraux a, un jour, étonné Kennedy en lui demandant comment il faisait pour tenir le cap et, surtout, gouverner *sans contrôler* la télévision. Aux États-Unis, pas de chaîne étatique importante [11]. Malraux défend la liberté d'expression mais, la presse n'étant pas majoritairement favorable au gaullisme en France, il estime toujours indispensable d'avoir à sa main, sinon à sa botte, la télévision. Son point de vue se rapproche de la conception gouvernementale indienne : aux journaux, la liberté ; à la télévision et à la radio, le message du gouvernement au pouvoir. Notre vedette de la télévision, le général de Gaulle, n'a pas besoin des remarques de Malraux pour y faire carrière. Mais il lui est agréable de savoir que son intellectuel maison approuve l'utilisation de ce moyen d'information et de propagande, si éclaté, réducteur et simplificateur soit-il. À son retour à Paris, Malraux dicte plusieurs notes à propos de la télévision. Certaines seront lues à l'Élysée. Soigneusement ?

Quand les conservateurs du Louvre apprennent que *La Joconde*, par *fiat* de Malraux, va traverser l'Atlantique, ils s'inquiètent. Le conservateur en chef du département des peintures et dessins signale « la fragilité exceptionnelle de cette œuvre ». En mission de reconnaissance [12], Madeleine Hours, patron du laboratoire, écrit : « Il est bien évident que nous n'avons pas pu prévoir toutes les éventualités et que le comportement d'un tableau fragile, habitué depuis plus de cinq cents ans à la terre française, est imprévisible. Peint sur un panneau de peuplier d'Italie, ce tableau a une grande sensibilité aux variations atmosphériques. »

Malraux ne s'attarde pas sur ces questions. À la stupeur des conservateurs, au Louvre ou ailleurs, il va même plus loin : après un accident d'avion qui endeuille Atlanta, il fait savoir à la chère Jackie que la France confiera à la ville sudiste, *La Mère* de Whistler. Lettre de Malraux à Jackie : « De même que l'on dépose sur les tombes les fleurs que les morts auraient aimées, la France désire déposer au Musée d'Atlanta, pour le temps qu'il proposera, l'œuvre qu'il choisirait peut-être entre toutes. » Dans ces opérations, Malraux met les autorités, les hauts fonctionnaires, devant le fait accompli. Prévenu, alerté, le Général couvre son ministre :

— Il doit savoir ce qu'il fait. Il fait bien.

Le voyage de *La Joconde* implique une abondante correspondance et d'innombrables protocoles entre le gouvernement
français, son ministère des Affaires culturelles, la National Gallery of Art (le Smithsonian Institute), son directeur John Walker, la Maison-Blanche, et Jackie Kennedy. À l'Élysée, on
s'amuse. Au Quai d'Orsay, on est souvent exaspéré. Au ministère des Affaires culturelles, tout le monde monte sur le pont.
Le tableau est confié « au Président des États-Unis ». On ne
pouvait annoncer qu'il était remis à sa femme. Qui sourit le
mieux, Jackie ou *La Joconde* ?

L'article 3, des quatorze que comporte le protocole
d'accord france-américain, fait problème. Des malentendus surgissent. Version française : « De grandes manifestations officielles salueront son arrivée » (*La Joconde*). Les Français
souhaitent une escorte, des navires de guerre, rien de moins.
Version américaine, plus bas de gamme, il y aura des manifestations culturelles importantes (*important cultural demonstra-
tions*). Le Pentagone gémit et le Département d'État toussote.
Le Président Kennedy tranche : pas de cuirassés, de porte-
avions, ou même de salves pour accueillir *La Joconde*.

Malraux a omis de préciser que ce tableau fétiche si célèbre
est en triste état. Les pigments disparaissant, certaines couleurs
n'existent plus. *La Joconde* a déjà un « papillon » en bois dans le
dos pour resserer une fente. Au cours des siècles, les liants se
sont partiellement désagrégés. Aucun tableau sur bois ne
voyage facilement. *La Joconde* n'est pas plus fragile qu'un
retable, mais pas moins [13].

Le tableau n'a pas droit aux honneurs militaires, mais son
voyage ressemble à une manœuvre militaire. Des experts examinent les problèmes avec John Walker. Comment exposer
l'œuvre et s'assurer qu'elle bénéficie des conditions d'hygromé-
trie et de température habituelles au Louvre ? *La Joconde* est
arrivée dans son container étanche, isotherme, en matériau
inerte et insubmersible (température exigée, 18° ; humidité
ambiante, 50 %). Elle a voyagé sous garde rapprochée, dans
une cabine du *France*, accompagnée par Mme Hours et par
Jaujard, toujours secrétaire général du ministère des Affaires
culturelles.

À la National Gallery, agents de police et hommes du F.B.I.
cernent *La Joconde*, reposant dans un coffre verrouillé. Le Président Kennedy se déplace pour assister à la réception de
l'ambassade de France, comme s'il recevait un chef d'État. Son
vice-président, Lyndon Johnson, le secrétaire d'État Dean Rusk,
les principaux ministres américains et les *leaders* du Congrès

escortent un Malraux enchanté. À propos de l'Amérique du Sud, Rusk lui glisse :

— Dans un domaine où nous sommes désarmés... le domaine intellectuel et spirituel... votre influence est considérable. Vous devez ouvrir aux esprits d'Amérique latine une autre voie que le marxisme ou le castrisme.

Malraux hoche la tête d'un air pénétré. Tour de force ou de farce, un tableau italien sert de trait d'union entre les États-Unis et la France. Les journalistes américains veulent bien entendre parler à satiété de *La Joconde*, mais pas seulement d'elle. La belle dame ne cache pas le contentieux politique entre la France et les États-Unis. Malraux déclare que la France ne pense pas à une Europe se constituant en troisième force, dirigée contre les États-Unis et contre l'U.R.S.S. On n'a jamais voulu mettre en question l'Alliance atlantique. La France ne s'oppose pas du tout à l'entrée de la Grande-Bretagne dans le Marché commun. Pas mauvais, ce ministre, dans des exercices qui ne découlent pas naturellement de sa fonction. Hervé Alphand câble à Paris [14] : « Les déclarations de M. Malraux aux journalistes ont contribué à apaiser les esprits. » Alphand écrit longuement. Il souligne « des divergences de vue considérables, notamment en ce qui concerne la constitution d'une force atomique française ». Les embrassades culturelles ne suffisent pas. Malraux, au cours de tous ses entretiens politiques, ne réussit pas à convaincre ses interlocuteurs du bien-fondé des positions du Général, ni même de sa bonne foi. De Gaulle rumine sa décision de retirer la France du commandement unifié de l'O.T.A.N., tout en demeurant politiquement lié à l'Organisation. Le Général a sa conception du monde, qui ne doit pas être bipolaire, et ses rancunes. Il n'a pas apprécié la manière dont les États-Unis se disaient prêts à négocier bilatéralement avec les Soviétiques au sujet de Berlin [15]. Joconde ou pas, Malraux le sait, le Général refuse la participation de la France aux accords nucléaires conclus entre la Grande-Bretagne et les États-Unis à Nassau. Malraux sait bien également que de Gaulle s'oppose à l'entrée de la Grande-Bretagne dans le Marché commun. Pourquoi gâcher la fête à Washington ? De part et d'autre, par la voix de Kennedy ou celle de Malraux, on peut répéter que les deux révolutions, la française et l'américaine, ont défini la démocratie et la liberté ; les optiques politiques dans la deuxième moitié du xxe siècle ne sont pas les mêmes. De Gaulle en reste convaincu, les États-Unis seraient prêts à se lancer dans une guerre nucléaire sans consulter la France. Si les Soviétiques attaquaient l'Europe et avalaient la France, les Américains bougeraient-ils ?

Malraux retourne à sa *Joconde*. Trois mille invités se pressent pour l'inauguration à la National Gallery. La grandiose cérémonie manque de tourner à la catastrophe. L'ascenseur ne fonctionne pas. Kennedy souffre du dos. Il doit monter à pied jusqu'au deuxième étage. Les micros tombent en panne. Les invités peuvent à peine entendre et comprennent mal les trois discours de Rusk, Malraux et Kennedy.

Le 7 janvier 1963, à 11 heures, Madeleine Hours note que la courbure au dos du tableau est « très légèrement plus accentuée » qu'après les examens du 16 octobre 1962... Il semble donc que le panneau ait très légèrement joué... » Inutile de donner une conférence de presse sur ce détail.

Kennedy ayant digéré ses notes, ses *cue cards*, et écouté Jackie, annonce que Malraux a ressuscité pour notre époque l'idéal de la Renaissance. Le ministre du général de Gaulle est « un écrivain, un philosophe, un homme d'État et un soldat ». Dans l'entourage de Kennedy, quelques historiens comme Sorensen ou un économiste comme Galbraith se sont interrogés sur ces hyperboles et superlatifs. Raison d'État oblige et Kennedy ne manque pas d'humour. Pendant cette cérémonie du vernissage, après la rencontre de Nassau entre Anglo-Saxons, il remarque :

— Ce tableau [*La Joconde*] est resté soigneusement sous contrôle français et... la France a même expédié son propre commandant en chef. Et je veux dire nettement que, même si nous sommes très reconnaissants de recevoir ce tableau, nous continuerons à avancer en faisant un effort pour développer une force et une puissance artistique indépendante... [*Autant pour le général et sa bombe française.*] [*Malraux*] a démontré que la politique et l'art, la vie de l'action et la vie de la pensée, le monde des événements et le monde de l'imagination sont un [16].

John Kennedy ne croit pas un mot de ce qu'il dit. Mais il s'agit de faire plaisir à Malraux qui répondra à Kennedy, le lendemain du vernissage [17], par un discours moins terre à terre. Certaines de ses idées échapperont à son auditoire :

— Voici donc le plus célèbre tableau du monde. Gloire mystérieuse qui ne tient pas seulement au génie... D'autres portraits illustres peuvent être comparés à celui-là. Mais, chaque année, quelques pauvres folles se croient Mona Lisa, alors qu'aucune ne se croit une figure de Raphaël, de Titien, ou de Rembrandt. Quand le *France* a quitté Le Havre, aux bouquets apportés pour les passagères, était joint un bouquet porteur d'une carte sans nom avec l'adresse : « Pour Mona Lisa. »

Les magazines américains, français, australiens, brésiliens, adorent cette histoire. Après l'anecdote, Malraux s'accroche à l'esthétique :

— La liste de ceux que troubla ce tableau est longue et commence avec son auteur, Léonard, qui, parlant de sa propre peinture avec tant de modération, a écrit une fois : « Il m'advint de peindre une œuvre réellement divine. »

Malraux *parle* un texte écrit dont on retrouvera les idées dans ses livres d'art, ou inversement.

— L'Antiquité, que ressuscitait l'Italie, poursuit-il, proposait une idéalisation des formes, mais le peuple des statues antiques, étant un peuple sans regard, était aussi un peuple sans âme. Le regard, l'âme, la spiritualité, c'était l'art chrétien, et Léonard avait trouvé cet illustre sourire dans le visage de la Vierge en transfigurant par lui un visage profane. Léonard apportait à l'âme de la femme l'idéalisation que la Grèce avait apportée à ses traits. La mortelle au regard divin triomphe des déesses sans regard. C'est la première expression de ce que Goethe appellera l'éternel féminin.

Le vice-président Johnson, que l'art en général et la peinture en particulier ne passionnent guère, s'ennuie. Pour se ménager une transition, et pour saluer Kennedy qui a parlé d'un « prêt historique », Malraux, sachant que ce voyage de *La Joconde* suscite des critiques en France, lance une frappe préventive :

— Lorsque, à mon retour, quelques esprits chagrins me demanderont à la tribune : « Pourquoi avoir prêté Mona Lisa aux États-Unis ? » Je répondrai : « Parce que aucune autre nation ne l'aurait reçue comme eux. »

Les Américains se croient mal compris et sont mal aimés en France. L'antiaméricanisme des années soixante s'alimente à deux sources, la gaulliste et la communiste, et n'exclut pas un singulier rapport de fureur amoureuse. Les États-Unis apprécient donc qu'un ministre français reconnaisse le rôle tenu par eux pendant les deux guerres mondiales. Avec un merveilleux sens de la réalité et, un peu, de la démagogie, Malraux joue une excellente carte. Il aura un dernier mot, bien amené :

— On a parlé des risques que prenait ce tableau en quittant le Louvre. Ils sont réels bien qu'exagérés. Mais ceux qu'ont pris les gars qui débarquèrent un jour à Arromanches — sans parler de ceux qui les avaient précédés vingt-trois ans plus tôt — étaient beaucoup plus certains. Aux plus humbles d'entre eux, qui m'écoutent peut-être, je tiens à dire, sans élever la voix, que le chef-d'œuvre auquel vous rendez ce soir, Monsieur le Président, un hommage historique, est un tableau qu'ils ont sauvé.

La presse et la télévision américaine font plus d'échos à ces derniers propos qu'aux considérations de Malraux sur l'âme, la spiritualité et Goethe. Depuis le retour du Général au pouvoir, les Américains, élites et peuple, n'ont pas l'habitude d'être ainsi remerciés. Enfin, une bouffée d'air frais amicale. Dans ses compliments, Malraux est sincère. Il a rempli sa mission et Jackie Kennedy la sienne.

D'une manière aiguë, Malraux souffre du « syndrome du soleil[18] » : plus il côtoie des grands hommes, plus il se sent grand. Kennedy, à la tête de l'État « le plus puissant du monde », paraît prometteur. Il s'est entretenu en tête à tête avec Malraux. Donc, Malraux, qui croise l'Histoire à Washington comme à Paris, est important. Certaines excellences s'interrogent : qui fut la séductrice du voyage, *La Joconde* ou Jackie ? Au Quai d'Orsay, quelques hauts et moyens fonctionnaires se distraient en lisant les rapports enflammés de l'ambassade de France à Washington, qui citent la presse américaine. Un quotidien, l'*Evening Star*, dans un éditorial, déclare que « désormais le vieux et le nouveau monde... sembleront joindre les mains dans une étreinte encore plus étroite ». Un anonyme du Quai note en marge d'une note : « ménage à trois avec *La Joconde* ? ». Le consul général de France à Chicago constate que toute l'affaire de *La Joconde* produit une « excellente publicité pour la France ». Dans le courrier diplomatique du moment, il n'est question que de camions, d'escortes, de containers, d'agents de police, de détectives privés. Autre anonyme du Quai, versificateur celui-ci :

> *Oh, la chaste Mona Lisa*
> *que nul passager ne baisa.*

L'ambassadeur s'enflamme : « *La Joconde* est plus qu'une peinture extraordinaire, elle est la femme idéale, comme aussi l'œuvre d'art idéale. » Les États-Unis sont saisis de « jocondite » : la Mona Lisa orne des cartes d'anniversaire, se promène dans les bandes dessinées, vend des produits alimentaires. Hervé Alphand encore : « Il ne s'agit presque plus d'un tableau, mais d'un talisman. » *La Joconde* a un succès considérable. La preuve ? 1 200 journalistes, 1 700 000 visiteurs, y compris un expulsé cachant un chien dans son blouson. « J'ai voulu qu'il soit le seul chien à avoir vu la Mona Lisa », expliqua-t-il après son arrestation.

Chaque visiteur — trois sur un rang — a droit à douze secondes pour contempler le tableau. Aux Affaires culturelles, certains dégustent ce succès. Désormais chef adjoint du cabinet de Malraux, Beuret déclare que c'est « le témoignage le plus éclatant que ce tableau ait jamais reçu ». Malraux maintient ses contacts paraministériels avec les Kennedy. Jackie le respecte et l'admire, et, comme John Kennedy, se sert de lui. Malraux est un fer au feu.

Quelques mois après la glorieuse arrivée de *La Joconde* aux États-Unis, Kennedy reçoit — quelques photographies éternisent le moment comme tant d'autres — les élèves de l'Institut français des hautes études de la Défense nationale, présentés par notre ambassadeur et le général Fernand Gambiez, directeur de cet Institut. Dans son allocution, Kennedy fait vite allusion à Malraux, poussant ses auditeurs à admirer une maquette d'un navire, *La Flore*, offerte par le ministre d'État. Le Président, héros de la marine américaine pendant la guerre, s'intéresse aux affaires navales. Malraux a fait construire cette maquette d'un navire français qui combattit pour les Américains pendant la guerre d'Indépendance. On retombe sur La Fayette. Aux stagiaires militaires français, Kennedy déclare avec son enjôleur sourire qu'il a été « plus facile de briser l'atome scientifiquement que politiquement ». L'alliance franco-américaine, souligne-t-il, reste indispensable à la sécurité du monde. La menace militaire soviétique sur l'Europe occidentale a diminué, mais la menace communiste s'accentue en Asie, en Afrique, en Amérique latine. Le Président américain reprend l'idée d'une coordination militaire, politique et économique entre les États-Unis et la France. Recevoir ces stagiaires, voilà un bon placement à moyen terme : certains fourniront les hauts cadres militaires de l'armée française qui influenceront la stratégie de Paris. Ils se souviendront d'avoir été reçus par le Président des États-Unis d'Amérique. Malraux aura été rentable.

À Paris, au Conseil des ministres du 9 janvier 1963, le Général excusait les ministres absents :

— M. André Malraux ne sera pas des nôtres aujourd'hui. Il a une bonne raison, il tient compagnie à Mona Lisa. Quant à M. Boullin, sa tâche est moins agréable, il défend le budget.

Le 16, les ministres « ont droit [19] » au récit de Malraux qui revient sur des interprétations désagréables...

— La presse française a présenté cette cérémonie d'une manière absurde. J'avais terminé mon discours en disant que l'arrivée des soldats américains en France avait permis de sauver *La Joconde* (ce qui était exact, puisque les Allemands voulaient s'en emparer). Les journaux m'ont fait dire : les Américains sont venus en France *pour* sauver *La Joconde*. Ce qui, évidemment, est idiot. Mais Kennedy ne s'y est pas trompé, et comme la fin de mon discours s'était terminée dans le brouhaha, et qu'on ne l'avait pas entendue, il a repris cette phrase pour en faire le début de son propre discours, en s'écriant : « Le ministre vient de dire que les soldats américains avaient sauvé *La Joconde*. Je le remercie de l'avoir dit. » Là-dessus, Kennedy a parlé de cette « force de frappe artistique indépendante et bien à vous »...

De Gaulle conclut :

— C'est une opération considérable et, au total, bénéfique. Elle n'est pas terminée, puisque *La Joconde* va rester aux États-Unis encore plusieurs mois. Mais quand *La Joconde* sera à New York, pour Dieu, qu'on ne mette pas l'O.N.U. dans le coup [20].

Pendant ce Conseil [21], au cours de sa communication, Malraux explique que Kennedy est un « personnage de roman » avec une rare « ouverture de compas ». Il dit :

— Il n'y a sans doute que vous, mon Général, dans le monde, qui ayez une vision aussi planétaire que lui.

Après le Conseil, en aparté, le Général souffle à Peyrefitte « avec presque un ton de tendresse » : « Malraux a été ébloui par Kennedy ; comme toujours, il s'emballe un peu. Il est vrai que Kennedy est un jeune homme doué. Ce n'est pas un politicien de province. Il a des vues larges et l'esprit tourné vers l'avenir. Dans l'affaire de Cuba, il a montré qu'il avait de l'instinct national et du cran. Il ira loin, s'il ne se casse pas la figure. Il est quelquefois un peu téméraire. »

Au retour, le bulletin de santé de *La Joconde* est bon : « Aucune altération en cours de déplacement. » Cinq mythes se sont croisés, l'homme Léonard de Vinci, un génie, *La Joconde*, Kennedy et, derrière Malraux, autre mythe, le Général lui-même. Cela ne valait-il pas la peine de prendre des risques avec *La Joconde* ? Non, affirmeront des historiens d'art et des conservateurs de musées, ne serait-ce que parce que ce précédent est fâcheux. Oui, diront les politiques. Malraux a réussi un coup.

Le ministre d'État reprenant ses activités, son train-train à l'étranger ou en France, semble souvent absent, cassé, comme altéré. Il fait des apparitions au Canada ou en Suisse. Il confie la décoration du plafond du théâtre de l'Odéon à André Masson après avoir commandé un plafond à Marc Chagall pour l'Opéra de Paris. Il assiste même aux Assises nationales des gaullistes de l'U.N.R.-U.D.T. Dépressif, déprimé, il consulte de nombreux médecins. Ses rapports avec Madeleine s'aigrissent.

Malraux retrouve parfois *son* souffle à travers des exercices d'orateur. Devant la colonnade du Louvre, il prononce l'oraison funèbre de Georges Braque et assiste aux obsèques du peintre à Varengeville dans le Calvados [22]. Les horaires du ministre sont irréguliers. Moment étonnant pour lui et beaucoup d'assistants, le 19 décembre 1964, devant le général de Gaulle en uniforme et comme figé par le froid dans sa capote, Malraux prononce d'une voix caverneuse sa plus ambitieuse oraison funèbre à l'occasion du transfert des cendres de Jean Moulin au Panthéon [23]. Le colonel Berger parle *de* et *à* Jean Moulin, « Rex », que Malraux-Berger devait remplacer dans son roman inachevé, inachevable. Malraux a insisté auprès du Général pour ce transfert. De Gaulle n'y tenait pas tellement. Ce qui rehaussait la Résistance de l'intérieur pouvait rétroactivement affaiblir celle de Londres et d'Alger, et il y avait dans la pensée gaulliste *un* chef de toutes les Résistances, extérieure et intérieure. Certains susurrent que Malraux, devant un premier refus du Général, aurait mis sa démission dans la balance. Très improbable, pas impossible [24].

30

Crises

Toutes ses initiatives n'ont pas le même succès. Concernant l'Algérie, ses gestes politiques, bien intentionnés mais mal inspirés, coupés des réalités de la guerre, font l'effet de coups d'épée dans l'eau. Belle offre, pendant la guerre d'Algérie, Malraux propose à trois prix Nobel français, Mauriac, Martin du Gard et Camus, de se rendre sur place pour une mission d'investigation. Les trois écrivains balancent, Camus surtout, craignant une insuffisance des moyens d'enquête. Échec navrant, visible. Camus, que Malraux lança comme écrivain, ne fait donc pas confiance au Général ? À lui non plus donc, Malraux, dont on devrait *sentir* le progressisme. Dès qu'il est devenu ministre, il a dit à Grosjean que « les colons ne vont plus peser lourd ».

Il n'éprouve aucune sympathie pour les pieds-noirs, riches ou pauvres, qu'il ne connaît d'ailleurs pas, et n'a guère d'affinités avec les Arabes ou les Kabyles. Mais il a la réputation d'un révolutionnaire avant l'heure à propos de l'Indochine française. Pour l'Algérie, on ne le voit même pas réformiste. Il s'efforce de défendre à Mexico comme à Rio, à Buenos Aires comme à Lima, la politique gaulliste qui reste longtemps floue. Malraux soutient le Général plutôt qu'un programme. Au fond, il se contente d'images :

— Mon pays avance en Algérie avec une plaie atroce au côté, disait-il en Uruguay, mais il avance comme ont avancé les combattants de la liberté.

Malraux n'a pas été sur l'autre rive de la Méditerranée depuis l'avant-guerre, à l'époque où les « Blancs » votaient souvent pour le Front populaire. Il ne veut ou ne peut ni voir ni savoir. Il s'en remet à de Gaulle. Il croit ou feint de croire qu'une poignée de fellaghas, représentant le F.L.N., veulent prendre le pouvoir à Alger. Quelques propagandistes du gouvernement à Paris, ou même un semi-opposant comme Camus, croient le F.L.N. téléguidé par Le Caire, Pékin ou Moscou.

Pourtant, le marxisme n'est pas soluble dans l'islam. Qui le sait ? Symétriquement, un écrivain comme Sartre, radical rival de Malraux dans les milieux intellectuels, a pris parti pour les nationalistes algériens. Malraux — il n'aime pas vieillir et songe à sa jeunesse — pense que, s'il était algérien, il passerait au maquis. Il l'a fait entendre à la presse anglo-saxonne. En privé, il le répète comme un dada. Paroles faciles, faux-fuyant, clause de style ? Les mots, là, ne sont plus que des armes émoussées.

Malraux hésite à propos de l'Algérie, même lorsque Aron lui démontre que ces « trois départements français » sont un gouffre financier. Il attend que le Général se prononce et décide. Avant tout, de 1958 à 1962, l'écrivain-ministre n'a pas voulu que l'Algérie englue et paralyse de Gaulle. Une fois de plus, dans *La Gangrène*, rédigé par quatre militants du F.L.N., le problème de la torture resurgit. L'ouvrage est saisi : la Ve République a les réflexes de la IVe. L'époque de *La Question* s'éloigne. Malraux réagit négativement. Selon lui, les récits de tortures dans *La Gangrène* ont été fabriqués par le Parti communiste. Malraux fonctionne sur un syllogisme : la situation est compliquée en Algérie, le Général proscrit la torture, donc l'armée française n'utilise pas ces procédés [1].

La rupture assez nette de Malraux et de la gauche intellectuelle non communiste date de ces années algériennes avant tout. Le romancier Graham Greene, qui passe alors pour « progressiste », écrit une lettre ouverte à Malraux dans *Le Monde*, lui reprochant son silence. L'écrivain-ministre est critiqué par Maurice Nadeau et Jérôme Lindon. Il a protesté... autrefois, contre la torture. Sartre, lui, se manifeste de plus en plus, dénonçant la « sale guerre ». Il se transforme en antiMalraux, ou inversement.

— Moi, j'étais devant la Gestapo, dit Malraux, pendant que Sartre, à Paris, faisait jouer ses pièces visées par la censure allemande.

Ces affirmations méritent d'être regardées de près. De plus, elles n'ont aucun rapport logique avec le problème, la guerre d'Algérie.

Un jeune philosophe, Maurice Maschino, professeur au Maroc, refuse de rejoindre l'armée française et publie un livre éclatant, *Le Refus*. Il explique comment un jeune homme rangé comme lui est devenu un hors-la-loi. Combien de Français refuseront comme lui de rejoindre leur régiment ? Quelques poignées. Sur cette lancée, 121 intellectuels dont Sartre, Simone de Beauvoir, Marguerite Duras, André Breton, Alain Resnais, Alain Robbe-Grillet, Jean-Louis Bory, Jean-François Revel et Maurice Blanchot, qui en est le rédacteur, signent un manifeste « pour le droit à l'insoumission [2] ». Un insoumis est un appelé qui refuse l'incorporation. Le manifeste s'adresse aux jeunes gens mobilisables : « Nous respectons et jugeons justifié, le refus de prendre les armes contre le peuple algérien, ainsi que la conduite des Français qui estiment devoir apporter aide et protection aux Algériens opprimés » ; un appel à l'insoumission mais aussi à la désertion et une invitation à soutenir le F.L.N., en Algérie et en France. Quelques jours avant la diffusion du Manifeste des 121 par la presse, Florence Malraux a adressé un mot à son père, le prévenant : elle signera ce document. Malraux n'a pas prêté attention à cette lettre. Il lit le texte des 121 à Boulogne devant Madeleine et Alain, et contemple cette signature, *Florence Malraux.*

— Cette fois, je l'ai assez vue, annonce l'écrivain.

Puis :

— Quel livre a-t-elle écrit ? Quel tableau a-t-elle peint pour signer ce texte ? Quand nous aurons fait la paix en Algérie, ils auront bonne mine, ces grands révolutionnaires qui m'expliquent ce que je devrais faire au nom de ce que j'ai fait. Sartre a chaussé mes pantoufles...

Ici et là, on jette *La Condition humaine* et *L'Espoir* à la tête de Malraux. Il paraît rarement mesquin, mais il sait se montrer rancunier : Florence a blessé son père. Il se raidit. D'autant plus qu'il n'a, peut-être, pas toujours la conscience tranquille face à l'Algérie ? D'autant que le jeune André Malraux aurait sans doute signé le manifeste des 121 ? Quel fantôme sa jeunesse évoque-t-elle ? Le Premier ministre, Michel Debré, avec tact, suggère à son ministre d'État qu'il aurait dû « mieux élever » sa fille. Debré et d'autres excellences souhaiteraient que tous les signataires du Manifeste des 121 soient poursuivis en justice, privés de leur poste s'ils sont fonctionnaires. Des têtes ! Pour l'exemple ! Le Général calme Debré et quelques ministricules. Les professeurs connus signataires du Manifeste seront suspendus un temps. Pour les autres, on laissera courir. Malraux a aussi le sentiment que, à travers Florence, Clara s'en prend à lui. Elle n'a pas signé le manifeste, mais cela se sait, sa sympathie va aux Algériens « rebelles ». Malraux pensait avoir retrouvé sa fille, l'avait encouragée à travailler avec Françoise Giroud à *L'Express.* Cet hebdomadaire mendésiste fait de la paix en Algérie un de ses combats et s'oppose au général de Gaulle. Malraux proposa à sa fille de travailler au ministère avec lui. Il a compris qu'elle ne veuille ni ne puisse accepter.

Par ses silences en France, plus frappants que ses déclarations à l'étranger, Malraux, appliquant le principe de la solidarité gouvernementale, devient aux yeux de nombreux critiques coresponsable de la politique poursuivie. Il estime que les hommes du F.L.N. qui ont pris les armes ont du courage et il le murmure à quelques intimes. La belle affaire! Le courage n'est pas la preuve de la justesse d'une cause défendue. Quand la sympathie d'un ministre ne va pas plus loin en public, elle entérine un *statu quo*. La formule dont accouchera le Général en proposant « la paix des braves » convient à Malraux. Mais il se dérobe sur le plan moral ou intellectuel, selon ses censeurs. Trous noirs? Vision faussée? Trahison selon ceux qui n'ont jamais imaginé que de Gaulle puisse faire la paix en Algérie.

Malraux intervient moins qu'Albert Camus ou Germaine Tillon pour arracher des militants progressistes algériens ou européens aux camps de détention, parfois, pour faire commuer des peines de mort. Mais il évite à tel jeune écrivain, comme Philippe Sollers, d'être expédié en Algérie. Ce n'est pas une politique. Des militaires de carrière s'insurgent en Algérie. Malraux le craignait. Pendant le putsch des généraux, des braves et des lâches, des bravaches et des dupes, dans la nuit du 23 au 24 avril 1961, Malraux se précipite au ministère de l'Intérieur, place Beauvau, rejoint par quelques amis. Le Premier ministre a lancé un appel grotesque et pathétique à la radio, demandant aux Français de la métropole, à pied, à cheval et en voiture, de s'apprêter à accueillir les parachutistes factieux qui tomberont du ciel, à Orly et ailleurs. Au ministère, Malraux gesticule, se déclare prêt à commander une unité de chars, son persistant et enfantin fantasme. Toujours les chars, encore les mânes de Fernand! Dans ce rôle de contre-insurgé, à soixante ans, Malraux attendrit ou gêne. Il semble rejouer un rôle dans une pièce pas tout à fait écrite pour lui. Stature, posture, imposture? De Gaulle intervient à la télévision, superbe :

— Un quarteron de généraux...

Malraux, un moment, souhaite qu'on bombarde les factieux. Une semaine après, il reprend ses complets croisés, la D.S. à défaut de char. Les tenues de combat ne sont plus pour lui. Il faut retrouver ses travaux de ministre. Et d'autres tâches au-delà de la mouvance du ministère si possible.

Depuis l'indépendance du Mali, son président, l'irascible Modibo Keita, a des rapports tendus avec le ministère français de la Coopération. Il ne reçoit même pas l'ambassadeur de France, Fernand Wibaux, qui raconte ses malheurs à Émile Biasini, collaborateur de Malraux, lequel accepte une mission de médiateur[3]. Au Mali, Malraux fournit une meilleure performance qu'au Tchad l'année précédente. Là, on s'était mis en tête de lui faire inaugurer le premier envoi de viande, par avion, des abattoirs de Fort-Lamy vers l'Algérie. Entre des demi-carcasses de bœufs et des chariots roulants, dans la lumière des phares et des projecteurs de voitures, Malraux avait lancé des appels à la solidarité communautaire [4]. Tout était tombé à plat. Ces phares-là n'éclairaient pas la piste dans *Sierra de Teruel*. Malraux se trompait de décor. Il avait prouvé sa bonne volonté et on l'avait entraîné dans une situation burlesque [5].

Ses deux fils, Gauthier et Vincent, révisent des examens chez une amie, Mme Henry, sur l'île de Port-Cros. Ils sont descendus dans le Midi à bord d'une Alfa Romeo Giulietta bleu métallisé, offerte à Vincent par Clara Saint, la jeune femme de sa vie. Dans la soirée du 23 mai 1961, le téléphone sonne chez les Malraux. Albert Beuret appelle Madeleine et André qui rentrent du restaurant. Revenant du Midi, au sud d'Arnay-le-Duc, en Côte-d'Or, Gauthier et Vincent ont eu un accident de voiture. Ça ne semble pas sérieux, dit d'abord Beuret. Un des deux garçons est blessé, Beuret ne sait lequel. Oui, Vincent sans doute conduisait, sans permis. De fait, les deux garçons sont morts.

Après des brouilles, des malentendus, des séparations provisoires, Malraux perd vraiment ses deux fils. Florence, qui travaillait sur le tournage de *Jules et Jim* en Alsace, arrive chez son père :

— M'en veux-tu d'être venue ?

— Non.

Cette nuit-là, Malraux parlera à sa fille des rites funéraires égyptiens.

Il soupire aussi :

— Quelle tragédie que ma vie !

Il se trouve et se dit shakespearien. Songe-t-il au suicide de son père, à ses deux frères déportés pendant l'Occupation, à l'accident mortel de Josette ? Maintenant Gauthier et Vincent. Le lendemain de l'accident, André et Madeleine arrivent aux Hospices de Beaune où les corps ont été transportés. Le même jour, une lettre de Clara Malraux parvient à Boulogne : « André, je souhaite que notre Flo, si douce, si fine, soit pour vous sinon une joie, du moins un réconfort. » Madeleine ne remettra pas ces lignes à André. Le Général et Yvonne de Gaulle viennent à Boulogne. Le Général étreint Malraux. Sa femme dit à Madeleine :

— Il faut tout garder.

Mme de Gaulle, qui a perdu une fille, veut parler des objets, souvenirs chargés de sens. Des lettres de condoléances ou d'injures parviennent au ministère ou à Boulogne. Certaines, de sympathie, inattendues, comme celle de Léon Degrelle, le rexiste belge, réfugié en Espagne. D'autres missives, ignobles, expédiées par des fanatiques d'extrême droite, expriment leur satisfaction devant cet accident. Ses deux fils, décide Malraux, seront enterrés près de leur mère, dans le petit cimetière de Charonne où l'écrivain fit transférer le corps de Josette Clotis après la guerre. Pierre Bockel célèbre la messe, comme si, devant la mort, Malraux ressentait le besoin d'un rituel séculaire :

— Comme jadis nous enterrions nos camarades tombés à nos côtés.

Gauthier et Vincent ont été baptisés.

— On ne pouvait les enterrer comme des sacs de pommes de terre, dit Malraux.

Malentendu inattendu, la mort de ses deux fils le prive d'un de ses plus vieux amis et complices, Pascal Pia. Ce dernier a téléphoné à Chevasson : où aura lieu l'enterrement ? Malraux, dit Chevasson, souhaite une cérémonie intime, avec la famille. Donc Chevasson s'abstint d'assister à l'enterrement. Mais il y eut plus de cent cinquante personnes. Pia le sut et, sans accepter une explication, refusa de revoir Chevasson ou Malraux. Peu après l'enterrement, Malraux, douleur intériorisée, assiste à une réception au Palais de l'Élysée, étonnant les invités par son impassibilité. Tout le monde le regarde, lui et sa femme. Il glisse à Madeleine :

— Nous faisons peur.

Il a dénoncé les libéraux et la gauche. Gaulliste, c'est un capitulard aux yeux de l'extrême droite. Selon les ultras d'Alger ou de Paris, tous les proches de « la girafe » — ainsi surnomment-ils de Gaulle — veulent brader l'Algérie française. Peu après midi, le 7 février 1962, une bombe au plastic posée près d'une fenêtre du rez-de-chaussée de l'immeuble où habite Malraux explose. Le ministre est parti pour la rue de Valois, Alain fait des gammes au piano. Un éclat de verre pénètre dans l'œil gauche de Delphine Renard, quatre ans et demi, fille des propriétaires. L'enfant perd cet œil.

A Évian, le gouvernement français et le Gouvernement provisoire de la République algérienne (G.P.R.A.) signent des accords reconnaissant la souveraineté algérienne. Une clause prévoit cependant un référendum et trois options : maintien des trois « départements français » en Algérie, autonomie ou indépendance. Pour Malraux, il ne fait aucun doute qu'on aboutira à l'indépendance. Dans quelles conditions ? Et jusqu'à quel point les Français suivront-ils le Général ? Même après l'accord d'Évian, en 1962, Malraux traîne la guerre d'Algérie derrière lui.

En France, il n'est pas le seul. Lorsqu'il déclare à de Gaulle que Michel Debré souffre de cet accord acceptant l'indépendance de l'Algérie, le Général répond :

— Et moi donc !

L'Organisation de l'armée secrète, dernier refuge des pieds-noirs révoltés, ensanglante l'Algérie. Dans une émission de l'O.A.S., le général Raoul Salan lance :

— Je donne l'ordre à nos combattants de harceler toutes les positions ennemies dans les grandes villes d'Algérie.

Les ennemis sont aussi les soldats du contingent et les militaires de carrière fidèles au général de Gaulle.

Le 8 avril, le Général obtient un immense succès grâce à son référendum : 90,7 % des suffrages exprimés approuvent l'accord d'Évian. 25 % d'abstentionnistes et 4 % de bulletins blancs. Malraux peut être satisfait.

Quelques jours après, l'état-major de l'O.A.S. se retrouve décapité, surtout par l'arrestation de Salan. Le général Edmond Jouhaud a été pris un mois avant à Oran. L'O.A.S. mène des combats d'arrière-garde sinistres. Malraux triomphe, face à la gauche : de Gaulle, prétendu général de droite, résout un problème dans lequel les gouvernements de gauche et de centre gauche se sont enlisés.

Le 14 avril 1962, conformément à l'hypocrite rituel, Michel Debré présente sa démission au général de Gaulle. Georges Pompidou devient Premier ministre. Malraux est reconduit dans son poste rue de Valois. Comme lui, Pompidou n'est pas parlementaire. L'écrivain, ministre d'État à perpétuité, siège toujours à la droite du Général pendant les conseils des ministres.

— Personne n'en aura le courage, mais il faut vous le dire, souligne Madeleine, si vous voulez vous sauver, il faut vous arrêter de boire.

— J'attendais cette phrase, répond André. Eh bien, si je bois, c'est à cause de vous.

— Non, parce que vous buviez déjà avec Josette. Elle s'en plaignait auprès de moi, disant que vous aviez terminé *L'Espoir* à coups de Pernod.

Pianiste, Madeleine se réfugie dans la musique. Elle sait se taire quand il le faut. Pour Malraux, elle a un défaut irrémissible, comme Clara autrefois : elle connaît trop André. Après plus de quinze ans de vie commune, elle n'ignore rien des tragédies traversées et des comédies montées. Elle a vu de près le créateur, l'exalté, le dépressif, l'homme des projets, des visions, des mensonges lancés et des vérités maquillées. Souvent, l'homme des mythes verse dans la mégalomanie. Il ne répond jamais au téléphone en personne :

— On ne dérange pas le général de Gaulle au téléphone, explique-t-il.

Il pousse très loin l'identification :

— Le Général n'a qu'un seul successeur véritable, moi. Seulement, je ne peux pas le lui dire.

L'écrivain laisse courir un bruit : de Gaulle aurait rédigé un testament secret. Selon cet hypothétique document, en cas d'accident, André Malraux lui succéderait. Comme si Charles de Gaulle se serait permis de rédiger un codicille ayant valeur de loi constitutionnelle ! Ce ministre d'État aurait remplacé le président du Sénat, successeur intérimaire naturel. Si l'on évoque cette anecdote devant lui, Malraux sourit, d'un triple sourire indéchiffrable : je ne dis rien, ça va de soi, ne me faites pas rigoler. Toujours, de Gaulle se prend pour la France. Parfois, Malraux se prend pour de Gaulle. Mais Malraux est-il encore Malraux ?

Il se lasse et se tasse, avance en automate, parfois vaniteux, au-delà ou en deçà de l'orgueil :

— Qui a fait autant que moi ?

Quelquefois humble :

— Je ne sers à rien.

Traversant Paris, il voit le résultat de ses efforts : partout on ravale des monuments et de nombreuses maisons particulières blanchissent. L'idée, certes, n'est pas de lui. En 1956, le préfet de la Seine, Baylot, avait donné dix ans aux Parisiens pour nettoyer leurs façades. Mais Malraux a insisté pour obtenir les moyens financiers. Cette heureuse initiative n'est pas toujours scientifique. Pour Notre-Dame, d'autres cathédrales et églises, on oublie au ministère des Affaires culturelles que, au Moyen Âge ces bâtiments étaient polychromes mais il semble impossible de retrouver les teintes sous la crasse des siècles. Babioles ! Mais aux années de braise succèdent les années bureaucratiques. Attentif et précis jusqu'en 1965, Malraux semble maintenant fonctionner en pilotage automatique, aux instruments et de nuit. Il présente la France et représente de Gaulle, la culture, tout, sauf lui-même. Il surgit ici et là, grand ludion officiel, à l'Unesco pour une conférence, à Lambaréné avec le docteur Schweitzer, autre grand comédien. Il veille, plus ou moins, à la sortie des volumes de la collection « L'Univers des formes » chez Gallimard. Rédiger une introduction à un catalogue d'exposition, recevoir un chef d'État, nommer à des postes, c'est tout un. Balthus, directeur de la Villa Médicis ? Pourquoi pas ? Malraux paraît de plus en plus égotiste et égoïste. Fatiguant son interlocuteur lorsqu'il se répète, il fait remarquer que son bureau rue de Valois fut celui du roi

Jérôme et que sa lampe aurait appartenu à Napoléon. Le visiteur entend le ministre s'exclamer :

— Quelquefois, j'ai des bouffées d'orgueil, simplement de pouvoir la toucher.

Soulagé, le même invité entend Malraux rire :

— Mais je me dis aussitôt : Cornu [*ministre de la IVe*] l'a eue avant moi, la lampe.

Dans la même heure, il désigne une fenêtre donnant sur le Palais-Royal :

— Alexandre Dumas travaillait là quand il était secrétaire du duc d'Orléans.

Entre deux « crises de palu » (quand il boit de nouveau), avec des hauts et des bas de courbes accentués et rapprochés, Malraux, cyclothymique, murmure :

— Ce que je veux est fou. Ce que je peux est nul.

Il prend des excitants. Et, là-dessus, des somnifères car il dort mal. Il expédie Madeleine en Suisse pour acheter des « sopos. »

— Celle d'Hitler, dit-il, exalté, à propos d'une marque.

Chez lui, on le constate, il est pâteux au réveil. Régime dangereux : excitants + somnifères + excitants ; un coup de poing au menton, un coup de poing sur la tête...

Alain Malraux a offert à ses parents deux chatons siamois, Olympe et Octave. Avec ces animaux, l'écrivain entretient une connivence. Ils sont distants, mystérieux, comme l'écrivain si souvent. Serait-il plus facile d'aimer les chats que les humains ?

Nerveux, irritable, Malraux fume. Au-delà de ses apparentes réussites, des inaugurations, des fêtes d'apparat, des voyages, autant d'activités qui comblent un vide, ses proches, les membres de sa famille et ses collaborateurs, perçoivent son malaise. Sa santé se détériore. Plus sa vie publique paraît brillante, sinon réussie, plus sa vie privée se délite.

Chez lui, il se montre maladroit, détaché des activités quotidiennes. Tiens, une machine à laver ?

— Vous savez faire marcher ça, Madeleine ?

Il veut bien militer un peu. Il lance l'association Pour la Ve République qui prépare les élections législatives du 25 novembre 1962. Raz de marée gaulliste et taux d'abstention élevé. L'U.N.R.-U.D.T., dernier sigle du parti gaulliste, du mouvement phénix requinqué, décroche 229 députés. Jamais un parti en France n'a rameuté autant d'élus. Le P.C.F. repart un peu ; l'U.N.R.-U.D.T. a obtenu 31,9 % des suffrages, le P.C.F., 21,78 % mais seulement 41 députés.

Malraux doit faire son métier. Au Louvre, il promène

Conrad Adenauer, chancelier de la République fédérale d'Allemagne. Il inaugure aussi la Fondation Maeght à Saint-Paul-de-Vence. Certains le plaignent. Tous ces livres d'art, fort bien, mais il n'écrit plus *vraiment*, n'est-ce pas ? Malraux bénéficie, au mieux, d'une sympathie condescendante, désabusée. L'homme et le ministre s'isolent. L'écrivain ne publie rien qui séduise de vastes publics. Inamovible et institutionnalisé, il paraît momifié. Sa boulimie de voyages, son besoin de fuite, le reprend de temps en temps comme un hoquet. Le voyage soûle et permet de se soûler loin des journalistes. Mais où seraient les causes dignes de Malraux ? Il semble fuir sa propre vie. Bon. Inaugurons. Encore une maison de la culture.

Pendant ses repas à Boulogne, Malraux, ivre, émerge de lui, même avec des gestes lourds de scaphandrier. Il monologue, bafouille. Il manque de ressort comme de repartie. Il flotte. Seuls ses intimes savent quel rôle l'alcool joue dans sa vie. Prévenu, le Général, navré, hausse les épaules : certains ministres couchent, celui-ci boit.

Il doit quitter Boulogne. Georges Pompidou lui propose une de ses résidences de fonction, La Lanterne, pavillon dépendant du palais de Versailles. Si les gaullistes sont adroits, s'ils ne font pas de bêtises, estime Malraux, ils resteront longtemps au pouvoir... Respecté, buvant un peu, respectable, buvant beaucoup, courtisé, Malraux se referme, se renferme, reprend des excitants.

Il a refusé dix fois un siège à l'Académie française. Il mérite le Nobel, estime-t-il, tellement plus qu'Hemingway. Aucun doute à ses yeux : il est le premier écrivain parmi les vivants, les survivants. Importants, Sartre et Aragon ? Derrière lui. Ça va de soi. Soyons sérieux. En politique, sans doute est-il le deuxième en France, après Qui vous savez, malgré les Premiers ministres qui passent, ces éphémères. Malraux, tout le monde peut en douter sauf lui, est en réserve absolue, mais secret de l'héritage. Il ne peut le dire ou le Lui dire.

Malraux hausse les épaules lorsque John Steinbeck obtient le prix Nobel de littérature et paraît à peine moins méprisant — non, déçu — lorsque le jury de Stockholm couronne Georges Séféris. Quand s'amorce la ligne droite menant au Nobel en décembre, avec ses rumeurs souvent démenties par le vote final, il vaut mieux se taire autour de Malraux, impatient, irrité. Lorsque le petit Camus reçut le Nobel, en 1957, le lauréat eut le bon goût de répéter :

— C'est Malraux qui aurait dû l'avoir. J'aurais voulu voir couronner Malraux.

Malraux écrivit à Camus : « Je viens de lire votre déclaration, elle nous fait honneur à tous les deux et je vs en remercie.

Bien amicalement. » Et à Jean Grenier : « Camus a choisi le parti le plus digne. »

Un jour, avant que le prix soit décerné, Malraux déjeune à la Maison du Danemark avec Jean Grosjean, pensant le Nobel acquis — et, tout de suite après, pensant qu'il ne l'obtiendrait pas parce qu'il était gaulliste. Le gouvernement français serait intervenu auprès des ministres suédois ; ceux-ci auraient fait le siège de l'Académie. Ces académiciens suédois sont conservateurs, antigaullistes, hein ! même s'ils ont couronné un poète communiste italien. Donc, il n'obtiendra pas le Nobel, car, nimbant Malraux, ils accorderaient un Nobel par procuration au Général. L'écrivain ne sait pas comment, qualités et défauts confondus, ce jury fonctionne. Bah ! depuis qu'ils ont couronné Sully Prudhomme, les Nobel savent parfois reconnaître le talent mais pas le génie. Ou alors ils choisissent de faux génies comme Sartre [6] qui fera plus de bruit en refusant le Nobel que s'il l'avait accepté. Sartre n'aime pas autant que Malraux distinctions et décorations, et il ne voudra pas sembler approuver l'Occident contre le bloc soviétique. Sartre, le bourgeois, aime la provocation. Toutes ses explications seront pour Malraux autant de pirouettes. Pourquoi diable Malraux tient-il tellement au Nobel ? À ses yeux, l'Académie française est provinciale, tout au plus européenne. Mais pourquoi pas ? — à condition de ne pas faire de visites. Le Nobel reste un prix planétaire. Malraux se situe au niveau du monde, du cosmos.

Lentement, à la suite d'aller-retour, il se sépare de Madeleine [7]. Elle l'accompagnait depuis vingt ans. Sans famille, Malraux devient plus solitaire que jamais. La mégalomanie devient aussi une solitude. L'écrivain-ministre ne sollicite ni n'accepte les conseils. Il n'a plus de fils et, malgré l'affection qu'elle lui a témoignée au moment de la mort de ses frères, Florence reste éloignée, par la volonté de son père. Malraux garde un parent par procuration, un père symbolique, de Gaulle.

Un malade, plongé dans une dépression mythomaniaque et mégalomaniaque, peut pousser ses souffrances et celle des autres à l'extrême, se blesser lui-même. Malraux vit seul au pavillon de La Lanterne. Puis l'y rejoignent Jean Grosjean et sa femme. Peu avant de se séparer de Madeleine pour la dernière fois, Malraux a inauguré avec le Président-poète Léopold Senghor le premier festival des arts nègres à Dakar. Ces peintres haïtiens sont curieux. À l'automne 1966, Malraux organise la rétrospective Picasso au Grand et au Petit Palais. Oubli bureaucratique, aucune invitation ne parvient au peintre. Deux télégrammes : « Croyez-vous que je sois mort ? Picasso. » « Croyez-vous que je sois ministre ? Malraux. »

Déprimé, buvant à l'excès, souvent ivre, Malraux a d'abord consulté le professeur Jean Delay, puis, sur les conseils d'un grand généraliste, le docteur Laponte, Louis Bertagna qui traite l'écrivain-ministre aux antidépresseurs. Delay, comme pour la plupart de ses patients, avait demandé différents tests et analyses. Examiner le Q.I. de Malraux !

Le général de Gaulle a prêté une autre résidence de la République, Marly, à Malraux, qui lui enverra quelques lignes avant de déménager à nouveau :

le 7/juin 66

Mon g[énéral]

Au moment de quitter Marly, permettez-moi de vous remercier d'avoir eu l'attention de m'y abriter.

Il y a dans le jardin un lapin de garenne apprivoisé. Je lui ai conseillé de rester là, pour le cas où vous reviendriez...

[...]

« Mon Gl,

Au moment de quitter Marly, permettez-moi de vs remercier d'avoir eu l'attention de m'y abriter.

Il y a ds le jardin un lapin de garenne apprivoisé. Je lui ai conseillé de rester là, pour le cas où vs reviendriez...

Je vous prie d'agr, Mon G, les ass de mon dev. affect. reconnaissant [8]. »

Une lettre datée : rarissime chez Malraux. Mais c'est une lettre à Charles de Gaulle.

Avant les fêtes de Noël de 1966, Malraux a participé à la discussion sur le projet de loi concernant les monuments historiques, à l'Assemblée nationale. Il a rendez-vous avec Alain la semaine suivante, pour déjeuner. Selon ce dernier, Malraux veut « conjurer superstitieusement certaines de ses peurs ». Malraux lâche :

— Alors, on ne se revoit plus jamais ?

C'est ainsi que Malraux coupe ses amarres, fait sauter ses ponts. Il déteste être seul mais se forge lui-même sa solitude.

Le monde de l'intelligentsia parisienne estime que ce Malraux, ancien aventurier, comme on est ancien combattant, décoré, retraité, assis, s'embourgeoise. Malgré quelques fulgurances — son discours pour Jean Moulin —, il assure un service minimum. Il a commandé à Olivier Messiaen *Et expecto resurrectionnem mortuorum*, œuvre musicale à la mémoire des deux guerres mondiales. Le ministre d'État assiste à la première exécution dans la Sainte-Chapelle. Il a fondé l'orchestre de Paris, avec, comme premier directeur artistique, Charles Munch, dressé dix-neuf sculptures de Maillol dans le jardin du Carrousel. Mais son métier de ministre ne l'amuse plus. De moins en moins accessible, même pour Grosjean, souvent il paraît cadenassé. *Être ?* Où ? *Avoir ?* Quoi ? Malraux, titubant, semble surtout paraître. On dit qu'il écrit. Un roman, des Mémoires ? Il a souvent annoncé des livres qui n'ont jamais paru ou perdu des manuscrits n'ayant jamais existé. Il ne remplit plus les chroniques littéraires, mais les pages d'échos. On parle de lui dans des hebdomadaires comme *Elle*, à Radio Luxembourg. Il commence même à avoir une solide réputation en tant que vedette — de la télévision à partir des *Antimémoires* en 1967. On ne comprend rien à ce qu'il dit, clame-t-on, mais comme il le dit bien. Et quelle présence !

Bertagna, spécialiste de la chimie du cerveau, essaie différents protocoles. La palette des antidépresseurs, neuroleptiques, tranquillisants, n'est pas, alors, si large. Certains semblent réussir à Malraux.

Comme celle de beaucoup de fumeurs, la voix de l'écrivain se casse et se voile. Il a toujours ses tics. Un peu d'alcool les calme, mais, au-delà d'une certaine dose, son S.D.T. semble se ranimer. La tension, ce qu'on appellera de plus en plus le *stress*, avive aussi les tics. Malraux le sait, l'hyperactivité les atténue, mais il redoute certaines épreuves. Ainsi, parfois, avant une émission de télévision, on lui prescrit du Haldol. Mais les effets secondaires du calmant sont imprévisibles : le patient peut être abruti. On renonce au Haldol.

Malraux, à l'évidence, va mal. Dans son existence professionnelle et sa vie privée, il perd ses prises. Les échos de sa maladie et de son comportement parviennent souvent maintenant à l'Élysée — par quelques ministres, entre autres, feignant de se soucier de leur collègue.

Le Général conseille le repos. Un voyage, long de préférence, qui permettrait d'expliquer absences et foucades du ministre d'État, susurrent les malveillants. Malraux n'est bon qu'à inaugurer des expositions et à prononcer des discours. Malraux n'est plus dans Malraux. Où est le romancier ? Disparu depuis longtemps. Ça crève les yeux, murmurent les uns avec un mauvais plaisir, les autres vraiment navrés, comme écrivain, Malraux est *F.I.N.I*. N'a-t-il pas soixante-quatre ans ? Malraux se décide à voyager, seul. Son cabinet expédiera les affaires courantes. On se passera de lui quelques mois s'il le faut. D'ailleurs, épuisé, titubant, bredouillant parfois, à quoi servirait-il maintenant ?

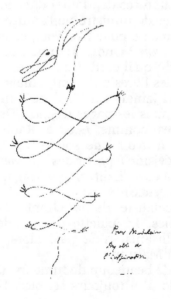

31

Mao, Mémoires,
« Antimémoires ».

Au début de 1965, poussé par ses médecins, encouragé par de Gaulle, Malraux décide de se lancer dans un périple par mer. Sur la route du Japon, une dizaine d'ambassades sont prévenues. Malraux songe à la Chine. Aucune date n'est indiquée, mais le ministre d'État sera accueilli selon son rang s'il décide de surgir ici ou là. Pas question d'une mission officielle. Ni l'Élysée, ni Matignon, ni le Quai d'Orsay n'y tiennent. Il s'agit au mieux d'un voyage de « rayonnement », au pis d'une convalescence. Le ministre de l'Information, Alain Peyrefitte, ne donne pas un grand éclat à l'expédition de l'écrivain : « Le voyage de M. Malraux, dit-il, est un voyage privé mais qui n'est pas sans présenter de l'intérêt d'un point de vue général. » Bref, Malraux va faire une cure en Asie plutôt qu'à Vichy. On murmure qu'il se remet d'une dépression nerveuse. Il en a une. En somme, il va voyager, sans Madeleine, au gré de son caprice et s'entretenir avec d'autres fantômes, Borodine, Garine, Kyo...

Le schisme sino-soviétique s'épanouit, si l'on peut dire [1]. L'U.R.S.S. a rappelé ses experts travaillant en Chine. Contre la pensée Mao Tsé-toung, le neuvième plénum du huitième comité central a adopté une politique de libéralisation économique. Liu Shaoqi a critiqué la politique du Grand Bond en avant, donc Mao Tsé-toung lui-même. L'Armée populaire de libération bombarde, de temps en temps, comme par distraction, les îlots de Quemoy et Matsu qui dépendent de Taïwan. Les nationalistes répondent avec des bombinettes remplies de jouets et de bonbons. Par ferveur internationaliste sans doute, les communistes chinois ont fait une petite guerre frontalière avec l'Inde qui a pris une raclée militaire. Malraux veut d'abord faire escale en Chine rouge. *Voir* Mao, converser avec lui ! Paris et Pékin ont récemment rétabli des relations diplomatiques [2]. Pour Malraux, le pragmatisme réaliste du général de Gaulle a fait coup double : il a reconnu un pays-continent opposé aux « deux hégémonies » soviétique et américaine, et il irrite les Américains. Le commerce franco-chinois n'en prospère pas plus, ni les échanges culturels. Mais ils seraient « prometteurs [3] ». Au Quai d'Orsay, on espère que Malraux, s'il part vers l'Est, contournera la Chine communiste car la situation est compliquée. Il risque de tenir des propos irresponsables, pas seulement de s'engager auprès des Chinois pour une autre coûteuse exposition ramenée à Paris dans ses bagages. Il l'a fait ou le fera pour les Iraniens, les Indiens, les Japonais...

À l'évidence épuisé, il ne peut voyager seul. Plusieurs amis sollicités, dont Bockel, se récusent. Constant, Beuret s'embarque avec lui sur le *Cambodge*, à Marseille, le 22 juin. Le paquebot mixte des Messageries maritimes transporte 539 passagers dont 117 en première classe. À air conditionné, il dispose d'un stabilisateur Denny Brown qui diminue le roulis. Le luxe du paquebot ne déplaît pas à Malraux mais le ministre en demi-congé ne fréquente guère le salon, encore moins la salle de bridge en sycomore. Il scribouille dans sa cabine ou sur le pont.

Escale à Port-Saïd. Malraux et Beuret se rendent au Caire. À grandes décisions, lieux appropriés : au pied de la pyramide de Chéops — du bas de cette pyramide, je me contemple —, Malraux fait part à Beuret de son intention d'écrire des « espèces de Mémoires ». Il n'a pas décidé du titre.

Il travaille à ce livre. C'est aussi en mer qu'il a en partie écrit *La Tentation de l'Occident* et le début de *L'Espoir*. Karachi, Bombay, Colombo. Malraux joue avec l'idée de passer au Vietnam, de revoir le Cambodge, d'humer sa jeunesse, de raviver ses souvenirs. Alerté par ses postes à Saigon et à Phnom Penh, le Quai d'Orsay insiste : le Cambodge, ce serait inopportun (on n'a pas oublié ses chapardages de jeunesse) ; et la présence de Malraux à Saigon semblerait cautionner la politique des États-Unis. Bref, le ministre est décrété interdit de séjour pour convenances diplomatiques [4].

Dans la nuit du 12 au 13 juillet, un pétrolier hollandais éperonne le *Cambodge*. Beuret émerge de sa cabine :

— Qu'est-ce qui se passe ?

— On coule, dit Malraux.

Il paraît presque jubiler. Le *Cambodge* sera immobilisé un mois à Singapour qui manque d'exotisme aux yeux de Malraux malgré la guéguerre opposant, juste à côté, à Bornéo, les Indonésiens aux Britanniques et aux Singapouriens. Ce 13 juillet, le président Lyndon Johnson, successeur de John Kennedy, assassiné, autorise les troupes américaines au Vietnam à se lancer dans des opérations offensives. Les militaires américains ne seront plus seulement conseillers ou pilotes d'hélicoptère. En quelques mois, cent vingt-cinq mille et bientôt un demi-million d'hommes débarquent.

Depuis sa jeunesse, par à-coups, Malraux s'intéresse à l'Indochine, au Vietnam. Par des sources russes[5], il a cru comprendre qu'Hanoi voudrait converser avec Washington. Il a transmis cette information à Charles Bohlen, ambassadeur des États-Unis à Paris. Le ministre de la culture français s'est même mis en tête de suggérer une ligne de cessez-le-feu. Le président Johnson n'est pas disposé à négocier. Même si de Gaulle patronnait des conversations, a expliqué Charles Bohlen à André Malraux, les États-Unis n'y participeraient pas. Avant de s'embarquer, Malraux a fait une sortie sur le Vietnam au Conseil des ministres[6]. Selon lui, les Américains ne voulaient pas de négociations immédiates. Ils négocieraient à partir d'une position de force après avoir lancé de plus en plus de bombardements. Lorsque les communistes nord-vietnamiens seraient « punis » et commenceraient à céder, des conversations pourraient s'engager. À propos de l'escalade graduée, Malraux a dit :

— Les États-Unis veulent qu'Hô Chi Minh et ses conseillers méditent sur un pays rasé.

Curtis Le May, général américain, parlera de « renvoyer le Vietnam à l'âge de pierre ».

L'écrivain-ministre pense qu'il peut infléchir cette guerre du Vietnam, marquer l'histoire de l'ancienne Indochine. L'idée germe : puisqu'il ne peut faire la paix en passant par Saigon ou Hanoi, ministre d'État, homme d'État, il posera des jalons à Pékin.

Dans les milieux diplomatiques et des renseignements internationaux, on suit la balade de Malraux avec prudence et intérêt, perplexité ou amusement. La C.I.A. tient compte des réactions et des initiatives françaises[7]. Selon elle, les Français estiment qu'ils sont les seuls à pouvoir *communiquer*, abominable mot désormais en vogue, avec Pékin et Hanoi. Ils « sont engagés dans un effort exploratoire à long terme... André Malraux, au cours de son voyage actuel en Extrême-Orient, rencontrera Mao Zedong » (*la C.I.A. s'engage beaucoup ici*) pour tenter de « savoir comment la Chine voit la situation mondiale, son rôle dans les affaires mondiales et dans quelles conditions elle pourrait être d'accord pour participer à un règlement pacifique en Asie du Sud-Est ». Toujours d'après la C.I.A., le gouvernement français ne veut pas prendre position dans la guerre du Vietnam, d'un côté ou de l'autre (ni en faveur de Hanoi, ni pour Saigon et Washington). Seule la diplomatie secrète pourrait aboutir à une solution, estimaient les Français. Malraux nage dans un de ses éléments.

Beuret et lui ont gagné Hongkong en avion. Là, une qua-rantaine d'années auparavant, l'écrivain était venu avec Clara acheter des caractères d'imprimerie pour son journal *L'Indo-chine*. Le 17 juillet, Malraux reçoit une invitation officielle des autorités chinoises. Elle ne précise pas que Malraux sera reçu par Mao. L'écrivain-ministre considère que la lutte de Mao reste « un exemple pour l'humanité tout entière » et, avant de quitter Paris, bavard, il n'a pu s'empêcher de lancer un raccourci pathétique et faux : « Le Vietnam, c'est l'Espagne en 38, sans les fascistes. » Mais il a des instructions : en aucun cas, il ne doit faire des offres de services, se poser en médiateur dans la guerre du Vietnam, en arbitre entre l'Orient et l'Occident.

Malraux et Beuret traversent à pied le pont reliant Hong-kong à la Chine au milieu des villages et des collines comme suspendus dans l'air vaporeux d'une estampe. Le 19 juillet, ils gagnent Canton et, touristes consciencieux, visitent le musée de la Révolution. Ils arrivent à Pékin le 21. Le programme se met en place, difficilement. Pour ce ministre d'État français, le pro-tocole chinois manque vraiment d'égards. Deux ans aupara-vant, expédié par de Gaulle pour offrir, un joli cadeau, la normalisation des rapports Paris-Pékin, l'agile Edgar Faure avait été reçu le lendemain de son arrivée par Zhou Enlai, le Premier ministre, et une semaine après par Mao lui-même [8]. À l'ambassade de France, Malraux se ronge. Ces jours-ci, Mao, insiste l'ambassadeur français Lucien Paye, n'accorde guère d'entretiens. Malraux boude. L'ambassade bombarde l'Élysée de demandes d'interventions. La réaction se fait attendre.

Malraux se promène sur la place Tian'anmen avec Philippe Guillemin, faisant fonction de conseiller culturel. Malraux, à voix haute :

— J'ai souvenir d'une conversation avec Trotski ici. Il m'a parlé de la Révolution.

Malraux rêve. Il parle aussi du Vieux à Jacques Guillermaz, le meilleur sinologue de l'ambassade de France — et, alors, de France sans doute. Attaché militaire, le général de brigade Jacques Guillermaz, saint-cyrien, diplômé de l'École des langues orientales, lui, a été directeur du Centre de docu-mentation sur la Chine contemporaine et professeur à l'École pratique des hautes études. Diplomate exemplaire, il remet au ministre une note sur l'avenir inquiétant de la Chine :

— Je pense comme vous, dit Malraux, mais je ne peux pas le dire.

Bien disposé pourtant à l'endroit de l'écrivain, Guillermaz est « déçu. » Il critique la manière dont le régime a réorga-nisé, ravalé, ravagé la ville. Au silence de Malraux, Guillermaz comprend que Pékin ne lui est pas familière. Le sinologue saisit aussi que Malraux n'eut dans le passé aucun contact « avec des communistes chinois connus ». Guillermaz goûte « à moitié », écrit-il (c'est-à-dire pas du tout), certaines formules de Malraux :

— La Chine d'aujourd'hui c'est la Chine des Han, plus le marxisme.

On pourrait dire : la France d'aujourd'hui, c'est la Gaule romaine, plus le gaullisme. Malraux prend facilement ses interlocuteurs pour des Hurons ou des Martiens.

Il explique aussi à Guillermaz que l'automation fera passer les paysans chinois au monde industriel sans que se forme un prolétariat. Guillermaz préfère les envolées artistiques et littéraires de Malraux, comme son « fastueux parallèle » entre les sépultures royales de l'Égypte, du Mexique et de la Chine, lorsqu'ils visitent le tombeau récemment ouvert de l'empereur Ming, Wanli [9].

À l'ambassade, les dîners en compagnie du ministre en manque aigu de Grand Homme sont mornes. Malraux, qui n'a pas consulté un sinologue au départ de Paris et ne semble pas avoir lu le dossier préparé par le Quai d'Orsay, ne pose aucune question sur la Chine ou les Chinois. Il n'interroge pas les diplomates présents. L'ambassadeur Paye raconte sa rencontre avec Mao, l'année précédente, à Hangchow [10] (« Hangzhou »). L'événement avait valu au Quai une dépêche : « Difficile d'imaginer retraite plus agréable, plus propice à l'équilibre de l'esprit et à la méditation », chantait d'abord Paye. Il avait vu Mao, soutenu par une jeune infirmière. Le Grand Timonier souffrait d'un « léger tremblement des mains qui pourrait être le début d'un mal de Parkinson ». Mao ? « Personnage étrange, inquiétant et attrayant... Aucun magnétisme n'en émane, mais il intéresse toujours... L'avenir, il semble y penser comme à quelque chose d'extérieur à lui et avec une sorte de détachement... On se prend à espérer que les rives du lac [*de l'Ouest*] à Hangchow ne seront pas un jour, la maladie aidant, le caprice d'un autre Tibère. » L'ambassadeur évoquait aussi la « cruauté intellectuelle » de Mao. Malraux écoute Paye. Il attend, s'agite, s'impatiente : aucun fastueux et ennuyeux banquet d'habitude réservé aux Grands Invités n'est prévu en son honneur. Ces Chinois-ci n'ont donc pas lu *Les Conquérants*, *La Condition humaine* ou *L'Espoir*? Ne savent-ils pas *qui* est André Malraux? Ce dernier se trouve presque dans la situation d'une vedette de la télévision que personne ne reconnaît à l'étranger.

Enfin, le 22 juillet, le ministre des Affaires étrangères, le maréchal Chen Yi, qui a succédé dans ce poste à Zhou Enlai, reçoit Malraux. Celui-ci propose... une exposition chinoise à Paris avec manifestations diverses. Au Quai, on frémit. Malraux imagine de faire découper des hauts-reliefs pour les exposer à Paris. Les maoïstes ne sont pas regardants lorsqu'il s'agit de détruire des œuvres d'art, mais, cette fois, ils paraissent quand même choqués.

Le maréchal-ministre, « assez lunaire » note Malraux, est un apparatchik borné. L'essentiel de l'entretien porte sur le Vietnam. Malraux demande si « une négociation relative au Vietnam se situerait après un engagement de retrait ou après un retrait effectif des troupes américaines ». Le ministre chinois ne veut pas se compromettre : la décision appartient à Hanoi. Mais il hasarde que le retrait serait un préalable. Pourquoi les Chinois ne veulent-ils pas de négociation ?

— Parce que nous ne voulons pas aider les États-Unis, dit le maréchal, benoîtement.

Le projet vietnamien de Malraux semble au point mort. D'ailleurs, il le sait, avec Chen Yi, il a rencontré un sous-fifre. On lui fait savoir avec discourtoisie qu'il peut, sans inconvénient, se promener jusqu'au 1er août. L'ambassade de France à Pékin bombarde l'Élysée : que le Général lui-même intervienne pour que Mao reçoive Malraux ! La seule arme en possession du ministre d'État à son arrivée en Chine était une lettre du Général... au président de la République chinoise, Liu Shaoqi :

« Monsieur le Président,

J'ai chargé Monsieur André Malraux, ministre d'État, d'être auprès de Votre Excellence et du Président Mao Zedong, et de se faire l'interprète des sentiments d'amitié du peuple français pour le grand peuple chinois. Monsieur André Malraux se prêtera volontiers à des échanges de vues approfondis sur les grands problèmes qui intéressent la France et la Chine et, par conséquent, l'avenir du monde. J'attache par avance un grand prix aux informations qu'il me rapportera après les avoir, je l'espère, recueillies auprès de vous-même et des dirigeants de la république populaire de Chine.

Veuillez agréer, Monsieur le Président, les assurances de ma très haute et très cordiale considération. C. de Gaulle. »

Je l'espère, sans plus. Malraux, en réserve d'une rencontre avec Mao, parcourt le Henan, le Shaanxi. Il visite Luoyang, les cavernes de Lungmen, Xi'an et, pèlerinage aux sources du maoïsme, Yan'an. Enfin, Zhou Enlai le reçoit. À l'étranger, où il a voyagé, on vante les mérites de Zhou. Dans les pays de plaines, disait Marx, les collines ont l'air de montagnes. Zhou débite des tirades convenues sur les États-Unis qui aspirent, selon lui, à l'hégémonie mondiale. Malraux interprète la pensée de Zhou : « Il ne s'agit pas d'évacuer Saigon, ce qu'ils ne feront d'ailleurs pas, mais d'évacuer et de démanteler toutes les bases américaines y compris Cuba, Saint-Domingue et le Congo. » Zhou verrait volontiers l'O.N.U. transférée de New York à Genève [11]. Quant au Vietnam, le Premier ministre chinois estime que « seul le Front [*le F.L.N.*] et Hanoi ont le droit de se prononcer, mais le Front d'abord ». Comme si ces deux entités, qui n'en font qu'une, ne dépendaient pas des aides militaires chinoise et soviétique. Malraux a le sentiment « qu'il s'agirait d'introduire des chefs du Front d'obédience chinoise, pour équilibrer ou contrôler Hô Chi Minh à une conférence dont le Premier ministre parle comme si elle ne pouvait même pas être concevable ». L'ambassadeur Paye, note Malraux, est « frappé du durcissement de la position chinoise... par rapport à l'entretien du 17 mars, et moi, par rapport à l'entretien avec le ministre des Affaires étrangères ». La pékinologie est un art des nuances, la hanoïlogie aussi.

Paye partage et échange ses informations avec ses collègues en poste à Pékin. Au Quai d'Orsay, le chef du département Asie, Étienne Manac'h, reçoit des diplomates américains. La C.I.A., informée, répercute ses renseignements à travers le monde [12] : « Malraux a été surpris par l'attitude chinoise dure et froide quant à une négociation possible sur la situation au Vietnam. »

Enfin, Malraux est reçu par Mao le 3 août 1965 au palais du Peuple. Selon lui, en gros, Chen Yi, c'est « l'essai du disque », Zhou Enlai « le disque », et Mao « l'Histoire [13] ». La langue de bois chez les premiers, la Vérité communiste pour le Grand Homme.

Du côté chinois, sont présents l'interprète, une infirmière, en retrait, deux « disques » dont un nouveau, Liu Shaoqi, président de la République, et Chen Yi, ministre des Affaires étrangères. Côté français, avec le ministre d'État, l'ambassadeur et l'interprète Georges Yacowlievich.

Depuis deux ans, avec son mouvement d'éducation socialiste dans les campagnes, Mao prépare la révolution culturelle et s'oppose à sa propre bureaucratie [14]. Il a lancé sa campagne des « quatre nettoyages » ; pour regrouper les paysans moyens et pauvres en associations, il faut purger les cadres locaux. Les ennemis du socialisme en Chine veulent restaurer le capitalisme ; la hiérarchie est infestée de corrompus, considère Mao, qui envisage éventuellement de s'emparer du pouvoir de force en donnant des armes aux paysans. Mao décèle partout des manœuvres antiparti. Il veut pousser les campagnes contre « les mandarins », les intellectuels.

Au-delà de quelques oppositions irréductibles, l'écrivain-ministre et Mao ont des points communs. Autodidactes, cultivés — Malraux plus que Mao —, géniaux ou pas, ils se méfient des universitaires, des « mandarins » justement. Ils croient à la volonté, plus qu'à l'économie. Ils ont le goût des formules et de la gloire. Malraux a rencontré longuement un premier grand homme, de Gaulle, brièvement un grand homme du passé, Trotski, et un grand virtuel, John Kennedy. Avec Mao, il en croise un, assuré d'une place dans tous les manuels. Il tient un sujet aussi littéraire et original qu'historique.

L'entretien en tout durera environ une heure [15]. En tenant compte des traductions, chaque grand interlocuteur, Mao ou Malraux, parlera autour d'un quart d'heure.

Malraux, d'attaque, déclare :

— Je suis très ému de me trouver assis aujourd'hui au côté du plus grand de tous les révolutionnaires depuis Lénine [16].

L'émotion n'est sans doute pas feinte et explique peut-être, sans l'excuser, le ton adulateur. Recevant la sténotypie de l'entretien au Quai d'Orsay, Étienne Manac'h fera sauter cette flagornerie, peu digne d'un ministre du général de Gaulle, avant de diffuser le document.

Mao répond :

— Vous êtes trop aimable.

L'entretien démarre difficilement :

— Euh, vous êtes allé à Yan'an, dit Mao.

— À Yan'an, répond Malraux, j'ai vu combien la vie était autrefois pénible, les gens vivaient dans des grottes. J'ai également vu une photo de la maison de Tchang Kaï-chek. En comparant les deux, j'ai compris pourquoi la révolution chinoise avait réussi.

Mao :

— C'est la loi du développement historique. Les faibles finissent toujours par l'emporter sur les forts.

Observation prégnante et fausse, digne du *Petit Livre rouge*. Peu après, Mao décrète :

— Il y a forcément des défaites, mais l'essentiel est d'avoir moins de défaites et plus de victoires.

Quelle fulgurance !

— C'est également ce que je pense, poursuit Malraux, j'ai aussi dans le passé dirigé des unités de résistance, mais ce que j'ai connu à l'époque ne peut se comparer à votre expérience.

En effet.

— J'ai entendu dire que vous aviez fait de la résistance, répond Mao.

Malraux :

— C'était dans le centre de la France. Je dirigeais des unités paysannes dans la lutte contre l'Allemagne.

Malraux se donne un cachet militaire. Comme à son habitude, il mêle littérature et politique : Mao et Malraux parlent des villes et des campagnes à l'époque de Tchang Kaï-chek et l'écrivain déclare :

— Je suis allé en Russie et j'ai parlé de ce problème avec Gorki. J'ai parlé de Mao Tsé-toung avec lui. À l'époque, vous n'étiez pas encore président. Gorki m'a dit que, pour le Parti communiste chinois, la plus grande difficulté était de ne pas avoir de grandes villes. Je lui ai alors demandé s'il pensait que le Parti communiste chinois échouerait ou réussirait du fait qu'il ne possédait pas de grandes villes.

Impossible en 1934. Un des rares Français à avoir alors entendu parler de Mao était Étiemble. C'est la première fois que Malraux dit avoir fait allusion à Mao dans un entretien avec Gorki. L'écrivain fonctionne par associations libres, autonomes, par rapport aux faits. Mao :

— Gorki vous a-t-il répondu ? [*De la tête, Malraux fait signe que non*]. Il ne connaissait pas la situation en Chine. C'est pourquoi il ne pouvait vous répondre.

C.Q.F.D. Malraux ne paraît pas se rendre compte que Mao le mouche. Longue tirade de Malraux se terminant par :

— De quoi la Chine a-t-elle donc besoin pour devenir une puissance de type chinois ?

Réponse de Mao :

— Elle a besoin de temps.

Truisme sec. La question de Malraux, qui adopte les postures et la rhétorique du général, sent le mauvais de Gaulle (« Fécamp, port de pêche et qui entend le rester »). Le ministre parle toujours de Mao à la troisième personne, ce que la courtoisie et les usages chinois n'exigent nullement. Il utilise cette forme obséquieuse : « Le Président... »

Malraux — ébloui, timide ? — encombre Mao. Le Président empêtre le ministre dans des tautologies et des banalités. Il reconnaît que depuis le rétablissement des relations diplomatiques entre Paris et Pékin, Chine et France sont amies. Mais il prend ses distances :

— Nous avons toutes sortes d'amis. Vous êtes de ceux-ci, de même qu'Aidit [*le président du Parti communiste indonésien, alors en visite à Pékin*]. Nous ne l'avons pas encore rencontré.

Nous avons des points communs avec Aidit. Nous avons aussi des points communs avec vous.

Peu après, Malraux tente d'en venir au Vietnam. S'il pouvait ramener à Paris une proposition formulée par *Mao lui-même* ! Quelle avancée diplomatique ce serait.

— Pratiquement, dit Malraux, seule la France s'oppose à l'escalade américaine au Vietnam.

À part une bonne partie des opinions publiques en Europe, aux Amériques, en Afrique et l'ensemble du tiers-monde. Les manifestations antiaméricaines se multiplient. Où voit-on alors *une* manifestation *pro*américaine en dehors des États-Unis ? Mao ne mord pas. Il laisse les autres assistants intervenir. Les clichés se succèdent. Les Chinois pianotent des variations sur le soutien de la Grande-Bretagne à « l'agression américaine » au Vietnam. Le général de Gaulle a une politique de décolonisation, affirme Malraux. Il abonde dans le sens de l'idéologie chinoise, devançant même Mao :

— Si la double hégémonie soviéto-américaine [*Malraux utilise le vocabulaire de Charles de Gaulle et du P.C. chinois pour flatter le Grand Timonier*] s'établissait dans le monde, il n'y aurait plus alors aucune chance pour que la Chine devienne la vraie Chine et la France, la vraie France.

Transparaît ici l'idée gaullo-malrucienne d'une essence de la France et de la Chine à réaliser. Clapotis sur la dégénérescence de l'U.R.S.S. :

— L'Union soviétique, dit Mao, cherche à prendre la voie de la restauration capitaliste. Ce qui est bien accueilli par les États-Unis et par l'Europe, mais pas par nous.

— Le Président, demande Malraux, pense-t-il vraiment qu'ils (*les Soviétiques*) envisagent de reprendre la voie capitaliste ?

Mao :

— C'est exact.

— Je pense, explique Malraux, qu'ils cherchent un moyen de s'éloigner du communisme. Mais où veulent-ils aller ? Que cherchent-ils ? Eux-mêmes n'ont pas d'idées bien claires.

— C'est ainsi qu'ils trompent les masses avec des méthodes confuses, réplique Mao. Vous-même avez vos propres expériences. Le Parti socialiste français construit-il vraiment le socialisme ? Le Parti communiste français croit-il vraiment au marxisme ?

Malraux, toujours désireux de plaire :

— D'après vous, Monsieur le Président, quel sera le but de la prochaine étape dans la lutte contre le révisionnisme. Je veux dire en matière de politique intérieure.

— Mais ce sera la lutte contre le révisionnisme, réplique Mao.

Malraux revient sur la prochaine étape et, imprudent, déclare qu'il a l'impression que les problèmes industriels sont réglés :

— Ou du moins que vous suivez une voie très saine dans ce domaine.

Ou Malraux n'est pas au courant de l'état lamentable de l'économie chinoise, ou il en remet dans le compliment. Sans succès, d'ailleurs :

— Ni les problèmes industriels ni les problèmes agricoles ne sont réglés, tranche Mao.

On a le droit de s'interroger. Malgré son état de santé, Mao ne se demande-t-il pas d'où débarque ce ministre français, ce zozo, ce *xiao chou* ? Le Président, ici, est à la limite de la politesse. Plus sérieux : sans que Malraux s'en aperçoive, sur-le-champ ou après, Mao laisse entendre que de grands événements se préparent :

— Nous avons une couche socialiste qui voudrait suivre la voie révisionniste. Le problème est de savoir comment la traiter... une partie des écrivains sont idéologiquement opposés au marxisme. Des contradictions existent certainement.

Mao ne se montre guère plus aimable avec l'ambassadeur lorsque celui-ci intervient :

— J'ai le sentiment, dit Paye, qu'une jeunesse chinoise est en train d'être formée. J'ai l'impression que la jeunesse chinoise s'oriente dans la direction indiquée par son Président.

Presque clairvoyant, Paye, ici. Mao :

— Depuis quand êtes-vous ici ?

Façon de dire : que savez-vous, vous, de la Chine ? Paye raconte ses quatorze mois de présence. Malraux, reprenant la balle, ne résiste pas au plaisir de raconter *sa* visite dans une usine textile modèle, pour chuter sur une interrogation :

— Pensez-vous actuellement à lancer un mouvement d'une portée supérieure à celui des communes populaires ?

Lorsque Mao reçoit Malraux, ses désastreuses communes populaires ont été supprimées. Alors que Malraux veut parler de surfaces cultivées, Mao clôt l'entretien :

— L'important, c'est surtout d'améliorer les rendements... Voilà pour aujourd'hui. À votre retour, transmettez mon bon souvenir à votre Président.

Fin de la version officielle. Les quatre dernières phrases échangées par ces deux grands seront caviardées de la sténotypie par Manac'h au Quai d'Orsay :

— J'ai reçu une délégation parlementaire française, a dit Mao.

— Je me méfie beaucoup de ce que disent les parlementaires, a répondu Malraux à tout hasard.

Mao :

— Leur attitude vis-à-vis de l'Amérique n'était pas aussi claire que la vôtre.

Malraux :

— Peut-être est-ce parce que j'ai encore plus de responsabilités qu'eux.

Malraux n'a aucune responsabilité dans le domaine de la politique étrangère et moins même que le président de la commission des Affaires étrangères ou ses membres, dont certains furent reçus par Mao. Au cours de l'entretien, Malraux n'a pas été récompensé de ses attentions. Le personnage auquel il parlait s'en est tenu au protocole minimal. Comme un journaliste débutant, Malraux a commis aussi l'erreur de poser des questions trop longues. Mao répondait à peine et, surtout, n'a pas interrogé Malraux au sujet de la France ou du général de Gaulle.

Ni Malraux ni Paye n'ont remarqué que Mao a fait allusion à de possibles persécutions des intellectuels. On ne saurait, alors, demander à Malraux d'avoir prévu en détail la Grande Révolution culturelle prolétarienne qui fera vingt millions de morts. On peut lui reprocher d'avoir été insensible aux rares messages émis, aux quelques clignotements pendant l'entretien avec le dictateur en perte de vitesse. Pourquoi ce manque de perspicacité d'un homme intelligent ? En partie parce qu'il se préoccupe d'abord de son image face à Mao. À lire les comptes rendus bruts du dialogue, on se sent gêné pour Malraux, épaté, pâmé devant Mao labourant ses lieux communs. Fallait-il voir le Grand Timonier pour apprendre que le P.C.F. et le P.S. n'étaient pas révolutionnaires au sens maoïste ? Que le régime soviétique se transformait ? Que la France antiaméricaine pouvait faire un bout de chemin avec la Chine de Mao ?

À la sortie de l'entretien, Malraux propose à Paye de revisiter les tombeaux des empereurs Ming :

— Je ne les ai pas vus depuis plus de vingt ans.

Il a vu Mao sans se rendre compte qu'il l'a indisposé. Quittant Pékin, Malraux éberlue Guillermaz et surtout les Chinois dans la salle d'attente de l'aéroport où il déclare que la longue marche emplit les rêves de la Chine nouvelle, « comme le Râmayana emplit encore les rêves de l'Inde, et l'Olympe, ceux de la Grèce jadis ».

Arrivant à Hongkong le 7 août, Malraux annonce à la presse qu'il a passé trois heures avec Mao.

— J'ai le sentiment que mes conversations avec le président Mao Tsé-toung, déclare-t-il au journaliste de l'A.F.P., ont été un dialogue sur les problèmes les plus importants de ce temps, avec un homme qui les domine absolument, avec l'intellectuel qu'il a été toute sa vie.

Dans l'avion, Malraux note sur un carnet : « La France, c'est de Gaulle, et la Chine, c'est Mao. » Synthèse courte.

Malraux remplit vingt-cinq pages de notes qui seront soumises à l'Élysée et gratifiées, en marge, d'un « vu » du général de Gaulle. Le président de la République, par ailleurs, a eu communication de la sténotypie de l'entretien avec Mao et recevra Malraux une heure le 17 août 1965. De cet entretien, on ne sait rien [17]. Utilisant ses notes pour son compte rendu d'usage au Conseil des ministres, le 18 août, Malraux définit ce qui, maintenant, avec le consentement tacite du général, se transforme en « mission » à Pékin. Échange au niveau le plus élevé et « informations relatives aux actions de [*ses*] interlocuteurs en fonction de la perspective dans laquelle ceci regarde le destin du monde dans les prochaines années ». Vocabulaire à la hauteur de celui du Général : *destin* plutôt qu'*avenir* du monde. Devant les ministres, Malraux fait des gammes [18]. Selon lui, la France intrigue les Chinois. Il a cette formule flatteuse et creuse :

— Les Chinois sont les Français d'Asie.

D'après Malraux, les Chinois en sont persuadés, la France est dirigée par un homme qui a fondé son pouvoir sur la Résistance, comme Mao. Ils attendent de lui des initiatives inattendues. La France peut avoir sa propre politique. Malraux paraphrase de Gaulle devant de Gaulle, impassible et indulgent.

Pour ses collègues, dont quelques-uns ont aussi obtenu la sténotypie du véritable entretien, Malraux — pour une fois, clair, pas énigmatique, comme souvent en Conseil des ministres — brosse un portrait de Mao. Dans cet exercice, il s'inspire de ses lectures, en particulier des livres d'Edgar Snow. Dans cette vignette de Mao en héros, certains défauts de fabrication prennent une valeur symbolique sublime : Malraux parle de la « célèbre verrue au menton » [*de Mao*] comme d'un « signe bouddhique » et note « une sérénité d'autant plus inattendue qu'il passe pour violent ». Afin de marquer la singularité de Mao, il donne un coup de patte au second rôle chinois : « À côté de lui, le visage chevalin du président de la République. »

Devant les ministres, Mao devient « un empereur de bronze » — premier essai de la formule. Pas la moindre allusion à un détail qui pourrait suggérer un Mao malade. Mao, précise Malraux, est un poète « en langue classique », le protecteur des

Chinois pauvres et des sous-développés, un orateur persuasif, un personnage beaucoup plus mythique que Staline même, un « Lénine survivant ». Devant le Général et les ministres, Malraux passe vite sur sa réception au palais du Peuple. Là, il ne peut gonfler le ballon. Mao, dit-il encore, est « isolé de tous ses collaborateurs, président de la République compris, par son aura ». Définissant la nature de son pouvoir, Malraux, impavide, déclare :

— Il [*Mao*] dirige le Parti et tout se fait en Chine par le Parti, ou sous sa direction... Le Parti ne fait pas autre chose que d'appliquer les principes qui ont guidé Mao pendant cinquante ans. Mao repart à la conquête du pouvoir.

Formule heureuse pour prévoir, inconsciemment, la Révolution dite « culturelle » ?

Malraux résume ses impressions après ses « nombreux et fructueux » entretiens en Chine et à Pékin où il a eu droit au service minimum : 1° Pour les Chinois, l'ennemi extérieur, c'est les États-Unis. Il faut les contraindre à rentrer chez eux. 2° L'ennemi intérieur, c'est le révisionnisme. 3° L'action internationale révolutionnaire, faisant de la Chine le guide des peuples de couleur contre les Blancs, contribue à la mobilisation intérieure, indispensable à la modernisation de la Chine et à la lutte contre le révisionnisme. Malraux aurait pu rédiger cette dissertation à Paris.

À Hongkong, au retour, il a aussi parlé du Vietnam, des erreurs « commises en Asie autrefois par la France », laissant entendre qu'il avait proposé une politique à Pékin. Le gouvernement chinois démentira, comme Alain Peyrefitte, porte-parole du Gouvernement français [19]. Mais Peyrefitte ajoutera que les informations et les impressions rapportées par Malraux sont « considérées par le président de la République et le Conseil des ministres d'une très grande portée ». Consternés, les services des relations culturelles au Quai d'Orsay apprennent que Malraux a, en revanche, vraiment abordé à Pékin avec les Chinois l'idée d'une exposition d'art chinois à Paris. Mais, pour une fois, il ne s'est pas trop engagé.

Tout le monde en France n'est pas bluffé. « Certains commentateurs, écrit *Le Monde*, ont cru pouvoir tirer des conclusions sur les propos tenus par M. Peyrefitte sur les impressions de voyage de M. Malraux. Le vague de ces déclarations, qui contraste avec leur solennité, donne pourtant à penser, ou bien que le ministre d'État n'a rien rapporté de bien nouveau de son entrevue avec le dirigeant chinois, ce que tendrait à prouver le fait qu'on n'y a pas parlé du rétablissement de la paix au Vietnam, ou bien que le général de Gaulle a estimé qu'il s'agissait là de problèmes trop importants pour qu'il soit opportun d'en informer maintenant les citoyens. » *Le Monde* conclut : « Toute exégèse nous paraît dans ces conditions parfaitement vaine. » Résultat partiel du voyage de Malraux en Chine : un accord culturel[20] entre la Chine et la France : enseignement du français, échanges audiovisuels, missions médicales à venir.

Après ce voyage de deux mois en Asie, Malraux paraît transformé, amaigri, souverain, calme, presque rajeuni, moins couturé de tics. Il se reprend. Ses absences au ministère sont excusables.

— Il écrit, confie Albert Beuret avec un sourire heureux.

Malraux revit parce qu'il écrit. Il travaille à un gros livre, ni un roman, ni un livre sur l'art, ni des Mémoires. Le titre choisi, *Antimémoires*, signifie que chronologie ou exactitude telles que peuvent les concevoir les historiens ne comptent pas. Galipette : « J'appelle ce livre *Antimémoires* parce qu'il répond à une question que les Mémoires ne posent pas, et ne répond pas à celles qu'il pose. » Deuxième cabriole : « Et aussi parce qu'on y trouve, souvent lié au tragique, une présence irréfutable et glissante comme celle du chat qui passe dans l'ombre : celle du Farfelu dont j'ai, sans le savoir, ressuscité le nom. » Tout aussi intéressant, dans l'ouverture de cette symphonie des *Antimémoires*, Malraux affirme avec insistance *qu'il n'y a pas de grandes personnes*. [*Ses italiques*]. Manière de dire qu'il reste un enfant ? Toujours dans l'introduction, il formule sa technique : « La mémoire... ne ressuscite pas une vie dans son déroulement. Éclairées par un invisible soleil, des nébuleuses apparaissent et semblent préparer une constellation inconnue. » Malraux s'intéresse à un « passé surgi par éclair ». Il est à la recherche du temps qu'il n'a pas perdu, d'événements traversés, ou fantasmés. Il ressemble à un acteur de cinéma qui, regardant un film dans lequel il a joué, bondirait pour traverser l'écran et se replacer dans le film, et reprendre l'intrigue. Avec des trucages habiles, Malraux joue dans tous ses vieux films colonisés par son talent.

Il casse la chronologie, construit des chapitres avec des pages de livres précédents recasées ou recyclées, dans tout le livre. Ceux qui sont hostiles à l'ancien, au nouveau Malraux ou aux deux, penseront que son inspiration et son imagination faiblissent. Pourtant il ne cache pas son jeu : « Je reprends ici telle scène autrefois transformée en fiction. » Pour les morceaux extraits des *Noyers de l'Altenburg*, Malraux, colleur mais pas cubiste, corrige des détails, et ajoute des textes de liaison[21]. Partout dans ses *Antimémoires*, il mêle l'apparence, l'éphémère, des histoires et l'Histoire, la vérité romanesque et le roman de ses vérités qui mentent avec la même logique implicite : ce qui aurait dû être a été.

Dans cette marmite, tout bout, ses rêves farfelus et fous, de beaux éclats biographiques, silex ou or. Chef-d'œuvre absolu ? Au lecteur d'en décider. En tout cas, œuvre d'un chef. Dans une préface des *Antimémoires* datée de 1965, « au large de la Crète », Malraux avoue : « Les moments les plus profonds de ma vie ne m'habitent pas, ils *m'obsèdent* [*je souligne*] et me fuient tour à tour. » L'auteur parle de « l'envoûtante présence des siècles ». Il affirme : « Je ne m'intéresse *guère*. » Recul ou progrès dans l'aveu sur son ancien : « Je ne m'intéresse *pas* » ? Plus qu'ailleurs dans ce livre surgit un personnage qui le hante — lui. Persuadé que véracité ou sincérité importent moins qu'une certaine lucidité et une incertaine profondeur, Malraux écrit que son premier et ultime message est « métaphysique [22] ».

Certains passages concernant la Résistance ou de Gaulle montrent assez bien la méthode de l'auteur. Une fois pour toutes, Malraux s'installe dans l'idée « qu'en novembre 1940 il avait écrit au général de Gaulle ». Il se coupe ; alors il émergeait à peine de son état de prisonnier de guerre. Ici, il n'est plus question d'une femme qui aurait avalé sa lettre à de Gaulle en 1941 ou 1942. Avec un culot puéril, l'écrivain ajoute que « les F.F.L. ne disposaient sans doute pas d'aviateurs à revendre ». Malraux tient à sa Résistance, antidatée, de biais : « Jusqu'en 1943, *nous* [*je souligne*] n'avions pas connu le visage de l'homme [*de Gaulle*] sous le nom duquel nous combattions. » L'écrivain se confond avec les autres, se fond en eux. Parle-t-il de certains résistants ou de lui-même, en disant : « Ce qui les fascine dans le communisme, c'est l'énergie au service de la justice sociale, ce qui les sépare des communistes, ce sont les moyens de cette énergie » ? Emporté, il attribue même à de Gaulle des attitudes qui sont, les photographies l'attestent, les siennes. « Il [*de Gaulle*] leva l'index d'un geste qui voulait dire " prenez garde ". » Le Général tend plutôt à lever les bras en signe de V. Le professeur Malraux, pour le profit de l'élève de Gaulle, analyse les positions de ses confrères français :

— La situation des intellectuels sérieux est difficile, écrit-il. La politique française s'est volontiers réclamée des écrivains, de Voltaire à Victor Hugo. Ils ont cru retrouver ce rôle du temps du Front populaire... Déjà celui-ci se servait d'eux plus qu'il ne s'en réclamait.

Malraux explique, en apparence pour le Général, et aussi pour ses lecteurs, sa transition, sa cohérence, son changement de cap politique, comme on voudra. Malraux se justifie. Et pourquoi pas ? Les *Antimémoires* insistent explicitement ou implicitement, en *Apologia pro vita sua* sur le fait national, le primat de la nation, qui n'est pas le nationalisme. L'idée n'est pas originale, mais fortement martelée. Un dialogue s'instaure entre le Général et l'écrivain. Le premier paraissant envoûté par le second dès la première rencontre, ce qui est assez peu plausible. Pour effacer ou exorciser l'emprise du Président de la Vᵉ République sur son ministre d'État? Il faut imaginer de Gaulle demandant :

— Qu'entendez-vous par : le fait révolutionnaire?

Malraux répond :

— La forme provisoire prise par la revendication de la justice, des jacqueries aux révolutions. Pour notre siècle, il s'agit de justice sociale.

De Gaulle évoque pour lui dix personnages et presque tous ses héros renvoient à de Gaulle, sujet d'un culte monohéroïque. Valéry ou plutôt, Monsieur Teste, est enfoui dans le Général que le lecteur retrouve en Trotski, « non par ressemblance, mais par opposition, à la façon dont Ingres appelle Delacroix ». « Je crois que Léon Blum accordait à la conciliation, la valeur que le général de Gaulle accordait à l'inflexibilité. »

Le passage des *Antimémoires* consacré à la rencontre avec Mao, pas plus crédible, relève du fantasme. Cet entretien, obtenu à l'arraché, n'était qu'un prétexte pour transformer, métamorphoser une expérience sans doute impressionnante en conscience. L'écrivain retrouve l'ivresse des mots. Malraux veut graver Mao, et Malraux, dans le marbre. Il ne cherche ni le vrai, ni le faux, ni le vécu : il veut l'*écrit*. Il vise la belle page. On doit comparer les vingt-six pages imprimées des *Antimémoires* aux huit feuillets dactylographiés rendant compte du sommet Malraux-Mao pour voir l'artisan des mots et des phrases au travail. Malraux prend appui sur les sténotypies, la française et la chinoise, qu'il laissera d'ailleurs, en partie publier avec une admirable candeur ou insouciance, démontrant un peu sa bonne foi, beaucoup son manque d'intérêt pour la vérité, et sa passion pour les houles du langage. Dans les *Antimémoires*, il suit le cours de l'entretien réel, rend compte des interventions des autres assistants, mais il ne le reconstitue pas. Au mieux, il romance, au pire, il invente. Il ne se met pas en scène, naturellement, en courtisan subissant des rebuffades. Mao, laïquement sanctifié grand homme parmi les Grands, pharaonique et momifié, ne le rembarre pas. Au contraire, Malraux suggère une intimité que rien n'a justifié : « Mao cordial, et curieusement familier, comme s'il allait dire " Au diable la politique ". » Excellant à dresser des décors chinois hors de la réalité, par petites touches, Malraux décrit ceux de l'entretien qu'il a bien voulu accorder au président Mao et sur lesquels les sténotypies ne font évidemment aucun commentaire : « Le fronton du palais du Peuple repose sur de grosses colonnes égyptiennes, au chapiteau lotus peint en rouge... Nous sommes tous assis dans des fauteuils de rotin dont les bras portent de petits linges blancs. Une salle d'attente dans une gare tropicale. » Mao le Grand a fait mettre au mur des « rouleaux traditionnels de style mandchou ». Description d'autant plus minutieuse que fausse [23]. Les mythomanes ont toujours recours aux détails qui font vrai.

Malraux aime toujours les comparaisons, les télescopages foudroyants. Il peuple son Panthéon personnel dans lequel ses personnages se retrouvent, enchaînés les uns aux autres. Il ajoute des éléments pour inventer des points communs : « Le sentiment que Mao inspire à ses compagnons m'intrigue. Ce serait d'abord une déférence presque amicale, le comité central, autour de Lénine, non de Staline. » Mao « marche pas après pas, raide comme s'il ne pliait pas les jambes, plus empereur de bronze que jamais, écrit Malraux... Je pense à Churchill lorsqu'il reçut la croix de la Libération. Il devait passer en revue la garde qui devait lui rendre les honneurs. Lui aussi ne pouvait marcher que pas à pas... Les soldats regardaient passer lentement devant eux le vieux lion foudroyé. Mao n'est pas foudroyé, il a l'équilibre mal assuré de la statue du commandeur... » La comparaison avec Churchill n'est pas heureuse. La statue du commandeur ? De Gaulle ?

Mao, maintenant, lui aurait confié qu'il a toujours cru en sa victoire. Malraux alors, a dit, aurait dit, aurait *dû* dire : « Je me souviens du mot du général de Gaulle : quand avez-vous pensé que vous reprendriez le pouvoir ? — Toujours. » Malraux identifie Mao et de Gaulle. Plus loin, Mao répète « je suis seul ». Comme qui vous savez.

Dans cet entretien transfiguré, Malraux s'inspire aussi de ses romans. Il introduit quasiment Mao dans *L'Espoir* : « La révolution est un drame passionnel [*aurait dit Mao*], nous n'avons pas gagné le peuple en faisant appel à la raison mais en développant l'espoir, la confiance et la fraternité. » Malraux va loin pour recréer un Mao s'exprimant comme l'écrivain : « Devant la famine, la volonté d'égalité prend la force d'un sentiment religieux. » Mao devient un personnage romanesque. « Représentez-vous bien la vie des paysans, dit encore le Mao malrucien. Elle avait toujours été mauvaise surtout lorsque les armées vivaient sur la campagne. Elle n'avait jamais été pire qu'à la fin du pouvoir du Kuomintang. Les suspects enterrés vivants, les paysannes qui espéraient renaître chiennes pour être moins malheureuses, les sorcières qui invoquaient leurs dieux en chantant comme un chant de mort : "Tchang Kaï-chek arrive !" » L'auteur de *La Condition humaine* resurgit. « Les paysans n'ont guère connu le capitalisme : ils ont trouvé devant eux l'État féodal renforcé par les mitrailleuses du Kuomintang. » Fumant une pipe d'opium, Gisors aurait pu s'exprimer ainsi.

Mao, c'est bien connu, est un homme de culture. Malraux salue ses qualités d'artiste (« vos poèmes »). Il prétend aussi lui avoir dit à propos de sa maison à Yan'an :

— J'ai pensé à la chambre de Robespierre chez le menuisier Duplay... votre abri au-dessus du musée actuel fait penser aux tombeaux égyptiens.

Mao a-t-il jamais entendu parler de Duplay ? Malraux lui parle comme si le Grand Timonier avait parcouru les livres d'art de l'écrivain. Il donne aussi une dimension épique au tyran : « L'homme qui marche lentement *à mon côté* [*je souligne*] est tenté par plus que la révolution ininterrompue ; par une pensée géante dont nous n'avons parlé ni l'un ni l'autre [*dommage*] : les sous-développés sont beaucoup plus nombreux que les pays occidentaux et la lutte a commencé dès que les colonies sont devenues des nations. » Malraux, autopromu tiers-mondiste, ajoute que Mao « sait qu'il ne verra pas la révolution planétaire. Les nations sous-développées sont dans l'état où se trouvait le prolétariat en 1848 ». La comparaison historique fait peut-être rêver mais paraît, elle aussi, fausse : les ouvriers anglais dont Engels décrivait les conditions de vie inhumaines avaient un niveau de vie supérieur à celui des Éthiopiens ou des Pakistanais de 1965. L'écrivain prépare sa chute : « Derrière toute *notre* [*je souligne*] conversation, se tenait aux aguets l'espoir d'un crépuscule du monde. » Reste à démontrer que Mao, malgré l'abondance de ses œuvres complètes, fut un théoricien original, « géant [24] ».

Profitant de tous les droits du romancier, Malraux montre encore un Mao esquissant son propre portrait psychologique dans ses rapports avec le Rassemblement du peuple chinois : « Notre peuple, raconte ce Mao imaginé, haïssait, méprisait et craignait les soldats. Il a su très vite que l'Armée rouge était la sienne. » Le Malraux des *Antimémoires* se rapproche du chromo. On voit les affiches de propagande dans sa prose : « L'Armée rouge... a aidé des paysans, surtout au moment des moissons. Ils ont vu que chez nous, il n'y avait pas de classe privilégiée. » Malraux sait deux ou trois choses sur les communismes et les sociétés totalitaires, mais il colporte ici le mythe de l'égalitarisme chinois. En avant avec la glorieuse Armée rouge ! Ce Mao littéraire déclare :

— Les soldats avaient la liberté de réunion et la liberté de parole. Ils pouvaient contrôler les comptes de leur compagnie. Surtout, les officiers n'avaient pas le droit de battre les hommes, ni de les insulter...

L'écrivain, involontairement sans doute, à travers la description lyrique de la Longue Marche envoûtante — pompée, encore, dans d'autres ouvrages, et pourquoi pas? — se transforme en apologiste du régime chinois. On apprend ainsi que « le passage de l'Armée rouge à travers la Chine fut une propagande plus puissante que les propagandes conçues par le Parti : tout le long de cette traînée de cadavres, la paysannerie entière se leva, le jour venu ». Malraux-Mao ou Mao-Malraux se penche sur les gens ordinaires. Depuis la bataille d'Alsace, peut-être depuis les grandes heures du R.P.F., Malraux, pas plus que Mao depuis 1949, n'a vu *un* paysan ou *un* prolétaire de près, sauf en ouvrant sa porte à l'employé du gaz. Mais l'écrivain laisse filer une ligne populiste et démagogique. Malraux croit-il à ce qu'il écrit? Son intelligence a-t-elle fait un raptus? Voit-il dans sa rencontre l'occasion de se mettre en valeur, se laissant pousser par les mots et le goût de « la page à faire »? Il pose lui aussi un problème du demi-siècle : comment tant d'esprits ont-ils pu ainsi se fourvoyer, accouchant de tant de nigauderies?

Malraux laisse bien entendre que son héros n'a pas lésiné sur les exécutions : « Les séances d'autocritique ont été souvent des séances d'accusation, suivies d'exclusions, d'arrestations et d'exécutions. » L'écrivain ne pousse pas plus loin l'analyse politique. Il préfère la frappe des formules. Pour certaines, il se transforme en khâgneux tardif : « En Union soviétique, c'est le Parti qui a fait l'Armée rouge. Ici, il semble que ce soit l'armée de libération qui ait développé le Parti. » Malraux, en fait, parle de lui-même, beaucoup plus que de Mao, transformé, comme tant de personnages des *Antimémoires*, en garant de la stature de l'écrivain. La philosophie de l'histoire d'un Malraux, s'il en a une, n'a rien de commun avec le marxisme ou le maoïsme. L'écrivain laisse apparaître, plus que jamais, son culte du Grand Homme et se rapproche plus de Carlyle que de Marx.

Dans les *Antimémoires*, les fantasmes de Malraux envahissent la réalité. Il transforme Mao, maître d'un continent mystérieux, en surhomme pour lequel comptent la culture, l'intelligence, la poésie. Nous sommes saturés de romantisme, en plein aveuglement ou myopie. Malgré une allusion négative au réalisme socialiste, Malraux frôle l'image d'Épinal et le ridicule. Sur ce qui se passe en Chine ces années-là, ou dans la tête de Mao, le lecteur n'apprendra rien dans les *Antimémoires*. Pour sa nouvelle aventure chinoise, Malraux a fait l'économie de lectures et d'avis autorisés. Il ne veut pas voir l'actualité et la réalité chinoises [25]. L'essentiel, c'est que, dans son livre, les Héros de l'Histoire se rejoignent, Alexandre, Saint-Just, Napoléon, Staline démonétisé et Lénine toujours accepté, Gandhi, Nehru, de Gaulle et, enfin, ce Mao sublime. Pour dissimuler ses faces abjectes, Malraux avait besoin de ce masque, celui du héros de l'Histoire [26]. Le ministre s'est déplacé. Mais c'était l'amateur d'art qui voyageait, le romancier qui écrivait. Du Mao rencontré reste un vase, une copie d'ancien, offert à l'écrivain par le dictateur.

Dans son ministère, Malraux assure plus ou moins les affaires courantes, mais fort bien les affaires exceptionnelles. Quinze jours seulement après son retour d'Asie [27], pour les funérailles de Le Corbusier, dans la cour Carrée du Louvre, qui vaut bien la Grande Muraille de Chine, l'écrivain tricote une oraison funèbre. Avec Le Corbusier, qui construisit la nouvelle ville de Chandigarh, Malraux poursuit un voyage en Inde. Pour ces funérailles, il souhaitait avoir des témoins indiens. La veille de la cérémonie, il a téléphoné à Arajeshwar Dayal, ambassadeur de l'Inde à Paris :

— Il faut que vous veniez avec de l'eau du Gange.

— Mais, je n'en ai pas.

— Quelqu'un, à votre ambassade, en a [*pause*] sûrement.

L'ambassadeur surgit dans la cour Carrée avec de « l'eau du Gange » au fond d'un gobelet d'argent [28]. Vittel, Évian, Contrexéville, ou eau de la ville de Paris ? Tout est dans le symbole. Ni l'ambassadeur ni le ministre n'ont été dupes.

Alors, ce ministre d'État s'endormait, sa vie s'achevait ? On va savoir que l'écrivain Malraux n'était pas *fini* quand, à la mi-septembre 1967, Gallimard publiera ses *Antimémoires*. En trois semaines, il s'en vend 200 000 exemplaires, escortés par une critique élogieuse la plupart du temps, et surtout littéraire. Pour les faits, Malraux bénéficie d'un droit d'exterritorialité, les critiques littéraires se penchent sur la forme, les détails historiques leur paraissant négligeables. L'exagération sublimerait erreurs et contrevérités. Les *Antimémoires* doivent se descendre comme un torrent poétique. Pas de place, là, pour les historiens et leurs préjugés méthodologiques. Le *Figaro littéraire* a choisi comme extrait « ma rencontre avec Mao ». *Paris Match* se contente des « Grandes pages du livre de Malraux [29] ».

L'écrivain, comme Alain Peyrefitte plus tard, devient, en 1967, le courtier et la caution « de droite » ou « gaullienne » de la maolâtrie qui transporte des journalistes, des écrivains ou des cinéastes, Sartre, Michel Foucault, Claude Roy, Althusser, Roland Barthes, Jacques Lacan, Jean-Luc Godard [30]...

Malraux a fait porter un exemplaire des *Antimémoires* à Florence et se réconcilie ainsi avec sa fille. L'affaire du Manifeste des 121 enterrée, ils reviennent à peine dessus. À la rigueur, explique Malraux, il aurait compris que Florence devienne « infirmière » dans l'armée de libération nationale algérienne. Dans sa vie privée, André Malraux a renoué avec Louise de Vilmorin.

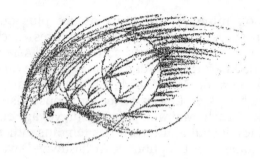

32

Tentation de l'Orient

L'Inde hante Malraux, omniprésente dans *Les Voix du silence*, les deux premiers tomes du *Musée imaginaire de la sculpture mondiale*, et la *Métamorphose des dieux*. Elle surgit aussi dans son *Essai sur Goya*. Malraux, c'est entendu, aime les dialogues entre civilisations. Toutes les civilisations pour lui sont égales, mais l'Inde, plus importante que d'autres. Mao le fascine, pas tellement la Chine. L'Inde le possède, de plus en plus. Il aime dire qu'il est un esprit religieux sans foi. Il s'attache à l'Inde parce qu'elle serait obsédée par un temps sacré, réel et irréel, et par la mort. Comme lui. L'Inde faisait de fugitives apparitions dans *Le Royaume farfelu*, Gandhi préoccupait le journaliste de *L'Indochine enchaînée*. Le Mahatma apparaissait entre deux paragraphes des *Conquérants*, et Garine critiquait son inefficacité. On lui répondait : « Si Gandhi n'était pas intervenu, M. Garine, l'Inde qui donne au Nord la plus haute leçon que nous puissions entendre aujourd'hui, ne serait qu'une contrée d'Asie en révolte. »

Avant son voyage de 1958 en Inde, dans une note de cinq feuillets concernant sa mission en Asie et destinée à Charles de Gaulle, alors président du Conseil, Malraux, ministre délégué, définissait ses ambitions [1] :

« S'il s'agit de donner à ce que les diplomates appellent une *"good will visit"*, une audience aussi vaste que possible, et d'établir par cette visite des liens nouveaux et relativement durables entre la France et une autre nation — liens délibérément limités au domaine culturel, mais propres à faciliter l'action diplomatique ou politique —, l'Inde semble propice à une telle mission. Les deux objectifs s'y conjuguent : on ne peut toucher son peuple que dans le domaine spirituel, et les liens qu'il m'appartient de tenter d'établir avec son gouvernement sont d'abord (même s'ils doivent se transformer plus tard) du domaine de l'esprit. »

Certaines demandes étonnèrent les fonctionnaires français et indiens des Affaires étrangères. L'objectif principal du ministre en mission ? « Après les visites officielles au pandit Nehru, au président Prasal et aux personnalités politiques désignés par notre ambassadeur, je propose donc, l'accord du Premier ministre [*Michel Debré*] obtenu, de rencontrer la sainte de l'Inde, Ananda Mayi, puis quelques sages vénérés de tout le pays. Par exemple Krishna Menon, Shankara de Komabothi et Bhave. » V. K. Krishna Menon, marxisant, ancien haut-commissaire de l'Inde à Londres et, plus tard, ministre de la Défense, ami du pandit Nehru, n'était en rien un saint ou un sage. Il y a chez Malraux mal renseigné un côté je-suis-très-intelligent *donc* je-sais-tout-d'avance. Vinoba Bhave [2], ascète, animait un mouvement des grands propriétaires faisant don de terres aux hommes des basses castes. Son nom était précédé d'un titre honorifique, *Acharya*, maître. Il tentait de faire passer une loi pour arrêter l'abattage des vaches. « Ensuite, poursuivait Malraux, je visiterais plutôt que les universités actuelles, les grands centres d'art ou de pensée qui jouent dans l'Inde le rôle de nos universités médiévales : les Instituts de culture indienne de Bangalore et de Bombay, l'Institut des recherches orientales de Poona, le Centre de musique de Madras, l'Institut Bose, le Collège sanscrit de Bénarès, etc. [3] Dans chacune de ces villes, *je recevrais* [*je souligne*] les principaux écrivains ; jusqu'ici l'Europe n'a pris contact qu'avec ceux du Bengale et de Delhi. (Sans doute serait-il bon de visiter la nouvelle capitale du Pendjab indien, Chandigarh, construite par Le Corbusier et dominée par la " Main de la Fraternité "). Enfin, il est probable que le pandit Nehru me proposera de parler de l'Inde à Santiniketam, en mémoire de Tagore. » Malraux ne paraissait pas savoir que l'Inde avait aussi des physiciens et des mathématiciens de très haut niveau.

Il analysait la vision politique de Nehru : « Le Pandit a été extrêmement frappé par l'échec de sa tentative de conciliation de l'hindouisme et du marxisme... "Tout homme peut atteindre Dieu à travers ses dieux", dit l'Inde. Mais le pandit Nehru a bien moins tenté d'annexer la conception marxiste de l'histoire que l'idée de justice sociale. » Malraux, comme certains intellectuels indiens, voudrait « opposer au marxisme une philosophie capable de susciter l'action — et qui ne fût pas seulement une pensée religieuse ». Visionnaire, Malraux hasardait une prédiction planétaire : « Ou bien la fin du siècle verra la guerre atomique, ou bien la première civilisation planétaire s'élaborera dans la paix. Dans la seconde hypothèse, nous pouvons pressentir ce que sera la civilisation des pays marxistes. Mais non seulement celle du monde libre, qui ne sera plus la nôtre; non seulement dans le domaine matériel, mais encore, selon toute vraisemblance, dans le domaine spirituel. Sans doute est-il temps que les vieilles civilisations prennent conscience de ce qu'elles sont appelées à créer *ensemble* cette civilisation. » En 1958 déjà, le « spirituel » taraudait Malraux. Il s'étendait sur la « fraternité des civilisations et le devoir de la France qui aurait aussi pour mission de présenter l'Inde, non seulement à Paris, mais à Rio, à Buenos Aires et à Lima ». Après, il envisageait « une action parallèle en Amérique latine et au Canada; plus tard, aux États-Unis, mais les conditions y sont différentes et devraient faire l'objet d'une étude particulière ». Voilà une partie de sa conception de la grandeur française.

Quittant l'Inde, avant de gagner le Japon, Malraux avait laissé un message diffusé par la radio nationale. Nehru l'avait fait traduire dans les langues et dialectes indiens après avoir lui-même peaufiné la version anglaise. Malraux y parlait plus en gourou qu'en ministre :

— Cette vieille terre de spiritualité est aussi, pour beaucoup d'hommes qui ne la verront jamais, la jeune terre de l'espoir : celle qui n'a retrouvé son indépendance qu'au nom de la justice, celle qui ne veut vaincre sa misère et retrouver sa grandeur qu'au nom de la liberté. Grands rêves, mais qu'est la figure de Gandhi partout présente ici, sinon la preuve de ce que crée une invincible patience au service d'un grand rêve? Et peut-être dans la figure de Jawaharlal Nehru, dans quelques-unes de celles qui assurent une des plus lourdes tâches de notre temps, l'histoire étonnée reconnaîtra-t-elle des figures de sages à la suite d'une figure de saint.

Dans les *Antimémoires*, l'Inde s'étale sur trois chapitres et plus de cent dix pages. L'épigraphe du livre? Un texte concernant les incarnations successives du Bouddha : « L'éléphant est le plus sage de tous les animaux, le seul qui se souvienne de ses vies antérieures, aussi se tient-il longtemps tranquille, méditant à leur sujet. » Malraux ne se prend pas, semble-t-il, pour un Bouddha, mais les superposant, les croisant, il médite sur ses vies antérieures. Dans cet ouvrage, il s'attarde plus sur son voyage de 1958 en Inde que sur son escale protocolaire de 1965, qui l'a frustré.

Son expédition de l'été 1958 avait été mieux préparée, ce qu'il avait vécu était plus digne d'être romancé. Cette année-là, le 6 août, le comte Stanislas Ostrorog, ambassadeur de France à La Nouvelle-Delhi, avait été — privilège — reçu par Charles de Gaulle à Paris. L'ambassadeur sollicitait un message du Général pour Nehru. Amour-propre à vif, confondu parfois avec l'honneur de la France, le président de la République rappela qu'il n'avait, lui, « reçu aucun message du Premier ministre de l'Inde lorsqu'il avait pris le pouvoir [4] ». Nehru pesait sur la scène mondiale ; il fallait le ménager, ne serait-ce qu'en raison de l'affaire algérienne dans laquelle la France s'empêtrait. Va pour un message. Au moins, l'Inde n'avait pas reconnu le gouvernement provisoire algérien de Ferhat Abbas. Le F.L.N. installait un représentant à La Nouvelle-Delhi ? Le pandit Nehru devait compter avec un électorat musulman. Son Parti du Congrès alimentait les caisses du F.L.N. algérien ? Moins que Nasser. En poste depuis six ans, doyen du corps diplomatique, l'ambassadeur, Ostrorog, à la demande insistante de Nehru et de sa fille Indira, plaida auprès des autorités françaises pour la grâce de Djamila Bouhired, « terroriste » algérienne condamnée à mort. Attaqué sur sa gauche, Nehru, donnait le ton de sa politique à la Chambre basse :

— L'affaire algérienne est une tragédie, mais je ne vois pas en quoi nous pourrions aider le peuple algérien en criant tout le temps et en condamnant sans cesse. Essayons d'être utiles à notre façon.

Nehru s'appuyait sur la tradition de non-violence gandhienne et sur l'hostilité envers le terrorisme et le contre-terrorisme d'une fraction de l'opinion publique indienne. La France regardait en somme sans trop d'agacement le neutralisme de l'Inde et son nationalisme. Les relations entre les deux pays étaient assez bonnes. Les Comptoirs français, de Pondichéry à Mahé, avaient été remis à l'Inde, même si le traité les rétrocédant attendait sa ratification.

Couve de Murville, en octobre 1958, invita à déjeuner le docteur Sarvepalli Madakerishanan, vice-président de l'Union indienne. Malraux bénéficierait d'une « mission de rayonnement » estampillée. On n'attendait pas de lui qu'il vende des locomotives ou des chasseurs bombardiers. À l'Élysée, on espérait d'autres vastes retombées. À la direction Asie-Océanie du Quai, sachant le ministre délégué volatil et improvisateur, on murmurait :

— Pourvu qu'il ne dise pas de conneries.

Ostrorog préparait le voyage de Malraux. Certains problèmes restaient en suspens, comme le déclin du français dans les établissements scolaires et universitaires en Inde. Négligeant les usages et les finesses diplomatiques, Malraux voulait faire escale au Pakistan. Le Quai d'Orsay veillait. Pas de gaffes ! On vexerait le pays qu'on verrait en second [5]. Malraux évitera de visiter les deux pays ennemis au cours du même voyage.

Venant de Perse, accompagné de Madeleine, de son chef de

cabinet, Pierre Juillet, d'Albert Beuret, alors chef du secrétariat particulier, et d'un collaborateur, Malraux arriva à La Nouvelle-Delhi dans la soirée du 27 novembre 1958. Il logea à l'hôtel Ashoka. Deux jours après, Nehru, alerté, l'invita à séjourner au Capitole, un des palais de la République. Malraux se plia volontiers au ballet d'usage : rencontres avec le Président, le vice-président, les deux chambres du Parlement et hommage à la mémoire de Gandhi. Malraux commençait alors sa longue carrière de ministre « rayonnant ». Il attendait son plat de résistance, un personnage planétaire, un Grand Homme, Nehru. Qui avait entendu parler de Shastri en France ? Malraux rencontra un spécialiste de la musique indienne, Alain Danielou, venu de Bénarès. Mauvaises vibrations. Danielou n'appréciait pas la vague « philosophie pseudo-orientale » qui imbibait, selon lui, les guides de Malraux [6], surtout son ami Raja Rao [7].

Nehru reçut Malraux dans sa résidence officielle de Premier ministre, exquis bâtiment colonial qui avait été le quartier général du commandant en chef de l'armée britannique [8]. Les deux interlocuteurs avaient chacun leur grand homme, l'un, Gandhi, mort et martyr ; l'autre, de Gaulle, très vivant et revenu au pouvoir. Nehru était passé par Harrow et Trinity College, Cambridge. Les universités de Malraux ont été Montparnasse et Montmartre. Hommes de culture, l'un et l'autre. Nehru aimait l'histoire sociale, Malraux l'Histoire. Ils écrivaient. Au plus mauvais de sa forme, Nehru, en anglais, influencé par Walter Pater, versait dans le solennel. Il n'était pas un orateur magnétique ou prophétique. En gros, Malraux et Nehru respectaient les traditions de la démocratie anglo-saxonne. Nehru contribua à forger le concept du non-alignement, en 1955, qui ne déplaisait pas trop au Général s'il n'y décelait souvent une tendance à s'aligner sur l'U.R.S.S. Malraux s'alignait, avant tout, sur de Gaulle. Malraux et Nehru étaient aussi immodestes qu'orgueilleux. L'un et l'autre, ils avaient attendu le pouvoir longtemps.

Ostrorog traduisait. Comme pour la rencontre avec Mao, le lecteur doit filtrer le récit des *Antimémoires* en utilisant la dépêche d'Ostrorog au Département. Hélas, il n'existe pas de sténotypie pour cet entretien-là.

— Ainsi, vous voilà ministre ? aurait demandé Nehru.

Selon le Malraux des *Antimémoires*, cela voulait dire « voilà votre dernière réincarnation ». Après s'être étreints, alors qu'ils ne s'étaient pas vus depuis vingt ans, mais comme s'ils s'étaient rencontrés un mois avant, Nehru a ou aurait dit :

— Je suis content de vous revoir. La dernière fois, c'était après votre blessure en Espagne, vous sortiez de l'hôpital et je sortais de prison.

« Cité » par Malraux, Nehru valide une blessure assez grave, exigeant au moins une hospitalisation. Même dans ses moments les plus inventifs, Malraux n'avait jamais prétendu, jusque-là, qu'il avait été *hospitalisé* en Espagne : il avait rendu visite à ses aviateurs blessés. Bel exemple de blessure indirecte rétroactive et littéraire. Les deux hommes échangeaient des platitudes sur l'avenir du monde. Qui dira la souvent consternante vacuité de tant de propos des hommes politiques ? Malraux parla vite d'une grande exposition indienne à Paris. Elle se répartirait entre le Grand Palais, l'Opéra, le Louvre, le Collège de France, la Sorbonne, et comprendrait sculpture et peinture. On jouerait de la musique indienne. Professeurs et directeurs spirituels tenteraient de faire comprendre ce qu'était la philosophie hindoue. Malraux voulait faire passer l'« âme » même de l'Inde. Dans son compte rendu, l'ambassadeur précisait : « Un musée imaginaire de toutes les valeurs indiennes est bien fait pour séduire Nehru. » Un œil sur le ministre d'État, l'autre sur le Quai d'Orsay, Ostrorog poursuivait : « La réponse fut donc immédiate, et sans autre réserve que les conditions matérielles à fixer. » Malraux proposait, le Quai paierait ? Alors, en 1958, le Département entamait son chemin de croix malrucien. « Monsieur Malraux..., reprenait Ostrorog, rentrait dans le vif. En accédant à l'ordre spirituel, quels sont les lieux, quels sont les hommes de l'Inde que le visiteur étranger doit voir [9] ? » Malraux demandait ainsi à Nehru des conseils philosophico-touristiques. Devant cette question, rapporta l'ambassadeur, « le visage de Nehru se figea comme si la lumière déclinait ». Nehru n'avait pas l'habitude d'être pris pour un guide bleu ou un *Who's who* des saints.

« "Les lieux de pèlerinage, vous en connaissez l'existence. Quant aux hommes de cet ordre, comment les distinguer et les choisir ? Je suis moi-même en quête sans pouvoir vous répondre... Mais les besoins immédiats de l'Inde sont si grands, la misère si générale, que je dois, par priorité, m'occuper des problèmes matériels." »

« M. Malraux répliqua qu'une solution de ces problèmes, avec la valeur immédiate qu'ils ont pour qui dirige les destins de l'Inde, n'implique pas l'exclusion des valeurs spirituelles. Le Premier ministre acquiesça, mais les masses indigentes, privées du nécessaire l'écouteraient mal s'il prêchait d'abord la résignation — et d'autres appels alors se feraient entendre pour engager la lutte dans une autre voie. C'est pour éviter pareille subversion que le renouveau de l'Inde, son ajustement à l'ordre actuel du monde doit s'accomplir sans délai — faute de quoi, d'autres méthodes seront invoquées. »

Surgit alors une dernière question qui ne figure pas dans les *Antimémoires* mais que rapporte l'ambassadeur. Elle sonne bien comme du Malraux :

— Dans la révolution russe, c'est Nietzsche qui l'emporta sur Marx. Qu'en sera-t-il en Chine ?... Que pensez-vous à ce sujet ?

Circonspect, Ostrorog note : « Nehru restait songeur. Comment répondre à pareille question ? » En effet, que signifie ce raccourci ? Malraux avait le sens du condensé incompréhensible qui étonnait aussi bien Gide que Nehru. Le Pandit, selon Ostrorog, s'en sortit bien : « L'histoire montre que la Chine, en ses périodes de puissance, manifeste sa volonté de puissance. Sous le régime communiste, cette volonté prend des formes plus redoutables. Mais j'espère que certaines valeurs du passé ne sont pas mortes, seulement en sommeil, qu'un jour elles poindront à nouveau pour permettre non certes un retour au passé, mais une intégration des valeurs permanentes à l'ordre nouveau. »

Pas un problème géopolitique ou bilatéral n'avait été abordé jusque-là. Avec Nehru, en 1958 [10], Malraux « rayonnait », voguait dans l'éternité. Ostrorog conclut : « Entre ces deux hommes, le dialogue aurait pu se poursuivre sans limite de temps, mais le Premier ministre demanda à M. Malraux de reprendre la conversation interrompue après sa visite dans le Sud. »

Malraux gagna Madras et le sud de l'Inde pour cinq jours avec Madeleine. Entre autres, il se rendit à Mathurâ et Bombay, inspecta le barrage de Bakhra et Chandigarh, capitale neuve du Pendjab [11].

Au temple de Madurai, devant les neuf tours et les portes de pierre noire, le gardien présente les Malraux à des mariés :

— Voici le Ministre de France, *the Minister of France.*

Le père du marié ordonne à son fils de tomber aux pieds de l'écrivain. La mère se prosterne aussi.

— Cela te portera bonheur, dit le père à son fils.

Raja Rao servait de guide.

— Est-ce le soleil qui allège cette tour massive, ou est-ce l'architecture qui modifie les dimensions à mes yeux ? demanda Malraux.

— Un homme fixe un objet pour qu'il se dissolve, répondit Rao. La tour est là pour indiquer l'espace. Le soleil est là pour que le sol soit frais. L'absurde est là pour révéler ce-à-quoi-on-ne-peut-répondre.

Plus tard, Malraux dira :

— Ce qui me frappe ici, c'est le silence malgré tant de gens.

Après Coimbatore, les Malraux se rendirent à Ellora. Dans ses Mémoires, Rao note la « facilité... la familiarité... l'intimité » de Malraux avec les dieux. « On peut croire que, par des moyens magiques, il connaît les dieux et leurs attributs. » Malraux posait cent questions. Rao séchait sur certaines. Le ministre français connaissait par cœur le « dictionnaire des biographies divines ». De Bombay, les Malraux gagnèrent en bateau les grottes d'Elephanta, peut-être le joyau de la statuaire hindoue [12].

Rao avait préparé pour Malraux une excursion à Trivandrum dans le Kerala et une visite à un maître védantiste. La rencontre fut supprimée. Manque de temps ? Rao pensait que l'écrivain appréhendait « de se trouver devant l'enseignement de l'absolu [13] ». Le guide amical ne succombait-il pas à une tentation indienne : le désir de convertir Malraux, incroyant ? Ou l'écrivain n'avait pas besoin d'affronter « l'absolu » incarné.

Revenu à Delhi, au cours d'un dîner chez le Premier ministre, Malraux offrit à son hôte une édition des œuvres de Villon en souvenir du temps où Nehru, adversaire de l'Empire britannique, lisait en prison *Le Grand Testament*. À ce souvenir personnel, Malraux ajoutait une vierge romane du XIIe siècle, cadeau du gouvernement français. André et Madeleine Malraux bavardaient avec Nehru, en compagnie d'Ostrorog et de Rao qui voyait en Malraux le meilleur connaisseur français de l'Inde. Après ce dîner quasi familial, Malraux et Nehru s'isolèrent.

Pris par le charme de ces deux grands séducteurs, Ostrorog s'interrogea dans une nouvelle dépêche : « Comment reproduire la touche du génie ? » Le diplomate précisait que les « problèmes politiques immédiats ne furent pas abordés. Il ne fut question ni des établissements [*français de l'Inde*]... ni de l'Algérie ». Autant pour la satisfaction du Quai. Ostrorog encore : « Les thèmes développés portèrent sur la part respective attribuée en Inde aux valeurs spirituelles et à l'évolution matérielle, sur le danger d'ériger la machine au plan du divin. » Ainsi s'exprimait, alors, un routier du Quai. Lorsque Malraux paraît, tout sens critique semble disparaître chez *certains* diplomates endurcis mais mondains. À l'ambassade, on conseilla au ministre d'État d'éviter de donner une conférence de presse, car « les journalistes indiens sont indiscrets ». Traduisez : ils font leur métier.

En Inde, Malraux, comme tant de touristes, ne voyait pas le monde extérieur. Il allait « plus profond », dit la femme de l'ancien ambassadeur de l'Inde à Paris, Susheela Dayal. En profondeur, Malraux avait changé : à Sens, en 1940, le deuxième classe Malraux était curieux des comportements de ses copains. Un quart de siècle plus tard, le ministre n'était pas tellement *conscient* du sort des Indiens : il n'avait pas d'expérience(s) à transformer en conscience. Moins réceptif que les Dayal, Kushwant Singh, sikh, écrivain et journaliste qui interviewa Malraux en 1958 [14], estime que l'intérêt porté par Malraux à l'Inde n'était pas plus épais que le « vernis de tant d'Occidentaux. Les phrases de Malraux étaient souvent comme des pétards. Beaucoup de bruits et d'étincelles à l'allumage. Après ? De la fumée. Pendant ses voyages en Inde, Malraux rassura certains Indiens qui vivaient dans la confusion et la recherche d'une affirmation virulente de leur identité. L'absorption hindoue dans le Moi correspond à la préoccupation de l'écrivain avec lui-même. » Reprenant huit ans après le récit de sa première rencontre avec le Pandit, Malraux utilisera ce voyage pour préserver l'unité et la continuité de son Moi. De son ego hypertrophié, disent les malveillants.

Malraux s'en tient à sa conception univoque de l'Inde, réalité métaphysique, religieuse, spirituelle [15]. Il cherche cette réalité qui apparaît « déjà dans les védas [16] ». « De cette civilisation, demandent pour l'auteur les *Antimémoires*, que connaissais-je réellement ? Ses arts, sa pensée, son histoire ? Comme des grandes civilisations mortes, à cela près que j'avais entendu sa musique. J'avais rencontré des hommes de caste brahmanique mais pas de prêtres, des intellectuels, des artistes, des diplomates... Pas un commerçant, pas un paysan. » Pas question que Malraux s'hindouise, qu'il gagne un ashram, comme les vieilles Anglaises dont il se moque, ou, intellectuellement, comme René Daumal, version chic, ou Lanza del Vasto, version vulgarisée. Dans sa jeunesse, Malraux a lu René Guénon, contemplé des œuvres d'art indo-bouddhiste au musée Guimet. Presque trente ans après, il relaie les déclarations d'André Breton : « C'est d'Orient que nous vient aujourd'hui la lumière. » À le lire, personne ne pourrait soupçonner que le revenu moyen d'un Indien ne dépasse pas 750 francs par an, qu'il y a 200 000 téléphones en tout pour cinq cent millions d'habitants, que 80 % des habitants vivent dans des régions rurales et qu'un enfant né en 1958 a une espérance de vie de quarante-trois ans. En 1958, les épidémies étaient courantes, les maladies endémiques, tuberculose, petite vérole, dysenterie, fréquentes. Surtout, pas un mot chez Malraux sur le cancer social permanent de l'Inde, l'abominable système des castes. Politesse diplomatique, littéraire ou philosophique ? Ou aveuglement ? Selon certains, à l'époque des Aryens, on changeait de caste librement. Malraux ne suggère pas qu'au minimum l'Inde s'aryanise une fois encore. Pourtant, en 1965 comme en 1958, il aurait pu se rendre du quartier assez bourgeois de Defense Colony à l'ancienne Delhi, pittoresque *et* sordide. Malraux parle au mieux des 0,8 % d'Indiens accédant à ce qu'on pourrait charitablement appeler l'université. Il ne note pas les évolutions, négatives ou positives. Les remarque-t-il ? Il ignore qu'existent une presse de qualité et libre, une radiotélévision plus que gaullienne, aux mains du gouvernement. Il ne fait état ni de la corruption, ni de la disparition des famines, ni de la baisse de la mortalité infantile — qui le préoccupaient autrefois en Cochinchine. Il ne voit pas chez Nehru les dadas socialistes et les pratiques capitalistes de son « économie mixte ». Les yeux fixés sur la non-violence abstraite, Malraux est insensible à la violence évidente, aux infanticides de petites filles et aux blessures des veuves vitriolées. De 1958 à 1965, il n'a pas « approfondi » ses connaissances. Collectionneur et marchand de statuettes avant la guerre, il avait coupé en deux une tête gandharienne. Placés nez à nez, les deux profils se contemplaient. Dans ses *Antimémoires*, l'écrivain scie l'Inde en deux : l'Inde artistique et métaphysique contemple l'autre dont Malraux reconnaît qu'il l'appréhende mal. Il ne se rattache à l'Inde humaine qu'à travers ses grands hommes, Gandhi ou Nehru.

Il redevient un voyageur esthète. L'Inde, beaucoup plus que la Chine au-delà de la brève rencontre avec Mao, des coquetteries et des palabres avec Nehru, stimule cependant en lui l'auteur, qui suggère, plus qu'il ne témoigne, malgré le personnage officiel qu'il est devenu. Entre tous ses voyages, son style se modifie.

En 1929, il visitait la capitale religieuse : « Enfin Bénarès, ses hôtels fermés en cette saison, sa rest-house dont de vieilles femmes tiraient le panka toute la nuit comme avant la révolte cipaye ; ses ruelles, entre de hauts murs de pierres grises, son temple aux sculptures érotiques où l'érotisme semble un rite [*Malraux reste insensible à la sensualité indienne comme à la beauté des hommes, des femmes ou des enfants en Inde*], son temple de Hanouman avec un peuple de singes qui poursuivaient d'inexplicables occupations autour d'une pierre de sacrifice d'où le sang ruisselait encore, et qui s'écartaient craintivement des offrandes de tubéreuses. Tout cela, dans une brume de marches tibétaines dont les nuages gluants s'attardaient autour des flammes entretenues des idoles. Le monde auquel menaient ces escaliers irréels, c'est, dans mon souvenir, un monde de murailles couvertes de lichens, comme celles des ruines abandonnées sous la grande forêt, au pied desquelles brûlaient sans fin des petites lumières, avec des passages d'animaux sacrés à travers le brouillard », etc.

1965 : Malraux aime tout autant la ville mais la voit et, surtout, la montre mieux avec recul. Moins vaporeusement, sans *sfumato* : « À cette heure, Bénarès, c'était le Gange. Un épervier suivait notre bateau, entre les feux toujours renouvelés des bûchers, et les piles du bois des crémations. Dans le battement du fleuve, couleur de chanvre, comme la cité, une voix silencieuse citait : " Voici les eaux du Gange qui sanctifie la bouche entrouverte des morts. " » Et si Malraux n'était pas un métaphysicien de l'Absolu, un penseur du Destin, mais d'abord un voyageur avec lequel on peut agréablement circuler [17] ? Il fait l'impasse sur les ordures et la saleté. Si l'on n'accepte pas l'intrusion du personnage Malraux dans son exotisme — le mot n'est pas péjoratif —, on refusera de le suivre. Sinon on sympathise avec lui à travers ses *Antimémoires* et son obsession de l'Inde abstraite et spirituelle.

Avant le dernier voyage de Malraux en Asie, Nehru est mort [18]. L'écrivain se retrouve donc à La Nouvelle-Delhi en 1965. Gerbes pour Gandhi et la dalle funéraire de Nehru. « Elle n'est pas encore posée : sa place est marquée par un carré d'herbe, écrit Malraux dans ses *Antimémoires*. Les dalles sont symboliques, puisqu'elles ne recouvrent pas de corps. L'homme qui, lorsque je suis venu à Delhi pour la dernière fois, tenait l'Inde entre ses mains, au geste frileux, c'est un carré d'herbe sur lequel le vent déjà chaud fait onduler de courtes graminées parmi les fleurs coupées qu'ont jetées des mains jointes. » « Certains de nos rêves, dit Malraux, n'ont pas moins de signification que nos souvenirs. » Il a rêvé d'une relation privilégiée avec Nehru. Leurs rapports furent superficiels, dépourvus de la somptuosité dont Malraux — écrivant — les drape. Les souvenirs concernant Nehru, dans l'antimémoire ou la paramémoire de Malraux, indiquent peut-être la volonté de jeter un pont entre l'Occident et l'Orient. Mais la spiritualité invoquée par l'écrivain n'ébranla pas le Pandit. Malraux n'a pas compris le « brahmano-socialiste [19] » Nehru, son obsession de la planification et de la sidérurgie.

En 1965 toujours, l'écrivain répond au recteur de l'Académie sanskrite de Bénarès :

— Les travaux de votre université contribuent à maintenir la plus puissante philosophie de l'Absolu que le monde ait connue.

Affirmation osée. Hegel et même des hégéliens comme Bradley, et d'autres à travers le monde, ne fréquentent pas moins l'Absolu que le Vedânta. Flattant son auditoire, Malraux affirme aussi :

— Le plus humble intercesseur de l'Absolu, c'est un musicien solitaire qui joue votre plus ancienne musique au fond d'une grotte sacrée, pour un... Çiva invisible comme lui. L'intercesseur majeur, c'est vous.

Puis :

— Aujourd'hui, commence le plus grave dialogue qu'ait connu la pensée humaine. Celui qui opposait vos docteurs et les docteurs grecs à la cour indienne du roi Ménandre, n'est plus qu'une faible préface devant le dialogue qui oppose la nature de l'univers et la conscience de la signification du monde, Einstein et Bénarès.

En 1965, Malraux se remémore une formule de Gandhi : « Mieux vaut se battre que d'avoir peur. » Pour l'ancien combattant Malraux, la non-violence ne fournit pas une recette universelle, mais elle le tente. Pas autant que certains concepts indiens qui satisfont ses aspirations cosmiques : le Soi, l'Être universel dans tous les êtres. L'écrivain ne veut pas opposer une civilisation à d'autres, mais explorer l'Inde éternelle, avançant « dans l'obscurité à la lueur de la torche qu'elle porte ». À son ami Dileep Padgaonkar, il a dit [20] : « Pour la première fois dans sa longue histoire, l'Inde est l'Inde », comme la France redevient la France sous de Gaulle ; elles réalisent leur essence. Malraux, modestement, est essentialiste, pas du tout existentialiste. « L'Inde d'antan, poursuit-il, fut, au temps de l'Empire britannique, sous l'emprise de Londres, et, avant cela, sous celle des Mogols. Mais, là où les Mogols réussirent une véritable symbiose, les Anglais échouèrent. Agra [*Il pense au Tadj Mahall*] est une réalité indo-musulmane, tandis que Bombay n'est ni indo-britannique, ni indo-indienne. C'est une sorte de gigantesque bazar. » Ainsi parle, ainsi voit André Malraux. L'échec britannique peut se discuter. Pour Marx [21], l'Angleterre avait « une double mission à remplir en Inde : l'une destructrice, l'autre régénératrice, l'annihilation de la vieille société asiatique et la pose des fondements matériels de la société occidentale en Asie ». Marx attribuait plus d'importance au télégraphe, à la presse libre et au réseau de voies ferrées que Malraux, absorbé par la spiritualité [22].

De retour à Paris, Janus politique et littéraire, travaillant à ses œuvres et comme affermi par elles, oubliant l'Absolu, le temps d'une campagne électorale, Malraux participe à celle de l'élection présidentielle française [23]. Lui qui personnalise peu ses envolées politiques attaque alors avec *furia* un homme qui s'oppose au Général. Dans un discours au Palais des Sports [24], parlant au nom de l'Association pour la Vᵉ République, il s'en prend au « petit cantique de M. Mitterrand ». En lui, il voit « un homme qui n'a jamais rien libéré » et il l'apostrophe :

— Qu'est-ce que vous et moi avons à faire, monsieur Mit-

33

33. Madeleine et André à Boulogne.
Une vraie musicienne, un amateur.

34. Classique illustré Vaubourdolle.
Le premier panthéon littéraire, pour élèves du secondaire. Conçu et réalisé par Georges Pompidou.

35. Honneur et patrie.
Entre les communistes et nous, il n'y a rien.

36. Sortie du désert, sortie du 5 rue de Solferino.
Un compagnon de la Libération et le Grand Maître de l'Ordre.

37. Le ministre des Affaires culturelles part pour la Chine.
Pour le dessinateur Tim, le nettoyage de Paris se poursuivra sans Malraux.

38. Avec le premier Président de la Ve République.
J'aurai toujours à ma gauche mon génial ami…

34

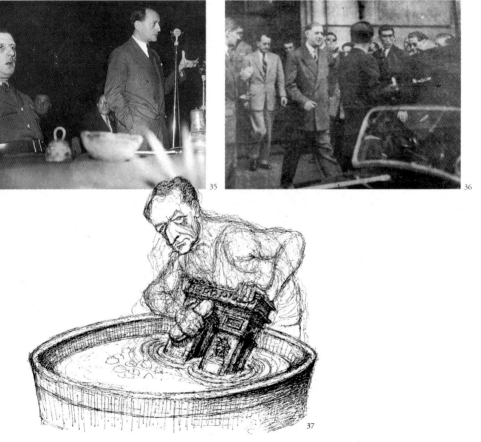

35

36

37

39. Faulkner écoutant Malraux.
Irruption d'un tragédien américain à la télévision française.

40. Avec Le Corbusier.
De l'eau du Gange pour son enterrement.

41. Avec Mauriac.
Le plus grand écrivain français... euh, un des plus grands.

42. Libreville, Gabon 1960.
La cravate de l'Ordre de l'Étoile Équatoriale.

43. Picasso. *Par Malraux.*

44. Homme de culture. *Vous me suivez. Bon. Comme vous le savez. Soyons sérieux.*

43

44

45

46

47

48

45. Avec Raja Rao.
*Première visite officielle en Inde,
terre de spiritualité.*

46. Vu par Maurice Henry.
Les arts, l'Art, la Vérité, l'Absolu.

47. Avec Mao Zedong.
*C'est ainsi qu'ils trompent les
masses avec des méthodes
confuses.*

48. Avec Khrouchtchev.
Ce type commence à m'embêter.

49

49. Inauguration avec Nehru.
*À Pékin, est-ce Marx ou Nietzsche
qui triomphera ?*

50. Escortant Jackie Kennedy, à
La Malmaison.
Joséphine était insupportable.

51

51. Florence Malraux.
Si encore tu avais été infirmière du FLN.

52. Exposition d'art mexicain.
La plus belle sculpture du monde ? Pourquoi ?

53. Avec Shiva.
Malraux fréquentait tous les dieux de l'Asie.

54. À la télévision.
Vedette parfois critiquée, mais incontestable.

53

PIERO DELLA FRANCESCA

54

55. Dans son bureau, au ministère.
Raymond Mondon s'est assis ici avant moi.

56. Accompagné de Pompidou et de Louis Jacquinot.
Un ministre d'État chargé des Affaires culturelles, un Premier ministre, un ministre d'État chargé des Départements et Territoires d'Outre-mer.

57. Pendant un tournage.
La télévision (avec les ordinateurs) est l'avenir de l'Éducation nationale.

58

58. Devant l'Arc de Triomphe. Michel Debré, le ministre d'État, Jean Bozzi, et au deuxième plan, Robert Poujade.
*Vive de Gaulle ! Vive de Gaulle ! Vive de Gaulle !... Le reflux. Les soixante-huitards ont
perdu.*

59

60

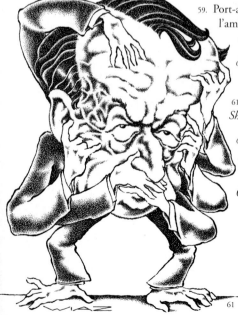

59. Port-au-Prince. Avec Sophie de Vilmorin et la femme de l'ambassadeur Louis Deblé.
Sa passion pour la peinture ne cessera jamais.

60. Interviewé par l'auteur, à Verrières.
Ca Mau, Ca Mau ! Toute ma jeunesse.

61. Vu par Wiaz.
Shiva bis.

62. Une photo, un personnage unique.
Je ne m'intéresse guère.

63. Bande dessinée.
Quel roman, quelle B.D. que sa vie. Qui le nierait ?

64

64. Avec Jean Grosjean.
Poète, égal, ami.

65. Avec "Gogo", à Tunis.
Toujours la passion inextinguible des œuvres d'art.

66. Dans une DS ministérielle.
N'était-il pas surtout fait pour écrire des romans ?

Sources et crédits photographiques :

Cahier 1 : 1 : Chamberlin / collection particulière. 2, 3, 4, 5, 8, 9, 11, 12, 14, 26, 29, 30 : collections particulières / droits réservés. 6, 7 : collection Claude Travy. 10 : AFP. 13 : collection Viollet. 15 : Gisèle Freund/Agence Nina Beskow. 16 : Harcourt/Ministère de la Culture-France. 17 : Robert Disraeli Films. 18 : Charles Leirens/Musée de la Photographie de la Communauté française, Charleroi. 19 : Cecil Beaton/droits réservés. 20 à 24 : collection Paul et Margot Nothomb. 25 : Daniel Pype. 27, 28 : extrait de *La girafe a un long cou* par Jacques R. E. Poirier, Éditions Fanlac, 1992. 31 : Le Cuziat/Rapho. 32 : AFP.

Cahier 2 : 33 : PPCM/*Life*. 34, 36, 39 à 44, 48, 50, 51, 54, 55, 59 : collections particulières/droits réservés. 35, 47, 53 : AFP. 38 : Dorka. 45 : *Paris-Match*/de Potier. 49 : M. Roy-D.R. 52, 62 : Gisèle Freund/Agence Nina Beskow. 56 : Keystone. 57 : Clovis Prévost. 58 : Gilles Caron/Contact Press Images. 60 : Françoise Viard. 64 : Jacques Robert/Gallimard. 65 : *Paris-Match*/Deutsch. 66 : *Paris-Match*/Wurtz.

Dessins :

37 : X-D.R. 46 : © ADAGP, 2001. 61 : © Wiaz. 63 : extrait de *La vie de André Malraux* par Alfred Morera et Gilles Neret, B.D. Éditeurs, Daniel Briand/Robert Laffont.

terrand, avec ces ombres immenses qui firent danser l'Europe au nom de la liberté? Candidat unique des Républicains, de quel droit venez-vous vous prévaloir de Fleurus, vous qui n'étiez même pas en Espagne. Vous avez été onze fois ministre de la IVe, vous auriez pu l'être de la IIIe. De la seconde, peut-être. Ni vous ni moi n'aurions pu l'être de la première.

Jamais Malraux n'a été aussi violent à propos d'un homme politique :

— Vous avez rêvé la gauche... puisque vous ne symbolisez en rien une véritable action de la gauche, puisque vous ne symbolisez pas la République... que symbolisez-vous ? D'abord, le mélange de désir émouvant et d'inévitable démagogie qu'implique l'*éternelle intention* opposée à l'action politique. Il est plus facile d'accorder des électeurs sur le désir d'aller au ciel que de leur donner les moyens d'y aller.

François Mitterrand ne pardonnera pas ces attaques cruelles. Justes? Alors, pour Malraux, Mitterrand promet au peuple de « l'histoire-fiction, comme il existe de la science-fiction ». Dans sa péroraison à la tribune, devant des militants gaullistes dont il pense qu'ils ne valent rien pour la moitié, comme les cadres et députés qui suivent le Général, Malraux retrouve les héros du livre auquel il travaille : « Pour Mao Tsé-toung, comme hier pour Nehru, la France, c'est la révolution du général de Gaulle. » Tous sur la même étagère, Napoléon, Saint-Just, de Gaulle! Pas Mitterrand, bien entendu, qui n'est pas le successeur du Général, mais son prédécesseur : « Il s'agit de choisir entre un homme de l'histoire qui a assumé la France et que la France ne retrouvera pas demain, et les politiciens, qu'on retrouve toujours. » Malraux dit aussi à Mitterrand qu'il est le « candidat des quatre gauches, dont l'extrême droite ». De Gaulle ne trouve pas ce discours d'un bon cru. Lui, il néantise Mitterrand en ne le nommant pas.

Mais, scandale politique pour Malraux, Mitterrand met de Gaulle en ballottage. Parlant quatre jours avant le second tour, Malraux craint le pire. De Gaulle est réélu avec 55,1 % des suffrages, et 44,8 % pour Mitterrand. L'écrivain retourne à son établi et à l'Histoire, qui a failli capoter, sous ses yeux, dans les urnes des Français inconstants. Il repasse de la réalité au rêve, son livre.

Il a travaillé sa pâte littéraire. Ainsi, il hésite à couper des passages très « farfelus » qui détonnent dans son livre. Beuret insiste [25]. Mais, alors qu'il corrige le premier volume de ses *Antimémoires*, Malraux, fidèle constant et ponctuel, retrouve son costume de militant gaulliste de gauche, soutenant, le plus marqué à gauche des gaullistes, Louis Vallon, candidat aux élections législatives de Sarcelles[26]. Ils ont deux passions communes, le Général et le whisky. Dans sa courte allocution, Malraux jette :

— Il faut savoir si la France est résolue à penser que l'essentiel c'est que le gaullisme de gauche soit en place ou s'il est vraiment indispensable d'avoir un député communiste de plus à l'Assemblée.

Alors que Malraux s'est replongé dans la politique, Charles de Gaulle est plongé dans la littérature. Le Président finit de lire les *Antimémoires* à bord du navire de guerre *Colbert*. Pour remercier l'auteur, il expédie un télégramme chiffré 01/CT-HRANT1909072 : « Terminé première lecture Stop Livre admirable dans les trois dimensions Stop Meilleures amitiés Stop[27]. » Quelles sont ces trois dimensions ? Le roman, l'histoire et la politique ?

Les lettres et les télégrammes de Charles de Gaulle à André Malraux sont rares, comme les communications écrites de Malraux à de Gaulle. Ils écrivent mieux l'un *sur* l'autre que l'un *à* l'autre. De Gaulle présente ses vœux à Malraux avec son « admiration profonde » ou ses souhaits « profondément sincères et affectueux[28] ». Malgré cette profondeur et cette affection, ils restent comme à distance l'un de l'autre dans leur correspondance : éblouis, la main sur le front pour écarter les rayons, ils n'ont pas le temps d'écrire et de se livrer. Ils sont engoncés, presque officiels, inhibés, réservés, peu portés aux épanchements. Ils s'intimident. Malraux expédie un livre. De Gaulle répond : « Mon cher ami, je vous remercie d'avoir écrit *Le Triangle noir*... Je vous remercie de me l'avoir dédicacé, de votre immense talent, et de votre extrême fidélité. Veuillez me croire, mon cher ami, votre bien dévoué[29]. » De son côté, Malraux peine sur la lettre la plus simple. Pour de Gaulle, il rédige des brouillons, comme un écolier. Il paraît transi lorsqu'il écrit au Général[30]. Ses vœux se terminent d'abord avec « le témoignage de mon affection et de ma... ». Comme surpris par son audace et par le mot « affection », il se corrige, barre ce mot qui engage, et conclut quand même par sa « respectueuse et affectueuse fidélité », un respect sans bornes. À propos de la publication des discours de Charles de Gaulle, Malraux lui écrira : « Ils sont des *monologues* souverains et quelquefois secrètement désespérés. » L'écrivain fignole son exercice de critique littéraire, retrouvant d'ailleurs son tic des définitions négatives. Les discours du Général apportent « une forme, non comme une école succède à une autre, mais comme Cézanne succède à Claude Monet : un autre domaine est né ; ces discours rompent avec la tradition, parce qu'ils n'en sont pas[31] ». Lorsque le Général publiera ses

Mémoires d'espoir, Malraux lui fera savoir que le vrai titre aurait dû être, « La France et moi ». Bien entendu, dit Malraux à de Gaulle, « vous ne pouvez évidemment pas l'employer ». Il sera ému par le célèbre paragraphe le concernant, commençant par : « À ma droite [*au Conseil des ministres*], j'ai et j'aurai toujours André Malraux... ami génial. » Malraux poursuit cette lettre : « Avoir eu l'honneur de vous aider a été la fierté de ma vie et l'est davantage en face du néant. » Polissant son passage sur Malraux, le Général assurait que la présence de l'écrivain l'empêchait, lui, président de la République, de descendre des hauteurs. Dans leur correspondance, les deux hommes se tiennent sur des cimes où, s'adressant l'un à l'autre, ils semblent avoir du mal à respirer et à écrire. Même dans ses lettres et compliments, Malraux patine.

Pas Marcel Arland, qui, à propos des *Antimémoires*, lui dit : « C'est bien *votre* livre, ce long chant dramatique et solide, cette incantation lucide et passionnée dans son ampleur — du seul débat qui compte : celui de l'homme et du néant. C'est votre voie essentielle, pleinement rendue, et, par là, ce sont vos vrais Mémoires. » Pierre Jean Jouve voit dans les *Antimémoires*, « somme toute une méditation entre action et douleur ». « Il y a partout... une bravoure de l'esprit qui n'appartient qu'à vous. » Romain Gary, écrivain, diplomate, ancien aviateur de la France libre, qui vénère Malraux, lui écrit : « Ce qu'il y a de vraiment mystérieux dans le livre, c'est la création sereine de l'informulé. » L'écrivain-ministre comprend mais n'aime pas qu'un critique lui suggère que son livre est romancé. En revanche, affirme-t-il avec son habituelle retenue comparative, dire que « c'est écrit avec les moyens du romancier, c'est absolument vrai pour la bonne raison que c'est vrai même de Saint-Simon, les moyens de Saint-Simon sont les moyens d'un romancier [32] ».

Parfois, pour ses proches, Malraux juge ses livres. *L'Espoir* ? « excellent » ou « raté ». *Le Temps du mépris* ? Toujours mauvais, selon l'écrivain. Il n'éprouve pas ces doutes quant aux *Antimémoires* [33]. Orgueilleux et naïf ou d'une prétention pathologique, Malraux glisse à sa fille ou à d'autres :

— Je suis le seul écrivain qui compte.

Aujourd'hui, en France, cela va sans dire. Ou dans le monde ? Bon. Cela nous mènerait loin. Soyons sérieux.

L'ARBRE DE
LA MÉTAPHYSIQUE

33

Orateur vedette

Impatient, Malraux ne saurait se faire le Saint-Simon de son monarque républicain. En devenir le Bossuet laïc ? Après tant de réunions et de rassemblements présidés, animés, subis, de maisons de la culture et d'expositions inaugurées, Malraux, accents de Jaurès, de Michelet, de Barrès, donne des oraisons funèbres, les miniatures de son œuvre.

Traitant de Le Corbusier ou de Jean Moulin, de Braque, de la *R*ésistance ou de la déportation, ses oraisons sont façonnées, non pour une chaire à Notre-Dame, aux Invalides ou à Saint-Sulpice, mais pour l'Acropole, la cour Carrée du Louvre ou le Panthéon. Le moyen de diffusion par excellence devient la télévision. Liées à l'actualité, ses oraisons funèbres l'appelaient plus encore que le cinéma. Le direct émeut. Une mort ne se remet pas d'un jour ou d'un mois au gré de l'orateur. En scène, Malraux, récitant avec son élocution plus proche de la Comédie-Française d'avant guerre que du théâtre minimaliste, paraît incomparable, même s'il irrite ou fait rire. Dans la lignée de Démosthène, Saint-Just, Jaurès, Briand et de qui vous imaginez : secoué de frémissements, débit saccadé, souffle rauque, hachant ses phrases, il fait rouler ses paragraphes comme des vagues sur les galets, entraîné, poussé par les répétitions générales des congrès et meetings antifascistes d'avant la guerre ou les grandes messes du R.P.F., et, quand il parle, le plus souvent, ses tics s'atténuent.

Ses oraisons funèbres font partie du *corpus* malrucien. Rabotant, collant et découpant autant une oraison qu'un chapitre de roman, il ne bâcle pas ses textes. Il n'improvise pas comme avant la guerre. Ce n'est pas l'âge qui le projette en avant, mais la technique : chaque ligne dite sera une ligne écrite, publiable, publiée. Le tribun pourtant n'échappe pas aux poncifs. « La nuit funèbre » paraît inusable et digne du « sombre abattement » et du « morne désespoir » qui saisit Agénor Fenouillard [1]. Mais l'adroit séducteur, quand il le faut, surgit sous le politique habile. Un public grec? La Grèce est le centre du monde. Un auditoire indien? Alors, c'est l'Inde. Ne soyons pas sérieux. Malraux fait son métier. Et, à travers ces exercices de style, c'est souvent au Général, auditeur idéal, qu'il s'adresse, plus qu'à ses publics français ou étrangers. En filigrane, de Gaulle reste là, père sévère, admirant son enfant doué qui fait son compliment au cours d'une distribution des prix [2]. Malraux parle à de Gaulle et à Malraux au-delà des foules et des téléspectateurs, dans un monologue incantatoire, interminable.

D'habitude, l'oraison funèbre, à caractère religieux, inclut un panégyrique et débouche sur la méditation. Agnostique ou athée [3], religieux sans foi, Malraux remplace la religiosité par le témoignage personnel, ajoutant un chapitre à l'autobiographie dispersée dans ses ouvrages.

Écoutant ou lisant la chute de l'allocution courte, mais pas moins sentie que d'autres, qu'il prononça aux funérailles de Le Corbusier, on décèle un homme ému, sinon bouleversé : « Adieu mon vieux maître et mon vieil ami, bonne nuit... Voici l'hommage des villes épiques... Les fleurs funèbres de New York et de Brasilia. Voici l'eau sacrée du Gange et la terre de l'Acropole. » On attend Ellora, le Tadj Mahall, le déluge. Malraux contrôle sa cascade mise en place par un paysagiste du verbe. Sincérité? Allez savoir. Tout homme d'État est en représentation. Le Général, à la télévision, en civil ou en uniforme, joue de Gaulle. Même le vertueux Pierre Mendès France interprète Mendès France, avec sa barbe drue qui perce le maquillage. Ces années-là, de soixante à soixante-dix, seul Sartre refuse le maquillage; néanmoins, avec cette touche même, il met Sartre en scène. Malraux le répète, il faut réduire en soi la part de comédie. Y parvient-il quelquefois? Il paraît moins marqué en parlant au passé de Georges Braque qu'en évoquant « Corbu ». Pourtant, il aimait plus le premier. Politique et propagande rôdant toujours dans les parages, il souligne que : « Jamais un pays moderne n'a rendu à un de ses peintres mort un hommage de cette nature. » Il œuvre dans l'exceptionnel, le superlatif, le prodigieux, l'étourdissant. D'autant plus que, dans une oraison, souvent, il case et ordonne sa vie stupéfiante pour la réinventer. Lorsqu'il commémore la libération de Paris à la gare Montparnasse, peu après le retour au pouvoir du Général [4], Malraux retrouve ses accents de romancier : pour rappeler la « profonde fraternité virile, et l'humiliation » comme lorsqu'il écrivait *L'Espoir* et *La Condition humaine*. Il éprouve regrets et nostalgie. Le remords en public n'est pas son genre. Mais, sans le nommer, il évoque son frère

Roland, les camps d'extermination : ils « déployaient jusqu'à la Baltique l'étrange cortège d'ombres qui attendaient les vaincus ». Cette Baltique surgit dans sa première et sa dernière oraison, et, avec elle, Roland. Quelle culpabilité éprouve, en fait, l'écrivain-ministre survivant à ses deux frères résistants ? Touchant la Résistance, *aucun* de ses textes n'échappe à l'ancrage personnel et au *nous*, convention ou, colle un peu trop forte, identifiant l'orateur et ses auditeurs aux résistants : « Nous combattions par la guérilla. » Malraux s'est servi du mot guérilla en rappelant quelques éléments de sa « bio » au camarade Mao. L'arrière-plan personnel est évidemment très présent dans la plus saisissante et célèbre de ses oraisons : celle qu'il prononça sur la place du Panthéon [5]. Le ministre d'État a fait l'inventaire des hôtes du Panthéon. Y figuraient, selon lui, beaucoup d'inconnus inutiles qu'on ne pouvait transporter ailleurs. Jean Moulin effacera en partie les médiocres. D'attaque, Malraux rend hommage au seul vivant qui compte ici pour lui. Pas un mot pour les autres notables. Ni pour la sœur de Jean Moulin, présente.

— Monsieur le président de la République...

À la gauche du catafalque noir, André Malraux s'exprime devant Charles de Gaulle. Grave, les traits tirés, en uniforme, dans sa capote, sous son képi à deux étoiles. Malraux traite d'un combat français fondamental mais aussi de *ses* combats. Ce soir-là, sont, si l'on peut dire, réunis deux hommes qui comptent pour lui, de Gaulle et Jean Moulin. De ce dernier, il esquisse le portrait : « ancien préfet de gauche », « ami de la République espagnole », qui aida le *coronel* à obtenir des avions et des pilotes, puis délégué du Général en France.

L'écrivain-ministre synthétise la Résistance : « Peuple de la nuit, peuple d'ombres », représentant une « fraternité » que Moulin transforma en « combat » grâce à un « désordre de courage ». Vingt ans après la Libération, dans ses belles envolées, Malraux souscrit aux légendes fondatrices, celle de la France libérée par la France, de Paris libéré par les Parisiens. Dans son célèbre discours de Bayeux, de Gaulle expliquait aux Bayeusois ébahis mais consentants, qu'ils avaient tous été résistants. Malraux se met dans le droit fil : la « presse clandestine » fut une « source d'informations », alors qu'elle était plus que succincte. Il voit en Moulin le « Carnot de la Résistance ». Retenant ses feuillets, sentant le froid de décembre malgré son épais manteau, l'orateur consolide ses ponts en passant de la Révolution à la Résistance. Il jette aussi une arche entre sa guerre d'Espagne et les combats des résistants en France. Il se reconnaît en Jean Moulin. Son débit *extra*ordinaire, prenant, pathétique, vieux jeu sans doute mais justifié, est porté par le poids de deux vies, celles de Malraux et de Moulin. L'écrivain-ministre s'en est ouvert à plus d'un maintenant, deux hommes politiques émergent en France, à l'évidence, lui et de Gaulle. Il aurait pu et su et dû être Jean Moulin, pour chapeauter toute la Résistance. Dans ses trois départements, Malraux ne contrôla pas grand monde. Au rôle de délégué du Général, il aurait ajouté une nuance intellectuelle « métaphysique », une coloration de « transcendance »... Le Destin ou Dieu ont mal distribué les rôles.

Les obsessions de Malraux ressortent. Moulin tenta de se suicider en 1940 à Chartres pour ne pas céder sous les tortures des Allemands. Après son arrestation à Caluire, il fut torturé. Le thème de la torture remonte au moins à *La Condition humaine*. Malraux ne donne aucun nom dans son discours, mais la torture de l'un de *ses* compagnons est proche. S'adressant à Jean Moulin, le ministre-écrivain évoque « ceux qui sont morts dans les caves sans avoir parlé, comme toi ; et même, ce qui est peut-être plus atroce, en ayant parlé ». Il pense à son camarade de l'escadrille España, Paul Nothomb, l'Attignies de *L'Espoir*. Communiste belge, résistant à partir de 1941, Nothomb, pris par les Allemands, torturé, conformément aux instructions données par la Résistance à tous ses membres, parla. Consignes claires : tenir deux jours, on l'a vu, puis lâcher quelques informations, espérant que le réseau dont on dépendait se sera dispersé. Paul Nothomb joua un jeu compliqué tentant de faire croire qu'il passait du communisme au nazisme. Les communistes belges l'accusèrent d'avoir trahi. Condamné puis libéré, il s'exila en France. André Malraux — fraternité, amitié, fidélité — ne l'a jamais lâché. Nothomb a aidé Malraux pour la documentation de ses livres d'art [6].

Aucune allocution de Malraux n'a eu un tel écho :

« L'hommage d'aujourd'hui n'appelle que le chant qui va s'élever maintenant, ce *Chant des Partisans* que *j'ai entendu* [*je souligne*] murmurer comme un chant de complicité, puis psalmodier dans le brouillard des Vosges et des bois d'Alsace, mêle au cri perdu des moutons des tabors, quand les bazookas de Corrèze avançaient à la rencontre des chars de Rundstedt lancés à nouveau contre Strasbourg. Écoute aujourd'hui, jeunesse de France, ce qui fut pour nous le Chant du Malheur. C'est la marche funèbre des cendres que voici. À côté de celles de Carnot *avec les soldats de l'an II, de celles de Victor Hugo avec les Misérables, de celles de Jaurès* [*je souligne*] veillées par la Justice, qu'elles reposent avec leur long cortège d'ombres défigurées. Aujourd'hui, jeunesse, puisses-tu penser à cet homme comme tu aurais approché tes mains de sa pauvre face informe du dernier jour, de ses lèvres qui n'avaient pas parlé ; ce jour-là, elle était le visage de la France. »

Miniatures, les oraisons de Malraux ? À lire ou relire comme des nouvelles, des *short stories*, isolées, peintes avec des intrigues, les vies de ses personnages, de Jeanne d'Arc à Jean Moulin, sur fond d'Histoire.

Dans ses oraisons aussi, Malraux joue avec la vérité historique. S'il ne s'agit pas de lui, il peut en tenir compte et même la rétablir au-delà des légendes gaulliste et communiste. Au Panthéon, il ne le cache pas : la Résistance fut divisée, il était difficile de faire « parler le même langage à des instituteurs radicaux, à des officiers réactionnaires ou libéraux, à des trotskistes ou des communistes ». Malraux ne dissimule pas que « *nos* » [*je souligne le majestueux pluriel d'appropriation*] maquis ont été grossis par les réfractaires du service du travail obligatoire. En moins d'une heure, n'oubliant pas de marteler, conformément à la vulgate gaulliste, l'importance de « la nation... donnée invincible et mystérieuse qui allait remplir le siècle », rassemblant ses dons de styliste et de rhéteur, il brosse le portrait d'un homme exceptionnel *et* ordinaire, Moulin [7].

Avec ce discours, Malraux s'est campé une fois encore sur la scène de l'Histoire. Lorsqu'il souhaitera publier ses oraisons funèbres, et il y tient, il proposera une bande pour le livre, « Les sept discours historiques ». Jean Grosjean suggère plutôt : *Des Dieux. Des Saints. Des Héros.*

Grosjean justifie ce projet : *Des Dieux : d'Égypte et de Grèce. Des Saints : Jeanne d'Arc et des Saints laïcs : Braque, Le Corbusier, et même Jean Moulin. Des Héros : Les libérateurs. Général Leclerc. Jean Moulin* [8].

La maison Gallimard ne retiendra pas cette bande-là non plus. Malraux veillera de près à la sortie de son recueil. À Claude Gallimard [9] : « Je ne désire pas publier les Oraisons funèbres n'importe quand, mais le 15 mai [*1971*] au plus tard. C'est sur leur lien avec les Chênes... [*Les Chênes qu'on abat*] que je compte pour assurer leur audience, comme le lien des discours du Général avec ses Mémoires a assuré l'audience de ses discours. Le risque de télescopage est nul. La chance de réussite relative n'est qu'une chance, mais grande. Je n'ai pas fait le discours du 18 juin, dit Beuret : je m'en doute, mais mes Oraisons funèbres ne forment pas cinq volumes. Et vous savez qu'aujourd'hui la moyenne de vente dépasse 50 000 pour chacun. J'espère la moitié. » Claude Gallimard a choisi septembre pour la sortie des *Oraisons funèbres*. Malraux n'est pas d'accord [10] : « Je ne voudrais pas vous assommer, je voudrais vous convaincre. Depuis des années, je ne suis pas incompétent en matière d'édition. À mes yeux, la publication à la rentrée implique la mort du livre. Les discours ne se vendent pas. (Voyez ceux de Gambetta et de Valéry.) Notre seule chance est de faire tirer ce wagon par la locomotive des Chênes, comme les discours du Général ont été tirés par les Mémoires. Mes discours ne sont pas un vrai livre. Je puis perdre cette partie ? Oui. Mais, j'ai la certitude que si nous la jouions autrement, elle serait perdue d'avance. Maintenant, à Dieu de jouer, et bien amicalement [11]. »

Malraux renaît avec deux livres, ses *Antimémoires*, et ses *Chênes qu'on abat*, et grâce à un médecin et à une femme. Lorsque Malraux a quitté Madeleine, Florence l'a interrogé sur les raisons de cette rupture.

— Je ne sais pas ce qui m'est arrivé, répondit-il.

Malraux dira aussi à sa fille :

— Les femmes de ma vie, je les ai toutes aimées.

Malraux a quitté définitivement Madeleine avant la publication des *Antimémoires*. Personne ne pouvait mieux qu'elle, alors, repérer les embellissements de ce livre-là. Clara et Madeleine ont porté, supporté Malraux, ce que justement il ne *souffre* plus. Madeleine ne dira pas comme Clara à Florence : « J'ai eu un coup de foudre pour ton père le jour où il m'a quitté. »

Vivant à La Lanterne, pavillon dans le parc de Versailles, Malraux a pour témoins attristés Jean Grosjean, sa femme, et pour confidente, sa nouvelle compagne, Louise de Vilmorin, retrouvée et reconquise, à supposer qu'on ait pu conquérir cette femme. Au début des années cinquante, Malraux expédiait à Louise « un trèfle à quatre feuilles... ceux qui portent vraiment bonheur [12] ». À Mme de Vilmorin, écrivain aussi, il disait du bien de ses livres. Louise prenait les compliments avec prudence, puisque, selon elle, il disait du bien « à tout le monde ».

Vive et drôle, méchante et dure, surtout quand elle boit trop, Louise, « Loulette », a pour première nature la séduction. Dans son salon bleu, elle reçoit Jacques Prévert et Maurice Druon. En 1967 — un an de moins que Malraux — elle a soixante-cinq ans, de l'humour, de la grâce et le sens de l'éphémère. Avant 1969, elle voit Malraux deux ou trois fois par semaine. Puis elle se rend chaque jour à La Lanterne. Enfin, elle lui propose de venir s'installer à Verrières-le-Buisson, dans la maison de famille des Vilmorin, édifiée en 1680. Elle lui offre un bureau au rez-de-chaussée et, en haut, deux pièces et une salle de bains très convenables, pas luxueux. On appelle cette partie de la maison « les bateaux » à cause des gravures accrochées au mur. Vivent aussi à Verrières, André et Roger, Sosthène de Vilmorin, neveu de Louise, et sa femme, Corinne Godfernaux, collaboratrice de Malraux.

Ce duo imprévu d'écrivains fournit des échos à la presse. André et Louise s'expédient des coupures qui annoncent leur mariage. Malraux avec un extrait de *L'Est éclair* [13] : « Pour vs faire rire, malgré les agrafes, nous avons bonne mine. » Un mariage ? Louise :

— Qui tient encore à se marier aujourd'hui, à part les prêtres ?

Malraux ne divorce pas de Madeleine. Ses exigences, dit-il, sont excessives. Il affirme qu'elle veut tout partager. Exaspéré, il propose de couper chaque livre de sa bibliothèque en deux. On pourrait aussi diviser les dettes. Madeleine a maître Badinter comme avocat, Malraux un inconnu. Il écrit à sa femme : « À vingt-cinq ans de générosité, vous répondez par une provocation. » Malraux n'est jamais pressé de divorcer, de Clara ou de Madeleine. Un divorce implique un deuil.

Louise a eu quelques maris et plus d'amants. Maintenant, ce grand personnage, André Malraux, campe puis s'installe dans sa vie. L'homme préféré de Louise reste André de Vilmorin, un de ses quatre frères. *André* Malraux, *André* de Vilmorin. Les Vilmorin aiment plaisanter et collectionner. Ils distraient l'écrivain. Malraux et Louise de Vilmorin se mettent en valeur l'un l'autre. Deux vers de Louise pourraient résumer leurs rapports présentés dans la (prétendue) grande presse, comme une idylle :

L'Écho du rire
est un sanglot

Ensemble, pas malgré eux, Louise et André écrivent un roman rose, la plupart du temps, pour un certain public qui n'a pas lu leurs livres. Des photos de *Paris Match* les montrent main dans la main dans les allées du parc de Verrières. Quand Malraux est revenu dans la vie de Louise, elle était connue mais sa réputation se fanait. Au bras de son ministre, qui n'est plus pour ses amies un « coco », Louise de Vilmorin devient célèbre. Malraux évoque volontiers Mme Récamier et Chateaubriand. Louise n'a plus l'impression de décliner. Deux monstres, deux miroirs : elle farfelue, lui grave. André ponctuel, Louise en retard. Les rôles sont distribués.

Louise transforme la frivolité en art de vivre. Sa fausse futilité contraste avec la fréquente solennité de son compagnon. Mais elle sait le faire rire. Elle aime les fleurs, et lui, Goya. Ils ont en commun le goût des phrases, la vieillesse qui approche et rapproche, l'alcool, lien puissant. Si Louise de Vilmorin était un joli sablier au soleil, Malraux serait un large quadrant solaire à l'ombre. Ils se soutiennent, elle le tirant vers la comédie, lui, la poussant en direction de la tragédie. Elle freine de tous ses bons mots.

Leur couple étonne et détonne, comme la rencontre du parapluie et de la machine à coudre sur la table d'opération de Lautréamont. Louise se dit ravie de la réconciliation de Malraux et de sa fille. À la table de Verrières, les vins sont bons. Champagne et whisky... On y rencontre une partie du Tout-Paris et de la Toute-Europe, les Pompidou, le danseur Jacques Chazot, Michel Bouquet. Louise applique une étiquette : un de ses amis, conservateur du musée de Versailles, ne viendra pas à Verrières tant que Malraux sera ministre. Cette fantaisiste a sa morale ou son art de vivre. André et Louise, bizarres complices, comme tant de couples. Elle ne comprend pas grand-chose à ce qu'il écrit. L'a-t-elle lu ? Elle aime l'avoir sous la main, il aime l'avoir à sa main.

Plus tard, Malraux fera « arranger son bureau » par un décorateur moderne, Henri Samuel. Louise dit :

— Malraux, je le connais bien. Personne n'a aussi mauvais goût que lui.

Malraux la pousse à lire. Elle s'y résigne :

— Je suis vos conseils. Je suis dans Thomas Mann.

— Vous en êtes tout juste à la page 2.

Louise déteste Stendhal :

— C'est un esprit faux.

Malraux, le menton sur ses mains :

— Développez.

L'écrivain accepte les dîners de Louise et s'y amuse. Elle soupe aux bougies, cette lumière sied au teint des femmes. Des hommes vieillissants aussi. Louise impose quelques principes et des sujets interdits, la politique, la religion, l'opposition à Napoléon, Victor Hugo. Malraux frétille quand Brigitte Bardot, terrorisée, arrive en cape noire. Il fait toujours bonne mine au sculpteur Jacques Zwoboda, à l'acteur Paul Meurisse, au chanteur Guy Béart, surtout quand Louise lâche :

— Guy, prends ta guitare, je ne t'ai pas invité pour rien.

Malraux s'intègre. Il n'a pas le choix.

À la table de Mme de Vilmorin, nouveauté, il retient un peu ses monologues. Les invités aussi ont parfois le droit de parler. Malraux feint de ne pas être le centre d'intérêt d'un dîner. D'autres écrivains, Maurice Genevoix, Dominique de Roux, passent. Malraux préfère tout de même ses amis, René Clair, sa femme, et les fidèles. Il apprécie les histoires de coucheries colportées à table. Louise et André dépensent sans compter. Louise se débrouille toujours pour payer, empruntant ici et là, surtout à son premier mari américain — ou serait-ce le deuxième ? Elle dit :

— Pour les questions d'argent, Malraux est pire que moi.

Cette infidèle légère a des fidélités sérieuses. Chaque semaine, elle écrit à Jean Hugo. Son frère, André de Vilmorin, lui parle tous les matins à 11 heures. Il a accepté Malraux, ayant cependant glissé à sa sœur :

— Ce n'est pas un homme pour toi.

La tribu Vilmorin a pris Malraux en bloc. Elle lui offre une famille. Il descend de son piédestal sans y parvenir tout à fait. Les deux monstres réussissent une double convalescence. Ils offrent un couple littéraire : Aragon et Elsa, Sartre et Simone de Beauvoir. Malraux et... De belles photos. L'ère des « people » commence, les écrivains sans leurs livres, les vedettes de cinéma tout juste avec leurs films. S'aiment-ils, André et Louise ? Certains en sont persuadés. D'autres pas, comme Jules Roy. Malraux reprend ses activités littéraires et ses déjeuners entre ses passages au ministère. Louise l'encourage, dans tous les domaines :

— Mais pourquoi ne faites-vous pas la cour à la comtesse de Karolyi ?

Catherine de Karolyi, « Gogo », est une amie de Louise. Malraux redevient aimable spontanément et par nécessité. Depuis ses mésaventures au Cambodge, il sait manier les journalistes. Qu'un interviewer vienne le voir et, s'il n'est pas trop sot, l'écrivain lui dédicacera le livre dont ils parlent. Il adore une formule qui les charme : « Pour X... Son complice, André Malraux. » L'intéressé se sent comblé. Malraux n'est pas malhonnête : il connaît la vanité du milieu. Toujours, l'interview est agrémentée de : « Comme vous le savez. » L'écrivain n'est pas demandeur mais demandé, partout. Une part de l'art oratoire consiste également à donner des conférences de presse et des interviews. Malraux se coule dans l'intimité assez factice d'une interview. Le ministère, parfois une interview, un discours, rendez-vous chez Lasserre, une interview, Malraux écrit, encore un entretien... Bon. Un autre discours ?

Au Palais des Sports [14], Malraux proclame que « la nation est la découverte capitale du siècle ». Elle n'est pas nationaliste, assure-t-il maintenant, mais « organique à travers le monde ». Il met en musique les chansons-idées du général et remet en scène ses héros préférés : « Lorsque Mao Tsé-toung qui avait franchi les onze fleuves, qui avait passé à travers les montagnes de neige du Tibet, qui avait franchi des rivières ou des ponts en flammes, n'avait plus que ses immenses chaînes tendues à travers l'histoire, était arrivé avec 7 000 hommes, avait conquis 700 millions de Chinois, lorsque je lui ai dit : "Eh bien, Monsieur le Président, et maintenant, de vieux empires vont renaître?", Mao Tsé-toung m'a tout simplement répondu : "Oui." » Idée acceptée dans l'Hexagone, Malraux a dû converser plusieurs fois au cours des ans, pendant des heures, avec Mao. Il revient souvent sur ce conte, à l'écrit et à l'oral.

Il a su utiliser la photographie, avec Gisèle Freund en premier, la radio avec tout le monde, perçu les possibilités du film et de la télévision. Il n'aime pas se voir sur le petit écran. De septembre 1967 à 1976, il parlera ou paraîtra quatre-vingt-sept fois à la radio ou à la télévision, refusant que ses émissions de plusieurs heures sur l'art soient retranscrites et publiées. Ses mains et ses bras, son corps en mouvement lancé en avant, l'index levé, pointé, se servant de tremplin à lui-même, n'obéissent pas toujours aux conseils des réalisateurs (« Ne bougez pas trop. Attention aux coups sur la table », magnifiés par les micros); le bonhomme laisse imaginer derrière lui des tempêtes, des orages, des éclairs. Les compliments ne lui déplaisent pas. « Je n'aurais pas mieux fait », lui aurait dit de Gaulle après une émission. Ce mot-là du Général, comme tant d'autres, fut peut-être inventé par Jean Cau. Les moqueries, les dessins du *Canard enchaîné*, en apparence, sont indifférents à Malraux. Sur ce point, il ressemble à Sartre et pas au susceptible Camus.

À certains téléspectateurs, Malraux paraît possédé, visionnaire; à d'autres, emberlificoté, abscons, d'une profondeur douteuse. Artiste, histrion ou chroniqueur inspiré? La plupart des auditeurs et téléspectateurs, même en oubliant ses tics — qu'il détestait, dont il était presque trop conscient mais qui attiraient aussi, le rendant singulier —, jugent peut-être l'homme et son œuvre d'abord à travers ses émissions. Certains de ses interlocuteurs de l'audiovisuel lui servent une soupe respectueuse et relancent le dialogue avec des questions de psychanalyste à bout de course : « Ça vous fait penser à quoi? » « Mais justement, le torse de cette statue... » Beaucoup de ceux qui le filment, l'interrogent, arrivent pâmés. Voir Malraux et mourir. Ou survivre. De temps en temps, l'écrivain s'ouvre, abandonne le style oraculaire [15]. Malraux joue Malraux malgré quelques familiarités et plaisanteries. Grâce à celles-ci justement, une institution, un mythe parle parfois comme tout un chacun. Le naturel ne vient pas aisément à Malraux. L'écrivain-ministre porte des masques. Ses silences émeuvent lorsqu'il réfléchit, menton sur ses mains, front plissé, mangé par quel feu intérieur, au bord de quel inexprimable, parfois exprimé par des propos qui ne résistent pas à l'analyse ? « Ça nous mènerait trop loin... » Là où Malraux ne *veut* ou ne *peut* aller ? Poésie en prose pour les uns, déraison pédante pour d'autres. Les deux, avec, en plus, une passion, unique.

L'Histoire de la télévision retient les entretiens avec Roger Stéphane, à la voix cassée, et avec le plus critique de ceux qui ont conversé avec Malraux pour le public, Pierre Dumayet, alors que les interviews de Jacqueline Baudrier paraissent convenues. On se souvient également de la série des émissions de Jean-Marie Drot [16], et, avant elle, surtout les neuf émissions de *La légende du siècle*, réalisées par Claude Santelli et Françoise Verny, qui ont fait de Malraux une vedette de la télévision. Après une courte émission, Malraux a sollicité Santelli et Françoise Verny [17] :

— Quand faisons-nous quelque chose de plus [*geste des mains enserrant un globe*] vaste ?

La première émission de *La légende*, idée prémonitoire, commence sur un plan de Malraux, bien vivant, dans le Panthéon, vestibule de la postérité. Des mois de tournage. Un jour, Malraux paraît éteint, parfois par un médicament, et incompréhensible. Autre séance : il brille, s'accroche à la transcendance.

Pour la presse écrite, Malraux se met au niveau de tout le monde.

— Êtes-vous heureux, André Malraux ? lui demande Victor Franco pour le *Journal du dimanche*.

— Autant qu'un autre.

— Comment voyez-vous vos contemporains ?... Que leur avez-vous apporté ? poursuit le journaliste.

— Je ne les vois pas [*pas toujours faux*].

Vite, Malraux passe à Malraux : parlons donc de quelque chose d'intéressant, parlons de moi.

— Ce que j'ai de particulier ? Disons un artiste qui a participé à l'Histoire de son temps et qui l'exprime avec étonnement.

— Si vous étiez né en 1801 au lieu de 1901, qu'auriez-vous fait ?

— Je pense que je n'aurais pas rigolé. Pour Bonaparte, j'aurais été trop jeune. Et alors, après, je crois que j'aurais eu des sentiments genre Musset. Vous vous souvenez, au début de *La Confession d'un enfant du siècle* : « Mon père arrivait avec les victoires, les blessures, etc., il nous prenait dans les bras et il repartait [18]. »

Les écrivains font presque tous du charme ? Malraux plus que d'autres. Il peut. Il a toujours une façon exquise d'accueillir les journalistes, qui semble dire : Je n'attendais que *vous*. Ou : comment se fait-il que *nous* ne nous soyons pas vus avant ? Malraux a le sens de ses intérêts mais aussi de la gentillesse. Il reçoit des amis ou des journalistes célèbres ou peu connus dans son bureau du ministère. Gisèle Lambron rédige un portrait de l'écrivain pour le *New York Herald Tribune* [19] :

— Gisèle, comment faites-vous pour paraître si jeune ?

— Vous me faites bien de l'honneur.

Le doigt désignant les confins du cosmos ou les contours de l'Histoire, l'écrivain allume ses brillantes fusées ou ses pétards mouillés.

Alors, Malraux apparaît beaucoup plus en écrivain français qu'en homme politique parisien : les politiques craignent les magnétophones, exigent souvent — en France — de relire leurs interviews. Pas Malraux qui, aimablement, accepte les coupes et les passages rafistolés. Au cours d'un entretien, il se met en représentation, devant lui-même et face aux journalistes, aux ingénieurs du son, aux cameramen. Personne ne peut fermer *ses* vannes. Seuls trois hommes ont su modérer ses transports, Emmanuel Berl, Charles de Gaulle et Mao. Malraux a du génie pour glisser de l'anecdote à la considération générale. Pourquoi parle-t-il tellement ? Pour expliquer, s'expliquer, se justifier, étaler une science que, parfois, il ne possède pas. Ses interlocuteurs éprouvent alors un sensible soulagement. Avec Gisèle Lambron et d'autres, il écrit en parlant et parle en écrivant. La machine à remonter le temps mise en place avec les *Antimémoires* tourne en lui :

— Je suis allé voir le Général à la Boisserie, en 1946. Il était la France pour le monde, et il n'était plus rien pour la France. On l'avait remercié comme un laquais parce qu'on craignait le dictateur. Eh bien ! sur son bureau, il avait écrit ces mots : « *Alles ist los, alles ist gleich...* », tout est vain, tout est égal, tout est résolu. C'est, comme vous le savez, dans Zarathoustra. La deuxième partie, qui s'intitule d'ailleurs le *Prophète*. Bon. Vingt ans plus tard, il lui faut encore faire face aux bourgeois qui se font blanchir à Londres, aux anglomanes de droite, à la prévarication des lobbies, à l'indignité de Neuilly. Songez que de Gaulle, qui a tenu tête à Roosevelt, doit désormais composer avec la défiance constructive de M. Raymond Mondon [*homme politique retourné au néant dont il n'aurait peut-être jamais dû sortir*].

André Malraux, sortant de ses digressions, redevient volontiers ministre chargé des Affaires culturelles.

— Tout le monde à Paris parle de l'exposition Toutankhamon [*inaugurée par Malraux*], lance Gisèle Lambron.

Malraux s'amuse :

— Leymarie [20] a fait un superbe travail. La momie débarque la semaine prochaine. Au Quai d'Orsay, on suggère de présenter les armes au sarcophage quand il arrivera à Orly, avec tous les honneurs dus à un chef d'État... Ce qui est très curieux, d'ailleurs, c'est que les physionomies contemporaines se retrouvent dans la statuaire égyptienne, dans un bas-relief du sarcophage, vous avez une série de cartouches, avec des dieux, de profil. Eh bien, on reconnaît tout à fait Charbonnel, Deniau, Chirac, Mazeaud, tous les jeunes loups de l'U.N.R. Je l'ai dit à Pompidou, qui va les envoyer en campagne électorale dans le Massif central, parce que c'est un pays chthonien, comme l'Égypte, et qu'il s'agit là aussi d'une affaire diurne.

— André, est-ce que vous pensez... à l'Académie ? demande Gisèle Lambron.

— Je laisse ça à Rueff [*expert financier du Général*], dit Malraux.

Autant pour moucher Mauriac, de l'Académie, « le plus grand écrivain français vivant », selon le Général, gaffeur. Tiens, Malraux n'est pas grand-croix de la Légion d'honneur. Quel oubli !

34

Nuages de mai

Le 13 mars 1968, au Conseil des ministres, Malraux fait part des impressions de son récent voyage en U.R.S.S. : *a*) ce qui aurait changé ? *b*) ce qui est permanent ? Le ministre, lorsqu'il sort de sa nébuleuse divinatoire, manifeste du bon sens en *Real* et *Weltpolitik*. En U.R.S.S., constate-t-il, *rien* n'a changé. Autant pour les économistes, comme Galbraith, ou les avocats « internationaux », style Samuel Pisar, qui pensent que l'Est et l'Ouest se rejoignent. De fait, le régime maintenu par Moscou reste totalitaire, l'idéologie prime. Malraux, pondère :

— Les Russes ne se sentent plus menacés par personne.

Là, le ministre n'est pas synchrone avec le Général. Pour de Gaulle, les Soviétiques sont aussi, d'abord, l'expression du nationalisme russe, et toujours inquiets. Le Président, comme d'autres à droite ou à gauche, oublie parfois la structure lénino-stalinienne de l'U.R.S.S. Il table sur des échanges pour ramollir les dirigeants. Pour les échanges culturels, Malraux dit simplement :

— Ce n'est pas sérieux.

À la direction des Affaires culturelles du Quai d'Orsay, parfois on se sent outragé [1].

L'écrivain redevient avant tout, aux yeux du public, malgré son apparition dans des émissions de télévision, le ministre du général de Gaulle. Il tient à diriger la politique culturelle et le marque. Lorsque, le 27 mars, Georges Pompidou présente la Fondation de France qu'il soutient, le ministre dit :

— Je salue l'intention, mais je redoute les dérives. On va créer des organisations parallèles, et je crains une politique parallèle [*comme le Quai d'Orsay, face à Malraux*]. Il ne peut y avoir qu'une politique culturelle, même pour l'achat de tableaux.

De Gaulle approuve :

— Cette remarque est d'intérêt général[2].

Le 11 avril 1968, le ministre d'État soumet le programme des cérémonies organisées pour le bicentenaire de la naissance de Napoléon Ier. Le conseil approuve. Le Général et l'écrivain ont parlé de l'Empereur.

— Qu'en pensez-vous, au fond? demande de Gaulle.

— Bon. L'homme privé était nettement moins sympathique que le personnage public.

L'effet des *Antimémoires* s'apaise. Dans les milieux littéraires et politiques, les clivages s'accentuent face à Malraux. Il n'est pas aimé des siens, les gaullistes, mais ces derniers le savent lié au Général. Ceux qui s'opposent peu ou prou au gaullisme éprouvent un malaise, ils se persuadent que Malraux a changé de camp et de personnalité. Pendant que le ministre expédie ses affaires courantes ou farfelues, prometteuses ou vouées à l'échec, on attaque ses maisons de la culture, et plus à droite qu'à gauche.

Dans les domaines qui dépendent de lui, Malraux a tenté de dépolitiser des nominations. Les ministres croient qu'ils gouvernent. Oui, souvent, et aussi *contre* leur faction et leur bureaucratie, substance permanente survivant au ministre, apparence parfois évanescente, lui, Malraux, ministre, durera dix ans et endurera. Les pesanteurs administratives usent les excellences qui se résignent parfois à parader.

Le 25 février 1968, François Mitterrand, dans une question écrite à l'Assemblée nationale, a demandé pourquoi Malraux a fait « procéder, dans des conditions particulièrement choquantes, à l'éviction du directeur de la cinémathèque française auquel le cinéma doit, depuis un quart de siècle, la sauvegarde de ses créations » ? Il s'agit d'Henri Langlois, défendu par Godard, Truffaut et des bataillons de cinéphiles. Malraux a aidé Langlois dont les subventions ont doublé depuis 1958. Une salle de projection moderne a été construite pour lui au palais de Chaillot. On a entrepris d'installer des dépôts de film. Vingt millions de nouveaux francs ont été dépensés en dix ans. Langlois n'a pas de goût pour l'administration et aucun sens de la comptabilité. La gestion ne l'intéresse pas. Si on lui demande le nombre et les titres de films en sa possession et quelle en est l'origine juridique, il ne peut répondre. Parfois, il ne sait même pas où se trouvent ses copies. Pour la conservation, explique Malraux, des milliers de bobines entreposées « dans les blockhaus de Bois d'Arcy sont dans un état souvent déplorable ». Des boîtes rouillées sont alignées sans ordre et des films détériorés. De plus, un mélange bohème ou arbitraire réunit des copies sans intérêt et des pièces de valeur. Depuis 1963, 1 500 copies ont été tirées. Où sont-elles? Langlois ne veut pas qu'on travaille sur ses films. Il refuse l'entrée des blockhaus aux techniciens et à certains chercheurs. Les services des Affaires culturelles ont tenté plusieurs fois de le raisonner : qu'il veuille bien collaborer « avec un haut fonctionnaire... chargé de la responsabilité administrative et financière de la cinémathèque ». Totem tabou des jeunes cinéastes, maître dans sa spécialité, ou sa passion, mais caractériel, Langlois devait, selon Malraux, conserver son poste de directeur artistique et « la plus entière liberté ». La guérilla se poursuit. Langlois rameute admirateurs et supporters. Malraux répond à Mitterrand, cinéphile d'un moment : « Une collection de livres ne devient pas la Bibliothèque nationale sans une transformation décisive. Il en est de même de la cinémathèque. M. Langlois a rendu d'éminents services. Il fait bien ce qu'il aime. Moins bien ce qu'il n'aime pas et il ne l'a laissé faire à aucun de ceux qui ont tenté d'en assurer la responsabilité, dont la liste commence à être longue. Pour l'avenir même de la cinémathèque française, il est devenu indispensable d'en assurer la gestion d'une façon moins personnelle et plus contrôlable. »

Bref, deux « génies » s'affrontent, Malraux, avec son bonnet d'âne « droite et gaulliste », et Langlois, « gauche et culture ».

La presse de gauche proteste. Certains hauts fonctionnaires ayant affaire à Langlois ont été parfois cassants. Langlois les traita en philistins. Il s'est montré insupportable. Malraux ne le supportait plus et l'a remercié avec la brutalité de ceux qui doutent de la forme et du fond de leur décision. La cote de l'écrivain baisse. Malraux révèle, n'est-ce pas, son essence totalitaire? Des manifestants crieront :

— Malraux fasciste!

Au début de 1968, Malraux lançait devant son nouveau directeur des théâtres, Francis Raison :

— Il va y avoir un coup de chien dans ce pays.

Le jeudi 2 mai, à l'université de Nanterre, un étudiant franco-allemand inconnu, Daniel Cohn-Bendit, organise une journée « anti-impérialiste ». Des semaines de meetings et happenings avec barricades nocturnes et bagarres diurnes vont se succéder. Malraux n'est pas le seul au cœur de la mouvance gouvernementale — ou dans l'opposition — à chercher ses repères dans les « événements », à travers la « révolution introuvable » de Raymond Aron. Intéressé, mais déboussolé, débranché face à certains jeunes, Malraux vit des semaines étranges, sans prise sur les événements. Qu'est-ce, cette histoire dans l'Histoire? À l'Élysée comme à Matignon, on prête une oreille distraite aux opinions du ministre des Affaires culturelles qui ne sont pas des conseils. Ministre d'État, il ne joue aucun rôle. Il n'assiste pas non plus aux séances dans les amphithéâtres comme Sartre, espérant la « fusion » dialectique des étudiants et du prolétariat de Renault, encadré par une C.G.T. frileuse et méfiante. Les étudiants sifflent Aragon place de la Sorbonne.

— Stalinien !

Perplexe, Malraux contemple ce désordre, souvent gai, cherchant comme tant d'observateurs une explication et, à défaut, sa transcendance. Divisé, il a une sympathie, théorique, pour les étudiants manifestants. Il peut d'autant plus comprendre leur hostilité au système universitaire ou aux cours magistraux, leur exigence d'un contrôle continu des connaissances, qu'il ne connaît pas du tout ce système. La mini-révolution parisienne, selon lui, n'a pas d'organisation, pas de véritable chef, pas d'objectif défini. Néanmoins, elle le trouble. Il la compare à une boule de neige descendant une forte pente. Va-t-elle grossir ou, au terme de sa course, éclater ?

Malraux, bien entendu, ne participe à aucun des conclaves des gaullistes mous qui pensent que le Général a décidément pris un coup de vieux et devrait partir. Le ministre d'État demande plusieurs fois à voir de Gaulle mais n'est pas reçu. Après avoir rencontré deux membres de l'ambassade des États-Unis, Malraux écrit au Général. Il fait part de l'anxiété des alliés de l'O.T.A.N. On lui répond par une note à la troisième personne : « Le Président de la République regrette vivement... » De Gaulle interroge son entourage : il se demande s'il doit retrouver la confiance du peuple français ou si ce peuple doit obtenir la sienne. Le Général disparaît sans même prévenir Bernard Tricot, secrétaire général de l'Élysée. Malraux non plus n'a été ni consulté ni averti avant cette — apparente ? — fugue.

De Gaulle aurait-il plus confiance en ce général Massu avec lequel il s'entretient à Baden-Baden ? Ah ! si Malraux avait eu la haute main sur la télévision ou le ministère de l'Intérieur ! Il aurait su brider, mater ces journalistes qui indiquent avec une sympathie complaisante les lieux et les heures des manifs. Pierre Lefranc, gaulliste ferme, président de la S.O.F.I.R.A.D., contrôle Europe 1 : il exige que la station ne passe pas en direct les reportages de ses voitures-radios qui compliquent la tâche des forces de l'ordre. Jean Farran pour R.T.L. acceptera plus lentement de « comprendre [3] ».

Malraux n'aime pas la bourgeoisie française, abstraction commode et réductrice, attaquée joyeusement par les contestataires. Mais il se défie du « nihilisme » des étudiants « enragés ». Il craint une chute du franc et une fuite des capitaux.

Par-dessus tout, il éprouve une loyauté fondamentale pour le général de Gaulle brocardé. À son neveu Alain et à sa fille Florence, il se dit consterné devant les interventions de Sartre à la Sorbonne ou à Billancourt. Le langage de Sartre devant les ouvriers des usines Renault lui paraît presque aussi « emberlificoté » que certains passages de *L'Être et le Néant*.

— Ce n'est pas sérieux.

Malraux n'a pas le culte de la jeunesse. Il reprocha souvent à Gide ou à Sartre de prêter trop d'attention aux post-adolescents. Néanmoins, lorsque des étudiants chantent *L'Internationale* sur la tombe du Soldat inconnu à l'arc de Triomphe, il n'est pas scandalisé. Pas de bon goût. Il a souvent chanté *L'Internationale*, lui aussi. Malraux aime les idées et les émotions généreuses dansant en France autour du mot « révolution ». Depuis la Résistance et la Libération, lui, il préfère « patrie » et « nation ». Barricades, incendies, bagarres : Malraux n'éprouve pas le dégoût affolé des éditorialistes ou lecteurs bien-pensants, mais lorsque après une nuit agitée on recense plus de 700 blessés dont presque 400 graves, et au moins une centaine de voitures brûlées, il tique. Ce n'est pas une révolution acceptable. Pour Malraux, de Gaulle reste le révolté et un révolutionnaire hors normes.

Le joyeux souk de la cour d'une Sorbonne occupée affiche des portraits de Castro, de Che Guevara — *le* Che —, de l'oncle Hô, et de Mao. Malraux aurait-il oublié que, trois ans avant, il a tracé un portrait étincelant de Mao ? Le ministre voit parfois dans les chefs étudiants des farfelus politiques et pense que le Général est populaire. Il opine quand Grosjean lui dit :

— Les possédants n'aiment pas de Gaulle.

Avec du recul, plus de dix ans, Malraux décèlera [4] en Daniel Cohn-Bendit un personnage de roman, « un orateur puissant et jovial, ce qui est extrêmement rare ». Cohn-Bendit, d'après lui, est « important » à cause du lien qui s'est établi entre la jeunesse étudiante et la jeunesse prolétarienne. On a un peu l'impression, là, d'entendre Sartre. Malraux aurait senti cette « fusion » — inexistante —, alors qu'il se promenait (peu) dans Paris, pas aux usines Renault de Billancourt ou à la Sorbonne. Aucun lien ne s'est établi entre les avant-gardes de ces deux jeunesses. Les agrégatifs et les P3 n'ont pas fraternisé. Malraux a vu l'invisible, souhaitable peut-être. Concernant la situation internationale, estime-t-il, les trotskistes sont « des gens beaucoup plus sérieux que M. Cohn-Bendit ». En quoi ? Désemparé, le Général confiera que les choses lui « échappent ». À Malraux aussi, qui ricane quand des écrivains occupent l'hôtel particulier de la Société des gens de lettres avec Clara [5]. Le ministre-écrivain fait part de son pessimisme à un diplomate américain [6] :

— Vos étudiants veulent réformer, les nôtres veulent seulement détruire. Dans l'ensemble, les vôtres ne sont pas nihilistes **au** sens russe du terme. En tout cas, pas pour le moment. Les nôtres le sont. Vous pouvez discuter avec un communiste. Pas avec un nihiliste... Notre problème de la jeunesse est plus profond et plus sérieux que le vôtre.

« Observation morose pour quelqu'un qui a écrit *La Condition humaine* et *L'Espoir* », note le diplomate en marge de son rapport.

Selon son humeur, Malraux juge les étudiants et leurs chefs farfelus ou nihilistes. Ou les deux, pourquoi pas ? À Jacques Chaban-Delmas, l'écrivain confiera qu'il ne sait s'il aime ou déteste ces étudiants. Il n'est pas seul à Paris à caresser cette ambivalence. Plusieurs semaines, « Pépé », José Bergamin, essaie de « vivre » mai 68, et Malraux, selon lui, de « comprendre » les événements. Ils déjeunent ensemble. La voiture de fonction du ministre, une D.S., attend Malraux pour se rendre à l'Assemblée nationale. Où peut-il déposer son ami ou son adversaire ?

— À la Sorbonne, dit Bergamin.

Malraux, souriant :

— Tu vas vers l'irrationnel et moi vers l'irréel [7].

Malraux patauge hors du coup et hors jeu. Il ne peut agir, Pompidou, Premier ministre, ne le consulte pas. L'écrivain constate « l'absence de haine des deux côtés ». Les étudiants crient « *C.R.S.-S.S.* » et de Gaulle, sans état d'âme, serait prêt à faire tirer sur les fils de ministres parmi les manifestants, mais il n'y a guère de casse. Le préfet de police, Grimaud, évite l'irréversible, et tient ses forces de l'ordre épuisées. Absence de haine en effet et peu de sang. Malraux se rend à son ministère, rassemble ses responsables et décrypte la situation [8]. Elle n'est pas révolutionnaire d'après lui, parce que personne ne cherche des armes. Mais elle paraît insurrectionnelle car il s'agit de renverser le gouvernement, « de casser une structure ». Malraux évoque Kerenski et la prise du palais d'Hiver. À propos des « combats » à travers Paris, Pierre Moinot note que les manifestants ne s'attaquent pas aux symboles. Au contraire, répond Malraux, la Bourse a brûlé — ce qui est faux. Malraux s'envole :

— Prenons, dit-il un symbole plus spectaculaire que les Archives ou les Gobelins. Prenons le Louvre. S'ils attaquent le Louvre comme... symbole de la culture...

Malraux, pense Moinot, se voit dans le Louvre, face à l'émeute, et se précipitant dans l'escalier près des Antiques :

— Laissons-les entrer jusque-là, dit le ministre, toutes ces statues du bas sont peu fragiles. Il y a beaucoup de copies. Ils peuvent entrer jusque-là. Mais à partir de l'escalier, devant Samothrace, je serai au milieu des marches, vous serez tous derrière moi, nous serons là, les bras étendus.

Malraux consommerait-il de nouveau du Maxiton, excitant dangereux ?

Chez Gallimard, de nombreux permanents de la maison éprouvent une vive sympathie pour le mouvement étudiant qui a un délicieux parfum littéraire avec ses slogans importés de Strasbourg par les Situationnistes : *Sous les pavés, la plage. La culture c'est comme la confiture, moins on en a, plus on l'étale...* Albert Beuret apprend à Malraux qu'Antoine, fils de Claude Gallimard, veut se rendre à Londres pour manifester avec ce Cohn-Bendit, très demandé sur les plateaux de télévision.

— Pas sérieux, dit Beuret, navré.

Malraux hoche la tête. Avec son neveu-fils, l'écrivain déjeune non pas dans un des bistrots du Quartier latin, à hauteur des nappes de gaz lacrymogènes répandus généreusement par les C.R.S., mais à la Tour d'Argent, en altitude, face à Notre-Dame. Dégustant un des canards, spécialité de la maison, Malraux plonge dans la prophétie :

— Maintenant, nous entrons dans ce qu'on appelle en Russie le temps des troubles. On est dans l'imprévisible. Tout, absolument tout, peut arriver. Les pires provocations, Séguy [*secrétaire général de la C.G.T.*] assassiné, le Général au poteau, les chars après-demain sur les Champs-Élysées, regardez bien. Et regardez aussi ce restaurant, nous n'y reviendrons peut-être jamais pour une raison ou pour une autre [9].

L'homme qui aligne et abat les atouts du pouvoir, Pompidou, n'est plus du tout un proche d'André Malraux. Loin le temps où l'écrivain écrivait au futur Premier ministre : « Nous avons, les uns et les autres, besoin de travailler dans une certaine fraternité [10]. » Grief personnel, côté Malraux, les Pompidou restent en très bons termes avec Madeleine. Autre reproche, plus psychologique aussi que politique, Malraux a le sentiment que Pompidou a repéré en lui un concurrent possible à Matignon ou plus haut. Il se trompe. Pompidou admire l'écrivain mais, à ses yeux, Malraux, surtout en politique intérieure, serait un funambule, un amateur, et, parfois même, un personnage dangereux. Il a trop de goût pour les services secrets, les conspirations, le panache. François Mauriac a répété à son fils Claude une confidence de Malraux, revenue à

Pompidou : « Il n'y a que deux hommes en France, de Gaulle et moi [11]. » Malraux glisse volontiers qu'on peut se passer de l'anthologie de la poésie compilée par Pompidou.

Malraux, malgré lui, surgit dans les événements de Mai, dans un rôle mesquin, indigne du colonel Berger. Le ministre a confié le théâtre de France, l'Odéon, à Jean-Louis Barrault. La salle a été occupée [12] par des étudiants, des vrais ou des pseudo-beatniks, et les Katangais, loubards drogués et durs, armés de matraques, de couteaux et de quelques revolvers. Des militants recruteurs ont parcouru le Quartier latin :

— Tous à l'Odéon !

Comme à la Sorbonne, les débats de l'Odéon sont tumultueux, confus. Les protestataires annoncent que « les acteurs veulent s'emparer de l'Odéon ». Ce qui est loin d'être vrai. La bourgeoisie, progressiste ou non, des arrondissements alentour, viendra en visite au début de la soirée. Comme c'est amusant. Si, après, on dînait chez Lipp ? Daniel Cohn-Bendit est intervenu à l'Odéon le premier soir, se moquant des « graffitis de Chagall qui ornent le plafond ». Ils sont de Masson. Daniel Cohn-Bendit confond avec le plafond de l'Opéra, également une commande de Malraux. On décrète le Théâtre de France moralement mort. Son directeur ne présente aucun intérêt. Revenu en hâte de Londres, Barrault est monté sur la scène de son théâtre. Convaincu ou prenant le vent, il a lancé :

— Soit ! Barrault est mort mais il reste un homme vivant.

On l'a sifflé plus qu'on ne l'a applaudi :

— Salaud, tu bouffes avec Pompidou !

— Qu'il joue gratuitement !

Madeleine Renaud, femme de Barrault, grande actrice mais tête politique de moineau, s'est écriée :

— Le Théâtre de France qui a créé *Les Paravents* [*pièce de Genet défendue par Malraux*] n'est pas un théâtre bourgeois... Vous en voulez au théâtre bourgeois ? Allez à la Comédie-Française, aux Folies-Bergère.

Le lendemain, le ministère des Affaires culturelles fait part du « profond mécontentement qu'a suscité en haut lieu la phrase malheureuse » de Barrault. Parcourant les journaux, de Gaulle (aurait) dit : « S'il est mort, il faut donc l'enterrer. » Trouvaille de Jean Cau [13] ?

Proclamé « lieu de rencontre » entre ouvriers et étudiants, permanence révolutionnaire, lieu de meetings ininterrompus, l'Odéon est bien aux mains d'un Comité d'action révolutionnaire. En conseil [14], de Gaulle lâche, tournant la tête vers Malraux :

— Ils vous ont pris l'Odéon ?

— Ça ne leur portera pas bonheur, répond le ministre.

De Gaulle ajoute :

— La Sorbonne, l'Odéon, c'est trop. Nous allons reprendre tout ça en main.

Donc, Malraux participe à la reprise. La situation au théâtre se dégrade, de petits groupes volent des accessoires et des armes de scène dans les magasins. Des techniciens bloquent le rideau de fer. Sur ordre de l'Élysée et de Matignon, Malraux décide de faire évacuer le théâtre. Ordre et contrordre d'évacuation destinés aux comédiens et aux ouvriers s'empilent [15]. Le cabinet du ministre des Affaires culturelles somme Barrault de demander à l'E.D.F. de couper l'électricité et aux P.T.T., le téléphone. Barrault refuse. L'acteur se met en scène, pour les journaux et l'histoire, déclarant :

— Serviteur, oui. Valet, non !

Beau comme du Hugo ou du Malraux. Mais stupide. Barrault dépose au secrétariat de Malraux une demande d'audience accompagnée d'une lettre : « Je tiens à maintenir avec vous, sur le terrain noble, les rapports que nous avons toujours eus. » Malraux descend de sa voiture, Barrault s'approche. Le ministre d'État secoue la tête, sourit jaune et file. Des propos de Barrault rapportés par Harold Hobson dans le *Sunday Times* de Londres ont aggravé son cas. Selon lui, Malraux a(urait) évoqué des agitateurs d'extrême droite du mouvement Occident, envoyés par le gouvernement cherchant un prétexte pour faire intervenir la police [16], assure l'hebdomadaire britannique. Alors que vont être publiés les nouveaux statuts du Théâtre de France, Barrault recevra [17] une lettre de Malraux : « Je dois vous informer qu'après vos diverses déclarations j'estime que vous ne pouvez plus continuer à assumer la direction de ce théâtre, quelle que soit sa future vocation. »

Méditant sur les données dont il dispose, et sur celles qu'il n'a pas, autour des événements de mai et juin 1968, Malraux trouvera une formule : « C'est une crise de civilisation et elle intéresse tous les étudiants dans le monde entier... que font les étudiants ? Ils vont inscrire des phrases, des mots, des lettres sur les murs. Or, bien entendu, ce que faisaient les religions, ce n'était pas d'inscrire des lettres sur des murs, c'était d'inscrire des choses dans le cœur des hommes. Et vous sentez bien le décalage. Notre civilisation, dans la mesure où elle est la première qui soit, mettons, une civilisation agnostique, qui ne soit pas une civilisation religieuse, pose d'une façon plus brutale que n'importe quelle autre, le problème de la religion [18]. »

Le 23 mai, le Conseil des ministres a agité différentes idées dont celle d'un référendum. Redonnerait-il à de Gaulle sa légitimité, contestée et ébréchée par Mai 68 ?

Malraux au Président :

— Oui, c'est le référendum et rien d'autre qui s'impose. Le choix doit être fait par le pays : c'est ou bien la réforme, que vous seul avec votre gouvernement pouvez conduire, ou bien la révolution. C'est simple et le peuple comprendra. La réforme ne doit en aucun cas être ordonnée par l'opposition. Il ne faut pas que le gouvernement danse sur les violons des grévistes. Ce qui suivra le référendum, ce sera la mise en place de quelque chose de fondamental, un *new deal* systématique.

Malraux revient sur le devant de la scène, au premier rang, en tête du défilé gaulliste sur les Champs-Élysées, le 30 mai. Pierre Lefranc, organisateur des Comités de défense de la République, lui a téléphoné le matin même. Avec des barons, des dirigeants gaullistes et cinq cent à sept cent mille partisans du Général, Malraux remonte la grande artère. La rue est à eux maintenant. Les Champs-Élysées témoignent contre le boulevard Saint-Michel. En tête de la manifestation, Malraux paraît convaincu mais perdu, hystérique, épuisé et ragaillardi, au milieu des cinquantenaires et sexagénaires en complet et encravatés. En direction des badauds et manifestants sur les contre-allées, il hurle :

— Vive de Gaulle, vive de Gaulle !

Un drapeau français frappé du sigle C.D.R. (Comité de défense de la République) se déploie sur l'arc de Triomphe. Avec son retour d'Allemagne et un discours, dissolvant l'Assemblée nationale, de Gaulle a repris la situation en main. Il ne claironnera pas mais Pompidou et son entourage, y compris Jacques Chirac, négociant en secret avec le P.C. et la C.G.T., lui ont sauvé la mise et peut-être la présidence. Le 20 juin 1968, pour les élections législatives, Malraux, en forme, prend la parole au Parc des Expositions. D'attaque, il lance :

— Je suis venu ce soir vous parler du destin de la France... Élections, tant mieux !

Il ne dit pas comme les sartriens : « Élections, piège à cons. » Il brocarde les amis de Mitterrand, de la Convention des institutions républicaines. Il nomme l'adversaire :

— Monsieur Mitterrand... ce que vous feriez demain : compenser des augmentations de salaire par l'inflation [*ce que fera Pompidou*].

De Gaulle menacé, Malraux affirme que « la France » se sent « veuve d'elle-même ». Il tombe dans le vocabulaire du Général, évoque « la haine de l'univers ». Il fait un historique du gaullisme sauveur et rédempteur. Malraux dispose d'un calendrier séculaire. Après Alexandre et Azincourt, il pense à 1789, 1917 et, par-dessus tout, au 18 juin 1940, aux deux prises de pouvoir du Général.

— De 1962 à 1968, la France, enfin, fut en paix... Nous ne sommes pas en face de besoin de réformes mais en face d'une des crises les plus profondes que la civilisation ait connue.

Malraux ne perd pas le goût du superlatif. Il évoque New York, Byzance et Alexandrie. Ses catégories ou schémas historiques ne conviendraient pas aux historiens. Pour une durée courte, il retrouve *sa* vie :

— Les grèves du 13 mai ressemblent — de loin — à celles du Front populaire.

Il dénonce « trotskistes et maoïstes » unis par le mythe de la révolution permanente, les castristes, les nihilistes encore, et « le sombre peuple du drapeau noir ». À son public gaulliste, Malraux fait mâcher ce qu'il veut dévorer. La France, insiste-t-il, a besoin d'un *new deal*. Mieux : on est déjà dedans. Malraux pourfend avec une ironie, un rien respectueuse, les communistes :

— Eux savent ce qu'ils veulent et comment ils le veulent. J'ai entendu le chanoine Waldeck Rochet [*secrétaire général du Parti communiste*], rentrant ses griffes, prononcer un discours bénin, qu'eussent à peine désavoué les professeurs de l'école de la sagesse.

Le public de Malraux comprend des notables gaullistes, des grands, des moyens et des petits bourgeois, des employés et des ouvriers [19]. Le « capitalisme » ne nous porte pas dans son cœur, dit Malraux, mais le général de Gaulle et M. Pompidou défendront mieux le capital et le franc que MM. Mitterrand et Mollet. Convaincant pour les hiérarques gaullistes et pompidoliens ? Pas si sûr. Malraux savoure quelques inimitiés pompidoliennes. La gauche et la droite ne peuvent se reconnaître en lui ? Tant mieux. Il dérange. Il se dresse là pour assurer le Général de son attachement indéfectible, pas pour rassurer la piétaille ou les notabilités gaullistes.

De Gaulle nomme un gouvernement de transition le 31 mai. André Malraux reste toujours à la droite du Général. Il vaque aux affaires ordinaires de son ministère, félicite Marcel Arland, élu à l'Académie française. Le 30 juin, au raz de marée de la foule sur les Champs-Élysées, succède une secousse électorale sismique qui donne au parti du Général 358 sièges sur 485. Le scrutin majoritaire a joué, mais la France, profonde ou pas, a aussi réagi aux événements de Paris en voyant des incendies à la télévision. Casser un peu du C.R.S. et du « flic », à la rigueur, il faut que jeunesse se passe, mais brûler des biens et des voitures! Même Pierre Mendès France, que certains quelques semaines auparavant imaginaient en président intérimaire, se retrouve battu à Grenoble, avec l'aide des communistes qui ont conseillé aux leurs de s'abstenir. À l'horizon politique se profile un gaullisme en place pour vingt, trente, cent ans.

Abasourdie, écrasée, la gauche non communiste se reprend difficilement. Le gentil P.S.U. (Parti socialiste unifié), qui devait réinventer une licorne politique, trouver une troisième voie entre la S.F.I.O. et le P.C.F., n'a pas un député à l'Assemblée nationale. L'ensemble de la gauche, guère unie en mai 68, le P.C.F. et la C.G.T. jouant leur jeu, découvre de magnifiques fractures. Celles-ci s'élargissent lorsque les troupes du pacte de Varsovie entrent en Tchécoslovaquie [20] : le P.C.F. approuve avec effusion l'arrivée des soldats et des T54 de l'U.R.S.S., de l'Allemagne de l'Est, de la Pologne, de la Hongrie et de la Bulgarie [21].

Malraux « n'attend rien d'autre » des Soviétiques et de leurs satellites. Dans sa communication devant le Conseil des ministres, à son retour d'U.R.S.S., il avait décrit une « pesante stabilité derrière le rideau de fer ». L'U.R.S.S. pèse sur les démocraties dites populaires et les stabilise. Malraux ne participe pas aux Conseils restreints les plus importants. Pourquoi de Gaulle ne l'a-t-il pas convoqué au Conseil concernant les événements en Tchécoslovaquie [22] ?

Le général de Gaulle n'a pas la reconnaissance du ventre. Il congédie Georges Pompidou, ou, plutôt, le place « en réserve de la République ». Le 10 juillet 1968, Maurice Couve de Murville devient Premier ministre :

— Couve, dit aimablement Malraux, obéira surtout aux ordres les plus discutables.

Le 20 juin, lors de leur conversation — presque — quotidienne, Foccart et le Général avaient évoqué Malraux à propos d'une réunion des Comités de défense de la République (C.D.R.). De Gaulle :

— En ce qui concerne Malraux, prévoyez un orateur de remplacement. Je le trouve fatigué ces derniers temps et j'ai l'impression qu'il se dope un peu [23].

En septembre, doit se tenir l'assemblée générale des parlementaires de langue française. Foccart dit à de Gaulle que Malraux doit prononcer un discours, mais qu'il l'a encore trouvé las au cours d'un déjeuner :

— Oui, je m'en aperçois bien, dit le Président, mais qu'est-ce qu'il a?

— Un genre de fatigue généralisée.

— Enfin, il ne boit pas ? Il ne s'est pas mis à boire ?

— Non, mon Général. Enfin, je ne sais pas...

Le train-train ministériel recommence. Malraux reprend certains projets. Il a ressenti quelques ondes de choc et il tient compte, dans ses domaines, de quelques demandes des étudiants. Au Conseil des ministres, il fait une communication sur le principe d'une réforme des enseignements de l'architecture [24] :

— L'architecte des derniers siècles, dit-il, était un individu qui construisait un objet (palais ou maison) pour un client qui était également un individu, fut-il le roi...

Sur ce, Malraux suggère d'en finir avec les prix de Rome, propose de créer des bourses spéciales pour envoyer les étudiants dans « les pays où se crée l'architecture moderne », Finlande, États-Unis, Brésil, Japon peut-être. Le ministre critique l'enseignement français « exagérément centralisé », « traditionnel », « dépourvu de moyens ». Se faisant une réputation auprès des architectes en place, ceux qui ont le pouvoir diraient les anciens de Mai, il déclare qu'il n'y a « aucune recherche architecturale en France ».

Malraux approuve, plus que de Gaulle, les réformes proposées par la loi d'orientation de l'enseignement supérieur, présentée par Edgar Faure, ministre de l'Éducation nationale. Ces réformes évoquent l'autonomie des universités. En poussant les choses assez loin, on pourrait dire qu'elles rejoignent ou dépassent la participation gaulliste. Aussi maladroit que réservé, Couve de Murville déclare :

— On dit que nous créons cent soviets universitaires. C'est excessif. Il n'y en aura pas tant.

Malraux préfère méditer plus sur la « crise de civilisation planétaire » dont témoignent, selon lui, les événements de Mai, que sur la pluridisciplinarité ou les rapports entre enseignants et enseignés. Il doit se contenter de projets, certes utiles, mais terre à terre, du bricolage. Fort bon, ce projet de loi instituant au profit des petites exploitations de théâtres cinématographiques... Ces trente-deux personnages autour de la table du Conseil, face au cosmos et à notre civilisation en crise, quelle dérision ! À chaque réunion des ministres, Malraux se trouve en face du premier d'entre eux, Couve de Murville, qui n'est pas son genre. Et inversement.

Plus écrivain que ministre, Malraux reprend ses travaux littéraires. De Gaulle l'a emporté, mais la France cuve, à gauche en tout cas, une gueule de bois. Malraux aussi sur le plan politique.

Richard Nixon arrive à Paris. Le général de Gaulle l'accueille en personne à Orly. Nixon semble négocier un virage en politique étrangère : l'Europe serait une des priorités de

Washington. Avec Nixon, Malraux a des rapports moins intenses qu'avec John Kennedy. De plus, Mme Nixon est moins séduisante que Jackie. Nixon serait beaucoup moins cultivé que ne l'était Kennedy et ne paraît pas faire partie de la catégorie des grands de l'Histoire. A-t-il un destin ? Paris attend de voir se développer au Vietnam la stratégie politique et militaire du nouveau Président américain. Mais, tout de même, un homme comme Nixon, aussi évidemment respectueux de Charles de Gaulle, peut attirer une sympathie prudente.

Malraux approche des soixante-dix ans. Il cale ses pieds dans la postérité. Il veille à sa légende, jusque dans les détails les plus absurdes. En pleine gloire ou notoriété, il joue avec sa biographie. Il ne déchiffre pas le grec — il décrypte tant d'autres signes ! — mais répond à un questionnaire du professeur Le Gludic du lycée Montesquieu de Bordeaux, inquiet de la baisse du nombre d'élèves étudiant le grec :

1. Quelles sont les raisons qui vous ont amené à étudier le grec ?

André Malraux : L'étude de la philosophie.

2. Quelle est l'œuvre de la littérature grecque que vous pré·férez ?

A. M. : *L'Orestie.*

3. Quel est le héros de la littérature grecque que vous pré-férez ?

A. M. : Antigone. [*Malraux disait à sa fille : « Tu devrais jouer Antigone. »*]

4. Que vous a apporté le grec ? En quoi a-t-il contribué à votre formation ?

Réponse malrucienne presque apophatique :

— Par tout ce qui, dans le monde grec, *s'oppose* à l'esprit latin [25].

Malraux serait-il souvent victime d'un terrorisme social et culturel ? Les membres des élites, alors héritiers ou mérito-crates, sont normaliens, polytechniciens, agrégés, énarques. Lui, autodidacte si talentueux, se prétend encore ancien élève de l'École des langues orientales et affirme savoir le grec clas-sique. Qui douterait qu'il le lit dans le texte, comme le sanskrit et le persan ? Lui, seulement lui ! Puéril et touchant, l'ancien petit Bondinois.

Littérature toujours

Le 1ᵉʳ février 1969, Malraux inaugure, dans le Midi, un bâtiment qui, comme une châsse, hébergera le *Message biblique* de Chagall. Pierre-Émile Pinoncelli, peintre amateur et protestataire, arrose Malraux :

— J'ai voulu, dit l'agresseur, profiter de cette occasion pour manifester publiquement mon désaccord... Je n'approuve ni M. Malraux ni Chagall... Chagall est « mort » comme artiste depuis trente ans... Quant à M. Malraux... il est « mort » aussi en tant qu'homme depuis la guerre d'Espagne. Ne voulant m'attaquer qu'à deux fantômes... faute de pistolet à eau, je me suis contenté d'une poire à lavement... Lorsque la voiture de M. Malraux est arrivée... et qu'il en est descendu, je me suis avancé vers lui et je l'ai aspergé... Il m'a arraché la poire de la main et il m'a aspergé à son tour.

Malraux refuse de porter plainte. Ni mort ni gâteux, à soixante-huit ans, il a des ressources et une rare puissance de travail quand il n'est pas déprimé. Il travaille aussi pour combattre la dépression. On le traite aux antidépresseurs afin de prévenir les rechutes. La politique — internationale et nationale — l'ennuie, comme les problèmes de son ministère ? Que peut-il lui arriver maintenant ? Bon, ni Chateaubriand, ni Lamartine, ni Hugo ne furent aux affaires, *tout en haut*. Malraux n'a sans doute pas fait certains deuils privés, celui de son père, de sa mère, de ses fils. Il fait — la plupart du temps — le deuil du pouvoir suprême. Romancier, Disraeli fut Premier ministre. Si le Général avait voulu placer Malraux au sommet, l'aurait-il gardé si longtemps rue de Valois ? Malraux fuyait Clara dans la guerre d'Espagne, Josette avec « ses » maquis. La grande politique le fuit.

Malgré l'avis de certains ministres, dont Malraux, de Gaulle décide de lancer un référendum sur un sujet mineur : le Général propose une régionalisation et une réforme du Sénat.

Le 10 avril, pendant un entretien télévisé avec Michel Droit, journaliste complaisant, le Général précise qu'en cas de victoire du « non » il abandonnera le pouvoir. Ce référendum se présente mal. Le chef de file des républicains indépendants, Valéry Giscard d'Estaing, invite à ne pas voter « oui ». En réserve de la présidence, Georges Pompidou fait campagne doucettement. Si Pompidou, dauphin, proclamait qu'il ne sera pas candidat au cas où le Général partirait, le référendum se présenterait d'une manière différente, affirment les gaullo-gaullistes face aux pompidoliens gaulloïdes.

Le 23 avril, Malraux entre une fois encore dans l'arène du Palais des Sports [1]. Il ne s'embarrasse pas des dépiautages juridiques de la loi proposée :

— Comme en tant d'autres circonstances, le *oui*, ce n'est plus que la confiance en de Gaulle ; le *non*, ce n'est plus que le désir de son départ. Si une partie de l'ancienne gauche s'est ruée contre l'élection du président de la République au suffrage universel, n'était-ce pas parce qu'il s'agissait du général de Gaulle ? Si les adversaires les plus constants du Sénat veulent le maintenir à tout prix tel qu'il est, n'est-ce pas pour le dresser contre le général de Gaulle ?

Malraux cite une chanson d'un ami d'adolescence, Georges van Parys :

— *Y a des cailloux sur toutes les routes, sur toutes les routes y a des chagrins...*

Les Français ressentent le référendum comme un plébiscite et, ces jours-là, ces inconstants n'ont pas le cœur plébiscitaire. Rejet du Général le 28 avril : 52,41 % de *non*, 47,58 % de *oui*. Charles de Gaulle attend les résultats dans sa propriété de Colombey-les-Deux-Églises [2]. Il quitte le pouvoir.

Savourant son suicide politique qui justifie son pessimisme historique, le Général a parfois la tentation du gouffre. Malraux aussi. Dans la France de 1969, Charles de Gaulle ne se porte plus, comme les chaussures à hauts talons, mais l'écrivain pense à un abîme cosmique. La France tourne. Point de séisme politique. Alain Poher, président intérimaire en qualité de président du Sénat, par éclipses, se voit à l'Élysée pour de bon [3]. La majorité des Français souhaite la continuité dans l'alternance gaulliste, un gaullisme modéré sans le Général. En juin, Georges Pompidou est élu avec 58,21 % des voix.

« Terminé, le gaullisme », dit Malraux en privé. Il assure un bref intérim pour expédier les affaires courantes. Puis il cesse d'être ministre des Affaires culturelles. Pompidou a insisté, pour la forme : que Malraux, avec son prestige, sa tâche inachevée, etc., conserve son ministère.

Installé chez Louise de Vilmorin, à Verrières-le-Buisson, l'écrivain achète, rue de Montpensier, un duplex donnant sur les jardins du Palais-Royal. Il envisage de s'y transporter avec Louise. De ses fenêtres, il verrait celles de son successeur. Et qui pourrait lui succéder? Vous avez vu qui succède à de Gaulle! La France continue, veuve joyeuse, oublieuse du général de Gaulle auquel elle doit tant, à qui, selon Malraux, elle doit tout. L'ancien ministre paraît à moitié orphelin.

Le 11 décembre, le Général invite Malraux à la Boisserie. Avant le déjeuner, il a avec lui une conversation en tête à tête de trente-cinq minutes [4]. Revenant de cette visite, Malraux prend des notes dans le train et rédige à chaud dès son retour. Corinne Godfernaux, tape trente et une pages dactylographiées [5]. Première phrase, *incipit* : « La neige sur toute la France. Dans le Paris-Bâle, notre ambassadeur Geoffroy de Courcel, qui fut l'aide de camp du général de Gaulle à Londres, son aide de camp actuel et moi... À Bar-sur-Aube, sa voiture [*celle du général*] aux pneus cloutés nous attend. » Dernières phrases de ce premier jet : « Je pense aussi à ce dont nous n'avons pas parlé, à cette angoisse que la France brandit à la face du monde, ait été morte — que ces années de volonté, de hasard et de fragile grandeur ne soient que des dérives de nuages, semblables à celles qui nous accompagnent sur la neige. Et cette fois, il se peut que ce soit fini. »

Dans ce premier jet, la rencontre avec le Général en tête à tête est fort courte. Certaines notations seront utilisées plus tard, d'autre remodelées : « Quand je suis parti, dit de Gaulle, l'âge a peut-être joué son rôle, c'est possible... » Plus tard, Malraux écrira : « La fatigue des derniers temps du pouvoir s'est effacée. »

La France? Toujours l'obsession du mariage de la France avec de Gaulle, et Malraux : « C'est elle qu'il a épousée avant Yvonne Vendroux. » D'après l'écrivain, le Général est à « mille lieues de penser que la France l'a trahi pour ses successeurs : il n'a pas de successeur : elle l'a trompé avec le destin ». Malraux a, aurait demandé à de Gaulle pourquoi il est parti :

— À cause de l'absurdité, souffle Malraux?

De Gaulle :

— À cause de l'absurdité.

Dans les notes de Malraux mises en forme, de Gaulle précise plusieurs fois qu'il ne veut rien avoir à faire avec le gouvernement actuel, celui de Pompidou :

— Ça ne me concerne pas. Ce n'est pas ce que j'ai voulu. C'est autre chose...

Ou encore, au moment où de Gaulle et Malraux se

séparent, le Général insiste : « Souvenez-vous de ce que je vous ai dit : j'entends qu'il n'y ait rien de commun entre moi et ce qui se passe actuellement. »

Le Général accepte — il en a vu d'autres — que tant d'hommes politiques ou de politiciens gaullistes servent Pompidou. Mais il a apprécié le départ de Malraux. L'ancien ministre d'État s'en tient à cette ligne politique infranchissable : pas de gaullisme sans le Général. Travaillant, écrivant, Malraux échappe en partie à ses peines. La politique fut son aphrodisiaque, la littérature reste sa meilleure thérapie. Notation qui éclaire sa méthode lorsqu'il décrit un événement important auquel il a pris part : « Le lien entre deux hommes seuls dans cette petite pièce si close... suscite-t-il une confuse télépathie ? » Télépathie plus facile avec de Gaulle qu'avec Mao. Sur ces trente et une pages, treize sont consacrées à la rencontre de l'Histoire avec elle-même, le tête-à-tête. Après, de Gaulle a reçu Geoffroy de Courcel [6]. Malraux, ailleurs, « causait avec Madame de Gaulle ». « Le repas s'achève, écrit Malraux, j'ai presque toujours parlé, comme aux déjeuners privés de l'Élysée. Le Général ne raconte pas et n'expose guère que seul à seul. » Le monologue malrucien ne tarit pas. « Reviendrais-je dans cette salle ? » se demande l'écrivain.

Peu après, Valéry Giscard d'Estaing sollicite un entretien avec Malraux qui refuse de le recevoir. Puis il le voit enfin, en présence de Corinne Godfernaux, le soir, dans une lumière glauque calculée. Giscard voudrait savoir : qu'a dit de lui Charles de Gaulle ? Malraux répond qu'ils ont parlé de choses importantes. Le nom de Giscard n'a pas été prononcé.

Le 26 décembre 1969, à Verrières, Louise de Vilmorin, achevant une sieste, se sent mal et meurt d'une crise cardiaque.

Malraux recommence à beaucoup boire. Corinne Godfernaux découvre deux revolvers. Sur les conseils de Bertagna, elle les cache, avec les médicaments qui traînent. Plus tard, elle remettra les armes en place.

Malraux voit Bernard Tricot, conseiller d'État et ancien secrétaire général à la présidence de la République, l'un des proches collaborateurs du général que l'ancien ministre d'État appréciait. Il lui avait dit [7], alors qu'il parlait de la succession : « N'oubliez pas que le Général est encore au pouvoir, et peut-être pour longtemps. » Tricot rend visite à Charles de Gaulle, en Irlande ou à Colombey-les-Deux-Églises. Malraux s'informe auprès de lui. Ainsi, Tricot déjeune avec Malraux [8] chez Lasserre, bien entendu [9], et il notera :

« Il [*Malraux*] a le teint pâle et l'air fatigué : il s'est enfoncé une côte voici quelques jours. Pas de tics cette fois-ci . De longs silences. Il s'exprime brièvement, en formules denses. Beaucoup d'égards pour la pensée de son interlocuteur, non qu'il adhère trop facilement aux compliments, mais parce qu'il écoute ce qu'on lui dit, il réfléchit et il revient... Comme je rappelle que le Général craint non pas l'apocalypse, mais l'affaissement et les déviations, il s'interroge : n'aura-t-on pas des drames à la rentrée?... Je cite à André Malraux le mot du Général : "La France va être en jachère..." En politique étrangère, pas de confiance en Maurice Schumann [*ministre des Affaires étrangères*] pour éviter un abandon progressif de nos lignes directrices. Il fera des déclarations fermes mais il cédera... Nous sommes d'accord sur l'interprétation du référendum : une tentative pour sortir de la gestion courante et faire des réformes dont la crise de mai avait révélé, sinon la nécessité, du moins l'urgence... D'accord aussi sur la façon d'analyser le comportement de G. Pompidou en mai 68. Il a été actif, il a occupé la scène, c'était bien et utile, mais il ne faut pas confondre activité et décision. Et c'est le Général qui a emporté la décision le 30 mai : cela, l'opinion n'en a pas conscience, mais Pompidou peut-il l'ignorer? Peut-il donc penser qu'en cas de crise très grave, il serait en état de surmonter celle-ci comme l'a fait le Général, c'est-à-dire sans recourir à la force et sans verser le sang?... Ce qui est affreux, c'est qu'aujourd'hui la France a l'air soulagée du départ du Général... De Gaulle remplacé par Pompidou, c'est Napoléon et Berthier pour successeur... Je lui dis [*à Malraux*] combien le Général avait une attitude complexe envers la question de la succession et envers Pompidou. C'est normal, dit-il, les grands hommes d'État ont toujours des sentiments ambigus envers le successeur. Ils veulent certes le bien de l'État, mais il ne leur déplaît pas qu'on sente la différence... Malraux est heureux que le Général écrive [10]. »

Le même jour, Malraux dira à Tricot : « Le Général est toujours en vie et nous ne savons pas ce que l'avenir réserve. » Avec d'autres, il plaisante sur les gaullistes lapant la soupe pompidolienne.

L'écrivain remercie le Général qui lui a envoyé le premier tome des *Mémoires d'espoir* [11] :

« Pour le fond, vous savez depuis des années ce que j'en pense. Pour la forme (je ne veux pas parler de forme au sens de style en littérature, mais des styles en architecture), la critique est celle que nous connaissons, même quand elle est déférente... Vous avez accepté le mot MÉMOIRES ; mais enfin, leur relation avec les MÉMOIRES D'OUTRE-TOMBE (pourquoi pas LES CONFESSIONS ?) me semble absurde. Vous n'avez pas d'enfance, et, au fond, il n'y a pas de Charles : si l'on traduisait le texte à la troisième personne, rien d'essentiel ne serait changé. Où sont les précédents ? À Rome ? L'histoire, avec et sans majuscule, qui se passe entre la France et vous, ressemble plus à une tragédie grecque qu'aux récits des campagnes romaines. »

Le mois suivant, le 9 novembre 1970, Charles de Gaulle meurt. À moins d'une année d'intervalle, deux deuils ont frappé Malraux [12]. À l'enterrement du Général, l'écrivain paraît douloureux, hagard, vieil orphelin une fois encore.

En mars 1971, il publie *Les Chênes qu'on abat*, du meilleur Malraux, non d'un point de vue historique, mais dans une perspective littéraire. Le chêne abattu que Malraux relève, c'est, bien entendu, le Général. Ce livre pourrait avoir plusieurs sous-titres : *De Gaulle tel qu'en moi-même*, ou *De Gaulle et moi. Les chênes...* Qui serait le deuxième ? Malraux respecte la citation de Hugo. L'écrivain prend prétexte de sa dernière visite à Charles de Gaulle pour le peindre en pied, en gros plan, de face et de profil. Il transforme trente-cinq minutes d'entretien réel, et avec quel art, en un tête-à-tête d'au moins deux heures. Gide a publié de savoureuses interviews imaginaires. Avec ce livre, Malraux réussit sa plus belle. Il se montre grave, solennel, grandiose, ce qui lui arrive souvent depuis *La Tentation de l'Occident*, mais aussi jovial, boute-en-train, sarcastique, féroce. Autour de cet élément central du livre, l'auteur, pas plus convaincant mais aussi poignant qu'à travers ses *Antimémoires*, poursuit ses variations historiques sur *sa* vie.

Le tableau analytique des *Chênes qu'on abat*, rédigé à la main par Malraux, et surtout les phrases soulignées en rouge en donnent l'essentiel à ses yeux : « Le dialogue de sa volonté et de la neige sans âge... Le contrat avec la France... La grandeur... L'Amérique abandonne l'Europe... Victor Hugo et Tintin... Un personnage n'est pas un individu. Pourquoi écrire et pourquoi vivre ? La mort... La religion, je n'ai rapporté qu'un squelette. » Pour le deuxième chapitre : « Le gaullisme, Clemenceau. Des attentats inconnus. Le communisme, les intellectuels, les âmes sensibles, la foi et le curé de Colombey. Les livres et l'espoir... Staline. Russie... La France meurt de la mort de l'Europe. La nuit. »

La conversation du 11 décembre 1969 avec de Gaulle, réelle et imaginaire, balaie tous les sujets. L'écrivain ne néglige pas de commenter l'actualité pompidolienne avec un feint mais meurtrier détachement. Il fait crucifier Pompidou, successeur du Général, par le Grand retraité en personne :

« Le Général quitte son cabinet de travail en disant à Geoffroy de Courcel : "Au fond, notre Vieille Garde et tout ça, je les aime bien, mais....

— Mais ils sont tout de même restés ! dit Madame de Gaulle.

— Mais il faut que l'on sache que je n'ai rien à voir avec ce qu'ils font" », précise le Général.

Malraux enfonce le clou dans son dernier jet. Maladie chronique des hommes politiques, surtout français : dès qu'ils ont perdu le pouvoir, leur pays n'a plus d'avenir [13]. Le Général, lugubre, vaticine devant son ami « génial ». Il a toujours été « minoritaire », gémit-il. Avec 79,2 % de « oui » en septembre 1958, 75,2 % en janvier 1961, 90,6 % en avril 1962 ! L'ancien ministre ne réplique pas à l'historicisme morose du Général.

Pour les rencontres avec Mao ou Nehru, Malraux brodait avec une (relative) impunité. Pour cet entretien avec de Gaulle, il n'a jamais prétendu avoir été d'une fidélité littérale, inutile d'ailleurs à ses yeux. Il raye, ajoute, rajoute sur les épreuves. Comme dans sa jeunesse, il introduit ou colle ses « repentirs ». Dans la version définitive des *Chênes qu'on abat*, « Pompidou » critiqué, sera donc remplacé par « les anciens ». Les « pauvres types » [*première version*] de l'île de Sein qui ont rejoint la France libre du général en 1940 deviennent de « braves types » [*deuxième version*]. Les détails comptent, chaque adjectif parle. Il s'agit d'une rencontre exceptionnelle. Pour la dernière version, les rideaux de La Boisserie, « moches », deviennent « verts ». Malraux se moquait en privé du mauvais goût du Général. Louise raillait celui d'André. Que feraient des rideaux « moches » dans l'Histoire, et dans la demeure de ce chêne foudroyé ?

Malraux est habité par de Gaulle, jamais aussi présent en lui que mort. Dans son récit, il mêle l'affection, le respect, l'admiration et la tendresse. Il s'interroge : pourquoi de Gaulle, ni grand chef de guerre, ni saint, est-il un personnage légendaire ? L'écrivain cherche les éléments rationnels et irrationnels dans la personne du libérateur intraitable et découvre une partie de réponse, qui le valorise lui-même, indirectement : « Le héros de l'Histoire est le frère du héros de roman. » L'historique est le frère jumeau du romanesque. Le récit, comme le reportage romancé, complète, domine les événements bruts. Se rehaussant l'un l'autre, arc-boutés l'un sur l'autre, génie contre génie, l'écrivain fait de lui-même et du Général des miroirs face à face. Ils se ressemblent tellement que de Gaulle ici parle comme Malraux. En chœur, ils se demandent : pourquoi écrire, pourquoi vivre, pourquoi le monde est-il absurde ? Questions banales, mais ce sont ces deux hommes qui se les renvoient.

La rencontre pourrait être celle de deux écrivains qui se retrouvent, se requinquent et se reconstruisent — en écrivant.

Se rassurent l'un l'autre? Selon Malraux, la vie du Général, lorsqu'il l'a vu à Colombey, était « ordonnée par ses *Mémoires* ». L'écrivain a vu s'aligner dans le bureau de Charles de Gaulle les « œuvres complètes de Bergson, ami de sa famille, et les miennes, qu'il me montre d'un clignement ». Malraux dit : « L'écriture aussi est une puissante drogue... les valises sont pleines de pages blanches qui veulent être écrites. » De Gaulle dit : « Écrire permet d'oublier la meute. C'est important. » Et combien plus important pour un écrivain, pour un Malraux qui a besoin de se déployer autour d'hommes d'action. Son récit entraîne et l'entraîne tellement, lui, qu'on ne sait plus, par moments, lequel est le plus présent, le Général, mort vivant historique, ou son ex-ministre, redevenu écrivain à plein temps. On dirait deux gisants se levant, doués de la parole et du geste.

Réserve et respect en plus, Malraux, ici, converse presque avec de Gaulle comme il bavardait avec Gide. Ils parlent technique littéraire, comme des acteurs discutent de contrats ou des paysans des cours de l'agneau. Malraux fait allusion au type d'écriture du général. De Gaulle a des problèmes — chacun les siens — avec les adjectifs, les verbes et le rythme ternaire qui l'obsède et l'irrite. Pour une fois, gentil coup de patte, Malraux peut se situer à un millimètre au-dessus du Général : « Jusqu'ici, il [*de Gaulle*] ne s'en est nullement délivré. » Un auteur repère plus les manies littéraires d'un confrère que les siennes.

À propos du Général et de lui-même, Malraux écrit : « Portraire c'est fixer [14]. » De Gaulle échappe sans cesse à Malraux qui reprend son « il n'y a pas de Charles » avec un vrai-faux désespoir. L'écrivain, coquet, mais plat : « Je ne connais pas le général de Gaulle. Qui connaît qui? » Du Général, il dit : « L'intimité avec lui, ce n'est pas de parler de lui, sujet tabou, mais de la France... ou de la mort. » Bref, avec Malraux, de Gaulle ne s'est jamais montré dans l'intimité. Pour se « portraire » lui-même, Malraux retouche encore sa propre histoire, ajoutant des détails intéressants et tout à fait inédits sur sa vie militaire pendant la bataille d'Alsace : « Un éclat coupe en deux mon ceinturon. » Malraux a veillé aux détails le concernant. Il s'approche de Mme de Gaulle : « Je n'ai plus l'impression d'être le diable pour elle » — comme l'était Françoise Sagan. Pourquoi? Parce qu'il a accompagné le Général dans sa retraite. Parce que les antennes féminines jouent : « Elle connaît depuis des années, sans la comprendre clairement, ma relation avec le Général. » De fait, alors Malraux a lu le manuscrit inédit du capitaine Claude Guy [15] où l'aide de camp du Général rapporte des propos qui ne font pas de

Malraux un des compagnons favoris de Mme de Gaulle. Elle a ses têtes : « Elle se plaint amèrement de Soustelle, de Palewski et de Malraux. De Malraux, elle me dit, écrit Guy : "C'est un homme de génie, mais c'est un excité. Que voulez-vous que je vous dise ? Il est fait pour ses livres, il ne devrait pas s'occuper de politique." » Depuis ces mots, notés vingt ans avant par Guy, Mme de Gaulle n'a pas molli. En tout cas, pour l'Histoire, l'affaire est réglée : Yvonne de Gaulle apprécie Malraux dans *Les Chênes qu'on abat*. Qu'on le lise, qu'on se le dise [16].

L'écrivain s'arrange aussi pour attribuer à de Gaulle un de ses propres fantasmes : « Vous vous souvenez de notre dialogue lorsque vous êtes revenu des obsèques du Président [*Kennedy*] ?... Vous m'aviez parlé de Mme Kennedy. Je vous ai dit : "Elle a joué un jeu d'une grande intelligence : sans se mêler de politique, elle a donné à son mari un prestige de mécène qu'il n'aurait pas trouvé sans elle : le dîner des 50 prix Nobel." »

Sur ce, de Gaulle :

— Et le vôtre ! [*le dîner en votre honneur.*]

Malraux, habile, ou se prenant à son propre jeu :

— C'était elle. Mais vous avez ajouté : « Elle est une femme courageuse et très bien élevée. Quant à son destin, vous vous trompez : c'est une vedette, et elle finira sur le yatch d'un pétrolier. »

— Je vous ai dit ça ? Tiens !... Au fond, j'aurais plutôt cru qu'elle épouserait Sartre ou vous !

Malraux affirme encore qu'en 1958, plus de dix ans avant, il a assumé « quelque temps » la charge de la « sécurité du Général ». Un autre souhait rétrospectif ? Pour de Gaulle écrivain, Malraux était une assurance littéraire, comme le Général reste garant de Malraux, homme politique. Avec *Les Chênes qu'on abat*, l'écrivain protège de Gaulle comme un fils, ou comme un petit-fils veillerait sur l'antimémoire de son grand-père.

Malraux, avec un talent de plume retrouvé, a hâte de « portraire » les passagers importants de sa vie. De Gaulle semble son coup de maître. Il réussit moins bien en rédigeant *La Tête d'obsidienne*, excroissance du *Musée imaginaire* consacrée à Picasso. Il admire l'artiste sans aimer l'homme. Il laisse entendre que Pablo et lui furent proches — dans le génie — sans être amis. La confusion affleure lorsqu'il veut expliquer Picasso. Mince prétexte, Mme Picasso voulait léguer à l'État une collection d'œuvres rassemblées par le peintre. Jacqueline Picasso a donc appelé Malraux, qui s'est rendu à Nice. La veuve a fait visiter l'atelier et la maison. Jacqueline Picasso (« Avec Pablito, nous déjeunions ici ») ne vaut pas Yvonne de Gaulle comme faire-valoir. Malraux dit honnêtement : « Je n'ai jamais connu Pablo, personne privée... J'ai seulement connu Picasso. » Ils se sont croisés, vraiment parlé deux fois, dit-il, une fois devant *Guernica*, avant la guerre, une fois après. « Avant le départ de *Guernica* pour le pavillon de l'Espagne républicaine, j'avais dit à Picasso : "Nous ne croyons guère aux sujets, mais il faut reconnaître que, cette fois, le sujet vous aura bien servi !" Il me répondit qu'en effet il ne croyait guère aux sujets, mais qu'il croyait aux thèmes — à condition de les exprimer par des emblèmes : "On peut exprimer la mort par le *Tres de Mayo*, ou par le crâne, on le fait depuis longtemps... mais pas par un accident d'auto." Puis, à propos du tableau de Goya : "Le ciel noir, il n'est pas un ciel, il est du noir. L'éclairage, il y en a deux. Un qu'on ne comprend pas. Il éclaire tout, comme un clair de lune... Et puis, il y a l'énorme lanterne au centre : elle n'éclaire que lui. La lanterne, c'est la Mort. Pourquoi ? On ne sait pas. Goya non plus. Mais Goya, lui, il sait que ça doit être comme ça." » Malraux écrit aussi : « Lorsqu'il prenait son expression naïve (son air meunier-de-comédie, disait Braque) qui lui était chère pour mystifier ses interlocuteurs, il s'exprimait volontiers par interrogations : « Comment voulez-vous qu'une femme fasse une bonne nature morte avec un paquet de tabac si elle ne fume pas ? » Et Malraux de répondre : « Vous le savez mieux que moi. Vos œuvres veulent dire ce que rien d'autre ne pourrait dire. Toutes en chœur, elles le crient... Elles disent aussi : "Écrit sur les murs de la prison [17]." »

Le livre offre au lecteur un tour de musée privé, avec Malraux pour guide, ce qui n'est pas rien, dirait-il lui-même. Il prend un Chardin pour un Goya. Où avais-je la tête ? Voici un Corot, un Van Dongen, deux Braque, deux Miró, un Modigliani, puis un Courbet. Faible, celui-ci, juge Jacqueline Picasso. Malraux dérive sur le souvenir libre : « Je pense à *La Grande Charrue* devant laquelle Braque est mort. » Dans *Les Chênes qu'on abat*, Malraux contrôlait ses envolées, dans *La Tête d'obsidienne*, elles sont plaquées. On se lasse de ce Bottin mondain, *Who's who* artistique à travers les siècles : Cézanne, Derain, Baudelaire, Dürer... J'ai dit un jour à Yehudi Menuhin, à Kahnweiler... Malraux ici fait preuve d'un snobisme culturel inattendu. Il s'étonne que Picasso ait existé et, plus encore, qu'André Malraux vive : « Je pense comme Picasso : tout ça concerne un type qui s'appelait comme moi [18]. »

Malraux publie aussi dans ces années-là *Le Triangle noir*, consacré à Laclos, Saint-Just et Goya, reprise de textes connus. Pour ce livre, les services de la N.R.F. [19] préparent un prière d'insérer agrémenté d'une biographie en dix lignes. Malraux, qui confie volontiers sa « bio » « aux agences de presse », lesquelles ne s'embarrassent pas de détails, laisse dans ces lignes : « Études aux Langues orientales ». Couvert de décorations et d'honneurs, il ne renonce pas à ce hochet universitaire. Mais il raye d'autres éléments : « 1923 : missions archéologiques en Indochine. 1926 : participe à la guerre civile en Chine. » Pas de problèmes pour 1936 ou 1940. L'auteur de la bio, dans ces dix lignes, a écrit : « 1942 : commande les maquis du Lot-et-Garonne et de Corrèze. » Dans un premier mouvement, Malraux raye « Lot-et-Garonne et de Corrèze » pour insérer en toute simplicité et assez vaguement : « Centre ». Après, deuxième mouvement, il barre le tout. Il n'aime pas, ne veut pas fixer sa biographie. Qu'on se réfère à ses œuvres ! Serait-il sur le point d'admettre quelques erreurs ou exagérations ? Il semble en équilibre sur la ligne — pour lui souvent invisible ? — qui sépare le vrai du faux.

Malraux boit encore beaucoup. L'alcool n'affecte pas — trop ? — ses facultés mentales. Boire jusqu'à l'ivresse ne le gêne pas. Les grands auteurs comme Faulkner et Hemingway, pense-t-il, boivent. Cependant Malraux n'en parle pas, il respecte la convention selon laquelle on n'a pas le droit moral et social d'être alcoolique. Il n'est pas déprimé parce qu'il boit. Il boit parce qu'il est dépressif. Problème classique : comment l'empêcher de déprimer s'il s'arrête de boire ? Le docteur Bertagna, le « meilleur spécialiste de la chimie du cerveau » d'après Malraux, veut le persuader de se sevrer. L'écrivain est menacé d'une polynévrite.

Au début de novembre 1972, il est hospitalisé en urgence à la Salpêtrière pour alcoolisme et dépression nerveuse. À l'hôpital, de plus, il fait un épisode infectieux pleuro-pulmonaire grave. Malraux, en sevrage alcoolique, est fragile. Le jour de la Toussaint, il va très mal. On lui suggère d'appeler Bertagna.

— Ce n'est pas la peine, répond-il. Il y a bien un interne ici.

Certains centres nerveux sont paralysés. La sensibilité sensorielle et motrice de l'écrivain paraît touchée. On ne sait si les fonctions du cerveau et du cervelet ne sont pas atteintes de manière irréversible. Vingt-neuf jours à l'hôpital. Malraux fait preuve d'un formidable courage. On l'abonne à l'Anafranil, antidépresseur qui n'abrutit pas. Il rebondit avec un nouveau livre imprévu, pas calculé, imprévisible. Dans ce *Lazare*, médité à partir de la Salpêtrière, l'auteur retrouve un ton authentique. Il part d'un constat clinique, de son corps qui ne ment pas. Il note : « Sclérose des nerfs périphériques et menace sur le cervelet, donc menace de paralysie. » Vieillissant, est-on plus conscient de son corps et de ses trahisons ? Ses jambes se « sont à plusieurs reprises dérobées ». Il est tombé presque en syncope deux fois la même semaine. Jamais il n'a frôlé de si près la mort, en deçà des guerres. Il ne donne pas l'impression d'être en représentation : « La souffrance, perfusions, piqûres, entrées de Verts-Pâturages [*surnom d'une infirmière*] précédée de son rire, autres infirmières qui voudraient causer en attendant le moment où je pourrais leur répondre, le lendemain, le surlendemain... » Accès de réserve ou de pudeur sur sa douleur : « Bien que je souffre peu, je suis réfugié dans la fièvre : l'esprit s'abandonne au tâtonnement de la mort comme à celui du sommeil. » Dans *Lazare*, la Camarde est une camarade.

Malraux a eu le sentiment du « je-sans-moi », il se voit de l'extérieur. Il ne livre pas ce qu'il dénonce, un « misérable petit tas de secrets ». Silence sur l'alcoolisme dans toute l'œuvre[20]. La première phrase : « J'ai été atteint d'une maladie du sommeil » sonne mieux que : « J'étais en cure de désintoxication... » L'auteur n'évoque pas non plus sa vie privée ni cette nouvelle femme dans sa vie, Sophie de Vilmorin, nièce de Louise, qui lui redonne le goût de vivre. Au bord d'un secret intime, il use des points de suspension, forme de silence. « Car au chevet de mon père mort... » Pudeur qui le fait aussi parfois renoncer au *je* et au *moi*, derrière un pronom impersonnel : « *On* peut aussi se tuer au plus tôt. » Ou de jolies formules claires-obscures : « Les décisions capitales sont des lapins qu'on tire au passage ; mieux vaut savoir tirer. »

Dans ce contexte, les allusions à ses livres ne paraissent pas celles d'un homme de lettres : « "Le moi, ce monstre incomparable et fuyant que chacun choie dans son cœur", ai-je écrit dans *La Condition humaine* il y a quarante ans... » Son *moi* se penche sur son *je*. Affectation : « J'ai lu ce qui concerne mes livres, non ce qui me concerne. » « Inexplicablement, ce personnage qui parfois m'obsède, ne m'intéresse pas ici. » Donc ailleurs ? Il admet cependant qu'il l'intéresse « parfois » jusqu'à l'obsession. Allons, André Malraux, encore un effort !

À soixante et onze ans, il sait son avenir statistiquement limité. À l'époque, le Français de sa classe sociale meurt en moyenne à soixante-treize ans. Du coup, l'écrivain zoome sur son présent. Découverte peu étonnante : « Mon passé m'encombre. » Il se penche sur sa mémoire, en dissèque les différentes strates. Constat et aveu : « Ma mémoire ne s'applique jamais à moi sans effort. » Constante mélodie de livre en livre : « Je ne me souviens pas de mon enfance. » Cela arrive, mais ce ne serait pas un phénomène heureux selon certains psychiatres.

Autre aveu d'oubli : « Pas même, sauf attention délibérée, des femmes que j'ai aimées ou cru aimer, de mes amis morts. » « Peu de souvenirs de sentiments, même d'amour. » Constats amers ou grandioses qui le transforment à ses propres yeux en être d'exception, de tragédie, de drames : « Presque tous ceux que j'ai aimés ont été tués dans des accidents. » Sur cette lancée morbide, il invente des mots sur un lit de mort. Bernard Groethuysen, que Malraux n'a *pas* vu pendant son agonie, lui aurait dit : « Je n'aurais pas cru que ce soit comme ça de mourir... »

Malraux « tente de soumettre ses images à une chancelante chronologie ». On y retrouve plus les Berger civils que le colonel Berger. L'auteur mêle tout : son été 1939 à Montpellier, le (prétendu) peloton d'exécution de Gramat, les psalmodies hindoues, saint Paul et saint François, son combat contre la maladie. Pour quelques amateurs de ses œuvres, Malraux a commis ici l'erreur de reprendre des passages copiés ou paraphrasés des *Noyers de l'Altenburg*. Quand paraîtra le livre, certaines de ces pages feront l'admiration de lecteurs et de critiques qui ne connaissent pas assez l'écrivain [21].

Une image revient souvent dans *Lazare* : celle, lancinante, du père de l'auteur. Les géniteurs prennent-ils de l'importance quand on a plus de soixante ans ? Surtout lorsqu'ils eurent une fin poignante. « Mon père peu de temps avant son suicide : — Si je dois avoir une autre vie, je n'en veux pas d'autre que la mienne. » Est-ce si sûr ? Plus que dans *Les Noyers de l'Altenburg*, Malraux s'identifie à ce père.

Dans ses actions d'éclat, ce Malraux se montra souvent un petit Lazare costaud, à travers la tempête qui faillit casser son avion dans le ciel d'Algérie, et sous les tirs allemands pendant la campagne d'Alsace. Plus que rescapé, ressuscité après son séjour à la Salpêtrière, où il prit des notes, plus brèves que pour les *Antimémoires*, Malraux, succinct, sans nostalgie, a rassemblé, condensé sa vie. « Écrire, a-t-il dit à son neveu Alain comme à Grosjean, est un pugilat permanent avec soi-même. » Sans se laisser abattre par la maladie ou sombrer dans une molle convalescence, l'écrivain lutte avec sa meilleure arme, la phrase et, dans ce texte où l'agnostique se confesse, il déforme moins la vérité qu'ailleurs. Il pratique l'association libre, l'auto-analyse, et presque, si c'était possible, l'auto-psychanalyse, lui qui, jeune, détestait la « psychologie ».

Malraux ment aux autres plus qu'à lui-même, ou, une fois sur deux, *se* ment-il autant qu'aux autres ? Certaines erreurs de faits ne semblent pas aussi volontaires qu'ailleurs. Il cherche toujours l'effet plus que les faits. Un homme de son âge, imaginatif, visionnaire, illogique, cerne mal les vérités de sa vie. Parfois écrit-il la vérité par accident ?

Malraux est l'objet, pas la source, de nombreux échos. Il accepte peu de dîners, ne se mêle pas de lui-même au milieu parisien. Il se place au-dessus, à des années-lumière des péripéties littéraires. Signer quelques manifestes avec des grands, demander une grâce avec Sartre, pourquoi pas ? Mais pas question de rencontrer ce dernier. À ces altitudes, les jeux sont faits. Ils ne vont pas inventer de nouvelles règles. Pierre Viansson-Poncé, journaliste au *Monde*, voudrait, une fois de plus, que Malraux et Sartre se revoient. Malraux :

— Vous nous voyez jouer Vadius et Trissotin ?

Claude Gallimard ménagera une brève rencontre dans ses appartements privés entre Aragon et Malraux, au sujet d'une exposition, sans plus. Malraux pense qu'Aragon « ne recommanderait pas un tocard ».

L'écrivain, qui ne connaît pas le prix d'un billet d'autobus ou du quart de beurre, qui ne sait pas ranger des assiettes dans un lave-vaisselle, redevenu conseiller intermittent chez Gallimard, n'a rien oublié des qualités d'un papier, des formats, caractères, justifications et interlignages. Chaque semaine, il reçoit des manuscrits et en recommande certains pour lesquels il rédige des notes : elles prouvent que, s'il prête peu d'attention aux autres, cet infirme de l'émotion exprimée sait regarder leurs œuvres. Il a conservé son sens de l'édition. À Claude Gallimard, au sujet de l'ouvrage d'une collaboratrice : « Vous avez peut-être entrevu le livre de Brigitte Friang, *Regarde-toi qui meurt*, best-seller chez Laffont. Elle vient d'achever un roman... Elle a un public ; mais pour des mémoires, à vous de juger [22]. » Il recommande aussi le livre d'Alain Gourdon, *Sexologie de l'Occident*. « Très gros. (Publiable en plusieurs tomes ? Je ne sais)... C'est le genre de bouquin "qui sait tout sur la question", et auquel on peut se référer comme au Larousse, pendant des années. Le sujet en question a un public sérieux. Lisez simplement la table : elle est analytique et rend compte du tout. Avec un coup de radio ingénieux : "Savez-vous quand les gens ont inventé les fiançailles, et pourquoi ?" Ça peut se vendre pas mal et longtemps. Ou pas... » Quel publicitaire, quel *copyrighter* le monde perd avec Malraux !

Vers la fin de sa vie, pour Gaston Gallimard, Malraux devenait insupportable, pontifiant. À l'occasion, Gaston traitait Malraux de falsificateur. Pour le pape de l'édition française, les grands écrivains restaient Proust, Léon-Paul Fargue, Valery Larbaud. Claude, fils de Gaston, a pris sa suite, et paraît plus proche de Malraux même s'il préfère Louis Guilloux ou Jean Giono, du moins les hommes. Claude n'a jamais été gaulliste, ce qui compliquait les rapports avec Malraux lorsque le Général vivait. Beuret et Sophie de Vilmorin servent d'agents de liaison entre Malraux, à Verrières, et Claude Gallimard, rue Sébastien-Bottin.

Pour Claude, Malraux tient du sphinx et de l'auteur à succès. S'il signait un annuaire téléphonique, on le publierait. Malgré ses découverts, il reste une figure prestigieuse qu'on traite avec une considération appuyée. Guy Suarès, apprend Claude, va publier aux Éditions Stock un « album iconographique accompagné du texte de deux entretiens » avec Malraux. Claude à son « Cher André [23] » : « Ma surprise est d'autant plus grande que lorsque nous avons déjeuné ensemble, il y a à peine quinze jours, il n'en a pas été question. Il est à mon sens regrettable que cette publication, que la presse et la radio annoncent déjà comme un livre de vous, intervienne juste au moment de la mise en vente de *La Tête d'obsidienne*. Cela risque de casser l'effort exceptionnel de diffusion que j'ai entrepris pour assurer à votre livre une vente importante. » L'éditeur se sent d'autant plus malheureux que la publication en dehors de Gallimard « risque d'être interprétée comme la marque d'un désaccord qui ne correspond nullement à la réalité de nos relations personnelles ». « Si j'en juge d'après ce que vous avez déclaré au micro de Jacques Chancel, ajoute Claude Gallimard, cet ouvrage constitue une sorte de complément à vos *Antimémoires*, ce qui m'apparaît comme une contradiction incompatible avec l'esprit de nos tout récents accords. » Si seulement Malraux lui avait parlé de ce projet. Réponse immédiate de Malraux [24] :

« Mon cher Claude,

Je préfère penser que quelque imbécile vous a monté la tête, ou que vous êtes tombé dessus (sur la tête, pas sur l'imbécile). » Traduction : vous me prenez pour qui ? Gouailleur : « Vous m'écrivez comme si je publiais insidieusement des bouquins chez Stock. Sans blague ? » Position de principe et coup de pied de l'âne : « 1. Je ne crois pas aux albums iconographiques. Si vous aviez envisagé la publication de celui-ci, je vous l'aurais déconseillée. Vous auriez d'ailleurs mieux fait d'envisager celle des *Voix du silence*. » Malraux rend service : « 2. J'ai répondu aux questions de Guy Suarès (comme de Jacques Chancel) et lui ai donné le droit de s'en servir — pour l'aider. » Question factuelle : « 3. Quand Guy Suarès a commencé son travail, l'Obsidienne n'existait pas. » Je me moque de ce qu'on dit de moi, ce qui compte, c'est ce que j'écris à mon sujet : « 4. Je ne demanderai pas à Stock de différer sa publication. Ce livre, sur lequel je n'ai aucun droit, ne me concerne pas. C'est un livre sur moi, non de moi. Et il n'est pas question d'en reprendre les sténographies, qui n'ont aucune importance (sauf pour une édition exhaustive, du genre Pléiade). » Malraux n'a rien perdu de ses connaissances techniques remontant à son adolescence. « 5. Naturellement, leur tirage est limité. Le prix devait être fixé entre 100 et 150 frs. m'a dit Guy Suarès. » Le berger au mouton : « 6. Quant au préjudice causé au lancement de l'Obsidienne, de qui vient le livre de Lacouture ? » [*Biographie de Jean Lacouture au Seuil* [25].] Malraux n'a pas besoin de faire ses relations publiques, seulement d'y veiller. Il rassure Claude Gallimard en lui annonçant que les *Antimémoires*, dont le premier volume a été, comme on dit, un immense succès d'édition, auront une suite : « 7. Ce n'est pas de l'album de Guy Suarès que Chancel a dit qu'il appartenait aux *Antimémoires*, c'est l'*Obsidienne*. » Et enfin, le Malraux gentil : « 8. Bien amicalement tout de même. »

Aimable et compréhensif, Claude Gallimard. Six mois après, Malraux a un compte déficitaire de 199 203,72 francs [26]. C'est un privilège d'afficher Malraux à son catalogue, même si cet auteur coûte de l'argent. L'écrivain touche alors une mensualité de 20 000 francs. Il en fait régulièrement verser 3 500 à Clara, à peu près la somme que gagne un agrégé enseignant dans un lycée. Les grands écrivains, chez Gallimard et ailleurs, traitent de puissance à puissance avec leur éditeur. Quand les services comptables se croient obligés de faire quelques remarques alarmistes concernant Malraux, ils passent par Beuret qui les garde pour lui ou les présente, enrubannées, à l'écrivain.

Maintenant, Malraux n'est plus qu'écrivain. Autrefois, il fut militant et ministre. À gauche, on le trouve miraculé. Tout de même, l'homme tire toujours sa révérence à Lénine. Qui salua mieux Mao que lui ? On n'espère pas qu'il reviendra, reconverti, dans le giron de son ancienne « patrie », la gauche, mais souvent on l'estime et on l'admire. Quel homme, quelle œuvre ! Malraux n'aime pas qu'on le traite de *maître* : il se voit au-dessus de l'Académie française et très au-delà du Nobel :

— Le Nobel, je l'ai déjà.

Ce seul prix digne de lui. On lui a souvent fait croire qu'il l'aurait. Il y a renoncé. La dernière fois qu'il y a peut-être cru ? En 1967 pour le prix de 1968. Un correspondant bien placé à Stockholm, Kjell Strömberg, avait prévenu Gallimard. Kösterling, président du comité Nobel, laissait entendre que ce serait « l'année prochaine » pour Malraux [27].

L'écrivain savoure les lettres de ceux qu'il considère comme ses pairs, chevaliers dans l'ordre de la littérature. Il apprécie certains compliments. *Lazare* a marqué les lecteurs. Michel Leiris [28] : « J'admire la façon dont vous traitez ce sujet entre les sujets, la mort, et la plupart des Occidentaux le prennent tellement au tragique qu'ils ne sont pas capables d'en parler sans un écran épais de lieux communs. » Que demander de plus ? Du fidèle et franc Grosjean, un des rares à venir librement rencontrer Malraux à Verrières, un de ceux aussi, avec Beuret, mais sur un autre registre, qui s'adressent honnêtement à lui [29] : « Merci de ce *Lazare* où pour la première fois vous livrez *une part de votre aventure humaine* [*je souligne*] qui ne soit pas purement aventure de l'esprit, et cela, avec l'aérienne liberté qu'y mettent souvent les mystiques. Mais vous n'avez pas pour autant quitté la force épique d'un étendard de fraternité humaine, levé d'autant plus haut que dans un combat plus intime. » Grosjean n'a pas été gêné mais ébloui par le remodelage d'une scène tirée des *Noyers de l'Altenburg*, celle de la sape avant les lâchers de gaz asphyxiants : « Vous savez que je tiens ces pages pour un des plus fascinants joyaux de ce siècle. » Pour beaucoup de lecteurs, ce passage figure dans leur Anthologie imaginaire des œuvres d'André Malraux.

Grâce aux injonctions de Bertagna et à la présence de Sophie de Vilmorin, Malraux, vraiment depuis 1972, ne boit plus. Les médicaments atténuent ses tics. De temps en temps, son profil d'empereur romain perd ses boursouflures. Il semble en assez bons termes avec lui-même et les autres. Dans ses livres, il ne parle que deux fois du seul enfant qui lui reste, sa fille, mais il semble fier d'elle [30]. Elle a épousé Alain Resnais, hein, pas un *Black Panther* ou un clochard beatnik.

On ne pourrait le lui faire admettre : Malraux *paraît* serein. La radio et la télévision le sollicitent, et il les utilise sans les mépriser mais toujours sans s'y aimer, ce qui est loin d'être le cas de tous les intellectuels en France. Institution, présent en permanence, Malraux fait partie du paysage culturel. Son retour sur la scène littéraire a été stupéfiant, même pour ceux qui ne goûtent pas ses œuvres ou n'aiment pas sa personnalité. Situation singulière et rare, même ses silences font du bruit. Cet homme-là, avec *Lazare*, a visité le Royaume des morts et en a ramené un récit. De ces rives dangereuses, il est revenu, écrivain, dans le rôle qui lui convient le mieux. Un peu mythomane, dit-on, avec une indulgence amusée et attendrie. Mais Chateaubriand, mais Byron, mais... Serait-ce le prix à payer pour son art du langage ?

36

Tableaux brillants

Sur ses lettres et manuscrits, Malraux griffonne, entre autres, des chats et des dyables. Son dyable personnel, son démon, c'est celui de l'action, du geste historique, de préférence sur la scène internationale plutôt que sur les tréteaux français, monde microscopique de la politicaillerie, surtout depuis que le Général, deux sorties enchaînées sans révérence au public, a quitté l'Élysée et cette vie.

Ambitieux et puéril, détaché et à l'affût des occasions dans lesquelles il pourrait infuser de l'Histoire dans son histoire et inversement, Malraux veut *se* manifester. En mars 1971, au Pakistan oriental, en Asie, chez Malraux en somme, une majorité de bengalis, partisans de Cheikh Mujibur Rahman, ont voté pour un régime, certes musulman comme le Pakistan occidental, mais indépendant. Les militaires au pouvoir à Rawalpindi ne tiennent pas compte des résultats électoraux et ils expédient au Pakistan oriental infanterie et chars afin de réprimer cette « rébellion ». L'Inde et son Premier ministre, Indira Gandhi, prennent le parti des insurgés indépendantistes. Des millions de Bengalis fuient le Pakistan oriental, qui deviendra le Bangladesh, et se réfugient chez leurs frères du Bengale en Inde. Selon Malraux, la situation est claire : un nationalisme populaire, encore un, se dresse contre un régime militaire. Ces rebelles bengalis manquent de soldats et surtout de cadres ? Ressuscité, le colonel Berger fournira des officiers. L'ambassadeur de l'Inde l'a vu plusieurs fois. Malraux confiera :

— Je suis extrêmement ennuyé. Indira Gandhi m'a invité à participer à une table ronde d'intellectuels qu'elle organise pour essayer de résoudre le problème du Pakistan. Je n'y crois pas. Aussi, j'ai écrit pour refuser, disant que les paroles ne servaient à rien, que seule l'action était efficace. Ma réponse a été interprétée comme si je voulais aller me battre, et elle a été publiée dans les journaux !

— Mais qu'est-ce que vous allez faire ?

— Pour le moment, je ne peux pas m'en sortir [1].

On lui prête des propos qu'il ne veut pas démentir. Il aurait dit : « Les seuls intellectuels qui ont le droit de défendre par la parole des Bengalis, sont ceux qui sont prêts à combattre pour eux », selon *France-Soir*, reprenant une dépêche de l'A.F.P. venue de la Nouvelle Delhi [2].

Ainsi, sur cette lancée, le 17 septembre, il s'est aussi fait piéger dans une émission de télévision [3]. À plus de soixante-dix ans, André Malraux se condamne à combattre au Bengale, à la tête de volontaires. L'idéologue, l'aventurier et le guerrier renaissent. « Âme d'acier », remarque Brigitte Friang revenant de Verrières, « le corps paraît plus fragile ». À Brigitte Friang, reporter et bon tireur, qui vécut dans le camp retranché de Diên Biên Phu, Malraux propose de s'occuper de son service de presse.

Les brigades internationales renaissent, la métamorphose est aussi un concept historique chez Malraux : « Je ressens l'Histoire comme une interrogation ou une métamorphose... Je crois que je suis en face de l'Histoire dans l'étonnement constant, comme l'était Shakespeare sur ce qu'il choisissait. » Le colonel formera une sorte de légion étrangère. Sa correspondance de cette fin d'année montre qu'il ne peut plus reculer et à quel point il veut retourner en Asie. Au chanoine Bockel, maintenant archiprêtre de la cathédrale de Strasbourg, à qui il explique que son point de vue « est plus profond et moins tragique » que le sien, Malraux confie ses intentions : « Pour des raisons obscures et si vous êtes au Sahara et moi au Bengale, nous mourrons ensemble — et sachez que vous m'aiderez à mourir noblement [4]. »

Malraux refuse une invitation à se rendre en Hongrie. À celui qui transmet l'invitation, il écrit : « Vous le savez peut-être, dans quelques semaines, je ne serai plus en Europe, car j'aurai rejoint les troupes du Bengale [5]. » Une amie, la princesse Élisabeth de Croÿ, lui propose de travailler dans un camp de réfugiés. Le 24 novembre, il lui suggère d'organiser une collecte internationale de médicaments : « Je ne partirai pas avant trois semaines, à cause de la réglementation internationale relative aux vaccins. Vous seriez d'ailleurs logée à la même enseigne. Si nous nous retrouvons dans cet univers-là, ça ne sera pas mal. » À défaut d'une révolution à laquelle il pourrait souscrire en Europe, une guerre de libération nationale en Asie fera l'affaire.

Indira Gandhi rencontre Malraux à l'ambassade de l'Inde en France. Qu'il patiente ! L'armée indienne suffira largement. Elle trouve Malraux « fatigué », elle aussi, et pousse l'écrivain Mulk

Maj Anand à le raccompagner. Le colonel Berger ne sera pas le colonel Lawrence et, cette fois, Malraux ne sera ni l'un ni l'autre. Il embarrasse les hauts fonctionnaires indiens. À Delhi, on accepte l'appui moral de Malraux, pas sa participation physique qui fait sourire [6].

L'écrivain le comprend, son nom a été utile mais on ne veut pas de lui en combattant. « Quant à la presse française, écrit-il à Patrice Hovald [7] qui milite pour les Bengalis, ne vous y trompez pas : elle est presque toute pour le Pakistan. Nous avons rencontré çà et là des sympathies, mais vous SEUL avez fait une campagne. Souhaitez-vous que j'essaie de vous arranger une interview à la télé, qui tout de même n'est pas inefficace ? Quant à nos combattants, je suppose que vous avez compris : dès que l'Inde a pris sa décision, elle n'a plus désiré l'arrivée d'Européens qui l'auraient légitimée un peu plus tôt, mais auraient à peine aidé son armée. Des médicaments, oui : des soldats, non. Et, après tout, a-t-elle tort ? Lorsque l'armée indienne entre en jeu, vais-je avoir l'outrecuidance de penser que nos amis rivalisent avec elle ? Bien sympathiquement à vous. »

Malraux ne peut refaire la guerre d'Espagne. Protecteur privilégié du Pakistan, le président des États-Unis, Richard Nixon, parvenu à la Maison-Blanche — enfin [8] —, expédie un porte-avions et quelques navires de guerre dans le golfe du Bengale pour dissuader la fille du pandit Nehru de se livrer à des attaques inconsidérées. Malraux, il le sait, ne se battra pas en Asie mais il a convaincu plus d'une centaine d'officiers, dit-il, de l'accompagner. À la fin novembre, il envoie une circulaire à ses volontaires : « Il est donc probable que nous ne partirons pas. J'attendais nos instructions le 1er pour un départ vers le 15. Pourquoi rien n'est venu, l'Histoire nous l'enseigne. Nous n'étions certes pas inutiles, en un temps où nous apportions la seule aide que pût recevoir le Bangladesh. » Les divisions blindées indiennes sont plus efficaces que ne l'eût été la légion étrangère malrucienne. Tissant son histoire ou sa légende, Malraux poursuit : « Il n'en reste pas moins que lorsque tout allait au plus mal, nous étions nécessairement seuls avec les maquis ; et qu'au nom des milliers de réfugiés, au nom du gouvernement du Bengale libre d'aujourd'hui et de demain, je vous remercie. » Encore un fil d'or pour le suivre, de la France libre au Bengale libre. S'il n'est dans un char, Malraux peut soudain apparaître à la une d'un journal avec ses mots, autres armes. Dans *Le Figaro*, le 19 décembre, il publie une lettre ouverte « à M. Nixon ». Il tance le président des États-Unis, qui semble soutenir le Pakistan. Malraux passe sur le plan personnel : « Vous vous souvenez de notre conversation avec le général de Gaulle ? Vous veniez d'atteindre le pouvoir[9], et vous m'aviez fait l'honneur de me parler de la politique américaine. Je vous avais dit : " Les États-Unis sont le premier pays devenu le plus puissant du monde sans l'avoir cherché [*Malraux a déjà dit cela à Kennedy, ce qui agacerait sans doute Nixon, s'il le savait*]. Alexandre voulait être Alexandre, César voulait être César ; vous n'avez pas du tout voulu être les maîtres du monde. Mais vous ne pouvez pas vous payer le luxe de l'être distraitement. " » Superbe formule. Puis, comme il est question d'un sommet Mao-Nixon : « Vous allez essayer d'établir avec la Chine un dialogue que les États-Unis ont différé pendant vingt ans. »

Dans la perspective de ce sommet, Nixon invite Malraux à Washington en février 1972. De Gaulle avait encouragé Nixon à renouer avec la Chine. Selon Malraux, amateur et connaisseur en prophéties rétrospectives, le Général avait dit au Président américain : « Vous ne pourrez pas ne pas poser le problème de la Chine. Il faut vous lancer dans cette histoire de fou[10]. » Nixon avait manifesté son intérêt pour cette démarche. L'entretien avait été rapporté à Zhou Enlai par Étienne Manac'h, alors ambassadeur de France à Pékin.

Si Nixon a invité Malraux, c'est également parce qu'il se souvient des rapports de celui-ci avec Kennedy. Nixon souligne qu'il ne s'agira pas de « futilités » [*frilly*]. Les mondanités artistiques convenaient à ces bostoniens de Kennedy. Pour sa part, Nixon prépare une mission historique ; de plus il veut se donner une patine, lui que beaucoup d'intellectuels de gauche et d'Américains méprisent. Nixon sait que Malraux a été ministre du général de Gaulle. Il connaît beaucoup moins sa stature d'écrivain. Dans un de ses mémos à un collaborateur, il écrit phonétiquement le nom de l'illustre Français « la citation d'Andre Malrowe[11] ».

Avant de partir, Malraux interroge Walter Langlois sur la personnalité de Nixon et s'entretient avec le sénateur Edward Kennedy. Mao, prédit Malraux, jamais à court de marc de café géopolitique, demandera à Nixon si la nation la plus riche du monde est prête à aider le pays le plus pauvre du monde. Raccourci en partie faux mais bien tourné. L'écrivain se rend à Washington avec sa collaboratrice, Corinne Godfernaux. À Orly, la deuxième chaîne de l'O.R.T.F. l'interroge :

— Vous allez lui révéler [*à Nixon*] des choses sur la personnalité du Président Mao que vous connaissez bien ?

Voilà alors une vérité fondamentale concernant la France : le steak-frites est son plat national, ses vins sont les meilleurs du monde et Malraux connaît *très* bien Mao. Malraux, agacé :

— Il [*Nixon*] a dit dans sa conférence de presse qu'il tenait à parler avec quelqu'un qui connaissait Mao. Il n'y a pas foule.

Traduction : je suis un des rares à pouvoir cerner cette prodigieuse personnalité. Pour renforcer sa légende, Malraux bénéficie toujours et encore d'un gros avantage, sa double personnalité d'écrivain et d'homme politique : des chroniqueurs littéraires auxquels on remet ses œuvres, de préférence en bonnes feuilles, ne s'intéressent guère à la véracité historique ou estiment, s'ils en sont avertis, qu'elle n'a aucune importance. Les spécialistes de politique étrangère, dans les journaux, les chaînes de radio ou de télévision, ne sont pas au courant des frasques maniaques, mythomanes et mégalomanes de Malraux ou ne jugent pas utile d'y faire allusion. Face à une œuvre d'une telle ampleur ils ne sont pas, eux, n'est-ce pas ? habilités à porter un jugement sur un écrivain de ce calibre. Pile, Malraux gagne, et face, il ne perd pas.

En arrivant à l'aéroport Dulles de Washington, les officiers de l'immigration refusent de laisser passer Malraux. Il n'a pas de visa sur son passeport diplomatique, encombrant document. On le fait attendre. Qui c'est ce Malrowe ? *Malrowe, who is this guy ?* Il ne s'inquiète pas. Alertée, la Maison-Blanche confirme qu'il est « l'invité personnel du président des États-Unis ». À Washington, Malraux réside à l'ambassade de France. L'ambassadeur Charles Lucet : « Déjeuner avec Malraux... mais Malraux est-il toujours bien introduit en Chine populaire ? » L'écrivain tient à Lucet les mêmes propos qu'à Edward Kennedy sur « le peuple le plus riche »... « Je lui réponds, écrivit Lucet, que cette pensée ne correspond guère à l'image que je me fais de la Chine socialiste, fière, et qui, dans les rues, fait la chasse aux mendiants. »

Nixon est persuadé que Malraux, « grand écrivain et philosophe français », a « connu Mao Tsé-toung et Zhou Enlai en Chine en 1930 » et qu'il « a gardé avec eux des contacts intermittents au cours des années [12] ». Le président des États-Unis paraît aussi bien informé qu'un journaliste stagiaire de la deuxième chaîne de télévision française. Il a fait ses devoirs et, selon ses conseillers, a lu de nombreux extraits d'articles et des livres de spécialistes occidentaux de la Chine, parmi lesquels Edgar Snow, auteur fétiche de Malraux, Ross Terrill, Dennis Bloodworth, John Fairbank, Stuart Schram, C. P. Fitzgerald — et André Malraux. Nixon assure qu'il a aussi lu les *Antimémoires*, « l'une des lectures les plus passionnantes et les plus précieuses que j'ai faites pour me préparer à mon voyage ». On en doute.

Malraux voit d'abord Nixon le lundi 14 février, de 16 à 17 h 30, en présence du Dr Henry Kissinger, conseiller très spécial du Président, et d'une interprète du département d'État [13]. L'écrivain, là, déclare que ses contacts avec Mao ont été « très serrés, des rapports de vérités et de mensonges ». Au passage, Nixon lui fait remarquer qu'il occupe le fauteuil dans lequel de Gaulle fut assis. Malraux insiste ensuite sur un point : « Si le Japon cessait de croire à la protection nucléaire américaine et devait se retrouver face à la Chine avec des armes nucléaires », il chercherait des garanties de l'U.R.S.S. Malraux se hâte de préciser que, là, il se fonde sur une hypothèse, pas sur des informations solides. Il ne distingue pas toujours les deux.

Le même jour, Nixon offre un dîner de douze personnes, dont l'ambassadeur Lucet et William Rogers, le secrétaire d'État aux Affaires étrangères, plus un autre interprète du Département d'État qui prend des notes. Reprise de propos antérieurs avec embellissements malruciens : « Le refuge (ou le port) de Mao, c'est la Mort » [*Mao's harbour is death*]. On sollicite des précisions sur les propos tenus à Paris par Malraux à Edward Kennedy, à propos d'une aide économique que solliciterait Mao... L'écrivain coupe la question. « C'était, réplique-t-il, une des *plaisanteries* [*sic*] du sénateur Kennedy. » Même si le sujet n'est pas franchement abordé, il dominera la rencontre.

— Même avec la guerre du Vietnam ? demande Nixon

— Mais, oui, même dans ce cas. L'action de la Chine au Vietnam n'est qu'une imposture [*en partie vrai*]. Il y a eu une période où l'amitié entre la Chine et la Russie était sans nuages, où les Chinois permettaient le passage des armes russes sur le territoire du Vietnam, mais la Chine n'a jamais aidé personne. Ni le Pakistan ni le Vietnam [*Faux*] [14]. La politique extérieure chinoise n'est qu'un mensonge brillant. Les Chinois n'y croient pas. Ils croient uniquement à la Chine, la Chine seule.

Nixon lui demande ses impressions sur Mao.

— Il y a cinq ans, dit Malraux, Mao avait une crainte : que les Américains et les Russes, avec dix bombes atomiques, détruisent les centres industriels de la Chine et rejettent la Chine cinquante ans en arrière à un moment où Mao lui-même serait mort. Lui-même me l'a avoué : « Quand j'aurai six bombes atomiques, personne ne pourra bombarder mes villes. »

Ni dans les *Antimémoires*, ni dans son compte rendu de voyage au Conseil des ministres, Malraux n'a fait allusion à cette information, de taille, pas plus qu'aux autres inventifs propos que Nixon rapporte [15]. Le Président américain estime que Malraux déborde « de mots et d'idées ». Après tout, c'est ce qu'affirmaient les Kennedy, Jackie la première. Malraux dit à Nixon :

— Vous allez traiter avec un colosse, mais avec un colosse

qui est en face de la mort. La dernière fois que je l'ai vu [*la dernière fut la première. Nixon ne le sait pas. À ce stade, Malraux non plus peut-être*], il m'a dit : « Nous n'avons pas de successeur » [*Nous de majesté gaullien aux sens multiples : de Gaulle n'a pas de « successeur »*...]. Savez-vous ce que Mao pensera lorsqu'il vous verra pour la première fois ? Il pensera : « Il est bien plus jeune que moi. »

Malraux donne à Nixon des conseils sur l'art de conduire une conversation avec Mao :

— Monsieur le Président, vous allez rencontrer un homme qui a eu une destinée fantastique... Vous penserez sans doute qu'il s'adresse à vous, mais en réalité il sera en train de s'adresser à la mort.

L'idée revient sans cesse dans les entretiens à propos de Mao. Malraux devient Mao, ou plutôt, l'inverse. Au café, Malraux dit :

— Vous allez tenter de faire une des choses les plus importantes de notre siècle. Je pense aux explorateurs du XVIᵉ siècle qui hissaient la voile dans un but très précis, mais qui souvent faisaient, à l'arrivée, une tout autre découverte.

Est-ce flatteur ou courtois pour Nixon ? À la fin du dîner, ce dernier y va de son hommage :

— La France a fait beaucoup de grands cadeaux à l'Amérique, mais le plus grand... fut celui de ses hommes de lettres. Votre nom ressort parmi ceux-ci car pour nous tous, qui avons été étudiants, nous avons lu les grands écrivains français... Rousseau et d'autres.

Enfin, Nixon, plus poli et en meilleure santé que Mao, raccompagne Malraux à sa voiture :

— Je ne suis pas de Gaulle, dit Malraux, mais je sais ce que de Gaulle dirait s'il était ici. Il dirait : « Tous les hommes qui comprennent l'entreprise dans laquelle vous vous êtes embarqué vous saluent. »

Malraux et de Gaulle, par son intercesseur, l'écrivain, bénissent Nixon, *urbi et orbi*.

John Scali, invité au dîner en tant que conseiller du Président [16], tantôt journaliste, tantôt diplomate, a servi d'intermédiaire entre les Soviétiques et Kennedy pendant la crise de Cuba une dizaine d'années auparavant [17]. D'attaque, commentaire cruel de Scali dans son rapport à Nixon : « Les assertions et les rêveries d'André Malraux ne m'ont pas impressionné. Je l'ai trouvé embrouillé, contradictoire et trop entêté dans son point de vue... De plus, ses remarques sont truffées d'oublis ou d'illogismes. » Malraux, estime Scali, « prend les caractéristiques qu'il attribue à de Gaulle et Mao ». Il « ne s'adresse pas à son interlocuteur mais à un public invisible auquel il souhaite plaire et qu'il veut déconcerter avant de quitter la scène en flânant sous les applaudissements de cet invisible rassemblement ». La chute est dure : « Pour ma part... j'ai eu l'impression d'écouter les aperçus d'un vieil homme prétentieux tissant des idées obsolètes dans un cadre spécial pour le monde tel qu'il aurait voulu qu'il soit [18]. » Le rapport de Scali est classé par Nixon dans le dossier dont ce rusé Président sait qu'il restera pour la postérité [19].

Un des douze invités du dîner, Leonard Garment, conseiller du Président pour les Affaires intérieures et extérieures, un des rares à avoir une partie de la confiance du retors Nixon, bref un membre du cercle intime[20], a trouvé Malraux « fascinant parce qu'il a une histoire fascinante [21] ». Il y avait « du sorcier en Mao », a dit Malraux, ce qui enchante Garment, convaincu que son patron, plus optimiste que l'ancien ministre français, répétait en acteur pendant ce dîner sa rencontre avec Mao. Dans sa brève note, le conseiller encense son Président, son « réalisme » et, conclut-il, Nixon aime les sujets qui excitent l'esprit et la recherche des « plus grandes significations... plus importante que les préoccupations intellectuelles ».

Kissinger sera très balancé dans son jugement, à la fois critique et admiratif : « Malheureusement, écrit-il, Malraux était terriblement en retard [*grossly out of date*] sur les questions chinoises et ses prédictions concernant les objectifs immédiats de la Chine outrageusement fausses. » Éminence grise qui négocie secrètement à Paris avec les Nord-Vietnamiens, sans que Malraux — loin des affaires — le sache, Kissinger rejoint l'ambassadeur de France Lucet sur une idée : l'aide économique à la Chine que Mao solliciterait : « Le Président [*d'après Malraux*] serait jugé sur sa faculté d'imaginer pour la Chine un nouveau plan Marshall. Étant donné la politique d'indépendance de Mao, il n'y avait aucune chance que cela se produise ; au mieux, Malraux était en avance de plusieurs années. » Kissinger ajoute [22] cependant : « L'intuition de Malraux prouvait que la perception d'un artiste peut souvent mieux saisir le sens des problèmes que les experts ou les analystes des services de renseignements. Beaucoup de ses jugements se révélaient remarquablement incisifs. Le rapprochement entre la Chine et les États-Unis était inévitable, inséparable de la rupture sino-soviétique. La guerre du Vietnam ne serait pas un obstacle car les actions de la Chine dépendaient de ses besoins économiques. »

Sur la politique militaire américaine au Vietnam pesait alors la menace d'une guerre mondiale que Russes et Chinois déclencheraient, supposaient certains experts, si les Américains haussaient la mise, bombardaient Hanoi ou autorisaient les Sud-Vietnamiens à envahir le Nord-Vietnam.

À propos de Malraux à Washington, Kissinger précise, plus tard : « Ce fut un exploit stupéfiant [*a stunning performance*], mal apprécié par un public encore prisonnier des stéréotypes d'une décennie. Les mots cascadaient de la bouche de Malraux, tandis qu'il fixait sur ses auditeurs son regard de visionnaire. Il développa moins une analyse cohérente qu'une suite de tableaux brillants. » Après les applaudissements de rigueur, vient le coup de grâce du Dr Kissinger : « Malraux n'avait pas visité la Chine depuis près de dix ans ; il ne s'était manifestement pas tenu au courant des derniers développements ; il ne possédait aucune documentation de l'intérieur. Il n'avait que sa sensibilité, sa brillante perception et son intelligence subtile. » Les hommes de la Maison-Blanche et du département d'État ne jouaient pas aux mêmes jeux que Malraux, Kissinger moins que tout autre : « Notre tâche était d'associer son intuition [*celle de Malraux*] aux connaissances opérationnelles que nous accumulions peu à peu. »

Conférence de presse à Washington : il s'est rendu aux États-Unis, explique Malraux, pour donner, non des avis ou des conseils, mais des renseignements aux Américains. Jacquet-Francillon du *Figaro* [23] le juge « péremptoire ». Mais sa légende imbibe les salles de rédaction. Elle n'est pas démentie officiellement par la Maison-Blanche, seulement par quelques experts mal embouchés au département d'État, et en privé. C'est sûr, croix de bois, croix de fer, Malraux a été en Chine en 1930 pendant la guerre civile [24]. L'écrivain, devant les journalistes, précise sa pensée sur la Chine maoïste et le Vietnam. La Chine, dit-il, « ne désire pas du tout la fin de la guerre d'Indochine... Elle est ravie de cette guerre qui ne représente plus une menace directe pour elle mais qui la justifie sur tous les plans en lui permettant de dénoncer la menace américaine ». Malraux calque volontiers les souvenirs historiques de sa génération sur les problèmes du monde des années soixante-dix. Nixon irait-il en Chine pour conclure un grand arrangement ?

— Je ne crois pas qu'il [*Mao*] ait envie d'un pacte germano-soviétique, assure Malraux.

Il se démarque du Président américain :

— Je suis moins optimiste que lui, surtout en ce qui concerne le Japon... Je lui ai dit, le Japon sera votre plus grand problème.

Kissinger a semblé intéressé par certains points de vue de Malraux sur le Japon. Mais, si les États-Unis retiraient leur parapluie nucléaire, non vraiment, le département d'État ne pense pas comme Malraux que le Japon se tournerait vers l'Union soviétique. De retour à Paris, Malraux déclare :

— Je garderai de nos conversations un souvenir assez étrange : le Président est un homme très chaleureux...

Malraux est un des rares grands de ce monde à trouver Nixon chaleureux. Modeste, il poursuit ·

— Je crois avoir apporté au Président un domaine de réflexion dont il n'avait pas l'habitude, car tous ses collaborateurs américains ont une même formation et une même vue de la Chine. Mes propos l'ont alors relativement surpris et cela me semble très important. Tous croient qu'en Mao ils vont trouver Lénine. Mao était un très grand révolutionnaire il y a cinquante ans. Maintenant, il ne l'est plus.

Malraux paraît fort content de l'attention que Nixon a prêtée à ses écrits, persuadé que le Président américain a lu « de près » les *Antimémoires* [25]. Qui a le mieux manipulé l'autre, du Français ou de l'Américain ? En privé et en public, Malraux n'exclut pas que le résultat du voyage de Nixon soit nul, du moins en apparence. On a beaucoup trop parlé du plan Marshall que Malraux envisageait pour la Chine. L'écrivain revient dessus. Il s'agit sans doute, suggère-t-il, d'une erreur de traduction. Et, comme Malraux, voyageant à travers le temps et l'espace avec dextérité, tend à travailler dans des heures de 120, 240 ou 360 minutes avec Mao, Nehru, ou de Gaulle, il affirme, maintenant, qu'il a conversé cinq heures avec Nixon, y compris les repas, les temps des photos, les traductions [26]. Professoral et protecteur, il précise que Nixon a consulté d'éminents spécialistes. Mais, selon lui, les Américains n'ayant pas mis les pieds en Chine depuis vingt-cinq ans, ils n'ont donc pas de spécialistes de la vie chinoise. Malraux, typiquement, lui qui n'a même pas lu Simon Leys [27], ni quelques autres, lance son oukase : « Les Américains ont des sinologues, ce n'est pas la même chose. » Qu'est-ce qu'un spécialiste de la Chine, sinon souvent aussi et d'abord un sinologue ? Hasard, le seul Américain qui possède bien ce sujet, la Chine, serait Edgar Snow. Superbe projection : Malraux connaît bien l'auteur, mais ses écrits se démonétisent. Pour la politique internationale comme pour l'histoire ou la critique d'art, Malraux déteste volontiers les « spécialistes ». En art, il y a la culture et l'éducation et, en politique, les intuitions et les faits. Edgar Snow meurt le jour où Nixon s'envole vers la Chine. Chez ce Président américain, Malraux a apprécié quelqu'un qui, selon lui, se demandait : « Que pense quelqu'un qui ne pense pas comme nous ? » Pour Nixon, c'était plutôt : quelqu'un qui ne pense pas comme ces foutriquets de kennedophiles sortis de Harvard ou de Princeton.

L'ambassadeur français, qui a assisté aux discussions Nixon-Malraux, fait savoir au Quai qu'« il laisse à l'ancien ministre le soin de relater lui-même les autres conversations avec Nixon [28] ». Charles Lucet ajoute, ayant parlé au Président américain : « M. Nixon ne pouvait dire que sur tous les points, il ait été en entier d'accord avec M. Malraux mais que, dans l'ensemble, il partageait un grand nombre de ses vues. » Décodé, cela signifie : le courant n'est pas passé. Dans les milieux politiques à Washington, on le dit comme à Paris où on le pense souvent sans en parler, Malraux donne l'impression bizarre d'être un feu d'artifice imprévisible, sans système de mise à feu.

Avant que Nixon se rende à Pékin, un ancien sous-secrétaire d'État aux Affaires étrangères, George Bazz, dit que ces rencontres au sommet, dans l'ensemble, ne sont pas vraiment utiles. Un ex-ambassadeur américain aux Nations unies, Charles Yost, prétend le contraire. Le sommet Nixon-Mao aboutira à une normalisation des rapports États-Unis-Chine. Quant à Malraux, il a échangé des propos vagues et généralisateurs avec un semblable de petit format, néanmoins important par sa fonction. Pas avec un égal, soyons sérieux.

Malraux pratique volontiers la prophétie antidatée et rétrospective. Ainsi, il expliquera à Axel Madsen, biographe américain, qu'il avait convaincu de Gaulle de s'arranger avec Hô Chi Minh après la Seconde Guerre mondiale. L'histoire ressemble à ses prédictions, parfois, puisque Saigon est « libérée » en 1975 [29].

Dyable politique des situations compliquées.

37

Les arts, l'Art

Dès son adolescence, sans que ni son grand-père, ni son père, ni la triade féminine de Bondy l'aient poussé dans les musées, Malraux a manifesté une passion pour la peinture et la sculpture. Il les aime autant que la littérature. L'architecture, hormis Le Corbusier et Aalto, l'attire moins [1]. Il éprouve un besoin physique de scruter dessins, gravures, toiles, lithographies, bustes, têtes [2]. Servi par une mémoire étonnante — « anormale », dira-t-il —, il se constitue une immense photothèque intérieure. Visitant au galop un musée, il enregistre détails ou ensembles qu'il peut restituer des années plus tard. Dictant une note de conseils pour des amis, René et Bronia Clair qui se rendent au Japon, aussitôt, des précisions lui reviennent à l'esprit à propos de Tokyo, Kyoto, Nara, Osaka : « Le grand musée. Fatras. Deux départements importants : les bronzes chinois (vases primitifs) et les haniwas (statuettes pré-bouddhiques)... Hôtel possible [3]. »

Depuis *La Tentation de l'Occident*, il évoque les arts, puis leur consacre des remarques ou dialogues cryptiques dans *La Voie royale, La Condition humaine, L'Espoir, Les Noyers de l'Altenburg*. De 1947 à 1949, il publie chez Skira [4] *Le Musée imaginaire, La Création artistique, La Monnaie de l'absolu*, qui, refondus, deviennent en 1951 *Les Voix du silence*. Suivront, outre son essai sur Goya, *Le Musée imaginaire de la sculpture mondiale* (en trois volumes), *La Métamorphose des dieux, L'Irréel* et *L'Intemporel* (1976). Avec une majuscule menaçante, l'Art est devenu chez Malraux un leitmotiv, comme la Révolution, l'Homme. L'Essence de l'Art, au-delà des arts et de leurs apparences, serait l'arme suprême contre la Mort, « un antidestin ». Malraux écrit comme si chaque substantif, surtout cuirassé d'une majuscule, renvoyait à une substance. Il s'afflige des réticences : « Mes livres sur l'art, écrira-t-il à Antoine Terrasse, restent, de loin, les plus mal compris. Je vous suis reconnaissant de contribuer à préciser leur sens [5]. » Certains critiques, comme André Brincourt, estimeront que les « travaux » de Malraux sur l'Art sont aussi importants que son œuvre romanesque.

Malraux travaille à sa façon. Sa bibliothèque, après la guerre, comprend au moins deux mille vingt-quatre ouvrages lus ou non [6]. Soixante-dix-neuf sont annotés, avec des remarques sur des interprétations erronées, selon Malraux, et des piques pour quelques auteurs. L'avide amateur gribouille les douze volumes (sur vingt-deux) de la *Summa Artis. Historia general del arte* de l'Espagnol José Pisan [7]. Parfois pressé, en ébullition, Malraux découpe aux ciseaux dans un livre un passage à utiliser.

Pour leurs acheteurs, les livres d'art de Malraux sont de magnifiques albums. Les illustrations comptent autant que le texte. En comparaison, les volumes d'Élie Faure paraissent maigres en images [8]. Entre le premier volume de *La Psychologie de l'art* (1947) et *L'Intemporel* (1976), avec son exergue impérieux — « L'artiste n'est pas le transcripteur du monde, il en est le rival » —, les nouvelles techniques de la reproduction enrichissent ces albums. Dans *La Psychologie de l'art*, figuraient dix-neuf planches en couleurs et soixante-trois en noir et blanc ; dans *L'Intemporel*, cent et quatre-vingt-quatre. Le lecteur oscille et vacille entre texte et illustrations. Malraux construit des montages, au sens cinématographique, ce qui, alors, est assez nouveau. Évitant la paraphrase, il laisse au lecteur le bonheur ou le malheur de combler l'interstice entre mots et illustrations. Pour lui, les œuvres sont, en elles-mêmes, des réponses aux questions qu'il se pose sur la condition humaine, pas des repères rappelant le texte.

En 1922, dans sa préface au catalogue consacré au peintre Galanis, et son premier essai concernant les arts plastiques, Malraux donnait le passe-partout de sa pensée sur l'Art : il *confronte*. Les historiens d'art utilisent la comparaison verticale, à l'intérieur de l'œuvre d'un peintre, et horizontale, comparant les peintres entre eux, afin de fonder une attribution, d'établir des chronologies ou des filiations. Malraux compare, dans un immense désordre, à l'intuition, à l'instinct, pour rapprocher des formes. Dans la bonne ou la mauvaise société, les collectionneurs n'ont pas attendu Malraux, son enthousiasme, son érudition si particulière et son inspiration pour accrocher œuvres grecques et africaines dans un même salon. Malraux attire l'attention du grand public en juxtaposant des œuvres de siècles et d'écoles différents. Si les chefs-d'œuvre dialoguent entre eux, c'est qu'ils se sont métamorphosés. La notion de métamorphose est au cœur du dispositif affectif et intellectuel de l'écrivain. Il l'a formulée dans *La Voie royale*, à propos des œuvres d'art. L'œuvre ne bouge pas, le *regard* sur elle change et la *réception* varie avec les siècles. Les sociologues parlent de la réappropriation ou de la resymbolisation de l'œuvre et de la métamorphose de l'observateur par l'œuvre, Malraux de la métamorphose d'une œuvre par le passage du temps. Les siècles, en s'écoulant, détachent l'objet d'art de sa fonction d'origine, et le sacralisent. « L'Europe a découvert l'art nègre lorsqu'elle a regardé des sculptures africaines entre Cézanne et Picasso, et non des fétiches entre des noix de coco et des crocodiles. Elle a découvert la grande sculpture de la Chine à travers les figures romanes, non à travers les chinoiseries. » Chaque culture atteint l'universel, la vérité. Coupée de son contexte culturel, l'œuvre majeure accède à ce « domaine où un dieu mexicain devient une sculpture et non un fétiche, le domaine où les natures mortes de Chardin sont unies aux Rois de Chartres et aux dieux d'Elephanta dans une présence commune, le premier monde de l'art universel ».

« L'œuvre d'art surgit dans son temps et de son temps, mais elle devient œuvre d'art par ce qui lui échappe », écrit aussi Malraux. Enjambant l'histoire, donnée qu'il se refuse à traiter, il suppose que l'œuvre d'art possède toutes les clefs pour la comprendre. La culture n'est pas de l'ordre de la connaissance mais de la révélation. C'est pourquoi, dans ses écrits sur l'art comme devant ses auditeurs attentifs, Malraux contourne les spécialistes. Dans cette optique, pour eux, l'art serait aussi un moyen de gagner leur vie sans exercer leur sensibilité. Ils ne seraient que des chefs de gare ne montant jamais dans un train. Ils n'ont pas un *regard*, eux.

Malraux, néanmoins, ne parvient pas toujours à éviter le contexte. Ainsi, dans son *Goya* (première édition 1950), où, d'emblée, il refuse la « monographie » et la « biographie », il fait des efforts pour ne *pas* situer le peintre historiquement mais il le place cependant en fonction « de la crise de l'individu que subit l'Europe à la fin du XVIIIe siècle », crise qui renvoie au XIXe et au XXe. Tout lecteur, suppose Malraux, connaît les atrocités de la guerre napoléonienne en Espagne. Ou, plutôt, il écrit comme si elles n'expliquaient pas au moins une part de l'inspiration de Goya. La chute du livre est simple : « Ensuite commence la peinture moderne. » Quitte à ce que Malraux dise plus tard que la peinture moderne commence avec l'*Olympia* de Manet. *Commence...* Y a-t-il dans les arts des œuvres plantées comme des poteaux à la frontière ? À l'Olympia, Malraux ajoutera *Les Demoiselles d'Avignon* de Picasso. Pourquoi pas certaines *Baigneuses* de Cézanne, qu'il laissera sortir de France, au scandale des conservateurs français ?

Dans sa quête incessante de confrontations et de métamorphoses, Malraux négligera seulement l'art juif et l'art musulman. Parce qu'ils bannissent la représentation de la figure humaine et tendent vers l'abstrait? Malraux oublie un peu Kandinsky, ne s'attache vraiment à aucun abstrait, sinon à Fautrier, qui revint à l'homme dans sa série des *Otages*.

Jeune et vieux, Malraux concentre avant tout son attention sur le « génie », notion qui n'est pas *discutable*; le génie accède à la Vérité. Définition spontanée et orale de Malraux : « Un génie, en art, c'est un homme qui crée ce qui n'avait pas d'expression avant lui [9]. » Le génie, là, est l'équivalent du héros historique. Les héros sont des « gens qui ont en eux une certaine puissance qui ne leur appartient pas ». Cette idée pivot, le génie, vient des romantiques de toute l'Europe au XIXe siècle et de Hegel, avant tout de son *Introduction à l'esthétique du beau*, sans doute pas sa meilleure contribution à l'histoire des idées. À la différence de Malraux, Hegel affirme que « c'est une erreur de croire que l'artiste ne sait pas ce qu'il fait » et que « la vraie originalité de l'œuvre d'art consiste dans la rationalité du contenu vrai en soi, rationalité qui doit animer aussi bien l'artiste que son œuvre ». Malraux dépasse cette maigre pitance philosophique en voulant cerner l'irrationnel dans tous les arts.

Il cherche à percer *le* mystère, *le* secret de la création qui, affirme-t-il, l'a toujours « plus intéressé que la perfection ». Il n'est pas à la recherche du Beau. Il ne croit pas au Beau, peut-être parfois réductible à un sentiment de satisfaction éblouissant en chacun de nous : « Les Grecs pensaient... que la beauté est la raison unique de l'œuvre d'art. » Pour l'écrivain, c'est là « une abstraction vaine ». L'Art incarne l'immortalité sur terre, l'infini, la rébellion, la révolte, le refus de la banale condition humaine. Captivant ses adorateurs, donnant le tournis aux méfiants, Malraux peaufine un vocabulaire guerrier avec ses comparaisons et confrontations tragiques : le « combat de l'artiste », le « conflit incurable », l'« affrontement ». Le *coronel* et le colonel Berger reparaissent sous le commentateur artistique. Mais si Malraux fréquenta des artistes dans leurs ateliers, il parle peu de l'aspect charnel de la création, du plaisir comme de la douleur des peintres devant le chevalet, et des sculpteurs, burin à la main.

Ses écrits sur l'art sont comme un étrange poème ou un curieux roman : une tête gothico-bouddhique, un Christ du XIIe, un Rembrandt conversent avec un homme, un acteur, André Malraux, qui devient un Prologue dans une pièce de Shakespeare. D'ailleurs, lui-même dira en 1974 à Pierre Dumayet et à Walter Langlois qu'il n'y a aucune différence entre ses livres d'art et ses romans [10]. Moteur des uns et des autres, la « métaphysique » est pour lui possible. Elle formule la Vérité. Jamais il n'en livre une définition dans ses écrits. Et s'il n'y avait que *des* vérités ? Si la métaphysique, dernière branche morte de la philosophie, était une impossibilité, une activité à reléguer avec l'alchimie ou l'astrologie ? Pour Malraux, elle serait une manière de cerner la certitude sans la formuler, un raid sur l'Absolu inatteignable [11].

Dès la publication des *Voix du silence*, Malraux suscita une critique souvent cruelle. Ernst Hans Gombrich, Britannique né à Vienne, historien de l'art, publia dans le *Burlington Magazine*[12] un article capital. Gombrich pose une question négligée par Malraux : pourquoi l'art a-t-il une histoire [13] ? Par son style, dit le spécialiste, l'expressionnisme critique de Malraux renvoie plus à Élie Faure qu'à l'ethno-histoire, la sociologie, la psychanalyse, la psychologie expérimentale, ou l'anthropologie, et semble limité. Malraux voit aussi rarement dans l'art une institution sociale.

Ensuite, selon Gombrich, il est impossible de préciser la nature de *La Psychologie de l'art*. Cet ensemble est une « saga romantique ». L'historien de l'art case Malraux plutôt avec Winckelmann, Ruskin ou d'autres prophètes qui contemplèrent le passé. Pour lui, le message de Malraux s'inspire de la critique expressionniste allemande dans l'Europe des années vingt : « Malraux préférerait avoir foi en une illusion et c'est la raison pour laquelle il fait un panégyrique du Mythe. » Noms et images alignés par Malraux « fonctionnent comme les noms des divinités dans les antiques incantations pour rassurer l'écrivain plus que le lecteur ». L'auteur exprimerait l'angoisse, l'*Angst* authentique, racine de l'hystérie expressionniste, l'anxiété de la solitude « qui régnerait si l'art échouait... si chaque homme demeurait emmuré en lui-même ». Malraux échapperait-il à la solitude, à son agnosticisme en faisant de l'Art un « absolu » au-delà des arts ? Dans ses romans, la Fraternité était pour lui une manière d'échapper à sa solitude. L'Art a remplacé la fraternité. Mais si Gombrich n'approuve pas la problématique de Malraux, il voit cependant en lui un anti-Spengler : l'écrivain français veut que les civilisations se comprennent.

En France, le critique Georges Duthuit publie en 1956 deux volumes virulents, et un volume de planches, *Le Musée inimaginable* [14]. Spécialiste de l'art byzantin, ouvert aussi bien à Van Gogh qu'à Nicolas de Staël, il veut « défendre l'art contre son plus redoutable défenseur », Malraux. Relevant de nombreuses erreurs, Duthuit se montre d'une extrême violence polémique. D'attaque, il décèle dans ces essais « ignorance »,

« négligence » ou « contrefaçon », « éjaculation passionnée ». Il n'accepte pas la « fausse éternité » accordée à l'œuvre d'art par Malraux, grand prêtre et commissaire des écrits sur l'art. Duthuit perçoit cependant le « drame sombre que Malraux sera contraint un jour d'affronter, la solitude. Ce qui, dès à présent, rend parfois émouvante son activité frénétique ». Pour Duthuit, toute « galéjade » de Malraux, « oracle des classes imparfaitement cultivées », passe « à cause d'un style sans pareil ». Malraux détesta, on s'en doute, cette somme antimalrucienne. Le tirage de Duthuit fut limité : José Corti, très grand petit éditeur, publia 3 000 exemplaires du *Musée inimaginable* [15]. Au courant des rumeurs parisiennes, Corti dit à Duthuit que Malraux le ferait volontiers « fusiller ». Malgré quelques articles louangeurs, les trois volumes de Duthuit ne percèrent pas. D'avance, la notoriété et le pouvoir de Malraux l'écrasèrent. Dans *Le Figaro littéraire*, André Rousseaux, conformiste et, pour employer le vocabulaire militaire, fayot, oubliant son opposition au Malraux d'avant-guerre, dénonça la « Malraux-phobie » de Duthuit [16]. La gêne s'empara de quelques feuilletonistes. Ils ne voulaient pas se prononcer face à Malraux, institution nationale. Georges Charensol se contenta de noter « la profonde érudition de Duthuit [17] ».

Pourtant, au-delà de cette querelle, plusieurs points unissaient Malraux et Duthuit. Dans une lettre à Corti, celui-ci disait : « Je tiens pour particulièrement incompétents les savants qui n'ont aucun contact avec les objets, ni aucune *intuition* [*je souligne*] avec l'art ; ils sont le plus grand nombre pour ne pas dire tous [18]. » Duthuit souffrait de ne pas être accepté par les conservateurs de musée ; Malraux, lui, en apparence, pas du tout.

Si l'on voulait rendre compte de sa pensée esthétique, il faudrait soumettre un grand nombre de phrases à l'analyse. Ainsi des raccourcis sonores qu'il accumule : « Chez Braque, ce n'est plus la pêche qui est veloutée, c'est le tableau », « Il ne s'agit pas d'élire l'inconnaissable mais de le circonscrire », « À la représentation du monde succède son annexion », « Pour que l'art moderne naisse, il faut que l'art de la fiction finisse et avec lui le mythe de la beauté », « L'art n'est évidemment pas devenu religion, mais il est devenu foi ». On bute un peu partout sur des formules creuses dans des enchaînements télescopés : « Michel-Ange n'est pas possible en Égypte. » On pourrait aussi dire : « Nefertiti n'est pas possible à Florence. » Malraux n'évite pas les truismes : « Nul ne peut parler de grands peintres sans tableaux, de grands musiciens sans musique. » En effet. Mais si les formules de Malraux ne sont pas ce que les logiciens de l'École de Vienne nommeraient des *propositions*, elles charrient souvent des suggestions littéraires, imaginatives, stimulantes. Les phrases à l'emporte-pièce, les rapprochements gratuits (inspirés ?), avec des erreurs de faits, incitent à regarder un tableau *autrement*. Elles voisinent parfois avec des remarques sensées et éclairantes. Ainsi, lorsque Malraux s'appesantit sur des détails agrandis par la photographie. « Le cadrage d'une sculpture, l'angle sous lequel elle est prise, un *éclairage étudié*, surtout, donnent un accent impérieux à ce qui n'était jusque-là que suggéré. » La photographie, interprétation et métamorphose, donne une autre vision. Malraux perçoit les dangers des techniques modernes : « La reproduction a créé des arts fictifs, en faussant systématiquement l'échelle des objets, en présentant les empreintes de sceaux orientaux comme des estampages de colonnes, des amulettes comme des statues ; l'inachevé de l'exécution dû aux petites dimensions de l'objet devient par agrandissement un style large d'expression moderne. L'orfèvrerie romane rejoint la sculpture, trouve enfin sa signification dans les séries de photos où châsses et statues prennent la même importance. » Ou encore : « L'ombre de Rembrandt n'est pas un éclairage. Si vous vouliez faire un tableau vivant, une scène de cinéma, en éclairant avec tout le matériel électrique extraordinaire du cinéma moderne, pour faire un portrait de Rembrandt ou *La Ronde de nuit*, c'est absolument impossible, parce que sa lumière est fausse » [*vrai*, *vérifiable*]. « Et le génie, c'est de trouver une ombre qui semble être une ombre et dont la valeur réelle est d'ordre musical. » Les commentaires de Malraux sont de temps en temps des modes d'emploi, des comment regarder.

On comprend que, dans le monde des historiens d'art, Malraux bénéficie parfois d'une sympathie critique amusée, voire attendrie (« Bon, c'est un écrivain qui écrit sur l'art... Il mélange trop de choses »), mais aussi que certains éprouvent comme une évidente reconnaissance pour lui. Même des experts fort différents [19]. Pourtant, si l'on creuse les textes, la lecture se gâte.

Souverain, Malraux écrit dans les premières pages de son *Musée imaginaire*, au sujet du musée, « confrontation de métamorphoses » : « Si l'Asie ne l'a connu que récemment, sous l'influence (et la direction) des Européens, c'est que pour l'Asiatique, pour l'Extrême-Oriental surtout, contemplation artistique et musée sont inconciliables. La jouissance des œuvres d'art est d'abord liée en Chine à la possession, sauf lorsqu'il s'agit d'art religieux ; elle l'est surtout à leur isolement. La peinture n'est pas exposée, mais déroulée devant un amateur en état de grâce, dont elle a pour fonction — depuis quinze siècles — d'approfondir et de parer la communion avec le monde. Confronter des peintures, opération intellectuelle, s'oppose foncièrement à l'abandon qui permet seul la contemplation. Aux yeux de l'Asie, le musée, s'il est un lieu d'enseignement, ne peut être qu'un concert absurde où se succèdent et se mêlent, sans entracte et sans fin, des morceaux contradictoires. »

Que dit un sinologue comme Simon Leys?

« Le passage contient 1° des généralisations abusives (« Asie » — alors qu'il n'est en fait question que du monde chinois); 2° des bribes d'informations exactes (les peintures chinoises, en effet, ne supportent pas une exposition simultanée et permanente; leur accrochage doit être successif, et l'esthète ne les déroule que pour le temps d'une contemplation active — tout comme on ne retire un livre de la bibliothèque que pour le temps d'une lecture, ou un disque musical de son enveloppe que pour le temps d'une audition); 3° des oppositions arbitraires : le musée, même en Occident, n'est en fait qu'une invention récente (XIXe siècle). Le phénomène des grandes collections artistiques, qu'il s'agisse des collections impériales chinoises, ou des collections impériales européennes, des grands collectionneurs privés des Song, des Ming et des Qing, ou du mécénat européen de la Renaissance à nos jours, ne présente rien de fondamentalement différent; 4° des affirmations arbitraires : "Confronter les peintures, opération intellectuelle, s'oppose foncièrement à l'abandon qui permet seul la contemplation." La contemplation esthétique et la confrontation critique sont effectivement deux activités bien distinctes, mais les Chinois les ont toujours cultivées l'une et l'autre — leurs traités historiques et critiques de la peinture prédatent de mille ans ceux de l'Occident; 5° une conclusion superficielle : "Aux yeux de l'Asie, le musée, s'il est un lieu d'enseignement, ne peut être qu'un concert absurde..." : pas seulement aux yeux de l'Asie! Pour la majeure part de ses visiteurs, le Louvre ne peut être, en effet, qu'une cacophonie incohérente — les statistiques établissent que 90 % des visiteurs parcourent l'ensemble du Musée en 45 minutes! Quant à l'infime minorité de connaisseurs qui ont la chance de se rendre au Louvre pour contempler seulement un Vermeer ou un Corot, un Véronèse ou un Delacroix, en quoi leur attitude contemplative diffère-t-elle de celle de l'esthète chinois [20]? »

La notion même de « musée imaginaire », que chaque membre de l'humanité pourrait constituer grâce aux progrès de la reproduction, est très contestable. Pour Étienne Gilson, historien de la philosophie, Malraux « répand dans le public l'illusion qu'il se rend possesseur d'une sorte de musée en achetant un livre, et qu'en feuilletant ce livre il a sous les yeux des œuvres plastiques assez réelles pour fonder une appréciation esthétique... le seul mode d'accès réel à l'art plastique est la vue directe de l'œuvre d'art [21] ». Jean-François Revel, plus cinglant : « Mais Malraux, a-t-il d'aventure entendu parler de l'existence du livre et des bibliothèques ? Sait-il que, depuis des milliers d'années, et sans avoir attendu même l'invention de l'imprimerie, le livre permet, chose étrange, de transporter un texte dans une civilisation différente de celle de son auteur, et cela avec une fidélité à l'original incroyablement supérieure à celle de la prétendue " reproduction ", souvent bien mal nommée ? De la présence à la Bibliothèque nationale de la quasi-totalité des œuvres écrites par l'homme, conclut-il que toutes ces œuvres sont, depuis qu'il existe des bibliothèques, instantanément et *toutes ensemble*, comprises par chacun de nous ? Car c'est sur ce postulat que repose l'idée du musée imaginaire... Le musée de Malraux n'est nullement " inimaginable " (pour évoquer le titre de Georges Duthuit), ou, du moins, ce n'est point par excès, par abondance des matières, mais au contraire par défaut, par pauvreté essentielle, par manque d'imagination. Le musée imaginaire n'est, en somme, que le musée des gens sans imagination [22]. »

Dans les musées réels, Malraux examine les œuvres comme autant de positions à prendre sur un champ de bataille, trie autant qu'il visite, faisant des prisonniers comme au musée Guimet avant ses vingt ans. Devant un Piero della Francesca, il s'adresse à Cézanne. Face à Manet, il apostrophe Cimabue ; devant un Goya, Vélasquez ou Boucher. Florence Malraux en est certaine, son père revenait souvent à Piero. À cause du hiératisme, donc pour lui, du sacré ? Il répond toujours aux questions de ceux qui l'escortent par un flux de paroles. Monologuant, Malraux est présent à l'œuvre, mais loin de la personne qui l'interroge. Il dialogue avec lui-même et les toiles. Chaque interlocuteur, suppose-t-il, saisit d'emblée son approche. Tout visiteur qui l'accompagne maîtrise, ça va de soi, des connaissances artistiques et entretient la même familiarité avec *ses* peintres ou *ses* sculpteurs. Ministre, Malraux s'était calmé, posant parfois en penseur de Rodin devant un tableau et récoltant les lauriers d'une exposition Poussin, due à Anthony Blunt, Charles Sterling et Germain Bazin. Il faisait le guide pour ses lecteurs, et d'aventure même, surtout, pour le général de Gaulle. Au Louvre, il parle longuement d'un (faux) Titien. Puis il dit :

— Mon Général, c'est un des plus beaux tableaux du monde [*pause*], *le* plus beau.

Alors, le président de la République, impassible :
— *Pourquoi*[23] ?

Malraux cicérone a eu quelques surprises avec ses visiteurs. Quand Adenauer parcourut le Louvre, il ne comprit pas les discours du ministre, intraduisibles. Le Chancelier allemand s'intéressait avant tout aux prix des tableaux[24]. Malraux assène ses convictions grandes ou petites. À Antoine Terrasse qui lui montre des projets d'étoffe pour des soyeux lyonnais, il remarque :
— Méfiez-vous du rouge. Il embellit tout.

Chez Goya et Rembrandt, Picasso, Bacon aussi ?
— On va toujours de la déesse à la femme, affirme Malraux.

Pierre Dumayet réplique :
— Et dans les cavernes ?

Malraux, avec superbe :
— On n'en sait rien.

Dans une interview à la radio ou pour la télévision, Malraux parle quelquefois clairement. Pour un entretien à publier, le texte peut être repris. Par des rajouts, l'interrogé lui donne l'apparence de la densité. Les aficionados malruciens répondront qu'il faut simplifier dans les exercices audiovisuels. La plupart de ceux qui interrogent Malraux se placent dans son système de pensée ou tombent sous son charme[25].

Les ouvrages d'art de l'écrivain n'atteignent pas les tirages de ses romans, en édition courante ou dans la Pléiade. Pour fixer un ordre de grandeur, dans la Pléiade (première édition et version), ses romans jusqu'en 1999 se sont vendus à 160 142 exemplaires[26], *Le Miroir des limbes*, comprenant les *Antimémoires*, à 226 242, le *Goya* à 14 750, *Le Musée imaginaire* à 61 169, chiffres néanmoins imposants par rapport au prix et à la nature de ces livres.

Malraux était aussi chez Gallimard, depuis 1960, l'éditeur de la collection « L'Univers des formes[27] ». Son titre rappelle *L'Esprit des formes* d'Élie Faure et *La Vie des formes* de Henri Focillon. Les historiens d'art ne peuvent rivaliser avec la richesse de *sa* pensée, dépassant l'expérience, mais Malraux veut bien utiliser les spécialistes. Pour sa collection, il rencontre Georges Salles dans son bureau au Louvre :
— Je m'occupe de l'image, voulez-vous vous charger du texte ?

Les deux directeurs de la collection, qui mettra tant de documents à la disposition des universitaires et du grand public, publieront quarante-deux volumes du vivant de Malraux. Ils sont épaulés par Albert Beuret, Clémence Duprat, Jac queline Blanchard, assistantes d'édition, Roger Parry, photographe, et Claude Abeille, graphiste et dessinateur [28]. Le premier volume, *Sumer*, par André Parrot, conservateur en chef des Musées nationaux et professeur d'archéologie orientale, paraît avec une préface de Malraux. Beuret s'enthousiasme : « Parrot est de retour, Sumer s'achève. Ninive démarre... Nous entrons dans l'ère des grandes réalisations. » C'est une sorte d'histoire universelle de l'art, dotée d'une iconographie somptueuse, d'une belle graphie. Pour couvrir les frais, elle entraîne l'obligation de contrats internationaux multiples. Gaston Gallimard bougonne. Beuret, l'arme au pied, expert en aller-retour entre l'éditeur et le ministre des Affaires culturelles puis le retraité de Verrières, défend la collection. Quelques célébrités refuseront leur collaboration, comme Anthony Blunt, exquis spécialiste de Poussin et, accessoirement, pigiste de l'espionnage soviétique. Choix cornélien pour certains spécialistes : ils détestent les écrits malruciens sur l'art ; mais, tout de même, collaborer à cette collection chez Gallimard... Après de douloureux faux débats, ils succombent, à quelques Blunt près. Les premiers volumes se vendent bien, autour de 40 000 exemplaires. Après, la collection s'essoufflera. Beuret n'est pas toujours bon organisateur. D'autres obsessions, écrire d'abord, s'emparent de Malraux, ou alors il est malade, ou *Wanderlust*, il voyage.

En 1974, Malraux au Japon présente *La Joconde*, une des femmes de sa vie, dont « la Gloire mystérieuse... ne tient pas seulement au génie... Le génie italien a légué le plus célèbre tableau du monde au dernier roi de France armé chevalier. Ce qui va disparaître avec lui, c'est la grande âme médiévale qui avait uni la mystique et le courage. Que l'accueille ici le seul peuple qui sut unir le zen et le bushido. Et qu'en soit loué le chef de votre gouvernement au nom des artistes et des héros japonais qui l'en remercient peut-être, du fond de la grande nuit funèbre [29] ».

La Joconde, protégée par un verre à l'épreuve des balles au Musée national de Tokyo, paraît verdâtre. Malraux conforte la légende et ressasse comme un conférencier ancien combattant :

— Mona Lisa est le seul tableau du monde auquel s'assimilent des fous, des fous même hommes, se croient la Joconde. Ils ne se croient aucun autre tableau. Mona Lisa est le seul tableau qui peut être la cible d'une attaque.

L'ancien ministre est reçu par le Premier ministre japonais et par un criminel de guerre que les Américains jugèrent utile d'épargner, l'empereur Hirohito [30]. L'empereur offre à l'écrivain un Sengaï. Malraux s'est arrangé pour ne pas être en France au moment de l'élection présidentielle, manière de dire : je ne vote pas pour le candidat Giscard. Précédent édifiant, de Gaulle était en Irlande quand Pompidou fut élu. Malraux n'a pas voté par correspondance [31].

Fin décembre 1975, malgré son embonpoint et ses pas pesants soulignés par la fatigue, l'esprit vif, toujours épris de voyages — ultime aventure de ceux qui vieillissent? —, Malraux se rend avec Sophie de Vilmorin en Haïti, république noire, la première du tiers-monde à avoir conquis son indépendance [32] au prix d'un massacre des colons. Contre l'« humiliation » et l'exploitation coloniale, pour leur « dignité », des esclaves forgèrent un peuple, une nation à l'originalité créole et francophone. Le général Toussaint Louverture pratiqua la guérilla paysanne avant Mao ou Hô. Hélas, Bonaparte, héros de deuxième ligne du Panthéon malrucien, influencé par Joséphine, rétablit l'esclavage. En 1975, successeur de son père François, Jean-Claude Duvalier, tyranneau des Caraïbes, gouverne Haïti, appuyé sur son idée de Papa Bon Dieu et les Tontons macoutes. Le voyage de Malraux est d'ordre privé. Il s'intéresse depuis longtemps aux peintres haïtiens : « Comment ose-t-on dire que ces gens-là sont analphabètes ? » Au festival des arts nègres de Dakar, l'écrivain-ministre avait rencontré Tiga (Jean-Claude Garoute) qui a lancé cette invitation de 1975. Tiga et son amie Maud Robarts mènent une expérience artistique que Malraux veut voir de près.

À Port-au-Prince, quel visiteur n'est ébloui par les couleurs, leur violence gaie, sur les enseignes ou les tap-tap bariolés servant d'autobus ? Logeant à l'hôtel El Rancho, André Malraux et sa compagne parcourent les galeries d'art. Le 29 décembre au matin, ils montent vers Soissons-la-Montagne, village-hameau des peintres spontanéistes de l'école de Saint-Soleil. La route étroite serpente à travers de profondes gorges verdoyantes. La profusion des flamboyants ou des bananiers-plantains, des fleurs jaunes, blanches, rouges et mauves font penser à une Toscane des Caraïbes vue par le Douanier Rousseau et par un Créateur oublieux de la misère. Des huttes et des maisons en dur s'accrochent au bord de la route, dans une odeur de café, de miel, de crasse, de riz, de cacao. Les visiteurs sortent de leur voiture [33]. Devant un cimetière célèbre, aux tombes couvertes de fresques et bétonnées pour que les morts se protègent et ne laissent pas s'échapper un mauvais esprit, se dresse, en forme de croix, Baron Samedi.

— Sensationnel! s'exclame Malraux.

Il découvre la plaine immense, le Cul de Sac du Golfe de Garouve, jusqu'à l'Étang Saumâtre. Perruches et coas — oiseaux noirs au cri de corbeau — s'envolent. Descendent vers Malraux, menés et mis en scène par Tiga, des tableaux portés par leurs peintres, paysans, tisserands, petits commerçants : élèves libres de Tiga qui leur a donné couleurs, papiers, crayons, argile ; ils ne signent pas leurs toiles, comme les « naïfs » d' « en bas », Port-au-Prince. « L'art pour l'art, et surtout pas pour de l'argent », affirme Tiga. Poète, philosophe brumeux et peintre, Tiga se montre aussi volubile que Malraux. Ce dernier refrappe des formules, obscures ou lumineuses :

— Il y a des naïfs quand il y a des pompiers... Il se passe ici avec la peinture ce qui s'est passé aux États-Unis avec la musique de jazz... C'est une peinture possédée... Le peintre naïf est appliqué, celui de Saint-Soleil est visité... C'est l'intérêt de commencer à peindre après cinquante ans : l'expérience psychique est tout à fait différente.

Les malrucianismes crépitent, ponctués de « formidable expérience ! », « important ! », « autorité de l'écriture ! ». Des acteurs doués se reconnaissent. Tiga, comédien lui aussi, donne la réplique :

— Ils [*les peintres présents*] savent qu'ils peuvent créer à partir des rêves ou naturellement... Ils font sans efforts. Il n'y a pas d'effort.

Les deux hommes, Maud et d'autres parlent jusqu'à 16 h 30. Redescendu à Port-au-Prince, Malraux écrit. Et Sophie tape. À soixante-quatorze ans, le vieux lutteur se retrouve. Dans « L'intemporel », troisième volet de la somme à laquelle il travaille, il placera comme une suite au final imprévu de *L'Intemporel* ces pages écrites à Port-au-Prince, faisant sauter celles qui concernent Goya.

Malraux et Sophie — mal à l'aise, elle — assistent à une cérémonie vaudoue. L'écrivain que tentent pourtant l'irrationnel et les *loas* part vite. « Heureusement, écrira Sophie de Vilmorin, il en avait compris suffisamment. » Pour ceux qui l'aiment, Malraux comprend tout d'emblée et à fond.

La possession, la mythologie, l'univers des esprits, des transes du corps et de l'esprit, le langage, la magie, la peinture d'inspiration chrétiano-vaudoue attirent cette part de Malraux portée sur l'irrationnel. Il ne s'interroge jamais sur les rapports entre vaudou, sous-développement et structuration psychologique des couches populaires. Il survole le vaudou comme le marxisme, l'un et l'autre prétextes à des exercices de style touchants [34].

En Haïti, il acquiert huit tableaux dont deux sur papier [35], deux œuvres achetées, les autres offertes, cinq par les Saint-Soleil et une par Jean-Claude Duvalier qui invite un Malraux embêté mais consentant. Après tout, c'est une visite privée.

Le dictateur de poche met une voiture à sa disposition et un hélicoptère pour se rendre à Cap-Haïtien. Malraux se sert plus volontiers d'une voiture de l'ambassade de France. Quand même, quelle une de journal c'eût été : « André Malraux décline une invitation du tyranneau haïtien[36] » ! La conversation du président Duvalier et de Malraux porte sur de Gaulle. Baby Doc, au demeurant stupide, ayant demandé : « Que ferait le Général à ma place [37] ? » Malraux dit en riant à l'ambassadeur qu'il n'eut « aucun mal à répondre ».

L'écrivain voyageur reprend la plume. Son imagination le possède : « À cinquante kilomètres de Port-au-Prince, après quelques kilomètres de sentier, à mille mètres d'altitude, des paysans, des bêtes... Sous le charme trouble de cette île, celui de la douceur, du bouddhisme que transmettent les Paradis de ses naïfs, il y a la trouble présence de ses Rois du malheur, Toussaint, Dessalines, Christophe ; le château incendié de Sans-Souci, crevé d'un soleil qui n'en chasse pas les ombres, autour du masque de théâtre et de ténèbres de sa Melpomène calcinée ; la citadelle saturnienne, jamais attaquée, jamais habitée que par les zombies et ceux qui l'ont construite, dessin de Victor Hugo bosselé des canons trapus *pris aux marines royales* [38]. »

Dans les conversations rapportées par Malraux, on ne sait qui parle, comme souvent chez lui. De Gaulle ou un hôte haïtien se valent :

« Que pensent-ils que deviendront les peintures qu'ils vous apportent [*les peintres de Saint-Soleil*] ?

— Elles vont retrouver les autres, se retrouver entre elles. Il y a la communauté des tableaux, comme notre communauté, notre théâtre. Au-delà, c'est vague. Du moins, je suppose.

— Qu'ont-ils pensé de l'exposition au musée ? [*De Port-au-Prince. Tiga, sans doute, répond :*]

— Elle les a déconcertés. Comme le musée. Drôle d'idée. Les tableaux ne sont pas faits pour ça.

— Qu'ont-ils pensé des confrères d'en bas ?

— Des naïfs ? Qu'ils peignent des images pour les vendre. Ça ne les intéresse pas. »

Malraux renaît à lui-même : « Tout ce qui rend flottant le réel est important. Le vaudou ne me semble pas une religion, mais un surnaturel. Il rend les esprits, les morts, aussi familiers que le miracle pendant le Haut Moyen Âge. » Dans les dernières lignes de cet ouvrage où Malraux use de deux majuscules pour le Musée Imaginaire, il semble en désarroi : « Pourquoi l'art ne subit-il pas une mutation aussi vaste que celle de la beauté ? Nés ensemble, le Musée Imaginaire, la valeur énigmatique de l'art, l'intemporel, mourront sans doute ensemble. Et l'homme s'apercevra que l'intemporel non plus n'est pas éternel. »

On est loin des premières pages assurées du premier volume de la *Psychologie de l'art*, *Le Musée imaginaire*. Malraux relativise maintenant sa recherche de l'Homme, de l'Art, de la Vérité. C'est, répète-t-il, très « étrange », « compliqué », « important ». Comme s'il sentait l'impossibilité de sa tentative, il déclare :

— Rendre compte de l'art est une entreprise folle [39].

Aventure bouleversante, dérisoire, pétaradante, géniale, m'as-tu-vu ou chimérique ? Malraux, l'auteur d'écrits *sur* les arts, drogué, surchauffé, survolté des mots, comme Sartre, écrit souvent plus vite qu'il ne pense [40].

Comment parler des arts ? Devant cet Art qui échappe à ses mots et à sa passion, Malraux fait songer aux vers de T. S. Eliot :

> *Les mots se tendent,*
> *Craquent et se cassent, parfois sous le poids,*
> *Sous la tension, se dérobent, glissent, périssent,*
> *Pourrissent d'imprécision, ne restent ni en place*
> *Ni tranquilles.*

De retour à Verrières, Malraux accroche un Saint-Soleil, un *loa*, à côté d'un Rouault. Il offre à une tendre amie, la comtesse de Karolyi, un tableau vert et orange avec deux arbres, une jeune plante, un homme droit et une femme courbée ; à l'arrière-plan, une rivière court de gauche à droite — et sort du tableau comme Malraux s'évade de l'histoire de l'art. Peut-on parler des arts dans la perspective de Malraux : sa course à l'indicible, l'irréel, l'intemporel, renvoie les sceptiques au mot du philosophe et mathématicien F. P. Ramsey : « Ce que nous ne pouvons pas dire, nous ne pouvons pas non plus le siffler. »

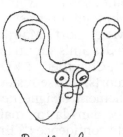

Dyable de la
dialectique

38

Pot-au-feu et caviar

— Je leur montrerai que je suis le plus grand écrivain du siècle, disait André Malraux à son neveu Alain, alors qu'il n'écrivait plus de romans.

Après la mort de Montherlant [1], il soupirait devant Sophie :

— Il ne reste plus que trois colosses, Sartre, Aragon et moi.

Grand homme, Malraux a des rechutes dépressives, beaucoup plus rares qu'autrefois, et moins de tics. Il vit enchâssé dans l'opinion publique, parmi ses masques calédoniens, des sculptures gréco-bouddhiques, ses coqs mexicains et bronzes thaïlandais, entre son Braque, un des *Otages* de Fautrier, une tête de Christ de Rouault, une litho de Picasso, un petit Poliakoff, et un Chagall avec un Dubuffet au rez-de-chaussée à Verrières, ou dans son modeste appartement privé sous les combles.

Après la mort de Louise, il a manqué déménager, louer un appartement quai Voltaire, un autre rue Barbet-de-Jouy, une maison à Versailles ou une chambre au Crillon. Il veut et ne souhaite pas quitter Verrières. Il s'achète une table rustique espagnole du XVIIᵉ comme bureau, se dit en instance de départ et s'installe de mieux en mieux dans un confortable campement permanent. Désintoxiqué depuis 1972, changeant presque de nature, il paraît moins vulnérable et agressif.

— Malraux écoute souvent ces jours-là, dit Leymarie.

Quand le sujet de la mort affleure, il insiste toujours — trop ? — sur un point : son *trépas* ne le préoccupe pas. Qui a frôlé la mort comme lui, qui a retracé aussi bien que lui, dans *Lazare*, un état entre vie et mort ? Malraux parle peu de son trépas, sinon par lettre, à des amis sur un ton tantôt sérieux, tantôt badin. À Louis Martin-Chauffier [2] : « Qu'une amitié si vieille, traversée de tant de morts, puisse rester, cela possède un mystère qui n'est pas tellement éloigné de la survie des œuvres. Chez vous, c'est enrobé dans la foi, mais chez moi ? » Et puis, comme regrettant cette confidence : « Enfin, vous savez que j'ai pensé qu'il existait peut-être un ciel à mon usage, où vous m'accueilleriez en costume breton. Je crois que je sais maintenant ce que c'est et je vous embrasse. » Au cours de sa vie, Malraux n'a pas eu les embrassades ou l'affection faciles, même en fin de lettre.

Il lui arriva — songeant à son père ? — d'envisager le suicide. Beuret escamote une arme. Malraux bougonne devant Grosjean :

— On m'a pris mon revolver. J'ai le droit de finir comme je veux.

S'il avait un raptus suicidaire, il se servirait d'une arme. Depuis 1966, ses proches sont moins conscients de ses accès dépressifs. Avec sa pharmacopée, tranquillisants, neuroleptiques, antidépresseurs, soporifiques, Bertagna n'est jamais loin. Il a pris l'habitude de passer à Verrières le dimanche. Pour son patient, un médecin paraît aussi fascinant qu'un prêtre ou un avocat. Bertagna n'est pas astreint à la distance que doit maintenir le psychanalysant avec l'analysé. Malraux est maintenant surtout soigné au Tofranil, un antidépresseur [3].

Peu d'hommes ou de femmes peuvent sonder Malraux. Jean Grosjean, qui a droit à des visites naturelles, dépourvues de mise en scène, qui fréquente l'écrivain depuis plus de trente ans, avec plaisir et sans éclats, le voit osciller. Devant la plupart de ses interlocuteurs, y compris sa compagne, Sophie de Vilmorin, Malraux monologue. Avec Grosjean, il dialogue. Toute sa vie, l'écrivain a entretenu avec les autres des rapports affectifs asymétriques. Avec Grosjean, un équilibre s'est installé.

Depuis le jour de leur rencontre en 1940, ils sont doucement prisonniers l'un de l'autre dans une dissemblance amicale. Ils évoquent l'Évangile selon saint Jean, Eschyle, Sophocle, Shakespeare. Leurs passions se ressemblent : Hugo pour l'un, Lamartine pour l'autre. Leur amitié dépasse les convenances et le quotidien, les potins de la rue Sébastien-Bottin, où Grosjean travaille, méticuleux, marginal. Ils ne se doivent rien, sinon critique, respect et considération. Grosjean, vigilant, éprouve pour Malraux l'écrivain une passion pudique et pour l'homme une compassion lucide. Il sait quelles difficultés son ami éprouva, toujours, à écrire. Confident n'appartenant à aucune chapelle parisienne, il sent que Malraux craint avant tout de « tomber dans le vide ». Il décèle chez cet homme, en apparence si assuré, l'inquiétude, l'anxiété, l'angoisse. Grosjean, à moitié poète, pour un quart paysan et, pour le reste, ami, se situe à des années-lumière, comme Beuret, des quémandeurs, des profiteurs, des respectueux, qui gravitent autour de Malraux. Il connaît les traits permanents du grand homme :

« De l'ambition, certes. Ou plutôt des ambitions, et pas toujours convergentes : héroïques ou intellectuelles, financières ou éthiques, politiques ou littéraires [4]. »

Grosjean ne passe pas son temps à recueillir les propos de Malraux. Il jette sur le papier quelques impressions. Ainsi, revenant de Verrières [5], il note rapidement :

« Au fond du puits

extrême gentillesse mais cette fois de très loin

une sorte de courtoisie à la fois tout intérieure et comme irréelle.

C'était un février beau de toute sa froidure et de toute sa grisaille

L'ombre de son sourire, le grand feu par la fenêtre entre le frémissement des bambous et le sombre grand cèdre on voyait la pelouse monter quelques bouleaux d'une grande perfection de part.. à quoi semblait répondre derrière A. M. le paravent japonais.

" J'ai le ton de Bernanos et Claudel "

pas tout à fait juste, mais trop modeste car si son tour est moins sûr sa pensée va plus loin.

Mais plus même un mot aux chats.

Il habite, en étranger, son corps et ce monde. On le sent comme en voyage. »

Malraux reste encadré par Beuret, l'inconditionnel, mais pas dévot, qui a rejeté Madeleine, accepté Louise de Vilmorin et Sophie [6]. Albert et Sophie règlent les problèmes pratiques. Malraux a des relations plus ouvertes avec sa fille Florence. À la mort de Louise, Florence résidait à New York avec son mari Alain Resnais. Le jour de l'enterrement, elle a embrassé son père — ce qui était rare — et elle eut le sentiment qu'il était bouleversé.

Malraux ne porta pas longtemps le deuil. Louise, semble-t-il, a plus manqué aux siens et à Sophie qu'à son compagnon.

Sophie et André voyagent, beaucoup. Parcourir le monde, c'est retrouver sa jeunesse et fuir sa vieillesse. Il faut arriver, repartir. Si la mort vous cueille pendant un périple, au moins, on la verra moins venir qu'à l'hôpital, où chaque aube est un espoir et chaque journée traversée une conquête. Sophie et André visitent ou revisitent le Japon, le Népal, le Bangladesh, où on voit en lui presque un père fondateur du nouveau pays. En Inde et au Bangladesh, ils font des croisières touristiques et politiques. On attribue à Malraux le prix Nehru. Illustres prédécesseurs : le maréchal Tito et Martin Luther King à titre posthume, Yehudi Menuhin, Mère Teresa. Malraux donne les 100 000 roupies du prix à une fondation, Action pour le rapprochement.

Les archives de Louise classées après sa mort, Sophie s'occupa de celles d'André. Ils sont amants. L'intendante devint compagne un 20 mai [7], précise-t-elle. Elle veille sur l'écrivain, lui épargne les tracas de la vie d'un homme illustre, lui fait des injections de Gérovital, médicament « contre » le vieillissement, aujourd'hui passé de mode. Sophie n'est pas mondaine. Malraux a hasardé :

— Aimeriez-vous que nous recevions ?

— Non.

Soulagement de Malraux. Il envisage d'épouser Sophie, dit-elle. Il y avait pensé pour Louise. Inconvénient, il se trouvait encore marié avec Madeleine et il l'est toujours. Un divorce serait compliqué. Sophie se considère, à juste titre, comme « en ménage ». Malraux, découvre-t-elle, n'est même pas affilié à la Sécurité sociale. Sur intervention de Matignon, la Sécurité sociale régularise cette situation.

Dans sa vie bien ordonnée, chargée, l'écrivain se lève à 9 heures, travaille de 10 heures à 12 h 45. Toujours dandy, il aime les cravates Hermès, les complets Lanvin, les foulards et les robes de chambre en soie. Avec ou à cause des attentions de Sophie, il se stabilise. Elle le sait « dopé » aux honneurs. Naïve quelquefois : elle croit qu'il a lu les textes hindous sacrés « à dix-sept ans ». Une polynévrite le fait souffrir des jambes. Il ne se plaint pas. Compagne, Sophie l'accompagne. Elle apprécie les douceurs de la vie pour avoir connu des périodes difficiles. À neuf ans, elle perdit sa mère. Elle travailla comme adjointe de la boutique Christian Dior. Louise n'aimait pas jouer les seconds rôles. Sophie ne cherche pas à briller. Elle se dit « latérale [8] »

Malraux ne boit plus d'alcool, pas une goutte. Il ingurgite du thé très chaud au jus de citron et du café, fort. Il reçoit au début de l'après-midi, retourne à son « établi ». Il reste courtois, galant s'il le faut. Il parle avec abondance des cathares à Jeanine Camp, Toulousaine, gouvernante, cuisinière, employée à diverses tâches, sauf au ménage — assuré par des Portugaises. Avec elle il parle aussi de sculptures.

Il se fait conduire à Paris pour ses déjeuners par Terzo Tricchi, chauffeur et valet de chambre. L'ancien ministre ne semble plus regretter les gardes républicains, les fêtes, les fastes et le fatras autour d'un membre du gouvernement.

Ludmilla Tcherina, qui fut danseuse étoile de l'Opéra de Paris, tourne autour de lui. Il s'en amuse :

— Elle voudrait faire croire que je suis son amant. Or, je ne l'ai jamais embrassée, même sur la joue.

Allez savoir. À Verrières, les dîners sont remplacés par des séances devant le poste de télévision. Malraux écoute les informations, suit « Apostrophes », quelques débats politiques, et des jeux télévisés comme « La tête et les jambes », certains films. Mais quel western vaut sa vie ? Il ne prête guère attention aux films télévisés. L'écran paraît trop petit pour un Eisenstein ou un Dreyer. Il commence à regarder un film et s'en lasse vite.

— Les gens croient que la télévision, c'est le cinéma à la maison. Mais le cinéma n'est qu'une petite partie de ce qu'elle va nous apporter, dit-il. On parle du câble : la télévision par câble transformera notre vie, comme elle bouleversera le système scolaire.

Lorsqu'on demandait à Louise pour quelle faute elle avait le plus d'indulgence [9], elle répondait : « La mythomanie ». Heureuse, Sophie a toutes les indulgences. Un bonheur paisible peut devenir contagieux. Sophie ne se lasse pas de s'émerveiller, même si elle décèle les faiblesses de Malraux. Elle protège son grand homme. Il est déprimé ? Elle le dit « fatigué ou ennuyé ». Malraux, constate Sophie, a toujours son étonnante mémoire et une imagination aussi onirique que réaliste. Elle tape ses manuscrits, répond aux appels téléphoniques, suit la correspondance, veille sans trop surveiller.

Malraux sait qu'il s'est éloigné d'amis, de plusieurs générations, et, surtout, des jeunes. Philippe et François de Saint-Chéron, deux garçons éperdus d'admiration, le traquent. Sachant que Malraux fréquente souvent ce restaurant, ils l'attendent à la sortie de Lasserre. Sophie le pousse à les recevoir. Ils débarquent, pâmés, à Verrières, classent des documents [10]. Sophie introduit aussi des journalistes, après filtrage. Malraux se livre à de superbes numéros, au sens où un artiste de music-hall réussit le sien avec brio, toujours sur les mêmes thèmes, la mort, Staline, le destin, Mao, le Général. S'adaptant à ses interlocuteurs, il improvise avec maestria et courtoisie. Devant Claudine Vernier-Palliez [11] :

— Mes chats m'ont demandé d'être leur interprète auprès de vous. C'est pour moi un grand honneur. Lustrée est venue pour écouter et raconter notre conversation à son amie Fourrure qui est à la chasse. Quel culot, de courir après les mulots alors qu'elle est gavée !

— Quel rapport de Gaulle avait-il avec les chats ? demande Claudine Vernier-Palliez.

— Lorsque je lui ai posé la question, dit Malraux, il m'a répondu, après réflexion : « Je ne leur fais plus peur. » Avant, il était très copain avec un grand berger allemand. Puis il a eu un chat des Chartreux, superbe chat au nom très distingué que Mme de Gaulle préférait appeler Grigri. Grigri a réussi auprès du Général en le flattant. Le Général, ravi d'avoir un chat qui n'avait plus peur de lui et qui lui témoignait même un immense respect, s'est dit qu'il existait enfin un chat à son image, un chat exceptionnel, un Seigneur-Chat.

Sophie subit les chats de Malraux. Louise disait : « Je n'aime pas les chats, le chat est l'élu des aristocrates et des concierges. »

Malraux s'est installé à Verrières avec deux chats, Fourrure, noblesse de gouttière, noir et blanc ; Lustrée, beige. Essuie-Plume, le mâle, a été confié à des amis. Bon indicateur : s'il se montre attentif avec ses bêtes, Malraux va bien, sinon [12]... Il a un fort faible pour le pot-au-feu, le bœuf bourguignon, le petit salé aux lentilles, le cassoulet toulousain et le caviar. Il aime aussi des gâteaux à tous les desserts, de chez Fauchon ou Lenôtre. Comme tant d'anxieux, il consomme de vastes quantités de chocolat, des ballotins, une coupe posée près de son lit, une autre sur son bureau. Bon anxiolytique, le chocolat, en complément des pilules du docteur Bertagna.

Chez Lasserre, le « Pigeon André Malraux » figure sur la carte. Quelques-uns, comme Jean Lescure, sourient. Sérieux, Malraux, à son invité qui commande un pigeon, explique :

— Petit pigeon désossé, farci, servi avec des girolles. Très bon. Prenez.

Lescure, riant, mais poussé par le ton de la remarque de Malraux :

— Y a un truc que je ne comprends pas. Vous ne cessez de me dire « c'est dur d'écrire. Ah ! la littérature. Pas commode. Comment faire. L'homme précaire, ah la la »... Et d'un autre côté vous avez affirmé que, fini Gutenberg, on entrait dans l'ère de l'image. Alors pourquoi continuer à vous fatiguer ? Dans cinquante ans, plus personne ne lira, ne *vous* lira. Dans un pays de bouffe comme la France, votre éternité, elle est là [*Lescure tape sur la carte*], c'est le pigeon Malraux.

Malraux l'a écouté, grave, un regard en contre-plongée sur le menu :

— Chateaubriand, [*un temps*], ils y ont foutu un *t*.

Lescure se souvient du *Livre des morts* :

— Nul n'aura droit à l'éternité s'il n'a pas été appelé par son nom [13].

L'écrivain manque souvent d'humour lorsqu'il s'agit de lui, moins à l'égard des autres. Il se laisse rarement aller à la vulgarité pour faire un mot. Pourtant, à propos de Roger Stéphane, d'une indéfectible loyauté, journaliste, homosexuel, et qu'il aime :

— Stéphane, il a des couilles au cul, mais ce ne sont pas toujours les siennes.

Malraux n'est plus acteur sur la scène politique intérieure ou extérieure. Mais il retrouve un ton épique et lyrique pour fêter le cinquième anniversaire de la mort du général de Gaulle :

— Le rival du *Manifeste* de Marx n'est pas une théorie gaulliste, c'est l'appel du 18 juin.

Du Général :

— Il a parlé avec la force de celui qui dit ce que tout le monde sait, quand tout le monde le tait ; il a dit à la patrie la formule la plus simple de l'amour : tu m'es nécessaire... Il assume à la fois le malheur et l'espoir... Rassembler fut pour le général de Gaulle l'un des mots les plus lourds après celui de patrie... Les buts les plus dignes d'être visés sont ceux qu'on n'atteint jamais.

Le climat se modifie lorsque Malraux contemple autant qu'il critique la politique intérieure française sous Pompidou qui, tout de même, industrialise. Il revoit Bernard Tricot à Verrières [14].

— Le gaullisme, lui dit Tricot, ne représente plus qu'une grande organisation conservatrice.

L'écrivain l'interrompt :

— Attention, les choses se clarifient, le gaullisme prend de la pureté, la pureté de la mort, et le peuple s'en aperçoit. Le peuple sent bien qu'entre l'U.D.R. [*nouveau sigle de l'U.N.R.*], le gouvernement, le « château » [*l'Élysée, d'où Pompidou gouverne*] et le gaullisme, il n'y a rien de commun. Et l'image du Général grandit : quand Jeanne d'Arc est morte, on ne lui reprocha plus de ne pas savoir faire du crochet. Que peuvent faire les gaullistes ?... On peut se demander s'il y a quelque chose à faire. Il y a des moments dans l'histoire où il n'y a rien à faire, des moments où dire « Un Tel ferait mieux » n'a pas de sens parce que ce n'est pas une question de plus ou de moins, de bien ou de mal. À moins... comme en juin 1940, qu'on dépasse le mieux ou le moins bien et que, comme le général de Gaulle, on se situe en termes de destin.

Malraux regrette que Michel Debré soit resté au gouvernement en 1969. Selon lui, Debré aurait plus d'autorité dans le pays s'il avait cessé d'y appartenir après le départ du Général, s'il avait imité Malraux qui s'accroche à la foi et au culte gaulliste. À Tricot encore :

— Je pense que, comme moi, il y a longtemps que vous n'avez pas revu Georges Pompidou. Moi, je ne l'ai plus revu depuis qu'il m'a dit un jour où je revenais de Colombey : « Vous savez bien que de Gaulle est un être chimérique. »

Ce jour-là, en 1969, Pompidou a commis un crime de lèse-majesté, lèse-confiance, lèse-espoir. Pompidou a-t-il bien dit cela ? Ou Malraux souhaitait-il qu'il ait prononcé ces paroles insoutenables ? Personne ne pouvait parler ainsi du Père fondateur de la Vᵉ devant l'écrivain. Mort ou vivant, de Gaulle incarne la légende, et aussi la famille d'autrefois et d'aujourd'hui, comme Hugo, Michelet, Jeanne d'Arc et Saint-Just.

Pour sa famille ordinaire, même s'il n'a plus une vie bousculée de ministre, on ne peut avancer que Malraux y soit très attaché. Il n'a pas de petits-enfants et ne peut jouer au bon grand-père comme souvent les hommes qui, à leurs propres yeux, ne furent pas des pères acceptables. D'après Sophie et d'autres, Malraux évoque son père, jamais sa mère. Parfois, il s'est occupé de sa tante, Marie Lamy. Il lui écrit : « Ma chère Tante. Les livres ont été envoyés à ton adresse et je suppose que maintenant tu les as reçus. Les choses dont on parlait quand tu m'écrivais signifiaient, en gros, que je vais sans doute prendre un commandement au Bengale. C'est ce que j'ai de mieux à faire. Ce que tu dis est noble ; nous aurons été qqs-uns ds la famille, doués pour le courage. Je t'aurais emmenée aux Indes, jadis, avec confiance et avec joie. Le soir tombe ; après tout, il ne tombe pas mal. Ce que tu dis de tes yeux ne concerne pas la radio. Veux-tu que je t'envoie un poste ? Bien affectueusement. » De nouveau à la même tante : « Je suis content de savoir le poste arrivé : j'étais à l'autre bout de la Méditerranée. Trouver un homme de l'art pour te le mettre au point ne doit pas être difficile : il s'agit de tourner un bouton et d'appuyer sur deux autres. Naturellement, dis-lui de m'envoyer sa facture. Le prix Nobel ? Pas question. Il ne le donneront *jamais* à un gaulliste. Ainsi soit-il... Sans doute serai-je en France jusqu'à la fin du mois : je dois rencontrer Mad Gandhi le 9. Je t'embrasse ma chère tante, bien affectueusement [15]. » Son cœur bat au rythme de ses intermittences. Le neveu n'assistera pas à l'enterrement de Marie Lamy.

Une autre femme lui est chère, « Gogo », fort belle, d'origine hongroise, qui travaille chez Hermès, dessinatrice et créatrice. On trouve une allusion à elle, furtivement, dans l'embryon de roman *Non*, repris et relu par Malraux. « Gogo », Catherine Polya, comtesse de Karolyi, fait partie de ses « démons gardiens », dit-il. Elle entretient avec Malraux une longue et profonde amitié amoureuse. Huit années entrecoupées d'une brouille [16]. Gogo eut une enfance entourée de peintres et de sculpteurs, et elle parle beaucoup d'art. Elle vient chaque semaine dîner à Verrières, le mercredi et le dimanche. Parfois, Terzo, conduisant la D.S. 21 Pallas, dépose Malraux chez elle dans le XVIᵉ arrondissement, puis se rend chez Fauchon acheter un gâteau au chocolat. La comtesse fascine Malraux. Il se confie à elle en adolescent :

— Je suis le dernier des romantiques.

On peut traduire : et le premier de mon siècle. D'ailleurs, pour la France, ce n'est peut-être pas faux. À Gogo, dînant en tête à tête, il demande aussi, chez Lasserre :

— Que pensez-vous de la mort ?

— Rien.

Il la regarde. Il lâche aussi :

— L'amour est un mythe, un poison de notre temps. Il n'y a pas d'union possible.

Catherine de Karolyi ne prétendra jamais comme quelques autres avoir été la maîtresse de l'écrivain, seulement son amante au sens de personne qui aime d'amour et se retrouve aimée avec tendresse en retour. Malraux s'interroge devant Gogo :

— Pourquoi dit-on *tomber* amoureux ?

En effet, et dans beaucoup de langues. Sur ses carnets, Gogo note des souvenirs bonheurs avec l'écrivain :

« Dîner chez Laurent :

— Je suis tellement heureuse avec vous que j'ai envie d'embrasser [17] tous les hommes.

— Seulement les hommes ? dit Malraux, rieur [18]. »

Une querelle difficile à décrypter sépare Malraux de Gogo. Carnet de Catherine de Karolyi en 1971 : « Dimanche... Sophie, ce soir, me dit : " N'est-ce pas Gogo, que tu aimes encore ton premier mari ? ! ! Je reste abasourdie et dis : mais voyons, Sophie, qu'est-ce qui te prend ? C'est comme si je te disais la même chose ! " André était blême en écoutant "notre dialogue" avec Sophie et disait à peu près ceci : "Ce n'est pas la même chose, Sophie m'a, moi" ! » « Mercredi, un des jours habituels de nos dîners dans la semaine, je devais venir. Je ne voulais pas venir et je l'avais dit à Sophie qui me rappelle... en me téléphonant insiste : "Mais ne fais pas ça Gogo, tu ne peux pas ne pas venir, <u>tu es son rayon de soleil</u> ! etc. Tu sais bien que ce n'était qu'un mouvement d'humeur et encore, etc. ! ! ! Moi-même je ne comprenais rien de ce qui lui arrive ! J'étais aussi étonnée que toi... ! ! " » Sophie est-elle mécontente de cette brouille qui, un temps, sépare André et Gogo ? Avec un sens du tragique, toujours présent, Malraux, un soir qu'il dînait seul à Verrières avec Gogo, lui déclara : « Un jour vous allez pouvoir dire... J'étais dans ses bras, quand il était dans les bras de la mort [19]. »

Les deux femmes s'observent. Elles aiment Malraux. Sophie manœuvre bien. Elle sait ce qu'elle apporte à son compagnon. Elle veille à son bien-être. Gogo le met de bonne humeur mais Sophie protège ses marches : Non, Gogo, nul besoin d'aller chercher ce livre, là-haut, dans la chambre de Malraux, j'y vais.

Querelles, malentendus de femmes amoureuses, chassés-croisés sans marivaudages entre Sophie et Gogo. Malraux n'est pas innocent sans être tout à fait coupable de ces exigences féminines. Sophie, après deux croisières à trois, en tout bien tout honneur, explique à Gogo que Malraux ne veut pas que la comtesse participe à une autre excursion au Spitzberg. Malraux et elle, affirme Sophie, seront en tête à tête. De fait, Monique de Vilmorin participe au voyage[20].

Le valet de chambre et chauffeur, Terzo Tricchi, part car on lui propose un poste de garde municipal à la mairie de Florence. Il pense à son avenir et veut aussi épouser sa promise, du même village que lui[21]. Sophie lui en voudra d'avoir signifié vite son congé. Cet homme n'appréciait guère Sophie, fofolle pour lui, et cachait mal sa préférence pour Gogo.

Détaché de la politique française, Malraux resurgit sur le devant de la scène pendant la campagne de l'élection présidentielle de 1974 pour soutenir, au premier tour, un candidat gaulliste, Jacques Chaban-Delmas, contre Mitterrand, mais aussi contre Valéry Giscard d'Estaing. Son apparition est désastreuse. Pendant l'émission, Malraux semble dire que la télévision remplacera instituteurs et professeurs dans les écoles, collèges et lycées. Cet aspect de son intervention fera perdre à Chaban-Delmas les voix des enseignants gaullistes, déjà peu nombreux au départ. Une remarque de Malraux sur l'importance des ordinateurs dans l'avenir proche passe inaperçue. Sur le film, on aperçoit, en plans de coupe, Chaban, éberlué par les propos de l'homme qui le défend[22].

Malraux répond aussi à des demandes bien programmées. Il se montre en verve :

— Politiquement, l'unité de l'Europe est une utopie. Il faudrait un ennemi commun pour l'unité politique de l'Europe mais le *seul ennemi commun qui pourrait* exister serait l'Islam.

Il distribue souhaits et prédictions :

— Une culture rationaliste ne peut suffire à l'esprit. L'Occident cherche partout l'irrationnel qui lui manque. L'Orient et l'Occident doivent élaborer, par la synthèse de leurs valeurs, une nouvelle conception de l'homme qui le protégera contre les atteintes de la civilisation industrielle. Kipling s'était trompé : l'Est et l'Ouest se recherchent et leur rencontre, loin d'être impossible à jamais, va être un des événements de cette fin du siècle.

Il accepte d'être entendu, à l'Assemblée nationale, par la commission traitant les propositions de loi relatives aux libertés et aux droits fondamentaux. Présidée par le roublard et astucieux Edgar Faure, la commission écoute avec délices le

Grantécrivain, Granthomme, sorti de sa retraite, remorquant une interprétation archaïque, fausse mais alors fort répandue de l'histoire des années trente, quarante et cinquante [23]. Malraux a une pensée politique fixe, figée. Faure demande sans ciller s'il y aurait incompatibilité de nature entre le régime collectiviste et les libertés. Peut-on espérer les concilier un jour?

— S'agit-il d'un rapport de nécessité, reprend Malraux, ou d'un simple fait historique qui s'est répété jusqu'à ce jour? Peut-on penser qu'un régime collectiviste pourra, dans l'avenir, tout en supprimant la propriété privée des moyens de production, respecter les libertés publiques telles que nous les concevons?... Certes, il est évident qu'il existe un lien entre la faiblesse ou l'abandon des libertés individuelles en Russie et le Parti communiste. Mais il ne faut pas oublier qu'à sa naissance l'Union soviétique avait le monde entier contre elle et que pour Lénine c'était une nécessité de se battre de tous les côtés.

Devant les membres de la commission, Malraux pratique encore la méthode d'autorité :

— Et cela a duré longtemps puisque, *quand j'ai connu Staline* [*je souligne*], il était obsédé par l'encerclement.

L'écrivain prend à son compte, comme Sartre et tant d'autres, la théorie de l'U.R.S.S. assiégée, victime de tous en général et des démocraties « bourgeoises » en particulier. Comme beaucoup de ses contemporains à gauche, il ne saisit pas pleinement que l'économique et le politique ne sont pas des variables indépendantes. Il poursuit son intervention, revenant sur son Soviétique préféré :

— Dans les notes conservées par Lénine, et qui furent publiées après sa mort, on constate qu'il avait été très surpris par la nécessité de la Tcheka. Était-ce que la suppression de la propriété privée des moyens de production était incompatible avec les libertés, ou bien que les pays qui avaient supprimé la propriété privée étaient obligés de fonder leur gouvernement sur une force d'une nature particulière? En définitive, je pense que nous aboutirions au même résultat avec un État strictement militaire.

Jusqu'à la fin de sa vie, Malraux reste fidèle à ce Lénine saint-sulpicien [24]. Au Quai d'Orsay, on craint les interventions de Malraux à l'étranger et sa tendance aux gaffes, même s'il n'est plus membre du gouvernement. « Quelle bourde va-t-il sortir? » Ainsi, quand les Américains ont parlé de livrer des armes au Pakistan, il a ajouté que Paris pourrait également fournir dix-sept avions à l'Inde. Puis, devant l'étonnement de son public, il expliqua en aparté au consul général de France, Jacques Buttin, qu'il avait jugé bon de « prendre les devants ».

Reconnu comme un des plus grands écrivains français de sa génération, comment pourrait-il démontrer qu'il est aussi, virtuellement maintenant, un des plus grands politiques du siècle ?

Il reçoit à Verrières les écrivains qui hument l'Histoire. Soyons sérieux, tout le monde ne peut pas être Malraux. Mais les hommes de lettres témoigneront pour la postérité. Ainsi, Dominique de Roux, qui comptait sur Malraux pour le Portugal après la chute de Salazar en 1974, notera : « Malraux me reçut à Verrières. Je ne l'avais pas revu depuis un déjeuner chez un prince d'Empire où, essoufflé, agité, il avait fait taire les bavardages parisiens en avertissant la maîtresse de maison qu'il allait séance tenante se jeter sur Dacca en parachute, reprenant à discrétion des profiteroles. C'étaient des mots sans rapport avec le réel et des contorsions pour réunir les Indes. »

J'ai vu Malraux deux fois en octobre 1975 à Verrières [25]. En complet de tweed, les pieds dans des mocassins, le cheveu gris — qui prétendait qu'il se teignait les cheveux ? — , il paraissait en pleine possession de ses moyens et de ses défauts, aurait dit Grœthuysen. Ses mains jouaient avec des lunettes d'écaille. Les phrases frémissaient, rebondissaient, montaient en volutes, remplissaient la pièce. En quelques heures, Malraux fit le tour du monde, comme impatient de gagner Mars. Malgré les questions préparées pour endiguer l'homme-vague, il retrouvait ses totems, Mao ou Trotski, il passait de la psychanalyse à la pornographie, du Vietnam au Portugal. Avec Sartre et Aragon, il avait signé un appel en faveur de condamnés espagnols. Cette conjonction, disait-il, sans humilité, était de l'ordre de la « constellation ». Pensait-il quelquefois à Sartre ou Aragon ? Jamais, me dit-il. Vraiment ? Même pour être méchant ?

— Pas du tout pour être méchant. Tenez, vous allez servir à quelque chose d'utile. Dites de ma part à Sartre que, quand D'Annunzio a été vraiment aveugle, il a eu, pour pouvoir écrire, un truc qu'on doit pouvoir retrouver aujourd'hui, quand on se sert d'une machine comme celle-ci [*Malraux désignait la machine à sténotyper*]. C'est un appareil qui n'a pas dû être unique.

— Aragon, Malraux, Sartre se retrouvant au bas de cette pétition antifranquiste, cela veut dire quelque chose ?

— Sartre a pris l'initiative, répondit Malraux. Il savait que je signerais.

— Pourquoi ?

— C'est comme ça. Si je l'avais fait dans les mêmes conditions, j'aurais été sûr qu'il signerait.

Et Aragon ? Ils ne se voyaient plus. Malraux :

— En vingt ans : trois demi-heures. Aragon, la dernière

fois, c'était en 1966, au ministère de la Culture : il souhaitait que l'on donne le plus d'éclat possible à un peintre naïf russe. J'ai fait faire l'exposition au pavillon de Marsan. Aragon connaît la peinture.

Et l'Espagne, après-demain ?

— C'est de l'aléatoire pur, dit l'écrivain. Il n'y a pas une réponse par oui ou par non. Les Français ne se doutent pas que la seule réalité de masse organisée en Espagne, ce sont les anarchistes. Le successeur de Franco aura-t-il une volonté répressive ? Je ne vois pas comment il pourrait en être autrement.

J'insistai sur certains points à propos du « vrai », du « faux » et du « vécu » :

— Qu'est-ce que la vérité, selon vous ?

— Ma première réponse est banale : c'est ce qui est vérifiable.

— Vous êtes très positiviste...

— C'est la théorie du père Brunschvicg. Il y a une autre réponse : ne pas croire à une vérité comme les bolcheviks. C'est une donnée excessivement précise. On ne sait pas tellement bien ce qu'est la dignité : on sait très bien ce qu'est l'humiliation. Je ne suis pas sûr de savoir ce qu'est la vérité, je ne l'oppose pas au mensonge : je l'oppose à ce qui est son absence. Et l'absence de la vérité, je sais très bien ce que c'est.

Nous en étions à la politique intérieure française : le pompidolisme avait succédé depuis 1969 au gaullisme, et le giscardisme depuis 1974 au pompidolisme.

— Qu'est-ce, le giscardisme ? demandai-je.

— Qui a succédé à Napoléon, déjà ? En tout cas, ce n'est pas Flambeau.

— Que pensez-vous de Valéry Giscard d'Estaing ?

— Rien, c'est un homme courtois.

Sur ce, avec le sourire d'un enfant qui vole un pot de confiture, mettant la main sur le micro, Malraux m'a dit :

— C'est tout, hein !

Cette gauche, dont ils furent tous les trois, Aragon, Sartre et lui ?

— Vous êtes-vous vu, André Malraux, comme le trait d'union entre de Gaulle et la gauche ?

— Oui, absolument.

— Avez-vous l'impression que cela a été une réussite ?

— Non. Mais on a réussi d'autres choses.

— Dans vingt ans, comment présenterons-nous André Malraux à nos petits-enfants ? Dirons-nous : écrivain, éditeur, révolutionnaire, homme politique, critique d'art... ? Je vous demande une épitaphe pour l'heure où votre vie sera « transformée en destin ».

— Forcément : écrivain. On imagine Gide : « Écrivain, hélas ! » Mais je n'accepte ni le « hélas » ni le point d'exclamation.

Faisant des recherches pour cette biographie, j'ai enfin compris, plus de vingt ans après, une remarque que Malraux me fit en nous raccompagnant, la photographe Françoise Viard, Alain Chouffan et moi :

— Ah, Ca-Mau, ma jeunesse, Ca-Mau... !

Je lui avais envoyé un roman, *Les Canards de Ca-Mao*, dont l'action se situait à la pointe sud du Vietnam [26]. Il m'avait écrit. À Verrières, il se souvenait de sa défense efficace des paysans dans son journal *L'Indochine* un demi-siècle auparavant.

En 1975 et 1976, Malraux reste présent, ô combien, sur plusieurs fronts littéraires. À soixante-treize et soixante-quatorze ans, il fignole *Hôtes de passage*, des portraits ; il corrige *Le Miroir des limbes*, comprenant les *Antimémoires* ; il met au point sa somme sur l'art, retravaillée, *La Métamorphose des dieux* ; il rédige des préfaces, l'une à la correspondance de Jean Guéhenno et Romain Rolland dont il choisit le titre, *L'Indépendance de l'esprit*, pensant à Guéhenno mais encore plus à lui-même ; il retourne à sa jeunesse avec un hommage à Demetrios Galanis pour une exposition du peintre graveur ; il rédige une introduction flatteuse au livre consacré à Josette Clotis, par son amie Suzanne Chantal — sans le lire, semble-t-il. Il offre un texte sur *Les Oiseaux et l'œuvre de Saint-John Perse* auquel, ministre, il a remis un prix. Là, c'est dans sa manière, Malraux veut que se rejoignent peinture et poésie : « Les derniers tableaux de Braque appellent toute sa peinture. » À Verrières, il contemple son Braque, une plage ou une grève de sable, une mer noire, une marque bleue, le tout cerné d'un grand cadre noir.

Malraux fait un choix de poèmes de Louise de Vilmorin. Il voudrait qu'on les publie bruts, ne souhaitant pas sortir de sa réserve. Claude Gallimard suggère « de donner un texte ». « Je trouve, dit l'éditeur, qu'il serait dommage qu'aucun écrivain ne lui rende hommage ; voyez-vous à qui l'on pourrait le demander [27] ? » À un seul, Malraux. L'écrivain a déjà édité des *carnets* de Louise comprenant des aphorismes auxquels elle excellait : « Je ne m'intéresse pas à ce que pensent les gens qui écrivent, je m'intéresse à ce qu'ils racontent. » Parlait-elle d'elle-même ou d'André ? Dans sa préface aux poèmes de Louise, Malraux, réservé, se décrit pourtant : « Peu importe une légende quand elle ne défigure pas les œuvres. » Conscient de la légende de Louise, il profite de son introduction pour dénoncer les « mondanités épisodiques » qui entouraient leur vie à Verrières et qui avaient ricoché sur lui : « J'ai vu à Verrières moins d'altesses royales que de protégés. »

Malraux reçoit des interlocuteurs auxquels il fait confiance, écrivains, commentateurs, journalistes, à une cadence étonnante pour un homme de son âge et jouissant de son prestige. Il ne s'accroche pas à la vie, les vivants s'accrochent à lui. Il apprécie le critique Frédéric Grover, remarquable spécialiste de Drieu, ce qui compte pour Malraux. Il le reçoit, entre autres, l'été 1975 [28], et la part qu'il accorde alors, ouvertement, au mystère, à l'irrationnel, à l'énigmatique, frappe Grover. Avant, l'écrivain passait par ses alibis plus classiques, le christianisme, l'hindouisme. À Grover, il confie :

— Ce qui m'intéresse avant tout, c'est la question · « Qu'est-ce qu'on peut transmettre à l'homme hors de l'intelligible [29] ? »

Cette question aussi a-t-elle un sens ? Malraux, sans l'avoir lu, se rapproche du « mystique », de l'inexprimable selon Wittgenstein, l'au-delà de l'intelligible. Insistant, l'écrivain ajoute ou avoue :

— Considérant l'homme comme énigmatique, je ne suis pas à l'aise dans l'intelligible.

Brièvement, Malraux pense à un autre titre pour un ouvrage : _Le Surnaturel_ serait _L'Inaccessible_. Il traque toujours l'Absolu, inaccessible hors du mysticisme. Des visiteurs en pèlerinage à Verrières s'étonnent de la manière dont il parle de l'Apocalypse, des Évangiles, celui de saint Jean surtout, le préféré de Grosjean. Malraux ne s'intéresse plus guère au bouddhisme. Coïncidence, le jour même où il parlait de l'intelligible et de l'énigmatique à Grover, il disait à Sophie à propos de ses projets professionnels :

— Ça y est, j'ai trouvé le moyen de faire ce que je voulais faire depuis longtemps, je vais enfin pouvoir écrire _Les Métamorphoses de la littérature_ comme j'ai écrit _La Métamorphose des dieux_.

Encouragé par Claude Gallimard, il s'y met. Pendant onze ans, de 1958 à 1969, l'Art à travers quelques livres avait dévoré le romancier et l'amateur de littérature. Un jour, Claude Gallimard lui demanda ce qu'il projetait d'écrire. Malraux répondit :

— On ferme boutique.

— Vous pouvez vous faire pardonner, répliqua Claude Gallimard. Faites sur la littérature ce que vous avez fait sur l'art.

André Malraux, avec une application frénétique, écrit _L'Homme précaire_, ouvrage difficile, souvent impénétrable, irritant, déroutant ou admiré [30]. Il veut, sans plus, faire *son* point sur toute la littérature. Il s'est consacré aux arts plastiques, au secret du geste des génies. Il souhaite retrouver le geste créateur en littérature. Il développe et télescope ses idées. Pour lui, l'écrivain, comme le peintre ou le sculpteur, ne crée pas pour s'exprimer, mais s'exprime pour créer. L'homme et la littérature sont précaires, comme Malraux. Parfois, le lecteur a le sentiment qu'il passe à une vitesse supersonique sur les siècles littéraires, filmant dans un montage intérieur surréaliste, farfelu, engagé et dégagé, Sophocle, Victor Hugo et, souvent, Flaubert. Cet écrivain-là hypnotise Malraux comme Sartre.

Malraux parle aussi du roman policier aux États-Unis, et, manière de le renvoyer à la poubelle de l'histoire, du roman tout court en Union soviétique. Il retourne à son amour de jeunesse, le cinéma, confronté à la tragédie grecque. Entre deux propos abscons, Malraux n'évite pas les lieux communs : « La fiction ne transmettait pas seulement des valeurs romanesques, mais aussi des valeurs tout court. » Il prophétise avec assurance, rétroactivement : « L'une des ambitions premières du roman, désormais, sera de saisir l'expérience humaine à travers la fiction ; ne définirions-nous pas ainsi *Guerre et Paix* ? »

Dans sa recherche de l'insaisissable en littérature, il affirme l'impossibilité de soumettre à la raison « le problème du sens de la vie — moins problème qu'angoisse ». Dont acte. Quelques années avant [31], il évoquait ce « moment de l'histoire où l'on prend conscience de la métamorphose comme loi du monde ». Avec une pointe de nostalgie, Malraux ne parle-t-il pas ici de lui-même, de haut et de loin ? « Le roman moderne est un combat entre l'auteur et la part du personnage qui le poursuit toujours en vain, car cette part est le mystère de l'homme. » Chaque homme tend à se répéter, sa pensée s'élargit mais trace des 8, revenant par le même point. Malraux reste à la recherche d'une « vision de forces insaisissables » et des « royaumes métalliques de l'absurde » qu'A. D., dans *La Tentation de l'Occident*, décelait à travers le monde. On peut estimer cette quête vaine. Elle fut la sienne. Autrefois, Malraux s'était intéressé à la pataphysique, « science » qui se surajoute à la métaphysique. Il continue.

Le 25 juin 1976, il reçoit une lettre de Claude Gallimard : « J'ai lu attentivement cette semaine *L'Homme précaire*, j'ai eu le sentiment de vivre l'une des expériences les plus troublantes de l'esprit et d'approcher l'insaisissable de toute œuvre puissante. Vous avez opéré ici une vertigineuse traversée du monde de la création humaine. Je n'ose ici vous rendre compte de ma méditation car je ne pourrais que vous paraphraser, ce qui serait insensé (*mais utile*). J'avais cependant besoin de vous exprimer mon impression d'une première lecture qui m'a donné accès au monde de l'imaginaire et au secret de la création, mais il me faut certainement encore une autre lecture pour approcher l'insaisissable. »

L'écrivain ne peut accepter les nombreux projets proposés, surtout des films. Il a rédigé son testament. Lorsqu'il voit Malraux, Grosjean lui trouve l'œil noir, sombre, brillant mais opaque. Malraux laisse paraître de la « tendresse ». Les rapports de l'écrivain avec son entourage sont détendus.

En août 1976, il est hospitalisé à la clinique Hartmann de Neuilly. On annonce une ablation de la prostate. On parle de « tension infectieuse », de « traitement par antibiotiques à domicile ». La France reste muette sur la santé de ses grands hommes, honteuse ou gênée face à certaines maladies, surtout le cancer. De fait, l'écrivain souffre « d'un cancer cutané de grande malignité, situé dans la région pubienne et déjà diffusé dans les ganglions de l'aine », écrira Sophie de Vilmorin. Longtemps, ni André Malraux ni sa compagne ne prononcent le mot cancer. Elle pense que Malraux a deviné la nature de sa maladie :

— Vous avez l'air un peu fatigué, ce matin, dit-elle.

— Ne dites pas « un peu fatigué », vous savez bien que je suis *très* malade.

Il subit un traitement chimiothérapique par injection [32]. Le docteur Bertagna informe la fille de l'écrivain. Ainsi, seules Florence et Sophie sont au courant. À sa fille, Malraux répète aussi : « Tu ne sais pas comme je suis fatigué. » Dans de nombreuses lettres, Sophie de Vilmorin explique que Malraux « est maintenant heureusement guéri mais pas encore convalescent ».

Officiellement victime d'une congestion pulmonaire, André Malraux est admis au C.H.U. Henri-Mondor de Créteil. Sophie, avec sa machine à tricoter, et Florence se relaient. Gogo de Karolyi accourt. Mots griffonnés par Malraux, trouvés sur sa table de chevet : « Ça devrait être autrement. » Il meurt d'une métastase pulmonaire le 23 novembre à 9 h 36. Il sera inhumé dans le cimetière de Verrières-le-Buisson. Deux gerbes rouges : une envoyée par le Parti communiste français, l'autre par le restaurant Lasserre. Autant qu'un homme, une institution, un mythe disparaît. Hommages, déclarations d'hommes politiques ou écrivains, d'anciens et de nouveaux amis et ennemis déferlent. Françoise Giroud, secrétaire d'État à la Culture, fait mettre en berne les drapeaux rue de Valois.

En février 1977, paraît chez Gallimard, *L'Homme précaire et la littérature*, livre inachevé, imprimé sans le *bon à tirer* signé par Malraux. Quelques feuillets, restés dans son bureau, ont été insérés dans le texte par Beuret [33].

Dans son testament, André Malraux exprime une tardive reconnaissance à Clara, lui léguant des objets et des livres remontant à leur si ancienne communauté.

Légalement, il demeure l'époux de Madeleine Malraux. Il a constitué sa fille légataire universelle et exécuteur testamentaire pour son œuvre avec Grosjean et Beuret. Ses deux amis surveilleront sa postérité essentielle. Transférant son allégeance en bloc, Beuret se met au service de Florence pour les tâches pratiques. Malraux laisse des dettes à hauteur de 3 000 000 de francs, un tiers à Gallimard, un tiers aux impôts, un tiers de babioles diverses. Gallimard et les héritiers éponge ront les dettes, vendant des tableaux et l'appartement de la rue Montpensier, acheté par Malraux avant la mort de Louise [34]. Dans une boîte à chaussures, on découvrira un revolver. Tenant une promesse faite à son père, « en cas de mort », Florence brûla une épaisse enveloppe.

Le sort, le hasard, la contingence, que Malraux voulut tant transformer en nécessité, lui volèrent un peu sa mort. Paul Nizan fut tué par une balle allemande, Jean Prévost mourut au maquis, la justice d'après guerre fusilla Brasillach, Drieu se suicida... Malraux s'éteignit dans son lit, comme Gide. L'œuvre de Malraux et sa vie trépidante semblaient impliquer un décès plus héroïque. Mais quoi, Rimbaud aussi mourut dans un lit d'hôpital.

L'Eternel
retour

Cicatrices

Pour ses contemporains, Malraux jeta à pleines poignées des pièces d'or et de la fausse monnaie, souvent avec des billets tellement bien imités ! Aux yeux de certains, qui eurent vingt ans entre 1930 et 1950, il réconciliait l'action et la littérature, la politique et la morale. L'écrivain souhaita, très tôt, laisser des traces, marquer ce monde de « cicatrices ».

Au long du XXᵉ siècle, qui n'a pas bonne mine, la vie tumultueuse de Malraux ressemble à une prestigieuse bande dessinée.

Que nous lègue-t-il avec ses vraies et ses fausses blessures ? Un personnage et une œuvre. Hypothèse : le ton de Malraux, celui dont on se souviendra, apparaît dès les Conquérants. Le jeune homme a échappé à l'insularité, aux émois amoureux près des plantes en pot, à Bondy et Dunkerque, au provincialisme et au parisianisme. Malraux écrivain, pas homme de lettres en chambre, mais revolver au ceinturon, quoique mauvais tireur, intervient dans l'histoire et introduit les militants de gauche dans le roman, comme Sartre imposera le garçon de café et le skieur en philosophie.

Les pages de Non marquent la fin de son inspiration romanesque. En 1972, il disait son intérêt pour ce roman à Marc Chagall. Il parle de Non devant l'amiral Philippe de Gaulle à Verrières en 1975, et comme d'un livre en chantier [1]. Savait-il que le meilleur de lui-même, il le donna aux romans, que la postérité — « pari stupide », selon Sartre — retiendrait peut-être ? Pour Malraux, le roman classique était mort. Il serait sans doute tombé d'accord avec V. S. Naipaul : « Le roman n'est pas la forme intellectuelle fondamentale de notre époque... Il n'est plus aussi important que lorsque Balzac et Dickens ont commencé à écrire. » Malraux croit au cinéma mais, perdant la main dans un genre, veut croire que ce genre décède : Je n'écris plus de roman, donc le roman n'existe plus. Mais je vais reprendre mon roman.

Fracassant, à soixante-six ans, Malraux l'écrivain fait de nouveau irruption sur la scène littéraire avec les Antimémoires, récit romancé, savouré par des littéraires, mis en examen par les histo-

riens. Malraux, décidément, a un style mais n'a pas inventé une langue littéraire comme Proust, Joyce ou Céline. Poète, Malraux ? En prose, souvent dans ses fictions et ses livres d'art. Des vers très libres. Si ses textes sur les arts sont de la poésie et si cette dernière est un moyen d'expression, pas un mode de connaissance, on les lit, en rêvassant. Ce style prendra-t-il de la patine ou de la rouille ?

Restent les mots, merveilles et supplices, le matériau préféré de l'auteur : d'une intensité unique.

L'ascension de Malraux dans les années trente coïncide avec la montée des deux totalitarismes inventés par l'Europe. L'écrivain obséda longtemps ses lecteurs et spectateurs, les cafés, Rive gauche, et les salles de rédaction, Rive droite. Génie de la séduction, authentique et douteux combattant, engagé, dégagé, rengagé en Asie ou en Europe, camarade et compagnon de route ou de déroutes, il fut surtout acteur et metteur en scène de lui-même, croisement imprévu d'Oscar Wilde et de Maurice Barrès. « Ma vie ne m'intéresse pas. C'est clair, c'est net, c'est formel », répétait-il. De fait, seule sa vie l'intéressait. Malraux voulait être, faire et paraître plus que posséder ou avoir. On peut se passionner pour ses livres en oubliant l'homme, mais on se prive d'un personnage.

Avant dix-huit ans, Malraux fut un petit-bourgeois singulier aux immenses curiosités, ivre de mots. À ses deux fils et à son neveu, il citera souvent Hugo, si présent dans son adolescence :

Mon père ce héros, au sourire si doux...

Fernand Malraux, malgré son beau sourire, ne fut pas un héros. Son fils s'en douta-t-il ? Berl racontait que Malraux regrettait de ne pas s'être battu pendant la guerre 14-18, qu'il aurait voulu être décoré. Il le fut, plus que son père. Revanche sur son enfance sans luxe mais non sans confort, voulut-il effacer son géniteur, bluffeur impénitent ? Il remplaça ce père équivoque par la Littérature, l'Aventure, l'Internationalisme, la Nation, la Révolution, l'Art, et quelques personnages-totem, glissant de son grand-père à Lénine et de Gaulle. Malraux et son œuvre fuient sa mère, absence pesante. Toutes les mères traumatisent leurs fils ? Certaines plus que d'autres. Berthe Lamy et le petit frère qui mourut créèrent une atmosphère névrotique. André Malraux y échappa, s'y arracha. Avec quelles « cicatrices » ?

« Ce fut sa force et sa faiblesse, écrit Jean Grosjean [2], d'avoir triomphé de l'enfance sans avoir succombé à aucune maturation. » Toute sa vie, comme tant de créateurs, Malraux fut aussi un insoumis de l'adolescence. « Sa mort, poursuit Grosjean, n'a jamais démenti son juvénile mélange d'ostentation et de pudeur... La pauvreté l'éblouit à l'égal du faste mais il n'a peut-être pas moins d'admiration pour le cynisme que pour le dévouement. » Malraux se voulut homme politique et homme d'État, il fut *compagnon et ministre d'État. Virant de la gauche au gaullisme, son évolution représenta celle de nombreux citoyens, anciens combattants idéologiques, qui, à l'extérieur du P.C.F. souvent, reprochèrent pourtant à l'écrivain d'avoir pris ses distances avec le communisme confondu avec la gauche. Qui était le plus cohérent ? Malraux évita de revenir sur la période espagnole de sa vie dans ses* Antimémoires. *En 1946, il avait renoncé à préfacer la traduction française d'*Hommage à la Catalogne, *d'Orwell* [3]. *Il ne pouvait, à l'évidence, accepter l'une des idées fondamentales d'Orwell : les intellectuels de gauche avaient combattu le nazisme, le fascisme, le franquisme, sans rejeter un autre totalitarisme, le communisme. Si le mot contradiction a un sens, la contradiction politique essentielle d'André Malraux, exemplaire mais pas édifiant représentant de son siècle, se situe là. Mais il faut reconnaître qu'il n'a pas attendu, lui, les années cinquante pour rompre avec la tentation communiste. On doit cependant noter aussi qu'après, il s'accrocha à Mao. André Wurmser, journaliste stalinien, composa son bouquet nécrologique dans* L'Humanité *: « Malraux a fait plus de communistes qu'il n'en a défait. »*

Malraux était-il vraiment taillé pour s'enfoncer si longtemps dans des D.S. et s'engoncer dans des complets ministériels ?

On peut apprécier ou déprécier une à une ses actions de ministre chargé des Affaires culturelles. La Vᵉ République comporte toujours ce ministère qui fait des petits à l'étranger. Malraux contribua à classer et à sauver le patrimoine français. Il ne pratiqua pas, comme certains de ses successeurs, la prébende et le copinage. Il contribua, aussi, à transformer la culture en instrument du pouvoir politique et des goûts du Prince. Heureusement, de Gaulle ne se prenait pas pour Louis XIV. Après...

En politique intérieure, l'influence limitée de Malraux tenait à ce que de Gaulle se garda de confier à son ami génial un ministère clé. Malraux fut un des premiers à affirmer que le gaullisme cessait avec le départ du Général : il a de plus en plus raison. Le ministre d'État voulait laisser, imprimer ses « cicatrices » sur l'histoire internationale. Là, il eut le poids géopolitique d'un papillon.

Il possédait un septième sens, celui de l'autopromotion et de la propagande pour des causes et pour son personnage confondus. Nadar immortalisa Victor Hugo. Gisèle Freund, Henri Cartier-Bresson, Germaine Krull, Claude Santelli et Jean-Marie Drot pérennisèrent Malraux. Il fut l'écrivain français du XXᵉ siècle sachant le mieux utiliser la presse, la radio et surtout la télévision. Ses imitateurs font petits-maîtres.

Le mensonge, poétique, hâbleur, politique, à risque, fut une constante chez Malraux. On songe à Pessoa [4] *:*

Tout ce que j'écris, dit-on
N'est que mensonge, simulation
Non. Simplement je ressens
Par l'imagination.
Je n'utilise pas le cœur...

*Le Malraux mythomane et ses inventions se justifient avec
éclat, selon ses fidèles, d'un point de vue littéraire. On a le droit
d'élaborer une vision du monde avec, au cœur de son système, le
mensonge. Le lecteur peut y adhérer ou la refuser. Un proche de
l'écrivain-ministre, Jean Lescure, dit aujourd'hui :*

*— Est-ce mon affection pour Malraux qui me fait affirmer
qu'il n'a jamais menti ? On mentait pour lui. Il ne démentait pas.
Cela ne l'intéressait pas. Mais il est de cette génération qui a beaucoup pratiqué Pirandello* [5]...

*Paul Nothomb, à qui je demandais si Malraux était toujours
mythomane, déclarait :*

*— Certes, comme artiste, comme créateur. Pour son malheur
il mythifiait aussi l'Histoire, qu'il tenait pour la forme moderne du
destin. À ce titre, il admirait ceux qui y avaient joué un rôle, tel qu'il
rêvait d'en jouer, Lénine, de Gaulle. Mais si vous entendez par
mythomane quelqu'un qui finit pas croire lui-même aux choses
inexactes qu'il laisse raconter sur sa vie, en y contribuant, éventuellement, pour favoriser sa légende qu'il cultive, non... Il jouait la
comédie, mais sans jamais, j'en suis persuadé, être dupe* [6] ».

*J'en doute. Mais ses transpositions, mythes, métamorphoses
s'imbriquaient dans un orgueil sans méchanceté, bassesse ou
mesquinerie.*

*Malraux se forgea une vie hors du commun non pas à cause,
mais en dépit de, et contre ses tics, comme Mozart, Samuel Johnson, Émile Zola, Franz Kafka, qui durent eux aussi composer
avec leur syndrome de Gilles de la Tourette. Malraux sur-
compensa, maîtrisa ses difficultés physiques. On ne sait presque
rien du syndrome aujourd'hui encore. On évoque surtout ses
inconvénients, pas d'éventuels avantages chez des sujets sur-
doués* [7]. *On peut poser quelques questions : quel rapport créateur
y aurait-il entre ce syndrome et sa volonté, sa mythomanie, son
apparente ou réelle indifférence, sa pudeur et sa sécheresse de
cœur ? Quels liens également entre ses tics, qu'il détestait, et les
spasmes de son style ? Après 1972, Malraux ne boit plus, a moins
de tics, mais son style reste souvent haché. Il faudra, à l'avenir,
tenir compte du S.G.T. de Malraux, comme de la tuberculose de
Camus, sans majorer son importance.* Ce syndrome *n'explique*
pas Malraux, pas plus que son pied bot ne définit Byron, mais
permet peut-être de mieux le comprendre.

*S'aimait-il, aimait-il les autres tout en réfrénant ses élans ? Il
goûtait la fraternité des soldats, l'amitié des prêtres, la compagnie
des femmes, ce qui n'est pas aimer les femmes. Le monde présenté*

par l'écrivain est viril. « C'est vrai, les femmes n'interviennent pas dans mon œuvre. Pas non plus chez Chateaubriand. Le sujet de mes livres ne se prêtait pas à une présence féminine... Je n'arrive pas à imaginer un personnage féminin ». Plusieurs femmes ont balisé sa vie. D'abord Clara — douze ans - et Madeleine — vingt ans — qui, émerveillées, pas aveugles, durèrent et endurèrent longtemps. Elles en savaient trop. Josette Clotis comprenait peu l'écrivain. Louise de Vilmorin le distrayait. Sophie, dévouée, lui ménagea une vieillesse plane. Gogo fut un très joli dernier béguin inachevé. « Je crois que M. a été très aimé des femmes, disait Bergamin, mais je ne crois pas qu'il ait aimé. » Le père, la mère, la femme que Malraux aima le plus fut de Gaulle. Malraux s'admirait mais ne s'aimait pas. S'il est vrai qu'il faille s'aimer un peu pour aimer les autres, Malraux traîna un handicap, une cicatrice invisible.

L'écrivain doutait de lui. Après sa mort, un journaliste interrogea Clara Malraux :

— Et pourquoi un homme si grand avait-il besoin d'en rajouter ?

— Je ne sais pas très bien, répondit Clara... Sans doute, parce qu'en définitive il n'était pas aussi sûr de lui qu'on peut le croire.

— Et ses doutes, il vous en parlait ?

— Non. Mais on les percevait[8].

Morand, dans les années trente, voyait en Malraux le seul « suicidé vivant ». « L'angoisse, il pouvait ne pas y penser quand il était très occupé », souligne encore Grosjean. Toute sa vie, Malraux lutta contre une panique intérieure que son panache voile. L'humour manquait à son narcissisme inquiet. Manès Sperber affirmait qu'il n'avait jamais connu un homme aussi malheureux que lui. Sperber forçait-il le trait ? La distance de Malraux avec ses femmes, ses enfants, ses amis, dissimulait des anxiétés, que Louis Bertagna l'aida à combattre de 1966 à 1976.

Malraux se posait des questions sur le Sens de la Vie. Il fut, tant mieux, sans doute, un autodidacte de la philosophie. Il hérita avec sa génération de la « mort de Dieu ». « Que faire d'une âme, s'il n'y a ni Dieu, ni Christ ? » jette Tchen dans La Condition humaine. « Je suis un agnostique avide de transcendance, qui n'a pas reçu de "révélation" », écrivait Malraux. De quelle transcendance s'agit-il ? Là, il fuyait : « Nous en reparlerons », grondait-il, alors qu'il n'en avait justement pas parlé. Ses ailes de géant clouaient Malraux sur le pont avec son ton prophétique et apocalyptique : « Question énorme », « point capital »...

Il se tenait à égale distance de Raymond Aron, son ami-ami, pour la rationalité, et de Sartre, son ennemi-ami, pour la dialectique[9]. Dans ses grottes scintillaient des lampes-tempête tremblotantes, le surnaturel, le destin, le génie et la mort. Chez lui, *l'intuition, juste ou fausse, l'emportait sur le raisonnement. Il ne croyait pas plus à la Raison et au Progrès qu'à la lutte des classes, au socialisme scientifique, ou au gaullisme des gaullistes. Mais il croyait, comme beaucoup de ses concitoyens, qu'existe un savoir supérieur, la métaphysique, englobant toutes les connaissances, découvrant l'essence de l'Homme, effleurant l'Absolu, perçant le secret de l'Art ou d'un chef-d'œuvre. Certains croient à la possibilité de propositions synthétiques a priori pour employer le vocabulaire kantien, pensées mûries dans un bureau. Aujourd'hui, entre l'infiniment grand et l'infiniment petit, les vrais métaphysiciens ne seraient-ils pas les astrophysiciens et les microbiologistes, les chimistes, les psychologues, psychiatres, psychanalystes, historiens, sociologues, archéologues, ethnologues, démographes... ? Dans son dernier ouvrage, publié après sa mort, Malraux lança une question bizarre : « Pourquoi ne pas accepter Dieu parmi les peintres modernes ? »*

Enquêtant, j'ai souvent pensé à une boutade de Jean Grosjean : « Malraux a plus publié qu'écrit. » Plus vécu aussi qu'écrit, mais vécu pour écrire. Il faut garder à l'esprit l'ensemble de l'homme et de l'œuvre. Il y invite : « Je crois m'être battu en Espagne et en France pour les mêmes raisons que j'ai écrit Les Voix du silence*; il est absurde de penser que j'oppose l'art à la volonté de justice. Il s'agit de la même chose sur des plans différents. » Logique très malrucienne.*

Malraux fut — il n'est plus — un maître à agir pour les nouvelles générations. Mais Malraux n'est pas passé aux poubelles sanglantes de la politique, comme — là — un Sartre, ni à la semisainteté morale d'un Camus. Tous survivent, d'abord par leurs textes littéraires. En plus, Malraux est devenu un mythe, comme aucun écrivain contemporain [10].

Des Français parlent volontiers de son « génie » universellement reconnu. Sa réputation reste contestée à l'étranger. L'année suivant sa mort, Hugh Trevor-Roper décrétait que Malraux était un « grand charlatan ». Peu après, le même historien britannique s'engluait, hélas, dans l'affaire d'un faux journal d'Adolf Hitler dont il garantissait l'authenticité. Nabokov, qui détestait Malraux, affirmait que tout grand écrivain est un « illusionniste ». Pour moi, le Malraux le plus attachant reste toujours l'écrivain, parfois l'ami fidèle, sous les masques fêlés du militant, du prophète ou du ministre. Cet égocentriste handicapé du cœur dissimulait-il une certaine tendresse et même une incertaine sentimentalité ?

Un chahut de camions chargés de fusils couvrait Madrid tendue dans la nuit d'été...

— Salud...

Je reprends L'Espoir *avec émotion. Je relis la première partie de* La Voie royale *avec plaisir. Et* Les Chênes qu'on abat. *Et des fragments de* La Condition humaine, *ou des* Antimémoires, *et je me laisse prendre, avoir, si vous voulez, par l'oraison funèbre de Jean Moulin, et en regardant* Sierra de Teruel.

J'accepte cet argument : *le romancier a tous les droits, une fiction est bonne ou mauvaise, ni vraie ni fausse, seul un bon roman en « réfute » un mauvais. Ailleurs, dans la vie de Malraux et au long de ses chroniques, le problème de la vérité se pose. Indispensable, nécessaire ou inutile, impossible à établir ? Il serait injuste d'avancer que l'écrivain n'attachait aucune importance à la vérité. À partir des rares propos touchant ce sujet (« Je suppose que c'est ce qui est vérifiable »), on peut penser que Malraux aurait choisi contre une théorie de la vérité-correspondance — la somme des propositions correspondant aux faits — une théorie de la vérité-cohérence — des propos cohérents entre eux. Il construisit sur le vécu, en dépit du vrai et du faux, et sur un mode plus assertorique que démonstratif. Il existe sans doute un rapport entre sa conception de la Vérité, sa logorrhée et sa graphorée, sa volonté de pouvoir et son désir de se voir attribuer le statut de penseur, son refus de dire « je ne sais pas », sa peur d'un univers indifférent, absurde, et son S.G.T. L'homme Malraux et son œuvre avaient besoin de sa mythomanie pour exister. Ce travers lui fut indispensable, parce qu'il conçut aussi sa vie comme une œuvre, une création, une statue. Au fur et à mesure qu'il vieillit, la fêlure entre sa vie et la réalité s'élargit. Un jungien dirait, peut-être, que son inconscient subjuguait cette réalité en la refusant. Il en jouait comme un gosse inventif et il devenait son jouet préféré.*

En 1996, les cérémonies du « transfert » des cendres de Malraux au Panthéon furent républicaines, sans faute de goût éclatante [11]. *Maurice Schumann prit la parole en premier. Voix éraillée, prenante, le sénateur et académicien, dix fois ministre, égrena un discours à la mode* [12], *citant Sartre et Heidegger, jetant des passerelles entre les familles françaises. Malraux et de Gaulle, proclama-t-il, étaient d'avance « voués (encore un culte) l'un et l'autre à rendre prophétique tout ce qu'ils remuent ». En privé, j'ai trouvé Maurice Schumann moins porté sur ce que Marx appelait les « soupes éclectiques ».*

Puis, Chirac vint [13]. *Devant le catafalque, la rhétorique du Président fut économe. Chirac et Christine Albanel, sa conseillère, avaient choisi le vocatif. Face à un mort, le vocatif présente peu d'inconvénients ; on obtient des échos, pas des réponses : « André Malraux... Vous êtes l'homme de l'inquiétude, de la recherche, celui qui trace son propre chemin... Vous allez être de ceux qui prennent en charge l'injustice du monde... » Chirac chanta la prescience de Malraux : « Votre dénonciation du totalitarisme soviétique, dont vous aviez très tôt compris la logique, vous vaut l'ostracisme de la Gauche alors que vos engagements passés semblent subversifs à la Droite. » Très tôt* [14] *? Ce soir-là, Malraux* *ne parut ni de droite, ni du centre, ni de gauche. Il était d'*ailleurs, *comme l'exigeait la vulgate néo-gaullienne.*

Au cours de ce « transfert » télévisé — après celui de Jean Moulin —, les Français pouvaient communier. Qui aurait autant de « gueule » au caveau 6 que Malraux, avec Moulin et Monnet ? Cet homme ne conciliait-il pas action politique et militaire, pensée artistique et philosophique [15] *? Pour son oraison funèbre, Chirac proposa l'unanimisme dans le patriotisme des beaux gestes et des belles-lettres. En France — prétendent certains malveillants — citoyens et gouvernants vénèrent plus leurs dirigeants politiques qu'ils ne les suivent, et les Français parleraient plus de leurs écrivains qu'ils ne les lisent. Malraux méritait peut-être mieux et autre chose que cet embaumement. Dans le premier film de Santelli, Malraux se dressait là, dans le Panthéon, vivant. Ses proches pensaient qu'il aurait approuvé son « transfert ». Mieux que le Nobel ? L'affaire du Panthéon éclairait plus la société française qu'André Malraux. L'écrivain n'est pas le seul responsable de sa légende écoutée aux portes de l'Histoire.*

La cérémonie, patronnée par des intellectuels, dont des universitaires, commençait par une erreur. Malraux, affirmait le programme officiel, était sorti « diplômé des Langues orientales ». Le premier universitaire à servir la couleuvre de Malraux étudiant aux Langues O fut un normalien agrégé des Lettres, maître de conférence à l'Institut d'études politiques de Paris, Georges Pompidou, dans ses « pages choisies » d'André Malraux, en 1955, collection des classiques Vaubourdolle. Traitant Malraux en héros, Pompidou, pas résistant, encore moins collaborateur, mais attentiste, se rehaussait un peu. Malraux, à cinquante-quatre ans, figurait ainsi dans un panthéon scolaire, après avoir pénétré en 1947 un mini-panthéon littéraire, la Pléiade [16]. *Malraux, affirmait Pompidou, fut « plusieurs fois blessé ». Il avait lutté « aux côtés de Tchang Kaï-chek ». Pompidou et l'écrivain se connaissaient. Malraux laissa filer cette préface et ces bourdes. Pour les lycéens, le manuel de Lagarde et Michard reprit ces sornettes, y ajoutant une « participation à des expéditions archéologiques ». Heureux hasard, un an après les morceaux choisis de Pompidou, le général de Gaulle accordait sa bénédiction* [17] *au Malraux grand résistant avec la publication de l'« Unité », deuxième volume des* Mémoires de guerre. *Le Général évoquait ceux qui exerçaient un commandement en France sous l'Occupation : « Ainsi du commandant Valette d'Ozia en Haute-Savoie, du colonel Romans-Petit dans l'Ain, du général Audibert en Bretagne, des colonels : Guillaudot dans l'Ille-et-Vilaine, Morice dans le Morbihan, Garcie, Guédin, Guingouin, pour l'Auvergne et le Limousin, André Malraux pour* la Corrèze, le Lot, la Dordogne [je souligne], *Ravanel pour la Haute-Garonne, Pommies pour les Pyré-*

*nées, Grandval en Lorraine, Chevance-Bertin en Provence, Rol et
de Marguerittes à Paris, Chomel en Touraine, du général Bertrand
dans le Berry, etc.* » Ici, Malraux est le seul qui conserve son prénom, et le général lui accorde aussi trois départements. *Le Guide
ne parle pas des régions militaires de la Résistance, R.4, R.5...
autrement importantes que les départements. Informé par le colonel Passy, de Gaulle n'ignorait pas que l'action de Malraux avait
été symbolique et tardive. Le Général ne pouvait se dédire : en
1956, Malraux était depuis plus de dix ans compagnon de la Libération. Qui aurait osé mettre en question ces cautions, Pompidou
et de Gaulle ? Les boules de neige d'une légende deviennent un
bonhomme de bronze sur un socle. Dans* Le Renouveau, *achevé
en 1970, premier volume des* Mémoires *d'espoir, de Gaulle écrira :
« À ma droite, j'ai et j'aurai toujours André Malraux. La présence
à mes côtés de cet ami génial, fervent des hautes destinées, me
donne l'impression que, par là, je suis couvert du terre-à-terre.
L'idée que se fait de moi cet incomparable témoin contribue à
m'affermir. Je sais que, dans le débat, quand le sujet est grave, son
fulgurant jugement m'aidera à dissiper les ombres. » Bouleversé,
Malraux se précipita pour montrer ce passage à Manès Sperber.
Malraux, en contrepoint, brevetait de Gaulle d'un talent littéraire.
Le Général pouvait être rassuré par les éloges de Malraux qu'il
aurait, bon et juste prince, volontiers installé dès 1945 à l'Académie française avec Aragon, Claudel, Bernanos et Gide* [18].

Installant Malraux [19] *dans ses gouvernements, Charles de
Gaulle, Président, père et confrère, faisait un placement : il rame-
nait à lui quelques électeurs. En 1947, au R.P.F., Malraux garantissait l'« antifascisme ». Mais il devait perdre un temps sa
réputation d'homme de gauche dans sa famille d'origine.*

*L'arrivée des « cendres » de Malraux au Panthéon fut le pen-
dant du dernier grand défilé de la Gauche, l'enterrement de Sartre
au cimetière Montparnasse en 1981. Chirac rassembla les familles
spirituelles du pays. Le Président accorda des cartes d'anciens
combattants aux survivants français des brigades internationales,
moins d'une vingtaine. Il aurait pu décorer d'une Légion d'honneur, à titre posthume et militaire, Claude et Roland Malraux,
vrais résistants. Il n'y a pas prescription* [20]. *Pourquoi pas d'ailleurs une rue Claude et Roland Malraux, contrepoids aux innombrables collèges, places, bibliothèques, centres culturels, rues,
espaces André-Malraux ?*

*La société française sécréta un Malraux légendaire qui per-
dure au-delà de la célébration du Panthéon. Les erreurs concernant l'homme sont recopiées et enkystées. En 1996, Pascal
Vacher, aussi agrégé que Pompidou, et docteur ès lettres de surcroît, dans un petit classique,* Hatier *cette fois :* La Condition
humaine, « profil d'une œuvre », *re-présente, entre autres idées
reçues, celle d'un suicide du truculent grand-père Alphonse. Sur la*

même lancée que Chirac au Panthéon, Vacher — embarrassé ? — écrit que l'écrivain au Cambodge, « détache [je souligne] sept statuettes ». Chirac disait « a prélevé ».

Pompidou dans ses Morceaux-choisis *et Chirac devant le Panthéon sont restés prudents sur certains faits d'armes attribués à Malraux. Vacher, étourdi, affirme que l'écrivain « commande... les Forces françaises de l'intérieur, F.F.I. du Lot, de la Dordogne et de la Corrèze ». Une* omerta *règne autour de certaines périodes de cette existence* [21].

En 1986, Guy Penaud avait publié André Malraux et la Résistance, *ouvrage qui ébranlait Malraux résistant* [22]. *La presse appliqua à ce livre la loi du silence, même si Bernard Pivot le montra en fin d'émission. La documentation gênait. Ni historien professionnel, ni membre d'une nomenklatura critique parisienne, l'auteur ne fut pas consulté au moment de la panthéonisation. En Corrèze, le journaliste Alain Galan, en 1996, tenta de faire le point sur la vie de Malraux de 1942 à 1944. Il se heurta à des difficultés pour confesser les témoins et publier ses reportages dans leur intégralité. Ils dérangeaient. La légende d'André Malraux, immense résistant, arrange les communistes comme les gaullistes, en 2001 comme en 1996 ou 1946. René Andrieu, plus tard pilier de* L'Humanité, *fut lui aussi un grand résistant. Donnant, donnant. Pourquoi ces maquillages ? Tout le monde mentait et se taisait, résistants et non-résistants se protégeaient par le secret mutuel : j'avance, couvre-moi. Tous les Français ne furent pas pétainistes. Ni tous des justes. Malraux ralliant la Résistance au printemps 1944 se situe donc dans une excellente moyenne. Antidatant sa participation, il promeut la majorité de ses concitoyens. La brigade Alsace-Lorraine ne suffisait pas. L'ego national exige une image immaculée.*

Aidant l'écrivain à édifier sa statue, la France fait mieux : avec Malraux, non seulement nous résistons, nous libérons Paris et Strasbourg, mais nous aidons l'Espagne républicaine, nous sommes de gauche et de droite, Sartre fait presque un enfant à de Gaulle, la France entière, divergences gommées, réconcilie l'action et le rêve. Et puis, notre pays n'est plus une grande puissance géopolitique, mais reste un pouvoir intellectuel ; un écrivain, personnalité géniale, vaut donc quelques mensonges, normalisations du **tex**te *diraient les philologues, et la messe laïque du Panthéon.*

Il faut plisser les yeux, accommoder, repérer sous l'homme l'écrivain décapé de ses comédies et déceler ses tragédies. Ce personnage confondant ne voulait pas subir un destin médiocre et se crut obligé de corriger, de métamorphoser par les mots. Il laissa le militant, le guerrier tellement appliqués en lui, l'emporter sur l'écrivain. À la fin de sa vie, il fut aussi ivre de lui-même que de mots. Sa vie nourrit et souvent mange son œuvre.

Mais sans cette vie où serait l'œuvre ?

Camus lui recommanda la lecture des poèmes de Jean-Paul de Dadelsen, qui écrivait :

Nous sommes nés pour porter le temps,
non pour nous y soustraire.

Malraux tenta de porter son temps. Fils de Barrès, arrière-petit-fils de Chateaubriand, réussit-il mieux qu'eux sa carrière non littéraire ? « Quel roman que ma vie », disait-il volontiers, après Napoléon. Qui le nierait ? Pour moi, ses deux meilleurs romans restent L'Espoir, *hybride, puissant, et sa vie, époustouflante, caracolante.*

Diable de la
Fidélité

REMERCIEMENTS

Pour leur patience et leur aide, pour m'avoir confié leurs souvenirs, lettres et documents inédits, leurs commentaires critiques, leur savoir-faire, ma sincère reconnaissance, entre autres, aux collaborateurs de la Bibliothèque Doucet, des Archives nationales de France à Paris, Fontainebleau et Aix-en-Provence, du ministère des Affaires étrangères à Paris, des Archives militaires de l'armée de terre au fort de Vincennes, du ministère de la Culture, des archives du musée de l'Ordre de la Libération, de l'I.M.E.C., de la Bibliothèque nationale de l'Inde à la Nouvelle-Delhi, des Archives nationales du fonds Nehru, des archives militaires espagnoles, des archives du Komintern, des archives générales (qui comprennent aussi des documents pris par les Allemands aux Français et par les Soviétiques aux Allemands) et des archives littéraires à Moscou, des archives nationales à Washington, des archives britanniques du S.O.E. à Kew et tant de membres du personnel du service des relations culturelles français (« les cultureux ») dans différents pays. Je remercie aussi les services de la C.I.A. qui m'ont communiqué le dossier Malraux (en partie) mais m'ont refusé le mien, ainsi que les détenteurs d'archives privées qui souhaitent parfois rester anonymes.

— à Miguel Angel Aguilar, Victor Alba, Christine Albanel, Jean-Marc Alcalay, Henri Amouroux, René Andrieu, Jacques Andrieu, Agnès d'Angio, M.-A. Arold, Jean Astruc, François Avril, André Bach, Salim Bachi, Josette Barrera, Jacques Baumel, Paule-Renée Bazin, Jean-Jacques Bedu, Anthony Beever, Edward Behr, Yvon Bélaval, Nicolas Belorgey, Louis Bertagna, Nina Beskow, François Bizot, Peter Blake, Jacqueline Blanchard, Claude Blanchemaison, Délia Blanco, Carlos Blanco, Yves Bonnefoy, Claude Bourdet, Françoise Cachin, Madeleine Caglione, Agnès Callu, Jeanine Camp, Michèle Carterer, Curtis Cate, Alban Cerisier, Catherine Delafosse, Jacques Chaban-

Delmas, Bertrand et Chantal Charpentier, Olga Chestakova, Jacques Chirac, Micheline Clavel, Hubert Colin de Verdières, Daniel Cordier, Olivier Corpet, José Courbil, Terzzo Cricchi, Susheela Dayal, Jacques Delarue, Jean-Louis Desmeure, Hans-Georg Dillgard, Colette Dominique-Pia, Brigitte Drieu la Rochelle, Alain Dromson, Bernard Dumont, Jean-Jacques Dumont, Colette Durand-Pia, Élisabeth Dutartre, Bilge Ertugrul, Elvira Farrers, Isabelle Feldbrugge, Bertrand Fillaudeau, Michaâl Foot, Pierre Frechet, Diethard Freibig, Gisèle Freund, Elfriede Frischmuth, Robert Gallimard, Alain Galan, Augustin Girard, Françoise Giroud, Jean Gisclon, Henri Godard, Daniel Gotheil, José-Maria Grande-Urquijo, Sabine Gresens, Danielle Guéret, Yann et Olivier Guillaume, Philippe Guillemin, Claude Guy, André Haize, Jacqueline Hillaie, Georges Housset, Mireille Jean, Denis et Martine Jelen, Lionel Jospin, Catherine de Karolyi, Manfred Kehrig, Veena Kilam, Éva-Maria Koch, Alain Koniarz, M. Kushmar, Michel Laclote, Peter Lake, Jean-Claude Larrat, Hélène Lassalle, Jean Lassère, Marie-Ange Le Besnerais, Jacques Lecarme, Pierre Lefranc, Maggy Leroy, Marguerite Leroy, Jean Lescure, Jean Leymarie, Simon Leys, Karl-Heinz Loschke, Yves Mabin, Claude-Rolande Malraux de Wulf, Jean-Luc Marchand, Mariette Martin, Rachel et François Mazuy, Pierre Messmer, Pierre Moinot, Béatriz de Moura, Michaâl Niel, Valéri Nikitine, Patrick Nizan, Philippe Noble, J. Kevin O'Brian, Nikhil Padgonkar, Jean-Louis Panné, Paolo Pasquale, Tomenec Pastor-Petit, Pierre Péan, Guy Penaud, Alain Peyrefitte, Lili Phan, Jean-Jacques Pimbert, Jacques Poirier, Jean Pouget, Lina Pournin, Nicole Prévost, Clovis Prévost, Rajesh Radha Sharma, Dom Hilary Raguer y Sumer, Serge Ravanel, Michèle Renso, Jean-François Revel, Alain Richard, Agnès Rich, Maria-Fernanda Roa, André Rossfelder, Pierre Rosenberg, Michèle Roson, Pierre Salinger, François Samuelson, Sandrine Sanson, Claude Santelli, Walter Schäfer-Kehnert, Dominique Schnapper, Maurice Schumann, Dominique Seurin, Rajesh Sharma, Nadine Solé, Jenka Sperber, Bernard Spitz, Mathilde Sten, Duncan Stewart, Ezra Suleiman, Antoine Terrasse, Tiphaine Tesnière, Aurélia, Emmanuel et Samuel Todd, Catherine Trautmann, Bernard Tricot, Vladimir Trouplin, Ute Überschaer-Livonius, Hubert Védrine, Catherine Vellisaris, Marie Vidailhet, Corinne, Sophie et Sosthène de Vilmorin, Arnim von Wietersheim.

— et (mention spéciale) à Florence Malraux, Georges Liébert, Claude Travi, Arnaud Jamin, Bénédicte Delorme-Montini, Sylvie Lanuci, Madeleine et Alain Malraux, Jean-Pierre Dauphin, Philippe Delpuech, Jean Grosjean et, pour m'avoir accordé un délai inespéré de deux ans, Teresa Cremisi et Antoine Gallimard.

NOTES

> *Comme le crissement de la fraise du dentiste, le sourd murmure de la note au bas de la page de l'historien rassure; l'ennui qu'elle distille, comme la douleur infligée par la fraise, n'est nullement vaine : c'est une partie du prix qu'il faut payer pour toucher les dividendes de la science et de la technologie modernes.*
>
> Anthony Grafton
> *Les Origines tragiques de l'érudition.*
> *Une histoire de la note en bas de page* (Seuil)

> *Une des maladies de l'érudition moderne est l'hypertrophie des [notes]; les notes* up to date *alignent parfois dix, vingt références, davantage même, des sortes de bibliographies croupions qui, n'étant ni classificatoires ni critiques, ne garantissent même pas que l'auteur a eu recours à tout ce qu'il nomme, et qui encombrent la moitié inférieure des pages, à la manière des vastes décharges qui rendent peu amènes les abords de certaines villes. Il faut réagir contre cette forme spécieuse de pollution et ne pas citer tout ce qu'on connaît, tout ce qu'on a lu et qui ne concerne pas directement le point qu'on examine.*
>
> Georges Dumézil
> *Fêtes romaines,* cité par Grafton

L'EAU DU CŒUR

1. Il s'y intéressa beaucoup à partir de 1960. (Entretiens avec Antoine Terrasse, 1999.) Voir *Hôtes de passage, La Tête d'obsidienne* et le catalogue de l'exposition Maeght consacrée au *Musée imaginaire.* Cf. aussi les trois films de Clovis Prévost.

2. Cela ressort du fichier central des thèses à Paris-X. Structuralisme et postmodernisme obligent, certains mandarins universitaires, monopolisant les études malruciennes, encouragent leurs étudiants à éviter la biographie. Les textes, on le sait, renvoient à d'autres textes... jamais à la vie. Le rejet de Sainte-Beuve ne produit pas sur-le-champ des Proust. Cependant, de nouvelles générations d'étudiants se font moins frileuses. Ceux-là en sont aux maîtrises ou aux diplômes d'études approfondies.

3. « Hagiography and Iconoclasm. On Recent Contributions to the Malraux Legend (1976-1979) », *International Fiction Review,* 1981, n° 1.

1. HÉROS ET CONFISEUSES

1. Le rôle d'équipage ne mentionne que cinq noms.
2. 1868 : Fernand-Jean. 1870 : Georges. 1873 : Georgina-Mathilde. 1875

Fernand-Jean (père d'André). 1877 : Édouard-Maurice. 1879 : Marie-Mathilde. 1881 : Mathias-Numa. 1883 : Lucien-Alphonse. Les deux prénommés Fernand-Jean expliquent les erreurs des biographes n'attribuant au prolifique Alphonse que cinq, six ou sept enfants.

3. Mathias-Numa fut écrasé par des chevaux dans la cour de la maison paternelle.

4. Ce survivant doit se montrer à la hauteur. Souvent, l'enfant mort reste mystérieux et menaçant, rival irremplaçable.

5. Les études en cours laissent supposer que l'étiologie du syndrome de Gilles de la Tourette relève d'anomalies chimiques affectant les émetteurs neurologiques utilisés par le cerveau pour régler les mouvements et le comportement. Les chercheurs continuent à mener non seulement des études biochimiques des émetteurs neurologiques mais aussi des synapses — le point de jonction où les neuro-émetteurs transportent des impulsions d'un neurone à un autre —, des études pharmacologiques des effets des médicaments et des études génétiques des familles des patients souffrant de S.T.D. Aujourd'hui, comme hier, les « enfants Tourette » ont intérêt à ne pas avoir une scolarité trop structurée. Des travaux du colloque de la Salpêtrière en octobre 2000, il ressort que l'origine du syndrome est inconnue, qu'il y a absence de consensus clinique et incertitude quant aux critères de diagnostic, un nombre limité de cas étudiés, et une multiplicité de théories. Malraux ne souffre pas d'écholalie (répétition de ce que d'autres personnes viennent de dire) ou de coprolalie (récurrence de mots orduriers, obscènes).

6. En 1907.

7. L'acte de décès officiel d'Alphonse le fait mourir à soixante-sept ans et non à soixante-seize. Cet acte trompera les éditeurs et les biographes les plus prudents, qui connaissent l'interprétation légendaire du décès d'Alphonse : Malraux en parle trois fois : dans *La Voie royale*, *Les Noyers de l'Altenburg* et *Les Antimémoires*. *La Voie royale* : « Un jour qu'il avait voulu montrer à un jeune ouvrier trop lent comment, de son temps, on fendait le bois des proues, pris d'un étourdissement, à l'instant qu'il manœuvrait la hache à deux tranchants, il s'était fendu le crâne. » André Malraux laissera souvent entendre — et croira peut-être — qu'Alphonse s'est suicidé.

8. Un amateur d'art pourrait comparer ce travail enfantin avec un tableau de Braque que posséda Malraux plus tard, aujourd'hui propriété de Florence Malraux.

9. Ces deux essais existent encore. Collection Madeleine Malraux.

10. Dossier militaire du lieutenant Fernand Malraux. Service historique de l'armée de terre, archives de Vincennes.

11. Malraux affirmera que des cendres retombèrent sur ses tartines alors qu'il visitait ces champs de bataille.

12. Elle n'existe plus — ou se trouve aux mains d'un collectionneur discret. Louis Chevasson a déclaré (lors d'une émission télévisée du 12-11-81, « André Malraux, le destin d'un jeune homme », réalisée par Jean-Marie Rouart et Sylvie Genevoix) que « Malraux avait lui-même déchiré cette nouvelle, la jugeant mauvaise ».

13. À ce jour il n'existe aucune pièce probante, pas de bulletin trimestriel ni de carnet de notes. Les biographes se sont inspirés de Robert Payne qui a interviewé Mlle Thouvenin avant la guerre. Payne déclarait que Malraux était « premier en histoire et en dessin, deuxième en orthographe, troisième en littérature française et en anglais, quatrième en géographie et mathématiques, cinquième en écriture, sixième en chimie et sciences naturelles ». Malraux n'avait aucun talent particulier en physique, gymnastique ou chant. Il n'a pas fait de grec ou de latin. On lui aurait enseigné le modelage de l'argile. En seconde, il aurait été tête de classe. Curtis Cate, s'inspirant de Payne, reprend ces données pour l'année scolaire 1915-1916. Cate ajoute que, l'année suivante, « Malraux manifesta tant d'intérêt pour le modelage qu'il fut le premier dans

cette discipline. En 1917-1918, il garda sa place en modelage et devint premier en écriture, deuxième en littérature, troisième en diction et en dessin, cinquième en instruction civique, mais descendit à la huitième place en sciences naturelles. La baisse de ses résultats en dessin constitua le changement le plus marquant de ce palmarès. En littérature, d'après son camarade Marcel Brandin, ce fut l'élève le plus brillant de l'école.» Qui le dépassa? Un certain Perlman «fils d'un tailleur juif». Ces indications, ni improbables ni convaincantes, sont sujettes à caution.

14. Malraux en parlera, avec nostalgie, à Roger Stéphane.

15. Beaucoup d'enfants S.G.T. sont plutôt apathiques, parfois souffrant de coprolalie. Pas André Malraux. Un lointain cousin Malraux reniflait en se frottant le nez.

16. Malraux ne souffre pas de T.O.C. (troubles obsessionnels compulsifs).

17. André Malraux, régulièrement repris par des biographes, répéta qu'il n'aimait « pas son enfance », suggérait qu'elle fut pénible. Sur ce sujet, le loyal Louis Chevasson opposait un amical démenti.

2. ADOLESCENCE D'UN CHEF

1. Il le niera, sans cesse, déclarant à sa fille Florence qu'il n'écrivit jamais de poème.

2. Fonds Florence Malraux.

3. Les propriétaires des manuscrits ne souhaitent pas, pour le moment, les communiquer.

4. Curtis Cate, *Malraux*, Flammarion, 1993. Nouvelle édition 2001.

5. Octobre 1920, *Action*, n° 5.

6. En 1929, dans une préface à un catalogue d'éditions originales et de livres illustrés.

7. *Les Livres de l'Enfer*, de Pia, une somme, réimpression Fayard 1998.

8. Fonds Bernard Loliée.

9. À l'intérieur de numéros reliés de la revue *Littérature*. Bibliothèque nationale.

10. Littré : terme de botanique. Couvert de poils rudes et épars.

11. Voir *André Malraux. Dessins*. Texte de Madeleine Malraux et Inigo de Satrustegui, Mollat Éditeur, Bordeaux, 1998.

12. Les textes rassemblés ont paru dans le *Tintamarre*, journal littéraire. Mais qui le sait?

13. Et prétendument publié à *Venezia aux dépens des philosophes libertins*. C'est seulement la deuxième édition (vers 1931) du *Bordel* qui répond à l'indication de la notice. La première ne mentionne rien. Difficile de s'y retrouver dans ces éditions clandestines.

3. L'ÉTRANGÈRE

1. En juin 1921.

2. Version acceptée par la vulgate malrucienne. Clara sait autant enjoliver que Malraux, parfois dans un sens différent.

3. Picasso se promenait à l'époque avec un browning. Toujours selon Clara, le 6 avril 1922.

4. Lettre du 2 octobre 1921. Fonds Doucet.

5. Voir André Vandegans, *La Jeunesse littéraire d'André Malraux*. Vandegans, dans son ouvrage — indispensable —, évoque l'intérêt de Malraux pour *La Charrette fantôme*, l'œuvre du cinéaste Victor Sjöström. Vandegans explique que Malraux, vingt ans en 1921, avait quelque mérite à s'intéresser à cet art

d'avant-garde. Pour Simone de Beauvoir, le cinéma sera d'abord une distraction de « boniches ».

6. Influences disséquées par André Vandegans toujours dans son livre sur la jeunesse littéraire de Malraux : toutes ses analyses, claires, subtiles, ne sont pas toujours convaincantes.

7. *Aspects d'André Gide*, douzième et dernier numéro d'*Action*.

4. FAUX VOLEURS ?

1. L'*Histoire de l'art* d'Élie Faure aura cinq volumes : L'Art antique (1909); L'Art médiéval (1911); L'Art renaissant (1914); L'Art moderne (1921); L'Esprit des formes (1927).

2. Depuis 1922.

3. Je reprends l'orthographe de Maurice Glaize. Voir *Les Monuments du Groupe Angkor*, J. Maisonneuve, 1993.

4. Voir *L'Homme de l'art*, D. H. Kahnweiler, par Pierre Assouline.

5. Archives de la France d'outre-mer à Aix-en-Provence. La plupart des documents de ce chapitre proviennent de ces fonds.

6. Le 13 octobre 1923.

7. 16 décembre 1923 sur papier à lettre de la British India Steam Navigation Company. Miss Whitling est en croisière. Elle connaît Angkor.

8. Télégramme de la Direction des affaires politiques du 19 novembre 1923.

9. Le rapport de Groslier dit : « Je m'aperçois après plus minutieuses recherches que le *Banteay Srei*, théâtre des exploits de Mrs. M et C n'est pas le n° 575 de l'Inventaire. C'est un autre *Banteay Srei*, non numéroté, à une quinzaine de kilomètres au nord du 575. Il ne figure pas à l'inventaire... Le renseignement est donc à rayer de mon expertise et à remplacer par "Banteay Srei, près du Phnom Dei au nord-ouest d'Angkor"... » Le deuxième « temple » était un monceau de pierres, sans plus.

10. Cet homme savait être un amant « sans cesser d'être un ami », dit-elle dans ses Mémoires.

11. Entretien avec Madeleine Giteau, 1998.

12. Arrêt du juge Edmond Jodin du 21 juillet 1924.

13. Aujourd'hui, en 2001, les pillages au Cambodge se produisent à une échelle industrielle.

14. *L'Impartial* du 15 novembre.

15. Voir *Angkor* par Maurice Glaize. À Angkor aujourd'hui, on vend des exemplaires piratés.

16. Voir, entre autres, *Marchands d'art* par Daniel Wildenstein et Yves Stavidrès, Plon, 1999.

5. VRAI RÉVOLUTIONNAIRE ?

1. On retrouvera ce dialogue dans *La Condition humaine* presque dix ans plus tard, opposant Kay et son mari.

2. Voir lettre de Malraux à Marcel Arland du 19 mars 1925. Malraux parle de « faire venir Pia presque tout de suite... Je le fais venir d'abord parce qu'il devra avoir un rôle pratique que vous ne pourriez prendre ou qu'en tout cas vous n'aimeriez pas. Vous prendrez le mien, ce qui ira mieux ». Pia ne se rendra pas à Saigon, Arland non plus.

3. Ce conseil, de vingt-quatre membres, n'a guère de pouvoir, sinon celui de s'exprimer. Les « Français » disposent de quatorze sièges : huit sont occupés à la discrétion du gouverneur et de la chambre de commerce. Dix « indigènes » sont élus par vingt-six mille Cochinchinois.

4. Archives de la France d'outre-mer, Aix-en-Provence. Monguillot était gouverneur général par intérim.

5. En 1965, la directrice d'un journal conformiste français, subventionné par la France, en parlait comme si ce quotidien avait été la *Pravda*.

6. L'ADIEU AUX ARMES-MOTS

1. En Chine, Malraux n'a rencontré aucun personnage important, surtout pas le Borodine des *Conquérants*. Il n'a pas été à Canton, alors.
2. Qui reste toujours *L'Indochine* en couverture.
3. Ils viennent surtout des Comptoirs français de l'Inde.
4. 1925-1975 : Malraux (et Monin) sont, ici, lucides. Jusqu'à la fin de la guerre du Vietnam (1975) les autorités françaises subventionneront une feuille en français, *Le Journal d'Extrême-Orient*, prudent, conservateur, aux ordres. Différence considérable entre les rats et les hommes politiques : les premiers semblent tirer certaines conclusions lorsqu'ils reçoivent une décharge électrique, à un point précis, dans un labyrinthe. Après deux ou trois tentatives, ils évitent ce point. Pas les politiques.
5. Cet incident sera *une* des sources de la première scène de *La Condition humaine*. On a tenté d'assassiner Monin, pas Malraux.
6. Dans son numéro 8.
7. Les staliniens de Hanoi occuperont Saigon, cinquante ans plus tard.
8. Collection Walter Langlois. Cette lettre sur papier à en-tête du Continental Palace Hôtel à Saigon est datée du 4 octobre 1925. De ce que Malraux annonce, qu'il a presque terminé son livre, on ne peut déduire que c'est vrai. Après, il donne des informations fausses : la moitié de l'ouvrage n'a pas été traduite en chinois. Il n'y a pas eu de prépublications dans des journaux de Shanghai et de Pékin. Dans la version définitive il n'y aura guère d'annotations par un « de leurs amis indiens ». Malraux a seulement, semble-t-il, rédigé un certain nombre de fragments pendant l'agonie de son journal.
9. Malraux publiera deux textes concernant l'Indochine plus tard. Après un article dans *Marianne* en 1933, une préface au livre d'Andrée Viollis, *Indochine S.O.S.*, en 1935. Ce silence surprendra de nombreux commentateurs. Comme le fait qu'il ne consacrera aucun récit ou roman à son séjour cochinchinois, ce qui ne sera pas le cas pour l'aventure cambodgienne. Un mystère : Malraux, avec un employé de Gallimard, Roger Parry, aurait monté une éphémère organisation clandestine d'aide aux Indochinois anticolonialistes. Monin reste un collaborateur du journal qu'il a fondé avec Malraux. Il dénonce avec de plus en plus de violence la politique et les activités de Varenne, surtout quand ce dernier demande à Paris de lui renvoyer un renfort de dix mille hommes de troupe : « Cette première application, pratique des principes socialistes, me laisse rêveur. » Monin ne croit plus à une politique libérale et progressiste qu'imposerait l'opinion publique ou le gouvernement français. Dans le même numéro 19 de *L'Indochine enchaînée* Nguyen Minh Hieu, encore plus radical que Monin, du moins dans les textes publiés, conclut un article critiquant le principe même de la colonisation : elle « est donc le triomphe farouche de la brutalité, de la force et de la violence sur le droit... À quand donc la fin de cette tyrannie dont souffrent les martyrs ». Monin, en sa qualité de conseiller colonial, écrit au ministre des Colonies pour lui transmettre des motions votées par des Annamites après des réunions publiques qu'il a organisées. Il fait aussi publier par le nouveau directeur, Le The Vinh, dans le journal qui n'a que quelques pages, le texte intégral de la Déclaration des droits de l'homme et du citoyen. Monin n'est plus directeur mais il reste le pilier du journal. Le numéro 23, en date du mercredi 24 février 1926, annonce que maître Monin et sa famille vont quitter l'Indochine début mars. Un comité d'organisation invite ses admirateurs à une garden-party le samedi 27 à 20 heures. Les Annamites dont l'avocat a été le « porte-étendard » sont conviés comme les « amis français de toutes les classes de la société ». Les neuf membres du comité d'organisation de la garden-party sont indochinois. Le mois suivant, Monin est à Canton.

10. Interrogé par Stéphane qui lui demande pourquoi il est allé faire le zouave en Indochine, Malraux répond : « C'est ce que j'ai fait de plus intelligent ! » T. V. Antimémoires improvisés, 1967. *Entretiens et précisions* par Roger Stéphane, Gallimard, 1984.

7. PARISIEN EXOTIQUE

1. D'après le Perken de *La Voie royale*.

2. Voir les travaux de Philippe Noble, spécialiste et traducteur de Du Perron ; entre autres, *Un Néerlandais à Paris*, Eddy Du Perron, Meridon, 1997. L'édition originale du *Pays d'origine* date de 1935, en néerlandais. Héverlé figure dans le *Pays d'origine* traduit par Philippe Noble.

3. Après la parution de *La Tentation de l'Occident* dans les *Nouvelles littéraires* du 31 juillet 1926.

4. Certains voient aussi en Wang-Loh une esquisse du Gisors de *La Condition humaine*, en raison de sa « grande distinction » et de son allure aristocratique.

5. *La Tentation de l'Occident* semble offrir aux généticiens littéraires des difficultés insurmontables, avec des manuscrits et dactylogrammes disparus, incomplets ou hétérogènes. Il n'y a pas de dernier manuscrit. On peut supposer que Malraux a ramené avec lui du papier à en-tête de *L'Indochine*, d'où des pages de *La Tentation de l'Occident* rédigées sur ce papier. À Saigon dans les derniers mois de son séjour, Malraux disposait de loisirs.

6. En 1919.

7. Voir les notes de Daniel du Rosay dans le volume I des œuvres complètes de la Pléiade.

8. Voir Maurice Magre, *Le Lotus perdu*, par Jean-Jacques Badu, Dive éditions, 1999. Contrairement à une légende tenace, Malraux n'a jamais été opiomane. Il n'est pas « fiché » par la police, comme quelques écrivains.

9. Publié en 1919.

10. Ses articles de *La N.R.F.* s'échelonnent de 1926 à 1932.

11. Autour de 1927, lettre non datée. Fonds Gallimard.

12. Lettre du 4 janvier 1927. Fonds Gallimard.

13. Lettre du 27 octobre 1927. Fonds Gallimard.

14. Voir *Europe*, novembre-décembre 1989, présentation de la lettre d'André Malraux par Claire Paulhan et Christiane Moatti.

15. Ce texte serait un faux, fabriqué par une psychanalyste viennoise. Voir Isabelle de Courtivron, *Clara Malraux. Une femme dans le siècle*.

16. Lettre du 22 décembre 1927.

17. Malraux eut l'idée de ce tableau de la littérature en 1928. Le projet aboutira plus tard en commençant par le tome II (de Corneille à Chénier) en 1939 et le tome I (de Rutebeuf à Descartes) en 1962. Un tome III sera publié en janvier 1974 (de Mme de Staël à Rimbaud).

18. Lettre de 1928. Voir *Europe*, novembre-décembre 1989, lettres d'André Malraux à Jean Paulhan, éditées par Claire Paulhan et Christiane Moatti.

19. *Ibid.*, 1928-1929.

20. Lettre du 15 avril 1929 publiée dans le n° 16 des « Cahiers François Mauriac », Grasset, 1989, collection Claude Mauriac.

21. En mai 1927. Pour Malraux, ce film est un chef-d'œuvre de l'histoire du cinéma et Eisenstein un de ses plus grands réalisateurs. « Il y a le cinéma avant et après *Potemkine*, avant et après *La Mère* » (le film de Poudovkine, d'après le livre de Gorki), écrira-t-il précisément en 1934 dans un de ses rares articles pour *Marianne*.

22. Du 19 au 29 août 1928.

8. CHEMINS ASIATIQUES

1. Pas pour Clara, mais pour d'autres. Clara, confiait-elle, n'avait jamais dû avorter comme tant de femmes à l'époque.

2. Le recul aidant, Malraux verra ainsi Garine plus de vingt ans après.

3. *Mutual forgiveness of each vice / Such are the gates of paradise.*

4. Lettre de Malraux à Martin du Gard, 23 octobre 1928.

5. Dans *Mort de la pensée bourgeoise* au printemps 1929.

6. « Ce livre pourrait classer immédiatement son auteur parmi les plus grands romanciers de ce temps », proclame Auguste Bailly dans *L'Intransigeant*. Essoufflé, Robert Kemp murmure pour *La Liberté* : « Malraux est quelqu'un. » André Billy soupire dans *L'Œuvre* : « On ne se détournerait pas des romans si tous ressemblaient à celui-ci ». Dans *Rond-Point des Champs-Élysées* (Grasset, 1935), Morand, décelant l'obsession de la mort, écrit : « Ses héros périssent tous, ou disparaissent ; n'est-ce pas parce qu'ils incarnent chacun une des questions auxquelles notre génération n'a pu trouver de réponse ? Ces fantômes que Malraux a nourri de son inquiétude l'obsèdent, et il les abat. » En 1937, Morand publiera *Papiers d'identité*, texte plus louangeur (daté 1929).

7. Le 8 juin 1929.

8. Voir la préface de Jean Grosjean et la postface de Philippe Delpuech, *La Vie de Napoléon par lui-même*.

9. Malraux corrige copieusement ces extraits pour le livre à paraître.

10. Deuxième « déclaration d'intérêt » (voir 1. *L'eau du cœur*) : je reconnais être (trop) influencé par les Empiristes anglo-saxons. Techniquement, le « sens du sens » présente des difficultés comparables à celles du principe de vérification : comment vérifie-t-on le principe même ?

11. Certains critiques ne peuvent se détacher de l'affaire de Banteay Srei. Pour eux, Vannec et Perken sont deux crapules, « deux rufians ». Malraux fera quelques corrections en tenant compte de ces remarques acerbes. Voir le texte de *La Voie royale*, présenté, établi et annoté par Walter G. Langlois dans les *Œuvres complètes*, tome I de la Pléiade avec le manuscrit longtemps inédit de Langlois-Ford.

12. Dans *Candide* du 13 novembre 1930. « Un quart d'heure avec André Malraux ». Parmi les critiques connus à partir de 1925 et après, André Rousseaux serait un bon candidat pour le prix du manque de perspicacité, de Malraux à Camus.

13. En 1924.

14. En 1925.

9. VOYAGEUR MARCHAND

1. Au 30 octobre 1928.

2. Lettre du 29 juillet 1933.

3. Publié en 1932.

4. Lettre du 8 septembre 1933.

5. Ainsi, à Drouot, les 2 et 3 juillet 1931 : collections André Breton et Paul Éluard. « Sculptures d'Afrique, d'Amérique, d'Océanie... » Afrique : 30 pièces, statuettes, masques, bracelets... Océanie : 150 pièces, figure d'oiseau, ornement de barque, manche de Kriss... Amérique : 125 pièces, amulettes, cuillères pipes, sonnet de poteau...

6. Carte postale à Chevasson en 1931.

7. Le journaliste a sans doute été terrorisé par cette précision : les Huns hephthalites ou Huns Blancs venus de la Sogdiane et de la Bactriane atteignirent la Perse sassanide, le Gandhâra et, plus tard, le nord de l'Inde.

8. « L'écrivain archéologue » Gaston Poulain dans le numéro du 2 janvier 1931. Appel du pied journalistique : « Qui sculpta les pierres que M. Malraux rapporta du Pamir ? » Curtis Cate fut le premier à signaler cette interview.

9. La plupart des documents cités ici proviennent des archives de la Galerie. Autres actionnaires, Camille Ardant, Joseph Barnod, Philippe Clément, Frédéric Duché, Frédéric Delorme, Lorrain Maurice, Jean Parmentier, Joseph Simon, Roland Tual.

10. Additif au rapport du conseil d'administration de 1933. Il prévoit, presque avec tristesse, un bénéfice sur l'exercice 1934. Ce sont là des comptes officiels.

11. Selon Curtis Cate, Strzygowsky s'égarera dans le crypto-nazisme. Il « détestait l'art classique de la Grèce et n'admirait que l'art des nomades surtout lorsqu'il virait vers l'abstrait ».

12. Henri Deydier, membre de l'École française d'Extrême-Orient dans sa *Contribution à l'étude de l'art du Gandhara*, essai de bibliographie analytique et critique des ouvrages parus de 1922 à 1949 (Librairie d'Amérique et d'Orient Adrien-Maisonneuve, 1950), écrit dans sa note sur les têtes central-asiatiques de la collection Malraux : « Il ne s'agit ici que de faire une brève mise au point sur l'origine de cette collection qui aurait été, paraît-il, découverte à Tash-Kourgan des Pâmirs, en Asie centrale. Ces têtes furent étudiées par Strzygowsky qui conclut : "Malgré la ressemblance avec certaines têtes de Hadda, les pièces de la collection Malraux doivent bien être localisées dans le bassin du Tarim et dénotent une très grande influence iranienne." Coomaraswamy, qui semble avoir accepté la théorie de Strzygowsky, les décrivit comme venant d'Asie centrale. March en souligna l'étroite ressemblance avec celles de Jauliân. Bachhofer pose la question : "Hadda ou bassin du Tarim ?" sans y répondre. Enfin, Waldschmidt démontra que la thèse de Strzygowsky était insoutenable et que ces têtes devaient venir de la région de Hadda. C'est à ce dernier avis qu'il faut se ranger. » Henri Heyde résume une contribution de E. Waldschmidt : « La localisation à Tash-Kourgan dans le Turkestan chinois des objets réunis dans la collection Malraux, acceptée par Strzygowsky, est insoutenable. Ces stucs doivent être en relation très étroite avec ceux de Hadda et de Jauliân. Pour appuyer cette théorie, l'auteur donne la description de sept pièces de la collection. » Et une autre de B. March, *Two stucco heads of the Gandhara School* : « Il s'agit de deux têtes de la collection Malraux (cf. n° 286). Une femme et un noble datant du IVe siècle. A. D. »

13. Lettre du 22 septembre 1931 à Komatsu.

14. Simon Leys : « Caractérisation faible et inappropriée ! L'originalité et l'intérêt puissant du Tch'an proviennent de ce qu'il est la forme la plus *sinisée* du bouddhisme : au fond, le Tch'an, c'est de la philosophie *taoïste* revêtue d'un froc bouddhiste. » Remarques faites à l'auteur, 2000.

15. Segalen connaît bien l'Asie, Claudel aussi. L'un a des préoccupations culturelles, constatant certaines conséquences désastreuses de la civilisation occidentale. Il cherche à supprimer toute perspective eurocentrique. Le second, diplomate en poste, termine son troisième séjour en Extrême-Orient en 1926. Son compas est large, Malraux adore sa poésie.

16. Maurice Martin du Gard, *Les Mémorables*, 3, Grasset. Nouvelle édition Gallimard, 1999. Préface de François Nourissier, annotations de Georges Liébert. Au cours de mon enquête, j'ai vu plusieurs « cadeaux » de Malraux, très généreux. Certains bénéficiaires ou héritiers préfèrent rester anonymes.

17. Le prix Goncourt lui donnera les moyens dont il a besoin. En 1935, il touchera 6 000 francs de la Galerie et rien après 1937. De nombreux objets d'art seront dispersés sous l'Occupation, entre 1940 et 1944. Alors Malraux réclamera et obtiendra des pièces qu'il pourra vendre ou conserver.

10. 1933

1. On peut distinguer fascisme original ou originel et fascisme radical.
2. En mars 1933.
3. Selon Nicole Racine, Malraux a dû adhérer à l'A.E.A.R. en 1934. Cf. *Le Mouvement social*, n° 54, janvier-mars 1966.
4. Le 21 mars 1933.
5. Voir, entre autres, la biographie d'Alan Sheridan, *André Gide, A Life in the Present*, Harvard University Press.
6. Propos rapportés par les éditions de l'A.E.A.R. et republiés dans *Mélange Malraux Miscellany*, 17, n⁰ˢ 1-2, 1985.
7. En juin 1933.
8. Le 31 mars.
9. En septembre 1933.
10. Les sondages, qui démontrent le contraire, n'existent pas encore.
11. En juillet 1933.
12. Du 10 au 31 mai.
13. Archives de l'académie Goncourt à Nancy. Le prix n'a pas été attribué au premier tour ou à l'unanimité.
14. En 1934, le docteur Alexandre Banyai correspond avec Robert Aron chez Gallimard pour négocier avec Malraux qui pourrait, selon Aron, reprendre ses droits cinématographiques. Lorsque (voir plus loin) Malraux et Eisenstein auront travaillé sérieusement à un scénario, Robert Aron continuera à prospecter les producteurs car il pense que le film d'Eisenstein sera de la « propagande » et ne pourra être projeté ailleurs. Donc, les droits seraient libres. Aron demande 75 000 francs d'avance à valoir sur 3 % de toutes les recettes du film. Souvent les adaptations cinématographiques et théâtrales seront envisagées ou réalisées : cf. mise en scène théâtrale de *La Condition humaine* par Anthony Broom aux États-Unis en septembre 1937.
15. Lettre de Malraux à Aron. Institut Raymond Aron. Fin 1933. Malraux a la (mauvaise) habitude, le plus souvent, de ne pas dater ses lettres. Ceux qui en possèdent n'ont pas toujours les enveloppes. Pourquoi cette absence de date ? Coquetterie, négligence ? Pour échapper au temps, hâte ? Ou pour taquiner les biographes ?
16. Malraux n'est pas coutumier du fait. Il reconnaît sa dette envers Wieger dans une lettre à Suzanne Labin du 7 juin 1958.
17. Pour ces deux romans, Séverine Charret dans son mémoire de maîtrise d'histoire, « La Révolution chinoise » d'après *Les Conquérants* et *La Condition humaine* d'André Malraux (université Lumière, Lyon-II, 1998), relève dix-huit Chinois, « ce qui est peu au regard des quarante-deux personnages principaux des *Conquérants* et de *La Condition humaine* », précise-t-elle.
18. Dans les années trente. Il en va autrement aujourd'hui en Asie, en Amérique du Sud, en Afrique.
19. Avant que Mao appliquant une stratégie originale, s'appuyant sur la paysannerie, ne prenne le pouvoir en 1949. Malraux n'est pas conscient de la question agraire. L'écrivain s'oppose autant aux staliniens qu'aux trotskistes.
20. Lettre du 24 août 1933.
21. Cf. Séverine Charret.
22. Le 2 octobre 1933.
23. Clara confiera : « À l'époque, tous les hommes se retiraient. » Réagissant en femme, midinette ou bourgeoise, Clara avait décidé qu'ils auraient un enfant, ou plutôt qu'elle se ferait faire un enfant par Malraux. Les Malraux « prenaient des précautions ». La méthode Ogino ou le *coïtus interruptus* implique des risques.
24. Elle ne le reconnaîtra volontiers qu'en 1945.

25. Alain Malraux, *Les Marronniers de Boulogne*.

26. Plus tard, sous l'Occupation, sans son père dont Clara est séparée, Florence, quelque temps, ne marchera pas.

27. Il est hasardeux de dater la chronologie des rencontres avec Josette Clotis. Malraux a répandu des pelletées de sable sur le déroulement de sa vie privée.

28. Interview de Louis Chevasson par Jean-Pierre Dauphin le 21 février 1977.

29. La plupart des détails donnés à propos des débuts de cette aventure et concernant sa longue suite seront tirés par les uns et les autres du livre de Suzanne Chantal que Malraux préfacera — sans l'avoir lu, semble-t-il. Suzanne Chantal fait de Josette Clotis une héroïne. Ce qu'elle rapporte avec une abondance de détails est peut-être vrai, peut-être pas. L'ensemble ressemble à un dialogue entre deux personnages d'une comédie boulevardière. Dans le style de : « Elle est envahie d'une solitude dédaigneuse... Elle vit avec André dans ses rêves, une harmonie sans problème... Quand il est là, son amour pour lui saccage tout. »

30. Le 24 juin 1933.

31. Ce capitaine est peut-être le général Maurice Challe du putsch d'Alger. Il pourrait aussi s'agir du capitaine Challe qui en décembre 1929 réalisa le deuxième vol direct entre l'Europe et l'Amérique du Sud : parti de Séville, il dut atterrir dans la brousse brésilienne, cassant son avion.

11. LA REINE DE SABA

1. Les documents de ce chapitre sont, pour la plupart, extraits de dossiers des Archives de la France d'outre-mer à Aix-en-Provence.

2. Le 12 février 1934 (voir *Leurs dossiers R.G.*, Julien Caumier, Flammarion, 2000) un rapport affirme que Malraux est « pacifiste et antifasciste », également : membre de « l'Association des artistes et écrivains révolutionnaires » ; président de la « Ligue de défense contre l'antisémitisme » ; président du Comité de libération de Dimitrov ; président du Comité de libération de Thaelmann ; président d'honneur du « Comité directeur des Amis du peuple chinois » ; président du « Comité mondial antifasciste ».

3. Il y reviendra souvent, deux ans après, dans une lettre à Gaston Gallimard du 12 juin 1936.

4. Dans ses *Antimémoires*, Malraux reviendra sur le royaume introuvable, la ville disparue et cet Arnaud, compagnon idéal de rêve.

5. Voir Curtis Cate, *Malraux*.

6. Gabriel Dardaud, *Trente Ans au bord du Nil*, Lieu Commun, 1987.

7. L'expédition de Malraux laissera des traces. Cf. le rapport du chargé d'affaires de France auprès du Royaume arabe saoudien, Djedha le 19 juin 1935. Pendant des années, les diplomates français subiront de suaves reproches de l'Imam, persuadé que Malraux était un espion. Deux ans après, le chargé d'affaires écrit : « D'après les observations faites par ceux qui ont vu l'avion de Malraux, il semble que celui-ci n'aurait pas dépassé le plateau de Sanaa et les vallées environnantes. De bonne foi, notre compatriote a pu prendre pour des temples des constructions relativement modernes constituées par de gros blocs de pierre entassés les uns sur les autres. Il a, je crois, signalé une très grande citerne que j'ai vue moi-même et qui daterait réellement de l'époque himyarite, mais elle se trouve sur le plateau même de Sanaa... »

8. Gnome et Rhône, journal, avril 1934.

9. Plus tard, Malraux, dans les *Antimémoires*, décrit la scène joliment arrangée : « Voici le Négus... il est assis sur un canapé des Galeries Lafayette devant ses dignitaires en toge... L'interprète appelle Corniglion-Molinier, M. de la

Molinière, parce que le Négus au sourire triste a reçu l'avant-veille quelques junkers. » Malraux ajoute qu'il entend « par les fenêtres le rugissement des lions de Judas. Leurs cages bordent depuis des siècles la grande allée du Palais de Négus ».

10. Pour en tirer un de ses chefs-d'œuvre, *Scoop*.

11. Malraux l'utilisera, peu de temps après, dans *Le Temps du mépris*.

12. Lettre à René Lalou le 30 avril 1934. René Lalou, père d'Étienne, fut un professeur d'anglais délicieusement farfelu au lycée Henri-IV et critique littéraire.

13. Les articles sont mêlés dans la publication. Malraux publie des articles le 3, le 4, le 6, le 8, le 9, le 10 et le 13 mai. Corniglion-Molinier le 5, le 11 et le 12 mai.

14. Voir André Malraux, *La Reine de Saba*. Une « aventure géographique ». Texte présenté et annoté par Philippe Delpuech, préface de Jean Grosjean, Gallimard, 1993.

15. Pour apprécier et juger les articles de Malraux, voir le travail de Philippe Delpuech, qui écrit : « L'éternel voyageur savait enfin que de nombreuses expéditions avaient été attirées par la cité mystérieuse de la reine de Saba. Celle du Suisse Jean-Louis Burckhardt, qui fut le premier Européen à pénétrer en Arabie et y mourut ; celle de l'Allemand Corsten Niebuhr qui fut obligé de s'enfuir, à proximité de Mareb, devant l'hostilité des populations ; celle de Joseph Arnaud, pharmacien des Basses-Alpes, qui affirmait avoir découvert en 1843 la capitale de Balkis, reine de Saba, et copié des inscriptions qu'aucun Occidental n'avait jamais pu voir ; celle de Joseph Halévy, en 1870, qui put, grâce à son déguisement de rabbin, accéder aux ruines de la ville et en relever des empreintes ; celle de l'Autrichien Glaser qui réussit à se rendre quatre fois dans la ville interdite et à relever huit cents croquis ; celle, en 1928, des Allemands Carl Rathjens et Hermann von Wissmann qui dégagèrent les ruines d'un temple consacré au culte d'Illumquh, dieu de la lune, et d'un second dédié à Balkis, et signalèrent des ruines d'un gigantesque barrage sur le fleuve Adhanat dont il subsistait deux tours. »

16. Ce que démontra, entre autres, la philologue et historienne Jacqueline Pirenne.

17. Le 12 mars.

18. Walter Langlois, un des plus éminents malruciens, publiera un livre (en 2001) sur *tout* l'épisode de la Reine.

12. TROPISME TROTSKISTE

1. En 1935.

2. Éditions 1902-1916-1917.

3. Elle aurait pu se renseigner. Le correspondant de *L'Humanité* à Moscou décrivait le totalitarisme et la terreur en marche. Voir *L'Aveuglement*, Christian Jelen, Flammarion, 1984. Boris Kritchevski, correspondant de *L'Humanité*, alors quotidien socialiste, dès 1917, comprend la mécanique et les effets du communisme léniniste.

4. Le projet rédigé *aurait* été détruit ou supprimé aux archives Gallimard pendant la Seconde Guerre mondiale, s'il a existé. C'est avec André Beucler, au cours d'une entrevue arrosée, qu'ils montèrent ce quasi-canular.

5. En avril 1931.

6. Quelques années plus tard, l'admiration ou la fascination pour le terrorisme succédera chez certaines élites de gauche à celle du communisme. Malraux reste, sur ce point, un précurseur, au xxᵉ siècle.

7. En août 1933. On doit croiser deux récits de la rencontre, celui que Malraux publiera en avril 1934 dans *Marianne* et celui de Jean Van Heijenoort dans *Sept Ans auprès de Léon Trotski*, Maurice Nadeau, Les Lettres nouvelles, 1978. Les conversations Malraux-Trotski ont lieu le 7 et le 8 août.

8. Dans son compte rendu de la rencontre, Malraux affirme que Trotski lui « parla du *Lénine* auquel il allait travailler ». Selon Jean Van Heijenoort, ce livre ne faisait pas partie des projets de Trotski.

9. Mais lui enverra *Le Temps du mépris* juste avant le Congrès de 1935.

10. En avril 1935.

11. Voir *Boris Souvarine*, par Jean-Louis Panné, Laffont.

12. Encore en 1977.

13. Voir Emmanuel Todd, *La Chute finale* et *Le Fou et le prolétaire*, Robert Laffont.

14. À Pierre de Boisdeffre, qui s'étonnera de ne pas voir Trotski dans les *Antimémoires*, Malraux répliquera en le coupant : « Ça, c'est parce qu'il n'y est pas encore ! » Il n'y sera jamais. Dans une émission télévisée de la « Légende du siècle », Malraux, devant Claude Santelli et Françoise Verny, fera une imitation de Trotski en relatant sa rencontre à Saint-Palais. Diffusion T.V. 1972.

13. LES CAMARADES SOVIÉTIQUES

1. La maison des « Brik » est un lieu d'accueil des intellectuels français à Moscou. Lili parle français, allemand et un peu anglais.

2. *Lili Brik, Elsa Triolet. Correspondance 1921-1970*, Gallimard, 2000.

3. Nizan parle de Malraux le 12 juin, l'entretien est du 16.

4. « Journal » souvent sténographique, d'une soixantaine de pages. Fonds Granville, don de M. Richard Anacréon.

5. Manuscrits autographes sur papier manuscrit, N.R.F., 29 juillet 1934. Archives littéraires Moscou.

6. Le service de la sécurité d'État soviétique eut plusieurs noms. Décembre 1917 : Tcheka. Février 1922 : incorporé au N.K.V.D. (sous le sigle de G.P.U.). Juillet 1923 : C.G.P.U. Juillet 1934 : réincorporé au N.K.V.D. (sous le sigle G.U.G.B.). Février 1941 : N.K.G.B. Juillet 1941 : réincorporé au N.K.V.D. (sous le sigle de G.U.G.B.). Avril 1943 : N.K.G.B. Mars 1946 : M.G.B. Octobre 1947-Novembre 1951 : espionnage à l'étranger transféré au K.I. Mars 1953 : fusionné avec le M.V.D. pour former un M.V.D. élargi. Mars 1954 : K.G.B. (aujourd'hui F.S.B.). Je dois ces précisions à Thierry Wolton. Ne pas confondre le K.G.B. et le G.R.U., service de renseignements militaires qui avait aussi des antennes à l'étranger. Leur concurrence engorge les données.

7. Koltsov sera fusillé en 1942. Trop de faveurs nuisent. Ehrenbourg, atypique, survivra.

8. Le système de rationnement sera aboli le 1er octobre 1935 pour les produits alimentaires.

9. En 1936.

10. Interview dans la *Literatournaïa Gazeta* le 16 juin.

11. Conversations de l'auteur avec Henriette Nizan, 1940-1975. Voir aussi, de la même, *Libres Mémoires* recueillies par Marie-Josée Jaubert, Robert Laffont, 1989.

12. Lettres collées dans un cahier d'écolier, caché pendant la guerre à La Merigote, leur maison près de Poitiers. Certaines sont signées J. R. Bloch. Il s'agit alors de « mots » plus brefs.

13. À la Bibliothèque nationale. Signalé à l'auteur par Rachel Mazuy.

14. Y a-t-il une allusion à Boleslava dans *Lazare* : « Des images d'Espagne recommencent à tourbillonner dans les chansons et dans la défaite. J'ai revu à Madrid cette fille que j'aimais en Sibérie quand les lumières des usines soviétiques s'allumaient en bas des steppes comme l'espoir du monde. » « André me recommande vivement de demander leur guide, une certaine Bola qu'il estimait beaucoup », rapporte Janine Bouissounousse dans *La Nuit d'Autun*, Calmann-Lévy, 1977.

15. Les 5 et 13 juillet.

16. Plus les hôtes montrent de villes, moins les visiteurs font le point. En

Oïrotie, Clara et André, encadrés, cavalent à travers Oïrot-Toura, Mangerok et Tchemal. Cette vaste présentation de la Sibérie, « arrangée » par sa rapidité, est rare. Elle montre que Malraux est considéré comme une bonne courroie de transmission.

17. André Malraux en Sibérie de l'Ouest dans *Sibirskie Ogni*, n° 4, 1934.

18. Voir Sophie Cœuré, *La Grande Lueur à l'Est. Les Français et l'Union soviétique. 1917-1936*, Seuil, 1999.

19. Dans le manuscrit, on lit : « formaient ».

20. Lettre de Paul Nizan à sa mère.

21. 15 août 1934 : ouverture du congrès. 23 août 1934, séance du soir, discours de Malraux. 25 août : séance du matin, discours non prévu de Malraux. 1ᵉʳ septembre : clôture du congrès.

22. Le 23 avril 1932.

23. Voir *La Chute finale*, d'Emmanuel Todd.

24. Certains quitteront *la scène* tout court : sur les 700 « écrivains », comprenant des traducteurs ou des lecteurs des maisons d'édition participant au congrès de 1934, moins de 60 avaient survécu en 1954 pour participer au deuxième congrès des écrivains. En 1934, 70 % étaient âgés de moins de 40 ans. Malgré la mortalité due à la guerre, il aurait dû y avoir beaucoup plus de survivants. Le réalisme socialiste était incontestablement stalinien et meurtrier. Était-il léniniste ? On en discute encore. On cite volontiers un propos de Lénine rapporté par Clara Zetkin : « Tout artiste et tout individu qui se considère comme tel, a le droit de créer librement avec son idéal personnel, et sans tenir compte de rien d'autre. » Après les documents découverts dans les années 90, il paraît difficile de voir en Lénine un libéral dans le domaine de la création artistique : le *Dictionnaire de philosophie* (Moscou, 1967) définit plus ou moins le réalisme socialiste après plus de 30 ans de pratique : « Son essence réside dans la fidélité à la vérité de la vie, aussi pénible qu'elle puisse être, le tout exprimé en images artistiques envisagées d'un point de vue communiste. [*Premier hic !*] Les principes idéologiques et esthétiques fondamentaux du réalisme socialiste sont les suivants : dévouement à l'idéologie communiste [*deuxième hic et qui renvoie au premier*]; mettre son activité au service du peuple et de l'esprit de parti [*troisième...*]; se lier étroitement aux luttes des masses laborieuses; humanisme socialiste et internationalisme; optimisme historique; rejet du formalisme et du subjectivisme, ainsi que du primitivisme naturaliste. » Le *Discours sur la littérature et sur l'art* d'Andreï Jdanov sera diffusé, plus tard, à des centaines de milliers d'exemplaires.

25. Dans un quotidien *Vie nouvelle*, interdit en juillet 1918, l'article de Gorki s'intitulait « Lénine et ses acolytes ».

26. Après le congrès, les rapports de Gorki avec le pouvoir se déliteront. Son fils aurait été liquidé par le N.K.V.D. Avant de mourir en juin 1936, Gorki sera en résidence de luxe surveillée.

27. Le général Vitali Primakov qui sera, lui aussi, éliminé.

28. Discours publié dans *Le Journal de Moscou*, le 1ᵉʳ septembre 1934.

29. À la demande de Boukharine, Pasternak publiera un poème qui ne nomme pas, mais célèbre Staline, « Génie de l'acte ». Il sera considéré comme opposant après le procès de Boukharine en 1938.

30. Cf. sa causerie d'août 1934 devant des journalistes moscovites publiée dans *Internationalnaïa Literatoura*.

31. Là, Malraux a « vu » Staline. À plusieurs reprises, avant et après la Seconde Guerre mondiale, on demandera à Malraux s'il a connu Staline. Comment était Staline ? Malraux répondait : « Le contraire de ce qu'on dit. Il avait l'air d'un adjudant de gendarmerie bienveillant. On a beaucoup dit, notamment Soljenitsyne, qu'il était petit. Il est fort possible qu'il ait perdu de sa taille. Le Général de Gaulle avait certainement perdu entre 10 et 15 centimètres. Mais le Staline que j'ai connu avait ma taille, 1,79 m, il n'était pas petit. C'est après qu'il a changé. De même que ce qu'on a appelé sa moustache de chat

perdu date de la fin. Quand je l'ai connu, il était grand, il était costaud. C'était avant les purges, mais il avait quand même déjà fait beaucoup de choses, mais personne ne le considérait comme un personnage tragique. Il avait cet air très bienveillant, à mille lieues du fantôme tragique et shakespearien dont on nous a parlé. » Staline avait commencé les purges avant le Congrès des écrivains auquel Malraux a assisté, et n'était pas précisément considéré comme un personnage comique. Malraux *imaginera* très bien Staline, et le verra aussi par les yeux de Charles de Gaulle.

32. *Mémoires sur Babel*, Moscou.

33. Voir Robert Conquest, *La Grande Terreur* et *Sanglantes Moissons*, R. Laffont, collection « Bouquins », 1995. Les procès avec faux aveux, précédés de tortures, ont commencé en 1928. André Vychinski, personnage le plus important du dispositif, est procureur adjoint depuis juin 1933.

34. En 1936.

35. Propriété de l'Union des écrivains, les datchas seront accordées pour usage illimité à Afinoguenov, Bakhmetiev, Babel, Bespalov, Bergelson, Vesely, Zazoubrine, Inber, Ivanov, Ilienkov, Leonov, Lidine, Liachko, Lakhouti, Malychkine, Pavlenko, Pasternak, Permitine, Panferov, Pilniak, Romachev, Seïfoulina, Selvinski, Serafimovitch, Chaguiniane, Ehrenbourg, Efros, Jasenski.

36. Son ami Ilya Ehrenbourg disposera, faveur rare, d'un appartement de cinq pièces de 107 m² à Moscou.

37. Certains spécialistes, comme Alexis Berelovitch, argueront que la datcha attribuée est à la fois un signe d'asservissement et un lieu de discussion et de liberté. Point de vue intéressant qui mérite discussion.

38. 28 août 1934. Sous le titre « Les écrivains étrangers d'avant-garde invités au congrès nous donnent leur opinion ». L'avant-garde n'est pas tellement bien vue, surtout pas le formalisme. Jean-Richard Bloch est aussi interrogé.

39. Avec les témoignages de Sperber, les récits de Groethuysen, et d'autres.

40. Lettre de Drieu à Nizan du 5 septembre 1935.

41. Communication d'Olga Chestakova, colloque international 20 mai 2000, Sorbonne : « Le nom de Malraux apparaît pour la première fois dans la presse soviétique en 1929. L'article intitulé *"Les Conquérants*, une sensation petite-bourgeoise"* publié dans la revue *Le Courrier de la littérature étrangère* (*Vestnik inostrannoj literatoury*, 1929, 1, janv.-fév., p. 225-226) ouvre le débat sur son œuvre. Jean-Pierre Morel analyse cette publication dans son ouvrage *Le Roman insupportable. L'Internationale littéraire et la France (1929-1932)*, Éditions Gallimard, 1985. Le premier roman "révolutionnaire" de l'écrivain n'a pas été apprécié par la critique soviétique. Et surtout pas les personnages de Garine et Borodine, "faux marxistes". Les critiques regrettent l'absence d'actions de masse, le pessimisme et l'individualisme des héros. Le roman n'a pas été traduit en russe, pas plus que *La Voie royale*... » Une série de publications prépare son arrivée (en 1934). On lui promet, alors, de traduire en russe *La Condition humaine*. Jusqu'en 1935, les lecteurs soviétiques n'ont lu que quelques discours et interviews du camarade Malraux. En 1935, la revue *La Jeune Garde* (*Molodaïa Gvardia*) commence la publication de *La Condition humaine*... On a beaucoup apprécié *Le Temps du mépris*. Ce roman ou récit, peut-être le plus faible de l'écrivain, est considéré comme exemplaire dans son œuvre pour un demi-siècle car *La Condition humaine* reste en périodique. *Les Conquérants*, *La Voie royale* et *L'Espoir* paraîtront en Russie seulement à partir de 1989. Mais pas *La Condition humaine*... Après la Libération, ses discours anticommunistes sont brièvement cités dans les journaux mais son nom est exclu de l'Encyclopédie de 1954. La critique fait silence plus de dix ans. À partir de 1955, les articles sur lui redeviennent nombreux, mais maintenant il s'agit de ses œuvres sur l'art. Le "philosophe de la culture bourgeoise" est critiqué comme "réactionnaire", "idéaliste" et "fasciste", "aventurier" et "renégat". Selon ce type de critique, le gaullisme l'a privé de ses dons de romancier, le

talent demeurant un privilège des créateurs communistes. Par la suite, selon les biographies des encyclopédies, en 1967, il devient fils d'un banquier, en 1974, celui du directeur d'une filiale parisienne d'une banque américaine et diplômé de l'Institut des langues orientales. La trahison de l'écrivain s'explique, encore une fois, par son origine bourgeoise. Après sa mort, une approche un peu plus réaliste de sa biographie apparaît : on reconnaît l'absence de parents riches et il n'a plus une formation universitaire. La critique parle aussi de sa "honteuse" aventure au Cambodge. Là, un débat sur son refus d'écrire des romans reprend. Pourquoi aurait-il cessé d'écrire des romans? La recherche de l'Absolu l'aurait poussé vers la révolution : il cherchait Dieu et Celui-ci surgit sous les masques de la révolution, de la fraternité, de l'art. Malraux est mythomane, dit-on. Ses œuvres ne sont qu'une méditation sur la transfiguration de l'homme quand il change le monde. Donc, la critique parle beaucoup de l'homme Malraux, sans trop évoquer ses œuvres. Souvent les commentateurs font semblant d'analyser ses œuvres sans les lire. Le lecteur ne connaît pas les livres de Malraux. À son propos, s'élabore en U.R.S.S. un mythe simpliste sur des bases idéologiques, accompagné de plusieurs mythes-sosies. Sans reconnaître l'originalité de l'écrivain, la critique littéraire soviétique de l'époque utilisait les clichés employés à propos d'autres écrivains. Le mythe de Malraux pouvait être "positif" ou "négatif", bon ou mauvais. Actuellement, en 2000, la critique de l'époque soviétique est devenue elle-même un mythe. »

42. Voir la thèse de Rachel Mazuy, *Partir en Russie soviétique. Voyages, séjours et missions des Français en Russie entre 1917 et 1944*. Institut d'études politiques de Paris, 1999. À paraître en 2001 chez Odile Jacob. Le « génial » et abominable L. F. Céline voyait clair. Il ne voulait pas ne pas voir. Médecin, il regarde : « Le grand hôpital des maladies vénériennes se trouve situé à Leningrad dans les faubourgs de la ville, pas très loin du port... Il se présente, à première vue, comme un agglomérat de bâtisses, délabrées, toutes de structure incohérente, courettes, fondrières, cabanes, casernes croulantes, intriquées, pourries de bout en bout. Nous ne possédons en France rien d'aussi triste, d'aussi désolant, d'aussi déchu, dans toute notre Assistance Publique. » Les détails comptent pour Céline. Les infirmières : « — Combien gagnent-elles?... — 80 roubles par mois... (une paire de chaussures coûte 250 roubles en Russie)... Et puis, il a ajouté, en surplus (dans son tonnerre habituel). Mais elles sont nourries! confrère, nourries!... Il se bidonne! "Tout va très bien!" qu'il vocifère. Mais le meilleur de cette visite c'était pour la fin! Les traitements gynécologiques!... La spécialité de Toutvabienovich, le bouquet!... Un bazar, une collection, une rétrospective d'instruments, d'antiquités ébréchées, tordues, grinçantes, maudites... qu'on ne trouverait plus qu'au Val-de-Grâce, dans les cantines et les trousses du baron Larey, avec bien du mal... Pas un broc, un trépied, une sonde, pas le moindre bistouri, la plus courante pince à griffes, de cette répugnante quincaille rien qui ne date au moins de Tzars... De vraies ordures, un fouillasson bien déglingué de saloperies innommables, tessons rongés, sublimés, pourris de permanganate à ce point qu'aux "Puces" personne n'en voudrait... les rabouins refuseraient sans appel... pas la valeur du transport en voiture à bras... une poubelle très décourageante... Tous les plateaux, corrodés, écaillés jusqu'à l'envers... macérés... je ne parle pas du linge, des trous et de la merde... » *Bagatelles pour un massacre*, Denoël, 1937.

43. Voir la thèse de Rachel Mazuy.

14. LE TEMPS DU CHOIX

1. Entretien de l'auteur avec Gisèle Freund, 1998.
2. Les trois premiers mois de 1935.
3. Il n'en subsiste, semble-t-il, aucune trace.

4. N°s 258, 259, 260 de mars à mai 1935.

5. En mai 1935.

6. Dans *Monde* du 6 juin 1935.

7. Pour la réception critique du *Temps du mépris*, voir la notice de Robert Jouanny, volume I des œuvres complètes de Malraux dans la Pléiade.

8. Rirette Nizan a dit à l'auteur dans les années soixante : « Paul-Yves [Nizan] rigolait à propos de ce genre d'articles : "Il faut ce qu'il faut." » Les nécessités de l'histoire passent avant la qualité littéraire.

9. *L'Humanité* du 17 juin 1934.

10. *Cf.* le dossier Nizan, archives du Komintern à Moscou.

11. On le verra avec éclat dans les *Antimémoires*, plus de trente ans après.

12. Ces manuscrits sont au fonds Malraux à la bibliothèque Jacques-Doucet. Ils sont signalés par Robert Jouanny dans les *Œuvres complètes*, tome I, de la Pléiade. On trouve aussi dans son travail un choix éclairant de critiques du *Temps du mépris*.

13. Devant Roger Stéphane, après la Seconde Guerre mondiale, Malraux traitera *Le Temps du mépris* de « navet ». Longtemps, il refusera sa réimpression, une des raisons pour lesquelles on a fait tant de cas de la préface, moins claire qu'il n'y paraît, et si peu de cas de la longue nouvelle, moins mauvaise qu'on ne le répète.

14. Voir *L'Opium des intellectuels* de Raymond Aron, *La Tentation totalitaire* de Jean-François Revel, comme les travaux de Furet ou de Nolte, et l'œuvre de George Orwell.

15. Ce subterfuge a été révélé par Jean-Louis Panné.

16. Dans un entretien avec Jean Lacouture en janvier 1972, Malraux s'attribue le mérite d'avoir fait inviter Pasternak et Babel *manu militari*. Mais Babel se trouvait à Paris le 21 juin.

17. Voir le compte rendu retouché dans *Commune*, septembre 1935.

18. Archives du Komintern.

19. En septembre 1935.

20. Le jeune journaliste Albert Camus parlera de l' « esclavage » en Algérie.

15. D'EISENSTEIN À « L'HUMANITÉ »

1. Sténogramme du 19 février 1935 de la discussion concernant Malraux à la Commission internationale des écrivains soviétiques. Archives littéraires, Moscou.

2. Premier parce que sa traduction fut jugée mauvaise par l'Union des écrivains. Le second traducteur pilla Romov.

3. 8 mai 1935, procès-verbal du secrétariat de l'Organisation internationale des écrivains révolutionnaires.

4. Continuité, Georges Marchais reprendra le thème du « droit de cuissage » à propos de l'Afghanistan.

5. Le 2 septembre 1934.

6. Le 12 septembre 1934.

7. En 1954, Sartre reprendra à son compte des sottises de cette farine.

8. Malraux ne cherche pas une définition précise du totalitarisme politique. Plus tard, dans *Les Voix du silence*, il pensera au totalitarisme religieux : « La chrétienté n'avait pas été totalitaire : les états totalitaires sont nés de la volonté de trouver une totalité sans religion, elle avait connu au moins le Pape et l'Empereur; mais, comme l'Inde, elle avait été un tout. »

9. Le premier se double d'un historien du cinéma.

10. Pour Malraux, Eisenstein et le cinéma politique, voir *André Malraux, unité de l'œuvre* par John J. Michalczyk, La Documentation française, 1989.

11. 1er ajout de Malraux : « Ajoutez que les œuvres qui comptent pour nous, metteurs en scène, et qui ont fait le succès du cinéma russe à l'étranger, ne sont pas plus estimées ici que beaucoup d'autres, et qu'il y a sur ce point une erreur d'optique. »

12. 2e ajout (cinéma) : « D'autre part, on me dit qu'une offensive se prépare doublement contre d'administration du C. soviet, offensive qui viendrait du Parti, et s'exercerait au profit des metteurs en scène. »

13. 3e ajout : « En U.R.S.S., il est interdit de pénétrer dans les salles pendant le spectacle. »

14. Voir les dossiers Malraux-Eisenstein à Moscou aux Archives spéciales et à l'Institut d'État de la cinématographie. À compulser le dossier, on a le sentiment qu'Eisenstein et Malraux avaient en tête deux films différents.

15. Ce synopsis poussé est, avec le texte publié chez Gallimard, le seul document existant à propos de la collaboration Malraux-Eisenstein. Dans une lettre à John J. Michalczyk, le 28 mai 1971, Malraux indique qu'il a travaillé avec Eisenstein « quelques jours » mais qu'Eisenstein « avait tout préparé ». C'est lui qui aurait écrit et conservé le découpage. À Jean Vilar, Malraux dira que le texte était complètement terminé et qu'Eisenstein et lui l'avaient écrit ensemble. Le scénario des archives russes diffère de celui de la Pléiade. Ce dernier ressemble plus au roman.

16. Remarques et dessins d'Eisenstein à propos de *La Condition humaine* datés du 20 décembre-6 janvier 1935, Archives littéraires, Moscou.

17. Elle disparaîtra ou sera fusillée entre 1939 et 1944, *aussi* parce qu'elle connut les Malraux. À son arrestation, Babel demandera à sa femme de prévenir tout de suite Malraux. Témoignage de cette dernière dans le film-reportage de Chris Marker, « Le tombeau d'Alexandre ».

18. Pour *Literatoura Gazeta*.

19. Rapport confidentiel de T. Rocotov au service du personnel du Komintern, 29 novembre 1937.

20. Il n'a pas lu non plus le roman de Joyce. Il n'aimait que la littérature classique (et le réalisme socialiste). Il ne comprenait pas la poésie symboliste, formaliste.

21. *Mémoires* d'Ervin Chinko, ami de Babel, qui habita quelque temps dans son appartement et nota ses entretiens avec l'écrivain.

22. Staline avait assisté à la première de *La Dame aux camélias*. Trop près de l'orchestre, il avait été gêné par les cuivres. D'où des critiques négatives généralisées de Chostakovitch dénoncé comme formaliste par des gens qui aimaient l'opéra pendant sa représentation. Du réalisme socialiste antiformaliste comme stade suprême de la servilité. Voir *La Ligne de force*, Pierre Herbart, Gallimard, 1958.

23. Voir les Mémoires d'Antonina Pirojkova, *Mémoires sur Babel*.

24. On ne peut faire entièrement confiance, bien sûr, aux dépositions de Babel face au K.G.B. lorsqu'il sera arrêté. On lui fera dire qu'il expliquait à Malraux que l'art soviétique était « régressif » et les scénarios des réalisateurs soviétiques « faibles et schématiques ». Voir les « dépositions » de Babel, celle du 20 juin 1939 en particulier.

25. Deux ans avant.

26. L'auteur et sa collaboratrice russe, Olga Chestakova, n'ont rien trouvé sur la « bio » rituelle rédigée par tout militant communiste invité par ou expédié à Moscou. Celle de Nizan, au Komintern, montre à quel point l'homme communiste était contraint de s'abaisser.

16. TENTATION STALINIENNE

1. Le 16 février.

2. Le centre a décroché 526 615 électeurs dont 125 714 pour les nationalistes basques.

3. Le 24 mai 1936.

4. Pour un point de vue *historique*, voir *Les Interprétations du fascisme* par Renzo de Felice, et le *Mussolini* de Pierre Milza.

5. Dans *Avant-Poste*, n° 3, oct.-nov. 1933.

6. *Claridad*, le 23 mai 1936.

7. « Devenir communiste parce qu'on a lu Marx, dira Malraux, me semble une mauvaise manière. Il est vrai que je n'aime pas Marx. Sans Groethuysen, je ne l'aurais même pas compris. » Entretien avec Dominique Desanti, publié dans *Le Nouvel Observateur* daté 29 novembre-5 décembre 1976, sous le titre « Deux fantômes amis ».

8. Avec 44 412 634 voix sur 44 950 325.

9. À Londres du 19 au 23 juin.

10. Le 19 juillet 1936.

11. Voir *Franco* par Andrée Bachoud.

12. Dans un télégramme à Léon Blum le 20 juillet 1936.

13. Voir la revue *Icare, la guerre d'Espagne*, tome 3, 1994, surtout *Les Grandes Périodes de la guerre aérienne* par Ramon Salas Larrazabal.

14. De nombreux critiques affirment que Malraux gagna l'Espagne le 20 juillet. D'autres qu'il se trouvait encore à Paris le 22. Mais, aucun doute, il a gagné la capitale espagnole rapidement.

15. *L'Humanité* du 27 juillet.

16. Voir Daniel Cordier qui, dans son *Jean Moulin, l'inconnu du Panthéon*, se fonde sur des *documents*.

17. Henri Puget, directeur du cabinet, remarque Cordier, se fait « le champion de la non-intervention ».

18. Cordier renvoie aux Mémoires de Cot, ministre de l'Air.

19. En 1937, Berl, pour qui Staline est belliciste, explique sa position dans un court essai, *Le Fameux Rouleau compresseur*. Il s'oppose à une alliance franco-soviétique : elle donnerait à l'Allemagne nazie le sentiment d'être dans un étau et provoquerait la guerre.

20. Du 1er au 17 août.

21. Malraux racontera souvent cette anecdote. Voir, entre autres, son entretien avec Claude Santelli pour *Les Cent Livres des hommes* publié dans *Télérama* le 14 mars 1970.

22. Du moins c'est ce qu'affirme l'historien Jesus Salas, fiable semble-t-il. Confirmation : le chef de l'aviation républicaine, l'aristocrate communiste Hidalgo de Cisneros, déclarera que 80 % des avions étaient aux mains du gouvernement.

23. 5 000 francs en 1936 représentent, en gros, 25 000 francs d'aujourd'hui.

24. Aucun des personnages de *L'Espoir* n'est calqué sur Darry.

25. Ils touchent 100 dollars par semaine et 300 pesetas par mois, logés et nourris. Chez eux, un mécanicien gagne 80 dollars par semaine et 230 pesetas par mois. D'autres recrutés par le Parti communiste américain à New York auront des contrats mensuels : 1 500 dollars comme Bertram Acosta. Un autre, Edwin Semons, la bureaucratie sait pourquoi, n'atteint que 750 dollars. Voir « La question des contrats », par Angelo Emiliani, historien aéronautique italien dans *Icare, la guerre d'Espagne*, tome 2. Jean Gisclon sera engagé à 50 000 francs. Il précise : un employé ou un ouvrier gagnait à cette époque « 1 300 francs mensuels ».

26. Les estimations varient. R. S. Thornberry cite le chiffre de 175. Un membre de l'escadrille présent dès le départ, Yann Stroobant, affirme qu'ils ne dépasseront pas 130.

27. Nothomb tient à préciser que c'était là plus un titre qu'une fonction.

28. Darry signe à Madrid le 12 octobre 1936 un contrat de 50 000 francs par mois.

29. Il y eut deux Bourgeois dans l'escadrille España.

30. « L'aviation française et la guerre d'Espagne », par Victor Véniel, *Icare*,

...a guerre d'Espagne, tome 1. De Bourgeois, Véniel dit : « Je sais qu'en 1937, sans papiers, il est parti pour la Chine avec trois autres pilotes français ayant volé en Espagne, Labussière, Boulingre et Poivre. Comme ce dernier, il n'en est jamais revenu. »

31. Ces chiffres, parfois corrigés, après une conversation avec Paul Nothomb, ont été compilés par R. S. Thornberry en 1970. Il a lui-même obtenu des renseignements de survivants. À ce jour, il n'existe pas, semble-t-il, de liste officielle des membres de l'escadrille, ni à Paris ni en Espagne ni dans les archives russes.

32. Thornberry dégage sept missions marquantes.

33. Yann Stroobant, correspondant de Claude Travi, lui a fourni des indications très utiles sur les pilotes et les appareils de l'escadrille.

34. Il a sans aucun doute participé à des missions.

35. Lettre de Yaguë à Franco du 16 août. Signalée à l'auteur par le colonel Carlos Blanca Escolá et Miguel Angel Aguilar. Le premier a publié un ouvrage sur « L'incompétence militaire » de Franco.

36. Le 18 août. Voir Robert S. Thornberry, *André Malraux et l'Espagne.* Deux Potez 540 et un Bloch 200, à 220 kilomètres au sud-ouest de Madrid, engagés sur Medellin, transportant chacun 200 kilos de bombes, de 20 à 30 kilos, soit une trentaine de bombes en tout. Pas de quoi décimer une des trois colonnes franquistes participant à l'offensive (colonnes Castejon, Assensio et Tella). Chaque colonne comprend un tabor de Regulares marocains (environ 225 hommes), une bandera de la Légion étrangère (autour de 150 hommes) et deux batteries d'artillerie (entre 120 et 150 hommes). Le 14 août, les forces de Yaguë occupent Merida, à une quinzaine de kilomètres de Medellin, située sur une route secondaire. Les Potez de Malraux, suivis du Bloch, bombardent la colonne Castejon le 16. Le 22, les colonnes franquistes sur plusieurs axes avancent vers Guadalupe, montant à l'ouest vers Navalmoral (également attaquée quelques jours plus tard par les bombardiers de Malraux) et sur Tolède à l'est. Malgré leur intrépidité et leur courage, les pilotes de Malraux n'auraient pu arrêter longtemps, encore moins bloquer complètement, la progression de l'offensive franquiste. L'opération de Medellin est une petite réussite tactique et symbolique, pas un tournant stratégique. Ce n'est pas Malraux, mais certains de ses admirateurs qui en feront un fait d'armes décisif. (Voir, entre autres : rapports de l'attaché militaire français à Madrid, septembre 1936, destinés au 2e Bureau, et les témoignages, recueillis par Gisclon, de Véniel et Matheron, qui participèrent à l'opération). Même si l'escadrille España avait anéanti la totalité des effectifs d'une colonne (autour de 525 hommes) en jetant des bombes à la main (sans lance-bombes), elle n'aurait pu enrayer l'avance de plusieurs régiments franquistes motorisés ou non — au minimum 30 000 hommes dans le secteur. Les missions militaires étrangères en Espagne notent vite, classiquement, que les belligérants, des deux côtés, majorent leurs réussites et révisent à la baisse leurs échecs.

37. Le 19 août.

38. À Madrid, le 3 septembre.

39. Voir les livres de Jean Gisclon et entretiens avec l'auteur, 2000.

40. On le retrouvera dans *L'Espoir* et au cœur du film *Sierra de Teruel.*

41. Du 4 au 8 septembre.

42. Cette anecdote sera reprise en 1945.

43. Le 5 octobre.

44. Entretien de l'auteur avec Margot Devélere, 1997.

45. *Les Mercenaires et les volontaires* par Patrick Lereau, *Icare, la guerre d'Espagne,* tome 2, 1989.

46. Entretiens avec l'auteur 1997 et 1998. Voir aussi son *André Malraux en Espagne,* Phébus, 1999, préface de Jorge Semprun.

47. Le 29 octobre.

48. Voir *Les Communistes contre la révolution espagnole,* Belfond, 1978.

49. Le 27 août 1936. Voir *Le Livre noir du communisme* et les archives du Komintern. L'ambassadeur assistera à des conseils du gouvernement républicain : l'ami Koltsov disposera d'un bureau au ministère de la Guerre. Sur 3 000 Soviétiques en Espagne, moins de 100, surtout des pilotes, sont dans des unités combattantes.

50. Voir Gustave Régler, *Le Glaive et le fourreau*, traduction française, Plon, 1960.

51. Rapport dactylographié de Marty, raturé à la main, sur la « situation d'ensemble des brigades et forces internationales » à la date du 19 février 1937, Archives du Komintern, Moscou. Malraux alors n'est plus en Espagne. L'idée de liquider Malraux et d'autres bourdonne dans la tête de Marty.

52. Les rapports de Marty qui figurent encore dans les dossiers du Komintern sont d'une violence paranoïaque contre les intellectuels. Les plus lourds datent de la guerre. Avec Luc Durtain, Paul Nizan, André Malraux a droit à un paragraphe : « [*Malraux*] Au début de la guerre [*de 1940*], à l'Ambassade du Chili, en face d'un Conseiller d'ambassade communiste, s'est livré à un violent scandale. La femme d'Aragon lui demandait une signature pour un appel en faveur d'un intellectuel. Il s'est mis dans une violente colère en déclarant textuellement : "Les communistes, vous n'avez que le droit de vous taire ; car pour vous il n'y a qu'une solution : le mur." » Tout à fait contraire à la position de Malraux, on le verra.

53. Voir *La Ligne de force*, par Pierre Herbart, Gallimard, 1958.

54. Le Sartre des *Mains sales* pourrait la faire sienne.

55. Du moins, c'est ce qu'on dira. On voit mal comment, dans une carlingue de bombardiers, on aurait pu l'entendre. Témoignage à la radio de Max Aub. Voir aussi l'ouvrage de Denis Marion.

56. Le IIIe Reich fournira 600 avions, 100 chars, un millier de canons, le Duce jettera dans la guerre d'Espagne 660 avions, 150 chars et également un millier de canons.

57. *Journal* de Gide, 4 septembre.

58. Jan Ferak pilotera un bombardier Tupolev. Jean Darry servira l'aviation républicaine jusqu'à la fin de 1938. Il sera abattu.

59. Voir *Combattants juifs dans l'armée républicaine espagnole* par David Diamant, Éditions Renonceau, 1974.

60. Julian Gorki, *Les Communistes contre la Révolution espagnole*, Belfond, 1978.

17. AGIT-PROP

1. R. S. Thornberry et Claude Travi ont établi des relevés qui concordent à quelques détails près.

2. Retraduit de l'anglais d'après l'article publié par *The Nation* sous le titre « Forging Man's Fate in Spain », *Man's Hope* sera le titre anglais de *L'Espoir*.

3. Le 7 mars 1937.

4. Certains, très rares, affirment que Malraux était membre du Parti communiste, encarté ou non. L'idée n'est pas recevable. Son dossier dans les archives du Komintern ne contient pas la « bio » obligatoire. Ni celui du K.G.B., semble-t-il.

5. Isaac Deutscher, le premier, remarqua ce caviardage dans son ouvrage consacré à la vie de Trotski.

6. Le 1er mars.

7. *The Nation* en reprend le texte complet.

8. Par exemple, en France, voir « André Malraux attaqué par Trotski », *Commune*, mai 1937.

9. Une des dernières et récentes estimations. Voir *L'Espoir guidait leurs pas* de Rémy Skoutelsky.

10. Le 20 avril 1937.

11. Voir *Franco* par Andrée Bachoud.

12. Le 26 avril.

13. Le 2 avril 1937.

14. Voir *Le Devoir* du 5 avril 1937.

15. « Avez-vous vu des cicatrices de blessures sur son corps ? » ai-je demandé à deux femmes très proches de Malraux en 1999. Loyalement, une réponse, avec un sourire, fut : « Je n'ai pas regardé. » L'autre : « Non. » Le dossier médical militaire de Malraux a disparu des archives militaires françaises.

16. Entretien avec Édith Thomas, le 22 avril 1937.

17. *Commune*, septembre 1937.

18. Stephen Spender, *World Within World*, 1951, et conversation avec l'auteur à Cambridge, 1950.

19. 3 juillet 1937.

20. Impossible, dans l'état actuel des archives, de préciser la somme.

21. Voir *Bergamin* par Jean-Sébastien Tourneur, *Cahiers pour un temps*, Centre Georges-Pompidou, 1989.

22. Compte rendu dans *Frente Rojo*, organe du P.C. de Valence, le 5 juillet 1937 repris par Thornberry.

23. Le 7 juillet.

24. Orwell, en 1934, a publié *Burmese Days*, *The Clergyman's Daughter*, et *Down and Out in Paris and London*, son premier livre remarqué.

25. Curtis Cate, *Malraux*.

18. QUEL ESPOIR ?

1. « *What's your proposal ? To build the Just City ? I will / I agree. Or is it the suicide pact, the romantic / Death ? Very well, I accept, for / I am your choice, your decision : yes, I am Spain.* »

2. Mars 1937. Malraux n'est pas en Espagne.

3. Appartement meublé, 9 rue Berlioz (au nom de Josette, 2 500 francs par mois), et Royal Versailles, rue de Marois (1 600 francs).

4. À partir du 18 juillet.

5. Dans ses *Antimémoires*, l'absence de sa période espagnole frappe. Il a dit à Stéphane : « Le poids de l'Espagne pèse trop lourd. »

6. En mai 1937.

7. Procès du 11 au 22 octobre 1938.

8. Les manuscrits, le papier à lettres et les carnets auxquels il est fait allusion ici se trouvent au fonds Malraux à la Bibliothèque Jacques-Doucet. Pour les amateurs thématiques de comptabilité littéraire, sous une forme ou une autre, le mot « fraternité » revient plus de vingt-six fois dans le roman, mais l'atmosphère, la notion, le climat de fraternité portent tout l'ouvrage. Pour une analyse des différents états des romans de Malraux, voir Christiane Moatti, *Le Prédicateur et ses masques. Les personnages d'André Malraux*. Préface d'André Brincourt, Publications de la Sorbonne, 1987.

9. Sartre et Camus théoriseront sur des registres différents.

10. Titre complet du morceau, *Les Adieux, l'absence et le retour*. Jean Carduner, dans *La Création romanesque chez Malraux*, voit, dans cette musique et le phono de la fin du livre, « une allusion discrète à la composition symphonique du livre ». Interprétation outrée ? La composition du livre est plutôt filmique et journalistique, ce qui n'est nullement péjoratif.

11. Lettre du 26 octobre 1937.

12. *Pour qui sonne le glas* paraîtra en 1940. Après la guerre, dans sa version française (Gallimard), le nom de Marty sera remplacé par un autre nom.

13. Lettre de Malraux dans les années 60 à John Brown. Citée par ce dernier dans son *Hemingway*, Gallimard, 1961. Comme d'habitude, Malraux,

semble-t-il, imagine une rencontre — ni vraie ni fausse, mais vécue — avec toute la force de son imagination dans le domaine du possible.

14. Parmi les derniers à avoir entendu les commentaires désagréables de Malraux sur Hemingway, on trouve Bruce Chatwin (voir *Qu'est-ce que je fais là ?*). Malraux réussit à convaincre Chatwin qu'il était un as du pilotage. Hemingway dira, avec un mauvais jeu de mots cruel, que Malraux se retira de la guerre pour écrire un mauvais livre : « *He pulled out of the war to write a masterpisse* » (*pour masterpiece*).

15. Kiesinger a dit que l'aphrodisiaque suprême était le pouvoir.

16. Lettre à Robert S. Haft, 2 mars 1959. Fonds Doucet.

17. Voir *Hommage à la Catalogne*.

18. Le colonel de Gaulle, presque la même année, dans *Vers une armée de métier* écrit que le chef « doit garder par-devers lui une part de secret ».

19. Robert S. Thornberry a proposé des identifications certaines, probables ou vraisemblables des personnages de *L'Espoir* dont dix sont des membres de l'aviation internationale. Dilemme de certains critiques : faut-il accuser Malraux d'avoir surtout traité de personnages qu'il avait croisés, ou s'en réjouir ? Faut-il l'accuser de ne pas avoir donné des anarchistes totalement convaincants parce qu'il ne les avait pas vraiment fréquentés ?

20. Malraux a déclaré : « Quand on introduit une histoire d'amour dans un combat révolutionnaire [*il doit penser à Hemingway*] on se fiche du monde ! » Europe 1, 25 octobre 1967.

21. Paul Nothomb, le premier, s'étonnera de son absence.

22. En Espagne, même les admirateurs de Malraux se tapotent souvent le menton face à ce personnage-là. Lisant le roman, avec un gentil sourire, le président Azaña aurait dit qu'il fallait un intellectuel français pour faire converser, comme le fait Malraux, d'une manière aussi métaphysique, un colonel de la Garde civile.

23. Hilari Raguer i Sunyer, du monastère de Montserrat près de Barcelone, historien et républicain connu, trouve que Ximenez-Escobar « mérite bien » l'admiration de Malraux. Rencontre de l'auteur avec ce moine en 1997 à Montserrat et lettre du 4 août 1997. Hilari Raguer i Sunyer aime *L'Espoir*. Il remarque que les militaires franquistes sont surtout représentés par des Maures. « Il paraît que du côté des rebelles, il n'y aurait que des Maures, avec les avions, tanks et canons allemands et italiens... »

24. De nombreux critiques reprennent à leur compte cette version de Clara Malraux, plausible, jusqu'à un certain point. Clara a sûrement fait des suggestions, plus que Josette. Rien dans les manuscrits ou documents de Malraux ne permet de confirmer ou d'infirmer totalement la version de Clara.

25. Cinq pages (218-223) dans l'édition complète des romans de la Pléiade.

26. Voir *André Malraux Towards the Expression of Transcendence*, par David Bevan.

27. Grâce à des personnages professeurs ou critiques d'art, Malraux peut aborder avec une hauteur péremptoire les problèmes de l'art. On pourrait résumer sa pensée dans *L'Espoir* sur ce sujet : il faut se méfier des révolutions et des révolutionnaires qui veulent diriger ou contrôler l'Art et les artistes. Il a hésité à développer ce thème qui ralentissait l'action du roman, retranchant du manuscrit certains chapitres, dont des paragraphes concernant l'art. Ainsi, le journaliste Shade conversait à Tolède avec Golvkine. Ce dernier, ressemblant plutôt à Koltsov qu'à Ehrenbourg, lance : « Vous faites une analyse, je la crois juste, mais j'entends votre voix et votre sympathie d'artiste pour tout ça. La révolution prolétarienne n'est pas faite pour servir aux artistes, mais pour servir au prolétariat. Il s'agit d'être vainqueur. La seconde chose qui nous sépare est celle-ci. J'ai presque votre âge. À douze ans, j'ai vu la guerre. Après, la guerre civile. Après toutes nos luttes, pour faire l'Union soviétique avec le sacré [*un blanc*] que vous savez. La mort ne m'est pas seulement familière, elle m'est... évidente. Vous comprenez ? Ça ne me gêne pas qu'on prenne la

femme de Moscardo comme otage. Je pourrais vous dire : ça me gêne d'autant moins que les femmes des nôtres sont là-haut. Ce n'est pas vrai. Même sans cela, je sais ce que je veux et je crois qu'il faut le faire. » Voir Malraux, *Œuvres complètes* dans la Pléiade, tome 2.

28. Pas plus que d'épouser le conservatisme réactionnaire d'Evelyn Waugh que pour se délecter de *Scoop*.

29. Voir les riches pages-essais de Pierre Daix dans son *Dictionnaire Picasso* (II. « La mauvaise réception de *Guernica* »), et les pages sur « les guerres mondiales ». Robert Laffont, 1995.

30. 5 janvier 1938.

31. 1ᵉʳ janvier 1938.

32. Henriette Nizan, conversations avec l'auteur 1948-1960.

33. Lettre citée en entier par le biographe de Koestler, Michael Scammell, dans *The New Republic*, 4 mai 1998. La première lettre est du 22 avril 1938, la seconde a été écrite une semaine plus tard. Scammell a traduit en anglais l'original allemand des lettres de Koestler, qui cite Malraux de mémoire.

34. Le rapport (Archives générales, Moscou) précise :

Interrogatoire : « Il résulte que C. Malraux a déserté son régiment à l'expiration de sa permission pour ne plus avoir à endurer le traitement inhumain qu'on lui a infligé en Afrique. C'est à cette fin qu'il s'est réfugié en Espagne républicaine, bien décidé à offrir ses services comme volontaire au gouvernement espagnol afin de lutter pour la démocratie. »

Et : « Il reconnaît avoir menti en déclarant tout d'abord qu'il n'était pas soldat français et que l'uniforme dont il était revêtu n'était pas le sien ainsi que les documents trouvés en sa possession prétendus faux et déclare que les raisons de ces mensonges étaient de lui éviter une éventuelle restitution aux autorités françaises en tant que déserteur. »

Conclusion : Considérant : *a)* Qu'en s'introduisant sur notre territoire ses motifs n'étaient pas de porter préjudice à la République.

b) Les importants services rendus à notre cause par les activités de propagande de son frère.

c) Que la République n'a contracté aucune obligation légale ou morale au service des autorités françaises en ce qui concerne ses déserteurs.

d) Que bien que ne pouvant accepter les services de C. Malraux comme volontaire ce qui ne constituera pas un préjudice pour notre République.

19. « SIERRA DE TERUEL »

1. Des critiques, universitaires ou non, ont avancé que *L'Espoir* aurait été conçu pour l'écran, ou que Malraux avait toujours eu en tête l'adaptation du roman au cinéma. Aucun témoignage oral ou écrit, semble-t-il, ne confirme cette hypothèse. Par ailleurs, que Malraux ait été frappé par le montage cinématographique et qu'il ait utilisé un temps quasi cinématographique dans ses romans, c'est incontestable. L'amie de Josette Clotis, Suzanne Chantal, affirme qu'il songeait à ce film-là *avant* d'avoir écrit une page du roman. Autre hypothèse.

2. Lettre envoyée de Barcelone par Malraux en 1937 (sans date) et note manuscrite sur la situation de son compte au 23 juin 1938 avec quelques considérations rétroactives.

3. Malraux plus tard parlera du « premier art mondial » lorsque, ministre de la Culture, il prononcera le discours de clôture du Festival de Cannes 1959.

4. *Commune*, septembre 1936.

5. *Commune*, novembre 1934.

6. Voir Denis Marion, *André Malraux. Cinéma d'aujourd'hui*, Seghers.

7. Entretien avec Elvira Farrera, Barcelone, 1997.

8. Suzanne Chantal, amie de Josette, écrira que Malraux, longtemps après, se souvenait de cette contribution au film : « Un mot de lui, bref et concis, 3 lignes de sa petite *écriture*, me rappelait, tandis que j'écrivais *Le Cœur battant* : "Surtout n'oubliez pas de dire que la scène du film où les femmes écartent les enfants au passage des civières, dans la descente de la montagne, est de Josette et qu'elle y tenait beaucoup." » Reproduit dans « Ceux qu'il aimait », *Nouvelle Revue des Deux Mondes*, novembre 1977.

9. Allusion à une anecdote alexandrine. Au cours de la représentation, dans le théâtre d'Antioche, d'une pièce sur les guerres médiques, le messager qui annonçait l'arrivée des ennemis tomba, tué d'une véritable flèche. Denis Marion et témoignage de Max Aub dans la préface de *Sierra de Teruel*, Éditions Era, Mexico, 1968.

10. Le 26 janvier.

11. Les Français reconnaissent le gouvernement de Franco le 27 février.

12. Le 30 septembre et le 6 décembre 1938.

13. Cf. Hugh Thomas.

14. Elle le date : 1934-1935.

15. 18 août 1939.

16. Jean Cocteau, *Journal*, Gallimard.

17. Plus tard, en 1975, il dira à Georges Soria qu'il a manqué de moyens et que *Sierra de Teruel* aurait pu être un très bon film. Voir Georges Soria, *Guerre et révolution en Espagne 1936-1939*, Robert Laffont, 1975.

18. Re-voir *La Jeunesse littéraire d'André Malraux* par André Vandegans.

19. Le 10 août.

20. Dans la version que l'on peut se procurer en vidéocassette Ciné Horizon, EDV 40 (France), dernière édition 1994. Increvable légende, cette cassette annonce sans plus que « Malraux avait dirigé six mois durant la première escadrille de l'aviation républicaine ». La République avait quand même quelques avions avant l'arrivée du *coronel*. Plusieurs versions du film, avec des variantes de montage ou des plans retrouvés, existent entre autres à la bibliothèque du Congrès américain et à la George Eastman House. Pour le scénario, en édition juxtalinéaire, les amateurs, les cinéphiles, les cinéphages et les généticiens cinématographiques consulteront *Espoir Sierra de Teruel*, avec des commentaires de François Trécourt et Noël Burch, Gallimard, 1996, et *Sierra de Teruel* par Max Aub, préface du même, Ediciones Era, Mexico, 1968.

21. Ce « livre » peut être daté puisque Malraux dit, très clairement, que ses réflexions sont « nées de l'expérience » qu'il avait « acquise en tournant les morceaux de *L'Espoir* », dont il a « tenté de faire un film ». Modeste pour une fois, dans l'édition de 1946, il dit que le titre, *Esquisse*, « est bien ambitieux pour des notes, écrites il y a sept ans », ce qui renvoie à la fin de 1938 et au début de 1939.

22. Il s'agit de « L'œuvre d'art à l'ère de sa reproductivité technique » parue en 1936 dans la *Zeitschrift für Sozialforschung*.

23. Lettre à sa femme, octobre 1939.

24. Déposition du 14 juillet 1939.

20. DRÔLE DE GUERRE

1. Note de la Sûreté nationale 2 avril 1939.

2. Voir Paul Nothomb, *Malraux en Espagne* et entretiens avec l'auteur, 1999-2000.

3. Relevé du 7 janvier 1939.

4. « Notes sur les Français ». Information donnée par Jean-Richard Bloch à

André Marty le 25 avril 1941, en deux exemplaires. « Strictement confidentiel. » Un modèle de délation. Archives du Komintern.

5. Voir lettre d'Henriette Nizan à Malraux, sans date.

6. « L'intelligence, quelle très petite chose à la surface de nous-mêmes. Profondément, nous sommes des êtres affectifs. » Maurice Barrès, *Cahiers*, année 1896.

7. Le 14 mai.

8. À cause de souliers trop étroits. Voir les *Antimémoires*.

9. Cette belle phrase célèbre n'a pas été prononcée à la B.B.C.

10. Churchill se serait paraphrasé lui-même. *Their Finest Hour*, volume de ses Mémoires, fut consacré à la bataille d'Angleterre.

11. Entretiens de l'auteur avec Jean Grosjean, 1997.

12. Dans les *Antimémoires*. Lettre à l'auteur, Jean Grosjean, 2 septembre 2000.

13. Voir *Europe*, nov./déc. 1989, présentation des lettres d'André Malraux à Jean Paulhan, par Claire Paulhan et Christiane Moatti, et les archives de l'I.M.E.C.

14. Au xxe siècle, seul peut-être Jacques Lacan lui a fait concurrence pendant ses cours.

15. Pour certaines scènes atroces, qu'il n'a pas vécues, pas plus que son père, mais magistralement rendues, Malraux s'inspire de Max Wild.

16. Certains suggèrent que Malraux réconcilie ainsi Allemands et Français en 1940. L'idée n'est pas recevable.

17. Voir *André Malraux 1939-1942*, d'après une correspondance inédite par Walter Langlois.

18. En l'an 2000, Jacques Lecarme et d'autres estiment que ce roman de Malraux est magnifique ; John Weightman, d'habitude sévère pour Malraux, le trouve assez bon. Dont acte.

19. Lettre de 1941.

20. Lettre du 13 décembre 1941.

21. Lettre du 29 mai 1941.

22. Lettre à Louis Fischer du 25 novembre 1941.

23. Carte postale du 22 septembre 1941, communiquée par Jacques Lecarme et Brigitte Drieu la Rochelle.

24. Heller a aussi fabulé dans son autojustification, *Un Allemand à Paris*, Seuil, 1982. Voir Gisèle Shapiro, *La Guerre des écrivains, 1940-1953*, Fayard, 1999.

25. Lettre du 20 janvier.

26. Malraux ratera Camus lorsque celui-ci vivra sur le plateau du Vivarais.

27. Pour plus de détails sur cette correspondance, voir *Albert Camus, une vie.*

28. Propos rapportés par Suzanne Chantal.

29. Malraux ne s'expliquera jamais sur cette — je pèse mes mots — criminelle aberration.

30. Le futur Edgar Morin.

31. Mouvement créé — et gonflé — par François Mitterrand.

32. Entretien de l'auteur avec Hans Schaul, 1962, Berlin-Est.

33. Publié après sa mort en 1996. Entretiens avec Jean Grosjean en 1998 et notes. La Pléiade, *Œuvres complètes*, tome 2.

34. Sandor Ferenczi a introduit le terme d'introjection que Freud adopta pour l'opposer à projection.

35. Pourquoi, ayant signé le contrat pour *Le Démon de l'absolu*, n'a-t-il plus jamais voulu le publier, ni le réutiliser ni le terminer, ni venir à bout d'une préface ? S'il se projetait un peu en Lawrence, le reste de l'ouvrage n'était qu'un travail superficiel d'historien sans assez de passion pour la cause arabe. Surtout l'État d'Israël ayant été créé en 1948, il ne voulait pas sembler brandir l'étendard palestinien. Donc, « à ne pas publier » mais, comme il n'avait pas

détruit le manuscrit, les exécuteurs testamentaires ont pensé qu'il le laissait à notre disposition.

36. Le 6 mars 1942. Jean Grenier, *Journal sous l'Occupation*, Éditions Claire Paulhan. 1999.

37. Carte à Gaston Gallimard.

38. Carte postale de Gaston Gallimard du 21 janvier 1942.

39. Entretiens avec Robert Gallimard, 1993-1995.

21. LA GUERRE DES DRÔLES

1. En janvier 1943.

2. Ce roman auquel Malraux travailla au début des années 1930 devait semble-t-il faire partie d'un vaste ensemble, *Les Puissances du désert*, dont *La Voie royale* constituait « l'initiation tragique ». David de Mareyna, un aventurier qui s'était illustré dans la péninsule indochinoise, en était le héros. Inachevée, cette œuvre sera présentée comme un scénario par Clappique dans la première édition des *Antimémoires*, en 1967. (Note établie d'après les commentaires de Walter Langlois, dans *André Malraux. Œuvres complètes*, La Pléiade, tome 1, p. 1139-1146.)

3. Dans ce chapitre, la plupart des citations de Josette Clotis sont extraites du livre de Suzanne Chantal. Certains carnets de Josette Clotis ont été déchirés avant 1998.

4. Toutes les « partenaires » de Malraux n'apprécient pas l'écrivain de la même manière sur ce plan.

5. À ce jour, rien ne le prouve.

6. Voir les trois articles d'Alain Galan dans *La Montagne*, 19, 20 et 21 novembre 1996. *La Montagne* sera le seul journal de la presse régionale à regarder de près la doxa concernant Malraux grand résistant. Articles cités uniquement dans *Le Canard enchaîné*, en 1996.

7. Acteur américain.

8. Lettre de 1941. Voir Alain Malraux, *Les Marronniers de Boulogne*.

9. En 1941.

10. M.R.D. Foot et archives britanniques. La première équipe du S.O.E. comprenait des hommes remarquables comme Roland Malraux, Delsanti et Bertheau qui mourront en déportation. Raymond Maréchal en fait également partie. Une deuxième équipe comprendra Brouillet, Paul Lachaud, le commandant Robert. « L'état-major de Malraux » ne figure dans aucun document officiel. Le bulletin officiel des armées de 1973 mis à jour en 1975, avec un recul historique, relève des « états-majors nationaux de la Résistance reconnus unités combattantes » du 30 octobre 1940 à août 1944. Certains ne durent pas jusqu'à la Libération. Cette liste comprend l'état-major national F.F.I., l'O.R.A. état-major national, l'O.R.A. état-major sud, l'O.R.A. état-major zone nord, Libération Nord, état-major national, le M.U.R. état-major national et service rattaché, le M.L.N., ex-M.U.R. et services rattachés, l'état-major A.S., services de renseignements, Groupes francs et services rattachés, état-major national, maquis et services rattachés, état-major F.N., état-major F.T.P.F., état-major O.S.

11. Florence Malraux retrouvera la lettre *après* la mort de ses deux parents.

12. Le 18 février 1942.

13. Lettre du 2 mai 1942.

14. M. Henri Madeslaire, *Bulletin de la Société des lettres, sciences et arts de la Corrèze*, T. XCI, 1988.

15. *Introduction à la philosophie de l'histoire*.

16. Lettre du 2 février 1943.

17. Au début de 1944. La pataphysique, fondée par Alfred Jarry, veut être « la science de ce qui se surajoute à la métaphysique ».

18. Témoignage de François Lachenal, table ronde organisée le 18 novembre 1996 par l'Association des amis d'André Malraux.

19. Les démographes ont démontré la présence de schémas (*patterns*) de bâtardise dans les familles. Modèle culturel inconscient?

20. En décembre 1942.

21. Journal de Drieu, 9 août 1944.

22. 12 juillet 1943.

23. Lettre de Josette Clotis à Drieu le 24 septembre 1943.

24. Lettre de Malraux à Drieu, 23 novembre 1943.

25. N° 10, octobre 1943. L'article est de Jean Lescure. *Les Lettres françaises* ont été fondées par Jacques Decour, fusillé par les Allemands le 30 mai 1942.

26. Devant Roger Stéphane, en septembre 1941.

27. Entretien de l'auteur avec Maurice Schumann, 1996. Selon Schumann, cette conversation avec de Gaulle se déroula le jour de l'Ascension.

28. Les années 1943 et 1944 quant à Malraux seront longtemps enveloppées d'un brouillard curieux. Ainsi, Janine Mossuz-Lavau, universitaire distinguée (C.N.R.S., I.E.P. Paris), dans *André Malraux et le gaullisme*, publié en 1970, republié en 1980 par les Presses de la Fondation nationale des sciences politiques, écrit : « L'année 1943 reste assez mystérieuse pour ceux qui s'interrogent sur le passé de Malraux. Et l'on ne retrouve même sa trace qu'en 1944. Au début de l'année 1944, André Malraux... est à la tête des Forces françaises du Lot, de la Dordogne et de la Corrèze. » Mme Mossuz-Lavau ajoute cependant que la « situation » de Malraux ne sera pas « dénuée d'ambiguïté ». Et « on a largement surestimé l'audience qu'il pouvait avoir à Londres ». Néanmoins, après avoir vu Malraux en 1967, Mme Mossuz-Lavau affirme qu'*il* « obtient... un certain nombre de parachutages ». En 1970, 1980, comme en 2000, les documents prouvant que Malraux a rejoint la Résistance très tard existaient. Et il y avait en 1970 et 1980 encore plus de témoins vivants. En 1996, Mme Lavau datera — enfin — la résistance de Malraux.

22. *LES* MALRAUX RÉSISTANTS

1. En 1943, Bertrand de Jouvenel, *Un voyageur dans le siècle, 1903-1945*, Robert Laffont.

2. Le 31 mars.

3. Les Britanniques parlent de *circuit*, les Français de *réseau*.

4. Les circuits britanniques se recouvrent parfois. Travailleront aussi en Corrèze les réseaux Degger et Tilleul.

5. Les précisions de ce chapitre concernant les trois frères Malraux sont tirées, entre autres, des dossiers militaires du bureau Résistance au fort de Vincennes et des archives du S.O.E. à Londres, accessibles depuis juin 1999. Le dossier de Roland au S.O.E. n'existe plus. Celui d'André Malraux a la minceur d'une pelure.

6. Entretien de l'auteur avec Daniel Cordier, Antibes, 2000. Pierre Kaan était membre de la délégation générale, dirigée par Jean Moulin, et secrétaire du Comité général des études. Parachuté en 1942, Cordier fut le secrétaire de Jean Moulin.

7. Les versions de l'arrestation varient dans les détails. Les services du S.O.E. ont « débriefé » les survivants. M. Sueur déporté à Buchenwald y rencontrera le docteur Delbos, arrêté le 9 mars à 2 heures du matin.

8. Autour du 15. Entretien de l'auteur avec Jean Poujet, 2000.

9. En juin 1944.

10. Ce qu'il écrira à Louis Chevasson le 5 février 1945. Alors, l'écrivain est « aux armées ». Fonds Doucet.

11. Le 20 avril.

12. Le 9 avril.

13. Certains déportés libérés éprouveront une culpabilité du même type.

14. D'autres Malraux, de la région de Dunkerque, ont été actifs, de bonne heure, dans la Résistance : un oncle, Lucien Malraux, membre du M.L.N. ; un cousin Pierre Malraux a été arrêté le 4 juin 1941 et condamné à mort. Sa peine commuée, il fut déporté en Allemagne.

15. À Pâques 1944.

16. Beaucoup plus tard, il s'en souviendra parfaitement.

17. Conversations de l'auteur avec le colonel Passy en 1981 et Claude Bourdet en 1990.

18. La R.5 était commandée militairement par Ravanel. Jean Cassou en avait la direction civile. Les F.F.I. de la Région R.4 étaient, eux, commandés par le polytechnicien Maurice Rousselier (pseudo Rivier), à ne pas confondre avec Rivière qui commandait la Corrèze.

19. La discussion reste ouverte aujourd'hui encore : malgré les exécutions d'otages après les attentats, cent kilos de plastic ne seraient-ils pas plus efficaces et rentables que des bombardements qui tuent beaucoup de civils et coûtent cher en équipage ? Voir les travaux de M.R.D. Foot.

20. Entretiens de l'auteur avec Peter Lake et M.R.D. Foot, Londres, 2000, ainsi qu'avec Ralph Beauclerk, Wimbledon, 2000. Ralph Beauclerk m'a dit : « Malraux s'est imposé à nous. Il ne nous donnait pas d'ordres. Pour ma part, je ne les aurais pas acceptés. Charmant, par ailleurs, Malraux ! »

21. Malraux a expliqué au général Jacquot que, la veille du débarquement, il avait participé au sabotage de voies ferrées. Il en parlera plusieurs fois. Il est le seul à se souvenir de cette opération.

22. Quittant Montauban à J + l, elle n'a pas été identifiée par les alliés avant J + 17. Aucune relation entre l'opération de nettoyage des maquis par des régiments d'infanterie portée (Panzergrenadier) de la 2ᵉ D.B. S.S., décidée à la veille du 6 juin par l'état-major du XVIIᵉ corps d'armée allemand, et l'ordre donné à la division entière de rejoindre la Normandie le 8 juin. Aucun char ni aucune artillerie lourde n'étaient présents. À quoi auraient-ils été utiles contre des maquis ? Le reste de la division comprenant d'autres unités d'infanterie (dont le régiment Deutschland) ainsi que tous les blindés et l'artillerie étaient demeurés dans des cantonnements de la région de Toulouse. Les attaques des maquis contre les troupes d'infanterie allemande ont certainement joué un rôle de retardement lorsqu'elles ont reçu l'ordre de rejoindre Poitiers pour s'y regrouper avec les unités venues par train de Toulouse. La division entière devait ensuite rejoindre la Normandie par train. Des retards importants ont été occasionnés entre Poitiers et la Normandie par les attaques de l'aviation britannique alertée par les missions alliées présentes sur le terrain. Aucune raison de mettre en doute ce témoignage de Jacques Poirier, loyal admirateur de Malraux. Il a raconté cette anecdote à Guy Penaud en 1984 et à l'auteur en 1998.

23. Voir *Das Reich* par Max Hastings, Londres, Michael Joseph, 1981.

24. Voir *André Malraux et la Résistance* par Guy Penaud.

25. Ils *n'arrêtent pas* la *Das Reich*.

26. Article dans *L'Écho du centre*, 23 novembre 1976.

27. Le 4 juin : cette date fait encore l'objet de controverses.

28. On racontera que Soleil a enfermé Malraux dans le coffre de sa voiture. Douteux.

29. Entretiens de Marc Gerschel avec Guy Penaud en 1984 repris dans son *André Malraux et la Résistance*. Cet ouvrage est précédé d'une prudente préface de Jacques Chaban-Delmas. Une phrase éclairante à propos de Malraux : « De la Résistance, il est devenu l'âme, *là même où il n'a pu obtenir de commander.* » [*Je souligne.*] Chaban-Delmas s'en sort bien : « Au commencement était le verbe. L'action est venue ensuite. » Le verbe est aussi à la fin.

30. Lettre et témoignage d'Albert Uminski à Alain Galan, 29 novembre 1996.

31. Le 10 juin 1944.

32. Marcel Degliame, alias Fouché, délégué militaire de tous les responsables régionaux de la Résistance, m'assurait à Saint-Germain-en-Laye en 1958 que Malraux n'avait eu aucune importance militaire. Voilà pour le sommet de la Résistance. À la base, Malraux tenait plusieurs langages qui le servaient. Extrait du journal du jeune communiste Francis Crémieux : « 11 juillet 1944 — 14 h 30 — Entrevue Malraux — au château de l'E.M. Est très nerveux et étonné de me voir. Il me déclare qu'il est inter-F.F.I. pour 3 départements nommé directement par Kœnig, et que les groupes Vény vont être intégrés dans les F.F.I. Je m'étonne de l'influence des agents anglais. Il m'entraîne à l'écart. Ces Anglais ne sont que des agents de liaison, [*Admirons ce « que »*] ils contrôlent le poste émetteur radio. Ils lui sont attachés personnellement. Il m'enroule dans de grandes phrases, mais en définitive me parle plus de l'I.S. [*Intelligence Service*] que les F.F.I. Il veut unifier la Résistance dans le Lot, envisage de donner le commandement aux F.T.P., les plus nombreux, mais il veut leur coller des adjoints de l'O.R.A. qui ne représentent qu'eux-mêmes.

Je lui raconte l'histoire du télégramme arrivé comme par hasard au lendemain du jour où nous apprenons que les groupes Vény ne participent pas aux Comités de Libération. Je lui dis ma méfiance et la crainte que j'ai de voir nos maquis dirigés contre les communistes. Selon moi ce télégramme est un faux. "Ce n'est pas un faux, dit Malraux, c'est une interprétation." » (Crémieux, alors, fond et confond S.O.E. et I.S.)

33. Propos recueillis par Pierre Galante souvent plus malrucien que Malraux. Le livre de Galante a été vu par l'écrivain. Malraux évitait d'habitude de commenter les livres ou les articles biographiques qu'on lui consacrait sauf, par exemple, lorsqu'il s'agit de faire remarquer très justement à Mauriac que, lui, Malraux, n'était *pas* membre des brigades internationales. L'escadrille España fut fondée avant la création des brigades, auxquelles elle n'était en rien reliée.

34. Le lecteur qui connaît les *Antimémoires* verra que ce récit ne les suit pas dans leur beauté lyrique et inventive. Rien ne confirme la version des faits décrits par Malraux : menace d'exécution, interrogatoire, quiproquo. Il n'y a aucune trace de ces événements dans les archives. L'enquête de Guy Penaud, d'autres et la mienne, fondée sur les témoignages accessibles, infirment généralement le superbe récit d'André Malraux.

35. Dans les *Antimémoires* et au cours d'un entretien avec Roger Stéphane. Témoignage indirect ou simulacre d'exécution ? La femme de Raymond Lacam aurait vu un prisonnier et entendu une fusillade.

36. Morgana, 1994, *Maurice Blanchot*. Communiqué par Jacques Lecarme.

37. Claire Paulhan n'a rien trouvé concernant ou confirmant les propos de Blanchot.

38. Dans son récit des *Antimémoires*, rédigé vingt ans plus tard.

39. Le dossier personnel du lieutenant-colonel Wilde dans les archives allemandes précise qu'il était officier commandant adjoint de la 11e division de chars.

40. Claude Travi a rencontré la religieuse, sœur Marguerite du Saint-Sacrement, dans le civil, Marie Viguié. Elle lui a montré son exemplaire des *Antimémoires* avec une belle dédicace de Malraux.

41. Dans les *Antimémoires*, bien entendu. Le fils du général von Wieterscheim, Arnim von Wieterscheim, en 1999, m'a fourni des détails qui incitent à l'incrédulité, surtout en ce qui concerne la conversation du colonel Berger et du général de division allemand. Pas une trace de l'arrestation de Malraux dans les archives allemandes, Auswärtige, AMT, Bundesarchiv... malgré les « Intensiven Recherchen » du docteur Grotten et de M. Gresen. Aucune trace de Malraux non plus dans les ouvrages consacrés à la division *Das Reich*.

42. Curieusement, le 12 août 1944, dans une note (archives André Malraux) Drieu parle des gaullistes « pauvres gens trompés qui vont souffrir atrocement

(j'ai pour eux grande pitié...) »... « l'Europe sera déchirée entre les Américains et les Russes. Je préfère les Russes, mais je ne veux pas me rapprocher des communistes français dont je tiens les chefs en piètre estime : je les ai combattus ».

43. Selon son fils, Arnim von Wieterscheim.

44. Son dossier militaire précise qu'il a besoin d'un interprète.

45. Voir le récit d'André Culot dans *La Dépêche du Midi* du 23 novembre 1976, rapporté par Guy Penaud.

46. Lettre en provenance du payeur aux Armées départementales, Périgueux, le 29 décembre 1944. Versé « pour » ne signifie pas que la somme ait été versée. Voir aussi la communication de Guy Penaud, 12 juillet 2000, Société historique et archéologique du Périgord. Guy Penaud écrit : « ... versement d'une somme de 8 000 000 F pour la libération du colonel Berger (André Malraux) pose problème, quand on sait que l'écrivain, arrêté par les Allemands le 22 juillet 1944 à Gramat (Lot), ne fut libéré (comme tous les autres détenus) de la prison Saint-Michel de Toulouse (Haute-Garonne), qu'après le départ des troupes allemandes, le 19 août 1944. La somme aurait été débloquée par "Léonie" (en fait Gaston Hyllaire, successeur de Fourcade au directoire M.L.N.-M.U.R., trésorier de l'A.S. Corrèze) à la demande de "Rivier", pour avoir la conscience en paix, mais pas davantage », aurait dit ce dernier. 287 000 F sont portés manquant dans des liasses de billets remis par le commandant « Luc ».

47. *Antimémoires*, la Pléiade, *Œuvres complètes*, III.

48. Rolande Trempé, professeur d'histoire à l'université du Mirail, a longuement enquêté sur la « fin » à la prison Saint-Michel. Voir « À propos de la libération des résistants internés à la prison Saint-Michel à Toulouse ». (*Résistance R.4*, n° 6, décembre 1978.) Voir également le témoignage du « capitaine Georges » (J. Rouquet) dans *La Dépêche du Midi* du 23 novembre 1978. Il est évident que Malraux a laissé caracoler son imagination, d'autant plus que, malgré sa prestigieuse mémoire, il avait oublié les circonstances de sa libération (lettre de juillet 1994). Cité par Rolande Trempé.

49. Pour ce dernier, Malraux fut sans aucun doute un atout politique, ou *asset* pour le monde du maquis. Entretiens et correspondance de Peter Lake avec l'auteur.

50. Elle a débarqué le 1er août en Normandie.

51. Le 26 juillet 1944.

52. Entretiens avec Henri Amouroux. Voir son *Histoire des Français sous l'Occupation*. Amouroux précise : « Avec 2 milliards 280 millions, il était possible, en juillet 1944, d'acheter 43 000 veaux pesant 100 kilos chacun, 12 000 cochons de 120 kilos, 10 000 tonnes de pommes de terre à 4,50 francs le kilo, 25 000 kilos de fromage de Cantal à 44 francs le kilo et, pour arroser le tout, 20 000 barriques de vin à 2 200 francs la barrique, ou encore de nourrir, pendant UN AN, *156 100 maquisards*, puisque la nourriture quotidienne de chaque maquisard coûtait 40 francs. » Le wagon de la Banque de France a été attaqué le 26 juillet, Malraux arrêté par les Allemands, quatre jours avant.

53. Ainsi, M. Hillaire, trésorier de la R.5, reversera 10 000 000 F alloués aux Mouvements unis de Résistance (M.U.R.). Quelques années après, la Caisse des dépôts et consignations l'avisera que les intérêts sont à sa disposition. Il précisera que cet argent appartient à l'État. Entretien de l'auteur avec Mme Hillaire (Limoges 1998).

54. Voir le *Journal officiel*, deuxième séance du 4 décembre 1952. Le même jour : « Versé pour la libération de trois prisonniers 500 000. » Le 18 décembre, le ministre des Finances parle de 4 000 000 de francs, « versés pour la libération du colonel Berger ».

55. Elle s'en est du moins vantée. Sur cette ténébreuse, mais assez banale affaire, voir *Les Milliards du train de Neuvic* par Guy Renaud. Début 1945, voir aussi *Le Cœur battant* de Suzanne Chantal.

56. Carlos Becker, biographe d'Hemingway et d'autres, précisent qu'Heming-

way, à chaque nouvelle version de sa rencontre au Ritz avec Malraux, embellissait l'histoire.

23. LA CROIX D'ALSACE-LORRAINE

1. Les documents cités dans ce chapitre proviennent des archives militaires, Service historique de l'armée de terre à Vincennes. Voir aussi par Léon Mercadet, *La Brigade Alsace-Lorraine*.
2. À James Ellinger, numéro du 30 septembre 1944.
3. Du 10 au 17 septembre 1944.
4. Selon les documents des archives de Vincennes en provenance du ministère de la Défense. L'état des personnels engagés à la brigade (relevé du 31-10-2000) signale 1 712 engagés, plus 300 volontaires partis un mois après leur arrivée (communiqué par Bernard Metz).
5. Les manuels scolaires français l'évoquent beaucoup moins, et le plus souvent pas du tout. La Vulgate est que des Français ont libéré Paris, avec la 2ᵉ D.B. et la Résistance, les « partisans » pour de Gaulle dans ses *Mémoires*.
6. Le 6 novembre 1944.
7. Les adolescents, naturellement, affirment qu'ils sont plus âgés : pratique courante.
8. Le 11 décembre.
9. Jacquot à Malraux le 7 octobre 1944.
10. Selon les documents des archives de Vincennes, la brigade a eu 1 400 hommes à sa crue. Le bataillon Metz commandé par Pleiss avait quatre compagnies, Iéna, Kléber, Ney, Rapp, composées d'hommes venant surtout des maquis d'Aquitaine, le bataillon Mulhouse commandé par Dopff, trois compagnies, Vieil Armand, Donon, Belfort, provenant surtout des maquis de Savoie et de Haute-Savoie. Le bataillon Strasbourg commandé par Diener-Ancel disposait de trois compagnies, Verdun, Valmy, Bark, et incorpore certains membres des maquis de Dordogne. Voir archives du fort de Vincennes et *La Brigade Alsace-Lorraine*, par Léon Mercadet.
11. Rapporté par Léon Mercadet.
12. Entretien avec B. Metz, 2000.
13. Distribution ordonnée le 21décembre.
14. *Bulletin de l'Amicale des anciens de la brigade Alsace-Lorraine*, IV-76, nº 162.
15. Le 14 décembre 1944.
16. Selon une étude, « État des personnels engagés à la brigade indépendante Alsace-Lorraine », 2000. Communiquée par Bernard Metz. Amicale des anciens de la B.A.L.
17. Le 23 janvier 1945.
18. Détails communiqués à l'auteur par Jacques Delarue en 1999 : il classait alors les archives d'Henri Frenay pour les déposer aux Archives nationales.
19. Cette interview, une des plus riches de Malraux, a été reprise par Stéphane dans *Fin d'une jeunesse. Carnets 1944-1947*, Éditions de la Table ronde, 1954. J'ai demandé à Roger Stéphane comment il avait procédé : il avait rédigé en partie son texte le soir même. Après, il retoucha la forme.
20. Malraux, en dehors de cette occasion, n'a jamais prétendu avoir été torturé.
21. Dans la nuit du 30 au 31 mars 1945. Voir général de Lattre : *Histoire de la 1ʳᵉ armée française*, Plon, 1949. Curieusement, dans les premières éditions, de Lattre parle du colonel *Boyer*-Malraux.

24. HISTOIRE, LÉGENDE, ROMAN

1. Jusqu'à ce jour, ce dossier, à ma connaissance, n'a jamais été consulté. Il m'a été communiqué par le bureau Résistance au fort de Vincennes, avec les autorisations de Florence et de Madeleine Malraux et du ministre de la Défense nationale, Alain Richard.

2. En avril 1945.

3. Ces officiers admiraient sa culture et son bagout, on l'a vu.

4. Cette précision m'a été fournie par M.R.D. Foot qui a eu l'occasion de comparer les *faits* et de nombreuses citations britanniques gonflées. Le genre implique l'enflure.

5. Signé de sa main dans son bulletin d'adhésion à la société d'entraide des compagnons de la Libération le 1er novembre.

6. En date du 17 mai 1945. La pièce est dans les archives du musée de l'Ordre de la Libération. La secrétaire de Malraux, Madeleine Gaglione, reprendra l'antienne le 23 avril 1963 : « Trois blessures 1939-1945. »

7. Rebattet n'avait aucune connaissance *directe* des activités de Malraux dans le Lot, la Corrèze et la Dordogne où Malraux fut le plus présent.

8. Respectivement les 17 novembre 1945, 17 août 1945, 24 avril 1946, 9 février 1945.

9. Le 6 septembre 1951, « fait à Paris le 31 août 1951 ».

10. Et les historiens jusqu'à nos jours.

11. L'embryon de ce roman, plusieurs frappes, figure au fonds Malraux de la bibliothèque Doucet. Aucune frappe ne dépasse trente pages. Sur l'une, une date, « 1971 ». La lecture des premières pages et les déclarations de Malraux semblent indiquer qu'elle furent rédigées avant.

12. Entretien avec Henri Amouroux 2000 : les Allemands ont fusillé 10 000 Français résistants ou non.

13. Selon le fidèle Albert Beuret, la Gestapo n'aurait *jamais* perquisitionné chez Malraux.

14. Conversations avec et note de Jean Grosjean 1998-2000. Grosjean dit que pour ce « droit d'écrire », Malraux a « massivement » sauté le pas avec les *Antimémoires*.

25. VIE CIVILE

1. Voir Frédéric J. Grover, *Six Entretiens avec André Malraux sur des écrivains de son temps*, Gallimard, 1978, et témoignage *indirect* du frère de Drieu, *via* Brigitte Drieu la Rochelle. L'affaire du pseudonyme est encore en suspens.

2. Entretien avec Brigitte Drieu la Rochelle, 2000.

3. Formule bien gaullienne. Légendaire ?

4. On peut accepter ou pas la version de la Rencontre, rédigée plus de vingt-cinq ans après par Malraux, pour ses *Antimémoires*.

5. D'après le récit de Malraux dans les *Antimémoires*.

6. Voir les *Mémoires* de Raymond Aron.

7. Le 29 décembre 1945.

8. Dans la première quinzaine d'octobre 1946. Lettres de Falcoz communiquées à l'auteur par Jean Lescure. Malraux s'intéresse à l'Indochine de nouveau depuis 1945. Dans son journal, *L'Indochine*, il prévoyait le résultat final : la communisation du « Viet-nam ».

9. Lettre du 6 mai 1949.

10. Journal inédit de Duff Cooper, communiqué par Anthony Beever.

11. Le 2 janvier.

12. Strategic services unit. War department 10-12 février 1946. Le même

service, un an avant, prévoyait que les rapports « entre les membres communistes de son gouvernement et de Gaulle seraient harmonieux ». De Gaulle serait trop puissant pour être « débarqué ». L'informateur des Américains, d'après la note, serait Adrien Mouton, membre du Comité central du P.C.F.

13. Le 29 janvier.

14. Le 31 janvier.

15. Voir les chapitres 26 et 27.

16. À titre d'illustration : tirages de Malraux au 26 septembre 1950. *La Condition humaine* 185 800 exemplaires. *L'Espoir* 64 900. *Les Noyers de l'Altenburg* 20 990. *La Psychologie du cinéma* : 1 000. *Saturne* : 15 000. Ces deux derniers titres marchent mal. En stock, restent du premier 637 exemplaires, du deuxième 9 714.

17. Lettre de Gaston Gallimard, Paris le 1er juin 1945. L'avenant concernant la Pléiade sera signé en mars 1947.

18. Après la première édition.

19. Pour un volume illustré, les trois ouvrages, limités à 15 000 exemplaires, avec un prix par volume compris entre 3 000 et 3 500 francs. La librairie Gallimard paye la somme forfaitaire de 500 000 francs. Lettre du 13 février 1951 de Bernard Grasset à André Malraux.

20. 5 juillet 1945.

21. Un ministre a des avantages, voiture, chauffeur, etc. Le mystère demeure sur les « enveloppes » dont son cabinet, donc lui, bénéficie. Il était prévu, en 1946, de porter le traitement d'un ministre à 1 200 000 francs.

22. Entretien avec Patrick Nizan (1999). En 1960 seulement, le densimètre permettra de voir scientifiquement la valeur des couleurs, de se passer du coup d'œil de l'ouvrier, mais n'évitera pas les remarques épuisantes des clients : « Montez-moi le rouge »... « Faites-le flamber ».

23. À partir de l'hiver 1942-1943.

24. À propos d'un passage des *Noyers de l'Altenburg* — des soldats ont failli se faire tuer et se retrouvent devant le portail de la cathédrale de Chartres en s'émerveillant des statues, Grosjean a remarqué en 1940 : « Quand on vient d'échapper à la mort, on se fout des statues. » Malraux : « Vous avez raison. » Même idée dans *L'Espoir* où Malraux dit que l'art est peu de chose en face de la douleur. « Aucun tableau ne tient devant des taches de sang. »

25. Elles sont au Fonds Doucet.

26. Voir Pierre Hébey, *La N.R.F. des années sombres*, Gallimard.

27. Lettre à Giono, 11 septembre 1944.

28. Lettre du 26 mai 1951.

29. On le croisera dans les six volumes des Mémoires de Clara. Elle écrit bien, même si, ayant été à bonne école, elle fait parfois long et emphatique.

30. Clara a conservé les copies de certaines de ses lettres, corrigeant des brouillons. Le récit de la conciliation est d'elle.

31. En mars 1948.

32. Entretiens de l'auteur avec Madeleine Malraux, 1997-1998.

33. Lettre à Malraux, 1948 ou 1949.

34. Lettre de 1947.

35. Le 8 mars 1951.

36. Lettre du 12 août 1944.

37. En 1947.

38. Entre autres, celle de l'auteur qui, dans un eczéma ou un raptus trotskisant momentané, lui soumettait en 1950 un article en anglais fort stupide concernant Malraux. Il le traduisait en français pour Sartre, qui le critiqua vigoureusement. Plus tard, dans les années soixante-dix, Sartre dira que Malraux était un « homme d'argent » et un « calculateur ».

39. Au printemps 1947.

40. Entretien de l'auteur avec Jean Lescure. Paris, 1998. Pierre Viansson-Ponté, du *Monde*, tenta aussi de réunir Malraux et Sartre, en vain.

26. LE COMPAGNON MILITANT

1. Voir *En écoutant le Général*, Claude Guy, Grasset 1996.
2. Le 24 octobre 1947.
3. Le 28 février 1949.
4. Voir Janine Mossuz-Lavaud, *André Malraux et le gaullisme*.
5. Il emploiera plus de 17 fois cette image qui lui plaît, ici ou là, dans ses interventions publiques.
6. Quelques communistes, dont la mère de l'auteur, accompagnée par son fils et M. Fourquien, secrétaire de cellule, distribuèrent des tracts antinazis en octobre 1940.
7. Entretien avec Jacques Baumel, Paris 2000.
8. Le 18 novembre 1948.
9. Le 31 mai 1947. Communiqué par Philippe Delpuech.
10. Le 2 septembre 1947.
11. Le 26 avril 1948.
12. Entretien avec Pierre Lefranc, 1999.
13. 14 avril 1948. Philippe Delpuech m'a fourni beaucoup de documents concernant les discours de Malraux.
14. 1er juin 1947.
15. Voir Janine Mossuz-Lavaud, excellente ici.
16. Le 3 juin 1951.
17. Les renseignements généraux suivent la carrière politique de Malraux dans l'opposition gaulliste : « Avril 1947, chargé des relations de presse au R.P.F.; mai 1947, membre du "Comité d'initiative provisoire"; juillet 1947, directeur de la "Fédération de la Seine" et membre du "Comité des Six" (organisation intérieure); septembre, membre du "Comité national exécutif provisoire." En 1949, pour 50 000 francs, il a acheté *L'Homme libre* d'Eugène Lautier, dans l'intention d'en faire un journal gaulliste, mais a renoncé bientôt à ce projet. En juin 1949, il a été appelé au Conseil de direction du R.P.F. et désigné comme membre de la "commission administrative." En 1950, il a été nommé "délégué général à la propagande", puis "responsable national à la propagande", mais, pour raisons de santé, il n'a pas tardé à abandonner cette fonction pour se consacrer à l'hebdomadaire *Le Rassemblement*. M. Malraux qui avait assisté en février 1950 à la conférence des cadres de Saint-Mandé, n'a pas paru aux assises nationales de juin. Il a subi peu après une intervention chirurgicale à la gorge et est parti en convalescence dans une clinique d'Alsace. » Faux. Les R.G. cherchent aussi le « petit fait » qui fait vrai. Les R.G. font état des responsabilités intellectuelles de l'écrivain aussi. Collaborateur de l'hebdomadaire *Carrefour* et de la revue mensuelle *Liberté de l'esprit*, avec Claude Mauriac (revue de doctrine R.P.F.); membre du comité directeur de l'association « Les Amis de la Liberté », siège 41, avenue Montaigne (8e), qui a pour objet la défense des Libertés de l'Homme; Membre du « Comité France et Monde » (juillet 1945); vice-président de l'association « Revivre », siège 92, rue de la Faisanderie (16e) qui a pour but de venir en aide aux familles...; actionnaire pour 100 parts de 1 000 francs de la S.A.R.L., dite « Journal Publications et Éditions Rassemblement ». Son nom n'est pas noté aux Sommiers judiciaires. Le dossier cochinchinois n'est pas à Paris. Malraux n'a pas de casier judiciaire. Les titres de Malraux au R.P.F. n'ont guère d'importance, le Rassemblement ayant sa forme douce de « centralisme démocratique » : les nominations viennent d'en haut. Voir Julien Caumer : *R.G. Leurs dossiers.*
18. 15 juillet 1952.
19. Malraux utilisera cette formule-là aussi, à répétition
20 20 octobre 1947

21. Pour mémoire : déserteur en 1940, Thorez a pris son fauteuil de vice-président du Conseil au gouvernement après la Libération.

22. 25 mai 1949.

23. Malraux délègue à M. Gauthier, directeur de la propagande, et à M. Loubier, un de ses adjoints, le soin de suivre l'ensemble des questions.

24. Publié à Genève par Albert Skira en juillet 1948.

25. Lettre du 27 juin 1947.

26. 21 août 1947.

27. Malraux informe sommairement son correspondant : « Presque tous les socialistes qui ont fait réellement partie de la Résistance sont en même temps gaullistes. Ce que veulent en réalité les militants de la base socialiste (à l'exception des communisants qui seront communistes de toute façon) c'est que leur parti ne les empêche pas d'être gaullistes et que le Rassemblement ne les empêche pas d'être socialistes. »

28. Mars-avril 1948. *The Case for de Gaulle*, Random House, 1948.

29. 13 décembre 1949.

30. 6 janvier 1954.

31. Lettre du 3 juillet 1947.

32. Lettre du 12 juin 1948.

33. Alain Malraux, *Les Marronniers de Boulogne*.

34. Décembre 1948.

27. FAMILLE JE VOUS AIME. PARFOIS

1. Alain Malraux, *Les Marronniers de Boulogne*.

2. *Éphémère*, juin 1947.

3. Voir *À défaut de génie*, François Nourissier, Gallimard, 2000.

4. 1953.

5. Lettre d'André Malraux, 1953.

6. Lettre de Malraux sur papier du ministère de la Culture, sans date, donc après 1958.

7. I. « La statuaire » ; II. « Des bas-reliefs aux grottes sacrées » ; III. « Le monde chrétien. »

28. LA PRISE ET LE POUVOIR

1. Lettre du 5 juin 1958.

2. Le 28 mai 1958.

3. Fonds Jacques Doucet, sans date.

4. On partait d'un principe : « Mon neveu n'a pas le bac. Pourrais-tu lui trouver quelque chose à la radio. » Les nominations à la radio et à la télévision du service public sont toujours, disons, opaques.

5. *Et comme l'espérance est violente*, de Claude Mauriac.

6. Le 24 juin.

7. Lettre non datée du général de Bollardière à Malraux. Barberot et de Bollardière sont compagnons de la Libération, comme Malraux.

8. Le 2 juillet 1958.

9. Lettre de Françoise Giroud à l'auteur, 10 juillet 1999. Elle y fait allusion dans *Si je mens*, Stock. Rencontre fin 1958, début 1959.

10. La boîte 780 dans les archives du Quai d'Orsay, à cet égard, est succulente.

11. Voir Jacques Foccart, *Tous les soirs avec de Gaulle*.

12. Voir « Aperçu sur la structuration politique et administrative du nouveau ministère des Affaires culturelles ». par Geneviève Poujol dans *André Malraux ministre*.

13. À partir de 1962.

14. Membres du cabinet Malraux au 28 janvier 1959 — Arrêté (*J.O.* du 8 février) : Directeur du cabinet, Georges Loubet ; Chef de cabinet, Pierre Juillet ; Chef du secrétariat particulier, Albert Beuret ; Chefs adjoints du cabinet, Paul Maillot et Alain Brugère ; Chargés de mission, Bernard Anthonioz et Jacques de Lanvelin. (Arrêté prenant effet à dater du 9 janvier.)

15. Entretien avec l'auteur, 1998.

16. Le 28 mai 1959.

17. Dépêche de l'ambassade du 10 juin 1959.

18. Dépêche du 18 juin 1959.

19. Quelques Grecs dans les maquis français célébraient en effet sans drapeaux.

20. Séjour au Mexique du 3 au 15 avril 1960.

21. Voir *Le Style du Général*, par Jean-François Revel.

22. Le 22 février 1960.

23. Note du 2 mars 1960.

24. Note du 5 mars 1960.

25. Le 10 mars 1960, rapport daté du 14.

26. En 1963.

27. Présentation du budget des Affaires culturelles, 17 novembre 1959.

28. Le 8 décembre 1959. « Conception d'autodidacte », affirment certains. « Évidemment », répondent les fidèles de Malraux. En partie juste. Tout le monde est un peu autodidacte : on tient à ce qu'on choisit seul ; l'école et l'université offrent des choix comme la culture.

29. 19 mars 1966.

30. Cet échec de l'ensemble est aujourd'hui reconnu. Augustin Girard, président du comité d'histoire du ministère de la Culture, écrit : « Si on a pu parler d'un échec des maisons de la culture, c'est parce que cette démarche d'accès élargi à la culture, qui a immédiatement séduit des responsables culturels dans le monde entier, de l'Amérique du Nord jusqu'au cœur de l'Inde, n'a été mise en œuvre par Malraux lui-même, assisté de E.-J. Biasini, que dans sept villes — et non dans 95 départements comme il l'avait espéré. » Aujourd'hui, on compte soixante-trois « scènes nationales » — jusque dans des petites villes —, qui appliquent la démarche avec rigueur et succès. Mieux encore, nombre d'institutions classiques et parfois centenaires ont intégré le principe de pluralité des disciplines artistiques : bibliothèques, théâtres municipaux, festivals « spécialisés », jusques y compris des musées, et des écoles d'art : non seulement le centre Pompidou, mais le Musée d'Orsay et le Grand Louvre lui-même offrent tout au long de la journée des concerts, des séances de cinéma, des cassettes à emprunter ou à acheter. La Comédie-Française propose une galerie d'œuvres contemporaines au Vieux-Colombier et le Conservatoire national supérieur de musique est devenu une « Cité de la musique » où le public du nord de Paris est bienvenu. Ainsi, en quarante ans, la « maison de la culture » est-elle sortie des murs des « maisons de la culture » originelles et imprègne-t-elle désormais l'esprit et la démarche d'une majorité d'institutions culturelles en France. C'est exactement le but que lui assignaient en profondeur Gaétan Picon et André Malraux, son succès le plus grand. Comme le disait Gaétan Picon à l'ouverture de la maison de la culture d'Amiens en 1966 : « Ce que seront les maisons de la culture, nous le savons moins que nous le cherchons ensemble. » En somme, les maisons de la culture sont partout, de l'Inde à la Bretagne, sauf dans les maisons. Pour une description critique détaillée de l'œuvre de Malraux ministre, voir *Le Gouvernement de la culture*, par Maryvonne de Saint-Pulgent, Gallimard, 1999.

31. Voir *Avec de Gaulle tous les soirs*, par Jacques Foccard, 2 vol., Fayard.

32. Onze interventions pour présenter son budget, sept pour répondre à des questions orales, huit pour des discussions. Moyenne des interventions : trois par an. Un minimum pour un ministre.

33. Valéry Giscard d'Estaing à l'Assemblée nationale, octobre 1968.

34. Présentation du budget des Affaires culturelles, 9 novembre 1963.

35. Présentation du budget des Affaires culturelles, 14 octobre 1965.

36. Réponse aux orateurs le 27 octobre 1966.

37. D'une idéologie aussi changeante que volatile, Garaudy, transitant par le communisme stalinien, sera passé du scoutisme à l'islamisme. En comparaison, Malraux, passant du compagnonnage communiste au gaulliste, représente une évolution modeste et logique.

38. Le 8 décembre 1959.

39. Ces fiches ont été collectionnées, notamment par Holleaux et Moinot, presque autant que les « dyables » ou les chats malruciens.

40. Pour les comptes rendus de Malraux concernant ses rencontres avec Mao ou Nehru, Kennedy ou Nixon, voir plus loin.

41. À l'automne 1968.

42. Conseil des ministres du mercredi 7 juin 1960. 9 h 30. Archives présidentielles aux Archives de France à Paris et à Fontainebleau. La lecture de ces archives et du « menu » montre à quel point ces cérémonies devaient être lassantes. Beaucoup d'archives ont été écrémées.

43. Le biographe l'avoue : en l'absence de confidences ou de documents crédibles, pour l'écrasante majorité de ces Conseils, nous ne le saurons *jamais*.

44. Note sur les possibilités d'action outre-mer dans les domaines du cinéma, de la radiotélévision et de la presse, dans le dossier d'un conseil restreint du 2 février 1961 consacré à l'action culturelle dans certains États d'Afrique.

45. Les Archives nationales à Paris ou à Fontainebleau sont, le plus souvent, décevantes, qu'il s'agisse des conseils à l'Élysée ou à Matignon. Le plus intéressant : les notes manuscrites, ici et là. À l'évidence, les dossiers ont été écrémés par les différents Présidents et Premiers ministres. Problème pour les chercheurs et pour le directeur des Archives nationales.

46. Note du 21-01-67 ; *Très secret* on se demande pourquoi.

29. JACKIE ET « LA JOCONDE »

1. Du 31 mai au 2 juin 1961.

2. Lettre de remerciement de Jacqueline Kennedy du 21 juin 1961.

3. En août 1961.

4. Le 15 mai.

5. Lettre d'avril 1962 de la secrétaire de Jacqueline Kennedy : Laetitia Badrige au conseil culturel de l'ambassadeur de France, Gérard de la Vilesbrune.

6. Impossible de savoir si cette question a été « suggérée » par les Kennedy, Malraux lui-même, ou si elle fut spontanée.

7. Le 12 mai, à partir de 16 h 30. Cf. Mémorandum signé Mc.GB Foreign Relations 1961-1963, Vol XIII, National Archives, Washington.

8. Voir *C'était de Gaulle*, vol. 1, Alain Peyrefitte et autres sources.

9. 1957-1959. Archives du département d'État. Compte rendu du secrétaire d'État adjoint aux Affaires européennes, William R. Kleyter.

10. Une autre réunion, portant sur la politique, entre André Malraux et John Kennedy se tiendra, le 10 janvier, dans le bureau ovale.

11. À part P.B.S., chaîne de service public.

12. Du 28 novembre au 5 décembre 1962.

13. Quand *La Joconde* sera expédiée au Japon, *tous* les conservateurs du Louvre présenteront leur démission qui sera refusée.

14. Le 12 mai 1962, à propos de la conférence de presse de Malraux le 11.

15. 1961.

16. Discours du Président Kennedy le 8 janvier 1963 à la National Gallery.

17. Le 9 janvier 1963.
18. Maladie fréquente chez les hommes politiques et les journalistes.
19. L'expression est d'Alain Peyrefitte.
20. *C'était de Gaulle*, tome 2.
21. Selon Alain Peyrefitte.
22. 3 et 4 septembre 1963.
23. Voir chapitre « Nuages de mai ».
24. Interrogés sur cette question, des témoins paraissent embarrassés.

30. CRISES

1. Il faudra attendre novembre 2000 pour que des généraux admettent avec éclat l'existence de la torture en Algérie.
2. En septembre 1960.
3. Voir Émile Biasini, *Sur Malraux, celui qui aimait les chats*.
4. Le 10 avril 1960.
5. *Idem.*
6. En décembre 1964.
7. Dernière et définitive séparation au printemps 1966.
8. Brouillon de la lettre, le 7 juin 1966.

31. MAO, MÉMOIRES, « ANTIMÉMOIRES »

1. Depuis juillet 1960.
2. Le 27 janvier 1964.
3. De Gaulle ne se rendra jamais lui-même en Chine. Ses successeurs visiteront Pékin : Pompidou en 1973, Giscard d'Estaing en 1980, Mitterrand en 1983.
4. Aujourd'hui encore certains excellents guides archéologiques cambodgiens « gomment » Malraux.
5. En août 1964.
6. Le 19 avril 1965.
7. Voir son rapport du 30 juillet 1965, diffusé le 2 août. *French Government Position on Vietnam N° 23 930*.
8. Faure arriva le 19 octobre 1963, fut reçu le 20 par Zhou Enlai, le 28 par Mao.
9. Voir *Une vie pour la Chine, Mémoires 1937-1993*, par Jacques Guillermaz.
10. Le 13 septembre 1964. Dépêche à Couve de Murville.
11. Plusieurs documents de ce chapitre proviennent des archives du ministère des Affaires étrangères. On trouvera des textes intéressants — parfois un peu normalisés — dans une brochure publiée par ce ministère en 1996. D'autres documents figurent aux Archives nationales à Paris et à Fontainebleau.
12. Le 16 août 1965. Note 34 198.
13. Il existe de nombreuses versions de l'entretien de Malraux avec Mao. 1° celle des *Antimémoires*, le compte rendu le plus littéraire, le plus « ample », le moins fiable. 2° Dans « Vive la pensée de Mao Zedong », Pékin, 1969. 3° Dans *Mondes asiatiques* en 1975, publié avec l'accord de Malraux. Transcription de la sténographie chinoise. 4° Sténographie aux archives du ministère des Affaires étrangères déposée (et un peu caviardée) par Étienne Manac'h, chargé des affaires d'Asie à la direction des Affaires politiques. En riant, Manac'h confiait à l'auteur qu'il avait « épousseté » le texte venu de Pékin. 5° On doit consulter les notes de Malraux pour le Conseil des ministres du 18 août 1965, Archives nationales. 6° On peut également voir le *Nouvel Observateur* du 17 mai 1975. 7° La biographie de Jean Lacouture et les entretiens dactylo-

graphiés du fonds Malraux à la bibliothèque Jacques Doucet. La meilleure analyse de l'entretien recoupant toutes les sources est celle de Jacques Andrieu, « Mais que se sont donc dit Mao et Malraux ? » dans *Perspectives chinoises*, n° 37, septembre-octobre 1996. Pour reconstituer le véritable dialogue entre Malraux et Mao, on doit s'appuyer avant tout sur la sténographie chinoise et sur la sténographie française. Malraux a abondamment brodé dessus, en 1967, pour ses *Antimémoires* et ajouté quelques éléments en 1972. Jacques Andrieu dit que la sténo chinoise date l'entretien du 3 août 1965, la française du 5 août. Contrairement à ce que l'on pourrait penser, les sténographies française et chinoise sont étonnamment concordantes. Bien entendu, dans le passage d'une langue à une autre, il s'est produit des glissements sémantiques qui ne sont pas tout à fait innocents. Par exemple, le « maquis » dans le centre de la France que, dans la version française, Malraux dit avoir dirigé durant la Seconde Guerre mondiale, devient, dans la version chinoise, une « guérilla » paysanne contre l'Allemagne, ailleurs, Mao a pris le « maquis ». Ou bien, pour le Quai d'Orsay, Mao déclare qu'en 1789, en France, « le peuple a renversé la royauté », alors que, pour le sténographe chinois, c'est le « régime féodal » qui a alors été emporté. Mais ces petites divergences de forme mises à part, les versions chinoise et française de l'entretien apparaissent globalement d'accord, tant sur les thèmes abordés et leur ordre de succession que sur le contenu de la discussion. Mieux, la version chinoise est indéniablement plus complète que la française : la première, une fois traduite en français, est plus longue d'un tiers que la seconde et la collation ligne à ligne des deux textes montre que le sténographe chinois « s'est attaché à respecter l'enchaînement des propos échangés, alors que son homologue français les a plus d'une fois condensés ». L'article de Jacques Andrieu a bénéficié, en France, d'un silence total à sa parution. Total et suspect. Seul un journal suisse l'évoqua. Omerta française consciente ou inconsciente pour la panthéonisation ? Jacques Andrieu donne une suite à cette étude. Il s'agit non pour lui de montrer que Malraux fabule, mais de s'interroger sur les raisons qui ont poussé l'écrivain à déclarer pendant la Seconde Guerre mondiale : « Je fabule mais le monde commence à ressembler à mes fables. » (Entretien de Jacques Andrieu avec l'auteur, 2000.)

14. Voir Simon Leys, *Essais sur la Chine* et, en particulier, *Les Habits neufs du président Mao*.

15. On peut le chronométrer à partir des versions sténotypées.

16. Dans une version, Malraux aurait dit « à l'exception de Lénine ».

17. Pour le moment (avril 2001). Le Général a peut-être demandé à Malraux ce qu'il penserait de l'idée d'un second septennat et de la décision qu'il a prise ? De son souhait de remplacer Pompidou à Matignon par Couve de Murville ?

18. Archives de la Présidence, Archives nationales, Fontainebleau.

19. Voir *Le Monde* du 20 août et du 1er septembre 1965. Voir aussi l'article de Jacques Andrieu.

20. Le 1er octobre, le Quai d'Orsay l'envisageait avant le voyage de Malraux.

21. Le généticien littéraire et les amateurs de Malraux pourront lire avec plaisir les notes des *Œuvres complètes* dans la Pléiade, tome II, par Marius François Guyard, Jean-Claude Larrat et François Trécourt.

22. Jamais il ne donne une définition de ce mot. Une majorité de commentateurs semble penser que son obsession de la mort, sa métaphysique, son témoignage d'acteur de l'histoire sont au premier plan de toute son œuvre. Ils ressemblent aux critiques pour lesquels Proust est un exemple de l'utilisation de la durée bergsonnienne plus qu'un analyste social et psychologique.

23. Simon Leys, dans une lettre à l'auteur, 1999 : « La notation est précise, et rigoureusement inexacte. Le terme "rouleau mandchou" est une glorieuse ineptie malrucienne. L'usage de monter peintures et calligraphies en rouleaux prédate l'invasion mandchoue de près de mille ans — simplement "mandchou" est un beau mot sonore, et qui fait rêver. » Simon Leys ajoute : « On aurait aussi bien pu appeler les peintures du Louvre dans le Paris occupé de 1940 des "peintures allemandes". »

24. Valéry Giscard d'Estaing, à la mort de Mao, sera aussi dithyrambique, le style en moins.

25. Pour la Chine des années vingt et trente, Malraux aurait pu consulter le livre de Harold Isaacs, *La Tragédie de la révolution chinoise*, publié dans l'édition anglo-saxonne en 1938. Son éditeur Gallimard ne publiera ce livre qu'*après* la rencontre au sommet Mao-Malraux, en 1967.

26. Malraux conservera cette idée de la Chine maoïste. Dans les années soixante-dix, il dira à Roger Stéphane : « Est-ce que les masses communistes chinoises que j'ai vues ne tirent pas du communisme le plus clair de leur passion et de leur action. » Imprudent encore, il ajoutait, que « à l'heure actuelle, en Chine, on ne tue pas ». Il disait aussi à Stéphane : « On a lessivé les grands propriétaires assez sérieusement. » *Lessivé*, pas « tué ». *Assez* sérieusement : des millions de morts. *Erreurs* du communisme pour *crimes* chez les militants en veine de critique.

27. Le 1er septembre.

28. Entretien de l'auteur avec Arajeshwar Dayal, La Nouvelle-Delhi, 1997.

29. Toujours avisé dans ses rapports avec la presse, Malraux accorde un « Dialogue » à Emmanuel d'Astier de la Vigerie pour l'*Événement* (n° 19-20 de septembre), un entretien à Fanny Deschamps pour *Elle* et, large compas, bien d'autres interviews. Avec suivi dans le *Figaro littéraire*, Malraux est interviewé les 2, 9 et 23 octobre par le journaliste préféré du général de Gaulle, du moins à la télévision, Michel Droit. Participent aussi au lancement, Jean-Pierre Farkas, Roger Stéphane...

30. Pendant les « événements » de Mai 1968, l'auteur entendra à la Sorbonne des références à Malraux, du style : « Même Malraux reconnaît que Mao... »

32. TENTATION DE L'ORIENT

1. Le 23 novembre.

2. Décédé le 15 novembre 1962.

3. Le *Bhandarkar Oriental Research Institute* est le centre universitaire de la ville de Pune. Pour Nehru, c'est « l'Oxford et le Cambridge » de l'Inde.

4. Note d'audience, archives du Quai d'Orsay.

5. Le Quai d'Orsay suggère à Malraux de passer au Pakistan *après* avoir vu une exposition à Tokyo. Ainsi seraient sauves les susceptibilités des militaires pakistanais au pouvoir.

6. Alain Danielou, *Le Chemin du labyrinthe*, Robert Laffont, 1980.

7. Romancier et philosophe, Raja Rao a été le principal intermédiaire « humain » de Malraux avec l'Inde. Il malrucise volontiers. Racontant avec force détails une rencontre Malraux-Nehru en France dans les années trente, il dit — c'est du Malraux indien — « la dualité et la mort sont les seuls deux ennemis de l'homme. Quand vous deviendrez le Premier ministre de l'Inde, si vous le devenez, parce que le Mahatma Gandhi ne sera jamais membre d'aucun gouvernement — il est trop le chef de tous les hommes — souvenez-vous de moi »... Raja Rao attribue à Malraux une prescience inouïe de la constitution de l'Inde près d'un quart de siècle avant sa promulgation.

8. Aujourd'hui, il contient un musée Nehru, fort intéressant, et les archives Nehru, décevantes quant à Malraux.

9. Presque complète, la dépêche figure dans un ouvrage publié par l'ambassade de France en Inde : *Malraux et l'Inde, itinéraire d'un émerveillement*.

10. Comme avec Mao en 1965.

11. D'où en 1965, son réel plaisir à prononcer l'oraison funèbre de Le Corbusier, inventeur-créateur de cette ville moderne.

12. Voir Raja Rao, *The Meaning of India*, Vision Books, Delhi, 1996.

13. Ce détail et beaucoup d'autres se trouvent dans *André Malraux et l'Inde*,

thèse d'Yves Beigbeder, université de Paris-IV, 1983. Beigbeder est un des rares malruciens qui, tout en admirant Malraux, ne verse pas dans la surenchère hagiographique. Beigbeder signale aussi les emprunts de Malraux lorsqu'il peaufine ou complète dans les *Antimémoires* ses conversations avec le pandit. Malraux a beaucoup « pompé » les ouvrages de Louis Fischer et Tibor Mende, en particulier *Conversations avec Nehru*. Même technique qu'avec Mao. Pour son portrait de Mao dans les *Antimémoires*, Malraux a emprunté à Edgar Snow.

14. Entretien de l'auteur avec Kushwant Singh en 1997.

15. En privé, avec Jean Grosjean, Malraux convient parfois que « l'univers mental de l'Inde est irrespirable ». Entretien avec l'auteur, 2000.

16. Entretien accordé à Karthy Sishupal, 1974. Dans le même entretien, Malraux dira : « J'ai eu une grande impression de misère autrefois à Delhi, plus maintenant. Par exemple, l'année dernière, je n'ai pas vu un intouchable à Delhi ! » L'aveuglement physique de Malraux, ici, vaut l'aveuglement politique de Sartre qui affirmait que les intellectuels soviétiques étaient parfaitement libres. Même les vieilles touristes myopes ne peuvent traverser les quartiers de la Nouvelle-Delhi sans remarquer pauvres, intouchables et vaches également faméliques. Ce qui n'empêche pas l'Inde de progresser, à la différence d'autres pays en voie de développement.

17. Cela ressort bien de la thèse de K. Madanagobalane, « André Malraux et l'Inde ».

18. Le 27 mai 1964.

19. L'expression est de Jean-Alphonse Bernard.

20. « L'Inde de Malraux » dans *Malraux et l'Inde* par Dileep Padgonkar. Ambassade de France. Delhi.

21. Karl Marx : « Les résultats éventuels de la domination britannique en Inde », « lettre » écrite à Londres le 22 juillet 1853 pour le *New York Daily Tribune*.

22. Les amis de Malraux n'éclairent guère sa pensée concernant la philosophie hindoue. Dileep Padgonkar écrit : « Pour le non-initié, les concepts abstraits de Soi, être, transcendance semblent n'être qu'un enchaînement de mots sans lien clair. Or, pour Malraux, et les Indiens les plus subtils, ces formules védiques se manifestent à travers les formes les plus élevées de l'art indien, les formes les plus nobles de l'éthique indienne et — ce qui va encore un pas plus avant — dans les défis lourds de fruits potentiels que les dirigeants indiens doivent s'imposer. Il fallut un penseur de la classe de Malraux, un penseur à la fois original, audacieux et compatissant pour rappeler aux Indiens piégés à cette heure dans le chaos et l'angoisse de la modernité que c'est par un retour à leurs sources qu'ils trouveront, même si c'est de manière limitée, grâce et délivrance. » « L'Inde de Malraux », *Malraux et l'Inde*, itinéraire d'un émerveillement, ambassade de France en Inde, 1996.

23. Le 19 décembre, le général de Gaulle sera réélu président de la République.

24. Le 15 décembre 1965.

25. Malraux coupera dans la réédition de son livre.

26. Pour le 2ᵉ tour des élections législatives, le 12 mars 1967.

27. Le 19 juillet 1967.

28. Brèves lettres du 5 janvier 1968 et du 3 janvier 1969.

29. Lettre du 28 mai 1970. Pourtant, alors, de Gaulle a quitté le pouvoir ; il a du temps.

30. Lettre du 31 décembre 1969.

31. Lettre du 3 juin 1970.

32. Entretien avec Jean-Pierre Farkas à R.T.L.

33. Ventes des *Antimémoires* au 13-03-71 :
Collection Blanche : Tirage : 240 000 ex. — Mise en vente : 18-9-67. Il reste : 3 555 ex. chez l'imprimeur. 1 000 ex. à la Sodis et 5 365 ex. défraîchis chez

Hachette. La vente a baissé depuis le début 1969. Le stock propre actuel correspond à trois ans de vente, ou plus.

Collection Soleil : Tirage : 35 300 ex. — Mise en vente : 27-9-67. Le stock Hachette à fin janvier était de 969 ex. Au rythme actuel de la vente, ce stock est suffisant pour deux ans et demi.

Relié cuir : Tirage : 10 100 ex. — Mise en vente : 24-11-67. Il reste : 1 603 ex. non reliés chez Babouot. 2 778 ex. chez Hachette (à fin janvier). La vente actuelle n'atteint pas 10 ex. par mois.

J. Blanchet. Archives Gallimard.

33. ORATEUR VEDETTE

1. Pas une trace de la *Famille Fenouillard*, ni du *Sapeur Camembert* dans l'œuvre écrite de Malraux. Il y a quelques trous dans ses citations.

2. Malraux traitait de Gaulle en père. Hasardons une hypothèse inévitable : et si le Général avait aimé avoir l'écrivain (en plus calme) pour fils ?

3. On peut en discuter, ce que font d'innombrables ouvrages, universitaires ou non, d'une haute tenue.

4. Le 24 août 1958. Viendront aussi son hommage à la Grèce du 28 mai 1959 ; texte de circonstance pour l'Unesco ; pour sauver les monuments de Haute-Égypte, le 8 mars 1960 ; pour l'Unesco encore, un texte célébrant le centenaire de l'alliance israélite, le 21 mai 1960 ; bref et dense, un discours pour les funérailles de Georges Braque prononcé dans la colonnade du Louvre, le 3 septembre 1963 ; la commémoration de la mort de Jeanne d'Arc, le 31 mai 1964 ; les funérailles de Le Corbusier dans la cour Carrée du Louvre, le 1er septembre 1965 ; le transfert des cendres de Jean Moulin au Panthéon, le 19 décembre 1964 ; l'inauguration du monument à la mémoire des martyrs de la Résistance au plateau des Glières en Haute-Savoie, le 2 septembre 1973 ; le discours pour le trentième anniversaire de la libération des camps de déportation sur le parvis de la cathédrale de Chartres, le 10 mai 1975. Les oraisons funèbres paraîtront en 1971 chez Gallimard. Le discours de Chartres ne figure évidemment pas dans l'édition originale N.R.F. de 1971, mais seulement dans la Pléiade. À ces textes, on pourrait ajouter le discours fleuve concernant Mitterrand, en 1965 : antipanégyrique, oraison funèbre sarcastique prononcée du vivant de l'intéressé, et que Malraux, bien entendu, n'édita pas.

5. Avant, rappelons-le, de s'attaquer aux *Antimémoires* et alors qu'il était encore fort déprimé et en rupture avec Madeleine après une vingtaine d'années de vie commune.

6. Paul Nothomb finit sa vie en écrivant plusieurs romans, sous le nom de Julien Segnaire, puis sous son vrai nom. Il a raconté ses aventures avant et après la Libération. Il a appris l'hébreu et fait aujourd'hui des cours d'exégèse biblique. On lui doit un livre sur *Malraux en Espagne*, 1999.

7. Malraux tombera malade peu après avoir prononcé son allocution. Grosjean n'apprécie pas les discours de Malraux.

8. Note d'Odette Laigle à l'attention de Claude Gallimard, le 26 mars 1971.

9. Lettre du 5 avril 1971.

10. Lettre du 13 avril 1971.

11. *Les Chênes qu'on abat*, la « locomotive », seront publiés le 17 mars 1971 ; *Les Oraisons funèbres*, les wagonnets, deux mois plus tard, le 15 mai.

12. Lettre d'André Malraux à Louise de Vilmorin, le 3 décembre 1951.

13. Lettre du 15 octobre 1968.

14. 31 janvier 1967.

15. Après mai 1968, avec Philippe Labro, à R.T.L.

16. Toutes, sauf deux, diffusées après la mort de l'auteur. *a)* Entretien avec Malraux, à propos de *La Tête d'obsidienne* : 15 mars 1974. *b)* Émission sur Florence : 23 novembre 1976. (Vue par Malraux, avant, en privé.) Série Journal de

voyage avec André Malraux à la recherche des arts du monde entier. 1. Florence (reprise de *b*) : 12 avril 1977 ; 2. Florence, Rome et Fontainebleau : 19 avril 1977 ; 3. Venise : 26 avril 1977 ; 4. Rembrandt : 29 novembre 1977 ; 5. Goya : 12 avril 1978 ; 6. Manet : 19 avril 1978 ; 7. Afrique-Océanie : 26 avril 1978 ; 8. Haïti : 2 mai 1978 ; 9. Le Japon : 21 novembre 1978 ; 10. L'Inde : 11 avril 1979 ; 11. Picasso : 5 novembre 1979 ; 12. Le Musée imaginaire : 5 décembre 1979 ; 13. Les apprentissages d'un regard : 25 mars 1980. Émissions *La Légende du siècle* : 1. Le peuple de la nuit : 29 avril 1972 ; 2. Les papillons de Singapour : 6 mai 1972 ; 3. Les conquérants : 13 mai 1972 ; 4. L'espoir est mort : 20 mai 1972 ; 5. « Viva la muerte » : 27 mai 1972 ; 6. La cathédrale retrouvée : 11 novembre 1972 ; 7. La condition humaine : 18 novembre 1972 ; 8. Le jeune homme de l'Acropole : 25 novembre 1972 ; 9. Pour la mort des héros : 2 décembre 1972. T.V. 2e chaîne couleur.

17. Entretien de l'auteur avec Claude Santelli, 2000.

18. 7 décembre 1975.

19. Publié par Marc Lambron dans *La Règle du jeu*, septembre 1998.

20. Jean Leymarie, conservateur au musée d'Art moderne.

34. NUAGES DE MAI

1. Voir Alain Peyrefitte, *C'était de Gaulle*, tome 2, et l'article d'Alain Besançon « Nous allons en Russie », *Commentaire*, n° 90, été 2000.

2. Voir *C'était de Gaulle*, tome 3 d'Alain Peyrefitte, Fayard 2000, et Archives présidentielles, note manuscrite. Conseil des ministres du 27 mars 1968.

3. Entretien avec l'auteur, 2000.

4. On devrait dire, il verra : voir son entretien avec Klaus Harpprecht réalisé en 1968 (diffusé sur Arte le 21 mai 1993), c'est-à-dire vingt-cinq ans après les événements et après la béatification de Cohn-Bendit.

5. Le jeudi 23 mai.

6. Le 26 mai.

7. Voir José Bergamin : *Notes pour Notre Temps*, Centre Georges-Pompidou, 1989.

8. Voir, entre autres, *Tous comptes faits*, par Pierre Moinot.

9. Alain Malraux, *Les Marronniers de Boulogne*.

10. Lettre à Georges Pompidou, le 24 septembre 1957.

11. *Le Temps immobile 3* et *Comme l'espérance est violente* par Claude Mauriac, Grasset.

12. Dès le 13 mai.

13. On lui doit, de Gaulle lui doit beaucoup de « Mots du général ».

14. Le 18 mai.

15. Le 20 mai.

16. *Sunday Times* du 28 juillet 1968.

17. En plein été, une lettre datée du 27 août 1968.

18. Voir les interviews de Malraux, en particulier entretien réalisé le 5 mai avec Komnen Becirovic, diffusé à la télévision yougoslave le 6 mai 1969.

19. C'est son avant-dernier discours aux masses gaullistes. Le dernier sera celui du 23 avril 1969 au Palais des Sports pendant la campagne pour le référendum.

20. Le 20 août 1968.

21. Entre 250 000 et 650 000 hommes.

22. Le 24 août 1968.

23. Jacques Foccart, *Le Général et moi*, Fayard/Jeune Afrique, 1998.

24. Conseil des ministres du 4 décembre 1968.

25. En mai 1971. Publié par Claude Travi dans les actes du colloque « André Malraux, l'homme des Univers ». Verrières-le-Buisson, 1989.

35. LITTÉRATURE TOUJOURS

1. Ce sera sa dernière grande apparition publique, en chair et en os, dans une campagne électorale.

2. Et il y reste. Grosjean et Beuret, en 1968, songeant à l'Espagne de 1939 et à la France de 1940, se moquaient de Malraux : — Il suffit que tu épouses une cause... Malraux répétait : — Mon ami Tchang Kaï-chek ne se porte pas si mal.

3. À l'époque, l'auteur, journaliste au *Nouvel Observateur*, l'a constaté.

4. Ce jour-là, un témoin, le colonel d'Escrienne se trouve également à la Boisserie.

5. Collection privée comme différents « états » et épreuves des *Chênes qu'on abat* — mine pour une étude de la genèse du livre. Malraux a déchiré, comme souvent, son manuscrit ou des états du manuscrit, avant de remettre la dernière version à dactylographier.

6. En raison de la présence de d'Escrienne et de Courcelle, Malraux ne dira pas qu'il conversa cinq heures avec de Gaulle. Qu'importe ! Il vécut un demi-siècle ce jour-là.

7. Fin 1967.

8. Le 7 juillet 1970.

9. Parvenu jusqu'ici, le lecteur mérite une note roborative, la recette du pigeon « André Malraux ». Pour 4 personnes, 4 pigeons d'environ 500 g. Pour la farce : 100 g de lard gras frais, 100 g de cèpes coupés, 50 g d'échalotes, 50 g de crête de coq, 50 g de foie de canard frais, 100 g de salsifis cuits, coupés, 1 bouquet de thym et laurier, sel, poivre. Pour la sauce : 1 dl de vin blanc sec, 5 cl de Noilly, 3,5 dl de fond de pigeon, 50 g de beurre (facultatif). Garniture : 100 g de cèpes, fines herbes. Désosser et vider 4 pigeons du côté de l'échine, en ayant soin de ne les inciser que jusqu'au milieu du dos ; laisser adhérer le plus de peau possible du côté de la poche de façon à pouvoir la replier sur la farce. Seuls, les pilons doivent rester intacts. Réserver les foies. Étaler les pigeons sur la table, la poitrine en dessous ; les assaisonner de sel et poivre ; les farcir d'environ 60 g de la préparation composée comme suit. Faites fondre et bien chauffer dans une sauteuse 100 g de lard gras frais coupé en dés ; ajouter les foies avec les condiments (échalotes hachées, thym, laurier, épices, sel, poivre) ; les faire raidir vivement à feu vif sans qu'ils aient le temps de rendre leur jus. Ajouter ensuite 100 g de cèpes coupés en dés et rapidement sautés à la poêle, 50 g de foie de canard frais coupé en dés et saisi à la poêle, 50 g de crêtes de coq cuites à l'avance et bien égouttées, 100 g de salsifis cuits coupés en dés. Hacher le tout pour obtenir une farce assez grossière ; en garnir les pigeons ; les reformer et les ficeler d'une bride. Les ranger dans un sautoir avec une noix de beurre et les faire cuire au four, pendant trente minutes à chaleur moyenne. Le sommelier, chez Lasserre, conseille un Château Brondelles Graves 1985.

10. Communiqué à l'auteur par Bernard Tricot, 1998.

11. 20 octobre 1970.

12. L'auteur prie qu'on l'excuse de ne pas s'attarder dans ce livre sur les enterrements.

13. En France, deux cas évidents : Mendès France et Michel Debré, *après* avoir quitté le pouvoir, sont sinistres, persuadés que, depuis leur départ, la France est veuve.

14. Avec *Les Chênes qu'on abat*, Malraux est très conscient de poursuivre ses *Antimémoires*. Le deuxième volet, « La corde et les souris », de ce qui sera rassemblé sous le titre *Le Miroir des limbes* comprendra *Hôtes de passage*, *Les Chênes qu'on abat*, *La Tête d'obsidienne*, *Lazare*.

15. Propos du samedi 25 octobre 1947. Le livre, posthume, paraîtra en 1996 avec une préface de Jean Mauriac.

16. La femme du capitaine a enregistré ses mémoires. Elle dit que Malraux était « menteur, hypocrite et dragueur ». (Inédit.)

17. Voir le *Dictionnaire Picasso* de Pierre Daix, Laffont, 1995.

18. L'écrivain prend prétexte d'une exposition intitulée « André Malraux et le musée imaginaire » comme lance-pierre non de son orgueil mais de sa vanité. Il n'a pas demandé à la Fondation Maeght de l'organiser.

19. Archives Gallimard.

20. Dans ses interviews, il racontera qu'il a touché à l'alcool et au haschich « comme tout le monde ».

21. Il dira à Françoise Giroud qu'elle fut la seule à le remarquer.

22. Lettre du 31 janvier 1975.

23. Lettre du 11 mars 1974.

24. Lettre du 15 mars 1974.

25. Publiée avec un très grand succès en 1973.

26. Au 30 juin 1975.

27. Lettre à Hirsch, le 16 octobre 1967.

28. Lettre du 19 décembre 1974.

29. Lettre du 4 décembre 1974.

30. Une allusion des *Hôtes de passage*, reprise dans *Le Miroir des limbes*. Torrès : « Tu as des enfants ? demande-t-il comme un diable sort de sa boîte. Malraux : — J'ai encore une fille. — À l'université ? M. : — Plus âgée, elle a épousé Alain Resnais. »

36. TABLEAUX BRILLANTS

1. Sophie de Vilmorin, *Aimer encore*. Elle écrira affectueusement : « Il a fait semblant... Il aimait la renommée et la situation lui en apportait beaucoup... »

2. *France-Soir*, 18 septembre 1971.

3. Voir *Aimer encore* de Sophie de Vilmorin.

4. Lettre du 4 octobre 1971.

5. Lettre à Gyula Illyes, le 8 novembre 1971.

6. Entretien de l'auteur avec M. J. N. Dixit, ancien ministre des Affaires étrangères, 1996, Haryana.

7. Lettre du 3 février 1972.

8. Après avoir été le vice-président de Dwight Eisenhower, Richard Nixon, dans *sa* traversée du désert, ne réussit pas à se faire élire gouverneur de Californie. Il sera néanmoins Président.

9. Nixon n'était alors que candidat.

10. Interview largement diffusée de Malraux par Jean Mauriac, collaborateur de l'Agence France-Presse.

11. Dans une lettre à Patrick Buchanan, le 4 mars 1971. Peut-être une erreur de frappe. Buchanan, dans sa réponse accompagnée des citations demandées par Nixon, ne commet pas cette erreur.

12. Nixon, *Mémoires*.

13. Mémorandum de H. Kiessinger à R. Nixon, daté du 14 février 1972. Archives nationales, Washington.

14. Mao l'expliquera à Pompidou, à Diên Biên Phu, l'artillerie était chinoise. Au Nord-Vietnam, en 1965 et 1972, l'auteur et tant d'autres témoins ont vu beaucoup de produits et de matériel militaire léger chinois (armes individuelles, camions).

15. On peut penser que Nixon a écouté, sans plus, ces propos malruciens.

16. Mémorandum à Nixon, daté du 14 février 1972.

17. Entre autres, Alexandre Komin, chef de l'antenne du K.G.B., l'a constaté en 1963 à propos de la crise des missiles. Scali, de son propre chef, a posé des « conditions » qui poussèrent Khrouchtchev à céder.

18. Des journalistes comme Ken Freed, de l'Associated Press, et Mel Elfin ont le sentiment que Malraux a perdu le sens de la réalité.

19. Les archives présidentielles américaines sont filtrées ou écrémées mais moins que les françaises.

20. Il sera l'avocat de Nixon pendant le naufrage du Watergate.

21. Le mot fascinant revient sans cesse à propos de Malraux. Il hypnotise. Il y a du cobra royal en lui.

22. Henry Kiessinger, *White House Years*, Little, Brown and Cie, 1979.

23. Du 17 février 1972.

24. Cette idée si souvent reprise passe par exemple dans l'article du journaliste, Ronald Kovan, l'*International Herald Tribune* du 17 février 1972.

25. Interview de Malraux par Philippe Labro, *Le Journal du dimanche*, 20 février 1972.

26. En particulier dans son entretien avec Philippe Labro, « Cinq heures ensemble », Malraux affirme qu'il parla longuement avec Mao.

27. Dont *Les Habits neufs du président Mao*, chronique de la « Révolution culturelle », avait paru l'année précédente en France, aux éditions Champ Libre.

28. Archives du Quai d'Orsay.

29. D'après les carnets conservés par Sophie de Vilmorin, Madsen verra Malraux trois fois en 1974 et 1975.

37. LES ARTS, L'ART

1. Que pensa-t-il des tours de la Défense et de la tour Montparnasse, ce chancre, grâce auquel fut détruite la vieille gare Montparnasse, belle pièce de l'archéologie industrielle?

2. Malraux ne dira jamais qu'il aurait aimé devenir peintre. Il ne prend pas au sérieux les hippocampes, dyables et chats qu'il gribouille sur ses lettres et manuscrits, et que ses amis et ses collaborateurs collectionnent. Son indifférence à la musique est celle de sa génération. De 1880 à 1900, appuyées sur le wagnérisme, littérature et musique sont en symbiose. Parmi les écrivains de l'entre-deux-guerres, apparaît une certaine ignorance de la musique ou un rejet.

3. Note-conseil en septembre 1970. Il en existe plusieurs destinées à René Clair et à sa femme. Fonds Jacques Doucet. Malraux écrivait ses notes puis les faisait dactylographier. Il n'envoyait de lettres manuscrites à la fin de sa vie qu'au Général et à certains auteurs pour les remercier d'un envoi.

« Monsieur René Clair.

1. Tokyo. — Le grand musée, Fatras. Deux départements importants : les bronzes chinois (vases primitifs) et les haniwas (statuettes prébouddhiques). Les lavis de Gyokudo (sinon à Kyoto) : c'est la peinture qui a rompu avec la tradition (chez nous, Manet). — La collection Bridgestone (traduction du nom du propriétaire japonais). Coré qui marche, ébauche grecque, tableaux modernes : impressionnistes, Van Gogh, Cézanne, Rouault. — Le musée d'art moderne (tableaux moches, mais le musée est de Le Corbusier).

2. Kyoto. — Le musée : capital. Demander le Shigemori et le Yorimoto de Takanobu (xiiie). Et les taïras (rouleaux) de l'époque Heian, s'ils ne sont pas exposés. — Le Grand Temple (au-dessus de la ville) — Le jardin aux sept pierres (voir les deux côtés du monastère) — L'autre grand temple (en bas) — Le village du thé. — Le Palais Impérial (reconstitué, mais saisissant) — Le Temple des Renards — La rue des Maisons-Vertes (les maisons des Geishas impériales) si elle existe encore. — La collection de bronzes archaïques Sumitomo (la plus importante du monde). 3. Nara. Osaka, Kyoto, Nara sont proches. Hôtel possible. Tout : c'est une ville Heian. Les temples hors de la ville (presque abandonnés). L'ensemble des temples (architecture japonaise capitale). Dans les temples : les fresques de Horiuji, les plus importantes du Japon. Refaites, mais il y en a quelques-unes dans ce qu'ils appellent le musée (qui est la salle de l'un des temples). Voir sans faute — audit « musée » la KANNON KUDARA, la sculpture la plus importante de tout le bouddhisme. Etc. 4. Osaka.

La ville (la plus moderne du Japon). Une des grandes salles de spectacle (pour l'immensité). Les annonces lumineuses pendues aux ballons la nuit. La friterie de poissons. Leur dernier grand prix de l'Éducation Nationale (toutes les écoles équipées) est le film de Christian Zuber. Emporter de vos livres pour cadeaux (ils sont très sensibles aux dédicaces). Emporter, pour vous, le Skira (La Peinture japonaise). Septembre 70. »

4. Suisse, Skira travaille en France dès les années trente quand s'améliorent les techniques de reproduction photographique. Il publie un petit journal culturel *Labyrinthe* auquel Malraux donne un fragment de la *Psychologie de l'art*.

5. Lettre du 26 décembre 1973.

6. Voir l'inventaire des publications sur l'art de sa bibliothèque, publié par le musée national d'Art moderne, Centre Georges-Pompidou, 1986.

7. Publié à Madrid par Espas-Calpe, de 1945 à 1966.

8. Élie Faure publie en 1909 l'« Art antique », premier volume de son *Histoire de l'art*, et après l'« Art médiéval » et l'« Art renaissant », le dernier, l'« Art moderne » en 1920. L'ultime édition, vue par lui, est de 1926. Ensuite, les éditions incorporent ses additions. Le 5 février 1952, dans une lettre à Pascal Pia travaillant à un article sur *Les Voix du silence* pour l'hebdomadaire *Carrefour*, Malraux écrit : « Je viens de lire dans la *Revue de Paris* un article plutôt connard du jeune Boisdeffre, qui a l'avantage de résumer les points de vue hostiles. En particulier l'influence d'Élie Faure. » Jean-François Revel écrira que tout Élie Faure est dans Malraux, mais pas tout Malraux dans Élie Faure. Une étude comparative complète, presque juxtalinéaire, des textes de Faure et de Malraux reste à faire.

9. À Santelli, dans la *Légende du siècle*, 1972.

10. Au cours des trois films de Clovis Prévost.

11. Le français permet des cabrioles stylistiques que l'anglais interdit. À partir de 1934-1935, la pensée française est souvent contaminée par *une* partie de la philosophie allemande. Malraux n'est pas lecteur de Husserl ou de Heidegger, que son ami Aron découvrit, mais il n'échappe pas à une ravageuse logorrhée. Dans ses années de formation, Malraux était plus proche des conceptions d'un André Lalande, se réjouissant en 1926, dans son officiel *Vocabulaire technique et critique de la philosophie*, de la faveur que retrouvait, en France, la métaphysique. Dès 1922, le premier Wittgenstein traçait les limites des investigations métaphysiques possibles par le langage. Clara et André Malraux passèrent en Autriche dans les années vingt sans se rendre compte que les positivistes logiques de l'École de Vienne, Rudolph Carnap et Morris Schlick, travaillaient ces questions fondamentales. Sur le plan philosophique, Malraux reste insulaire français, parisien prékantien. Il croit que la métaphysique est un mode de connaissance, un savoir suprême, et que le roman *et* le commentaire artistique de *son* niveau permettent d'atteindre la Vérité. Malraux écrit comme s'il croyait qu'existent, au-delà de leurs incantations dans des œuvres, l'Art et la Vérité, au bord de l'Absolu. Il accepte l'idée sous-jacente qu'on peut, par l'écrit, déterrer une substance rare, réductible aux mots. Un bon écrivain peut avoir une approche révérencielle mais peu logique du langage. Les plus doués peuvent aussi ne jamais s'intéresser aux confins du langage.

12. « André Malraux and the Crisis of Expressionism », *Burlington Magazine*, décembre 1954.

13. Spécialiste de la Renaissance, Gombrich évite les théorisations généralisantes ; il suit Karl Popper pour qui beaucoup de concepts des histoires de l'art remontent à des pensées dépassées, à l'essentialisme d'Aristote ou à l'idée de l'unité d'une époque, à l'« esprit » hégélien, à l'historicisme en général.

14. Chez José Corti.

15. Pas de traduction ni de réimpression. En 1973, 1 147 exemplaires avaient été vendus. Face aux 76 000 exemplaires du *Musée imaginaire*, le livre

de Duthuit ne pèsera guère pour le grand public. Aux États-Unis, en 1951, *La Psychologie de l'art* se vendra plus que tout autre livre d'art.

16. *Le Figaro littéraire*, 3 novembre 1956.

17. *Les Nouvelles littéraires*, 30 janvier 1957.

18. Lettre du 26 avril 1955 à José Corti. Communiquée par Bertrand Fillaudeau, archives Corti.

19. Ainsi, le directeur du Louvre, spécialiste de Chardin, Pierre Rosenberg, est heureux d'avoir feuilleté, à dix-sept ans, *Les Voix du silence*. Un autre historien d'art, François Avril, jeune, se vit offrir le catalogue *Les Manuscrits à peintures en France du XIIᵉ siècle*. L'intérêt de Malraux pour l'art du haut Moyen Âge le frappa. Il relut les textes. Plusieurs fois, François Avril se sert du mot « fulgurant » pour caractériser un texte de Malraux et son effet sur lui, jeune lecteur. Entretiens de l'auteur et A. O. Poilpré avec Pierre Rosenberg et François Avril, 2000.

20. Simon Leys, dans une lettre à l'auteur, 1999. En soumettant un texte de Malraux sur un autre sujet à d'autres spécialistes, on obtient le même genre de résultats.

21. Voir « La genèse du Musée imaginaire de Malraux », par Jean-François Sonnay, *Études de lettres*. Sonnay semble un des rares commentateurs à savoir parler de Malraux sans hargne ou sans transes admiratives.

22. Article de 1958, repris dans *Contrecensures*, J.-J. Pauvert, 1966.

23. Rapporté à l'auteur par Michel Laclotte. Il s'agit du *Martyre de saint Étienne*, aujourd'hui au musée de Lille.

24. « Combien, ce Chardin ? » Propos rapportés par Pierre Rosenberg.

25. Quant aux films sur l'art, l'anti-Malraux serait sans doute Kenneth Clark, dans une série pour la B.B.C. instruisant méthodiquement le téléspectateur, publiée sous le titre *Civilisation, a Personal Review*. B.B.C. et John Murray, Londres, 1969, traduction française par André de Vilmorin, Hermann, Paris, 1974.

26. Jusqu'en 1999.

27. Voir l'article exhaustif d'Alban Cerisier dans le numéro spécial consacré au livre par l'École nationale des Chartes, Paris, 2000. Je lui dois les renseignements concernant la conception et la parution de « L'Univers des formes ».

28. Conçue en 1955-1956, annoncée dans le Bulletin de la N.R.F. en 1958, après signature du contrat avec Hachette en 1956, la collection sortira de 1960 à 1997. Salles codirigera, en théorie, la collection avec Malraux jusqu'en 1966.

29. Le 18 mai 1974. Les amateurs trouveront aussi des variations sur *La Joconde* dans les *Voix du silence* (1951) et *L'Irréel* (1974). Dans le premier texte, on apprend, entre autres, que « Léonard dédaignait la couleur ». Dans le second, qu'il « ne s'agit ni de perfectionnement du clair-obscur, ni de ce que deviendra le sfumato chez Andréa del Sarto, ni de procédés de représentation flamands, hérités par Venise : pas de représentation de l'ombre, mais de son chant ».

30. Voyage au Japon du 13 mai au 1ᵉʳ juin 1974.

31. Sophie de Vilmorin : « André Malraux ne votait jamais. » Entretien avec l'auteur, 2000.

32. En 1803.

33. Citations relevées par un membre de l'ambassade de France, qui note jusqu'à l'heure d'arrivée, 11 h 25. Remises à l'auteur par Tiga à Port-au-Prince, 2000.

34. Pourtant, Malraux semble avoir lu Alfred Métraux, Jean Price-Mars et René Depestre...

35. Œuvres offertes : *Paradis terrestres* par Jean-Claude Duvalier (le titre du tableau paraît humoristique) et cinq œuvres données par les peintres de Saint-Soleil. Achetées : *La Grande Brijitte* par André Pierre, et *Cavaliers qui montent à la citadelle* (du roi Christophe).

36. De fait, il l'a sollicitée, au mieux, il s'est laissé faire par l'ambassadeur désireux de ménager Duvalier junior.

37. Entretien avec et lettre à l'auteur de l'ambassadeur Léon Deblé, 2000
38. *L'Intemporel.*
39. À l'oral, dans les trois films de Clovis Prévost.
40. Malraux passe vite du réel au surnaturel. Ministre, il soutenait le laboratoire du Louvre : il voyait dans les examens des tableaux à l'ultraviolet, à l'infrarouge et autres microprélèvements « une introspection du génie des artistes comme Vinci, Rembrandt, Corot ». L'expression est de Jean-Pierre Mohen, *Revue pour l'histoire du C.N.R.S.*, n° 2, hiver 2000.

38. POT-AU-FEU

1. En 1972.
2. Lettre du 18 juin 1976.
3. Bertagna se dit en riant « piluliste ».
4. Préface au volume I des *Œuvres complètes* rassemblées dans la Pléiade.
5. Le 7 février 1971 à Verrières. Communiqué à l'auteur par Jean Grosjean, 1998.
6. Il fut, après la mort de l'écrivain, totalement dévoué à Florence Malraux.
7. Sophie de Vilmorin, *Aimer encore*, Gallimard, 1999.
8. *Ibid.*
9. Tiré du questionnaire de Marcel Proust.
10. Les Saint-Chéron, l'un universitaire, l'autre critique, ont voué leur vie à Malraux.
11. Interview pour *L'Express*, juillet 1976. D'abord refusée, elle fit le tour du monde. Malraux *attendait* qu'on le fasse parler des chats.
12. Sartre, qui n'avait même pas un hamster, prétendait qu'il fallait se méfier des gens qui aimaient trop les animaux. Malraux n'était pas dans ce cas.
13. Notes communiquées par Jean Lescure.
14. Le 6 novembre 1973, notes communiquées à l'auteur par Bernard Tricot, 1999.
15. Lettres à Marie Lamy, septembre et octobre 1971.
16. De 1968 à 1976, brouille en 1972.
17. Carnet de 1971.
18. *Idem.*
19. Le 29 février 1972.
20. Les lettres de Gogo à Malraux à Verrières ont disparu.
21. Entretien avec l'auteur, Florence, 2000.
22. L'auteur, qui suivait à l'époque Chaban-Delmas pour *Le Nouvel Observateur*, lui demanda, le lendemain de la diffusion de cette émission, s'il savait ce que Malraux allait dire. « En gros », répondit Chaban-Delmas. Il ajouta : « Nous étions tous les deux en avance. » Pour les ordinateurs, c'était vrai.
23. Le 12 mai 1976. On peut connaître directement ou indirectement selon Russell — *Knowledge by acquaintance, knowledge by description*. Pour les auditeurs de Malraux, le sous-entendu est : « quand je lui ai parlé ».
24. Ce Lénine-là, on le connaissait. Il paraîtra après 1989, avec l'ouverture des archives russes. Staline *était* dans Lénine, beaucoup plus que Lénine dans Marx.
25. Voir interviews dans *Le Nouvel Observateur*, 27 octobre et 3 novembre 1975.
26. *Les Canards de Ca-Mau*, roman, Laffont.
27. Lettre du 11 mars 1970.
28. Entretiens Malraux/Grover sur Drieu : juin 1959 ; sur Barrès : 1er juillet 1968 ; sur Paulhan : 20 août 1971 ; sur Céline : 9 mars 1973. Voir aussi les *Antimémoires*, 20 juin 1975 et 18 août 1975.
29. Le 18 août 1975.
30. Pour ce dernier livre voir une étude, sympathique à l'endroit de Mal-

raux, d'Henri Godard, *L'Autre Face de la littérature. Essais sur André Malraux et la littérature.*

31. *Le Monde*, le 15 mars 1974.

32. Sophie de Vilmorin, *Aimer encore.*

33. Le manuscrit comportait deux fins possibles. Beuret a choisi la plus optimiste, celle qui allait le plus dans le sens de la fraternité. Témoignage de Pierre Brunel, au cours de l'émission Agora, France-Culture, 2 juin 1989.

34. Claude Gallimard décidera de se rembourser sur l'œuvre. La vente de l'appartement de la rue de Montpensier couvrira les autres dettes.

CICATRICES

1. Philippe de Gaulle, *Mémoires accessoires*, Plon, 2000.

2. Introduction aux *Œuvres* dans la Pléiade.

3. Pourquoi? Il n'aurait pu admettre que, comme tant d'intellectuels, il s'était opposé au totalitarisme brun (nazisme, fascisme, franquisme) sans couper avec l'autre, rouge, soviétique, chinois...

4. Écrit en 1933.

5. Manuscrit communiqué par Jean Lescure.

6. Lettre à l'auteur le 28 mai 1999.

7. Le professeur Yves Aguillon en doute, et d'autres spécialistes.

8. Interview sur Antenne 2, le 12 novembre 1981.

9. Sans doute Malraux profita à l'extrême des facilités du français, seule langue qu'il connaissait, pour faire passer plus de fulgurances que de percées conceptuelles. En toute bonne foi? On ne trouve chez lui aucune réflexion sur les possibilités ou les limites du langage, ce qui transforme curieusement Malraux, marchant sur notre terre ou volant dans un Potez, en homme du xixe, pas du xxe siècle.

10. Jean Lacouture a joué un rôle éminent dans la mythification de Malraux (comme dans celle de Hô Chi Minh ou de Mauriac). À juste titre, il faisait partie du comité de panthéonisation. Quelques semaines avant la cérémonie, il écrivait (*Le Nouvel Observateur*, 19-25 septembre 1996) que 1° (Malraux) avait « non sans prévenir les autorités arraché quelques statues et bas-reliefs au temple quasi abandonné de Banteay Srey »; 2° (Malraux) avait créé « une escadrille d'une quinzaine d'appareils qui constituera pendant un an le seul effectif de l'aviation républicaine »; 3° « le bombardement de la route de Medellín à Madrid... sauva pour plusieurs mois la capitale républicaine ». Des erreurs de 1973 pouvaient ne pas être reprises et aggravées en 1996.

11. Un jeune membre du Conseil d'État, une des fusées porteuses des cérémonies, Bernard Spitz, évita le pire : la société Itinéraire T prévoyait un transport du cercueil de Malraux sur un chariot électrique télécommandé. Imaginez la panne! Un autre projet, de Silence Productions, proposait de convoquer, rien de moins, 80 chefs d'État et 10 000 invités. Le comité national pour la commémoration avait, comme certains antibiotiques, un large spectre — politique, bien entendu. Le président d'honneur était Jacques Chaban-Delmas, modérément de droite, ancien Premier ministre, le Président tout court, Jorge Semprun, écrivain de gauche, ancien déporté, ex-ministre espagnol de la Culture. Dosage soigné, de la gauche tarama à la droite caviar. Le président Chirac reçut à l'Élysée. Il feignit d'oublier qu'il avait fait battre Chaban, soutenu par Malraux, au premier tour de l'élection présidentielle de 1974. Chirac jettera à Chaban-Delmas : « Ça fait plaisir de te voir ici. » Le plaisir fut unilatéral.

12. Schumann est un « rhétoriqueur », disait de Gaulle. Voir Claude Guy, *En écoutant de Gaulle.*

13. Pour ce discours-là, on avait songé à Jorge Semprun.

14. Invité pour le P.C.F., Robert Hue ne bougeait pas. Sa seule présence le

dédouanait. Nos communistes, nous dit-on, ne sont plus staliniens, puisqu'ils disent qu'ils ne le sont pas.

15. On avait songé, autrefois, à Albert Camus, Léon Blum, Pierre Mendès France.

16. Longue marche homologuée à la notoriété, les textes de Malraux passent de la Licence au programme de l'Agrégation dans les années 90.

17. Le 8 juin 1956.

18. Malraux, on l'a vu, se montrait dithyrambique à propos des *Mémoires d'espoir*, très inférieurs aux *Mémoires de guerre*. On doit remarquer que les éditeurs du Général n'osaient pas lui faire les critiques de forme qui s'imposent, en particulier, à propos du monotone « ne laisse pas de... ». Par ailleurs, la critique de fond n'a commencé qu'avec l'édition des *Mémoires* dans la Pléiade mais il reste des scories. Lui décernant son certificat de génie, de Gaulle était sans doute aussi reconnaissant à Malraux d'avoir quitté le gouvernement après la grande démission de 1969.

19. En 1947, Mauriac écrit : « Je crois à Malraux assez de superbe pour considérer le général de Gaulle comme une carte de son propre jeu. » Là, Mauriac se trompe. Jeux faits et comptes apurés, le dernier atout reste au militaire.

20. Mort à vingt-quatre ans, Claude n'a *aucune* décoration. Roland, mort à trente-trois ans est médaillé de la Résistance.

21. Pour la cérémonie du Panthéon, deux invités absents ne furent pas signalés, Valéry Giscard d'Estaing et Danielle Mitterrand, veuve de François, aussi rancuniers l'un que l'autre. S'étaient fait excuser : Saul Bellow, Carlos Fuentes, Nadine Gordimer, Günter Grass. Avant et après la cérémonie du transfert des cendres, l'encens fut répandu à travers toute la France conviée à se réunir et à s'unir. Partout, dans le métro, on lisait les formules malruciennes : « La mort transforme la vie en destin » ; « J'ai appris qu'une vie ne vaut rien, mais que rien ne vaut une vie ». On profita des circonstances pour faire de Malraux une sorte de chantre du gaullisme et des patries mais aussi un parent de l'Europe façon Maastricht : « La jeunesse européenne est plus touchée par ce que le monde peut être que par ce qu'il est. » Sur les fermes suggestions de l'Élysée, de Matignon et du ministère de la Culture, les bureaucraties s'éveillèrent. L'État français dépensa 22 millions de francs, rien si l'on pense qu'un sommet des chefs d'États africains ne peut s'organiser à moins de 50 millions. La Comité national du cinéma mit *Sierra de Teruel* à la disposition de 800 salles. On cajola les banlieues et les provinces, Boulogne où vécut Malraux, Toulouse où il fut emprisonné, Strasbourg qu'il libéra. Un roman de Malraux « au choix du professeur » fut inscrit au programme du baccalauréat dans les séries L et S. Comment la France n'aurait-elle pas communié ? Des photos de Malraux, dans toutes ses tenues civiles et militaires, furent répandues abondamment. Et surtout celle de Malraux en 1945, en béret, les galons bien apparents. Du coup, on découvrit l'auteur du cliché, le commandant de gendarmerie en retraite, Pierre Guérin du Marteray. Il avait quatre-vingt-trois ans. Il avait pris cette photo le 14 décembre 1944. Elle avait enchanté Malraux. « Voyant le résultat du développement de la pellicule [*Malraux*] me demanda de la lui prêter, afin que son service de presse la reproduise. » (Lettre du commandant en retraite enregistrée au ministère de la Culture, le 14 novembre 1996.) *Elle* lança une mode Malraux. Donnant ses consignes : « Copiez le style Malraux... allure littéraire... comme lui sous la pluie... imperméable en gabardine de coton... dans l'allure Malraux tout est irrésistible... style indémodable, qui n'appartenait qu'à lui... » Tout notre temps est là avec l'hyperbole, le superlatif, la généralisation, le lieu commun. On revit Malraux sur tous les écrans de télévision. Aucun écrivain n'avait bénéficié d'une pareille publicité officielle. Ses ventes, un temps, doublèrent. Ses biographies, instantanées et homogénéisées, reprirent toutes les calembredaines le concernant, simples, simplettes, affligeantes. Tout était voué à Malraux et chacun se vouait à lui. Jack Lang aussi donne dans le vocatif de

complicité et de confusion : « En 1996, Malraux, vous écririez des *Conqué-rants* dont le héros se nommerait le "subcomandante Marcos"... » Marcos, le parfait faux héros.

22. Édition Pierre Fanlac, Périgueux.

BIBLIOGRAPHIE SÉLECTIVE

LIVRES

Am I a Hindu ? The Hinduism Primer, Ed. Viswanathan, Rupa & Co, 1993.

Adams Jad, Whitehead Phillip, *The Dynasty The Nehru-Gandhi Story*, Penguin Books, 1997.

Ajchenbaum Yves-Marc, *À la vie à la mort. Histoire du journal « Combat » 1941-1974*, Le Monde Éditions, 1994.

Alcalay Jean-Marc, *André Malraux et Dunkerque, une filiation*, Société dunkerquoise d'histoire et d'archéologie,1996.

Ali Tariq, *The Nehrus and the Gandhis, an Indian Dynasty*, Picador, 1985.

Amouroux Henri, *La Grande Histoire des Français sous l'Occupation, un printemps de mort et d'espoir, joies et douleurs du peuple libéré, septembre 1943-août 1944*, Robert Laffont Bouquins, 1999.

Andreu Pierre, Grover Frédéric, *Drieu la Rochelle*, Hachette littérature, 1979.

Aron Raymond, *Mémoires*, Julliard, 1983.

Assouline Pierre, *L'Homme de l'art, D.-H.Kahnweiler 1884-1979*, Balland, Folio, 1988.

— *L'épuration des intellectuels, 1944-1945, La mémoire du siècle*, Éditions Complexe, 1985.

— *Gaston Gallimard, un demi-siècle d'édition française*, Balland, 1984.

Astruc Alexandre, *Du stylo à la caméra... et de la caméra au stylo. Écrits (1942-1984)*, L'Archipel, 1987.

Bachi Salim, *La Mort dans la trilogie extrême-orientale d'André Malraux*, maîtrise, université de Paris-Sorbonne, Paris-IV, 1996.

Bachoud Andrée, *Franco*, Fayard, 1997.

Bartillat Christian de, *Clara Malraux. Biographie-témoignage (le regard d'une femme sur son siècle)*, Librairie académique Perrin, 1985.

Baumel Jacques, *Résister. Histoire secrète des années d'Occupation*, Albin Michel, 1999.

Bedu Jean-Jacques, *Maurice Magre Le Lotus Perdu*, Dire Éditions, 1999.

Beigbeder Yves, *André Malraux et l'Inde*, troisième cycle université de Paris-IV, 1983.

Bergère Marie-Claire, Bianco Lucien, Domes Jürgen, *La Chine au XXᵉ siècle, De 1949 à aujourd'hui*, Fayard,1990.

Biasini Émile, *Sur Malraux, celui qui aimait les chats*, Éditions Odile Jacob, 1999.

Blanch Lesley, *Romain, un regard particulier*, Actes Sud, 1998.

Bonhomme Jacques, (alias Jean-Jacques Pauvert) *André Malraux*, Éditions Régine Desforges, 1986

Bothorel Jean, *Louise ou la vie de Louise de Vilmorin*, Grasset et Fasquelle, 1993

Bouissounouse Janine, *La Nuit d'Autun. Le temps des illusions*, Calmann-Lévy, 1977.

Bourdet Claude, *L'Aventure incertaine. De la Résistance à la Restauration*, Stock, 1975.

Brasillach Robert, Bardèche Maurice, *Histoire de la guerre d'Espagne*, Godefroy de Bouillon, 1995.

Brincourt André, *Malraux. Le malentendu*, Grasset, 1986.

Bruneau Jean-Baptiste, *Drieu la Rochelle : mémoire et mythes*, mémoire de maîtrise, université François-Rabelais de Tours, 1996.

Cate Curtis, *André Malraux*, Flammarion, 1994. *André Malraux, a biography*, International Publishing Corporation, New York, 1997.

Caumer Julien, *Leurs dossier R.G.*, Flammarion, 2000.

Chaban-Delmas Jacques, *Mémoires pour demain*, Flammarion, 1997.

Chantal Suzanne, *Le Cœur battant (Josette Clotis-André Malraux)*, Bernard Grasset, 1976.

Charret Séverine, *La « révolution chinoise » d'après Les Conquérants et La Condition humaine d'André Malraux*, mémoire de maîtrise, université Lumière, Lyon II, 1998.

Chentalinski Vitali, *La Parole ressuscitée. Dans les archives littéraires du K.G.B.*, Robert Laffont, 1993.

Coeure Sophie, *La Grande Lueur à l'Est. Les Français et l'Union soviétique 1917-1939*, Éditions du Seuil, 1999.

Cohen-Solal Annie, *Sartre 1905-1980*, Gallimard, 1985.

Robert Conquest, *La Grande Terreur*, précédé de *Sanglantes moissons*, dernière édition française Robert Laffont, Paris, 1995.

Collectif, *Les Affaires culturelles au temps d'André Malraux 1959-1969*, Documentation française, 1996.

Cordier Daniel, *Jean Moulin, la République des catacombes*, Gallimard, 1999.

Courtivron Isabelle de, *Clara Malraux, une femme dans le siècle*, Éditions de l'Olivier, 1992.

Courtois Stéphane, Werth Nicolas, Panné Jean-Louis, *Le Livre noir du communisme, crimes, terreur, répression*, Robert Laffont, 1997.

Daix Pierre, *Dictionnaire Picasso*, Robert Laffont, 1995.

Damodaran A. K., *Jawaharlal Nehru : A Communicatoro and Democraic Leader*, Radiant Publishers, 1997.

De Felice Renzo, *Les Interprétations du fascisme*, Éditions des Syrtes, 2000

Du Perron Eddy, *Le Pays d'origine*, Gallimard, 1980.

Faure Élie, *Histoire de l'art* (5 volumes), Folio essais, 1985.

Foot M. R. D., *S.O.E. in France. An Account of the Work of the British Special Operations Executive in France 1940-1944*, Her Majesty's Stationery Office, 1966.

Friang Brigitte, *Un autre Malraux*, Plon, 1977.

Furet François, Ozouf Mona, *Dictionnaire critique de la Révolution française*, Flammarion, 1988.

Fzerreras Elvira, Gaspar Joan, *Memories, Art i vida a Barcelona 1911-1996*, La Campana, 1997.

Gabory Georges, *Apollinaire, Max Jacob, Gide, Malraux et Cie*, Éditions Jean-Michel Place, 1988.

De Gaulle Charles, *Mémoires*, Gallimard, Pléiade, 2000. Introduction par Jean-Louis Crémieux-Brilhac, édition présentée, établie et annotée par Marius-François Guyard. Chronologie et relevé de variantes par Jean-Luc Barré

Gide André, *Journal 1942-1949*, Gallimard, 1950.

Gisclon Jean, *La Désillusion. Espagne 1936*, France-Empire, 1986.

Glaize Maurice, *Les Monuments du Groupe d'Angkor*, J. Maisonneuve, 1993.

Godard Henri, *L'Autre Face de la littérature (Essai sur André Malraux et la littérature)*, Gallimard, 1990.

Gombrich E. H., *L'Art et l'illusion. Psychologie de la représentation picturale*, Gallimard, 1996

Gourevitch Ivan Gervaise, *The Phenomenological Anthropology Literature*, Nuf Press, Hong Kong, 1968.

Grenier Jean, *Journal sous l'Occupation*, Éditions Claire Paulhan, 1999.

Grossmann Robert, *Le Choix de Malraux (L'Alsace, une seconde patrie)*, La Nuée Bleue,1997.

Gueret Danielle, *Le Cambodge, une introduction à la connaissance du pays khmer*, Éditions Kailash, 1998.

Guillermaz Jacques, *Une vie pour la Chine. Mémoires (1937-1989)*, Robert Laffont, 1989.

Hastings Max, *Das Reich*, Michaël Joseph, 1981.

Hebey Pierre, *La N.R.F. des années sombres. Juin 1940-juin 1941. Des intellectuels à la dérive*, Gallimard, 1992.

Huyghe René, *Sens et destin de l'art de la préhistoire à l'art roman*, Flammarion, Images et Idées, 1967.

— *Psychologie de l'art. Résumé des cours du Collège de France 1951-1976*, Éditions du Rocher, 1991.

Jasper Willi, *Hôtel Lutétia. Un exil allemand à Paris*, Éditions Michalon, 1994.

Jelen Christian, *Hitler ou Staline. Le prix de la paix*, Flammarion, 1988.

Khushwant Singh, *We Indians*, Orient Paperbacks, 1982.

Kissinger Henry, *Les Années orageuses (Years of Upheaval)*, Fayard, 1982.

— *White House Years*, Little, Brown and Company, 1979.

— *À la Maison-Blanche* 1968-1973, tome 1, Fayard, 1979.

Lacouture Jean, *André Malraux. Une vie dans le siècle, 1901-1976*, Éditions du Seuil, 1973.

Langlois Walter G., *André Malraux 5, Malraux et l'Histoire*, La Revue des Lettres Modernes Minard, 1982.

— *André Malraux, l'aventure indochinoise*, Mercure de France, 1967.

— *Via Malraux*, The Malraux society, 1986.

Larrat Jean-Claude, *André Malraux, théoricien de la littérature*, « *des origines de la poésie cubiste* » *aux voix du silence (1920-1951)*, thèse de doctorat, université de Paris-Sorbonne, Paris-IV, tomes 1 et 2, 1991.

— *Malraux, théoricien de la littérature 1920-1951*, PUF Écrivain, 1996.

Lebovics Herman, *Mona Lisa's Escort. André Malraux and the Reinvention of French Culture*, Cornell University Press, 1999.

Leroy Géraldi, *Les Écrivains et l'histoire 1919-1956*, Nathan Université, 1988.

Lescure Jean, *Poésie et Liberté. Histoire de Messages, 1939-1946*, Éditions de l'Imec, 1998.

Leys Simon, *Essais sur la Chine*, Robert Laffont, 1998.

Lottman Herbert R., *La Rive gauche, Du Front populaire à la guerre froide*, Éditions du Seuil, 1981.

K. Madanagobalane M. A., *André Malraux et l'Inde* (thèse), Karnataka University Dharwar, 1973.

Madhuri Santanam Sondhi, *Modernity, Morality and the Mahatma*, Haranand Publications, 1997.

Malraux Clara, *Le Bruit de nos pas* (6 volumes : I. Apprendre à vivre. II. Nos vingt ans. III. Les combats et les jeux. IV. Voici que vient l'été. V. La fin et le commencement. VI. Et pourtant j'étais libre), Bernard Grasset, 1992.

— *Et pourtant j'étais libre, Le bruit de nos pas*, Bernard Grasset & Fasquelle, 1979.

Malraux Madeleine, et Satrustegui Inigo, *André Malraux. Dessins*, Mollat Éditeur, 1998.

Malraux Alain, *Les Marronniers de Boulogne, Malraux* « *père introuvable* » Bartillat, dernière édition 1996.

Martin du Gard Maurice, *Les Mémorables 1918-1945*, Gallimard, 1993

Mauriac Claude, *Et comme l'espérance est violente. Le temps immobile, 3*, Bernard Grasset, 1976.

Mauriac François, *Bloc-notes, 1965-1967*, Seuil, 1993.

Mazuy Rachel, *Partir en Russie soviétique. Voyages, séjours et missions des Français en Russie entre 1917 et 1944*, thèse de doctorat, Institut d'études politiques de Paris, 1999. À paraître chez Odile Jacob.

Mercadet Léon, *La Brigade Alsace-Lorraine*, Bernard Grasset, 1984.

Milza Pierre, *Mussolini*, Fayard, 1999.

Colloque de Cerisy sous la direction de Christiane Moatti, David Bevan, *André Malraux. Unité de l'œuvre. Unité de l'homme*, Documentation française, 1989.

Moinot Pierre, *Tous comptes faits*, Gallimard, 1997.

Moll Geneviève, *Yvonne de Gaulle, l'inattendue*, Éditions Ramsay, 1999.

Morlino Bernard, *Emmanuel Berl, les tribulations d'un pacifiste*, La manufacture, 1990.

Mossuz-Lavau Janine, *André Malraux et le gaullisme*, Presses de la Fondation nationale des sciences politiques, 1982.

Nadeau Maurice, *Grâces leur soient rendues. Mémoires littéraires*, Albin Michel, 1990.

Naipaul V. S., *India : A Wounded Civilization*, Penguin Books, 1979.

— *India, A Million Mutinies Now*, Minerva, 1990.

Nizan Henriette, Jaubert Marie-José, *Libres Mémoires*, Éditions Robert Laffont, 1989.

Noble Philippe, *Een Nederlander in Parijs : Eddy au Perron*, Cahiers du Méridon, 1994.

— *Du Perron et la France*, mémoire de maîtrise, université de la Sorbonne Nouvelle (Paris-III), 1973.

Noguères Henri, *La Vie quotidienne des résistants de l'Armistice à la Libération*, Hachette Littérature, 1984.

Nothomb Paul, *Malraux en Espagne*, Éditions Phébus, 1999.

Panné Jean-Louis, *Boris Souvarine, Le premier désenchanté du communisme*, Robert Laffont, 1993.

Pastor-Petit D., *La Guerra psicologica en las dictaduras*, Tangram, 1994.

Payne Robert, *André Malraux*, Éditions Buchet/Chastel, 1973.

— *André Malraux* (nouvelle édition complétée), Éditions Buchet/Chastel, 1996.

Péan Pierre, *Vies et morts de Jean Moulin*, Fayard, 1998.

Penaud Guy, *André Malraux et la Résistance*, Éditions Fanlac, 1986.

— *Les Milliards du train de Neuvic*, Éditions Fanlac, 2001.

Peyrefitte Alain, *C'était de Gaulle* « *Tout le monde a besoin d'une France qui marche* », Éditions de Fallois, Fayard, 2000.

Poirier Jacques R. E., *La Girafe au long cou*, Éditions Fanlac, 1992.

Ragache Gilles et Jean-Robert, *La Vie quotidienne des écrivains et des artistes sous l'Occupation 1940-1944*, Hachette, 1988.

Rao Raja, *The Meaning of India*, Vision Books, Delhi, 1996.

Ravanel Serge, *L'Esprit de résistance*, Éditions du Seuil, 1995.

Raymond Gino, *André Malraux : Politics and the Temptation of Myth*, Avebury, 1995.

Rubin Suleiman Susan, *Le Roman à thèse ou l'autorité fictive*, PUF Écriture 1983.

Saint-Pulgent Maryvonne de, *Le Gouvernement de la culture*, Gallimard, Le Débat, 1999.

Sartre Jean-Paul, *La Transcendance de l'ego, esquisse d'une description phénoménologique*, Librairie philosophique J. Varin, 1996.

Schlumberger Jean, *Notes sur la vie littéraire, 1902-1968*, Gallimard, « Les cahiers de la N.R.F. », 1999.

Singh Khushwant, *Not A nice Man To Know. The best of Khushwant Singh*, Penguin Books, 1993.

Skoutelsky Rémi, *L'Espoir guidait leurs pas (Les volontaires français dans les Brigades internationales 1936-1939)*, Bernard Grasset, 1998.

Sorensen Theodore C., *The Kennedy Legacy*, Weidenfeld and Nicolson, 1969.

Stéphane Roger, *Malraux, premier dans le siècle*, Gallimard, 1996.

Thomas Hugh, *The Spanish Civil War*, Touchstone Book, Simon & Schuster, 1994.

Thompson Brian et Carl A. Viggiani, *Witnessing André Malraux*, Wesleyan University Press, 1984.

Thornberry Robert S., *André Malraux et l'Espagne*, Librairie Droz, Genève, 1977.

Tully Mark, *Jawaharlal Nehru. An Autobiography*, Mackays of Chatham, 1989.

Valynseck Joseph et Grando Denis, *À la découverte de leurs racines*, Intermédiaires des chercheurs et curieux, 1994.

Van Rysselberghe Maria, *André Gide. Les Cahiers de la Petite Dame, 1918-1929*, tome I, Gallimard, 1973.

— *André Gide. Les Cahiers de la Petite Dame, 1937-1945*, tome III, Gallimard, 1975.

Villemot Dominique, *André Malraux et la politique*, L'Harmattan, 1996.

Vilmorin Sophie de, *Aimer encore*, Gallimard, 1999.

Viollis Andrée, *Indochine S.O.S.*, Gallimard, 1935.

Vitoux Frédéric, *La Vie de Céline*, Éditions Grasset et Fasquelle, 1988.

Wildenstein Daniel, Stavrides Yves, *Marchands d'art*, Plon, 1999.

Wilhelm Bernard, *Hemingway et Malraux devant la guerre d'Espagne*, thèse de doctorat, Faculté des lettres de l'université de Berne, 1966.

Zarader Jean-Pierre, *Malraux ou la pensée de l'art*, Éditions Vinci, 1996.

REVUES

1953 *Botteghe Oscure*, Quaterno XII, De Luca Editore.

1972 *Les Calepins*, n° 5 consacrés à André Malraux comprenant la série en langue anglaise (n° 2) de la critique consacrée à l'œuvre de Malraux. Série française (n° 1) par W. G. Langlois et P. C. Hoy et F. Dorenlot, Lettres modernes Minard.

1973, *La Revue des lettres modernes* n° 355-359, André Malraux, 2 (1973), visages du romancier, textes réunis par Walter G. Langlois, Lettres modernes Minard (5).

1975 *La Revue des lettres modernes* n° 425-431, « André Malraux », 3, influences et affinités, textes réunis par Walter G. Langlois, Lettres modernes Minard (2).

1976 *Situation n° 36* Philippe Carrard, « Malraux ou le récit hybride, essai sur les techniques narratives dans *L'Espoir* », Lettres modernes Minard.

1976 *Études germaniques*, Didier, octobre-décembre 1976.

1977 *La Nouvelle Revue française*, « Hommage à André Malraux (1901-1976) » juillet 1977, n° 295.

1978 *En Aulnoye jadis, n° 6*, publication de la Société historique du Raincy et du Pays d'Aulnoye.

1979 *Twentieth Century Literature. A scholarly and Critical Journal*, volume 24, number 3, Hofstra University Press.

1978 *La Revue des lettres modernes*, Malraux et l'art, 4, P. Carrard, T. Conley, R. Riese Hubert, B. Knapp, Lettres modernes Minard.

1980 *Juffrouw Idastraat 11*, publikaties van Medewerkeers, november'80 T/M februari'81.

1981 *La Revue des lettres modernes*, « André Malraux » 5, Malraux et l'Histoire, textes réunis par Walter G. Langlois, Lettres modernes Minard.

1986 *Revue André Malraux review*, vol. 18, number 2.

1986 *Icare*, « La guerre d'Espagne 1936-1939 », tome 1, n° 118.

1987 *La Revue des lettres modernes*, « André Malraux », 7 « Les Conquérants », mythe, politique et histoire. textes réunis par Christiane Moatti, Lettres modernes Minard.

1989 *Icare*, « La guerre d'Espagne 1936-1939 », tome 2, n° 130.

1989 *L'Avant-scène cinéma*, « Sierra de Teruel espoir, André Malraux », n° 385, dialogue bilingue, octobre 1989.

1993 *L'Œil de bœuf*, « Rencontre Jean Grosjean », revue littéraire trimestrielle n° 1, juin 1993.

1994 *Icare*, « La guerre d'Espagne 1936-1939 », n° 149, tome 3.

1995 *Nouveaux Cahiers François Mauriac*, n° 3, Grasset.

1995 *Romans 20-50*, n° 19, juin 1995, « André Malraux, Les Noyers de l'Altenburg, La Condition humaine »

1996 *Discours prononcés à l'Assemblée nationale 1945-1976, André Malraux*, Assemblée nationale, novembre 1996.

1996 *La Nouvelle Revue française*, « Le retour de Malraux », novembre 1996, n° 526.

1996 *Revue des Deux Mondes*, « Les mille et un visages de Malraux. Témoignages inédits », novembre 1996.

1996 *Itinéraire d'un émerveillement*, « Malraux, l'Inde & India », ambassade de France en Inde.

1996 *Archives du Quai d'Orsay, André Malraux*, Hommage solennel de la nation à André Malraux, ministère des Affaires étrangères, 23 novembre 1996.

1997 *Les Cahiers de la N.R.F.*, Bernard Groethuysen, « Mythes et Portraits », Gallimard.

1997 *Questions, Florilège des témoignages*, « Pourquoi Malraux prend un x » (supplément).

1997 *Espoir*, Charles de Gaulle, André Malraux, revue n° 111, Fondation et l'Institut Charles de Gaulle.

1999 *Cahiers de l'Herne*, « Mao Tsé-toung », L'Herne-Fayard.

BANDE DESSINÉE

Morera Alfred, Neret Gilles, *La Vie d'André Malraux*, B.D., Daniel Briand, Robert Laffont (*circa* 1960).

À PARAÎTRE

Claude Travi va publier *Dits et écrits* d'André Malraux, ouvrage de référence sur les articles, livres et interviews de Malraux, que j'ai pu consulter.

INDEX DES PRINCIPAUX NOMS CITÉS

ŒUVRES D'ANDRÉ MALRAUX

Aux Éditions Gallimard

LA CONDITION HUMAINE

LE TEMPS DU MÉPRIS

L'ESPOIR

LES NOYERS DE L'ALTENBURG

SATURNE. *Essai sur Goya*

LES VOIX DU SILENCE

LE MUSÉE IMAGINAIRE DE LA SCULPTURE MONDIALE
  I. La Statuaire
  II. Des bas-reliefs aux grottes sacrées
  III. Le Monde chrétien

LA MÉTAMORPHOSE DES DIEUX
  I. Le Surnaturel
  II. L'Irréel
  III. L'Intemporel

ŒUVRES ILLUSTRÉES (en quatre volumes)

LE TRIANGLE NOIR

LES CHÊNES QU'ON ABAT

ORAISONS FUNÈBRES

LE MIROIR DES LIMBES
  I. Antimémoires
  II. La Corde et les souris

LAZARE

LA TÊTE D'OBSIDIENNE

HÔTES DE PASSAGE

L'HOMME PRÉCAIRE ET LA LITTÉRATURE

GOYA : *Saturne — le Destin, l'art et Goya*

VIE DE NAPOLÉON PAR LUI-MÊME

LA REINE DE SABA

Bibliothèque de la Pléiade

ŒUVRES COMPLÈTES, (trois volumes parus; trois volumes en préparation)

Aux Éditions Grasset

LA TENTATION DE L'OCCIDENT

LES CONQUÉRANTS

LA VOIE ROYALE

DU MÊME AUTEUR

Romans

UNE DEMI-CAMPAGNE, Julliard, 1957.
LA TRAVERSÉE DE LA MANCHE, Julliard, 1960.
L'ANNÉE DU CRABE, Laffont, 1972.
LES CANARDS DE CA MAO, Laffont, 1975.
UN CANNIBALE TRÈS CONVENABLE, Grasset, 1982.
LA BALADE DU CHÔMEUR, Grasset, 1985.
LA NÉGOCIATION, Grasset, 1989.
LA SANGLIÈRE, Grasset, 1992.
CORRIGEZ-MOI SI JE ME TROMPE, Nil, 1998.

Reportages

DES TROUS DANS LE JARDIN, Julliard, 1969.
PORTRAITS, Moreau, 1979.

Récits

UN FILS REBELLE, Grasset, 1981.
CRUEL AVRIL 1975, LA CHUTE DE SAIGON, Laffont, 1987.

Essai

UNE LÉGÈRE GUEULE DE BOIS, Grasset, 1983.

Biographies

LA MARELLE DE GISCARD, Laffont, 1977.
JACQUES BREL, UNE VIE, Laffont, 1984.
ALBERT CAMUS, UNE VIE, Gallimard, 1996.